2017年度のグッドデザイン賞は、1,403件の受賞という、近年ではもっとも多い受賞数を記録しました。国内・国外を通じて多くの方々から積極的なご参加をいただいた結果、注目すべきさまざまな成果が認められました。

たとえば、人の豊かな気持ちや共感を引き出してくれるような製品のあり方を追求したものづくり、さらに、ていねいな対話のプロセスを重ねる中からもたらされた建築やプロジェクト、社会に新たな価値を示しているサービスやシステムなど、「何が人にとって望ましいことであるか、人はどうありたいのか。」といった本質的な問いに対する解を、デザインとして真摯に求めたといえる事例が数多くみられました。

今回のグッドデザイン賞からは、デザインが、ともに社会における理想を求め、その実現へと推し進めていくために力を発揮しうることを、あらためて実感させてくれます。

ITを中心とする技術の急速な発展に伴う変化、個人のライフストーリーやコミュニティに関わる課題の顕在化など、近年、社会的な関心が特に高まっている多くの事柄は、私たち一人ひとりに共通して、私たちが「人の存在」に対してどれだけ適切なまなざしを向けられているのか？を問うています。それだけに、いまこそまさにデザインが本来の持てる力を発揮すべき状況にあるといえるでしょう。この年鑑に収録されたグッドデザインは、それぞれのジャンルやカテゴリーの違いを超えて、人や、人の思いへと向けられた価値あるアプローチに他なりません。

公益財団法人日本デザイン振興会

This year's program saw more award winners than in recent years, at 1,403. Because the program attracted keen interest in Japan and elsewhere, we could recognize a variety of noteworthy achievements.

In response to essential questions about our ideals as individuals and as a society, many winning entries sought serious answers through design. Sometimes this took the form of developing satisfying products that resonate with people. Some architectural or community-minded projects involved thoughtful, repeated dialogue with stakeholders. And some services or systems expand our capabilities and understanding in new ways.

Once again, the results remind us that design can help us seek our ideals in society and push us forward to make them a reality.

All of us face many matters of increased social interest in recent years, whether changes accompanying rapid, IT-focused technological development or emerging issues that affect our communities or each of us individually, at different life stages. It is enough to make us wonder whether we are looking at life the right way. Certainly the time is right to tap the inherent potential of design. Though they represent work in various fields or categories, all examples of good design in this yearbook are valuable approaches intended for people, or with an awareness of people firmly in mind.

Japan Institute of Design Promotion

目次
Index

はじめに Foreword		003
審査委員長総評 General Comment on the Good Design Award 2017		006
2017年度 グッドデザイン賞について Program Activities in Fiscal 2017		012
審査ユニット Screening Units		014
グッドデザイン・ベスト100 Good Design Best 100		016
グッドデザイン大賞 Good Design Grand Award		018

	1	生活プロダクト（小物類）　Daily Use Product (Small Articles)	123
	2	生活プロダクト（趣味・健康用品）　Daily Use Product (Hobby, Healthcare)	161
	3	生活プロダクト（生活雑貨、日用品）　Daily Use Product (Household Goods)	201
	4	生活プロダクト（キッチン、家電）　Daily Use Product (Kitchen, Home Appliance)	223
	5	情報機器　Information Device	279
	6	家具、住宅設備　Furnitures, Housing Facility	369
	7	モビリティ　Mobility	431
グッドデザイン賞 受賞対象総覧 Good Design Award 2017 Content	8	医療・生産プロダクト　Medical / Industrial Product	471
	9	店舗・公共プロダクト　Store / Public Product	525
	10	住宅（戸建・共同住宅、小規模集合住宅）　Housing (Housing, Small Apartment House)	561
	11	住宅（中〜大規模集合住宅）　Housing (Middle or Large Apartment House)	607
	12	産業公共建築、建設工法　Commercial / Public Architecture, Construction Method	631
	13	メディア、パッケージ　Media, Package	675
	14	一般・公共向けソフト、システム、サービス　BtoC / Public Software, System and Service	709
	15	業務用ソフト、システム、サービス、取り組み　BtoB Software, System and Service	733
	16	一般・公共向け取り組み　BtoC / Public Project	761

海外とのデザイン賞連携 Award Program Collaboration		788
グッドデザイン・ロングライフデザイン賞 Good Design Long Life Design Award		806
審査委員 Judges		834
2017年度 事業経緯 Project Outline	2017年度グッドデザイン賞 開催要綱	848
	2017年度グッドデザイン・ロングライフデザイン賞 開催要領	850
	年間スケジュール	852
	賞の構成と決定の経緯	854
	特別賞一覧	856
2017年度 受賞者インデックス Company Index		861

［受賞対象の掲載内容について］
一部表記を次のように省略しています。
・受賞者名 ——————— Ar（Award Recipient）
・プロデューサー ——————— Pr（Producer）
・ディレクター ——————— Dr（Director）
・デザイナー ——————— D（Designer）
受賞者名表記は一部を除き原則として主催者発表の内容に準じています。
各受賞対象に記載された受賞番号を使って、グッドデザイン賞ウェブサイトの「受賞対象一覧」ページで検索すると、
受賞対象のより詳しい情報がご覧になれます。
受賞対象一覧 http://www.g-mark.org/award/

For more details on the product, search Good Design Award Website by Award no.
http://www.g-mark.org/award/

デザインは志をかたちづくること

2017年度グッドデザイン賞 審査委員長
永井一史

2017年度グッドデザイン賞 審査副委員長
柴田文江

2017年度のグッドデザイン賞は、1998年の事業民営化以降で最多の応募を数えることができました。この顕著な実績には、デザインをめぐる注目すべき様々な傾向が反映されていたものと考えられます。

人々にとっての「経験価値」が重視され、「ものの所有から物語の共有へ」と指向の変化がさらに進む中で、新しい技術や発想を積極的に日常の暮らしに取り入れ、コミュニケーションの作法を築いていこうとするデザインがみられます。一方で、もののデザインであっても、人がそこになんらかのストーリーを見出すことができたり、一人ひとりの生活シーンを作るかけがえのない存在となりうるような、人とものとの関係を深めていこうとする動きもみられます。

さらに、「デザイン・シンキング」に象徴される、創造的なアプローチを尊重する機運が高まっていることも、今年のグッドデザイン賞に大きく影響していると思います。ものごとを推進していくうえで、デザインの視点や手法を活かすことが、共通の目的意識・課題意識に支えられた人々どうしをつなぎ、共にゴールを目指すために有効であると認識されるようになり、デザインがファシリテーションの役割を担うようになったことで、デザイナーとは異なる立場の人たちによってデザインの新たな領域が開拓されているのです。

このようなデザインの変容と拡張は、社会におけるデザインの役割や、デザインに向けられる人々の期待がつねに変化していることを物語っています。

今年度のグッドデザイン賞の審査にあたって、私たちは「かたち」の重要性に着目しました。その意図は、これまでにも増して社会の様々な事象が「デザイン」として捉えられ、訴求されるようになったいま、人々がデザインとして企てた根本にある想いや、いま私たちがデザインを通じて実践できること・これから先にデザインが到達しうることの可能性に気づき、読み解くための接点となるのが「かたち」ではないかと考えたからです。

ここでの「かたち」は、単に立体物の内容や、造形の成果を意味するだけではありません。目的の達成や課題の解決に向けたプロセスがどれだけ効果的に組み立てられているか、社会や人々との間で豊かなコミュニケーションが成立しているか、将来に向けたモデルとなりうるのか。それらを理解するきっかけとなる、ものごとのありようを指しています。

この点で、2017年度のグッドデザイン賞では、かたち、

すなわち「企図されたものごとがその価値を伝える表出」の最適化が着実に進んでいることが認められました。グッドデザイン大賞受賞のVenovaは、伝統的な管楽器の成り立ちをベースに、長年にわたるデジタルテクノロジーを駆使した研究と開発により導かれた、オリジナリティの高いプロダクトデザインです。それは新たな意味を持った楽器であり、目にする人・手にする人に、演奏してみたい、何か楽しいことが起きそうだという予感を与えてくれます。ものが人に対して豊かな経験と愉しい時間をもたらしてくれる、まさしくいま求められるデザイン像のひとつの典型として、多くの共感を招いたのではないでしょうか。

このVenovaや、グッドデザイン金賞の「四季島」「うんこ漢字ドリル」などに代表される、人に感動や悦びを与えてくれるような、いわば人が生きる根源にはたらきかける価値を社会に提供しようとする試みは、単なるソリューションにとどまらず、エモーションの意義を決して忘れることのない、デザインだからこそなしうる人間的かつ社会的なアプローチであるといえるでしょう。

さらに今年度は、地域社会や医療保険、教育などの課題への取り組み、東北や熊本をはじめとした災害復興の活動においても、目標達成に向けたアプローチと、実際にもたらされる内容がこれまで以上によく練られていた印象がありました。こういった課題解決型の活動などでは、そこに関わる人々の同意や共感を積み上げる中から「共に築いていく、ゴールへ近づいていく」という姿勢が求められますが、それぞれの地域や関係者の間で対話を重ね、理解を深めていく手順を踏んできた成果が現れてきているのかもしれません。今後の事業モデルとしての規範性の高さも期待されるものです。

例年以上に多くの受賞デザインをお届けできた今回は、様々な領域におけるデザインの質的な深まりと、デザインが人に対してできうることの広がりが同調していると実感させてくれました。そして、私たちはグッドデザイン賞の審査を通じて、それぞれのデザインの意図や特徴や美意識を読み解くだけでなく、「何がデザインであるのか」「デザインは何を目指しているか」を問い続けることが大切であることを改めて認識しました。それが、人がどのように生きたいのか、明日の社会はどうあるのが望ましいかを追い求めることと同義であり、そうした人々の想いが投射された「かたち」こそがデザインにほかならないと考えています。

Design gives shape to the creative will

Kazufumi Nagai
Chairman of the Jury, Good Design Award 2017

Fumie Shibata
Vice Chairman, Good Design Award 2017

This year's program drew more entries than any year since privatization of the awards in 1998. We attribute this remarkable result to a variety of noteworthy design-related trends.

As an emphasis on experiential value continues to evolve into an orientation toward sharing ownership experiences with others, we see examples of design that reflect eager attempts to incorporate new technologies and ideas into everyday life, or attempts to establish new conventions of communication. But even in the design of tangible things, we see a trend toward deepening our relationships with objects, whether by enabling us to find some kind of story they hold or by making objects an irreplaceable presence in the scenes of everyone's life.

Another trend that has gained momentum and greatly influenced entries this year is respect for creative approaches, as demonstrated by "design thinking." Adopting design perspectives and methods when implementing things has been recognized as useful in linking people with a shared awareness of goals or issues and pursuing the goals together. With

design serving as a facilitator, new areas of design are being pioneered by people who are not in the traditional position of a designer.

This transformation and extension of design shows how the roles of design in society are always changing, along with people's expectations of design.

In evaluation this year, one thing we focused on was the importance of the form or expression through which entries reached users. At a time when more and more situations are viewed as opportunities for good design, which is then highlighted, surely some formal elements of design that users engage with signal to them the central ideas implemented through design, how they can take action now through the design, or future possibilities that await further design.

These formal elements are more than simply the shape or form an entry takes. How well does an entry incorporate the means to attain a goal or solve a problem? Does it enable substantial social dialog or interpersonal communication? How well does it serve as a model for the future? The elements of entries that we have examined suggested some answers. In this respect, the award program in 2017 revealed steady advances in the optimization of these elements—in other words, optimization of how the value of what was designed is expressed.

This year's grand prize winner, Venova, builds on the structure of a traditional musical instrument with highly original product design backed by years of R&D applying digital technology. This gives the instrument a fresh relevance and makes it enticing to those who see it or pick it up. As an object that promises a satisfying, enjoyable experience, the Venova is a paragon of design for our times that no doubt resonated with many jury members.

Whether in Venova or in gold award winners such as the luxurious Shiki-shima train or humorous kanji workbooks, we see attempts to enrich society by moving us, pleasing us, or otherwise satisfying some basic human need. More than just solutions, they never neglect the significance of emotions, as human and social approaches made possible by good design.

We also sensed that the realistic, objective-driven entries this year were more carefully planned, whether they address issues of community, medical insurance, or education, or promote disaster recovery in Tohoku or Kumamoto. These solutions-oriented efforts must build approval and empathy among participants, as something is developed or progress is made together, but their process of repeated dialog with residents or contributors to educate people seems to show results. We can also admire how viable they are in setting a standard for future projects.

This year's prevalence of award winners convinces us that a deeper level of design quality, in many areas, is in sync with design that benefits people in a wider range of ways. We have also gained a new appreciation for how, through evaluation, we must not only interpret the intent, notable features, and aesthetics of entries' design but also continue to ask ourselves what design itself is and what it seeks. This is tantamount to exploring how people wish to live, or what kind of society would be desirable in the future, and the form these ideas take is certainly a matter of design.

2017年度グッドデザイン賞について

グッドデザイン賞は、豊かで寛容、かつ持続可能性に満ちた社会の実現をめざして、各分野から優れたデザインを選び、広く社会へ振興していくための事業です。1957年に旧通商産業省によるグッドデザイン商品選定制度として開始され、以来60年以上にわたってデザインの普及と発展を推進してきた、日本を代表する総合的なデザイン評価と推奨の活動です。

2017年度は、永井一史審査委員長、柴田文江審査副委員長をリーダーとする体制の3年目として、審査のいっそうの充実化を基軸に、審査委員会の編成強化など、これまで以上に幅広い領域からの応募に適応する審査体制の構築に務めました。さらに、2015年度から開始したグッドデザイン賞独自の取り組みである「フォーカス・イシュー」を通じた提言、受賞展「GOOD DESIGN EXHIBITION 2017」開催など、プロモーション効果を高める活動を展開しました。
2017年度の審査対象数と受賞数は、1998年のグッドデザイン賞事業民営化以降で、それぞれもっとも多い実績となりました。

＜おもな施策＞

■ フォーカス・イシュー
今日の社会課題の中でも、特に社会的な関心が高く、デザインによる解決が期待される領域を8つ定め、「フォーカス・イシュー」として、専門に委嘱されたフォーカス・イシュー・ディレクターによる提言などを試みます。

■ 受賞プロモーション
受賞デザインを紹介する「GOOD DESIGN EXHIBITION 2017」「私の選んだ一品2017」を開催したほか、グッドデザイン大賞候補の展示と来場者投票を受け付ける「みんなで選ぶグッドデザイン大賞」を開催しました。これらの企画では、展示を中心に、デザイナーによるプレゼンテーションや受賞商品の販売、ワークショップなど、多彩なプログラムによって受賞デザインのアピールを行いました。

■ 審査報告会
審査ユニットごとに、審査を通じて得られた領域別の傾向や評価点、課題などについて説明する審査報告会を開催しました。

■ 国際連携活動
韓国、台湾、香港における審査会の実施、日本での審査会への海外審査委員の参画、各地での審査に関する報告会を開催しました。デザイン賞連携では、タイ「デザインエクセレンス賞」、インド「インディアデザインマーク」、シンガポール「シンガポールグッドデザインマーク」との連携に加えて、新たにトルコ「デザイン・トルコ」との連携を開始し、グッドデザイン賞を国際的なデザイン振興のプラットフォームとしてさらに発展させることに取り組んでいます。

＜おもな受賞実績＞

■ 審査対象数：4,495件

■ 受賞数（受賞者数）：1,403件（958社）
うち、東日本大震災復興支援措置枠での受賞：27件
海外デザイン賞連携に基づく応募による受賞：29件

■ 都道府県別受賞件数

北海道	4	滋賀県	4
青森県	5	京都府	24
岩手県	7	大阪府	199
宮城県	10	兵庫県	20
秋田県	0	奈良県	4
山形県	2	和歌山県	4
福島県	12	島根県	1
茨城県	2	鳥取県	0
栃木県	3	岡山県	3
群馬県	3	広島県	14
埼玉県	25	山口県	2
千葉県	9	徳島県	2
東京都	578	香川県	4
神奈川県	59	愛媛県	0
新潟県	29	高知県	2
富山県	9	福岡県	20
石川県	11	佐賀県	2
福井県	11	長崎県	1
山梨県	1	熊本県	8
長野県	14	大分県	3
岐阜県	10	宮崎県	0
静岡県	35	鹿児島県	0
愛知県	47	沖縄県	1
三重県	3	海外	289

■ 海外地域別受賞件数

Canada	2	Netherlands	7
China	75	Singapore	2
Denmark	1	Sweden	2
Germany	3	Taiwan	86
Hong Kong	9	Thailand	22
India	5	Turkey	3
Italy	4	U.K.	1
Korea	50	U.S.A.	17

※2017年10月4日の受賞発表以降、受賞者の都合により受賞取り下げ一件が生じました。　※2017年度グッドデザイン賞の開催要綱、事業経緯、各賞一覧などは、本書の848ページからをご覧ください。

Program Activities in Fiscal 2017

The Good Design Award program recognizes outstanding design in many fields. Through extensive promotion, we contribute to a prosperous, open, and sustainable society. For more than 60 years since the program was introduced by the government in 1957, design quality has spread and advanced through the good design recognized and promoted by Japan's comprehensive design program.

2017 marked the third year under the leadership of Kazufumi Nagai as chairman of the jury and Fumie Shibata as vice chair. Focusing on program enhancement, we worked to establish a screening system ready for entries across an even broader range of fields, with one facet being capable screening units. Highlights that gave promotion more impact included Focused Issue perspectives (a special feature introduced in fiscal 2015) and Good Design Exhibition 2017, where winners were showcased.
More entries were received in 2017 and more awards given than at any time since the program was privatized in 1998.

< Main Activities >

■ Focused Issues
Out of many current social issues, eight especially relevant areas where good design holds potential were identified as Focused Issue topics. In related activities, these topics were assigned to Focused Issue directors, who explored the issues in essays.

■ Promotion of Award Winners
Award-winning design was introduced at Good Design Exhibition 2017, with jury favorites highlighted at another event. Among the winning entries on display elsewhere were candidates for this year's Grand Award winner, and visitors were invited to cast their vote. In a multifaceted celebration of award-winning design, events focusing on exhibitions offered designer presentations, sales of award-winning products, workshops, and other opportunities.

■ Screening Reports
Public meetings were held by each screening unit to share trends in various award fields, key points in evaluation, issues faced, and other insights.

■ International Ties
Evaluations were held in South Korea, Taiwan, and Hong Kong, and international jury members were invited to Japan for screenings. Overseas screenings were also followed by public meetings. In award program collaboration, the program continues to grow as an international design promotion platform. Partnerships with the Thai Design Excellence Award, India Design Mark, and Singapore Good Design Mark programs were maintained while welcoming a new partner program in Turkey, Design Turkey.

< Overview of Awards >

■ Entries : 4,495

■ Winners : 1,403 (958 companies)
Tohoku-area winners : 27
Partner program winners : 29
(Thailand, India, Singapore, and Turkey)

■ Japanese winners, by prefecture

Hokkaido	4	Shiga	4
Aomori	5	Kyoto	24
Iwate	7	Osaka	199
Miyagi	10	Hyogo	20
Akita	0	Nara	4
Yamagata	2	Wakayama	4
Fukushima	12	Shimane	1
Ibaraki	2	Tottori	0
Tochigi	3	Okayama	3
Gunma	3	Hiroshima	14
Saitama	25	Yamaguchi	2
Chiba	9	Tokushima	2
Tokyo	578	Kagawa	4
Kanagawa	59	Ehime	0
Niigata	29	Kochi	2
Toyama	9	Fukuoka	20
Ishikawa	11	Saga	2
Fukui	11	Nagasaki	1
Yamanashi	1	Kumamoto	8
Nagano	14	Oita	3
Gifu	10	Miyazaki	0
Shizuoka	35	Kagoshima	0
Aichi	47	Okinawa	1
Mie	3	Overseas	289

■ Overseas winners, by area

Canada	2	Netherlands	7
China	75	Singapore	2
Denmark	1	Sweden	2
Germany	3	Taiwan	86
Hong Kong	9	Thailand	22
India	5	Turkey	3
Italy	4	U.K.	1
Korea	50	U.S.A.	17

※One award was canceled after the award announcement on October 4, 2017.　※For entry guidelines, program details, and a list of winners this year, see p. 848.

2017年度 審査ユニット
Screening Units

審査委員長
Chairman of the Jury, Good Design Award 2017

永井一史　Kazufumi Nagai

審査副委員長
Vice Chairman, Good Design Award 2017

柴田文江　Fumie Shibata

UNIT. 1　生活プロダクト（小物類）
Daily Use Product (Small Articles)

ユニットリーダー　鈴木啓太　Keita Suzuki
　　　　　　　　安東陽子　Yoko Ando
　　　　　　　　原田祐馬　Yuma Harada
　　　　　　　　山本秀夫　Hideo Yamamoto

UNIT. 2　生活プロダクト（趣味・健康用品）
Daily Use Product (Hobby, Healthcare)

ユニットリーダー　小林幹也　Mikiya Kobayashi
　　　　　　　　川上典李子　Noriko Kawakami
　　　　　　　　倉本 仁　Jin Kuramoto
　　　　　　　　松山剛己　Tsuyoshi Matsuyama

UNIT. 3　生活プロダクト（生活雑貨、日用品）
Daily Use Product (Household Goods)

ユニットリーダー　柳原照弘　Teruhiro Yanagihara
　　　　　　　　池田美奈子　Minako Ikeda
　　　　　　　　松本博子　Hiroko Matsumoto
　　　　　　　　みやけかずしげ　Kazushige Miyake
　　　　　　　　Andrew Pang ●

UNIT. 4　生活プロダクト（キッチン、家電）
Daily Use Product (Kitchen, Home Appliance)

ユニットリーダー　中坊壮介　Sosuke Nakabo
　　　　　　　　玉井美由紀　Miyuki Tamai
　　　　　　　　宮崎光弘　Mitsuhiro Miyazaki
　　　　　　　　渡辺弘明　Hiroaki Watanabe

UNIT. 5　情報機器
Information Device

ユニットリーダー　緒方壽人　Hisato Ogata
　　　　　　　　片岡 哲　Tetsu Kataoka
　　　　　　　　手槌りか　Ricca Tezuchi
　　　　　　　　林 信行　Nobuyuki Hayashi

UNIT. 6　家具、住宅設備
Furnitures, Housing Facility

ユニットリーダー　鈴野浩一　Koichi Suzuno
　　　　　　　　橋田規子　Noriko Hashida
　　　　　　　　原 研哉　Kenya Hara
　　　　　　　　藤森泰司　Taiji Fujimori
　　　　　　　　吉田龍太郎　Ryutaro Yoshida
　　　　　　　　Puvanai Dardarananda ●

UNIT. 7　モビリティ
Mobility

ユニットリーダー　羽藤英二　Eiji Hato
　　　　　　　　青木俊介　Shunsuke Aoki
　　　　　　　　菅原義治　Yoshiharu Sugawara
　　　　　　　　森口将之　Masayuki Moriguchi
　　　　　　　　Hrridaysh Deshpande ●

UNIT. 8　医療・生産プロダクト
Medical / Industrial Product

ユニットリーダー　田子 學　Manabu Tago
　　　　　　　　安次富隆　Takashi Ashitomi
　　　　　　　　重野 貴　Takashi Shigeno
　　　　　　　　村上 存　Tamotsu Murakami

UNIT. 9　店舗・公共プロダクト
Store / Public Product

ユニットリーダー　五十嵐久枝　Hisae Igarashi
　　　　　　　　朝倉重徳　Shigenori Asakura
　　　　　　　　加藤麻樹　Macky Kato
　　　　　　　　寶角光伸　Mitsunobu Hozumi
　　　　　　　　Sertaç Ersayın ●

UNIT. 10	住宅（戸建・共同住宅、小規模集合住宅） Housing (Housing, Small Apartment House)
ユニットリーダー	手塚由比　Yui Tezuka 千葉 学　Manabu Chiba 栃澤麻利　Mari Tochizawa

UNIT. 11	住宅（中〜大規模集合住宅） Housing (Middle or Large Apartment House)
ユニットリーダー	篠原聡子　Satoko Shinohara 仲 俊治　Toshiharu Naka 西田 司　Osamu Nishida

UNIT. 12	産業公共建築、建設工法 Commercial / Public Architecture, Construction Method
ユニットリーダー	五十嵐太郎　Taro Igarashi 浅子佳英　Yoshihide Asako 遠山正道　Masamichi Toyama 星野裕司　Yuji Hoshino 安田幸一　Koichi Yasuda

UNIT. 13	メディア、パッケージ Media, Package
ユニットリーダー	齋藤精一　Seiichi Saito 内田まほろ　Maholo Uchida 鹿野 護　Mamoru Kano 木住野彰悟　Shogo Kishino 水口克夫　Katsuo Mizuguchi

UNIT. 14	一般・公共向けソフト、システム、サービス BtoC / Public Software, System and Service
ユニットリーダー	岡本 誠　Makoto Okamoto 石戸奈々子　Nanako Ishido ドミニク・チェン　Dominique Chen 深津貴之　Takayuki Fukatsu 藤崎圭一郎　Keiichiro Fujisaki

UNIT. 15	業務用ソフト、システム、サービス、取り組み BtoB Software, System and Service
ユニットリーダー	廣田尚子　Naoko Hirota 青山和浩　Kazuhiro Aoyama 小林 茂　Shigeru Kobayashi ナカムラケンタ　Kenta Nakamura 林 千晶　Chiaki Hayashi

UNIT. 16	一般・公共向け取り組み BtoC / Public Project
ユニットリーダー	上田壮一　Soichi Ueda 伊藤香織　Kaori Ito 岩佐十良　Toru Iwasa 並河 進　Susumu Namikawa 山崎 亮　Ryo Yamazaki

UNIT. 17	韓国審査ユニット Korea
ユニットリーダー	手槌りか　Ricca Tezuchi 宮崎光弘　Mitsuhiro Miyazaki Byung-wook Chin Juhyun Eune

UNIT. 18	台湾審査ユニット Taiwan
ユニットリーダー	千葉 学　Manabu Chiba みやけかずしげ　Kazushige Miyake Aaron Nieh Jung-Ya Hsieh Shu-Chang Kung

UNIT. 19	中国・香港審査ユニット China, Hong Kong
ユニットリーダー	朝倉重徳　Shigenori Asakura 倉本 仁　Jin Kuramoto ドミニク・チェン　Dominique Chen Carl Liu Gary Chang Huiming Tong

UNIT. 20	海外連携賞審査ユニット International Award Collaboration
ユニットリーダー	手槌りか　Ricca Tezuchi 原田祐馬　Yuma Harada

	グッドデザイン・ロングライフデザイン賞 Good Design Long Life Design Award
審査委員長	柴田文江　Fumie Shibata 永井一史　Kazufumi Nagai 齋藤峰明　Mineaki Saito 福光松太郎　Matsutaro Fukumitsu

※ ユニット17〜19は各審査ユニットにおける海外応募対象の現地審査を担当。　※ ●印の審査委員は海外連携賞の制度に基づくゲスト審査委員です。

グッドデザイン・ベスト100
本年度のすべてのグッドデザイン賞受賞対象の中で、審美性、提案性、
可能性など総合的にみて優れているとして、審査委員会から高い評価を
受けた100点がグッドデザイン・ベスト100です。あらゆる分野を通じて、
今日におけるデザインの水準を高めるに相応しい対象とされ、これからのデザ
インがめざす指針となるデザインとして位置づけられます。なお、2017年度
のグッドデザイン大賞をはじめとする特別賞各賞が、このグッドデザイン・
ベスト100の中から決定しました。

グッドデザイン大賞（内閣総理大臣賞）
グッドデザイン金賞（経済産業大臣賞）
グッドデザイン・未来づくりデザイン賞（経済産業省商務・サービス審議官賞）
グッドデザイン・ものづくりデザイン賞（中小企業庁長官賞）
グッドデザイン・地域づくりデザイン賞（日本商工会議所会頭賞）
復興デザイン賞（日本デザイン振興会会長賞）

Good Design Best 100
Particularly impressive award winners form the Good Design Best 100, which stand
apart from all other winning entries this year for their overall excellence in design
—as shown in how compelling, promising, aesthetically satisfying, and otherwise
remarkable they are. In many different fields, these winners raise standards in
current design and set a worthy example for the future. The Good Design Grand
Award winner for 2017 and others listed below were also drawn from the Best 100.

Good Design Grand Award
Good Design Gold Award
Design for the Future
Design of Production Development
Design for Community Development
Disaster Recovery Design

カジュアル管楽器 **Venova**

サクソフォンのような本格的な吹き心地と、豊かな表現力を持った新しい管楽器。独自の分岐管構造と蛇行形状により、リコーダーのようなやさしい指づかいとメンテナンスのしやすさを実現した。管楽器の経験がなくても気軽に始められ、また管楽器経験者も満足できる吹き心地で、カジュアルに演奏を楽しめる。

審査委員の評価 既存の楽器のリデザインでなく、新しい楽器そのものを生み出したデザインである。サックスの音を実現するために検討された分岐管構造はもちろん、蛇行形状によって生まれたフォルムも本体の持ちやすさを助けており、完成度の高い製品である。

Ar：ヤマハ（株） Pr：ヤマハ（株）B＆O事業推進部 B＆O商品企画グループ 中島洋 Dr：ヤマハ（株）デザイン研究所 川田学、勝又良宏 D：ヤマハ（株）デザイン研究所 辰巳恵三

Casual Wind Instrument **Venova**

New wind instrument that feels like blowing a real saxophone and is similarly rich and expressive. Offers easy, recorder-like fingering and maintenance, thanks to an original branched and undulating pipe structure. An accessible instrument that beginners will find accessible and experienced wind musicians will appreciate for how it feels to play.

EVALUATION Here, the designers have not merely redesigned an existing instrument, they have created a new one. Consummate work, not only from the branched pipe developed to reproduce the sound of a saxophone but also the winding, easy-to-hold body.

Ar: YAMAHA CORPORATION   17G020091

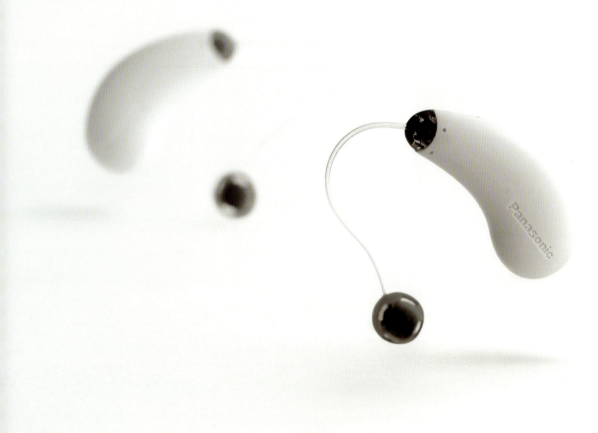

充電式の耳かけ型補聴器 R4シリーズ Panasonic 補聴器 WH-R47／R45／R43

高齢者にも使いやすい耳かけ型補聴器。わずらわしい電池交換が不要で、ケースに置くだけで充電できる。音量・音質調整はリモコンやスマートフォンで直感的に操作。また、アダプターを使用してテレビの音を無線でクリアに聞くことができる。使いやすさを重視した、リラックスかつ楽しんで使える補聴器。

審査委員の評価 超高齢化社会を迎え、補聴器という万人に必要な製品のあり方を提案した点が意義深い。システムからケースまで統一的なデザインの思想が貫かれ、形状、素材、機能のバランスが優れていて大変美しい。テレビを家族と同じ音量で楽しめる機能は自然なライフスタイルを実現するのに役立つ。

Ar：パナソニック(株)　Pr：パナソニック(株) アプライアンス社 ビューティ・リビング事業部＋パナソニック補聴器(株) 代表取締役社長 豊谷一郎　Dr：パナソニック(株) アプライアンス社 ビューティ・リビング事業部＋パナソニック補聴器(株) 事業本部 片山崇　D：Design Studio S 代表 柴田文江

R4 Series, Rechargeable Receiver-in-Canal Hearing Aid
Panasonic Hearing aids WH-R47 / R45 / R43

Senior-friendly receiver-in-canal hearing aids. Without the frustration of replacing batteries, the aids are charged simply by placing them on the case. Adjusting the volume or tone via a remote control or smartphone is equally intuitive. The aids can be used with an adapter to provide clear, wireless TV audio. Emphasizing convenience, these are hearing aids that invite users to relax and enjoy the listening experience.

EVALUATION As societies grow older, this design is significant for suggesting how a product needed by many should be. Consistent design throughout, from the hearing aids to the case. Shapes, materials, and functions are elegant and nicely balanced. Watching TV with one's family without raising the volume promises a more natural routine.

Ar: Panasonic Corporation　17G010001

眼鏡 スリムエアフレーム キッズ＆ジュニア

わずらわしさを感じさせない軽さ、顔なじみのよい最適なフォルムとサイズ、好みに合わせて選べる豊富なカラーなど、子供たちが前向きな気持ちで掛けられることを追求したメガネシリーズ。

審査委員の評価 誠実な開発プロセスと、最終製品のクオリティを高く評価した。機能、装飾とも細部に至るまでこだわり抜いてデザインされており、子供の嗜好に合わせて形状やカラーリングを細かく調節している点には驚いた。多くの子供たちに広まってほしい逸品である。

Ar：(株)ジンズ　Pr：代表取締役社長 田中仁　Dr：R＆D室 金田大輔　D：R＆D室 金田大輔

Eyewear Slim Airframe -Kids & Junior-

A series designed for kids to feel good about wearing. Comfortably lightweight, ideally shaped and sized to fit well, and available in several colors.

EVALUATION Admirable quality, from an honest development process. Highly discerning design, in form and function. Styles with surprisingly fine-tuned shapes and colors to please children of many tastes. Excellent glasses that we hope many children will want to wear.

Ar: JINS Inc.　17G010004

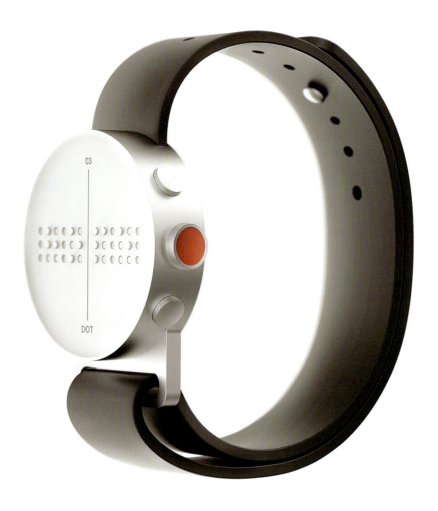

Watch **Dot Watch**

世界初の点字式スマートウォッチ。Dot社が特許を取得したアクティブ点字技術を用いて、指先で触れると反応して浮き出るドットを搭載した。スマートフォンと連動させることにより、日時や時刻、メッセージをリアルタイムで表示する。視聴覚障害を持つ人が指先で読み取れるITデバイスである。

審査委員の評価　大きくて持ち運びに不便だった点字読み取り装置を小型化し、ポータブル化を実現した。技術の効果的な適用と経済性を追求し、視聴覚障害者に配慮した、ユニバーサルデザインの優れた事例である。

Ar: Dot incorporation　Pr: Dot　Dr: YeongKyu Yoo　D: JaeSeong Joo, KiHwan Joo, Nara Ok, Michelle JY Park, YeongKyu Yoo, Youngwoo Choi

Watch **Dot Watch**

World's first braille smartwatch, which raises dots in response to the user's touch, using the company's patented "active braille" technology. Paired with a smartphone, the watch obtains the correct time and date and can show notifications in real time. This brings advances of the IT era to the fingertips of those with visual impairments.

EVALUATION　Braille terminals tend to be big and bulky, but this one is small and highly portable. Applying technology well while remaining economical, the watch aptly demonstrates universal design for visually disabled users.

Ar: Dot incorporation　17G010016

フセン **テープノフセン**

全面に粘着剤が付いたロール付箋。貼ってはがせるという付箋の基本機能はそのままに、ロール式で好きな長さにカットできるようにした。従来のロール付箋はサイズが大きく携帯には不便だったが、本製品はテープとカッターに一体感を持たせてポケットサイズにし、携帯性を高めた。

審査委員の評価 デザインの力を感じる美しく機能的な製品である。精度の高いものづくりを反映させた製品は、機能的なだけでなく、カラーリングも含めて存在自体が美しい。パッケージのデザインも明快に整理整頓され、グラフィックデザインのレベルも高い。審査会の中で非常に高評価であった。

Ar: ヤマト(株)　Pr: ヤマト(株)　Dr: ヤマト(株) 業務企画部開発グループ 関根雄二　D: (株)電通テック mikke design lab. ブランドエンゲージメントセンター インタラクションデザイン部 アートディレクター 岡田啓佑

Sticky Notes **Tape'n'Fusen**

Sticky notes from this roll dispenser are fully adhesive on the back and can be cut to any length, making this kind of product even more useful. Other sticky notes on roll dispensers are larger and hardly as portable, but this highly portable one combines the tape and cutter neatly in a pocket-sized dispenser.

EVALUATION An elegant, practical product showing the potential of good design. Made with great attention to detail, the product is more than just practical — it is a joy to have, for the appealing colors and all the product offers. Even the packaging is neatly organized, showing high standards of graphic design. A product that truly impressed our jury members.

Ar: YAMATO CO., LTD.　17G010054

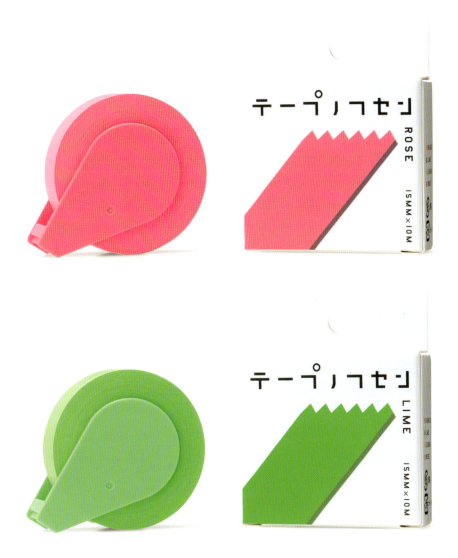

漢字ドリル **うんこ漢字ドリル**

小学校で習う1,006の漢字を「うんこ」という言葉を使って覚える、今までにない発想の学習参考書。例えば「号」という漢字なら「出席番号順にうんこを提出する」、「画」なら「うんこだけをかく画家」といった例文で、子供が笑いながら勉強できる。面白いだけではなく、新学習指導要領にも対応している。

審査委員の評価 小学生の漢字学習環境に革新をもたらしたドリル。子供に独特な「うんこ感覚」に寄り添って開発し、おかしみから生まれる学習意欲を、表紙や内容で引き立て、子供の自発性を引き出すことに成功している。2020年から小学校で必修化される英語の学習参考書などへの展開も期待したい。

Ar：(株)文響社　Pr：山本周嗣　Dr：古屋雄作、小寺練、谷綾子　D：小寺練

Kanji Work Book **Unko Kanji Drill**

Offbeat kanji workbooks, full of humorous sample sentences that teach the 1,006 characters studied in elementary school and all happen to mention excrement, much to the delight (and edification) of young students. This approach is not only amusing, it is also consistent with new curriculum guidelines.

EVALUATION Drills that have overturned how elementary students study kanji. Succeeds in inspiring self-motivated study, because it was developed to resonate with younger readers and is enlivened by eye-catching book covers and amusing text. We look forward to seeing how this approach might be expanded — perhaps even in the English studies that will be mandatory in Japanese elementary schools from 2020.

Ar: Bunkyosha Co., Ltd.　17G010068

GOOD DESIGN AWARD 2017
GOLD AWARD

野球用プロテクター **ジュニア用軟式プロテクター／BPP570**

これまでにないデザインの少年軟式捕手用プロテクター。従来のかぶり型をベスト型に変更し、前部を交差面ファスナーにて固定することにより、フィット性を向上させ、装着時間の短縮を実現した。

審査委員の評価 使う場所、使うシーンをよく想定して作られた、優れたデザインである。着脱が容易に素早くできるというコンセプトは、プロテクターの着脱時に子供がコーチに急かされる場面から生まれたという。気付きにくいユーザーニーズをくみ取った観察眼と、製品企画力を高く評価したい。

Ar：(株)アシックス　Pr：アシックスジャパン(株) ベースボール事業部 事業部長 古曽稔　Dr：アシックスジャパン(株) ベースボール事業部 プロダクトマーケティング部 山田正之　D：アシックスジャパン(株) ベースボール事業部 プロダクトマーケティング部 瀧本正美、野村亮＋(株)アシックス スポーツ工学研究所 大家陽右

Baseball Protector **Baseball Catcher's Protector for junior / BPP570**

Young catchers in Japan wear this chest protector as they would a vest, instead of slipping it over their head, and secure it with fasteners on the overlapping flaps in front. The result is a protector that fits better and is easier to put on quickly.

EVALUATION Outstanding design, developed with a keen regard for how and where this equipment is used. It is easy to imagine how a protector this easy to slip on and off quickly could be inspired by the need to change quickly, as a coach urges young players on. We applaud this response to player needs that often go unnoticed, and the effective planning that made the product a reality

Ar: ASICS Corporation　17G020080

GOOD DESIGN SPECIAL AWARD 2017
DESIGN OF PRODUCTION DEVELOPMENT

散水ノズル **タフギアフックノズル**
軽量で頑丈な散水ノズル。グリップはスリムで握りやすく、レバーを握ると連動してストッパーがロックされ、通水中の手への負担を軽減する。また、フックを使用して、バケツに沿った形でノズルを固定できるため、バケツ中央部に作業スペースを作ることができる。

審査委員の評価 無段階調節やワンタッチ放水維持、バケツへの固定方法など、操作性がよく検討されている。また従来の製品とは違った色彩計画がなされており、イメージの刷新とともに、堅牢性や機能性などがうまく表現されている。形状においても過不足のない、使用シーンに適したたたずまいがある。

Ar：(株)タカギ　Pr：(株)タカギ 常務取締役／Home Improvement事業部長／品質保証部担当役員 髙城幹次郎　Dr：(株)タカギ Home Improvement事業部 新規チャネル開発部 部長 久保達也　D：(株)タカギ Home Improvement事業部 HI事業工場 開発課 主事 白石拓

Nozzle **Tough gear hook nozzle**
Light and durable hose nozzle with a slim, easy-to-hold handle and locking trigger that reduces hand fatigue. When the nozzle is hooked inside a bucket, the hook holds it near the side, leaving space to work in the middle of the bucket.

EVALUATION Carefully designed for convenience, from smooth flow control to one-touch locking to the bucket hook. A new color scheme also updates the product image and clearly signals how practical and sturdy the nozzle is. Shapes of the nozzle are just right, making it look perfectly fitting in the scenarios where it is used.

Ar: TAKAGI CO., LTD.　17G020115

口腔洗浄器 **Panasonic ジェットウォッシャードルツ EW-DJ71**

高圧の水流を用いて、歯ブラシが届きにくい歯の隙間や歯周ポケットの汚れを除去したり、歯ぐきをマッサージすることで健康を促進する口腔洗浄機。1回の給水で長時間の使用を可能にした。また、独自の超音波水流技術の採用で、従来機種よりも歯垢除去力を高めている。

審査委員の評価 家庭用の衛生器具に求められる清潔で信頼感のあるたたずまいが、うまくデザインで表現されている。コンパクトに設計された本体サイズ、螺旋状に収納されるコードなど、隅々までよく検討されており、煩雑になりがちな洗面所、水回りでもより良い使用シーンを生み出すことができそうだ。

Ar：パナソニック（株） Pr：パナソニック（株）アプライアンス社 ビューティ・リビング事業部 坂本敏浩 Dr：パナソニック（株）アプライアンス社 デザインセンター 福田攸 D：パナソニック（株）アプライアンス社 デザインセンター 内田亮太

Oral Irrigator **Panasonic Jet washer Doltz EW-DJ71**

Oral irrigator that promotes health by massaging gums with a high-pressure jet of water and cleaning hard-to-reach areas between teeth and in periodontal pockets. Can be used for a long time between refills. Improves on the plaque removal of previous models through original ultrasonic water jet technology.

EVALUATION In appearance, aptly expresses the sense of cleanliness and reliability expected in home dental hygiene products. Thoughtful design is clear in the compact body, coiled cord, and other details. Sinks tend to be crowded, but this unit promises to keep things neat

Ar: Panasonic Corporation   17G020123

低周波治療器
オムロン 低周波治療器 HV-F601T

駆動部とパッドが一体となったコードレス低周波治療器。コードがないので、利用者の行動を邪魔することなく使用できる。スマートフォンアプリを用いて治療の強度、揉み方、治療時間をコントロールし、2カ所までの治療を同時におこなうことができる。

審査委員の評価 本体はもちろん、収納ケースも清潔感のあるデザインで、利用者への優しさと配慮が感じとれる。専用スマートフォンアプリで操作をコントロールできる簡便性に加え、9種の治療コースがあるなど、家庭用医療器具としての信頼性に富む。それらの機能と美しさのバランスもよい。

Ar：オムロン ヘルスケア(株)　Pr：オムロン ヘルスケア(株)
Dr：オムロン ヘルスケア(株)デザインコミュニケーション部
D：オムロン ヘルスケア(株)デザインコミュニケーション部＋
(株)シィクリエイティブ＋(株)ソフトデバイス

Tens
OMRON Wireless Dual Channel TENS HV-F601T

Wireless TENS system, featuring drive units integrated into the pads. Without wires, the system allows users to move or work more freely. Control the intensity, mode, and length of treatment with an accompanying mobile app, and target up to two positions on the body for simultaneous treatment.

EVALUATION Both the system and the storage case look appealingly clean, which shows a regard for users. It is easy to control the intensity, mode, and length of treatment with the mobile app, and with nine treatment courses available, the system inspires confidence as a home medical device. Also strikes a good balance between form and function.

Ar: OMRON HEALTHCARE Co., Ltd.　17G020148

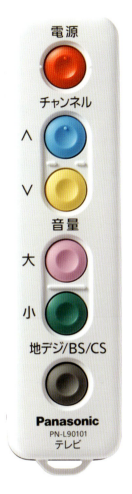

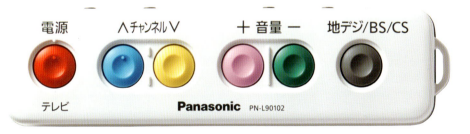

テレビリモコン Panasonic レッツ・リモコン AD、ST PN-L90102／L90101

手指が不自由な人や介護度の高い人のためのテレビリモコン。誰かに頼むことなく自分でテレビを操作したいという声から生まれた。大きなボタン、認識しやすい色、音と光のフィードバック、さらにボタンまわりの凹凸形状などで、目や耳が不自由でも操作できるようにした。補助入力装置にも対応している。

審査委員の評価 手指が不自由な利用者に寄り添った、優しさに満ちたデザインである。仕様を徹底的に検討し、さまざまなレベルの身体機能を駆使して操作できるいくつもの可能性を提供している。自分のことは自分でしたいという人間の根本的な欲求に真剣に向き合った、人間中心のデザインが素晴らしい。

Ar：パナソニック(株)　Pr：パナソニック エイジフリー(株)ケアプロダクツ事業部 斉藤裕之　Dr：パナソニック(株)エコソリューションズ社 デザインセンター 北川景一　D：パナソニック(株)エコソリューションズ社 デザインセンター 下畦聡司／パナソニック エイジフリー(株)ケアプロダクツ事業部 松尾光晴

Remote Control for TV Panasonic Let's Remo-con AD, ST PN-L90102 / PN-L90101

TV remote control for those with limited hand or finger movement, or those receiving a high level of care. Developed to satisfy the basic need to control a TV independently, without relying on others. Details such as large buttons, distinct colors, multimodal feedback (sound and light), and contoured surfaces around buttons also simplify use for those with visual or hearing impairments. Also compatible with assistive devices.

EVALUATION Designed from the heart, serving the needs of those with limited hand or finger movement. Applying extensive research, the remote can be controlled by users of all abilities in several ways. Wonderful human-centered design that grapples with our basic wish to do things ourselves.

Ar: Panasonic Corporation　17G030160

シャンプー

SHAMPOO
洗发液

ボディソープ

BODY SOAP
沐浴露

ラベル

PET詰替ボトル用・識別ラベル各1枚、
小分けボトル用・識別ラベル2シート入

ボトルの内容物を識別するためのシール。触れた感覚でも確認ができるように、エンボス加工による識別記号を施した。シャンプーやコンディショナー、ボディソープの識別記号は日本工業規格（JIS S0021）を採用。ほかの製品にはそれぞれの特色を表した識別しやすい識別記号を選定した。

審査委員の評価 詰替ボトルの本来の機能を見つめ、突き詰めることで生まれた軽やかなアイデアが素晴らしい。ラベルを提供することで、詰替ボトルの汎用性を高め、再利用を促す。またユニバーサルデザインに取り組む姿勢も示していて好感が持てる。「レス・イズ・モア」を体現する優れたデザインだ。

Ar：（株）良品計画　Pr：（株）良品計画 生活雑貨部 宮尾弘子、中野倫弥　Dr：（株）良品計画 生活雑貨部 企画デザイン室 矢野直子　D：（株）良品計画 生活雑貨部 企画デザイン室 大友聡

Label **IDENTIFICATION LABEL**

Adhesive labels for refillable bottles that identify the content. Also embossed, to convey this information by touch. Incorporates symbols from Japanese Industrial Standards (JIS S0021) for shampoo, conditioner, and body soap, with other, easy-to-understand symbols devised based on product characteristics.

EVALUATION A simple, wonderful idea, inspired by carefully reconsidering what refillable bottles are all about. The bottles are even more versatile with labels such as these, and more people will continue to use them. Also admirable is the designers' embrace of universal design. An excellent example of "less is more" in design.

Ar: Ryohin Keikaku Co., Ltd.　17G030165

キャンドル **倉敷製蠟 CARD CANDLE**

昭和9年の創業から培ってきた技術と伝統を生かして作り上げた最高品質のキャンドル。素材、加工、香料の吟味と検証を重ね、現代の暮らしにフィットする新しい形のキャンドルを提案した。

審査委員の評価 板形状の本製品は、従来品と比べ輸送効率が良く、ろうが垂れないなどの特徴がある。ろうそく自体の形状をはじめ真鍮製のキャンドルベース、パッケージやロゴなどのブランディングに至るまでよく整理され、キャンドルのある生活にまで踏み込んで丁寧にデザインされている。

Ar：ペガサスキャンドル(株)＋(株)イヤマデザイン　Pr：ペガサスキャンドル(株) 製造開発部 園山真司　Dr：イヤマデザイン(株) 居山浩二　D：イヤマデザイン(株) 居山浩二

Candle **KURASHIKI SEIRO CARD CANDLE**

Candles of unsurpassed quality, applying the techniques and traditions developed over generations since the company was founded in 1934. Materials, fragrances, and processing methods are carefully selected and checked to offer new kinds of candles for modern lifestyles.

EVALUATION Card-shaped candles that are notable for several reasons, including more efficient shipping and dripless burning. Quite a neat little package, from the shape itself to the brass holder and branding details such as packaging and graphic design. Thoughtful design that ventures to reconsider candles in a modern context.

Ar: Pegasus Candle Co., Ltd. + iyamadesign inc.　　17G030167

ベビー食器 **ひっくり返らないベビー食器"イージーピージー"**

表面がなめらかなテーブルに置くと、ピタッと吸着するシリコン製のベビー用食器。食器をひっくり返したり床に落としたりする心配がなく、食べ散らかしが減って食後の後片付けが楽になる。親のストレスを軽減し、赤ちゃんとの食事をゆっくり楽しめる。素材は安全性が高く、食洗機にも使える。

審査委員の評価 小さな子供の食事の前後は親にとって重労働な場合もある。本製品は、親の毎日の育児の負担やストレスを軽減してくれるだろう。色調も、ベビー用品＝ビビッドな色という固定観念にとらわれずに配色されている。問題解決だけにとどまらず、美しさや楽しさにまで到達したデザインである。

Ar: エデュテ(株)　Pr: リンジー ロレイン　Dr: タマラ ミッチェル ファルコン　D: カラ ホーランド

Baby Tableware All-in-one placemat & plate, bowl [ezpz]

Placed on a flat table surface, this silicone tableware sticks firmly, preventing young children from jostling it or knocking it over, which reduces spilled food and simplifies cleanup. For parents, meals with infants become less stressful and more relaxed. The material itself is very safe and can be washed in dishwashers.

EVALUATION Alleviates some of the routine work and stress of parenting, considering that preparing and cleaning up after meals is sometimes labor-intensive. The color scheme is also a breath of fresh air, unlike the vivid colors of most baby products. Design that not only succeeds in solving a problem but does so with style and a sense of fun.

Ar: Edute Co., Ltd.　17G030178

永代供養墓 **&(安堵)**

維持、継承の心配のない新しいお墓である。2人分のお骨が入る白い大理石のお墓で、家族でなくともさまざまな間柄で入ることができる。抱きしめ、ふれ合い、語り合いやすいシンプルな形にした。敷地の形にとらわれず、さまざまなレイアウトが可能である。

審査委員の評価 死をめぐる切実な問題に切り込んだデザインである。人々の価値観や家族のあり方、宗教観など、社会の変化にお墓のシステムが追いつかない現状を踏まえ、ニーズを的確にとらえた。その上で墓石の造形だけでなく、墓地のあり方、サービスまで包括した総合的なデザインに取り組んだ。

Ar: 手紙寺 證大寺　Pr: 住職 井上城治　D: 押尾章治＋UA

Perpetual Memorial Tomb & (Ando)

New form of funeral marker free from concerns about maintenance and family graves. A single monument of white marble holds the ashes of two people who wish to be buried together, regardless of their particular relationship. Simple in appearance, making the marker easy to embrace, caress, or speak to. Suitable for plots of all shapes, the cylinders can be freely arranged at a cemetery.

EVALUATION Responds to pressing issues about death in Japan. As funeral traditions fall behind the pace of social changes — in people's values, attitudes, and beliefs about family and religion — this solution seems right on target. Moreover, the design is well thought-out. Besides giving new shape to such a marker, the memorials suggest alternatives for cemeteries and account for needed services.

Ar: Tegami-dera Shodaiji　17G030204

バルミューダ ザ・ゴハン バルミューダ ザ・ゴハン

蒸気で炊き上げる炊飯器。釜を二重にして間を中空にし、そこに水を入れて熱したときに生じる蒸気により、100℃を超えない自然な加熱をおこなう。お米の表面を傷つけず、香りと旨味を米粒の中に閉じ込める。ご飯のおいしさを損なわないために、保温機能はあえて省いた。

審査委員の評価 炊飯器市場で多くのメーカーが内釜を土鍋のように分厚くする方向に向かう中、釜を中空にすることで、蒸気の力で炊き上げる新しい炊飯方式を生み出した。その結果、粒立ちがよく口の中でほぐれる食感のご飯を実現した。人が食事に何を求め、何に喜びを感じるかを追求したデザインである。

Ar: バルミューダ(株)　Pr: バルミューダ(株) 代表取締役 クリエイティブ部長 寺尾玄　Dr: バルミューダ(株) 代表取締役 クリエイティブ部長 寺尾玄　D: バルミューダ(株) クリエイティブ部

Balmuda The Gohan BALMUDA The Gohan

Rice cooker that creates steam from water under a vacuum between two surrounding walls, a gentler method of cooking that keeps the temperature below 100°C. The approach seals flavors and aromas inside the grains, without damaging the surface. No warming mode is included, which shows a regard for serving rice at peak freshness.

EVALUATION Bucking the trend of using an inner jar as thick as a ceramic pot, this manufacturer has taken a new approach — creating a vacuum around the jar to cook rice from the steam generated. Rice cooked this way retains its texture better, and grains are less sticky in the mouth. A result of design focused on what people want and enjoy when eating rice.

Ar: BALMUDA Inc.　17G040265

タンブラー **フィーノ**

収納性を重視した、薄肉で口あたりのよいグラス。さまざまな飲み物や食べ物を楽しむことを想定したプロポーションで、薄いグラス同士を重ねても口部が欠けにくい安全な仕様にした。口径が広く安定感のある形は、注ぎやすく洗いやすいという機能性も備えている。

審査委員の評価 1974年にグッドデザイン賞を受賞したスタックタンブラーは、今も多くの支持を受けている。今回は基本的な形状を残しつつ、口あたりを考慮した薄肉設計に変更した。完成された製品を進化させるのは、新たなデザインを生み出すより難しい場合があるが、この製品は見事にそれを実現した。

Ar：東洋佐々木ガラス(株)　Pr：東洋佐々木ガラス(株) 代表取締役社長 戸田逸男
Dr：東洋佐々木ガラス(株) 営業本部 営業企画部長 富樫亜人　D：東洋佐々木ガラス(株) 営業本部 営業企画部 市販デザイングループ 窪田美直子

Tumbler **FINO**

Stackable, thin tumblers with fine rims. Although these proportions invite users to try the glasses with a variety of food and drinks, they are also crafted for safety to help prevent the thin rims from chipping when stacked. Besides imparting a sense of stability, the wide mouth makes it easier to pour drinks and wash the glasses.

EVALUATION　Distinguished with a Long Life Design Award in 1974, the predecessor to these stackable tumblers is still in wide use today. This update maintains the basic shape but in slimmer glass that feels pleasant to drink from. Improving on a proven product is in some ways more challenging than designing a new one, but here, the designer has done so spectacularly.

Ar: TOYO-SASAKI GLASS CO., Ltd.　　17G040207

炊飯器／調理器　**バーミキュラ ライスポット**

鋳物ホーロー鍋と、火加減を自動調節する加熱機器の組み合わせにより、鍋炊きご飯のおいしさを手軽に楽しめる、新しい発想の炊飯器。炊飯のほかにも調理モードを搭載し、無水調理、ロースト、炒め調理、スチームなどさまざまな調理に対応する。温度設定機能を使えば低温調理や発酵も簡単に楽しめる。

審査委員の評価　一般的な電気炊飯器は釜が本体内に収まる構造だが、この製品は加熱用IHヒーターにむき出しの鍋を載せる構造を採用しており、鍋ありきで開発された発想の転換が新しい。無水鍋製造のノウハウが注がれた鍋部は、機能が形として結実し、デザインに破綻がない。

Ar：愛知ドビー（株）　Pr：愛知ドビー（株）代表取締役副社長 土方智晴　Dr：愛知ドビー（株）ブランド統括室 折橋みな　D：愛知ドビー（株）ブランド統括室 藤田敬行

Rice Cooker / Cooker　**VERMICULAR RICEPOT**
Novel rice cooker that combines an enameled cast-iron pot and automatically adjusted heating for an easy way to enjoy the taste of stovetop rice. Additional modes invite users to prepare other food by dry-cooking, roasting, sautéing, steaming, and more. Low-heat cooking and fermentation are also possible, simply by setting a desired temperature.

EVALUATION　Unlike typical electric rice cookers with a completely enclosed inner jar, this one diverges by emphasizing the pot, which in this case is an exposed, cast-iron pot surrounded by induction heating. Impeccable design capitalizing on the manufacturer's expertise in pots for dry-cooking.

Ar: Aichi Dobby Ltd.　　17G040266

GOOD DESIGN SPECIAL AWARD 2017
DESIGN OF PRODUCTION DEVELOPMENT

ドラム式洗濯機 **Panasonic NA-VG2200シリーズ [Cuble]**

空間に調和し、忙しい家事をサポートする国内向けドラム式洗濯機。現行モデルのシンプルでコンパクトな形を継承しながら、家具や床の素材感を引き立てるステンレスモデルを新たに追加した。さらに洗剤を自動で適量投入する機能や、Wi-Fiに接続して外出先から洗濯予約する機能もある。

審査委員の評価 現行モデルのイメージを大きく変えることなく、新色のグレーを追加して幅を広げた。シンプルな現代のインテリアにマッチするグレーの実現のために、多くの部品の色合わせをおこない品質を上げた点と、形状を大きく変えなくても表面感を変えることで新しい価値を生み出した点を評価した。

Ar：パナソニック（株）　Pr：パナソニック（株）アプライアンス社 ランドリー・クリーナー事業部 安平宣夫　Dr：パナソニック（株）アプライアンス社 デザインセンター 村上浩司　D：パナソニック（株）アプライアンス社 デザインセンター 太田耕介

Washer Dryer **Panasonic NA-VG2200 series [Cuble]**

Unobtrusive drum washer-dryer that lends a hand to busy families in Japan. Maintains the simple, compact style of previous models while introducing a stainless steel finish to accentuate materials of furniture and floors. Other new features include auto detergent dispensing and remote scheduling, when the unit is connected via Wi-Fi.

EVALUATION While remaining true to the aesthetic of previous models, the designers have expanded color options with a new gray tone. We can appreciate the work it took to match this color (which complements simple contemporary interiors well) in the variety of parts involved. Raises the bar in quality and gives consumers something new to admire about the classic appearance.

Ar: Panasonic Corporation　　17G040282

Air Conditioner **Smartmi Full DC Inverter Air-Conditioner**

先端技術と革新的なデザインを組み合わせたエアコンである。リモコン機能とセパレート型の温湿度センサーがあり、操作の利便性と使用時のユーザーの快適さを両立させた。ミニマルで洗練されたスタイリッシュな外観の中に、人間らしさを反映させた製品である。

審査委員の評価　エアコンの設計品質を高め、その評価基準の定義を書き換えた製品。シンプルで統一感のあるモデリングが、クリーンで整然とした外観を生み出している。ユーザーの行動や製品の持つ要素を深く研究し、ユーザーフレンドリーな体験をもたらすべく技術革新をおこなった点は、称賛に値する。

Ar: SMARTMI Limited　Pr: SMARTMI Limited　Dr: Liu Tie　D: Smartmi Design

Air Conditioner **Smartmi Full DC Inverter Air-Conditioner**

Air conditioner combining advanced technology with innovative design. Includes both a remote control and a separate temperature/humidity sensor, for easy, convenient control and automated operation. Stylish, refined, and minimalist, but with a human touch.

EVALUATION　Elevates air conditioner design and redefines how these products should be evaluated. Neat and clean in appearance, thanks to the simple, unified approach in modeling. Commendable for the depth of research into user behavior and various product elements, and for technical innovation that promises more user-friendly experiences.

Ar: SMARTMI Limited　17G040296

GOOD DESIGN AWARD 2017
GOLD AWARD

ワイヤレスノイズキャンセリングヘッドホン **MDR-1000X**

業界最高クラスのノイズキャンセリング性能を持つワイヤレスヘッドホン。ユーザーの装着状態に合わせてノイズキャンセリング機能を最適化でき、騒音を気にすることなくワイヤレスで高音質が楽しめる。外音取り込み機能により、使用中もアナウンスや人の話し声など、周囲の音を聞くことができる。

審査委員の評価 おもなターゲットを飛行機移動の多いビジネスパーソンに設定し、携帯しやすくシートポケットに入れやすい折り畳み構造を採用するなど、一見シンプルな形状の中に、さまざまな工夫が凝らされている。操作しやすい外音取り込み機能など、使い勝手に配慮があり、フォルムもエレガントだ。

Ar:ソニー（株）＋ソニービデオ＆サウンドプロダクツ（株）　Pr:ソニービデオ＆サウンドプロダクツ（株）　Dr:ソニー（株）クリエイティブセンター 詫摩智朗　D:ソニー（株）クリエイティブセンター 大西民恵

Wireless Noise Canceling Stereo Headphone **MDR-1000X**

Wireless headphones with class-leading noise cancellation, which can be optimized for how they fit. Though wireless, they offer superb audio quality while blocking external noise or, if preferred, allowing users to hear announcements, people's voices, or other ambient sound.

EVALUATION Reflecting a focus on frequent travelers, the headphones may look appealingly simple but are actually quite thoughtfully designed. Fold them up, and they fit neatly in a seat pocket, ready to go when you are. Ample attention is paid to convenience, as seen in features that reveal ambient sounds. The headphones also look elegant.

Ar: Sony Corporation + Sony Video & Sound Products Inc.
17G050325

GOOD DESIGN AWARD 2017
GOLD AWARD

4K有機ELテレビ **ブラビア® A1シリーズ**

究極の映像体験をめざした4K対応有機ELテレビ。有機ELディスプレイの特性を利用し、画面自体を振動させて音を出す技術を採用。これにより画と音が一体化した没入感の高い映像体験を提供する。さらにスピーカーやスタンドがなく、画面だけがそこにあるかのようなミニマルなデザインを可能にした。

審査委員の評価 「映像体験のすべてを凝縮した一枚の板」というコンセプトにもとづく深い外観で、外装は布地やガラス、アルミなどの素材づかいにより、リビング空間に調和する。技術を駆使して画と音を融合させ、他に類を見ないテレビの新しいあり方を生み出した。ソニー渾身の一作と感じさせる。

Ar：ソニー（株）＋ソニービジュアルプロダクツ（株）　Pr：ソニービジュアルプロダクツ（株）　Dr：ソニー（株）クリエイティブセンター 田幸宏崇　D：ソニー（株）クリエイティブセンター 横田洋明、桑尾重哉

OLED 4K Television **BRAVIA® A1 Series**

4K OLED TV developed for the ultimate viewing experience. OLED characteristics enable the screen itself to vibrate and produce sound, from the technology it incorporates. Combining the picture and sound this way makes the viewing experience highly immersive. Minimalist design hides the speakers and stand, leaving the screen as the center of attention.

EVALUATION The clean appearance was inspired by the "One Slate" approach—condensing all aspects of the viewing experience into a single, slate-like surface. Outer materials such as fabric, glass, and aluminum go well with living rooms. In this high-tech merging of picture and sound, we see a peerless example of new possibilities in televisions. Uncompromising work by Sony.

Ar: Sony Corporation + Sony Visual Products Inc.　17G050346

厚みわずか2.5ミリのパネルに映像を映し出す超薄型のテレビ。外枠は線のように細く、テレビを芸術品の域にまで高めた完璧なデザインはインテリア性も高い。高度な画像技術、ハイダイナミックレンジ対応、歪みを抑えるバックライトと有機EL技術により、色鮮やかでリアルな映像を実現する。またドルビーアトモスにより、3Dサラウンド音声を再現できる。

審査委員の評価 想像を超えた超薄型ディスプレイによる、最先端技術とデザインが調和した、無駄のない最高のデザインである。

OLED TV **LG Signature OLED W7**

厚みわずか2.5ミリのパネルに映像を映し出す超薄型のテレビ。外枠は線のように細く、テレビを芸術品の域にまで高めた完璧なデザインはインテリア性も高い。高度な画像技術、ハイダイナミックレンジ対応、歪みを抑えるバックライトと有機EL技術により、色鮮やかでリアルな映像を実現する。またドルビーアトモスにより、3Dサラウンド音声を再現できる。

審査委員の評価 想像を超えた超薄型ディスプレイによる、最先端技術とデザインが調和した、無駄のない最高のデザインである。

Ar: LG Electronics, Inc.　Pr: Kim Yoo seok　Dr: Huh Byung Mu　D: Park Sunha, Kim Younsoo, Shin Jongyoun

OLED TV **LG Signature OLED W7**

Ultra slim TV that showcases images on a 2.5 mm OLED panel. Framed by a bezel as thin as a line, the set looks perfect in many rooms, like a piece of art on the wall. The picture is vivid and lifelike, applying advanced imaging, HDR compatibility, backlighting with minimal distortion, and OLED technology. Audio performance is enhanced by Dolby Atmos, creating 3D surround sound.

EVALUATION The pinnacle of design. Minimalist, and brought to life by the surprisingly slim display and a marriage of high tech and discerning aesthetics.

Ar: LG Electronics, Inc.　　17G050342

スマートプロダクト **Xperia Touch**

さまざまな場所にスクリーンを投写し、直感的な操作による新しいコミュニケーションを提案するスマートプロダクト。投写したスクリーンに複数人が同時にタッチして操作でき、音声でも一部の操作がおこなえる。スマートフォンの体験を個人で楽しむだけでなく、家族や友人と共有できる新しいツール。

審査委員の評価　映像を投影するだけだった家庭用プロジェクターを、映像をタッチして操作できるようにし、インタラクティブな新ジャンルの道具に進化させた。小型でリビングのインテリアにもなじむ外装の、アイコニックな正方形の本体は、新しい製品ジャンルが誕生したことを実感させる。

Ar：ソニー（株）＋ソニーモバイルコミュニケーションズ（株）　Pr：ソニーモバイルコミュニケーションズ（株）　Dr：ソニー（株）クリエイティブセンター 石井大輔　D：ソニー（株）クリエイティブセンター 植田有信、土屋圭史、松島正憲、Simon Henning + Studio Nordic

Smart Products **Xperia Touch**

Smart projector that brings people together in new ways through intuitive operations on the screens it can project in many places. Supports multi-touch operations on projected screens, as well as some voice commands. A useful new means to share what might otherwise be solitary experiences on a smartphone with family and friends.

EVALUATION　Part of a new class of interactive devices that surpass traditional home projectors by allowing users to control projected images by touch. Compact and unobtrusive in most rooms, the Xperia Touch takes the form of an iconic rectangular device that suggests the dawn of a new product category.

Ar: Sony Corporation + Sony Mobile Communications Inc.　17G050372

044

モバイル・デバイス **Galaxy S8 & Galaxy S8+**

「Oneness〜唯一のもの」を、あらゆる面において表現すべくデザインされたモバイル機器。パワフルな性能ながら外観は主張を抑え、ユーザーが画面に没入できるようにした。前面から背面への流れるような曲面は、人間工学に基づいた理想的なグリップを実現。特定の好みに訴求するのではなく、周囲に自然になじむ色や素材を選ぶことで、万人に受け入れられる流体的なイメージを形作っている。

審査委員の評価 この企業が掲げる「holistic oneness」のデザインモットーを忠実に守った設計である。一寸の隙もないデザインや本体のグリップ感も非常に良い。

Ar: Samsung Electronics Co.,Ltd.　Pr: Samsung Electronics　Dr: Samsung Electronics Mobile Design Team
D: Samsung Electronics Mobile Design Team

Mobile Device **Galaxy S8 & Galaxy S8+**

In many respects, these mobile devices represent a well-integrated whole. The appearance downplays the ample performance of the smartphones, enabling a more immersive experience. Flowing contours, wrapping around from the front to the back, provide an ideal ergonomic grip. Rather than catering to specific tastes, the designers chose sleek-looking, universally appealing colors and materials that blend in.

EVALUATION Faithful to ideals of unity and coherence sought by the Samsung designers. The seamless, flowing surfaces and easy-to-grip shape are outstanding.

Ar: Samsung Electronics Co.,Ltd.　　17G050377

レンズ交換式デジタルカメラ **ILCE-9**

メモリー内蔵型35mmフルサイズ積層型イメージセンサー搭載により、新次元のスピード性能を実現したプロ向けミラーレス一眼カメラ。AF／AEが追随する毎秒約20コマの高速連写や、ブラックアウトフリー撮影などを実現するとともに、プロが求める操作性や信頼性を小型・軽量ボディに凝縮した。

審査委員の評価　ミラーレスのメリットを新しい形で示した製品である。異次元の高速シャッター、連写などの性能は、ユーザーに未知の撮影体験を提供し、本機でしか撮れない画像、映像を生み出す。かっちりとした意匠と小型化されたボディが、独自の心地良い凝縮感を醸し出している。

Ar：ソニー（株）＋ソニーイメージングプロダクツ＆ソリューションズ（株）　Pr：ソニーイメージングプロダクツ＆ソリューションズ（株）　Dr：ソニー（株）クリエイティブセンター　山田良憲　D：ソニー（株）クリエイティブセンター

Interchangeable-lens Camera **ILCE-9**

Professional mirrorless interchangeable-lens camera featuring a full-frame stacked image sensor with integrated memory, offering a new level of speed. Fast, 20 fps continuous shooting with AF/AE tracking, uninterrupted viewfinder display, and the usability and reliability professionals need in a compact, lightweight body.

EVALUATION　Mirrorless cameras have a few advantages, and here, Sony has revealed a new one. A quantum leap in performance, as seen in shutter speed and continuous shooting, offers users wholly new shooting experiences and shots that are only possible with this camera. Taut styling and a compact body give the camera an original, appealingly condensed look.

Ar: Sony Corporation + Sony Imaging Products & Solutions Inc.　17G050426

デジタル一眼レフカメラ **EOS 5D Mark Ⅳ**

ハイアマチュア向けのフルサイズ一眼レフカメラ。シリーズを通して培われた操作性を継承し、洗練すべくグリップなどのつくり込みを重ねた。新たにタッチ式液晶モニターや通信機能を搭載し、快適でスピーディな撮影を実現。堂々としたたたずまいや所有欲を満たす高品位な外観を、細部まで追求した。

審査委員の評価 カメラとしての基本性能はもちろん、質感、グリップ感、操作性など、どれをとってもこのクラスのカメラのベンチマークとなる仕上がりである。やや丸みが強調された全体の印象は、素材の異なる多くの要素をひとつのボディに練り上げるのに成功しており、上質なまとまりを感じる。

Ar：キヤノン（株）　Pr：キヤノン（株）執行役員 イメージコミュニケーション事業本部長 戸倉剛　Dr：キヤノン（株）総合デザインセンター 所長 石川慶文　D：キヤノン（株）総合デザインセンター 稲積めぐみ(PD)／山崎伸吾、釘澤友美子(UI)

Digital SLR Camera **EOS 5D Mark Ⅳ**

Full-frame DSLR for advanced amateurs. Maintains the usability of this series while improving upon the grip and other aspects. The new touchscreen display and communication features help users shoot faster and more easily. Reflects the pursuit of a dignified presence and a refined appearance that inspires satisfaction of ownership .

EVALUATION Sets the benchmark for cameras in this class, not only in basic performance but also in finish, gripability, usability, and more. Succeeds in unifying a range of parts into a coherent, gently rounded whole, and this sense of coherence is compelling.

Ar: Canon Inc.　　17G050427

ハイブリッドインスタントカメラ
instax SQUARE SQ10、instax SQUARE Film（システム）

インスタントカメラinstax"チェキ"シリーズで、初めてデジタルイメージセンサーを搭載した。また、SNSユーザーをはじめ幅広い層に親しまれている正方形のスクエアフォーマットを新開発した。撮影シーンと画像編集・加工機能をより拡大するとともに、使いやすくアイコニックなデザインをめざした。

審査委員の評価　スクエアでシンメトリックな外観は、左右どちらの手でもシャッターが押せることや、正方形のフィルムと連動しており、印象的だ。レンズ周囲の正円を生かしたグリップの処理や、内部のフィルムが上に押し出される際に、撮影した画像が上に流れるユーザーインターフェースもよい。

Ar: 富士フイルム(株)　Pr: 富士フイルム(株) イメージング事業部　Dr: 富士フイルム(株) デザインセンター長 堀切和久
D: 富士フイルム(株) デザインセンター 酒井真之、藤野リナ

Hybrid Instant Camera
instax SQUARE SQ10 and instax SQUARE film

First model in the "Cheki" instant camera series with a digital image sensor. Also new is the square image format, which is familiar to users of social media, among others. Goals in development included more options in shooting scenes and image editing, as well as a user-friendly, iconic form.

EVALUATION　Notable for its symmetrical, square appearance (good for lefties and righties alike) and, paired with this, its use of squarish film. Also admirable are how the circle around the lens forms a comfortable grip, and how the animated user interface simulates shots emerging from the camera as they are printed.

Ar: FUJIFILM Corporation　17G050447

全天球カメラ **RICOH THETA V**
360度全天球カメラ。既存のTHETAシリーズの使いやすさやフォルムはそのままに、4K/30fps動画撮影をはじめとした高画質化を図り、音声においても動画とリンクした360度空間記録を可能にした。本体は拡張アプリが追加でき、今後のさらなる進化が可能である。(Sample photo by Kiyotaka Kitajima)

審査委員の評価 全天球カメラの先駆けとなった製品がさらに進化し、空間と時間を丸ごと取り込めるようになった。ヘッドマウントディスプレイによるバーチャルリアリティ体験など、新たなニーズへの応用も期待して、初代THETAより継承されてきたデザインアイデンティティを含め、今改めて評価したい。

Ar：(株)リコー　Pr：(株)リコー Smart Vision事業本部 野口智弘　Dr：(株)リコー 知的財産本部 総合デザインセンター 鈴木裕児、佐々木智彦　D：(株)リコー 知的財産本部 総合デザインセンター 鶴岡直人、西村裕太、福丸幸子、河俊光 ＋(株)デスケル

Spherical Camera **RICOH THETA V**
360° camera that resembles and is as easy to use as previous models in the series while offering superior image quality (including 4K/30 fps video) and audio quality (omnidirectional recording linked to video). Apps expand camera functions, so it can continue to evolve.

EVALUATION Fully capturing events around you as they unfold represents an advance for this pioneering spherical camera series. The series deserves recognition once again, both for its exciting new potential—such as VR experiences for head-mounted displays—and for staying true to the design identity introduced in the first generation.

Ar: Ricoh Company, Ltd.　17G050463

インクジェットプリンター **EW-M670FT／M571T**

大容量エコタンクを搭載したA4インクジェット複合機。タンクを前面に配置してインクを注入しやすくし、インク残量の視認性を向上させた。また、インクはボトルを挿すだけで注入・停止とも自動でおこなえる。飛び出したタンクは、大容量エコタンクの性能を表し、たくさん印刷できる喜びを提供する。

審査委員の評価 日々のインク切れとコスト高という、ユーザーの不満を大幅に解消した製品である。インクボトルは差し込みのミスを完璧に防ぐ工夫がされている。精緻にまとめられた操作パネルと、ノイズにならないように本体と調和させたタンク配置部など、すっきりとした外観に仕上げられている。

Ar: セイコーエプソン(株)　Pr: セイコーエプソン(株) プリンティングソリューションズ事業部　Dr: セイコーエプソン(株) Pデザイン部　D: セイコーエプソン(株) Pデザイン部

Inkjet Printer **EW-M670FT / M571T**

A4 multifunction inkjet printer with a high-capacity EcoTank system. Tanks are in front for easy filling, and the amount left is visible at a glance. Simply insert an ink bottle, and filling starts and stops automatically. Visually, the prominent tank section hints at the ample performance of such large tanks, which invites users to relax and enjoy printing.

EVALUATION By eliminating frequent refills and cutting costs, the printers make great strides in addressing user concerns. Filling with the ink bottles is also foolproof, thanks to attentive design. Sleek-looking printers with a clean control panel and neatly integrated ink tank section.

Ar: SEIKO EPSON CORPORATION　17G050481

育児アイテム **Pechat**

ぬいぐるみにつけるボタン型スピーカー。専用アプリを操作することで、ぬいぐるみを通して子供との会話が楽しめる。ないしょ話をする、歌を歌う、お昼寝に誘うなど、さまざまな使い方を通して、子供の心を通わせる力を育む。

審査委員の評価 あらかじめ登録されたセリフや歌、お話だけでなく、ユーザーの入力したテキストを喋らせたり、録音した声をボイスチェンジさせて喋らせたりと、シンプルだからこそアイデア次第でさまざまに応用できる。親子のコミュニケーションをサポートするプロダクトとして秀逸である。

Ar:(株)博報堂　Pr:(株)博報堂　小野直紀、谷口晋平、林翔太、鈴木あい+(株)博報堂アイ・スタジオ　佐々木学、ルブロン・アレクサンドル、山本恭裕　Dr:(株)博報堂　堀紫、髙橋良爾+(株)博報堂アイ・スタジオ　河本徹和、松瀬弘樹、朝日田卓哉、公文悠人、望月重太朗、大里和史、剣持学人　D:(株)博報堂　小野直紀、山本侑樹、杉山ユキ、関根友見子+(株)博報堂アイ・スタジオ　佐野彩香、柳太漢

Child Care Item **Pechat**

Button-shaped interactive wireless speaker, ready to attach to a stuffed animal. Paired with a parent's mobile app, the child's toy becomes a playmate to talk to. Encourages children to relate to others, with their toy as a trusted confidante, a singing partner, or a friend announcing nap time.

EVALUATION Quite versatile — limited only by a parent's imagination, because it is so simple. Besides choosing prerecorded phrases, songs, and stories, parents can enter text or record themselves to have Pechat repeat their words to children later in an adorable voice. An excellent product supporting parent-child communication.

Ar: Hakuhodo Inc.　17G050471

エアーコンディショナー **小空間マルチカセット ココタス**

業界最小サイズの狭小空間向け住宅用カセット型エアコン。狭小空間への設置を可能にすることで、住空間の温度差をなくし、社会問題でもあるヒートショックや熱中症といった家庭内の事故を予防する。さらに、多様化する空間づくりのニーズにも応え、快適で豊かな住まいの実現に貢献する。

審査委員の評価 日本の住宅や空間に必要なサイズのエアコンである。これまでは小さな空間でも大きなエアコンで対応するしかなく、その存在に圧迫感があったが、そのような状況を踏まえ、サイズもディテールも繊細にデザインされている。また、アプリで制御できるなど、利用者向けの配慮もなされている。

Ar：ダイキン工業(株)　Pr：ダイキン工業(株) 空調生産本部 住宅設備商品グループ グループリーダー 小泉淳、主任技師 村田勝則、チームマネージャー 荒屋享司、チームマネージャー 斎藤和也　Dr：ダイキン工業(株) テクノロジー・イノベーションセンター 先端デザイングループ グループリーダー 関康一郎、チームリーダー 村井雄一　D：ダイキン工業(株) テクノロジー・イノベーションセンター 先端デザイングループ 山下真菜

Air Conditioner
cassette type air conditioner for small spaces "cocotas"

Residential ceiling air conditioner that fits in the narrowest spaces in the industry. Installation in these locations around a house can eliminate uneven temperature, which can help prevent heatstroke and similar home health problems that have become more common. Also responds to increasingly diverse home design needs. Makes homes more comfortable and satisfying.

EVALUATION At this size, the air conditioner fills an essential niche in Japanese homes and other locations. Until now, small rooms have required large units that look imposing, but here, the unit's size and other details address this concern quite well. User convenience is also addressed, as shown by an app for remote control.

Ar: DAIKIN INDUSTRIES, LTD　17G060516

ガスビルトインコンロ **リンナイ RHD312GM RHD322GM**

高級キッチン向けモジュールタイプのガスドロップインコンロシリーズ。ライフスタイルに合わせて個数や配列を自由に組み合わせることができる。意匠は海外のトレンドを踏まえるとともに、日本語に頼らない操作表示にした。タッチパネルは清掃性も高く、リビングから見えるキッチンでも美観を損なわない。

審査委員の評価 ガス火の良さとIHの良さをうまく融合させた。頑丈な五徳で安心感があり、清掃性もよい。スペック勝負が過熱し、結果どのメーカーも機能が多すぎて外観はどれも似た印象となってしまっている中、絞り込んだ機能と文字を使わない操作パネルが美しくわかりやすいことも評価した。

Ar：リンナイ(株)　Pr：リンナイ(株) 常務執行役員 開発本部長 森錦司　Dr：リンナイ(株) 開発本部 デザイン室 室長 吉岡敬祐　D：リンナイ(株) 開発本部 デザイン室 山田勇雄

Gas Built-in Cooker **Rinnai RHD312GM RHD322GM**

Series of modular drop-in gas burners for premium kitchens. Freely customizable, in layout and quantity. In line with international styling trends. Controls incorporate nonverbal labeling. The touchscreen controls are also easy to clean, and they maintain a sleek appearance when viewed from another room.

EVALUATION Deftly combines the advantages of gas burners and induction stoves. The robust trivets inspire confidence and are easy to clean. In a market obsessed with specifications, where stoves all look alike and have too many features, we can also admire how the designer has narrowed down essential functions. The wordless control panel is beautiful and intuitive.

Ar: Rinnai Corporation　17G060565

壁用コンセント UCWシリーズ

使用しないときは壁面内に収納できる壁用コンセント。中心部を軽く押すとコンセントユニットが飛び出す。コンセントは90°回転し、電源プラグを上下または左右に接続できるため、コードが邪魔になりにくい。鍵付きタイプはコンセントユニットを収納した状態で施錠でき、盗電やいたずらを低減できる。

審査委員の評価 コンセントは空間に必須なアイテムだが、ノイズになりやすい。この製品は使わないときにワンプッシュで存在を消せる、その手軽さがよい。使用時は側面にコンセント穴があるので、前面に飛び出さずスマートに見える。さらなる展開に期待したい。

Ar：(株)寺田電機製作所　Pr：(株)寺田電機製作所 常務取締役 寺田義能輔　Dr：(株)寺田電機製作所 取締役 執行役員 尾崎善孝　D：(株)寺田電機製作所 開発部 取締役 執行役員 鈴木政博

Wall Power Outlet UCW series

Electrical outlet that retracts into the wall when not in use. Gently press the center, and it pops out. Also enables more convenient cord management: swivels so that cords can be plugged in on any side. One model can be locked into walls, reducing vandalism and electricity theft.

EVALUATION Although rooms need electrical outlets, they tend to be distracting. This one conveniently disappears with a press when not in use. Cords plug into the side, instead of emerging from the front, which keeps the appearance neat. We hope to see other products along these lines.

Ar: TERADA ELECTRIC WORKS Co., Ltd.　17G060601

カーポート **LIXIL カーポート SC**

余計な装飾やノイズがなく、住宅と美しく調和するカーポート。構造材であったアルミ押出材を用いて凹凸のない面状の薄い屋根を構成し、建築的要素を整えて、安心感と開放感のある空間にした。雨樋を内蔵し、ボルト類が下から見えないミニマルなデザインにして、部品数を減らし施工性も向上させた。

審査委員の評価 構造材と半透明の樹脂素材による従来のカーポートは、仮設感が否めないものが多かったが、この製品は2本の柱と薄い屋根という単純な構成を、構造と設備面をクリアしながら実現しており、完成度が高い。そして何より、地上からの人の目線を意識したたたずまいがある点が素晴らしい。

Ar：(株) LIXIL　Pr：(株) LIXIL LIXIL Housing Technology Japan エクステリア事業部
Dr：(株) LIXIL LIXIL Housing Technology Japan エクステリア事業部　大塚建史、大崎健司　D：(株) LIXIL LIXIL Housing Technology Japan デザインセンター エクステリアグループ　丹羽新吾

Carport **LIXIL Carport SC**

Carport that beautifully complements homes, without any extraneous decoration or visual noise. The extruded aluminum roof forms a slim, even plane, which, neatly paired with the pillars, looks open and reassuring. Gutters are built into the structure, with all bolts out of view from below. The minimalist carport also requires fewer parts and is easier to install.

EVALUATION Past carports, with various supports and a transparent, plastic roof, tended to look like temporary structures. This one adopts a simple arrangement of two pillars and a roof but meets structural and requirements with consummate style. How the carport looks from the ground was carefully considered in design, and this in particular deserves respect.

Ar: LIXIL Corporation　17G060609

GOOD DESIGN AWARD 2017
GOLD AWARD

クルーズトレイン **TRAIN SUITE 四季島**

東北をはじめとする東日本エリアは、四季の変化により多彩な自然、文化、芸能、芸術を生み出している。その豊かで美しい自然、地域に根ざした産業、日々の暮らしに息づく文化を、列車ならではの豊かな時間と空間の移ろいの中で楽しむ旅を提供する。

審査委員の評価 斬新な展望が広がる先頭車、樹木に覆われたようなラウンジなど、大胆な空間づくりに圧倒される。レトロに振らず、和モダンを基本に和紙や鉄器などの伝統工芸を組み込んだ仕立てが新鮮で心地よい。洗練された旅行体験を提供しつつ、東日本大震災の復興を後押しするという志も心に響く。

Ar: 東日本旅客鉄道（株） Pr: 東日本旅客鉄道（株）

Cruise Train **TRAIN SUITE SHIKI-SHIMA**

East Japan, extending to the northeast, reveals a spectrum of natural scenes and traditions in local culture, art, and craft that change with the seasons. These routes offer an ample window on the picturesque natural beauty, local industry, and everyday ways of life here, as only the extraordinary, ever-changing views of a rail journey can afford.

EVALUATION Bold, breathtaking interior design. Passengers in the first car discover a new kind of panorama, and those in the lounge are surrounded by wood. Instead of looking quaintly retro, the cars show a modern Japanese flair with traditional elements such as washi and iron hardware. Fresh and comfortable. Promises a luxurious journey, and we can also appreciate the company's commitment to disaster recovery in the area.

Ar: EAST JAPAN RAILWAY COMPANY   17G070629

鉄道車両
トワイライトエクスプレス瑞風
（トワイライトブランドの継承）

長く親しまれてきたJR西日本の寝台列車のブランド「トワイライトエクスプレス」を、新たにデザインし直した車両。沿線風景と食事を楽しむ鉄道旅行というコンセプトを大切にしつつ、ホテルのような上質さと、心休まる懐かしさが感じられる特別な旅を提供する。

審査委員の評価 贅を尽くしたアール・デコ様式の仕立てに加え、円筒形のポーチやドーム型天井の客室など、ホテルのような空間づくりに感心する。通路をソファの下に通して広がりを持たせたスイートルームなど、構造面の工夫も多い。眺望を楽しむ仕掛けも随所にあり、車窓から存分に自然が味わえる。

Ar: 西日本旅客鉄道（株） Pr: 西日本旅客鉄道（株） Dr: 西日本旅客鉄道（株）車両部車両設計室 D: 浦一也、福田哲夫

Train **TWILIGHT EXPRESS MIZUKAZE**

A long-time favorite, JR West's Twilight Express sleeping car train service has been rebranded and redesigned as Mizukaze. Remains true to a classic rail experience, with scenic views and memorable dining, while offering the luxury of fine hotels and a relaxing touch of nostalgia.

EVALUATION Impressive ambiance resembling a premium hotel. Sumptuous art deco sets the tone. Highlights include observation cars with curved windows and passenger rooms with domed ceilings. Floor layouts show much ingenuity, with aisles under the sofas in spacious suite rooms. Many touches around the cars invite passengers to enjoy the scenic natural beauty outside.

Ar: West Japan Railway Company   17G070630

乗用車 **シトロエン C3**

同ブランドのコアバリューを体現した基幹車種。日常で使いやすい5ドア小型ハッチバックモデルに、流行のスタイルと大胆なモチーフを融合させた。最新の安全装備と環境性能による安心感、そして豊富なカラーバリエーションを背景に、所有する楽しさを高め、生活品質の向上に貢献する。

審査委員の評価 遊び心あふれるデザインにより、移動の時間を豊かにするという発想に共感する。今後、自動車の共用化や自動化が進んでも、移動時間の充実はなお重要なテーマであり続けるだろう。その時点でも、シトロエンの提唱した世界観は深い意味を持つと考える。

Ar: オートモービル・シトロエン　D: スタイル・シトロエン

Passenger Car **Citroen C3**

A key car for Citroën, and one that embodies core brand values. Convenient in everyday use, this five-door compact hatchback acknowledges styling trends while incorporating bold, original touches. New safety features and sound environmental performance inspire peace of mind, and a full palette of colors to choose from enhances owner satisfaction, making each day a little better.

EVALUATION The playful design strikes a chord and makes time spent behind the wheel more satisfying. Meaningful driving experiences like this will probably be even more important as ridesharing and self-driving cars take off. In this sense as well, we can find a special significance in what the manufacturer invites us to enjoy.

Ar: Automobile Citroen　　17G070643

乗用車 **C-HR**

デザインを重視する顧客が多いコンパクトSUV市場に向け、「独創的なスタイル」「大人の感性に響くインテリア」「わが意の走り」をキーワードに、デザインと走行性能を突き詰めて開発した。走りを徹底的に鍛え上げるのはもちろん、優れた環境性能を実現し、先進安全装備も採用した。

審査委員の評価 小型SUVカテゴリーにおける新たなシルエットを創造し、乗員4名の室内空間と、高い走行性能を両立させたことを評価したい。インテリアは開放感があり、遊び心と高級感の演出が所有感を高めている。衝突回避支援の機能や灯火機への被視認性意匠など、安全性への配慮も好ましい。

Ar：トヨタ自動車（株）　Pr：トヨタ自動車（株）　Dr：トヨタ自動車（株）Chief Branding Officer 先進技術開発カンパニー 先行デザイン担当 専務役員 福市得雄　D：トヨタ自動車（株）Toyota Compact Car Company デザイン部

Passenger Vehicle **C-HR**

Targets the compact SUV market, where many consumers value good design. In design and driving, goals were sought through distinctive styling, sophisticated interior ambiance, and responsive handling. Driving was perfected through thorough testing, but the vehicle also holds an edge in environmental performance and has advanced safety features.

EVALUATION Admirable for introducing a new silhouette in the compact SUV category and delivering on both form and function. Seats four, but it is still quite responsive on the road. Inside, the cabin feels open, and many details elevate the sense of fun and luxury. We also appreciate the attention to safety, seen in the collision avoidance system and styling that makes vehicle lights easier to notice.

Ar: TOYOTA MOTOR CORPORATION　　17G070639

GOOD DESIGN AWARD 2017
GOLD AWARD

自動車 Tesla Model X

斬新なデザインとスポーティな性能で話題のSUVのカテゴリーで、市販車としては初めての電気自動車"E-SUV"である。1回の充電で最長500km以上の走行が可能。大人7人分のシートをはじめとしたユニークな装備を備え、パフォーマンスと機能性を高めた。

審査委員の評価 技術革新によって実現した自動走行と、1回の充電で500km以上の走行が可能な性能を、印象的なフォルムにパッケージしている。考え抜かれたドア構造と大きなスクリーンを有する車内は、今までにない移動空間のデザインといえるだろう。卓越したイノベーションデザインである。

Ar: テスラモーターズ ジャパン　D: テスラ フランツ フォン ホルツハウゼン

Passenger Car Tesla Model X

As the novel design and sporty performance of SUVs continues to excite people, this model introduces the advantages of electric vehicles in the first e-SUV on the market. With a 500 km + range, room for seven adults, and many unique features, it takes performance and vehicle capabilities to new heights.

EVALUATION A compelling package that includes advanced self-driving, a respectable 500 km + range, and memorable styling. Inside is a realm quite unlike other vehicle interiors, thanks to well thought-out "falcon-wing" doors and a vast windshield. A tour de force of innovative design.

Ar: Tesla Motors Japan　17G070644

車載向け高精細ワイドディスプレイシステム
Panasonic 高精細ワイドディスプレイミラーレスモニターシステム

自動車に装備して運転支援をおこなうための画像表示システム。ミラーレスカメラの画像を、ダッシュボード内に搭載した高画質ワイドディスプレイに見やすく表示する。視線検知カメラと組み合わせて、ドライバーの見ているミラー画像のみ明るく表示させるなど、確認しやすいよう配慮した。

審査委員の評価 既存のミラーと比べて視線移動が減り、見やすさへの配慮もあって、ドライバーの負担を軽減する。本製品によりエクステリアのミラー位置や形状に制約がなくなれば、その分車体のデザインの自由度が圧倒的に上がる。これからの自動車のあり方を大きく変える可能性を持つ製品である。

Ar: パナソニック(株)　Pr: パナソニック液晶ディスプレイ(株) 代表取締役社長 朴木秀行　Dr: パナソニック液晶ディスプレイ(株) 先行開発部　高機能パネル開発課 村社智宏　D: パナソニック(株) コネクティッドソリューションズ社 デザインセンター 増田拓眞、山崎章、武藤完志

High Definition Wide Display System for Automotive
Panasonic High definition wide display mirrorless monitor system

Installed in vehicles, this display system is intended to help drivers. Clear, high-resolution feeds from cameras (mounted where side mirrors would normally be) are displayed on a wide monitor in the dashboard. Other cameras detect which part of the monitor drivers look at, to illuminate that portion for better visibility.

EVALUATION Easier for drivers than using conventional side mirrors, because it is designed to provide a clear view with less eye movement. Promises much greater freedom in chassis design, without the restrictions imposed by side mirror shape and placement. Holds the potential to dramatically transform automobiles as we know them today.

Ar: Panasonic Corporation　　17G070650

Electric Scooter **Mi Electric Scooter**

耐荷重150キロ、最高時速25キロのキックスケーター。中距離の走行に適し、30キロ圏なら容易に移動できる。折りたたみ式のクランプをヘッドセット上に設置して、ハンドルバーの耐久性と安全性を強化し、前輪には電子ブレーキと回生ブレーキシステム、後輪にはディスクブレーキを装備。配色は無彩色を基調に赤をポイントで添えた。

審査委員の評価 全体的に極めて合理的に設計・製品化されている。各種の安全装置から必要なバッテリーのための搭載、折りたたみ方法などが細かく考え抜かれ、操作もユーザーフレンドリーだ。スケートボードのクラシックなイメージを彷彿とさせるデザインは高く評価できる。配色もすっきりとまとめられ、ミニマルながら明確な主張がある。

Ar: Xiaomi Inc.　Pr: Xiaomi Inc.　Dr: Li Ningning　D: Zhou Tuo, Li Ningning, Zhao Ziran

Electric Scooter **Mi Electric Scooter**

Electric kick scooter with a capacity of 150 kg and maximum speed of 25 km/h. Ready for medium-range trips around 30 km. Handlebar strength and stability is reinforced by integrating the folding clamp into the handlebar. Equipped with a regenerative electronic brake in front and disc brake in back. Available in white or black, with red as an accent color.

EVALUATION An overall very intelligently designed and executed scooter smartly incorporating all essential considerations from various safety devices to accommodation for the required battery. The way the scooter is folded is very carefully considered and very user-friendly to operate. The way it hints the association of the classic image of a skate board is highly commended. The colour scheme is also very smartly coordinated, resulting in a minimalistic yet very vividly defined statement. And indeed it is surprisingly powerful during the operation.

Ar: Xiaomi Inc.　　　17G070674

自動二輪車 **TMAX530**

スポーツスクーターは平日は市街地での通勤、週末は郊外でのファンライディングなどと、幅広い使われ方をする。本製品は、伝統的なスポーツバイクと同等の意のままの加減速とハンドリングが可能なスポーツ性能と、スクーターの最大の特徴である、快適な移動のための装備や機能の両立をめざした。

審査委員の評価 スクーターでありながら従前のスポーツバイクを超える車両性能が、跳ね上がるようなブーメラン形状にパッケージされている。パーツ素材の選定からテクスチャーまで厳密に管理され、表情豊かなフォルムを成立させている。初代TMAXから受け継がれてきた卓越したバイクデザインである。

Ar:ヤマハ発動機(株)　Pr:ヤマハ発動機(株)　Dr:ヤマハ発動機(株)デザイン本部 安田将啓　D:ヤマハ発動機(株)デザイン本部 野口浩稔

Motorcycle **TMAX530**

Sport scooter motorcycles are used in many ways, from urban commutes during the week to fun rides out of town on weekends. This one combines the lively performance of a sports bike with the features and functions that make scooters so comfortable to get around on.

EVALUATION Though a scooter, this model outperforms some past sports bikes. As before, the body arches upward in a boomerang shape. The expressive appearance comes from meticulous control over details from part selection to textures and finishes. Excellent bike design in the spirit of the first TMAX scooter motorcycles.

Ar: Yamaha Motor Co., Ltd.　　17G070671

大型トラック **日野プロフィア**

デザインを一新して安全装備を標準とし、安全性能を大幅に進化させた。ブレーキの機能を向上させ、停止車両や歩行者を検知して衝突回避を支援。エンジンの小型化で燃費向上や軽量化も実現し、環境負荷低減に貢献する。これらの改良により、ドライバーが誇りを持ち、安心して乗れるトラックになった。

審査委員の評価 ロジスティックスモビリティの新たなベンチマークとなり得るデザインだ。エクステリアは明確なブランドイメージ表現と空気抵抗低減の工夫がなされ、インテリアは乗員のためのデザインが細部まで追求されている。安全対策と燃費改善も図られ、前モデルからの着実な進化が見られる。

Ar: 日野自動車(株)　Pr: 日野自動車(株) チーフエンジニア 渡邉良彦　Dr: 日野自動車(株) デザイン部 部長 山口聡　D: 日野自動車(株) デザイン部

Heavy-duty Truck **HINO PROFIA**

Trucks with updated design and improved, standard safety features that greatly improve safety performance. More advanced emergency braking helps avoid collision with stopped vehicles or pedestrians that are detected. Fuel efficiency and environmental performance benefit from a smaller engine. The result is a truck that inspires pride and confidence in drivers.

EVALUATION Sets a new benchmark for the distribution industry. The exterior clearly reflects brand identity while cleverly reducing wind resistance. Inside, the designers have gone to great lengths to anticipate driver needs. These improvements, along with better safety and fuel efficiency, show how the series is steadily evolving.

Ar: Hino Motors, Ltd.　17G070700

商品注文システム **Amazon Dash Button**

アマゾンのネットショッピングにおいて、ワンプッシュでお気に入りの商品を簡単に注文できるボタン。自宅のWi-Fiに接続しスマートフォンの専用アプリから商品を設定すれば、あとは必要なときにボタンを押すだけで注文できる。一歩進んだショッピング体験が得られるサービス。

審査委員の評価 ボタンを押すだけで望みの商品が配送される画期的なサービスである。100種類以上のボタンをラインアップし、1,000種類以上の日用品をカバーする。生活を変えるデザインであるとともに、IoTサービスの標準化に向けて、自らプログラミング可能なボタンへと拡張されつつある。

Ar：アマゾンジャパン（合同）　Pr：アマゾンジャパン（合同）Amazonデバイス本部／消費財事業本部

Product Order System **Amazon Dash Button**

Wireless one-button devices that make online ordering of one's favorite products from Amazon as easy as pressing a button. Connected to a home Wi-Fi network and configured via a mobile app, the devices are ready to place orders when needed at the press of a button. A shopping service that is one step ahead.

EVALUATION As a service for ordering needed products just by pressing a button, simply revolutionary. With hundreds of buttons available, thousands of everyday items can be ordered this way. Represents design that can transform consumer lifestyles. What's more, the developer continues to expand its potential and help standardize IoT-based services by offering programmable buttons.

Ar: Amazon Japan G.K.　17G070712

無縫製ニットウェアシステム ホールガーメント®

一着まるごと立体的に編み上げたニットウェアである。縫製しないので着心地は抜群で、1着分の糸しか使用しないため環境に優しく、今まで表現できなかった新しいニットの発想を実現できる。デザインシステムとの組み合わせでサプライチェーン全体の流れを刷新し、トータルなモノづくりを実現する。

審査委員の評価 繊維産業はこれまで安い人件費を求めて海外に生産拠点をシフトさせてきたが、このシステムを導入すれば企画・デザイン・生産・流通・マーケティング・販売が一気通貫できるようになり工程が改善される。消費地生産型にシフトし、在庫リスクの心配がない製造業の先進事例として期待する。

Ar：(株)島精機製作所　Pr：(株)島精機製作所

Seam-free Knitwear Manufacturering System **WHOLEGARMENT**

3D knitting machine that produces entire garments at once. The unit makes comfortable, seamless knitwear with a light environmental footprint, because it uses only the material needed for each garment. A wholly new approach to knitwear. As part of a complete production system with a designing station, introduces innovation across the supply chain.

EVALUATION Textile industries looking to cut labor costs have shifted production overseas, but deploying a system with this unit enables total control from planning to design, production, distribution, marketing, and sales. A pioneering example for the manufacturing sector, and one that eliminates inventory risk and responds to trends toward local production for local consumption.

Ar: SHIMA SEIKI MFG., LTD.　17G080765

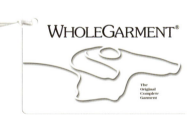

GOOD DESIGN SPECIAL AWARD 2017
DESIGN FOR THE FUTURE

スマートパーキング Smart Parking Peasy

近くの空いている駐車場を経済的に確実に利用できるBtoBtoCサービス。駐車場にICTを取り入れることで、ドライバーにとっても駐車場事業者にとっても、圧倒的にシンプルな利用方法を実現した。駐車場サービスをシンプルにしてカーライフをさらに楽しめる世の中をめざす。

審査委員の評価 ICTを利用して都市の駐車場不足問題や遊閑地の有効活用へのソリューションを提供する革新的なアイデアだ。要求技術と機能をコンパクトな寸法と重量に収め設置しやすくしたデザインは高く評価できる。工事不要の経済性とスマートフォンで操作できる利便性は大いに価値がある。

Ar：(株)NTTドコモ　Pr：39works　Dr：(株)NTTドコモ イノベーション統括部 企業連携担当　D：島村奨、狩野宏和、高道慧、山本裕己、廣澤創、宋陽樹、来野可奈子

Smart Parking **Smart Parking Peasy**

B2B2C service that economically and reliably connects drivers with open parking spots nearby. Smart parking lots serve the needs of drivers and lot operators alike, dramatically simplifying the business of parking. Easier parking is a step toward more enjoyable driving.

EVALUATION Fresh thinking that applies ICT to solve a lack of urban parking and take advantage of unused lots. We can admire how the designers condensed the required functions and technologies into a reasonably compact, lightweight, and easy-to-install tile. But what makes this system so economical and convenient is that it requires no special construction and is easy to use from a smartphone.

Ar: NTT DOCOMO, INC.　17G070714

顕微鏡 **超解像蛍光顕微鏡**

数十ナノメートル程度の非常に微小なタンパク質や遺伝子、細胞をクリアに観察できる顕微鏡。デスクに置けるサイズで暗室など特殊な環境は不要。導入しやすいため、超解像イメージング技術を用いた研究を加速させ、認知症などの中枢神経系疾患、再生医療、がんなどの分野への貢献が期待できる。

審査委員の評価 従来の顕微鏡のイメージを一新するデザインである。ディスプレイユニットがスライド移動し、検体架設部が現れるさまは未来的ですらある。各ユニットが一体化したフォルムは無駄がなく美しい。超解像顕微鏡に必要だった暗室も不要になり、作業環境に革新をもたらした。

Ar: シスメックス(株) Pr: シスメックス(株) 執行役員 吉田智一／中央研究所 主任研究員 岩永茂樹、岡田昌也
Dr: シスメックス(株) 技術情報部 中平増尚、杉山知美、関将之、井上麻央 D: Design Studio S 代表 柴田文江＋(株)ソフトディバイス

Microscope **Super-resolution fluorescence microscope**

Microscope that brings proteins, genes, and cells on the minuscule scale of tens of nanometers into clear focus for observation. The microscope itself is small enough to fit on a desk, and it requires no darkroom or other special arrangements. Easier to deploy, the unit may help accelerate research involving super-resolution imaging. Promises to contribute in research on dementia and other diseases of the central nervous system, cancer, and regenerative medicine.

EVALUATION In design, leaves the familiar image of microscopes far behind. The way the display unit slides to the side, revealing the sample area, might even be called futuristic. An efficient, coherent, and elegant combination of components. By eliminating the need for a darkroom in super-resolution microscopy, the manufacturer is blazing a trail in research environments.

Ar: Sysmex Corporation   17G080784

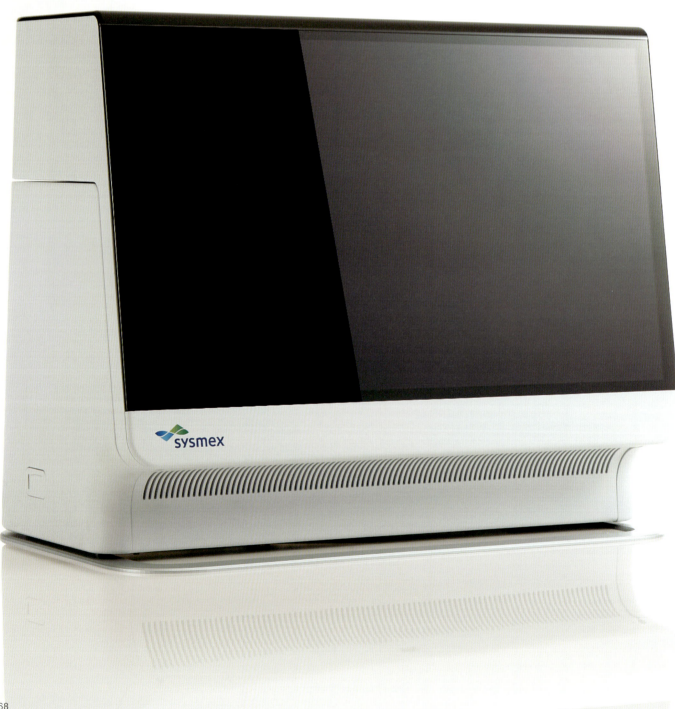

リードレスペースメーカー
Micra™ 経カテーテルペーシングシステム

小型軽量化を実現した世界最小のペースメーカー(2017年4月1日時点)。本体を皮下に植え込むのではなく、カテーテルを用いて心臓内に送り込み直接右心室に留置する。従来のペースメーカーと異なり、ペースメーカー本体と人体とをつなぐ細長いリード(導線)に関連する合併症のリスクがなくなる。

審査委員の評価 革新的なペースメーカーである。小型化と心臓内留置を成功させたことで、リード関連の合併症を根絶したのはもちろん、患者が胸部皮下の膨らみを意識する必要がなくなり、クオリティ・オブ・ライフを手に入れることが可能となった。細部まで美しい機構のデザインも秀でている。

Ar: 日本メドトロニック(株)　Pr: メドトロニック　Dr: メドトロニック　D: メドトロニック

Leadless Pacemaker **Micra™ Transcatheter Pacing System**
World's smallest pacemaker as of April 2017. A small, light unit. This pacemaker is implanted directly into the right ventricle, via a catheter, instead of under the skin some distance from the heart. Accordingly, there is no risk of complications from the leads used with conventional pacemakers.

EVALUATION A revolutionary pacemaker. By overcoming challenges in miniaturization and ventricular implanting, Medtronic not only avoids all complications associated with leads, they offer patients a higher quality of life. No need to worry about that bulge on one's chest, over an implanted pacemaker. Down to the details, the structural design is also elegant.

Ar: Medtronic Japan Co., Ltd.　　17G080811

粒子線治療装置 **小型陽子線治療装置 MELTHEA(メルセア)**

大幅な小型・低価格化を実現し、大型病院に限らず都市部の狭小な敷地への設置を可能にした粒子線治療装置。小規模な施設でも多くの患者の治療機会を作り出すことが可能となり、粒子線治療の社会普及に貢献する。

審査委員の評価 回転ガントリーの構造を見直すことで、陽子線治療装置の低コスト化と小型化を実現した。これにより、運営コストを含めた医療費を削減し、小規模な施設にも設置しやすくなった。また、奥行きを減らしてガントリー内の圧迫感を軽減し、患者にストレスを与えない空間づくりに成功している点など、多角的な視野で医療現場における課題を解決した点が画期的である。

Ar:三菱電機(株) Pr:三菱電機(株)電力システム製作所 大谷浩司 Dr:三菱電機(株)デザイン研究所 河原健太
D:三菱電機(株)デザイン研究所 山田亘

Particle Therapy Systems
Proton Beam Therapy System MELTHEA

Particle therapy system that addresses existing barriers to deployment, in size and cost, enabling installation not only at major hospitals but also smaller urban centers. Opens the door for broader installation and may help make this treatment available to more patients.

EVALUATION Taking a new approach for the rotating gantry has reduced both the cost and the size of this particle therapy system. In turn, lower operating and treatment costs are possible, making it easier for smaller facilities to deploy this system. With a shallower gantry, the system is also less intimidating and stressful for patients. In many respects, solves medical issues in groundbreaking ways.

Ar: MITSUBISHI ELECTRIC CORPORATION   17G080813

植込み型心臓モニタ Reveal LINQ™ 植込み型心臓モニタ

心臓疾患を医師が診断する手助けとなる、植え込み型の心臓モニターである。従来の「植え込む」イメージの手術を変え、体内に「挿入する」というコンセプトで開発された。挿入時の手技が簡略化され、患者の負担を軽減する低侵襲な植え込みが可能である。

審査委員の評価 モニターを大幅に小型化して手術の簡略化を実現し、またツールの開発により手技時間を短縮して、切開の大きさも最小限に抑えた。遠隔で医師が患者をモニタリングできるため通院が不要で、医師と患者の双方の負担を軽減している。最先端で洗練されたデザインである。

Ar：日本メドトロニック(株)　Pr：メドトロニック　Dr：メドトロニック　D：メドトロニック

Insertable Cardiac Monitor
Reveal LINQ™ Insertable Cardiac Monitor

Diagnostic heart monitor that is "injected," rather than implanted. Enables a simpler, minimally invasive procedure.

EVALUATION Along with a much smaller monitor, the manufacturer devised a simple procedure to insert it. The surgical instrument developed makes the operation faster and the incision smaller. Patient heart conditions can be monitored remotely, eliminating the need to return to the hospital for monitoring, which is convenient for doctors and patients alike. Refined, cutting-edge design.

Ar: Medtronic Japan Co., Ltd.　　17G080812

名刺 **LIMEX（ライメックス）名刺**

紙やプラスチックの代替となる日本発の新素材。石灰石を原料とし水や木は使用しない。1箱100枚の名刺で約10リットルの水を守る環境性能のほか、価格競争力、耐水性、耐久性があり、切断面で指を切ることもない。箱に刻まれた目盛りは、水資源への貢献を認識しやすいデザインとして施した。

審査委員の評価　水資源や地球環境の問題に目を向け、石灰石を主成分とする紙の代替素材を提示したことが新しい。石灰石は木材パルプより安価で、エコロジーとエコノミーの両立が可能である。人から人へと手渡しされる名刺によってこの素材を訴求するという考え方も含め、取り組みを高く評価した。

Ar：(株)TBM　Pr：(株)TBM 代表取締役 山崎敦義＋(株)アマナ 未来創造ルーム 片岡圭史
Dr：(株)TBM 執行役員 笹木隆之／コーポレート・コミュニケーション本部 渡邊将史、木島理紗子
D：(株)電通 アートディレクター 小野恵央

Business Card **LIMEX Business card**

A viable new alternative from Japan for the world to use instead of paper or plastic. Consisting mainly of limestone, the material requires no water or wood to produce. This environmental performance is equivalent to saving 10 liters of water in the production of 100 business cards. Limex is also cost-competitive, water-resistant, and durable. Unlike paper, edges will not cause paper cuts. On the box, the gradations are an easy way to see how the material helps save water.

EVALUATION　Shows initiative in responding to water scarcity and environmental issues by offering a limestone-based material as an alternative to paper. Limestone itself is also cheaper, which makes this solution ecologically and economically more compelling than paper pulp. A highly laudable effort, also for encouraging demand through business cards, which are passed from person to person.

Ar: TBM Co., Ltd.　17G090830

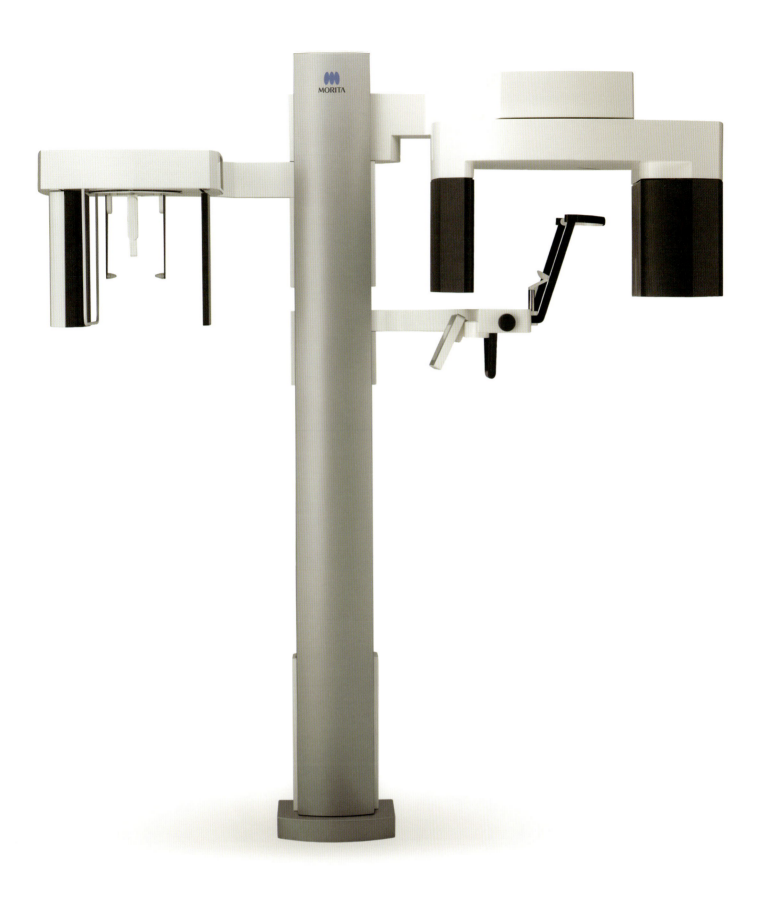

歯科用3次元X線診断装置 ベラビュー X800

CT、パノラマ、セファロの撮影機能を併せ持つ歯科用3次元X線診断装置。独自の先端技術により、高精細な画像撮影と患者の被ばく量の低減を実現した。明快なフォルムと細部に至る機能美は、本製品の優れたユーザビリティと高い精度を表現している。

審査委員の評価 高い機能と安全性を実現しつつ、幾何学的で無駄のないスタイリングにまとめられており、その完成度に驚かされた。視覚的なノイズがないため、撮影ポジションに立った術者が操作に集中しやすいだろう。操作部のインターフェースもわかりやすく、医療機器の理想的な姿といえる。

Ar：（株）モリタ製作所　Pr：（株）モリタ製作所 取締役 髙嶋美彦　Dr：（株）モリタ製作所 取締役 髙嶋美彦　D：f/p design gmbh、Fritz Frenkler、Anette Ponholzer、河邊旬司

All in One Dental X-ray Veraview X800

Dental 3D X-ray system ready for CT, panoramic, and cephalometric scanning. Incorporates original advanced technology for high-resolution imaging and reduced exposure. Structurally clear, the system shows a thorough regard for the elegance of utility, which expresses the exceptional usability and precision sought by the designers.

EVALUATION Surprisingly polished design. Safety and performance in a stylish and efficient, geometric arrangement. Without distractions, operators can focus on patients awaiting their x-ray. The control interface is also clear. A paragon of medical equipment design.

Ar: J. MORITA MFG. CORP.　17G080817

照明器具 **ModuleX60**

空間デザインの価値を高めることを目的に、極限まで小さく、クラスを超える明るさをめざして、回路設計から見直して開発した電源。深い反射板で美しい光を作り、まぶしさをフードでコントロールし、光質をいつでも変更できるフィルターを付けるなど、快適さと使いやすさを重視した。

審査委員の評価　本製品の背景には、空間デザインの価値を高めるために照明器具は目立たないことが重要だという考えがある。極限まで小さくしかもハイパワーながら、見える部分は徹底してシンプルでノイズがない。ディテールまでよく配慮された、目立たないための優れたデザインである。

Ar：(株)モデュレックス　D：(株)モデュレックス

Lighting Fixtures **ModuleX60**

Lighting fixture that enhances interior design. Exceptionally small, yet more capable than others in its class. The driver was thoroughly reexamined, starting from circuit design. Beautiful light is formed by a deeply inset reflector, with glare controlled by a hood. Filters can be attached as needed to alter the ambiance. Emphasizes comfort and convenience.

EVALUATION　Behind this product development lies a regard for inconspicuous lighting fixtures that elevate interior design. Though quite powerful, it is as small as can be. Simple and free of distracting elements, because what is concealed has been carefully considered. This attention to detail yields outstanding design that is designed not to stand out.

Ar: ModuleX. Inc　17G090877

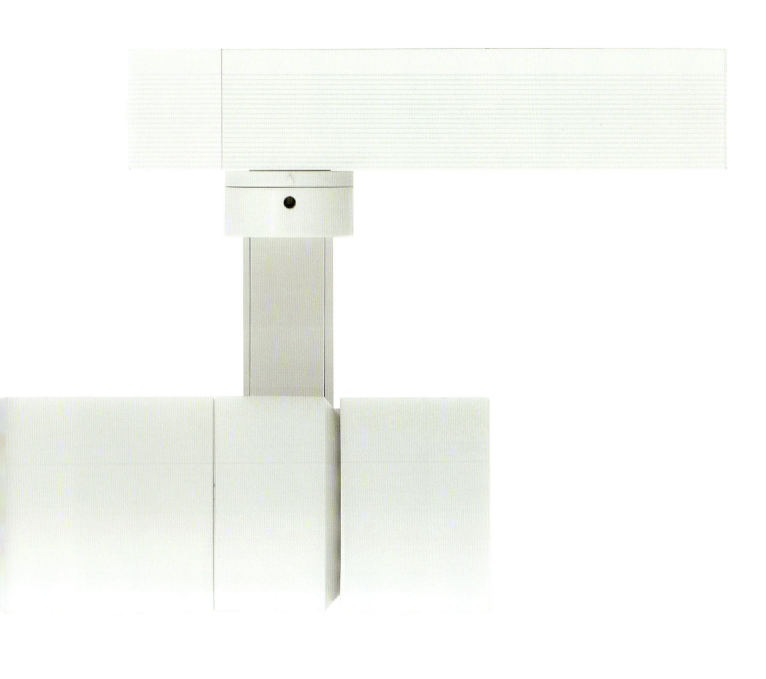

道路用二次製品 **防草ブロックとエレファンドレン**

雑草の生長を抑制し、従来の防草対策工事を不要にする新しい道路インフラデザイン技術。植物の成長メカニズムのひとつである「屈性」を利用するため、従来の構造物（道路2次製品）の側面を防草形状に構築。それにより、雑草が自ら生長を抑制するようになる仕組みである。

審査委員の評価 植物の屈性に着目して実験を繰り返し、研究成果を角度として製品に落とし込むことで、対処療法的ではなく、根本的に防草を実現した点を評価した。全国の道路の総延長を考えれば、本製品により除草作業の負担を軽減できることの社会的意義は大きい。

Ar: 全国防草ブロック工業会＋石田鉄工(株)＋防草研究会　Pr: 防草研究会 代表 石川重規　Dr: 全国防草ブロック工業会 会長 矢野明正　D: 石田鉄工(株) 代表取締役 石田昭三

Secondary Product for Road **Weed control block and Elephandrain**
New road infrastructure design and product technology to control weeds and eliminate associated road work. Acting on a principle of plant growth, a new shape was adopted in conventional road blocks and drainage components to prevent weeds. The approach turns weeds' development mechanisms against them to inhibit growth.

EVALUATION We applaud the organization for addressing the root cause, so to speak, instead of merely coping with the result. To do so, they focused on the growth mechanism, conducted many tests, and applied their findings by altering the shape of road components. In consideration of Japan's extensive road systems, the amount of weed work this innovation eliminates will have enormous social impact.

Ar: The All-Japan Weed Control Block Manufacturer's Association + Ishida Ironwork CO.,LTD. + Society for Study of Weed Control　17G090870

乾式オフィス製紙機 **PaperLab A-8000**

世界初、使用済みの紙から文書情報を完全に抹消した上で、新たな紙を生み出すことができる乾式のオフィス用製紙機。紙のリサイクルを身近でおこなうことによって循環型社会を活性化し、同時に紙ならではの豊かなコミュニケーションのあり方を提案する。

審査委員の評価 昨今のペーパーレスの方向性を踏まえた、今後の紙の使用方法に関するひとつの提案として、極めて優れている。用紙をオフィス内で循環させることより、情報セキュリティのレベルが向上している点もよく考えられている。

Ar：セイコーエプソン（株）　Pr：セイコーエプソン（株）ペーパーラボ事業推進プロジェクト　Dr：セイコーエプソン（株）技術開発本部　D：セイコーエプソン（株）技術開発本部

Dry Process In-office Paper Recycler **PaperLab A-8000**

World's first waterless in-office paper recycling system, giving new life to pulp from used documents that are securely shredded. Encourages recycling in society by making paper recycling more familiar, and in users' communication, invites people to take advantage of the versatility of paper.

EVALUATION Exceptionally outstanding as a response to current "paperless office" trends that suggests how we can continue to use paper in years to come. Also reflects thoughtful design in how this internal paper recycling can enhance information security.

Ar: SEIKO EPSON CORPORATION　　17G090897

ミーティング家具シリーズ **アイプラス ミーティング家具シリーズ**

オフィスの会議室やミーティングスペース向けの、機能性とデザイン性を両立させた家具シリーズ。金管楽器から着想を得たデザインは、機能をパイプ内に収めることで実現し、究極のミニマリズムを具現化している。デザイン性の高いチェアやキャビネットにも合わせやすい外観品質。

審査委員の評価 新たな造形要素を付加するのではなく、シンプルな構成の中に必要な機能要素を内包するという、洗練されたノイズレスの手法を用いた家具である。隠れた部分の細部にまで、表側と同様のノイズレスの処理が施されていることも評価を得た。今後のスタンダードになり得る製品である。

Ar：(株)イトーキ　Pr：(株)インターオフィス 寺田尚樹＋(株)イトーキ 櫻井多弥男　Dr：(株)インターオフィス 寺田尚樹
D：(株)インターオフィス 寺田尚樹、秋山昌平＋(株)イトーキ 山中彬弘＋安東陽子デザイン 安東陽子＋岡安泉照明設計事務所 岡安泉

Meeting Furniture Series **i + Meeting furniture series**

An elegant and practical line of furniture for office conference rooms or meeting spaces. Minimalist to an extreme, the series takes cues from brass instruments, with the hollow structure of the pipes also serving practical purposes. Their refined appearance makes them easy to pair with office chairs or cabinets that have a more noticeable design flair.

EVALUATION Rather than merely adding a novel design element to furniture, the designers sought furniture through a sleek, "noiseless" approach, with appealingly simple structures that by their very nature can meet practical requirements. We also appreciate how even unseen details look as polished and noiseless as front surfaces. Products that can set a new standard.

Ar: ITOKI CORPORATION　　17G090887

077

トレーラーハウス 住箱

住まいと自然との調和を目的としたモバイルハウス。木のパネルを組み合わせたようなデザインは、トレーラーであることを感じさせない、柔らかな雰囲気を意図したもの。内と外をつなぐシンボリックな大窓やガラスの出入口をパネルで閉じれば、全体がシンプルな箱に見える設計とした。

審査委員の評価 「空間を持ち歩く」という新しいスタイルを実現するための小さな箱である。2拠点居住やサテライトオフィスが注目される中、その土地に拘束されない自由さを獲得するための挑戦的な試みであり、住居として、仕事場として、あるいはショップとして、さまざまな使い方を想起させる。

Ar：(株)スノーピーク　Pr：(株)スノーピーク 代表取締役社長 山井太　Dr：(株)スノーピーク 取締役 執行役員 企画本部長 小杉敬　D：隈研吾建築都市設計事務所 隈研吾

Trailer Home JYUBAKO

Trailer designed to strike a better balance between one's home and the nature around it. The relaxed ambiance of this dwelling, which resembles a patchwork of wood panels, belies the fact that it is a trailer. The large windows and sliding glass door symbolically link the inside and outside. Shut them, and the structure becomes a simple, box-like room.

EVALUATION A cozy, box-like dwelling that brings a new dimension to residential mobility. As second homes and satellite offices continue to interest people, this is a bold attempt to help us reclaim some freedom without being bound to one place. Fulfills many roles, as residence, workplace, or small store.

Ar: Snow Peak Inc.　17G100951

小屋 **無印良品の小屋**

気に入った場所で暮らすという、誰もが持つ小さな憧れを形にする道具。家や別荘ほど大げさでなく、旅ほど気軽でもない。山や海辺、庭など、自分の好きな場所に設置すればたちまちその土地の一部となり、もうひとつの暮らしが始まる。そんなイメージから生まれた小屋である。

審査委員の評価 勾配屋根と焼杉の外壁による小屋は、日本のどこに置かれても周囲の景観を損なうことのない、シンプルで優れたデザインである。2拠点居住の拠点、あるいはショップや趣味の空間にもなり、生活に豊かさを添えるポテンシャルがある。「小屋のある暮らし」というライフスタイルの提案も新鮮だ。

Ar：(株)良品計画　Pr：(株)良品計画 事業開発担当 生明弘好
Dr：(株)良品計画 生活雑貨部 企画デザイン室 矢野直子　D：
NAOTO FUKASAWA DESIGN 深澤直人

Hut **MUJI HUT**

Prefabricated cabin that can bring to life a dream that anyone might have: the desire to live in a special place. Less of a commitment than a home, but more than just taking a trip. Find another life away in the hills, near the coast, or by a garden—all places where the dwelling fits right in. This thinking inspired the Muji Hut.

EVALUATION Simple, outstanding design. With its slanted roof and charred cedar siding, this small cabin would not look out of place nearly anywhere in Japan. Makes us imagine a fuller life, using it as a second home, small store, or studio. A fresh take on the idea of living life on a simpler scale.

Ar: Ryohin Keikaku Co., Ltd.　17G100950

KUGENUMA TORICOT **KUGENUMA TORICOT**

友人と飲食したり近隣住人と交流できる外部空間が欲しいという施主の希望を受けて計画した、自邸と賃貸物件の計画。旗竿敷地の通路を広場に見立て、その脇に小さなシェアキッチンを設けた。キッチンを使って店を開いたり、広場でマルシェを計画したり、敷地を超えて人と人とのつながりを生み出している。

審査委員の評価 共用のキッチンを商店街に面して作るというちょっとしたアイデアが、地域をいきいきとした場に変貌させた。友人や近隣も巻き込んでひとつの地域拠点となったさまは、まさにデザインの力を感じさせる。その場所でしかできないデザインだが、多くの人々の共感を得る普遍性もある。

Ar：一級建築士事務所アンブレ・アーキテクツ　Pr：林義仁　D：松尾宙、松尾由希

KUGENUMA TORICOT **KUGENUMA TORICOT**

Residential-commercial complex that satisfied the owner's wish for an outside area to share a meal or a drink with friends or chat with neighbors. On a P-shaped lot in a commercial neighborhood, the entrance walkway is now a public area with a small shared kitchen offset from the street. The kitchen serves food, and small fairs have been held in the open area, building ties beyond the site.

EVALUATION　The inspiration to set up a shared kitchen facing a street lined with shops has turned this spot into a neighborhood hangout. Seeing how it brings friends and neighbors together certainly reminds us of the power of good design. Despite being a site-specific design, it also has universal appeal.

Ar: Umbre Aechitects　　17G100978

賃貸長屋 **竜美丘コートビレジ**

郊外の住宅地に建設された、9戸が集合する賃貸長屋。路地と駐車スペースによって隣地との間に余白を設け、建築のさまざまな位置に軒のある半屋外空間を作って、風が流れる快適なスペースにした。半屋外空間やアネックスを介し、生活が屋外、他者、さらには街路、地域へと開かれる住宅を意図した。

審査委員の評価　1階の住人がセミパブリックな用途で使えるアネックスと、それを取り巻く軒下の半屋外空間がよい効果を上げている。住民主催のマルシェなどもおこなわれているようで、単なる住むための器にとどまらない、コミュニティの核にもなる場を、集合住宅として提供できていることを高く評価した。

Ar：Eureka　D：稲垣淳哉、佐野哲史、永井拓生、堀英祐

Tenement **Dragon Court Village**

Row of nine rental apartment units in suburban Japan. Features a comfortable, open layout. The surrounding driveway and parking spaces form buffer zones, while here and there, residents pass between roofed, semi-outdoor spaces. Through these semi-enclosed areas and several commercial spaces, residents' activities extend outdoors and mingle with those of neighbors, just as the building itself is open to the road and neighborhood.

EVALUATION　The "annex" spaces that first-floor residents can use for public purposes have proven effective, as have their roofed patios. With fairs and other events currently held by some tenants, this is not just a place to live. Deserves praise for showing how such a complex can serve as a neighborhood hub.

Ar: Eureka　　17G100952

環境配慮型まちづくり ミナガーデン十日市場

産官学の協働による環境配慮型地域コミュニティ形成モデル。約2年間かけて公募、事業計画、設計、建設工事をおこない、引き渡し後も2年以上にわたり環境調査、ワークショップ、セミナー、環境形成アドバイスに取り組んだ。住まい手と作り手が協働し、住環境を創り育てる持続的なプロジェクト。

審査委員の評価 自然の傾斜を樹木も含めて法面のまま利用し、巧みな区画割りで境界を持たない一体的な戸建住宅群を創り上げた。また外部空間「みんなの庭」により、住戸と共用空間を連動させたのも評価できる。環境配慮とコミュニティという現代の課題をとらえた、戸建住宅開発の画期的なモデルだ。

Ar: ナイス・飯田善彦建築工房・岡山建設設計建設共同企業体　Pr: 横浜市建築局住宅計画課 横浜市住宅供給公社　Dr: 飯田善彦建築工房 飯田善彦＋首都大学東京 小林克弘　D: ナイス 平田恒一郎＋飯田善彦建築工房 飯田善彦、山下祐平＋首都大学東京 小林克弘＋横河設計工房 横河健＋URU総合研究所＋アトリエU 宇野健一＋S2 杉浦榮、高間三郎＋加用現空、鈴木信恵

Environmentally Friendly Housing Project
minaGarden Tokaichiba

Model of environmentally conscious community-building supported by public, private, and academic sectors. The public offering, planning, design, and construction took place over two years, and the handover was followed by environmental surveys, workshops, seminars, and landscaping advice over the next two years. A sustainable, cooperative project between developers and residents that created and continues to maintain the residential environment.

EVALUATION This cluster of residential units is skillfully arranged without boundaries, using existing slopes and trees on the lot. Also commendable is how the outer area, described as a garden for all, neatly joins shared and private areas. An innovative model of residential development that responds to current issues of environmental consciousness and community.

Ar: Nice corporation・Iida archiship studio・Okayama construction JV
17G111037

仮設住宅団地 **御船町東小坂仮設団地**

熊本地震後の仮設住宅団地の計画である。住戸間に構造パネルの奥行きを利用した家具を配置することで、充分な収納スペースを確保し、住戸間の遮音性も向上させた。2つの住棟間には屋根をかけ、その下に談話室と縁側デッキからなるコミュニティ空間を置いて、入居者や近隣住民が気軽に集える場にした。

審査委員の評価 仮設住宅における物理的な問題を解決しつつ、居住者に優しい雰囲気を提供する。気軽な近所づきあいをもたらす共用部もよい。またシステムが単純明快で、将来ほかの被災地においても適用できる汎用性がある。プランニング、技術、構法が高度に統合された、社会のためのデザインである。

Ar: ボランタリー・アーキテクツ・ネットワーク＋熊本大学 田中智之研究室＋慶應義塾大学 SFC 坂茂研究室　Dr: 原野泰典、田中智之　D: 坂茂、田中智之

Temporary Housing **Mifune Town Temporary Housing in Kumamoto**

Temporary public housing built after the Kumamoto earthquakes. Ample storage and improved soundproofing is provided by structural panels arranged perpendicular to the walls between units. Between two of the buildings, residents and neighbors can relax in a community room or roofed patio deck.

EVALUATION Solves physical issues in emergency housing while offering a pleasant place for evacuees to live. Also admirable are the shared areas, where neighbors can chat. A straightforward system versatile enough to use again at other disaster sites in the future. Design in the public interest that brings together expert planning, techniques, and construction.

Ar: Voluntary Architects' Network + Tanaka Lab., Kumamoto Univ + Ban Lab., Keio Univ SFC　　17G111042

通路上屋 **三角港キャノピー**

JRの駅からフェリー乗り場まで、乗客を誘導するための通路上屋（キャノピー）。支柱頂部をピンにして、円弧の平面線形により全体をバランスさせるリングガーダーの構造を採用した。構造と意匠が不可分の部材構成により、経済合理性も兼ね備え、シンプルかつ高品質な公共空間のデザインを実現した。

審査委員の評価　熊本の港にまるで薄い板状の屋根が浮かんでいるかのような景観が素晴らしい。円弧の平面線形を利用して全体で構造をバランスさせるリングガーダー構造は、造船技術を応用した高度なエンジニアリングによって実現された。ミニマル表現をめざした秀逸な公共空間である。

Ar：(株)ネイ＆パートナーズジャパン　Pr：(株)水野建設コンサルタント　Dr：熊本大学 工学部社会環境工学科 景観デザイン研究室 星野裕司＋(株)ネイ＆パートナーズジャパン 渡邉竜一＋Ney Ney & Partners BXL s. a. ローラン・ネイ　D：(株)ネイ＆パートナーズジャパン 渡邉竜一＋Ney Ney & Partners BXL s. a. ローラン・ネイ、エリック・ボダウェ 設計協力：オーク構造設計 新谷眞人

Canopy **Misumi Canopy**

Canopy over a walkway linking a train station and ferry dock. The canopy is supported by pillars with a pin-shaped tip, arranged to balance the arcing roof. In these parts and how they are combined, the structure and design are inseparable, which has enabled superior public design that is simple and economical.

EVALUATION　A slim canopy seems to float in the air near this harbor in Kumamoto, creating a wonderful scene. Sophisticated engineering from shipbuilding is behind these ring girders, which balance the canopy well, following the arc. Excellent public design in pursuit of minimalist ideals.

Ar: Ney & PARTNERS JAPAN　　17G121048

自由に水廻りをレイアウトできる住宅 **ミライフル**

サイホン排水システムの採用により、水廻り配置の自由度を高め、従来の発想にとらわれない間取りを実現する住宅。多彩なセレクトプランや家族構成の変化、介護などに対応し、ライフスタイルやライフステージの変化に合わせて間取りも変えるという「可変性」を提案する。

審査委員の評価 水勾配を細部まで処理することにより、配水の自由度を生み出している。それによって集合住宅の間取りの自由度を高め、設計の幅を広げる画期的な提案である。暮らし方が変わりやすい現代に即しており、集合住宅の風景を変える可能性も秘めている。

Ar: 野村不動産（株）　Pr: 野村不動産（株）住宅事業本部 商品戦略部 川合通裕　Dr: 野村不動産（株）住宅事業本部 商品戦略部 吉田安広／事業推進二部 多和田智希＋（株）長谷工コーポレーション エンジニアリング事業部 若林徹　D:（株）長谷工コーポレーション エンジニアリング事業部 久保勝之＋（株）ブリヂストン 化工品開発第1本部 配管開発部 桜田秋能

A Residence the Kitchen can be Placed Anywhere **Mi-Liful**

Residential design allowing greater freedom in room layouts, using a siphon drainage system. Expands possibilities in predefined floor plans and enables flexible remodeling to suit evolving family structures, needs for home care, and other changes in lifestyles or life stages.

EVALUATION Sinks can be arranged with greater freedom, thanks to a drainage slope designed to exacting specifications. In turn, the leeway in residential floor plans afforded by this unprecedented approach expands architectural options. Attuned to current needs and changing lifestyles, this innovation promises to transform the residential landscape.

Ar: Nomura Real Estate Development Co., Ltd.　17G111044

085

天理駅前広場 **天理駅前広場コフフン**

駅前広場をイベントや多世代の憩いの場、あるいは観光情報の発信地として活用することで、周辺地域の活性化を図るプロジェクト。約6,000平方メートルの敷地にカフェやレンタサイクルをはじめとするショップ、総合案内所、遊具、屋外ステージ、待合スペースなどを備えた。

審査委員の評価 都市に新しい顔を与えた画期的なプロジェクトである。大小の同心円のモチーフを上下に展開しただけの簡単な構造だが、実際に現地を訪れると市民が楽しく過ごしているのがわかる。円というモチーフがアイコンになり、人々のアクティビティを誘発することに成功している。

Ar：奈良県天理市　Pr：天理市　Dr：nendo　D：建築インテリア：nendo＋井渡屋＋コクヨ(株)／サイン：(株)日本デザインセンター 色部デザイン研究室／照明：岡安泉照明設計事務所／植栽：(合同)スタジオモンス

Tenri Station Plaza **Tenri Station Plaza CoFuFun**

Station plaza development project to encourage local revitalization through events, visitor information, and places for people of all ages to relax. Facilities in the nearly 6,000-square-meter area include a café, shops, bicycle rental, an information kiosk, playgrounds, amphitheaters, and meeting areas.

EVALUATION A game-changing project that has added a new facet to the city. The cluster of buildings at various levels consists of beguilingly simple concentric circles. Simple, yet the residents it draws certainly enjoy the plaza. By adopting this iconic motif of circles, the developers have succeeded in stimulating activity here.

Ar: Tenri City, Nara Prefecture　17G121053

公共施設 **OM TERRACE**

大宮駅東口駅前の公有地を利用して計画された、公共トイレ、コミュニティサイクル・ポート、屋上広場が複合した建築である。6回にわたる公開型の意見交換会を通じて大宮にふさわしい公共空間のあり方を議論し、全体がひとつのストリートのように連続した形を持つ、新しい公共空間を生み出した。

審査委員の評価 負のイメージがつきがちな公共トイレが明るく爽やかな雰囲気でまとめられ、2階の屋上テラスからはこれから開発される駅前空間を眺められる。商業的な手法を用いたデザインと公共的なデザインなど、一見相反する要素を統合した、ハイブリッドで現代的なデザインである。

Ar: さいたま市＋(株)アール・エフ・エー　Pr: さいたま市　Dr: 藤村龍至敬　D: RFA 藤村龍至、武智大祐、小笠原一穂、福田宇啓＋小西泰孝建築構造設計 小西泰孝＋ツキライティングオフィス 吉楽広敦＋neucitora 刈谷悠三、角田奈央

Public Facility **OM TERRACE**

Public building facing Omiya Station, combining restrooms, bicycle rental, and a rooftop terrace. Community input on a fitting local facility was gathered over the course of six meetings, which led to a novel public space linked by a winding path.

EVALUATION Public restrooms tend to have a negative image, but this pleasant building marks a refreshing departure. The rooftop terrace on the second floor looks out over the station, where other development is planned. With elements of both commercial and public design, the building integrates two styles that might otherwise seem at odds in a hybrid approach that feels contemporary.

Ar: Saitama City + RFA　17G121054

商店街アーケード

福山市本通・船町商店街アーケード改修プロジェクト —とおり町 Street Garden—

江戸時代から400年以上続く本通・船町商店街に30年前につくられたアーケードの改修プロジェクトである。単に改修するのではなく、かつての商店主たちの希望が込められたアーケードの記憶を継承した。自然あふれる環境の中で"歩く喜び"が感じられるストリートスケープへ再創造させた建築的かつ土木的実践である。

審査委員の評価 アーケード改修の議論は難しい。維持する体力はなく、また撤去による顧客サービスの低下も困る。それを乗り越えて再創造されたこの空間は、美しく、アーケードが賑わっていた頃への敬意も感じられる。主導したデザイナーとともに、粘り強く議論し協力した商店街の人々に敬意を表したい。

Ar：UID＋福山本通商店街振興組合＋福山本通船町商店街振興組合＋NPOわくわく街家研究所＋福山市＋福山商工会議所＋大和建設（株）＋中国電力（株）＋鹿島道路（株）＋（株）松誠園緑地建設＋（株）マツダ金属製作所 Pr：福山本通商店街振興組合 北村洋一＋福山本通船町商店街振興組合 作田英樹＋福山市 Dr：UID 前田圭介＋まちづくりコーディネーター 木村恭之＋福山商工会議所 事務局　産業部産業課 D：UID 前田圭介

Arcade
FUKUYAMA CITY HONDORI / FUNAMACHI STREET ARCADE RENOVATION PROJECT -TORI-CHO STREET GARDEN-

Renovation of a 30-year-old outdoor shopping arcade. To retain a glimmer of the old arcade while updating the street and realigning the shops, the existing pillars were kept, but the roof was replaced with suspended stainless-steel cables, bringing back an inviting streetscape for a pleasant stroll under the trees.

EVALUATION Despite the difficulty of arcade renovation—with stakeholders unable to maintain the street but concerned that visitors will be disappointed by scaling back—this rebuilt space looks beautiful and honors the spirit of the once-vibrant arcade. We can respect the stakeholders for working with the lead designer, never giving up, and collaborating so well.

Ar: UID + Fukuyama Hondori Shopping Street Promotion Association + Fukuyama Hondori Funamachi Shopping Street Promotion Association + NPO Wakuwaku Gaiya Laboratory + Fukuyama City + Fukuyama Chamber of Commerce and Industry + DAIWA CONSTRUCTION CO.,LTD. + The Chugoku Electric Power Company, Incorporated + KAJIMAROAD CO.,LTD. + SHOSEIEN RYOKUCHIKENSETSU CO. + MATSUDA MFG. CO.,LTD. 17G121055

美術館・図書館 **太田市美術館・図書館**

群馬県太田駅前に立つ文化交流施設。太田駅前に賑わいを取り戻すため、人々が気軽に立ち寄れるように、街が内部まで連続しているような建築をめざした。具体的にはRC造のボックスの周りを、鉄骨造のリムによるスロープが立体的に取り巻き、街を歩くように各階を回れる構成とした。

審査委員の評価 駅前ロータリーの一部を敷地に使い、中心市街地の活性化の起爆剤とすべく建てられた文化施設である。通常はなかなか融合しない美術館と図書館という2つのプログラムが、それぞれスロープ状の空間となり、互いに絡み合うように構成されている。発明的な新しい建築の形式である。

Ar：(株)平田晃久建築設計事務所＋オーヴ・アラップ・アンド・パートナーズ・ジャパン・リミテッド　Pr：平田晃久

Art Museum & Library **ART MUSEUM & LIBRARY, OTA**

A multicultural museum and library across from a train station in an area of Gunma known for manufacturing. Intended to look as if the street extends straight into the building, inviting more people to stop by the station plaza. Around a cluster of box-like buildings of reinforced concrete, steel-frame "rims" create winding slopes. Walking between levels feels like strolling on a street.

EVALUATION Intended as a catalyst to enliven the city center, the museum and library extends from a traffic circle by a station. Museums and libraries do not often mix well, but here, the winding slopes neatly intertwine the programs conducted by each facility. The shape of fresh, inventive architecture.

Ar: akihisa hirata architecture office + Ove Arup & Partners Japan Ltd.
17G121062

089

障害福祉サービス事業所
Good Job! Center KASHIBA, Good Job! Center KASHIBA／STUDIO

障がいのある人とともにアート、デザイン、ビジネスの分野を超えて、社会に新しい仕事を創り出すことをめざす場。多様な働き方を肯定し、障がいのある人もない人も、地元の人も来訪者も、それぞれが居心地の良い場所を見つけ、新しい働き方の実験ができる場となっている。

審査委員の評価 障がい者がアートやデザインを通じて働くことを支援する組織の新しい拠点である。市松状の壁を角度を変えて配することで、それが構造を兼ねると同時に、新しい形式の空間を生み出している。その心地よさは障がい者にとっても健常者にとっても同じであるという気づきをもたらすだろう。

Ar：(社福)わたぼうしの会＋一級建築士事務所 大西麻貴＋百田有希／o＋h　Pr：(社福)わたぼうしの会 理事長 播磨靖夫　Dr：(社福)わたぼうしの会 成田修、森下静香＋(一財)たんぽぽの家 岡部太郎＋一級建築士事務所 大西麻貴＋百田有希／o＋h 大西麻貴、百田有希、榮家志保　D：UMA / design farm 原田祐馬、津田祐果＋ NEW LIGHT POTTERY 永富裕幸、奈良千寿＋吉行良平と仕事 吉行良平

Facilities of Social Wealfare Service
Good Job! Center KASHIBA, Good Job! Center KASHIBA / STUDIO

Architectural design of a center that seeks new forms of disabled employment in the fields of art, design, business, and more. Open to local residents and visitors alike, the center supports a range of working styles. Here, people with and without disabilities can find a comfortable place to experience new work opportunities.

EVALUATION New base of operations for a venerable organization that supports disabled employment through art and design. Walls adopt a checkerboard pattern, but with tilted surfaces. Not only is this arrangement structural, the spaces it creates set a fresh tone. Reminds us that comfortable places are appreciated by people of all abilities.

Ar: Wataboshi-no-kai SocialWelfare Corporation + onishimaki + hyakudayuki architects / o+h   17G121090

中学校 **陸前高田市立高田東中学校**

東日本大震災で被災した3つの中学校を統合した新校舎。学校機能を充実させ、被災した住民の地域の居場所となる建築である。設計の過程で何度もワークショップを実施し、さまざまな希望を受け入れて設計、施工を進めた。風景に寄り添うカテナリー状の木屋根は、復興のシンボルとなることを意図した。

審査委員の評価 学校建築として極めて高い質を実現している。図書館、多目的ホールを入り口付近に設置し、調理実習室などを同じフロアに設けて、周辺住民も利用できる開かれた施設とした。また、災害時の避難拠点にもなる。住民とのワークショップの成果をデザインに反映させた点も素晴らしい。

Ar：(株)SALHAUS　D：(株)SALHAUS 日野雅司+栃澤麻利+安原幹

Junior High School **Takata-higashi junior high school**

New school integrating three junior high schools affected by the Tohoku disaster in 2011. More than adequate as a place of learning, the buildings also serve as a reassuring local symbol and place to be. Throughout the design process, workshops with community stakeholders solicited many ideas that were applied in design and construction. The wood roofs adopt catenary curves, which match the scenery and symbolize recovery.

EVALUATION A paragon of school architecture. With a library and multipurpose hall near the entrance and a student kitchen and other rooms on the same floor, the school remains open to community members, who are also invited to use it. Doubles as an evacuation site in emergencies. Also wonderful is how ideas from public workshops were incorporated in the design.

Ar: SALHAUS　17G121079

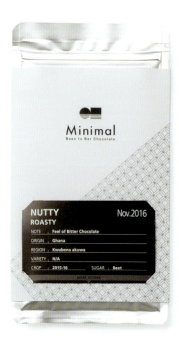

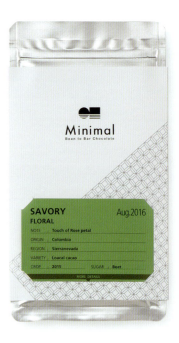

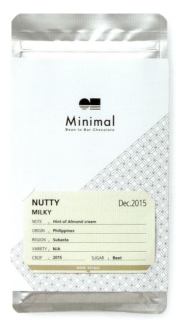
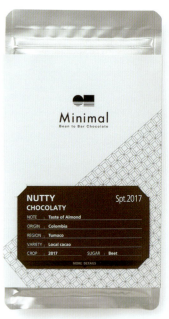

カフェ・レストラン **T. CAFE**

汚泥処理施設と教育センターを兼ねた「Tパーク」の中に、香港の環境保護局が設置したセルフサービスのカフェ。取り壊された湾仔（ワンチャイ）埠頭の防舷材であった古材から椅子やテーブルを作り、配置した。リサイクル材をデザインに活用することで、環境保全と持続可能性を推進するというTパークの理念を体現した。

審査委員の評価　建設地の独特の背景とリンクした、感性豊かで刺激的なプロジェクトである。木材の経年劣化や損傷の程度に基づいた、論理的かつ客観的な手法を家具製作に適用し、驚きと詩情に満ちた工芸品を生み出している。プロジェクトの発表方法や、木製防護材の運搬と製造工程を紹介するビデオクリップもまた見事だ。

Ar：LAAB　Pr：Environmental Protection Department(HKSAR Government) and VW-VES(HK) Limited　Dr：Yip Chun Hang, Otto Ng, Ricci Wong, Jesse Hau(LAAB)，with Roy Ng　D：Zion Chan, Kenneth Cheung, Carolyn Tam, Tat Lau, Happy Yam, Phoebe Ng, Catherine Cheng, Tyrus Lui, Anson Ma, Hon Chan, CK Wong, Kelvin Lam(LAAB)，Milkxhake, Stylo Vision, CKK

Cafe, Restaurant **T. CAFE**

Self-service café set up by Hong Kong's Environmental Protection Department at T·Park, a sludge treatment plant and environmental education facility. Chairs and tables are made of old wood recovered from Wan Chai Pier fenders. Incorporating recycled materials into the interior design embodies T·Park's message of environmental conservation and sustainability.

EVALUATION Quite a discerning, inspiring project, rooted in the history of this area. Using the wood in different ways depending on its condition reflects a logical, objective approach. The furnishings that this craftsmanship has produced are impressive and brimming with poetic sentiment. Also remarkable is how the project was announced and the quality of the video introducing wood transfer and furniture production.

Ar：LAAB　　17G121117

チョコレートブランド **Minimal -Bean to Bar Chocolate-（ミニマル）**

世界の産地よりカカオ豆を厳選し、産地によって異なるカカオの香りを最大限に引き出しながら、独自製法でチョコレートを手作りしている。カカオ農家との関係、チョコレートの製法と風味、チョコレートの楽しみ方を再構築し、嗜好品としてのチョコレートの刷新をめざす。

審査委員の評価　カカオ農家との関係性改善をはじめとした、社会課題解決に向けた取り組みなど、素晴らしい背景が製品にある。さらりとしたデザインのパッケージがチョコレートを新しくするという使命を体現しているようで清々しい。大きさの違うカットは独特で、新しいチョコレート体験を期待させる。

Ar：(株)Bace　Pr：(株)Bace 代表取締役 山下貴嗣　Dr：(株)Bace 取締役 田淵康佑　D：(株)ブラック・バス 代表取締役 佐伯宗俊

Chocolate Manufacturing Brand **Minimal -Bean to Bar Chocolate-**

Branding for a unique chocolate maker who sources cacao from around the world to take full advantage of flavors and aromas that vary by growing region. Reflects a wish to reinvent chocolate through personal ties with cacao growers and a regard for how chocolate is made, kept fresh, and enjoyed.

EVALUATION Behind this chocolate is an admirable commitment to social issues, as by establishing better relationships with cacao growers. A mission to reintroduce chocolate as something new is evident in the sleek, refreshing packaging. The chocolate itself forms a distinctive arrangement of squares that also promises a new tasting experience.

Ar：Bace, Inc.　　17G131162

広告 「ちょうどこの高さ」

銀座ソニービルに掲出された広告。東日本大震災の際、岩手県大船渡市において観測された最大津波16.7メートルを実感できるように、地上から16.7メートルの高さに線を引いた。被災者への配慮を大前提にしつつ、当社の企業姿勢と防災への想いを真摯に伝えるため、メッセージを中心に据えた、読む広告とした。

審査委員の評価 震災を忘れてはいけないという強いメッセージが感じられる。ヤフーというデジタルの会社が、ビルボードというアナログメディアでメッセージを発信したのも意外性がある。津波の高さを示す赤いラインが淡々としていて、災害の怖さをあおるのではなく、よいバランスで思い起こさせる。

Ar：ヤフー（株）　Pr：（株）博報堂 岡田憲、山縣太希　Dr：（株）博報堂ケトル 橋田和明＋ヤフー（株）内田伸哉、和気洋子　D：（株）博報堂 柿崎裕生、井手康喬、内田翔子

Advertising "IT WAS THIS HIGH"

Giving passers-by a keen sense of how high the highest tsunami in Ofunato reached during the disaster in 2011, this advertisement on the Sony Building in Ginza bears a red mark at a height of 16.7 m. The ad itself consists solely of a heartfelt message, which gives it more impact. In it, Yahoo honors the memory of the victims while sharing a hope that we will be better prepared in the future.

EVALUATION   A powerful reminder not to forget the tragic events that day. Also somewhat unexpected, as an "analog" message from a digital company. Marking the wave height with a red line shows good judgment as a matter-of-fact approach, not one that make us fearful of such disasters.

Ar: Yahoo Japan Corporation   17G131174

活動 **さんち〜工芸と探訪〜**

全国の工芸と産地の魅力を伝えるWebメディア。工芸と探訪に関する多彩な特集記事と、工芸にまつわるニュース、各産地の観光情報から成り立っている。大都市だけでなく工芸の産地を旅し、工芸に関心を持って生活の中に取り入れてもらうことをめざしている。

審査委員の評価 足を使って見つける工芸の可能性と、それが結果として商品化され、産地を元気にするというすべてのフローが美しくデザインされている。

Ar：(株)中川政七商店　Pr：(株)中川政七商店 執行役員 デジタルコミュニケーション部 部長 緒方恵　Dr：(株)グッドパッチ 畑山桂吾　D：(株)グッドパッチ 三宅太門、丸怜里、Elaine Westra、鬼灯惺史、村井泰人

Project
SUNCHI Explore Japan through regional crafts

Web media and mobile apps introducing traditional crafts and the areas across Japan that produce them. Consists of feature articles and news on these crafts, as well as travel guides. Invites readers to visit these sites of traditional craftsmanship, besides large cities, and stay interested and informed about crafts.

EVALUATION Capitalizing on helping people discover the potential of traditional crafts firsthand, and reinvigorating these sites. Here, beautiful design ties all of these things together.

Ar: Nakagawa Masashichi Shoten Co., Ltd.　17G131191

ニュースアプリケーション **日本経済新聞 電子版アプリ／日本経済新聞 紙面ビューアーアプリ**

新聞社が展開する、今の時代に最適化されたニュースアプリ。デジタルによる新しいニュース消費体験と、根強く続く紙の新聞を読む体験の両方を、2つのアプリで提供する。有料会員数は50万人、登録会員数は350万人を突破し、多くのビジネスパーソンに受容されている。

審査委員の評価 デジタルに特化したニュースの提示法と、紙の新聞の提示法の両方を同時に提供している点が新しい。電子版はボタン類の配置などシンプルだが使いやすく、紙面ビューアーは他製品と比べ操作性や表示速度などが圧倒的に優れている。紙の新聞に慣れた読者への配慮もある。

Ar：(株)日本経済新聞社　Pr：渡辺洋之　Dr：武市大志　D：河本浩、永山寛樹、猪飼大志

News Application **The NIKKEI Online Edition / The NIKKEI Viewer**

News apps developed by a newspaper publisher, optimized for current reading habits. Two apps are available: one that provides a new, "digital" reading experience and another that simulates the experience of paging through a printed newspaper, as many still prefer to do. With a circulation of more than 500,000 subscribers and 3.5 million registered users, this approach has earned widespread support in the business community.

EVALUATION Innovative, in providing both an app customized for a "digital" experience and another for those who prefer the experience of reading printed newspapers. The "Online Edition" app is easy to use, with a minimum of buttons and a simplified layout. The "Viewer" app holds quite a competitive edge over other offerings in usability, display speed, and other details. Here, the developers show respect for readers who prefer newspapers in print.

Ar: Nikkei Inc.　17G141207

音楽レーベル **INDUSTRIAL JP**

世界初、町工場発の音楽レーベル。日本の技術を支える町工場の映像と音を収録し、それをもとに楽曲とミュージックビデオを作り、ネット音楽レーベルというプラットフォームから発信する。音楽レーベルのコミュニケーションデザインを取り入れることで、若年層や海外をはじめ、これまで工場案内や技術紹介が届かなかった層の興味を喚起することに成功した。

審査委員の評価 日本に多数存在する町工場を独特の形で表現しており、今までとはまったく違った町工場の印象を形成することに成功している。サイトや音楽だけではなく、細部にまで行き届いたデザインも含めて評価した。

Ar：(株)由紀精密＋(株)電通＋(株)電通クリエーティブ X＋DELTRO INC.　Pr：(株)由紀精密 大坪正人＋(株)電通 倉成英俊＋(株)電通クリエーティブ X 藤岡将史　Dr：(株)電通 木村年秀、新谷有幹　D：下浜臨太郎＋DELTRO 坂本政則、村山健

Music Label **INDUSTRIAL JP**

World's first record label representing music derived from production at small factories. Through a netlabel, the sights and sounds of these neighborhood production sites (which support Japanese technology in general) are mixed into music and music videos. Leveraging the reach and design savvy of this kind of record label, the producers have effectively introduced the work and technology of these factories to audiences without direct access to them, including younger listeners and those outside of Japan.

EVALUATION Successfully portrays small-scale factories in a wholly new light. These factories are found across Japan, and here, their work is packaged in quite an original way. Commendable not only for the quality of the website and music itself, but also for the attention to detail in design.

Ar: YUKI Precision Co., Ltd. + Dentsu inc. + Dentsu Creative X inc. + DELTRO INC.

17G131197

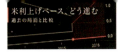
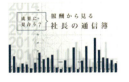

ニュースコンテンツ　日経ビジュアルデータ

さまざまなデータを分析し、地図やグラフ、写真を主体に、視覚に訴えてニュースを伝えるコンテンツ。当社の取材力・編集力とアーカイブに最新デジタル技術を組み合わせ、ニュースをより魅力的に、わかりやすく伝える。新聞紙面にも反映させる総合的なコンテンツで、新たな報道に挑戦する。

審査委員の評価　データジャーナリズムが欧米で先行する中、日本発の秀逸な事例が現れた。双方向でデータを操作できる点、社内にデザイナーとエンジニアのチームを編成した点、可視化データが紙面にも反映される実効性などを総合的に評価し、日本のデータジャーナリズムとして期待する。

Ar：(株)日本経済新聞社　Pr：鎌田健一郎　Dr：板津直快、清本明、河本浩　D：安能翔平、佐藤健、清水正行、久能弘嗣

News Contents　Nikkei Visual Data

News content that summarizes and conveys a variety of information visually, in maps, charts, photos, and other forms. By combining the reporting and editing Nikkei is known for with the newspaper's extensive archives and new digital technologies, this content conveys news more clearly and compellingly. Rises to the challenges of journalism in a new era, through comprehensive content that is also used in printed newspapers.

EVALUATION　An excellent, pioneering example of Japanese data-driven journalism, at a time when this practice is already common overseas. Commendable for its interactivity by editors and readers alike, for the publisher's decision to form a team of designers and editors, and for graphics effective enough to use in print. Makes us hopeful about data journalism in Japan.

Ar: Nikkei Inc.　　17G141208

スマートフォンアプリケーション **みえる電話**

通話相手の発話内容が即時に文字表示され、スマートフォン画面で閲覧できるサービス。耳の聞こえづらい人が、緊急トラブルなど電話が必要となるシーンで非常に困っている実態に着目したもの。発話が困難な人々の要望をもとに、入力した文字を音声に変換して通話相手に伝えることもできる。

審査委員の評価 発話を文字に変換する性能が良く、また通話相手が話をしている状態を受け手に示す工夫もあり、細部まで良く検討されている。このサービスが普及し、聴覚障がい者など耳の不自由な人の社会進出の支援につながることを期待する。

Ar：(株)NTTドコモ　Pr：(株)NTTドコモ サービスデザイン部 河田隆弘　Dr：(株)NTTドコモ プラットフォームビジネス推進部 青木典子＋ドコモ・テクノロジ(株)マルチメディアシステム開発部 佐藤篤　D：(株)NTTドコモ サービスデザイン部 森田潤介

Smartphone Application **mieru-denwa**

Speech-to-text service that instantly displays on a smartphone what the other party says during the call. Here, the developers have responded to the serious problems that deaf users may face when they must use a phone in emergencies. Text-to-speech is also available, to assist users who have difficulty speaking but who can enter text for the system to speak to others.

EVALUATION Good speech-to-text performance, and well thought-out: also gives the user visual cues that indicate when the other party is talking. Wider adoption of this service may be a distinct advantage to those with hearing disabilities.

Ar: NTT DOCOMO, INC.　　17G141217

GOOD DESIGN SPECIAL AWARD 2017
DESIGN FOR THE FUTURE

音楽教育法 **ボーカロイド教育版と関連教材を用いた新しい「創作／歌づくり」**

歌声合成ソフト、VOCALOID™を学校教育用に最適化したボーカロイド教育版と授業モデルによる、小中学生向けの新しい学びのソリューション。パソコンやタブレットに歌詞とメロディを入力し、創作された楽曲を生徒たち自らが歌い、表現することで、より主体的・対話的で深い学びにつなげる。

審査委員の評価 新しい音楽の創作文化を生んだボーカロイド技術を、学校教育で活用する方法論とともに提示した点が新しい。特に校歌の作詞作曲という、音楽と詞を結びつけた形で、クラス単位で協働制作できるゴールの設定が秀逸である。インターフェースはさらにわかりやすくすることも可能と思われる。

Ar: ヤマハ（株）　Pr: ヤマハ（株）研究開発統括部 新規事業開発部 剱持秀紀　Dr: ヤマハ（株）研究開発統括部 新規事業開発部 SES事業推進グループ 井上潤　D: ヤマハ（株）研究開発統括部 新規事業開発部 SES事業推進グループ 塩谷友佳子

New Music Education Method

New Song Creation method for Elementary / Middle schools with "VOCALOID for Education" and Worksheets

Educational solution that gives elementary and middle school students a new way to learn about music, applying the Vocaloid™ singing synthesizer. After students enter their lyrics and melodies in Vocaloid for Education on a computer or tablet, they may find themselves singing the songs they have composed. Encourages deeper learning, with students taking the initiative and interacting.

EVALUATION Innovative for combining Vocaloid technology (which has already inspired new forms of music) with teaching methods. Especially outstanding is the opportunity to set a shared goal to attain with classmates, such as pairing music with lyrics for a school song. In the future, perhaps the user interface can be further simplified.

Ar: YAMAHA CORPORATION　　17G141241

タブレット・スマートフォン向けアプリ **しゃべり描きUI（ユーザーインターフェース）**

話しながら画面をなぞると、話した言葉が指先からわき出るように表示されるユーザーインターフェース。この製品と、お絵描きや多言語翻訳など、さまざまな機能を組み合わせたコミュニケーションアプリにより、聴覚障がいや外国人との多様で円滑なコミュニケーションを支援する。

審査委員の評価 聴覚障がい者は発話者の唇の動きを見ているため、同時に図表などを見られないが、この製品ならばタブレットに表示された図表と、話した言葉を同時に読み取れる。画面を話者が指でなぞれば身振りのコミュニケーションになり、新しい親密な交流を生む可能性があることを高く評価した。

Ar：三菱電機（株）　Pr：三菱電機（株）デザイン研究所 堀武幸　Dr：三菱電機（株）デザイン研究所 浅岡洋　D：三菱電機（株）デザイン研究所 平井正人、松原勉、鶴直樹、山口貴弘、引間孝典、山内貴司、梅木嘉道、今石晶子

Application for Tablet, Smartphone **User Interface for Voice-activated Drawing**

Mobile app interface that combines speech recognition with text display that follows where users move their finger across the screen. Helps bridge gaps in communication between users who are hearing-impaired or speak different languages, through this interface with freehand drawing, multilingual translation, and more.

EVALUATION Although lip-readers cannot look at drawings at the same time, real-time speech-to-text by this app reveals what the other person said as soon as they trace their finger across the screen. Communication therefore becomes gestural, expressed through a fingertip. A laudable way to spark new and friendlier exchanges.

Ar: MITSUBISHI ELECTRIC CORPORATION   17G141219

101

プログラミング玩具 **プリモトイズ キュベット プレイセット**
デジタル画面を使わずにプログラミング脳を育てる英国生まれの玩具。モンテッソーリ教育に着想を得ており、子供の創造性、客観的な思考、空間認識能力やコミュニケーションスキルを刺激する。3歳の子供でもブロックを使ったコーディング言語により、コンピュータプログラムを書くことができる。

審査委員の評価 ロボットの動作と紐づけたブロックを並べてロボットの動きを制御し、子供が記号と動作との関係を自然に覚えられる玩具。論理思考偏重のプログラミング教育とは一線を画し、身体的思考を重視して、積み木遊びのように試行錯誤から創造性を解き放つ学びをめざしている点が評価できる。

Ar: プリモトイズ日本販売総代理店 キャンドルウィック(株)　Pr: フィリッポ・ヤコブ　Dr: フィリッポ・ヤコブ　D: ベン・カリコット

Programming Educational Toy **Primo Toys Cubetto Playset**
Toy that cultivates a programmer's mind without children looking at any screens at all. Devised in England and inspired by Montessori thinking, Cubetto stimulates children's creativity, objective thinking, spatial recognition, and communication skills. In essence, even a three-year-old can use the programming blocks to write a computer program.

EVALUATION Playing with this toy, which controls robot movement based on how the blocks are arranged, children intuitively learn how the symbols are related to the movement. Marks a clear departure from programming lessons that overemphasize logical thinking. Instead, it emphasizes hands-on learning, in an admirable approach that resembles the creative trial-and-error of building blocks.

Ar: Primo Toys Sole Distribution Company, Candlewick Co., Ltd.　17G141242

行政施策へのデザイン視点導入の取り組み **さがデザイン**

行政組織によるプロモーションやコミュニケーションを伴う事業や施策は画一的なものになりがちだ。それを避ける目的で、政策立案にデザイナーを巻き込むべく県庁内に設けられた組織かつ仕組み。事業構想の段階からデザインの視点を加えることで、独創性のある事業や施策を創出する。

審査委員の評価 外部のデザイナーと県庁職員の共創の環境を形成したものであり、利害調整だけでなく新しい県のビジョンを描く創造的な活動の創出を期待する。設置によって県庁の職員の意識も変わってきたという。定着させるには時間がかかるかもしれないが、行政の手本に発展してほしい。

Ar: 佐賀県　Pr: 佐賀県 知事 山口祥義　Dr: 佐賀県 政策部政策課さがデザイン担当 参事 宮原耕史　D:(株)オープン・エー 馬場正尊+(株)ワークヴィジョンズ 西村浩+(株)電通 倉成英俊+テツシンデザインオフィス 先崎哲進

Adding a Design Perspective to Government Policy **Saga Design**

An organization and platform, incorporated into the prefectural government, that includes designers in policy planning. Helps avoid excessive uniformity in official promotion and communication. Applying a designer's perspective from the planning phase enables projects and policies with more originality.

EVALUATION Here, arrangements were made to have outside designers work with administrators. Besides ensuring a balance of interests, this arrangement promises more creative government activities to trace out a fresh prefectural vision. Already, there has been a shift in awareness at government offices. It may take time, but we hope to see this effort set a good example for administration in general.

Ar: Saga Prefectural Government　　17G141251

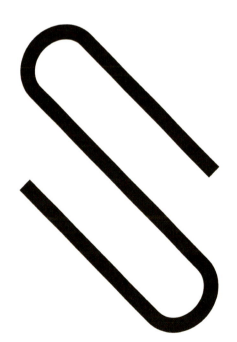

ユニバーサルレイアウト ユニバーサル外来

すべての人に優しい病院外来として、どの科にも紐づけられない均一な診察室を複数用意し、電子カルテを仮想化して、デジタルサイネージで誘導する仕組み。1つの受付で複数の科をカバーし、患者数や医師数によって診察室の編成を、今日は内科、明日は外科などと弾力的に変えることができる。

審査委員の評価 いつも混んでいて手続きも煩雑という総合病院の印象を刷新する大胆な取り組み。診察室の混雑を緩和するほか、患者が複数の診療科を行き来する必要が減り、負担が軽減する。ありそうでなかった画期的な取り組みで、今後、多くの病院においてこうした取り組みが加速することを期待する。

Ar：社会医療法人財団董仙会 恵寿総合病院　Pr：社会医療法人財団董仙会 理事長 神野正博　Dr：社会医療法人財団董仙会 常務理事 神野厚美

Universal Layout　Universal Outpatient Department
Universally accessible outpatient reception, consisting of general examination rooms, virtual medical records, and digital signage. A single reception area covers all medical needs, and the hospital has flexibility in deciding whether examination rooms should be used for internal medicine or surgery that day, depending on the number of patients and physicians.

EVALUATION　A bold initiative to update the image of hospitals, which people tend to associate with crowded waiting rooms and complicated procedures. Receiving care is more convenient, with less confusion about examination rooms and less need to move from one department to another. A groundbreaking and surprisingly unprecedented arrangement that we hope other hospitals are quick to adopt.

Ar: Keiju Medical Center (Keiju Healthcare System)　17G151267

障がい者雇用制度 **ショートタイムワーク制度**

業務の遂行に支障がなくても、発達障がいや精神障がいなどのために長時間労働が難しく、就労機会を得にくい人を対象とした、短時間でも働ける場を提供する制度。彼らの社会進出をサポートし、会社全体の生産性の向上をめざす。

審査委員の評価 会社の中にある業務をとらえ直し、切り出しやすい業務を特定することで、障がい者の安定雇用と会社にとっての効率化を両立するフローを確立した。そもそも人は一人ずつ異なっており、障がい者と健常者の間だけに明確な線があるわけではない。障がい者に優しい雇用制度は誰にでも優しい雇用制度であり、今後の広がりを期待する。

Ar：ソフトバンク(株)　Pr：池田昌人　Dr：齊藤剛、木村幸絵、田中宏明、横溝知美

Creating Inclusive and Supportive Work Environment
Short Working Hours Program

Employment system with shorter working hours, offering new opportunities for those with developmental or mental disorders that do not interfere with work but make it difficult to work over extended periods. Helps these individuals develop a career while helping companies become more productive.

EVALUATION By reexamining tasks and identifying those that can be assigned separately, the company has found a way to achieve two goals at once: providing steady employment for those with disabilities and streamlining business operations. All of us are different, after all, and disabilities are not the only distinguishing factor. Employment practices designed to benefit disabled workers benefit us all, and we hope to see these efforts spread.

Ar: SoftBank Corp.　17G151260

にんじん こいくれない

甘みが強く、カロテンとリコピンを豊富に含む赤いにんじん。2016年に露地野菜で初めて栄養機能表示を獲得した。旬が非常に短く、1つの地域で収穫できる期間は1カ月しかないが、全国の農家の産地リレーにより6カ月間の流通を実現した。リコピンが増える時季を予測するIoT技術を活用している。

審査委員の評価 産地のリレーという仕組みのアイデアと、IoTによる生産地予測という技術を用いて、生産時季が短い野菜の長期供給を可能にしたビジネスモデルに、ダイナミックなデザイン力を感じた。小規模事業者やベンチャー企業こそ、デザインの力を上手に使って飛躍できるという好例である。

Ar: NKアグリ(株)　Pr: NKアグリ(株) 代表取締役社長 三原洋一　Dr: N/Y inc. 中川優(アートディレクション)

Carrots **KOIKURENAI**

Business model that brings a certain variety of carrots to market over a longer period and employs IoT technology to predict peak flavor. Although these reddish carrots are sweet and rich in carotene and lycopene (to the extent that they received Japan's first health certification for outdoor vegetables in 2016), they only grow for one month per region. This system monitors ripeness and sources carrots from multiple areas to make them available for six months.

EVALUATION Dynamic design is clear in this business model. Makes vegetables with a short growing season available longer by linking farmers in a supply-chain relay and applying IoT to predict growing conditions. Aptly demonstrates how smaller businesses and ventures in particular can grow quickly through good design.

Ar: NK Agri Co., Ltd　17G151268

移動スーパー **移動スーパーとくし丸**

スーパーの撤退、公共交通の合理化、高齢者世帯の増加などを背景に、食料品購入が困難な買い物弱者の増加が社会問題となっている。その対策として構築された、買い物弱者のニーズに応えながら、地域スーパーの存続を応援し、社会貢献型の個人事業を創出する三位一体のビジネスモデル。

審査委員の評価 本部が事業全体をプロデュースし、地域スーパーは商材を提供、個人事業主である販売パートナーは車で移動販売をおこない、在庫リスクがない。また購入者は1品ごとに10円を負担して買い物需要を満たす。四者のニーズをうまくつなげて、各者の負担と利益をバランス良くデザインしている。

Ar:(株)とくし丸　Pr:住友達也　Dr:住友達也　D:藤本孝明

Mobile Supermarkets **Tokushimaru**

Business model uniting three elements: consumers who cannot easily go shopping, local grocers struggling to survive, and civic-minded entrepreneurs. Responds to the growing number of people with limited access to shopping, as local supermarkets close, public transportation dwindles, and populations grow older.

EVALUATION Centrally coordinated and promoted, this enterprise uses food supplied by local grocers and enlists individual entrepreneurs as mobile sales partners who do not need to worry about inventory. Demand for this service is supported by consumers, who pay an extra 10 yen per item. Admirably designed to meet the needs and balance the responsibilities and benefits of each party.

Ar: Tokushimaru Inc　17G151271

3次元画像解析システム **シナプス ヴィンセント**

CTやMRIなどの断層画像から高精度な3D画像を描出し、解析できる医療3D画像解析システム。独自の画像認識技術により、臓器や血管などの自動抽出を実現した。専門技術や特別な作業時間を必要とせず、正確に疾患部を観察できるため、放射線技師の負担軽減や、医師の読影業務の迅速化に貢献する。

審査委員の評価 視覚的な設計がよくできているのに加え、断層画像からの3Dモデル構築や操作中の処理が短い時間で実現されており、実装のレベルが高い。診断に必要な画像を正確に作り出せることは、医療の質を高める上で重要であり、社会に大きく貢献するデザインといえる。

Ar: 富士フイルム(株)　Pr: 富士フイルム(株) メディカル事業部　Dr: 富士フイルム(株) デザインセンター長 堀切和久　D: 富士フイルム(株) デザインセンター 加茂田玲奈

3D Image Analysis System **SYNAPSE VINCENT**

3D medical imaging system that renders and analyzes planar CT or MRI images as high-resolution 3D images. Applies original image recognition in auto extraction of organs, vessels, and other regions. Accurate observation of affected areas, with no need for advanced software operations or excessive time for system processing. Simplifies work for radiologists, and helps physicians interpret images faster.

EVALUATION Besides being visually well designed, the system is very well implemented, with little time needed for 2D to 3D rendering or other processing. Creating accurate images for diagnosis is a key factor for better treatment, and this system design can make quite a positive contribution in society.

Ar: FUJIFILM Corporation　17G151301

生産者支援プラットフォーム　SEND（センド）

食材の生産者と飲食店をつなぐウェブ・プラットフォーム。生産者は発注をもとに一括で出荷し、飲食店は少量でも常時発注できる。生産者の生産、出荷サイクルと、飲食店の発注サイクルの間の時差や数量ギャップを需要予測で最適化し、自社センターよりロスのない高効率デリバリーをおこなう。

審査委員の評価　画期的な農畜水産のプラットフォームである。開始後わずか2年で全国の4,000を超す生産者と、3,200軒のレストランが利用する規模に成長した点を評価したい。また廃棄ロスを1パーセント以下に抑える工夫があり、人とテクノロジー、それぞれの特性を活かしてビジネスがデザインされている。

Ar：プラネット・テーブル（株）　Pr：プラネット・テーブル（株）菊池紳　Dr：プラネット・テーブル（株）北川真理、近藤雄紀、長岡利佳　D：プラネット・テーブル（株）菊池紳、徳平幹子

Platform for Supporting Farmers　SEND

Web-based business model that links farmers, fishermen, and other producers with restaurants. After receiving orders from Send, producers ship in bulk. Restaurants can place even small orders on a regular basis. Send predicts future demand to offset discrepancies between the timing of producers' growing/shipping cycles and restaurants' ordering cycles, and to minimize gaps in order volume. Highly efficient deliveries are made from Send distribution centers, aiming for zero loss.

EVALUATION　Blazes a trail as a modern platform for agriculture. Respectable results in just two years since launch, with more than 4,000 producers and 3,200 restaurants nationwide using the service. Also applies ingenuity to prevent food loss from exceeding 1%. Business design that capitalizes on human and technological characteristics.

Ar: Planet Table Inc.　17G151272

チョコレート **明治 THE chocolate**

製造元の研究員が直接カカオ原産国を訪れ、カカオ農家の支援、協働の発酵研究、適正価格での継続購入をおこなって現地との絆づくりを実現。そのカカオから作る本格的なチョコレートを、日本で手頃な価格で販売する。購入者もカカオ原産地の人々も幸せにする良循環を創出する取り組みである。

審査委員の評価 カカオ豆を生産する農家への思いとカカオ豆へのこだわりが、最終的にパッケージの高いクオリティのデザインにまで反映されている点を評価した。このプロダクトの成功を1つの契機とし、ほかの身近なマスプロダクトも、今後エシカルに積極的に取り組むことを期待する。

Ar：(株)明治　Pr：(株)明治 菓子マーケティング部 コミュニケーションクリエイター 佐藤政宏　Dr：(株)明治 菓子商品開発部 カカオクリエイター 宇都宮洋之　D：(株)明治 菓子商品開発部 チョコレートクリエイター 山下舞子

Chocolate **meiji THE chocolate**

CSR activity in which Meiji researchers visited growing areas and worked with cacao growers to perfect fermentation methods, enabling fair ongoing purchases that strengthened ties with each area. Authentic chocolate from this cacao is sold in Japan, where consumers can also find it at reasonable prices. A virtuous cycle and win-win situation for growers and consumers alike.

EVALUATION Commendable for how a regard for cacao growers and insistence on fine beans ultimately led to impressive packages of chocolate. We hope this product's success inspires manufacturers of other familiar, mass-market products to commit to ethical production.

Ar: Meiji co., LTD.　17G161335

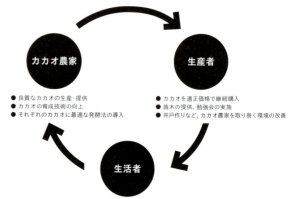

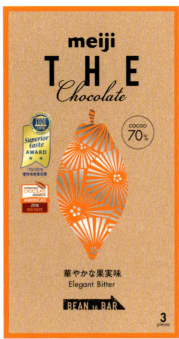
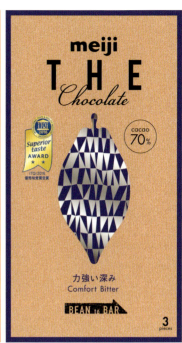

創造教育プログラム **CREATIVE WORKSHOP ちびっこうべ**

子供の創造性を育むための学びの場。神戸を中心としたクリエイターたちと一緒に、子供だけの夢の街を創る体験を2年に1度、小学3年から中学3年までを対象として開催している。子供のまちは、神戸の未来。を合言葉に、2016年までに1.7万人以上の子供たちが参加した。

審査委員の評価 子供の創造を大人がサポートするだけではなく、クリエイターである大人と子供がお互いの良さを出し合って未来の街づくりをおこなうことに力点が置かれているのが、ほかの取り組みとは一線を画す。共創体験を通じて、子供たちに創ることの奥深さまで体験させることに成功している。

Ar: デザイン・クリエイティブセンター神戸＋神戸市　Pr: デザイン・クリエイティブセンター神戸 永田宏和　Dr: デザイン・クリエイティブセンター神戸 近藤健史、中野優、加藤慧、坂本友里恵　D: 文平銀座 寄藤文平＋オカキン 岡本欣也、武井宏友＋サタケシュンスケ＋デザインヒーロー 和田武大＋二階堂薫＋mém 前田健治＋かたちラボ 田中裕一

Educational Creative Program
CREATIVE WORKSHOP CHIBIKKOBE

Educational program to nurture children's creativity. Held every two years, the program offers elementary and middle school students an opportunity to make their own dream city, working with Kobe-based creative professionals in many fields. Behind the event is a wish that these children will one day contribute to the city in a similar way. Since 2016, more than 17,000 children have participated.

EVALUATION Stands apart from other programs of this kind. Rather than children merely receiving assistance from adults as they work, the program emphasizes discovery of what each participant, children and adults alike, can offer, as they build the future together. Through this co-creation, the program effectively shows children how meaningful making things can be.

Ar: DESIGN AND CREATIVE CENTER KOBE + Kobe City Government
17G161317

GOOD DESIGN SPECIAL AWARD 2017
DISASTER RECOVERY DESIGN

マーケット **ゆりあげ港朝市**

2011年の東日本大震災発生からわずか2週間後、人々に食料や生活用品を提供するため、被災地で暫定的に再開した朝市。震災1年後には仮設で現地開催し、その後、本設による現地再建と、段階的に復興を実現した。2013年5月のプレオープンから現在まで多くの人が集まり、交流が生まれている。

審査委員の評価 資金と復興の状況に応じて段階的に整備を進めた柔軟さと、国内外の支援をその都度うまく活用して問題解決にアプローチしていった姿勢を高く評価した。東日本大震災の2週間後には暫定営業を始め、その後ハードも含め確実な復興を見せたことは、地域を大いに勇気づけたであろう。

Ar：ゆりあげ港朝市協同組合＋針生承一建築研究所＋セルコホーム(株)＋閖上復興支援研究者チーム　Pr：ゆりあげ港朝市協同組合 櫻井広行　Dr：永野聡、日詰博文、山田俊亮　D：針生承一建築研究所 針生承一、栁澤陽子＋セルコホーム(株) 杉浦洋一

Market Yuriage Wharf Morning Market

Morning market, promptly reopened on an interim basis two weeks after the Tohoku disaster in 2011 to provide food and necessities. One year after the disaster, the market reopened in temporary buildings at the original site, followed by permanent reconstruction and gradual recovery. Since preparations in May 2013, the vibrant market has welcomed many visitors.

EVALUATION We applaud both the flexibility to restore the market gradually, in line with funds and recovery conditions, and how the organizers skillfully resolved problems using domestic and international relief and aid as it became available. It must have been quite encouraging for the community to see the market opened provisionally just two weeks after the disaster, and then to see steady progress, even in difficult construction.

Ar: Yuriage Wharf Morning Market COOP + Shoichi Haryu Architect & Associates + SELCO HOME + Team of Researchers for Yuriage Reconstruction　17G161339

GOOD DESIGN SPECIAL AWARD 2017
DESIGN FOR COMMUNITY DEVELOPMENT

福祉施設 B`s・行善寺

石川県白山市に建設された地域コミュニティ施設。徒歩圏内の周辺地域を対象にしたタウン型の生涯活躍の場をめざしている。障がいのある人も健常な地域住民も、誰もがごちゃまぜに集まる、分け隔てのない地域の駆け込み寺の役割を果たそうというものである。

審査委員の評価 地域の人々が出入りしやすい仕組みや、利用者の生活を重視した空間も評価できるが、働いている人がさまざまな職種を経験できる配慮もまた秀逸である。障がい者雇用の場でもある本施設が、自分に合った仕事を探せる業態を組み合わせたことが功を奏しているといえよう。

Ar：(社福)佛子園＋(株)五井建築設計研究所　Pr：(社福)佛子園 理事長 雄谷良成　Dr：(株)五井建築設計研究所 代表取締役 西川英治　D：(株)五井建築設計研究所 代表取締役 西川英治

Welfare Facility B`s gyozenji

Community center in the city of Hakusan, Ishikawa. With active seniors in mind, developers sought town planning for places within walking distance. For local residents with or without disabilities, the center aspires to be a place to turn to, for one and all.

EVALUATION Worthy of recognition for being easily accessible to local residents, and for including areas that respect their daily needs, but especially commendable for offering employees such a variety of work opportunities. The center doubles as a provider of disabled employment, and certainly, it succeeds in pairing people with the kind of work they excel at.

Ar: Bussien Social Welfare Organization + GOI architecture & associates
17G161343

展覧会 **HOUSE VISION 2 2016 TOKYO EXHIBITION**

家を未来産業の可能性を可視化するプラットフォームととらえ、現代、近未来の課題を提起する、実験的な展覧会。2016年は企業と建築家、クリエイターが協働し、物流、移動、観光、IoT、シェアリング、ビッグデータ解析などの課題への具体策として、前例のない着想による12棟の原寸大の家を展示した。

審査委員の評価 住宅は一生に一度の買い物と言われるが、自分に合った住宅を真剣に考える場はなかなかない。この展覧会は、住宅会社の視点による住宅展示場とは異なり、来場者に家とは何かを多角的に問いかける。未来の住まい方、家のあり方の提案だけでなく、実際の建物が存在することが素晴らしい。

Ar:（株）日本デザインセンター　Pr: HOUSE VISION実行委員会　Dr:日本デザインセンター 原デザイン研究所 原研哉　D:原研哉＋日本デザインセンター 原デザイン研究所

Exhibition **HOUSE VISION 2 2016 TOKYO EXHIBITION**

Exhibition that explores a variety of current and near-future issues, with the house positioned as a platform for seeing how future industries may evolve. In 2016, leading companies, working with architects and designers, expressed fresh thinking on distribution, mobility, tourism, IoT, sharing, big data, and other topics in the form of 12 full-scale houses.

EVALUATION Houses are said to be a once-in-a-lifetime purchase, but people rarely have an opportunity to ponder the kind of house that suits them best. Unlike home exhibitions presented solely by companies in the housing industry, this event invites visitors to define homes from many perspectives. Not content just to introduce ideas about future lifestyles and how homes can be, the participants demonstrate these ideas in actual houses, which is wonderful.

Ar: Nippon Design Center, Inc.　17G161352

地域のよろず相談所（主に医療）**暮らしの保健室**

誰でも予約なしに無料で医療や健康、介護、暮らしの相談ができる場。高齢化の進む巨大団地の1階に開設している。健康や在宅医療の悩みを抱える人や、地域で最期まで過ごしたいというニーズの多さから生まれたアイデアである。各種の相談のほか、地域の医療、介護の連携拠点の役割も果たしている。

審査委員の評価 高齢化が進む巨大団地に設けられた施設だが、すでに全国的な展開をみせている。街の健康相談所として、入りやすいよう工夫されており、地域の人々が気軽に立ち寄り、話し合い、医療や福祉の心配事を相談できる。そんな場所が今後の超長寿社会にはますます重要になるだろう。

Ar: NPO法人白十字在宅ボランティアの会　Pr: NPO法人白十字在宅ボランティアの会 理事長 秋山正子　Dr: NPO法人白十字在宅ボランティアの会 理事長 秋山正子　D: NPO法人白十字在宅ボランティアの会 理事長 秋山正子

The Daily Life Health Consultation Room
Kurashi-no-Hokenshitu

Walk-in public consultation room offering free advice on matters of health, medical treatment, home care, and everyday life. Located on the first floor of a large residential complex with many seniors. Inspired by the prevalence of concerns about health and home medical treatment, as well as the needs of seniors wishing to spend their remaining years at home. Serves as a place of consultation on these issues and liaison to local health and home care resources.

EVALUATION Though the room is currently located in a large complex with many older residents, organizers are already considering expansion across Japan. As a neighborhood resource for health advice, the room is inviting and accessible by design, encouraging local residents to stop by anytime, engage with others, and ease their concerns on matters of health and welfare. Places like this will surely be more important as people live longer.

Ar: NPO Hakujuji homecare volunteer team　17G161347

GOOD DESIGN SPECIAL AWARD 2017
DISASTER RECOVERY DESIGN

熊本城復興に向けた募金の仕組み **熊本城 組み建て募金**

組み立てると高さ約9センチの小さな熊本城になる段ボール製のキットを利用した募金の仕組み。販売したお金と、組み立てることで生まれる熊本城を思う時間により、損壊した熊本城の復元を応援する。組み立てた小さな熊本城には愛着が生まれ、飾ることで忘れずにいるため、継続的な支援にもつながる。

審査委員の評価 熊本城を組み立てることが、熊本城の復興につながるというストーリー性と、プロダクト自体の魅力の両方を評価した。社業である段ボールを通して熊本を支援したいという企業の思いを感じさせる、優れたデザインである。

Ar:サクラパックス(株) Pr:(株)アマナ 日色裕樹＋(株)電通パブリックリレーションズ 根本陽平＋(株)ミツイ 三井陽一郎
Dr:(株)電通 澁江俊一 D:(株)電通 小柴尊昭、荻野直幸＋(株)ミツイ 高嶋鮎美

Donation Mechanism for Recovery of Kumamoto-Castle **Kumitate-Donation for Kumamoto Castle**
Means of supporting disaster recovery that rewards donors with a papercraft kit of Kumamoto Castle, standing 9 cm high when assembled. Repair efforts for the earthquake-damaged castle benefit both from the donation and from the donor's time spent thinking about the castle, as they build the model. The little castle is endearing, and by displaying it, donors have a constant reminder that may inspire ongoing support.

EVALUATION Linking the action of building a miniature castle to rebuilding Kumamoto Castle is brilliant, and the kit itself is also appealing. Cardboard products form this company's main business, and this outstanding design shows their wish to support local recovery through what they do best.

Ar: Sakurapaxx Inc.   17G161359

GOOD DESIGN SPECIAL AWARD 2017
DISASTER RECOVERY DESIGN

バッグ **ブルーシードバッグ**

ブルーシートをブルーシード（復興のたね）に変えるプロジェクト。2016年の熊本地震で甚大な被害を受けた家屋の応急処置のため、大量に使用されたブルーシートを回収し、洗浄、縫製してトートバッグにリメイクし、イベントやネットを介して販売する。売り上げの一部は被災地に寄付される。

審査委員の評価 ブルーシートの持つ意味を転換して希望を見せた、優れた取り組みのデザインである。ブルーシートの使用状況がダメージデニムのようにバッグの個性になったり、ロゴを入れて企業が支援に参加しやすくしたり、崩落した阿蘇大橋をイメージした支援の架け橋のロゴなど、よく配慮されている。

Ar：(一社) BRIDGE KUMAMOTO　Pr：BLUE SEED BAG TEAM 三城賢士、井上圭一、中屋祐輔、村上直子、大塚智子、三城由莉、藤原育菜、阿座上陽平、下田沙知、立石拓、溢田翼、中島昌彦、大石愛、高野正通、谷合竜馬、前川実花、高本裕子　Dr：(一社) BRIDGE KUMAMOTO 佐藤かつあき、稲田悠樹　D：(一社) BRIDGE KUMAMOTO 佐藤かつあき

Bag **BLUE SEED BAG**

Disaster recovery project that transforms blue emergency roof tarps into blue tote bags, representing the seeds of recovery. Piles of these blue sheets were collected following use on houses severely damaged by the earthquakes in 2016. After washing, the material was sewn into tote bags, which are sold online and at events. A portion of the proceeds is donated to disaster recovery.

EVALUATION Outstanding design of this initiative has redefined the blue sheets as a symbol of hope. The blue material makes each bag unique, just as worn denim develops character. Corporate sponsors can add their logo to the bags, which encourages donation. And the organizer's logo itself—symbolizing support through a local bridge that collapsed—also shows how carefully designed this project is.

Ar: BRIDGE KUMAMOTO　17G161362

プレイスメーキング・サービス **ParkUp**

「場の創造」を目的としたプロジェクト。都市の空き地をリノベートし、地域になじむオープンスペースにする際に、小規模な空き地のみが対象、誰もが利用できる設計、台湾だけでなく世界中の都市に適用できる、という3つの原則を掲げた。これらにより、都市の強靭性や持続可能性の向上に寄与する。

審査委員の評価 台湾の台北市に広がる狭小で雑多な土地や荒れた片隅について、緻密な調査研究をおこない、都市再生のプログラムを政府に提案したプロジェクトである。さらに共創、共有のメカニズムにより、安全かつオープンで、快適さが持続するコミュニティ空間を作り上げたことが素晴らしい。

Ar: Plan b　Pr: Plan b　D: Justin Yu, Hsien-Wen Chang, Chia-Chi Lin

Placemaking Service **ParkUp**

Urban renewal "place-making" project that transforms unused public areas. Follows three guidelines to renovate these areas and create open spaces appreciated by the community: only target small areas, ensure accessible design, and take a universal approach that is applicable anywhere. A measure to help make cities more resilient and sustainable.

EVALUATION Through this project, the organizers suggest urban renewal strategies to the government, drawing on their careful research of narrow, unorganized areas or rough corners of Taipei. It is wonderful how the project has mechanisms for creating these community spaces together and sharing them, which will make places that are safe, open, and pleasant for years to come.

Ar: Plan b　　17G161371

地域イベント **函館西部地区バル街**

函館市の旧市街地で年2回、1日限りで開催する飲み食べ歩きイベント。事前にチケットを購入し、地図を片手に5店を巡って、ドリンクと軽い料理を楽しむ。参加店は地域内の約70店。市民に愛されて定着し、毎回約4,000人が参加する。全国各地で開催されるバル街イベントは、函館がその発祥である。

審査委員の評価　このバル街ほど、全国に広まった食による地域おこしイベントはないだろう。ルーツとなる函館では2017年で14年目、28回の開催となり、すべて行政の補助金や助成金を受けずに実施している。全国各地からの視察にも対応し、無償でノウハウを提供している。その活動に敬意を表したい。

Ar：函館西部地区バル街実行委員会　Pr：函館西部地区バル街実行委員会 代表 深谷宏治　Dr：函館西部地区バル街実行委員会 加納諄治、田村昌弘　D：函館西部地区バル街実行委員会 代表 深谷宏治

Local Community Event **bar-gai (Hakodate Western District)**

Spanish-style food and drink event held on one day, twice a year, in an older district of Hakodate. Purchase a ticket and enjoy a drink and snack at five restaurants on the map. About 70 local establishments have joined in. Much enjoyed by local residents, Bar-Gai draws nearly 4,000 participants each time. The Hakodate event has also inspired similar events nationwide.

EVALUATION Probably no other culinary event has made such big waves in other neighborhoods across Japan. Over the 14 years since Bar-Gai began in Hakodate, 28 events have been held, each without any official funding or subsidies. Others interested in offering their own local festivities have visited from across the country, and the organizers have freely shared insight. An activity like this deserves recognition.

Ar: Hakodate Western District Bar-gai Executive Committee　17G161368

Cultural Explosion 2017 CREATIVE EXPO TAIWAN

毎年開催される台湾最大の文化展覧会。2017年のテーマ「文化の爆発」では、展示手法から空間、視覚デザインまで、すべてに新鮮味があった。テーマは市民にも影響を及ぼし、文化とは何か、生活改善のためにどうすべきかを再考させ、文化が爆発した後の影響や余波についての議論を促す。

審査委員の評価 地元の材料と伝統産業を発掘し、台湾のデザイナーを多数招集して、未来に向けた新たな提案をしている。提案は社会設計、体操の新しいデザイン、紙の開発、オピニオンリーダとの対話など多岐にわたり、コンセプトの表現や現代性などにおいて高度なパフォーマンスを成し遂げている。

Ar: InFormat Design Curating　Pr: Taiwan Design Center, Ministry of Culture　Dr: InFormat Design Curating　D: Yao-Pang Wang, Ying-Ying Weng, Che-Wei Chang, Jue-Ning Chen, Wei-Cheng Yang, Jui-Ling Chen, Li-Ching Liu, Hao Zhuang, Shi-Ching Yang

Cultural Explosion 2017 CREATIVE EXPO TAIWAN

Taiwan's largest annual cultural exposition. Fresh in all ways in 2017, when the theme of "cultural explosion" inspired novel approaches to display, interior design, and visual design. This theme touched people's lives by asking them to reconsider what culture is all about and how everyday life can be improved. Also encouraged discussion on the aftermath and repercussions of cultural explosion.

EVALUATION Uncovers local subject matter and traditional industries, and invites many Taiwan-based designers to suggest new ideas for the future. Featured an eclectic mix of ideas, including public design, new forms of exercise, paper development, and discussions with opinion leaders. Expertly executed, in how concepts were introduced and the sense of current relevance.

Ar: InFormat Design Curating　17G161372

PIONEERING THE FUTURE WITH CULTURAL EXPLOSIONS

從過去炸向未來

The Renaissance of Traditional Industries
傳統產業的文藝復興

The niche of traditional industries is to bestow brand new meanings to the skilful craftsmanship from the last generation. Glass can be building materials and utensils, and also a poet that plays with light and temperatures. Tea seeds are not just for cooking, but also nurture people's body and mind. Even delicacies like Shanghai steamed rice cakes, with twists of sizes, shapes, and aesthetics, transform into brand new choices for sweet teeth in Taipei. Thanks to the advancement of communication technology, local craftsmanship can now become a key player in the global market. When cultures collide, and explode, they're pioneering the new future!

傳統產業的契機，在於能為上個世代舊有的手藝，賦予這個時代全新的意義——玻璃不只是建材與食具，它更可是光線與溫度的詩人；茶籽由不僅是料理油的基底，還能滋養現代人的肌膚和心靈；一塊上海鬆糕，因為尺度、形體與美學的轉化，搖身成為溢味全新的台北點心。傳統職人精神的在地工匠，則由於溝通智慧的轉譯，而能一躍為全球化市場的尖兵。文化澎的爆炸，是各種新意義創造力的爆炸，這種火藥味，從過去炸向未來，它不是別的，它就是酷！

分區策展人｜文化評論家 詹偉雄
Guest Curator｜Wei-Hsiung Chan, Culture Critic

GOOD DESIGN

グッドデザイン賞は、コンシューマー向けおよび業務用のプロダクト、建築・施設、ウェブサイト、アプリケーション、メディアや各種のコミュニケーションのためのプログラム、サービスシステムなど、デザインが活用された身の回りのさまざまなものごとに対して贈られます。

Good Design Awards are given to consumer and industrial products, buildings and facilities, websites, applications, media and various communication programs, service systems — all the various things around us that utilize design.

1

生活プロダクト（小物類）

Daily Use Product (Small Articles)

本ユニットの審査を終えて、まず感じたことは少人数の組織によるデザインが多いな、ということである。数人（あるいは一人！）で商品を企画し、製造してしまう、ということが本格的に可能になってきたのだな、と感じた。

また、開発者が本当に欲しいものを突き詰めていった結果、これまでニッチだと言われてきた、どうせ売れやしないだろうと見向きもされなかった市場に対しても社会の注目が集まっていく。そんな印象を受けた。

なぜこんな現象が起きているのか？

残念ながらいまのところ明確な論拠はもっていない。

しかし、理由の一つとして、つくりたい人とつくる人のダイレクトなコミュニケーションが加速している現状を挙げてもいいだろう。

「こういうものが作りたい」と思う。インターネットで作りかたを調べているうちに作ってくれそうな工場が見つかる。まだ細かいところまでは決まってないけれど、とにかく足を運んで相談を持ちかけてみる。話を進めているうちに興にのってきて、いつのまにか、できてしまう。

そういう風景が、もはや特別なものではなくなっているのではないだろうか。

小さな組織、あるいは個人の強い動機にもとづく行動が、確実にものづくりを動かしているのだ。

よく言われることではあるが、小さな組織は決定までのプロセスがじつに短い。さっさと作ってさっさと改善する。自分たちが開発者であり、責任者だから遠慮なくやり直せる。

つくっていて、いらないな、と思うものは最初から問題外。

そうやって、本当にほしいと思って作られたものだからこそ、多くの共感を得られるのだろう。それが何よりの、小さな組織の強みである。

つくりたいと思う人がつくることができるようになった。

そうやってつくられたものこそが共感を得て、社会に出るようになった。

そんな画が見えてくる審査であった。

鈴木啓太

充電式の耳あな型補聴器 G3 シリーズ

**Panasonic 補聴器
WH-G37／G35／G33**

G3 Series, Rechargeable In-the-Ear Hearing Aid
Panasonic Hearing aids WH-G37 / G35 / G33
Ar: Panasonic Corporation

充電式で高齢者にも使いやすい耳あな型補聴器。煩わしい電池交換が不要となり、ケースに入れるだけで簡単に充電できる。音量や音質の調整も、リモコンを見ながら直感的に操作でき、本体と一体形状のカラーストラップで、外出中でも落としにくいよう配慮。使いやすさをカタチにして、前向きな気持ちで補聴器を着ける楽しみを提案した。

Ar：パナソニック（株）
Pr：パナソニック（株）アプライアンス社 ビューティ・リビング事業部＋パナソニック補聴器（株）代表取締役社長 畳谷一郎
Dr：パナソニック（株）アプライアンス社 ビューティ・リビング事業部＋パナソニック補聴器（株）事業本部 片山崇
D：デザインスタジオエス 柴田文江

17G010002

耳かけ型補聴器

リオネットシリーズ HB-A3／A5

Behind the Ear Hearing Aid
Rionet Series HB-A3 / A5
Ar: RION Co., Ltd.

多くの機能の搭載よりも「使い勝手が良く、快適に装用できること」が最も重要だとの原点に立ち戻った。さらに、補聴器を着けて人生を楽しんで欲しいとの想いから、スタイリッシュなデザインを追求、それらを高水準で共存させた。高級車を思わせるようなコクと深みのある9色のカラーを用意した。

Ar：リオン（株）
Pr：リオン（株）医療機器事業部 開発部 補聴器開発四課 添田晃弘
Dr：（株）シフト 芝幹雄
D ：（株）シフト 芝操枝

17G010003

Eyewear
TAPOLE Series T

Eyewear
TAPOLE Series T
Ar: Tapole Co., Ltd

チタンフレームにナイロン素材を組み合わせ、高度な技術でねじや接着剤を不要にした。素材であるチタン合金板の特徴を活かし、レーザー切断と曲げ加工のみで独特のヒンジ構造に仕上げた。テンプルもチタンが高い弾力性と調節機能を発揮している。本製品のために特別に開発された調整可能なパッド（鼻あて）は着け心地がよく、動いてもずれにくい。

Ar：Tapole Co., Ltd
Pr：TAPOLE
Dr：TAPOLE
D ：Ding Dong, Liu Shudong, Lin Jianxiang

17G010005

メガネ
TOMATO GLASSES Kids A

Glasses
TOMATO GLASSES Kids A
Ar: TOMATO GLASSES

幼児でもメガネをかけて生活をしなければならない場合が増えており、そのためには子供に合うものを使用することが重要である。この製品は超軽量で子供の顔に合わせてテンプルの長さを調節でき、シリコン製ノーズパッドは3段階の調整が可能。確実なフィッティングでメガネがずれ落ちない。18種類のモデルと豊富なカラーバリエーションがある。

Ar：TOMATO GLASSES
Pr：TOMATO GLASSES 代表 金承駿
Dr：TOMATO GLASSES 部長 呉政勲
D ：TOMATO GLASSES 代表 金承駿

17G010006

リーディングウェア

ペーパーグラス・
プレミアムクラシックシリーズ

Readingwear
Paperglass Premium Classic Series
Ar: NISHIMURA Precision CO., LTD

老眼鏡からリーディングウェアへと進化したペーパーグラスである。折り畳むと長財布にも収まる携帯性、日常に溶け込む上質なデザイン、多様な使用用途に応えるマルチレンズへの対応。そのすべてを高次元で融合し、道具としてのウェアと装いとしてのウェアの両方を兼ね備えたリーディングウェアが誕生した。

Ar：(株)西村プレシジョン
Pr：(株)西村プレシジョン 代表取締役社長 西村昭宏
Dr：(株)西村プレシジョン 事業部長 飛山昌久／経営企画部 吉田佳史
D ：(株)西村プレシジョン デザインマネージャー 齊藤みやこ＋ソウウェル デザインオフィス 脇聡

17G010007

腕時計

G-SHOCK GST-B100X
［G-STEEL カーボンエディション］

Watch
G-SHOCK GST-B100X [G-STEEL Carbon Edition]
Ar: CASIO COMPUTER CO., LTD.

シンプル＆ミニマルをコンセプトとしたG-SHOCKにおける次世代ベーシックである。カーボンベゼル（東レ・ナノアロイ®技術）、緩衝板、メタルベゼルなどの異素材を積層させることで耐衝撃を実現したレイヤーガード構造の採用により、今までのヘビーでグラマラスなG-SHOCKデザインとは異なる、シンプル＆ミニマルなタフネスデザインを実現した。

Ar：カシオ計算機(株)
Pr：カシオ計算機(株) 時計事業部 企画統轄部 統轄部長 森島高志
Dr：カシオ計算機(株) 時計事業部 企画統轄部 デザイン企画部 第二デザイン室 室長 盛合竜介
D ：カシオ計算機(株) 時計事業部 企画統轄部 デザイン企画部 第二デザイン室 正林盛次

17G010008

腕時計

G-SHOCK GPW-2000
［グラビティマスター］

Watch
G-SHOCK GPW-2000 [GRAVITYMASTER]
Ar: CASIO COMPUTER CO., LTD.

過酷な任務を遂行するパイロットを想定し時刻の絶対精度と視認性を最優先にしたG-SHOCK。標準電波、GPS、スマートフォンリンクという3つの時刻取得システムを搭載し現在地の緯度・経度を表示する。また、振動でも緩まないバンド取り付け構造を考案した。エレクトロニクス技術と耐久技術、それらを機能的に表現したデザインが融合した集大成モデルである。

Ar：カシオ計算機（株）
Pr：カシオ計算機（株）時計事業部 企画統轄部 統轄部長 森島高志
Dr：カシオ計算機（株）時計事業部 企画統轄部 デザイン企画部 第二デザイン室 室長 盛合竜介
D ：カシオ計算機（株）時計事業部 企画統轄部 デザイン企画部 第二デザイン室 橋本威一郎

17G010009

腕時計

Smart Outdoor Watch
PRO TREK Smart WSD-F20

Watch
Smart Outdoor Watch PRO TREK Smart WSD-F20
Ar: CASIO COMPUTER CO., LTD.

PRO TREKブランドを冠した、新世代アウトドアギアウォッチである。低消費電力GPSとオフラインで使えるカラー地図を備える一方、アウトドアシーンで役立つ防水性とMIL規格準拠の堅牢な耐環境性能も装備した。OSにAndroid Wear 2.0を採用し、スマホなしでアプリが追加可能。カラー液晶とモノクロ液晶の二層構造表示で視認性と消費電力抑制の両立を実現した。

Ar：カシオ計算機（株）
Pr：カシオ計算機（株）時計事業部 企画統轄部 統轄部長 森島高志
Dr：カシオ計算機（株）時計事業部 企画統轄部 デザイン企画部 室長 盛合竜介／デザインセンター コミュニケーションデザイン部 室長 花房紀人
D ：カシオ計算機（株）時計事業部 企画統轄部 デザイン企画部 松田孝雄／デザインセンター コミュニケーションデザイン部 辻村泰一郎、森谷信一、許真理子

17G010010

腕時計

セイコー プロスペックス
グレートトラヴァース SBED007

Watch
SEIKO PROSPEX GREAT TRAVERSE SBED007
Ar: Seiko Watch Corporation

通常の10気圧GPSウオッチに対し、防水性能を20気圧まで引き上げ強化した。過酷な状況下で防寒具やリュックサックの着脱の妨げにならないよう、ケース側面に突起物を配置せず、りゅうずを12時位置に移動した。ベゼルにグリーンセラミックスを採用し、グレートトラバースの世界観と耐傷性を両立している。

Ar：セイコーウオッチ（株）
Pr：セイコーウオッチ（株）マーケティング統括本部 マーケティング一部
Dr：マーケティング統括本部 デザイン統括部 佐藤紳二
D ：マーケティング統括本部 デザイン統括部 鎌田淳一

17G010011

腕時計

セイコー プロスペックス
"ランドトレーサー"シリーズ

Wristwatch
SEIKO PROSPEX "LAND TRACER" Series
Ar: Seiko Watch Corporation

自分の軌跡をトレースするアウトドア用ソーラーウオッチ。内蔵されたフィールドセンサーとスマートフォンの位置情報を連携させ、専用アプリに自分の活動の軌跡を地図上に3Dで表示する「3Dトレースログ」を搭載し、軌跡ログを簡単にSNSで共有できる。アプリと連携して現在地の天気予報や潮汐なども表示可能。水辺のアクティビティでも安心の20気圧防水である。

Ar：セイコーウオッチ（株）
Pr：セイコーウオッチ（株）マーケティング統括本部 マーケティング一部
Dr：セイコーウオッチ（株）デザイン統括部 佐藤紳二
D ：セイコーインスツル（株）総合デザイン部 石原悠

17G010012

腕時計

セイコー アストロン
エグゼクティブライン SBXB123

Watch
SEIKO ASTRON EXECUTIVE LINE SBXB123
Ar: Seiko Watch Corporation

世界初のGPSソーラー腕時計として登場以来、パイオニアとして着実に進化・発展。アストロンで初となる「サファイアガラス製ベゼルリング」を搭載し、サファイアガラス特有の高級感と透明感に加え、シャープな面構成のケースとブレスレットで上質なデザインをめざした。エグゼクティブラインは、より個性的でGPSウオッチの世界観を体現したモデルの役割を果たす。

Ar：セイコーウオッチ（株）
Pr：セイコーウオッチ（株）マーケティング統括本部 マーケティング一部
Dr：マーケティング統括本部 デザイン統括部 佐藤紳二
D：マーケティング統括本部 デザイン統括部 鎌田淳一

17G010013

腕時計

プロマスター エコ・ドライブ
プロフェッショナルダイバー
1000m

Watch
PROMASTER Eco-Drive Professional Diver 1000m
Ar: CITIZEN WATCH CO., LTD.

ISO/JIS規格に適合し1,000メートルの飽和潜水にも対応した腕時計である。光発電エコ・ドライブを搭載し定期的な電池交換が不要。充電量表示機能により電池残量が把握できるので時計が急に止まる心配をすることなくダイビングに臨める。回転ベゼルを完全にロックでき、非ロック時の警告色なども配した機構を装備し、機能面、デザイン面でのアイコンとした。

Ar：シチズン時計（株）
Pr：シチズン時計（株）営業統括本部 統括本部長 竹内則夫
Dr：シチズン時計（株）営業統括本部 デザイン部 部長 田中伸幸
D：シチズン時計（株）営業統括本部 デザイン部 チーフデザインマネージャー 井上英樹、チーフデザイナー 高橋泰史

17G010014

腕時計

エコ・ドライブ ワン

Watch
Eco-Drive One
Ar: CITIZEN WATCH CO., LTD.

極薄設計に挑んだ光発電式アナログクオーツ腕時計。シンプルを追求したミニマルなスタイルと、着けているのを忘れるほどの軽い装着性が特徴である。時計本体は3ミリほどの薄さながら光発電機能と日常生活レベルの耐3気圧防水性を備えている。

Ar：シチズン時計（株）
Pr：シチズン時計（株）営業統括本部 統括本部長 竹内則夫
Dr：シチズン時計（株）営業統括本部 デザイン部 部長 田中伸幸
D ：シチズン時計（株）営業統括本部 デザイン部 大場晴也

17G010015

Watch

ULTRATIME 001

Watch
ULTRATIME 001
Ar: TODOT DESIGN

まったく新しいデザインコンセプトの時計。日常生活に刺激的な瞬間を与えることを開発の動機として、ディテールにこだわり、ほかとは異なる差別化された製品を実現した。時間と分を2つの文字盤に整然と分け、数字をあえて不規則にずらして配置してある。

Ar：TODOT DESIGN
Pr：TODOT DESIGN
Dr：JAY CHAN, FEVER CHU, BOB LEI, PATRICK CHE
D ：JAY CHAN, FEVER CHU, BOB LEI, PATRICK CHE

17G010017

Watch
YU YUN JIAN

Watch
YU YUN JIAN
Ar: Shanghai Li Yu Cultural Creative & Design Services Co., Ltd.

無垢材、メタル、樹皮の3種類の素材を使ったクオーツ時計。内装部分を収めたメタルケースとドーム加工を施した風防はしっかりと閉じられ、機械体の防水性を高めている。メタルの裏蓋は無垢材のケースでくるまれ、着けたときに木のぬくもりを感じることができる。文字盤は数字ではなく凹型の点を配したデザインで、時間の流れを表現した。

Ar：Shanghai Li Yu Cultural Creative & Design Services Co., Ltd.
Pr：SMART TIME INDUSTRIAL Ltd.
Dr：Luk wai yip
D ：Luk wai yip

17G010018

浴衣
雨をまとう浴衣

Yukata
YUKATA WEARING THE RAIN
Ar: TBWA\HAKUHODO Inc. + TAKASHIMAYA

昔から日本人は雨の状態の微妙な違いを感じとり、何百もの名前を付けてきた。多様な雨のパターンを瞬間の画像としてとらえ、アクリル板にレーザーカッターで彫刻。細い溝に数千の水滴を手作業で置いて撮影し、精密なプリントで表現した。日本の伝統衣装である浴衣を、現代的な技術と繊細なクラフトマンシップの融合でリデザインした。

Ar：TBWA\HAKUHODO＋髙島屋
Pr：博報堂プロダクツ 戸越康二＋TBWA\HAKUHODO 深津広孝、平久江勤、緑川正人
Dr：TBWA\HAKUHODO Chief Creative Officer 佐藤カズー、Senior Creative Director 原田朋
D ：TBWA\HAKUHODO Art Director 徳野佑樹、Designer 崔鎭元、榎悠太、宝田夏奈

17G010019

131

エプロン

カサネ エプロン

Apron
KASANE apron
Ar：ASTRUCT

真冬も使え、重ね着ができるエプロン。上着とエプロンを綺麗に重ね着できるように構造を工夫した。厚手の8号帆布生地で耐久性が高く、腰から下は左右2枚に分かれているので動きやすい。上を外して腰巻きエプロンとしても使える2way仕様。季節、環境、状況に適応し、丈夫で長く使い続けられるエプロンである。

Ar：ASTRUCT
Pr：石井基公
Dr：石井基公
D ：石井基公

17G010020

エプロン

ハシラ エプロン

Apron
HASHIRA apron
Ar：ASTRUCT

お腹が汚れない腰巻きエプロンである。前面上部を上方向に15センチ延長することで、従来の腰巻きエプロンでは防げなかった腹部をカバーした。延ばした上部は自立し、かつ柔軟性もあるのでどんな動きにも対応する。厚手の8号帆布生地で耐久性が高く、腰から下は左右2枚に分かれているので動きやすい。

Ar：ASTRUCT
Pr：石井基公
Dr：石井基公
D ：石井基公

17G010021

Scarf
SUSTAIN HEATED SCARF

Scarf
SUSTAIN HEATED SCARF
Ar: HOMI Creations Ltd.

世界各国で特許取得済みの防水性、柔軟性に優れた巻きやすい発熱ショートマフラー。簡単、直感的に着用でき、内蔵マグネットで着脱も容易。発熱持続時間は3時間でおしゃれで手軽にヒーターを持ち運びできる商品である。

Ar：HOMI Creations Ltd.
Pr：HOMI Creations Team
Dr：HOMI Creations Team
D ：HOMI Creations Team

17G010022

マグネットクラスプ
Nクラスプ

Clasp with Magnet
N type clasp
Ar: Gem Network Inc.

両面タイプで左右対称デザインの加工性の良いクラスプ。着け外しが容易で安心確実な機能が特徴である。

Ar：(有)ジェムネットワーク
Pr：目黒武文
Dr：目黒武文
D ：目黒武文

17G010023

Smart Belt

WELT

Smart Belt
WELT
Ar: WELT Corporation

ベルトを通じてウエストから送られる健康データを管理できるヘルスケア・ウェアラブル端末。ベルトに内蔵された薄型センサーが、着用時のウエストサイズや運動量を自動的に計測する。毎日身につける物にウェアラブルテクノロジーを搭載することで、ユーザーが製品・サービスに自然になじめるようにした。

Ar：WELT Corporation
Pr：WELT Corporation
Dr：Hane Roh
D ：Hane Roh

17G010024

手袋、靴下

% PERCENT（手袋／靴下）

Gloves, Socks
% PERCENT (Gloves / Socks)
Ar: FUKUSHIN CO., LTD.

コーヒーとミルクなど身の周りには自分好みの「割合（%）」があると考え、2色の面積を割合で表現したブランド。普段何気なく選んでいる手袋や靴下の色を数値化することで自分好みの割合を感じて楽しめるファッションアイテムである。

Ar：(株)フクシン
Dr：UMENODESIGN (株) 梅野聡
D ：UMENODESIGN (株) 梅野聡

17G010025

大人用おむつ

アテント スポーツパンツ
新感覚の下着

Adult Diaper
Attento SportsPants
Ar: DAIO PAPER CORPORATION

布下着のような感覚で使えるパンツタイプのおむつである。紙パンツでは新しい素材であるフイルム状の伸縮材をお腹まわりに採用し凹凸感を軽減することで、服にラインが響かず美しく見えるシルエットを実現した。極薄吸収体を採用しているのでゴワつきも軽減される。初めて紙パンツを使用する人でも抵抗感がなく、安心して外出時などにも使用できる。

Ar：大王製紙（株）
Pr：大王製紙（株）ホーム＆パーソナルケアグローバル商品開発本部 ヘルスケアBMD 部長 藤田雅也
Dr：大王製紙（株）ホーム＆パーソナルケアグローバル商品開発本部 ヘルスケアBMD 商品開発G 課長 竹内寅成
D ：大王製紙（株）ホーム＆パーソナルケアグローバル商品開発本部 ヘルスケアBMD 商品開発G 高石美奈

17G010026

Air Pollution Mask

Woobi Play

Air Pollution Mask
Woobi Play
Ar: Airmotion Laboratories + Kilo

危険なPM（空中浮遊微粒子）を95パーセント以上除去できる子供用の大気汚染対策マスクである。高性能のHEPAフィルターをマスクの側面に配置。半透明の医療用シリコンを使うことで顔が見え、顔を隠してしまう他製品と差別化した。製品は分解された状態で販売しており、説明書を見ながら親子で一緒に組み立てて楽しむことができる。

Ar：Airmotion Laboratories + Kilo
Pr：Airmotion Laboratories
Dr：LARS LARSEN
D ：MIRKO IHRIG

17G010027

135

ベビーキャリア

エルゴベビー・ベビーキャリア
Omni 360

Baby Carrier
Ergobaby Baby Carrier Omni 360
Ar: DADWAY, INC.

親子の快適性とエルゴノミックデザインを追求したハイエンドモデルのオールインワンベビーキャリア。どの抱き方でも赤ちゃんの自然なすわり姿勢をラクに支えるエルゴノミックシートを搭載する。新生児から幼児までオプションなしで細かいサイズ変更ができ、荷重をバランスよく分散してラクに支えるため長時間でも疲れにくく快適である。

Ar:（株）ダッドウェイ
Dr:ロドニー・テルフォード

17G010028

抱っこ紐、ベビーキャリア

とっても「ラク」な抱っこ紐
ミアミリー

Baby Carrier
MiaMily
Ar: WINTECH Inc.

抱っこをとてもラクで快適にする。従来の抱っこ紐の固定観念を変える布で、吊らない次世代型抱っこ紐。人間工学に基づき設計された3Dヒップベースは、新生児から体重20キロまで、好みや成長段階に合わせて9通りの抱き方が可能である。抱っこ紐に求められる機能に、親子の快適性と安全性を付加した。分離式構造で、誕生から抱っこ卒業まで長い期間使うことができる。

Ar:（株）ウインテック
Pr: Overtea SAGL アレッサンドロ・セレダ
Dr: Overtea SAGL アレッサンドロ・セレダ＋Min Shen Enterprise Co, LTD モソ・リー
D : Overtea SAGL セシリア・ツァイ

17G010029

ベビースタイ

スタイリー

Baby Bib
Styli
Ar: MELIX Co., LTD.

折り紙のような赤ちゃんスタイである。親子のコミュニケーションアイテムとして、折り紙のようにスタイを変身させ、語りかけ、読み聞かせができるストーリー付き。親子がスマイル一杯で過ごせるように願いを込め、全15種のデザインと折り方、ストーリーで構成した。いつでも、どこでも、おもちゃがなくても、読み聞かせができる。

Ar:（株）メリックス
Pr:（株）メリックス 豊饒賢造＋（株）ハルアド 森作栄
Dr:（株）メリックス 油井美弥子、永井慎哉
D :（株）メリックス 加野菜美、原田実樹、竹中菜生美、江口菜穂子

17G010030

バッグ

ポーター クレド

Bag
PORTER CREDO
Ar: YOSHIDA & CO., LTD.

楕円形の底面と切り目仕立てにより、薄いマチ幅ながら自立する機能性を備えたレザービジネスシリーズ。ブリーフケースを中心に4型2色を展開する。なめらかなカーブを描いたフォルム、2枚の胴版が重なり合う正確さ、曲線部分の縫製技術からコバ磨きにいたるまで名工による丁寧な手仕事で製作された端正なたたずまいが特徴である。

Ar:（株）吉田
D :（株）吉田 企画部

17G010031

レザーバッグ

KLON 180BAG

Leather Bag
KLON 180BAG
Ar: Titan Art Co., Ltd.

限りなくシンプルに、無駄を削ぎ落としたデザインが特徴のバッグである。

Ar：（株）タイタン・アート
Pr：米原太一
Dr：米原太一
D：米原太一、持田一馬

17G010032

バックパック

高機能バックパック

Backpack
High-Performance Business Backpack
Ar: ELECOM CO., LTD.

本製品は、あらゆる荷物に最適な収納場所を提供するバックパックである。荷物の特性に合わせて気室を3つに分割した3気室構造が最大の特徴で、さまざまなモノを携帯する現代の持ち物事情に合わせて、ポケット構造と配置を一から見直して設計した。外側には身体への負担を軽減する分厚いクッションを随所に配置し、徹底的に使い勝手を高めている。

Ar：エレコム（株）
Pr：エレコム（株）商品開発部 サプライ課 サプライチーム 森本和喜
Dr：エレコム（株）商品開発部 サプライ課 サプライチーム 森本和喜
D：エレコム（株）商品開発部 サプライ課 サプライチーム 森本和喜

17G010033

Backpack

ClickPack Pro

Backpack
ClickPack Pro
Ar：KORIN Co.,Ltd. (US & China)

なめらかなデザインで多機能、短期のビジネス出張にぴったりな盗難防止リュックサックである。

Ar：KORIN Co.,Ltd. (US & China)
Pr：Guangzhou Korin Technology Co., Ltd.
Dr：Bi Zhao
D：Bi Zhao, Jiahua Qiu, Dengtai Tan, Mia Huang, Fuchu Fu, Jianwei Ou, Ming Zou, Guangzhou Designest Industrial Design Co., Ltd.

17G010034

Carbon-fiber Smart Suitcase

YANG DESIGN

Carbon-fiber Smart Suitcase
YANG DESIGN
Ar: YANG HOUSE

炭素繊維素材を使った世界初のスマートスーツケース。本体は全面炭素繊維、フレームには二重U字型のアルミマグネシウム合金を使い、軽量性と頑丈さを両立させた。大容量バッテリー、指紋認証システムを内蔵し、専用のスマートフォンアプリと連携することで、より安全で便利な旅を提供する。本革ハンドルを中央に配し持ちやすさにも配慮した。

Ar：YANG HOUSE
Pr：YANG HOUSE
Dr：Jamy Yang
D：Rex Jie, Liming Wei

17G010035

Wireless Luggage Tracker
BagiTag

Wireless Luggage Tracker
BagiTag
Ar: Tektos Ecosystems Limited

Bluetoothでワイヤレス接続が可能なスマートタグ。スーツケースに装着して作動させると、モバイルアプリ経由でスーツケースの位置と移動状況が確認できる。荷物到着時に通知するほか、ロストバゲージや盗難時にアラーム通知を受け取ったり、荷物の位置情報を空港スタッフなどと共有し、荷物を探すことが可能である。

Ar：Tektos Ecosystems Limited
Pr：Ludovic Depoid, General Manager
Dr：Ludovic Depoid, General Manager
D ：Ryan Yeung, Product Designer

17G010036

水性ゲルインキボールペン
ジュースアップ

Gel Ink Pens
Juice up
Ar: PILOT CORPORATION

ペン先の新開発のチップと顔料ゲルインキの採用により、細書きでありながらなめらかな書き味を実現した水性顔料ゲルインキボールペン。ボール径は0.3ミリと0.4ミリの2種類で、0.4ミリのパステルおよびメタリックカラーはノック式で世界最細である（2016年8月現在・当社調べ）。

Ar：(株)パイロットコーポレーション
Pr：(株)パイロットコーポレーション
Dr：(株)パイロットコーポレーション 営業企画部 文具企画グループ 吉田桃子
D ：(株)パイロットコーポレーション 営業企画部 プロダクトセンター 意匠グループ

17G010037

筆ペン
筆まかせ（細字）

Brush Pen
Fude-makase (fine tip)
Ar: PILOT CORPORATION

ペン先に適度な硬さのチップを搭載した筆ペン。ペン先が軟らかすぎてコントロールしにくいというユーザーのために、チップを適度な硬さにすることで、トメ、ハネ、ハライを表現しやすくした。祝儀袋や香典袋への筆記に最適な太さのペン先とインキ色を採用している。筆文字に苦手意識がある人でも、気軽に楽しむことができる。

Ar：（株）パイロットコーポレーション
Pr：（株）パイロットコーポレーション
Dr：（株）パイロットコーポレーション 営業企画部 プロダクトセンター 意匠グループ 池田明教
D ：（株）パイロットコーポレーション 営業企画部 プロダクトセンター 意匠グループ 松村直実、熊田稔也

17G010038

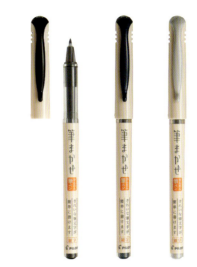

Artist 100 Colors Double Tip Pen
KACO

Artist 100 Colors Double Tip Pen
KACO
Ar: Shanghai KACO Industrial Co., Ltd.

100色もの豊富な色展開が本製品のポイントである。これだけ多様な色のインクを調合することは容易ではない。描きやすい2種類のペン先付き。

Ar：Shanghai KACO Industrial Co., Ltd.
Pr：Kelvin Yan
Dr：Lin Fan
D ：Lin Fan

17G010039

水彩パステル

ヴィスタージュ
大人の水彩パステル

Watercolour Pastel
Vistage Watercolour Pastel
Ar: PENTEL CO., LTD.

新開発の水に溶けるオイルパステルである。オイルパステルの鮮やかな筆跡を付属の水筆でぼかすことで、初心者も簡単に混色やグラデーションの水彩表現を楽しむことができる。画材分野における、大人の日常使いという新たなシーンを創出し、表現する喜びをより身近に感じてもらうことをめざす。

Ar：ぺんてる（株）
Pr：ぺんてる（株）商品開発本部長 前澤士郎
Dr：ぺんてる（株）デザイン室 清水和久
D ：ぺんてる（株）デザイン室 森田真央

17G010040

シャープペンシル

オレンズネロ

Automatic Pencil
orenznero
Ar: PENTEL CO., LTD.

自動で芯が出続けて、折れずに書けるシャープペンシルである。0.2ミリの極細芯でさえ折れない独自のオレンズシステムに加え、一画ごとに芯が出る自動芯出し機構を搭載。本体軸は樹脂と金属の混合材で最適な重心バランスを実現している。書くための最高技術を備えるシャープペンシルのフラッグシップをめざした。

Ar：ぺんてる（株）
Pr：ぺんてる（株）商品開発本部長 前澤士郎
Dr：ぺんてる（株）デザイン室 次長 清水和久
D ：ぺんてる（株）デザイン室 柴田智明

17G010041

ホルダー消しゴム

モノゼロメタルタイプ

Holder Eraser
MONO zero METAL TYPE
Ar: Tombow Pencil Co., Ltd.

ピンポイント消しを極めた、手帳の修正に最適な精密極細ホルダー消しゴム。2.5×5ミリの極細消しゴムを高精度に繰り出せる独自のノック機構と視界の良い金属製ロングガイドパイプを採用し、細かい修正に最適である。本体軸は、軽さ、強さ、美しさを兼ね備えたアルミ製の5ミリ厚の平型形状で、手帳に挿しての携帯にも適している。

Ar：(株)トンボ鉛筆
Pr：(株)トンボ鉛筆 プロダクトプランニング部 プランニング1グループ 渡邊弘樹
Dr：(株)トンボ鉛筆 プロダクトプランニング部 クリエイティブデザイングループ 特命アートディレクター 形見和則
D：(株)トンボ鉛筆 プロダクトプランニング部 クリエイティブデザイングループ 井関千尋

17G010042

定規

本当の定規

Ruler
True Measure
Ar: KOKUYO CO., LTD

太さがない線で目盛りを表現できれば長さを測る道具という定規の本質により近づくことができると考え、境界線で位置を示した。より正確な長さを測ることができる定規である。

Ar：コクヨ(株)
Pr：藤木武史
Dr：星剛
D：坂井浩秋

17G010043

定規

ミドリ ステンレス マルチ定規
〈31cm〉

Ruler
MIDORI Stainless Multi Ruler〈31cm〉
Ar: Designphil Inc.

機能性と耐久性を極めた、強靭なステンレス製の折りたためる定規。使用時は31センチの直定規に、使わないときはたたんでコンパクトに収納できる。精度を要求される測定用の0.5ミリ単位の目盛は、半永久的に消えないレーザー刻印。高さや奥行きが測りやすいグランドポイント目盛り、回転軸での角度測定機能など、多彩な機能を搭載した。

Ar：（株）デザインフィル
Pr：（株）デザインフィル クリエイティブセンター　中村真介
Dr：（株）デザインフィル クリエイティブセンター　中村真介
D：TAIJI KAMISE DESIGN 神瀬泰二

17G010044

ハサミ

ミドリ 携帯マルチハサミ

Scissors
MIDORI Portable Multi Scissors
Ar: Designphil Inc.

コンパクトながらも切れ味が優れ、マルチな機能を備えた本格志向の携帯用ハサミ。刃の切れ味を追求した2段刃に加え、片刃にカーブ形状を設けることで、根本から刃先までしっかりと切れる。刃の裏面にはノリが付きにくい溝彫り加工、刃の外側にギザ刃が付いたカートンオープナー、刃の根元にはワイヤーカッターとマルチな機能にこだわった。

Ar：（株）デザインフィル
Pr：（株）デザインフィル クリエイティブセンター　中村真介
Dr：（株）デザインフィル クリエイティブセンター　中村真介
D：TAIJI KAMISE DESIGN 神瀬泰二

17G010045

ハサミ

エクスシザース

Scissors
XSCISSORS
Ar: CARL MFG. CO., LTD.

スーッと入るシルキーな切れ味の大人のハサミが商品コンセプトである。高次元の切れ味を実現するため、従来品のおよそ2倍の厚みとなる3ミリのステンレス鋼板を採用した。その鋼板を指穴の後ろまで伸ばすデザインが高い剛性を生み、先端でも厚手のものをしっかりと切ることができる。刃は職人が一本一本丁寧に水研ぎ作業をし、その合わせを調整している。

Ar：カール事務器（株）
Pr：カール事務器（株）玉山隆三
Dr：カール事務器（株）樋口一徳
D ：カール事務器（株）

17G010046

鉛筆削り

エクスシャープナー

Pencil Sharpener
XSHARPENER
Ar: CARL MFG. CO., LTD.

絶対に芯が折れない色鉛筆削りである。折れやすい色鉛筆の芯に極限までダメージを与えないよう芯に極力触れずに削る方式を採用。切削中に色鉛筆の芯が折れる場面を最小限に抑えた。アルミブロックからCNC（コンピュータ数値制御）で削りだした本体は重厚で金属ならではの冷たさを感じさせる。この製品で削った赤鉛筆は1.5メートルの落下テストをクリアする。

Ar：カール事務器（株）
Pr：カール事務器（株）玉山隆三
Dr：カール事務器（株）橘竜人
D ：カール事務器（株）

17G010047

鉛筆削り

くるくる・カールくん2

Pencil Sharpener
KURU-KURU
Ar: CARL MFG. CO., LTD.

3秒で削れる携帯鉛筆削りである。ハンドルを回転する方式と新開発のカッターユニットの組み合わせにより、従来品よりも食い込み量を浅く切削時の軸ブレを激減させた結果、鉋（かんな）のように薄く早く削りあがる。キャップは消しゴムでできていてスタンプ付き。削る楽しさ、遊ぶ楽しさをいつでも、どこでも味わえる。

Ar：カール事務器（株）
Pr：カール事務器（株）玉山隆三
Dr：カール事務器（株）福永康二
D ：カール事務器（株）

17G010048

鉛筆削り器

パカット チャージ＆パカット

Pencil Sharpener
PACATTO Charge & PACATTO
Ar: NAKABAYASHI CO., LTD.

ワンプッシュで削りくずが捨てられる鉛筆削り器である。天面のボタンに親指を添えてグリップを握りゴミ箱の上でワンプッシュすれば削りくずは直接ゴミ箱へ。従来の引き出し式くずケースにありがちな、くず漏れによる机などの黒ずみ汚れを解消した。持ち運びに便利な充電式と手動式の2タイプあり、リビングや子供部屋など使用シーンを選ばない。

Ar：ナカバヤシ（株）
Pr：ナカバヤシ（株）常務取締役 湯本秀昭
Dr：ナカバヤシ（株）企画部 瀬崎康氏
D ：ナカバヤシ（株）企画部 廣田倫央

17G010049

ノート

3mmLEAF1/1、3mmLEAF1/4、WHITE

Note
3mmLEAF1/1, 3mmLEAF1/4, WHITE
Ar: SANKO + KYUSHU UNIVERSITY

本商品は学生のための勉強がしやすい工夫が詰まったノートである。学生参加型の産学連携プロジェクトの取り組みで、参加した学生たちが既存のノートに感じていた不満や不便、効率よく勉強するために各自が工夫しているノートの使い方からアイデアを考案。自分たちが本当に欲しいノートを学生たち自身がデザインした。

Ar：(株)三光＋九州大学
Pr：(株)三光 代表取締役 松尾浩
Dr：九州大学大学院芸術工学研究院 杉本美貴、曽我部春香
D ：九州大学 中島弥姫、田中理佐子、石田暁基、大久保爽一郎、森永大地

17G010050

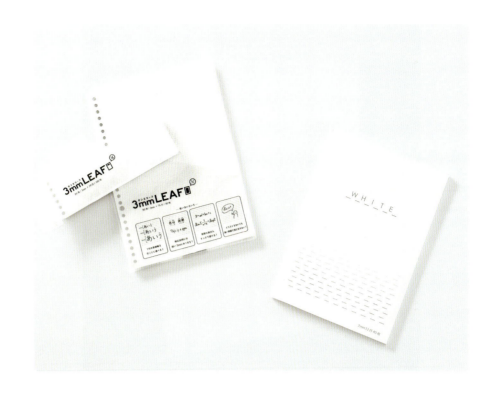

手帳

Take a Note 手帳

Dated Planner
Take a Note planner
Ar:National Taiwan University Press + TAKE A NOTE

たっぷり書けて時間管理できる独自開発のバーチカル2日1ページ＋レフト式ミニウイークリーメモスペースで、仕事もプライベートもしっかり把握できる。現代人は多忙で予定も多く、記入すべきものが多いがたまには日記も書きたい。しっかり自分のやりたいことを管理するには、遊びでも仕事でも使える道具が必要である。

Ar：國立臺灣大學出版中心＋TAKE A NOTE
Pr：Tzu-Ling Chiu
Dr：Santin Aki
D ：Santin Aki

17G010051

ACTIO手帳

ACTIO手帳シンキング、
ACTIO手帳リプレ

Actio Diary
ACTIO DIARY THINKING, ACTIO DIARY REPRE
Ar: EDUL Design Co., Ltd

中高生の自律した個人への成長にこだわった自己管理手帳。各頁では、生活や学習状況の可視化、自身の目標・課題や改善点・成功体験など、自己成長につなげる教育的価値を意識してデザインした。サイズ感への配慮やデコレーションできる表紙の仕様、さらに月間と今週頁の各頁間をスムーズに行き来できる新機能も備えた手帳である。

Ar：EDUL Design（株）
D ：EDUL Design（株）代表取締役 梶田泰里

17G010052

Note Bag

Tear it off

Note Bag
Tear it off
Ar: Shenzhen Dizan Technology Co., Ltd.

ペーパーバッグとメモ用紙の機能を併せ持つ。切り取り線に沿ってカットすると、メモ用紙とその収納トレイとして二次利用できる。素材と構造を何度も試行錯誤し、最終的に日常的な買い物のニーズに対応したデザインに仕上がった。

Ar：Shenzhen Dizan Technology Co., Ltd.
Pr：Liang Qing, Tang Xuelin, Wang Songge
Dr：Tang Xuelin, Wang Songge, Liang Qing
D ：Wang Songge, Liang Qing, Tang Xuelin

17G010053

TIEBU, The Metal Tape

Cih

TIEBU, The Metal Tape
Cih
Ar: Ciang Shih Magnet Int'l Co., Ltd

多種多様な万華鏡のようなデザインの幅48
ミリのマグネットテープで、生活に彩りを与
える。手で簡単に切れはさみが不要。油性
マーカーやボールペンで書き込むことができ
るので予定やデータの整理に便利である。

Ar：Ciang Shih Magnet Int'l Co., Ltd
Pr：Ciang Shih Magnet Int'l Co., Ltd
Dr：Wu Yo Ray
D ：Wu Yo Ray

17G010055

Binder Ring Storage Accessories

O-Sticky Note

Binder Ring Storage Accessories
O-Sticky Note
Ar: MICCUDO MULTIMEDIA CO., LTD

繰り返し貼ったりはがしたりできるテープに
穴を付けたことで、ルーズリーフ帳やバイン
ダーのリングに簡単に綴じ込むことができ
る。写真やチケット、はがきなどの紙切れの
端に貼り付ければ、ルーズリーフ帳やバイン
ダーのリングに通せるため、保管したい物に
穴を開ける必要もない。いつでも簡単に閲
覧、分類、コメントを入れることができる。

Ar：MICCUDO MULTIMEDIA CO., LTD
Pr：MICCUDO MULTIMEDIA CO., LTD
Dr：MICCUDO MULTIMEDIA CO., LTD
D ：Juan Ming Wei

17G010056

ペンケース

パタリーノペンケース

Pen Case
Patalino Pen Case
Ar: Raymay Fujii Corporation

ペンケースの上フタ半分をパタンと折り曲げることにより、中の収納物がすっきりよく見えスムーズに取り出しと収納が可能。開いた上フタはマグネットで開いた状態を固定することができる。折り曲げたペンケースの内側には消しゴムや付箋など小物収納に便利な内ポケットがあり、収納した筆記具のペン先を保護するペン先保護壁も付いている。

Ar：(株)レイメイ藤井
Pr：商品企画室 室長 宮坂裕介
Dr：商品企画室 次長 塚原和博
D ：商品企画室 開発二課 チーフ 石田佳広

17G010057

名刺入れ

mgn 020シリーズ カードケース

Card Case
mgn 020 series card case
Ar: MGNET co., ltd

この名刺入れで追い求めたのは、造形美や機能美ではなく整然とした技術美である。そして触れて使って感じる、感覚的な領域を常に改善しつづける姿勢。それはまるで日本のものづくりそのものである。あらゆる製品製造を支える当社だからこそつくり出せる経験と工夫を生かしたこの仕事道具で、これからの日本を担うワークスタイルを支える。

Ar：(株) MGNET
Pr：武田修美
Dr：武田修美
D ：武田修美

17G010058

名刺入れ

SOHACHIの名刺入れ

Business Card Holder
Business card holder of SOHACHI
Ar: Kiyoharaorimono CO., LTD

コンセプトは語れる名刺入れ。およそ4千年の歴史を誇る綴織の手織り生地で仕立てた。マチに採用している「千鳥がけ」は伝統的な和裁の技術だが、マチとしての伸縮性があり、優れた利便性と機能美を兼ね備えている。伝統工芸を現代的な視点で見つめ直し、日本古来の簡素な美を追求したミニマルなデザインの名刺入れである。

Ar：(株)清原織物
Pr：(株)清原織物 専務取締役 清原聖司
Dr：(株)清原織物 専務取締役 清原聖司
D ：(株)清原織物 専務取締役 清原聖司

17G010059

収納用品

ライフスタイルツール

Storage Supplies
LIFESTYLETOOL
Ar: NAKABAYASHI CO., LTD.

リビングのテーブルで学習をする子供のためのツール。机に道具を広げて使い、使わないときはカバンの中に道具をひとまとめにして本棚や棚の上に収納することができる。

Ar：ナカバヤシ（株）
Pr：ナカバヤシ（株）取締役常務執行役員 湯本秀昭
Dr：ナカバヤシ（株）企画部 瀬崎康氏
D ：ナカバヤシ（株）企画部 寺岡美里

17G010060

収納用品
ライフスタイルツール

Storage Supplies
LIFESTYLETOOL
Ar: NAKABAYASHI CO., LTD.

2016年度グッドデザイン賞受賞の収納用品「ライフスタイルツール」の書類収納。今までは収納できなかった小物類を書類と一緒に収納できるドキュメントファイルと、台形形状で必要な段数をスタッキングでき、引き出しを収納したままでも書類を投げ入れることができる隙間を設けたレターケースである。

Ar：ナカバヤシ（株）
Pr：ナカバヤシ（株）取締役常務執行役員 湯本秀昭
Dr：ナカバヤシ（株）企画部 瀬崎康氏
D ：ナカバヤシ（株）企画部 笠原広平、寺岡美里

17G010061

テープディスペンサー
ABS樹脂テープディスペンサー

Tape Dispenser
ABS RESIN / TAPE DISPENSER
Ar: Ryohin Keikaku Co., Ltd.

デスクトップの小物になじむすっきりとしたデザインのテープディスペンサーである。リールにセメントを詰めることで、片手できれいに切るために必要充分な重量をもたせつつ、コンパクトサイズに仕上げた。

Ar：（株）良品計画
Pr：（株）良品計画 生活雑貨部 前田潤一郎
Dr：（株）良品計画 生活雑貨部 企画デザイン室 矢野直子
D ：（株）良品計画 生活雑貨部 企画デザイン室 岡本和士

17G010062

Mini Printer

nemonic

Mini Printer
nemonic
Ar: MANGOSLAB Co., Ltd.

付箋紙にすぐに印刷できる、トナーやインク不要の超小型プリンター。アプリ上のメモやスケッチ、写真を無線LANで印刷することができる。人間の知識データベースのように自動的に蓄積された過去のアイデアに立ち返り、見直すことで生まれた、まったく新しいアイデア商品である。

Ar：MANGOSLAB Co., Ltd.
Pr：Yongsoo Jeong, CEO / Yongshik Park, CTO, MANGOSLAB Co., Ltd.
Dr：Jinah Kim, Design team., MANGOSLAB Co., Ltd.
D ：Yeonmoo Chung, CEO., YISENG DESIGN

17G010063

Portable Printing Press

Yi-Chang-Ming-Pien

Portable Printing Press
Yi-Chang-Ming-Pien
Ar: 11Architecture Co., Ltd

古い建築物から回収したヒノキ材で作った携帯用の活版印刷機。ヒノキ材のケースには余計な手を加えていないため、印刷機と印刷済みのカードから素材の香りをどこでも感じることができる。従来の印刷機の加圧機構を採り入れつつ、印刷のプレス力を強めたことで、より均一な印刷を実現した。

Ar：11Architecture Co., Ltd
Pr：Yen, Hong-Lin
Dr：Yen, Hong-Lin
D ：Yen, Hong-Lin

17G010064

シルクスクリーン枠

SURIMACCA

Screen Printing Frame
SURIMACCA
Ar: JAM Inc.

さまざまなサイズに組み立てることができるブロック状のシルクスクリーン枠。使用しないときは分解してコンパクトに片付けられる。シリコンゴムとローラーを使って簡単に版を張れるため、専用の知識や設備は必要ない。これまでのシルクスクリーンにはない、見た目の楽しさと作業のしやすさが特徴である。

Ar：(株)JAM
Pr：中村慎吾
Dr：中村慎吾
D ：中村慎吾

17G010065

Color Clay Soap

Aerozoo

Color Clay Soap
Aerozoo
Ar: Shenzhen moonwk Culture Techology Co., Ltd

クレイソープを使った子供用のカラフルな粘土。練って好きな形に成型し、自分のアイデアをどんどん形にすることができる。

Ar：Shenzhen moonwk Culture Techology Co., Ltd
Pr：Shenzhen moonwk Culture Techology Co., Ltd
Dr：Shenzhen moonwk Culture Techology Co., Ltd
D ：Jie Tong, Xin Huang, Liang Chen, Shibin Chen, Lei Nie, Mingquan Li, Siming Zeng, Qixi Li, Haoran Huang, Wenfang Li, Tingzhan Lin, Junda Huang, Nannan Lu

17G010066

視覚障害のある人のための口腔内模型
デンタクト・モデル

Dental Model for Persons with Visual Impairment
DENTACT model
Ar: Division of Special Care Dentistry +
Dental Technology Institute, Osaka Univ.

視覚障害のある人のために開発された口腔内模型。歯の模型がマグネット着脱式のため、歯の数や歯ならびを対象者の口腔内に合わせて自由に配置でき、子供から大人までの多様な歯ならびを簡単に再現可能である。視覚障害のある人が歯ならびやブラッシングの方法などを触って学習できるだけでなく、すべての人にわかりやすいデザインになっている。

Ar：大阪大学歯学部附属病院 障害者歯科治療部
＋大阪大学歯学部附属歯科技工士学校
Pr：大阪大学歯学部附属病院 障害者歯科治療部 村上旬平
Dr：(独法)大学入試センター 南谷和範
D：大阪大学歯学部附属歯科技工士学校 小八木圭以子

17G010067

小冊子
日本国憲法

Booklet
The Constitution of Japan
Ar: Takuya Hoda

日本国憲法全文を、読みやすく持ち運びやすくデザインしなおした小冊子。検索性を高めるため、漢数字をアラビア数字になおし、蛇腹製本にすることで、一覧したり離れている条文同士を比較しやすくした。新書にはさめるコンパクトサイズ。特定の思想を前提としない憲法の勉強会「憲法のきほん」で配布・販売され、ウェブ上でも販売中である。

Ar：保田卓也
Pr：三上悠里
Dr：保田卓也
D：保田卓也、三上悠里

17G010069

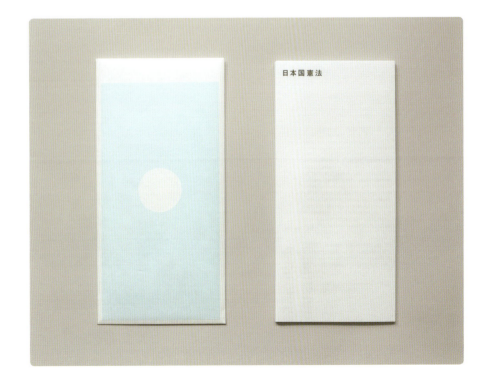

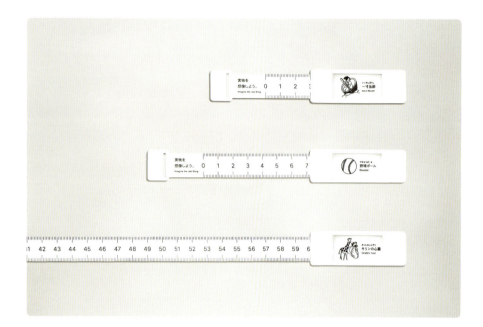

知育玩具

想像メジャー

Educational Toys
Imaginative Tape Measure
Ar: HI inc + CANOPUS

本製品はリアリティを伴った像を想像する力を養う知育メジャーである。一般的なメジャーの機能に加え、メジャーから引き出したテープと同じ大きさのモノが表示される。テープを引き出し、身体的な体験として大きさを感じることで、大きさを伴った像の想像を促し、対象物をより具体的に想像する力が要求される。

Ar：(株)ハイ+(株)CANOPUS
Pr：小式澤郁
Dr：平瀬謙太朗
D：木村優作

17G010070

積み木・ブロック玩具・立体パズル

Jino（ジーノ）

Building Blocks / Interlocking Toy Bricks / 3D Puzzle
Jino
Ar: Crown Clown Inc.

積み木のように重ねたりブロック玩具のように結合させたり、立体パズルのように遊ぶこともできる、従来の知育玩具の枠をこえたクリエイティブガジェットである。重ねられる向きや結合できる向きが制限される「J」の形のピースは数学的能力や芸術的感性を刺激し、幼い子供から大人まで生涯を通じて楽しむことができる。

Ar：(株)Crown Clown
Pr：(株)Crown Clown プランナー 伊勢達麻
Dr：(株)Crown Clown プロデューサー 小島五月
D：現代美術家 出田郷

17G010071

ブロック玩具

チューブロック

Block Type Toy
Tublock
Ar: Tublock Co., Ltd.

配管資材メーカーが新規事業開発の取り組みの中で開発した、配管の形をモチーフにしたブロック玩具。パーツをパズルのように組み合わせることで、建築物から動物まであらゆるものを3D感覚で表現できる。また、普段目にすることの少ないライフラインの重要な役割や、それに関わる仕事の魅力を楽しみながら伝えられる玩具である。

Ar:（株）チューブロック
Pr:（株）チューブロック 鈴木隆也
Dr: ナカシマデザイン事務所 中島真範
D : ナカシマデザイン事務所 中島真範＋（株）Y 三宅喜之

17G010072

カムプログラムロボット工作セット

カムプログラムロボット工作セット

Cam-Program Robot
CAM-PROGRAM ROBOT
Ar: TAMIYA, INC.

自由にセットできるカムを使って動きを制御できるロボット工作キットである。プログラムバーにカムを差し込み、ロボットにセット。中央のギアケースでバーを移動させてカムの配列を機械的に読み取り、ロボットの進行方向を変える。いわば、コンピュータを使わないプログラミング教材である。

Ar:（株）タミヤ

17G010073

Educational Programming Electronic Blocks

Makeblock Neuron

Educational Programming Electronic Blocks
Makeblock Neuron
Ar: Makeblock Co., Ltd. + IU+ Design Studio

子供のSTEM教育・実習のために開発された、プログラミング用のブロック型スマートモジュール。機能の異なるモジュールが30種類以上あり、それらをつないでスマート電子機器を作ることができる。フロー式のプログラミングアプリと連動させることにより、多彩なガジェットを簡単に組み立て、無限のアイデアを実現することが可能になる。

Ar：Makeblock Co., Ltd. + IU+ Design Studio
Pr：Makeblock Co., Ltd.
Dr：Lian liu, Project manager, Makeblock Co., Ltd.
D ：Yiyue Zheng, Chongguan Li, Guoqing Li, R&D Dept. Makeblock Co., Ltd. + Jiye Shen, Shenghui Jia, Junyao Li, Haiwei Wu, David Juan, Liang Wang, Yajuan Huai, Zheyang Cai, IU + Design Studio

17G010074

MagicBean Smart Blocks

MagicBean

MagicBean Smart Blocks
MagicBean
Ar: Shanghai BeanLab Technology Co., Ltd.

ワイヤレスでプログラミングが可能で組み立ても簡単なブロック形のスマートモジュール。5～12歳の子供を対象に、デザイン思考やコーディング力を育む玩具である。グラフィックコーディング用アプリを使って、現実のブロックの動きを定義・制御することができる。そうすることで、ハードウェアとソフトウェアを用いたものづくりや発明の実現が可能となる。

Ar：Shanghai BeanLab Technology Co., Ltd.
Pr：BeanLab Technology
Dr：Xie-Jun Tan, Jian-Ming Zhang
D ：Xie-Jun Tan, Jian-Ming Zhang

17G010075

Modular and Programmable Drone
Airblock

Modular and Programmable Drone
Airblock
Ar: Makeblock Co., Ltd.

空中を飛ぶという新しいコンセプトのブロック玩具。モジュール式のプログラミングが可能で、初心者用ドローンにもなる。空を自由に飛び、水陸両用で走れる飛行体を作りたいとの思いから開発された。別売のプログラミング用アプリを使えば、自分だけの空中スタントをプログラムして楽しめる。飛行体の原理を学ぶ教材ともなる。

Ar：Makeblock Co., Ltd.
Pr：Makeblock Co., Ltd.
Dr：Jimmy Qin, Wenhua Wang, Lijiao Xin
D ：Mingzhe Guo

17G010076

2

生活プロダクト（趣味・健康用品）

Daily Use Product（Hobby, Healthcare）

ユニット2はおもに趣味・健康用品のカテゴリーの審査ユニットであり、限定された
場面での使用がメインとなる。応募対象についても、アウトドア用品から爪切りなどの
日用品、楽器などまで幅広く、どれもデザイナーやメーカーの感じた問題解決に対する
想いの強さを感じる商品ばかりだった。そういった商品を前に私たちユニット2の審査
委員が審査の評価基準として考慮したのは、「使う場所、使う時間、使う人に対して適し
た（違和感のない）ものになっているか」であった。それは、いくら技術的に新しくとも、
形が魅力的でも、その点を踏まえないと暮らしの中に違和感を生んでしまうと考えてい
るからである。モノは必ず使う空間、場所があり、使う時間、そして人との交わりがある。
そういったモノを取り巻く環境に馴染むよう丁寧に形に思いを落とし込んでいる商品を
良いデザインと評価した。

このユニットの審査対象の傾向として挙げられる点は、既存製品の後継機を継続して
改良を重ねた商品が多く見られたということである。一見、代わり映えのしない商品に
感じるものもあるかもしれないが、先に述べた私たちの評価基準を踏まえ、環境に落と
し込むプロセスを丁寧に踏んでいる商品を評価した。

一方、残念だったのは、売場にて競合製品との差異を出すために加えられた、過度に感
じてしまうデザインが少なからず見受けられたことである。もちろん審査員である我々
もデザイナーであり、クライアントとの開発プロセスでそういった議論になることも
経験している。しかし、丁寧にデザインされた商品はたとえ地味と感じてしまうような
ものでも、評価に値する商品として違いはしっかりと表れる。その追加した装飾によって
今回の審査を通らなかったものもあり、受賞とそうでなかった商品の差異は、最後まで
ぶれずにものづくりをやりきったかどうかによるものだと感じている。過度な装飾を用
いて売場にデザインの良し悪しを委ねるのでなく、簡単ではないが、作り手が本当に欲し
いものを生み出し、良いデザインとはこういうものだという訴求活動まで信念を持って
やり遂げてほしいと感じている。

小林幹也

子供用スポーツ眼鏡

SWANSスポーツアイガード GUARDIAN

Eyeglasses for Children's Sports
SWANS sports eyeguard GUARDIAN
Ar: yamamoto kogaku co. ltd

視力や眼に不安を持つ子供でもスポーツを安全に楽しめる、ゴーグルタイプのスポーツ眼鏡である。ボールや転倒などの衝撃に耐える堅牢さ、眼や顔に痛みを伝えない衝撃吸収力、激しい運動でもずれない装着性、子供の成長による顔幅の変化に対応する柔軟性、顔に触れるパッド部の抗菌性など優れた特徴を持つ。(公財)日本学校保健会推奨用品。

Ar：山本光学(株)
Pr：山本光学(株) 代表取締役社長 山本直之
Dr：山本光学(株) スポーツ第1事業部 鳥谷好孝
D ：山本光学(株) 商品企画部 スワンズクリエイティブセンター 富永浩史／DP開発研究所 浅田真孝

17G020077

機能性インソール

ザムスト フットクラフト スタンダード

Functional Insole
ZAMST Footcraft Standard
Ar: NIPPON SIGMAX Co., Ltd

ウィンドラス機構(足部の安定性を確保する機能)を再現したインソールである。アーチの高さに合わせ3タイプをそろえた。2種類の樹脂パーツで踵とアーチをサポート。既製品でありながら個々の足にフィット、高い安定性とサポート感が得られる。

Ar：日本シグマックス(株)
Pr：野元良平
Dr：吉田豪
D ：五十嵐匡平

17G020078

Pro-Armor

Pro-Armor

Pro-Armor
Pro-Armor
Ar: Dainese S.p.A.

バイク用、激しいスポーツ用の画期的なソフトボディプロテクターシリーズ。革新的なデザインと素材を使用。自然界のフラクタル構造をデザインに、ニトリル化合物とナノカーボンを素材に採用したことで、衝撃吸収力、着け心地、弾力性、通気性、軽量性、なめらかさのすべてにおいて、従来製品と一線を画すレベルを実現した。

Ar：Dainese S.p.A.
Pr：Dainese S.p.A.
D ：Internal design center

17G020081

双眼鏡

WX 7×50 IF ／ 10×50 IF

Binoculars
WX 7×50 IF / 10×50 IF
Ar: NIKON VISION CO., LTD.

天体と景観観望用の双眼鏡。開放感を感じる超広視界と周辺までシャープな視野を追求し、見ること自体が感動と喜びとなる双眼鏡をめざした。最高の光学性能を得るために機能を絞り込み、妥協せずにコンセプトを実現した製品である。

Ar：(株)ニコンビジョン
Pr：(株)ニコンビジョン
Dr：(株)ニコン 映像事業部
D ：(株)ニコンビジョン 設計部 西岡達志、片岸勇一
　＋(株)ニコン 映像事業部 デザイン部 二階堂豊

17G020082

163

コーヒーケトル、ミル、ドリッパー
フィールドバリスタ シリーズ

Coffee Kettle, Grinder and Dripper
Field Barista Series
Ar: Snow Peak Inc.

家から持ち出してキャンプなど屋外でもドリップコーヒーを楽しむためのコーヒーツールシリーズ。コンパクトに収納できるケトル、ミル、ドリッパーの3アイテムをひとまとめにして気軽に持ち運ぶことができる。

Ar：(株)スノーピーク
Pr：(株)スノーピーク 代表取締役社長 山井太
Dr：(株)スノーピーク 取締役 執行役員 企画本部長 小杉敬
D ：(株)スノーピーク 企画本部 企画開発部 開発課 タスクリーダー 山下亮

17G020083

アウトドア用焚き火台
ファイアーディスク™

Fire Pit for Camping
FIRE DISK
Ar: Coleman Japan Co., Ltd.

「アウトドアの初心者でも簡単に焚火ができる」をコンセプトとしたオールインワンモデルの焚火台。

Ar：コールマン ジャパン(株)
Pr：コールマン ジャパン(株) マーケティング本部 プロダクトマネージャー 齊藤雄一
Dr：コールマン ジャパン(株) マーケティング本部 プロダクトマネージャー 齊藤雄一
D ：コールマン ジャパン(株) マーケティング本部 プロダクトマネージャー 齊藤雄一

17G020084

NITECORE LA10 Lipstick-shaped Mini Lantern

NITECORE

NITECORE LA10 Lipstick-shaped Mini Lantern
NITECORE
Ar: SYSMAX Industry Co., Ltd.

リップスティック型のミニライト。アルミ合金製で親指サイズのスリムな形状をしているので、ネックストラップを利用すれば両手がふさがっていても使用できる。ボディに内蔵されたディフューザーは伸縮可能で、収納時は内部の主要部品を保護し、省スペースにもなる。ボディをひねるだけで、明るさや照明モードの調節ができる。

Ar：SYSMAX Industry Co., Ltd.
Pr：SYSMAX Industry Co., Ltd.
Dr：Siman Lee
D ：Wang Xi, Zhong Shicong

17G020085

Walkie-Talkie

Mi Walkie-Talkie

Walkie-Talkie
Mi Walkie-Talkie
Ar: Xiaomi Inc.

家族で過ごす休暇やドライブ、登山、ハイキングなどのアウトドア活動にぴったりな連絡用ツール。Bluetooth内蔵なので、リアルタイムで位置情報が共有できる。さらにFMラジオやハンズフリー通話、素早いグループ通話設定などの便利な機能付き。フィーチャーフォンのようなインターフェースのため、初心者でも直感的に操作できる。

Ar：Xiaomi Inc.
Pr：Xiaomi Inc.
Dr：Li Ningning
D ：Xiao Yanlin, Li Kaiwen

17G020086

165

Rugged GPS／GLONASS Handheld with 2-way Radio

RINO 755t

Rugged GPS／GLONASS Handheld with 2-way Radio
RINO 755t
Ar: GARMIN corporation

ハンティングやトレッキング、登山、その他のアドベンチャー向けに耐久試験を重ねた信頼できる無線機である。出力5WでFRSとGMRSの2種類の無線規格に対応している。8メガピクセルのオートフォーカスカメラ内蔵。TOPO U.S. 100Kをベースマップとして収録し、BirdsEye Satelite Imagery（バードアイ）ライセンス付き。画面はタッチパネル内蔵の3インチディスプレイである。

Ar：GARMIN corporation
Pr：GARMIN corporation
Dr：Todd Register
D ：Han-Wei Huang

17G020087

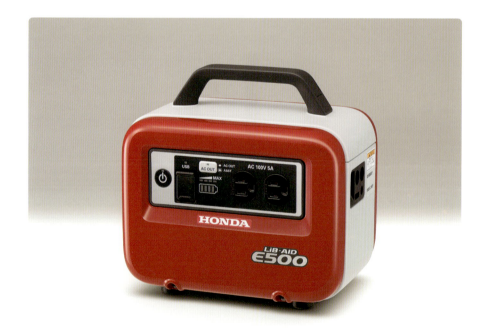

ポータブル電源

リベイド E500

Portable Power Supply
LiB-AID E500
Ar: Honda Motor Co., ltd.

リチウムイオンバッテリーを内蔵し、屋内外で使用可能なポータブル電源。精密機器にも対応する高品質の交流出力が得られる。家庭のコンセントや自動車のアクセサリーソケットから充電して使用する。

Ar：本田技研工業（株）
Pr：本田技研工業（株）
Dr：（株）本田技術研究所 パワープロダクツR＆Dセンター 企画・デザイン室 デザインブロック
D ：（株）本田技術研究所 パワープロダクツR＆Dセンター 企画・デザイン室 デザインブロック 研究員 東功一、研究員 加藤雄也

17G020088

エプロン

キャンプエプロン

Apron
Camp apron
Ar: KANSEKI CO., LTD

キャンプのときに役立つエプロン。テント設営時はハンマーやペグを、焚火のときは火バサミやライター、着火剤などを収納できる。スマートフォンなどを入れておくのにも便利。薪を運ぶ際も服が汚れずまとめて運べるように工夫している。

Ar：(株)カンセキ
Pr：(株)カンセキ 長谷川静夫
Dr：(株)カンセキ 根本学＋ユニヴァ・ビーワン(株) 小野寺修
D ：ティーズクリエイション 松田友絵

17G020089

鍵盤ハーモニカ

木製鍵盤ハーモニカ・W-37

Keyboard Harmonica
Wooden keyboard harmonica (Melodion) W-37
Ar: Suzuki Musical Inst. MFG. Co., Ltd.

木製ハンドメイドモデルの鍵盤ハーモニカ。心地良く響く優しい音色とシックな外観は、クラシックやミュゼットにも美しく調和する。

Ar：(株)鈴木楽器製作所
Pr：(株)鈴木楽器製作所 営業本部 多田和修
Dr：(株)鈴木楽器製作所 開発部 成田賢哉、古庄崇
D ：(株)鈴木楽器製作所 開発部 竹村文宏／製造部 福森明雄

17G020090

Pocket Operator

teenage engineering

Pocket Operator
teenage engineering
Ar: teenage engineering

ポケットサイズのシンセサイザー。筐体がなく、むき出しのプリント基板から部品や造りが見える構造。単4電池2本で作動し、液晶ディスプレイや内蔵スピーカーも付いている。またパラメーターロックとシンク機能、ライン出入力端子を標準搭載。各モデルごとに独自のフィルター、ディレイ、スタッターなどのサウンドとエフェクトを備えている。

Ar：teenage engineering
Pr：teenage engineering
Dr：Oscar Ahlgren
D ：Jesper Kouthoofd

17G020092

モジュラー・ミュージック・スタジオ

BLOCKS

Modular Music Studio
BLOCKS
Ar: ROLI Ltd. + MI Seven Japan, Inc.

誰もが音楽を作ることができる、今までに作られた中でも最も多彩な音楽制作システム。音楽レッスンを一度も受けたことのないビギナーから、新しい方法でサウンドを形作りたいプロフェッショナルまで、あらゆるユーザーを対象とした革新的なモジュラー・ミュージック・スタジオである。

Ar：ROLI Ltd.＋(株)エムアイセブンジャパン
Dr：ROLI Ltd. 創業者CEO Roland Lamb
D ：50名以上のエンジニアとデザイナーによるROLIチーム

17G020093

Smart Guitar

Poputar P1

Smart Guitar
Poputar P1
Ar: Shigan Technology

基本的なギター奏法を楽しく習得できる入門レベル向けのスマートギター。ネック部分には120のLED照明がはめ込まれており、弦の位置がひと目でわかるため、どこに指を当てればよいか気にする必要がない。付属の音楽リズムゲームアプリで、偉大なギタリストのようにリアルタイムに音を認識することができるなど、目で見て音楽を学べる。

Ar：Shigan Technology
Pr：Shenzhen Shigan Culture Technology Co., Ltd
Dr：JUNDA YE
D ：JUNDA YE, QIRAN SONG, YAN HUANG, JINLONG TU, YUJIE HAO, FEIFEI LI

17G020094

エレキギター

REVSTAR

Electric Guitar
REVSTAR
Ar: YAMAHA CORPORATION

カスタムバイクを連想させると同時に、日本的な意匠を彷彿させる個性的なデザインが特徴のエレキギターの新シリーズ。当社のオリジナリティと日本の美意識とモノづくりをあらためて見直し、カフェレーサーの文化に見られるような無駄をそぎ落としかつ美しい造形を、日本らしいカラーリングや質感で細かく丁寧に仕上げている。

Ar：ヤマハ（株）
Pr：ヤマハ（株）楽器事業統括部 ギター事業推進部 ギター商品企画グループ 伊藤修
Dr：ヤマハ（株）デザイン研究所 川田学、中嶋一仁、勝又良宏
D ：ヤマハ（株）デザイン研究所 ストラスキビヨトル、鈴木俊英

17G020095

電子オルガン

エレクトーン STAGEA ELC-02

Digital Organ
Electone STAGEA ELC-02
Ar: YAMAHA CORPORATION

持ち運び可能なコンパクトさで大人の趣味としての演奏にも最適な、カジュアルなエレクトーン。メインユニット、ペダルユニット、スタンド、スピーカー、折りたたみ椅子に分けて持ち運べ、場所を選ばず気軽に演奏ができる。多彩な音色やリズム、奏者の思いそのままにコントロールできる鍵盤を搭載し、豊かな演奏を繊細に表現する機能を備える。

Ar:ヤマハ(株)
Pr:ヤマハ(株) 楽器事業統括部 電子楽器事業推進部 電子楽器商品企画グループ 鳥村浩之
Dr:ヤマハ(株) デザイン研究所 川田学、勝又良宏
D :ヤマハ(株) デザイン研究所 クレークベルトラン、竹井邦浩

17G020096

デジタルピアノ

ハイブリッドデジタルピアノ NOVUS NV10

Digital Piano
Hybrid Digital Piano NOVUS NV10
Ar: Kawai Musical Instruments Manufacturing Co., Ltd.

グランドピアノの音を身近に楽しんでほしいという想いから創り上げた製品。グランドピアノ機構とデジタル音源が融合した新しいスタイルのピアノ。グランドピアノアクションを用いリアルなタッチを実現した。

Ar:(株)河合楽器製作所
Pr:(株)河合楽器製作所 楽器製造本部 商品企画デザイン室 室長 永瀧周
Dr:(株)河合楽器製作所 楽器製造本部 商品企画デザイン室 課長 池川友康
D :(株)河合楽器製作所 楽器製造本部 商品企画デザイン室 伊藤慎一

17G020097

電子楽器
electrorganic aFrame

Electronic Musical Instrument
electrorganic aFrame
Ar：ATV Corporation

プレーヤー本来のフィーリングを損なうことなく、アコースティック楽器の感覚で演奏できる今までにないまったく新しい電子パーカッションである。当社独自の技術により、従来のPCM音源方式では難しかった、パーカッション本来の奏法である叩く、押す、擦ることによる発音、音色変化、エフェクトコントロールなどを表現できる。

Ar：ATV（株）
Pr：ATV（株）本社 梯郁太郎／松本研究所 田中勉、荒川僚
Dr：ATV（株）松本研究所 田中勉、荒川僚
D：ATV（株）本社 梯郁太郎／松本研究所 田中勉、荒川僚＋パーカッショニスト 梯郁夫

17G020098

打楽器
パーカッション・パッド SPD::ONE

Percussion
Percussion Pad SPD::ONE
Ar：Roland Corporation

ドラムスティックだけでなく手や足でも演奏できる4種類の電子打楽器。ELECTRO、KICK、PERCUSSIONは、それぞれの演奏ジャンルで使える厳選した22音色を内蔵。WAV PADは、ユーザー自身が必要とする音声や楽曲を読み込んで演奏することが可能である。

Ar：ローランド（株）
Pr：第1開発部 西裕之
Dr：第1開発部 高崎量
D：機構技術部 デザイングループ

17G020099

電子ドラム
V-ドラム TD-50KV with KD-A22

Electronic Drum
V-Drums TD-50KV with KD-A22
Ar: Roland Corporation

音源モジュール、パッド、シンバルなどでキット構成されるエレクトロニックドラム。メッシュ製パッドによる自然な打感の実現と、センシング技術、機構技術による生々しい音、振動や揺れといった楽器独特のふるまいを追求している。

Ar：ローランド（株）
Pr：第1開発部 西裕之
Dr：第1開発部 村井崇浩
D ：機構技術部 デザイングループ

17G020100

YoDrum
YoDrum

YoDrum
YoDrum
Ar: MEDELI

ドラマーに演奏したいと思わせる、独創的かつ革新的なドラムセット。美しい外観デザインに頑丈で組み立てやすいラック、特許取得済みのチップ技術を搭載し、業界最大級のトーンライブラリーを収録した。プロレベルの低遅延・マルチチャネルのワイヤレス通信技術を採用し、プロドラマー向けの楽器アプリも多数揃えた。

Ar：MEDELI
Pr：MEDELI Electronics Co., Ltd
Dr：Guangzhong Zhang
D ：Chao Gao, Wing Fung

17G020101

振り子メトロノーム

SEIKO 振り子メトロノーム
SPM400

Pendulum Metronome
SEIKO Pendulum Metronome SPM 400
Ar: Seiko Instruments Inc.

定番の振り子メトロノームとしてシンプルな美しさをめざした。楽器の練習などで移動する際、背面の取手により手軽に持ち運べる。取手は目盛りカバーで隠せ、使用時もすっきりした形になる。シンプルな構造で堅牢性を向上させ、使いやすくスマートなプロダクトにまとめた。楽器とともに末長く活躍できる製品に仕上げている。

Ar：セイコーインスツル（株）
Pr：セイコーインスツル（株）音響機器部 八木茂樹、近藤正次
Dr：セイコーインスツル（株）総合デザイン部 デザイン開発グループ 安藤人織
D：セイコーインスツル（株）総合デザイン部 デザイン開発グループ 髙橋太一

17G020102

ボイストレーニング器具

UTAET（ウタエット）

Voice Training Goods
UTAET
Ar: Dream, Inc.

「消音機能」により自宅でも全力で歌え、また呼吸を制限する「ブレスリミッター機能」で呼吸筋を鍛え、さらに自身が発したリアルな声を聞くことができる「リアルボイス機能」で効果的なボイストレーニングが可能。歌が上手くなりたいユーザーの要望に応え、かつ健康やダイエットにも効果が期待できる。

Ar：（株）ドリーム
Pr：（株）ドリーム プロイデア事業部
Dr：（株）ドリーム プロイデア事業部 企画営業 マネージャー 浅山智幸
D：（株）ドリーム プロイデア事業部 開発 プロダクトデザイン 河村健太

17G020103

173

Drone System

GoPro Karma

Drone System
GoPro Karma
Ar：GoPro

なめらかで安定した動画が撮れる、一般消費者向けの撮影用超小型・軽量ドローン。身軽でコンパクト、カメラを安定させるジンバルの実装も可能。ベストな撮影ポイントから理想のショットをとらえ、魅力的なストーリーを作ることに役立つ。手の届く価格帯で操作しやすく、プロ並みのクオリティの空撮動画を求めるユーザーの要望に応える。

Ar：GoPro
Pr：Huy Nguyen
Dr：John Muhlenkamp
D ：GoPro Industrial Design Team

17G020104

三脚

ヴィオ2 265CB

Tripod
VEO2 265CB
Ar：GUARDFORCE JAPAN LTD.

センターポールの反転によりコンパクトな収納を実現した。クイックセットアップが可能なツイストロックを採用している。

Ar：（株）ガードフォースジャパン
Pr：李麗華
Dr：李麗華
D ：高其正

17G020105

カメラバッグ

off toco_2STYLE
カメラバッグ（ハイグレード）

Camera Bag
off toco_2STYLE CAMERA BAG (HIGH GRADE)
Ar: ELECOM CO., LTD.

インナーケース着脱により2通りの使い方ができる、ハイグレードシリーズ。高機能なものほどマニア向けで複雑化しているカメラ市場に対し、シンプルな外観の中に高機能を搭載した。独自のハンドル式の簡易開閉、パソコン独立収納、レインカバー（撥水生地）をシリーズ共通化し、タイプ別で選べるよう展開。普段使いをする上で最大のサポート性能を発揮する。

Ar：エレコム（株）
Pr：エレコム（株）商品開発部 サプライ＆カーアクセサリ課 サプライチーム 鹿野峻
Dr：エレコム（株）商品開発部 サプライ＆カーアクセサリ課 サプライチーム 鹿野峻
D：エレコム（株）商品開発部 サプライ＆カーアクセサリ課 サプライチーム 鹿野峻

17G020106

カメラバッグ

off toco_2STYLE
カメラバックパック

Camera Bag
off toco_2STYLE CAMERA BACKPACK
Ar: ELECOM CO., LTD.

インナーケース着脱によりカメラの有無にかかわらず普段使いできるカメラバックパック（2017年モデル）。近年増えている20代カメラ女子をメインターゲットにミニサイズを新展開。独自の両側面ハンドル式の簡易開閉に加え、新たにキャリーベルトやカードポケットなどを採用。縫製ラインや各パーツをより追求し、機能要素から自然と導き出した形状に設計した。

Ar：エレコム（株）
Pr：エレコム（株）商品開発部 サプライ課 サプライチーム 鹿野峻
Dr：エレコム（株）商品開発部 サプライ課 サプライチーム 鹿野峻
D：エレコム（株）商品開発部 サプライ課 サプライチーム 鹿野峻

17G020107

カメラバッグ

GRAPH GEAR NEO_
プロカメラバックパック

Camera Bag
GRAPH GEAR NEO PRO CAMERA BACKPACK
Ar: ELECOM CO., LTD

速写、収納、軽快。プロに求められる3要素すべてを搭載したプロカメラバックパック。すぐに機材を取り出せ、カメラ・パソコン・私物を仕分けて収納。重くなっても背負い心地を完全サポートする。多くの機能で複雑化しているプロカメラ市場に対し、機能性能を活かした3D形状のスタイリングで、プロが誇りを持ち背負える最高峰のバッグへと仕上げた。

Ar：エレコム（株）
Pr：エレコム（株）商品開発部 サプライ課 サプライチーム 鹿野峻
Dr：エレコム（株）商品開発部 サプライ課 サプライチーム 鹿野峻
D：エレコム（株）商品開発部 サプライ課 サプライチーム 鹿野峻

17G020108

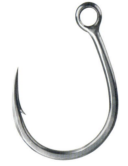

疑似餌釣針

Lone DIABLO

Lure Fishing Hook
Lone DIABLO
Ar: BKK CO., LTD + POYANG BLACK KING KONG FISHING TACKLE CO., LTD

日本刀を彷彿させる、見た者を魅了する力強いフォルムに仕上げた。針先は、刀鍛冶同様1本1本手で研磨し、貫通性を高めている。アイのワイヤー直径だけを最小化し、容易に着脱が可能。独自のコーティング技術Ultra-Antirustを採用し錆に強く、シングルフックの利点である、太軸強度と貫通力をさらに進化させた最強のフックである。

Ar：（株）BKK＋黒金剛釣具有限責任公司
Pr：黒金剛釣具有限責任公司 社長 占志波
D：黒金剛釣具有限責任公司 ブランドマネジメント部 楊帆

17G020109

ルアー
ダヴィンチ 190

Lure
Davinci 190
Ar: super.B Inc

独自角度の斜めジョイントにすることで、魚の尾ビレの艶めかしい動きを再現した。釣り糸を2カ所に付けられる仕様になっており、口先のアイに結ぶとツイストロールアクションが生まれる。背中のアイを利用することで、より深い場所の魚にもアピールすることができる。状況に合わせて2つの動きを選ぶことができるルアーになっている。

Ar:（株）super.B
Pr: 久家英和
Dr: 久家英和
D : 久家英和

17G020110

ソルトウォーター用ルアーロッド
ソアレ Xチューン

Lure Rod for Saltwater Fishing
Soare XTUNE
Ar: SHIMANO INC.

より快適でアグレッシブなフィッシングライフを提供するため、感度と軽さをキーワードに既成概念に囚われないモノづくりを追求したライトゲーム用フィッシングロッド。無駄をそぎ落とし、カーボン強化構造を採用したリールシートと、カーボン素材の一体成型かつ中空構造によるモノコックグリップで、かつてない軽さと感度、操作性を追求した。

Ar:（株）シマノ
Pr:（株）シマノ 代表取締役社長 島野容三
Dr:（株）シマノ デザイン室
D :（株）シマノ デザイン室

17G020111

キャットキャリーバッグ

ねこずきなトート

Carrying Bag for Cat
nekozukiNAtote
Ar: Yukako Futono, Cross Clover Japan Co., Ltd.

いかにも「猫が入っています」という従来の猫キャリーのイメージと一線を画し、トートバッグのようなシンプルなデザインは公共交通機関でも抵抗なく持ち歩きできる。猫と人、双方の観点から開発を行い猫にとって居心地の良い空間の提供、人にとって見た目と機能性の良さを大事にした。猫の習性を生かし自ら入りやすい作りとなっている。

Ar：(株)クロス・クローバー・ジャパン
Pr：(株)クロス・クローバー・ジャパン 太野由佳子＋(株)中川政七商店
Dr：(株)クロス・クローバー・ジャパン 太野由佳子＋(株)中川政七商店
D ：(株)クロス・クローバー・ジャパン 太野由佳子／nekozuki ちゃっくん、ぽんちゃん＋(株)中川政七商店

17G020112

高枝鋏

伸縮式高枝鋏ズームチョキ倍力 184WZ-2.9-5D、180WZ-2.9-5D

Long Reach Pruner
184WZ-2.9-5D, 180WZ-2.9-5D
Ar: ARS CORPORATION

手元側と刃先側の2つのグリップを使用し両手で握って太枝が切れる高枝鋏。

Ar：アルスコーポレーション(株)
Pr：アルスコーポレーション(株) 常務取締役 古川栄
Dr：アルスコーポレーション(株) 技術部 主任 新居英竜
D ：フォームイーデザイン 代表 木下孝広

17G020113

蛇口コネクター
さすだけ蛇口コネクター

Tap Conecter
insert only tap conecter
Ar: GREENLIFE

従来の蛇口コネクターは、蛇口への挿し込みがきつく、ねじで固定しなければならなかったが、本製品は蛇口への挿し込みも容易で工具も不要。本体内部の金具が水圧でロックされる新構造となっており、女性でも簡単に取り付けができる。取り外しも大変だったが、このコネクターは上面のボタンを押すことで簡単に外すことができる。

Ar：（株）グリーンライフ
Pr：（株）グリーンライフ 代表取締役社長 外山晴一
Dr：（株）MTヘルスケアデザイン研究所 ディレクター 阿久津雄一
D：外山工業（株）開発部 武田雄一

17G020114

ホースリールセット
ホースリール GEAR SPEED20m

Hose Reel Set
HOSE REEL Set GEAR SPEED 20m
Ar: KOMERI

業界で初めてホースリールセットにスピードギアを組むことで、約2倍の巻き取り速度を実現、高いハンドル軸と大型ハンドルにすることで巻き取りを軽くした。ハンドル軸をリール軸の上に設置したことによって、スイングガードやシャワーノズル格納スペースを設えることができた。カバータイプながら置き場所に困らないスリムなデザインである。

Ar：（株）コメリ
Pr：（株）コメリ 商品部 山田健
Dr：（株）コメリ 商品部 大島孝文
D：（株）コメリ 商品部 柳澤一臣

17G020116

苔

FAIR MOSS 砂苔シート

Moss
FAIR MOSS Moss sheet
Ar: Green's Green company

日本の文化を象徴する苔だが、近年、苔の美しさの再評価から山採りによる乱獲が問題になってきている。当社の栽培する苔は土を使っていない生きたシート状の苔のため、切り貼りし張り合わせれば、あっと言う間に苔庭が完成し、鉢に乗せれば盆栽に、壁面に貼ればアートにと、さまざまな用途に使用できる。土を使っていない栽培技術は特許出願中。海外輸出も可能である。

Ar：農業生産法人（株）グリーンズグリーン
Pr：（株）グリーンズグリーン 代表取締役 佐藤征也
Dr：（株）明豊建設 緑化部 鈴川一行
D ：（株）グリーンズグリーン 取締役兼CIデザイナー 佐藤靖也

17G020117

AirPOP Smart Mask System

AirPOP

AirPOP Smart Mask System
AirPOP
Ar: Aetheris Technology (Shanghai) Co., LTD.

PM2.5を99.97パーセント除去できる高効率マスク。2層になった帯電マイクロファイバーを内層に使用し、超微粒子の侵入をカットする。形状は人間工学に基づいた、アジア人の顔の形や特徴に合わせたデザインを採用しており、顔にぴったりフィットする。立体ドーム型のシェル構造で顔との間に隙間を作り、そこをきれいな空気が循環する。

Ar：Aetheris Technology (Shanghai) Co., LTD.
Pr：Aetheris Technology (Shanghai) Co., LTD.
Dr：Christopher Hosmer
D ：Christopher Hosmer, Travis Vogel

17G020118

歯ブラシ

サークルタフト

Toothbrush
circletuft
Ar: Ci Medical Co., Ltd.

歯科医師と歯科衛生士が考案。先端が尖ったワンタフトブラシの周囲をフラットに揃えたブラシで囲み、2種のブラシを一体にした歯ブラシである。歯周病や口臭の原因となりやすい歯周ポケットや、通常の歯ブラシでは磨けない歯間などのリスク部位をワンタフト部がケアし、同時にフラット毛部が歯面を磨くので、1本で効率良く確実に歯全体の歯垢を除去する。

Ar:（株）歯愛メディカル
Pr:（株）歯愛メディカル 代表取締役社長 清水清人
Dr:（株）歯愛メディカル 商品統括部 友田草代、長瀬正子、松崎純子
D :（株）歯愛メディカル 代表取締役社長 清水清人

17G020119

Toothbrush

DR.BEI Bass Toothbrush

Toothbrush
DR.BEI Bass Toothbrush
Ar: WuXi QingHeXiaoBei Technology Co., Ltd

植毛部分に高さの異なる3つの素材を使用した歯ブラシ。カラー部分はらせん構造で弾力がある。グレー部分は速乾作用があり、銀イオン効果のある白い部分とともに抗菌作用を発揮する。スリムなヘッドにほっそりとした弾力性のあるグリップで、クラシカルで洗練された外観と、磨きにくい場所にもしっかり届く実用性を両立した。

Ar：WuXi QingHeXiaoBei Technology Co., Ltd
Pr：WuXi QingHeXiaoBei Technology Co., Ltd
Dr：Zhang Jun
D ：Zhou Ying

17G020120

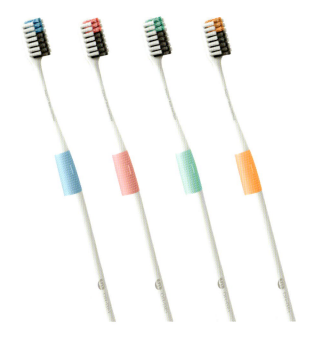

オーラルケアシリーズ

歯ブラシ、アクリルコップ、アクリル手付コップ、音波電動歯ブラシ、磁器歯ブラシスタンド

Oral Care Series
TOOTHBRUTH / ACRYLIC CUP / SONIC WAVE ELECTRIC TOOTHBRUSH / TOOTHBRUSH STAND
Ar: Ryohin Keikaku Co., Ltd.

「歯と口腔内の健康」をテーマに関連商品をオーラルケアシリーズとして企画。歯ブラシは、毛先の太さや握りやすさに配慮し、同じ歯ブラシを音波電動歯ブラシに差して使用できるようにした。毎日使うものとして、家族でそろえて使っても間違えることのないよう、色覚障害のある人でも見分けやすい色使いとなっている。

Ar：（株）良品計画
Pr：（株）良品計画 生活雑貨部 宮尾弘子、池内端、大箸万里子、中川実、荒川亮
Dr：（株）良品計画 生活雑貨部 企画デザイン室 矢野直子
D：デザインスタジオエス 柴田文江

17G020121

電動ハブラシ

Panasonic 音波振動ハブラシ ドルツ EW-DP51

Electric Toothbrush
Panasonic Sonic Vibration Electric Toothbrush Doltz EW-DP51
Ar: Panasonic Corporation

歯の悩みを抱える人のニーズと向き合いながら、商品の性能やユーザビリティを高めた電動ハブラシ。小型軽量の本体は歯の裏側や奥まで丁寧に磨くことができ、上広がりの形状は握りやすく取り回しが良い。本体を浮かせるように保持する充電方式は水切れが良く汚れにくい。歯を磨く道具としての使い勝手の追求とともに洗面空間への調和に配慮した。

Ar：パナソニック（株）
Pr：パナソニック（株）アプライアンス社 ビューティ・リビング事業部 坂本敏浩
Dr：パナソニック（株）アプライアンス社 デザインセンター 福田收
D：パナソニック（株）アプライアンス社 デザインセンター 森恭平

17G020122

ニッパー爪切り

G-1029 ステンレス製
巻き爪専用ニッパーつめきり

Nail Nipper
Ingrown Toenail Nippers G-1029
Ar: GREEN BELL co., ltd.

凸曲面の刃は、爪治療専門の整形外科医との共同開発であり、従来の凹刃のニッパーでは切りにくかった巻き爪を安全に切るために考え出された。さらに、エラストマー製のハンドルに、指の凹凸にフィットするようにゆるやかにねじらせた凹曲面を設けて、ハンドルの滑り止め機能と、衛生・美容用品としての優しい外観を両立させた。

Ar：(株)グリーンベル
Pr：(株)グリーンベル 取締役会長 石田潔、取締役社長 石田逸人
Dr：(株)グリーンベル 取締役部長 岡田康裕
D：原稔、太場菜々実、前田美帆

17G020124

Menstrual Cup

Formoonsa Cup

Menstrual Cup
Formoonsa Cup
Ar: Salonmates Industrial Co., Ltd. +
Wan-Yii Studio Ltd. + Besmed Health Business Corp.

環境にやさしい月経カップ。従来の生理用品よりも吸収量が多く、最大12時間の継続使用が可能。睡眠、スポーツ、ダイビング中も使用でき、利用者があらゆる制約から解放されて日常生活を送ることができる。繰り返し使用可能で、正しく扱えば5～10年使うことができ、経済性にも優れる。

Ar：Salonmates Industrial Co., Ltd. + Wan-Yii Studio Ltd. + Besmed Health Business Corp.
Pr：Yuan-Yi Chen, Wan-Yii Studio Ltd.
Dr：Vanessa Tseng, Salonmates Industrial Co., Ltd.
D：Yuan-Yi Chen, Wan-Yii Studio Ltd.

17G020125

うぶ毛トリマー

Panasonic プロ用うぶ毛トリマー
ER-RZ10

Face Downy Hair Trimmer
Panasonic Professional Razor ER-RZ10
Ar: Panasonic Corporation

うぶ毛剃りやヒゲのスタイリングなど細部の仕上げに用いられるプロ理美容師用うぶ毛トリマー。新開発の日本製刃は0.1ミリの仕上がりと肌への安全性を両立。剃刀のようなI字形状は刃先の視認性が高く、プロこだわりのヒゲの形作りに最適である。細かい作業は指先で挟む持ち方が適しているため、扁平で挟みやすい断面をもったグリップ形状をつくりあげた。

Ar：パナソニック（株）
Pr：パナソニック（株）アプライアンス社 ビューティ・リビング事業部 坂本敏浩
Dr：パナソニック（株）アプライアンス社 デザインセンター 福田收
D ：パナソニック（株）アプライアンス社 デザインセンター 森恭平

17G020126

リニアヘアカッター、リニアヒゲトリマー

Panasonic
リニアヘアカッター ER-SC60、
リニアヒゲトリマー ER-SB60

Linear Hair Cutter, Linear Beard Trimmer
Panasonic Linear hair cutter ER-SC60,
Linear Beard trimmer ER-SB60
Ar: Panasonic Corporation

本来のカット性能に特化した当社フラッグシップのトリマーシリーズ。高速ダイレクト駆動のリニアモーターを搭載し、圧倒的なカットパワーを実現した。ヘアカッターは全体カットに適した刃幅の広いワイド刃を、ヒゲトリマーはヒゲの形をつくりやすい刃幅の狭いナロー刃を搭載。多様な握り方に対応した滑りにくいラバー素材のエルゴノミクスグリップが特徴である。

Ar：パナソニック（株）
Pr：パナソニック（株）アプライアンス社 ビューティリビング事業部 坂本敏浩
Dr：パナソニック（株）アプライアンス社 デザインセンター 福田收
D ：パナソニック（株）アプライアンス社 デザインセンター 小林幹

17G020127

ヘアクリッパー

Panasonic プロ用ヘアクリッパー
ER-DGP62 ／ FGP62 ／ HGP62

Hair Clipper
Panasonic Professional Hair Clipper ER-DGP62 /
FGP62 / HGP62
Ar: Panasonic Corporation

ヘア全体のカットに用いられるプロ理美容師用ヘアクリッパー。新開発のリニアモーターは高いカット性能を持ちながらもコンパクトさを両立させた。前機種からカット性能とユーザビリティが大きく向上。プロ理美容師のパフォーマンスを最大限引き出せるよう検討を繰り返し開発、多様な持ち方に対応したエルゴノミクスグリップが特徴である。

Ar：パナソニック（株）
Pr：パナソニック（株）アプライアンス社 ビューティ・リビング事業部 坂本敏浩
Dr：パナソニック（株）アプライアンス社 デザインセンター 福田收
D ：パナソニック（株）アプライアンス社 デザインセンター 石倉幹泰、森恭平

17G020128

ヘアクリッパー

Panasonic
プロ用ヘアクリッパーシリーズ

Hair Clipper
Panasonic Professional Hair Clipper Series
Ar: Panasonic Corporation

プロ理美容師用ヘアクリッパーシリーズ。プロのニーズに応える多様な商品群を展開。高い性能が評価され欧州、日本でトップシェアを誇る。用途ごとに最適な骨格やグリップ形状を、プロの声を聞きながら何度も検証してつくりあげた。プロの技術を最大限引き出す道具であるとともに、ヘアサロンに置かれるものにふさわしいたたずまいを追求した。

Ar：パナソニック（株）
Pr：パナソニック（株）アプライアンス社 ビューティリビング事業部 パーソナル商品部 坂本敏浩
Dr：パナソニック（株）アプライアンス社 デザインセンター 福田收
D ：パナソニック（株）アプライアンス社 デザインセンター 森恭平、菊地克巳、石倉幹泰

17G020129

185

ボディトリマー

Panasonic ボディトリマー
ER-GK60

Body Trimmer
Panasonic Body Trimmer ER-GK60
Ar: Panasonic Corporation

先端がラウンドした刃により、肌に食い込まないソフトタッチシェービングができるボディトリマー。肌の柔らかいデリケートな部位も安全に剃れる肌ガードアタッチメントや毛の刈り高さを調整できるアタッチメントを付属し、用途に合わせてトリミングできる。防水設計なのでお風呂剃りや本体の水洗いもでき清潔に使うことができる。

Ar：パナソニック（株）
Pr：パナソニック（株）アプライアンス社 ビューティ・リビング事業部 坂本敏浩
Dr：パナソニック（株）アプライアンス社 デザインセンター 福田收
D ：パナソニック（株）アプライアンス社 デザインセンター 井野智晃

17G020130

ヘアストレーター

Panasonic ヘアストレーター
EH-HS99

Hair Straightener
Panasonic Hair Straightener EH-HS99
Ar: Panasonic Corporation

ナノイー（水に包まれた微粒子イオン）を発生するヘアストレーター。髪に水分を浸透させ、キューティクルを引き締める。スタイリングするだけで、美しい髪を長持ちさせる。握りやすさや髪の導入のしやすさなど、道具の基本的な機能としてのユーザビリティを向上させることにこだわった。

Ar：パナソニック（株）
Pr：パナソニック（株）アプライアンス社 ビューティ・リビング事業部 坂本敏浩
Dr：パナソニック（株）アプライアンス社 デザインセンター 三木龍司
D ：パナソニック（株）アプライアンス社 デザインセンター 迫健太郎、菊地克巳

17G020131

アイライナー

モテライナー

Eyeliner
MOTELINER
Ar: canaria inc. + FLOWFUSHI Co., Ltd.

「思いのまま描ける。いつまでも続く」。このきわめてシンプルなたった2つのことを叶えるために、5年の歳月をかけ、たどり着いた究極のアイライナー。デザインと伝統、先端技術を結集しアイライナーの最終形をめざした。

Ar：(株)カナリア+(株)フローフシ
Pr：(株)カナリア 北川武司
Dr：(株)カナリア 徳田祐司
D ：(株)カナリア 藤井幸治、畔柳未紀

17G020132

化粧筆

mFブラシ

Make Up Brush
mFbrush
Ar: Mint Christmas Co., Ltd.

筆の高い毛密度と肌に接する面が完全にフラットであることは既存のメイクブラシにはなかった感触と機能を生み出す。優れた皮膚密着性により仕上がりが美しく、ミネラル成分のスキンケア効果を促進する。リキッドファンデ、パウダー、チークまでこれ1本で完成。無駄のないデザインは小さく軽量で、利便性も高いツールである。

Ar：(株)ミンクス
Pr：小松なおみ
Dr：小松なおみ
D ：小松なおみ

17G020133

化粧ブラシ

**竹田ブラシ Takeda Brush
椿シリーズ 化粧ブラシ群**

Cosmetic Brush
Takeda Brush "Tsubaki" design cosmetic brushes
Ar: Takeda Brush inc.

2002年当時は珍しかった黒金具と赤軸のシンプルなデザインで、'04年にはパリファッション誌3誌に掲載されたシリーズ。海外の美術館にて「世界のブラシ　優れたデザイン」の企画展示もおこなった。経済産業大臣が訪問（'06年頃）したり、パリコレでの同製品使用映像がテレビ放映（'08年）され、11年のなでしこJAPANの国民栄誉賞副賞にも採用された製品である。

Ar：(有)竹田ブラシ製作所
Pr：(有)竹田ブラシ製作所 竹田史朗
Dr：竹田史朗
D ：竹田史朗

17G020134

光美容器

**Panasonic 光美容器 光エステ
〈ボディ＆フェイス用〉ES-WH95**

IPL Hair Remover
Panasonic IPL Body & Facial Hair Remover ES-WH95
Ar: Panasonic Corporation

シェービング後の肌へ光をフラッシュ照射することにより、ムダ毛の目立たないなめらかな素肌を作る美容機器。スリムで有機的な形状の本体は、身体のどの部位へ照射する際も握りやすく、コードレスで軽量のため、使用時の取り回しも容易である。本格的な機能を備えながら、使わないときはキャップをすることでシンプルで美しいたたずまいとなる。

Ar：パナソニック（株）
Pr：パナソニック（株）アプライアンス社 ビューティ・リビング事業部 坂本敏浩
Dr：パナソニック（株）アプライアンス社 デザインセンター 三木龍司
D ：パナソニック（株）アプライアンス社 デザインセンター 渡邊亜弥

17G020135

洗顔美容器

Panasonic 洗顔美容器
濃密泡エステ EH-SC65

Microfoaming Cleansing Device
Panasonic Microfoaming Cleansing Device EH-SC65
Ar: Panasonic Corporation

手での泡立てでは作りにくい、クリーミーな泡を約5秒で自動生成する美顔器。新開発「ドレナージュローラー」によるドレナージュ泡洗顔で、フェイスラインを引き締め、ハリ感のある肌へ導くことができる。また、洗顔後に愛用のクリームをつければ、リフレッシュタイムにドレナージュケアをすることも可能。

Ar：パナソニック（株）
Pr：パナソニック（株）アプライアンス社 ビューティ・リビング事業部 坂本敏浩
Dr：パナソニック（株）アプライアンス社 デザインセンター 三木龍司
D ：パナソニック（株）アプライアンス社 デザインセンター 見村耕平

17G020136

美顔器

Panasonic アルカリ毛穴洗浄
角栓クリア EH-SP55

Pore Cleanser
Panasonic Alkaline Pore Cleanser EH-SP55
Ar: Panasonic Corporation

2ステップケアで角栓（顔の毛穴に詰まった皮脂・角質や汚れ）を吹き飛ばす毛穴洗浄美顔器。アルカリ洗浄水で毛穴に詰まった角栓を柔らかくし、直径約160μmの穴から噴射する微細水流で、毛穴にダイレクトに水流が届く。洗浄水を塗布する低圧水流と、汚れを飛ばす高圧ジェット水流で、肌にやさしく角栓を取り除き、化粧ノリのよい肌へと導く。

Ar：パナソニック（株）
Pr：パナソニック（株）アプライアンス社 ビューティ・リビング事業部 坂本敏浩
Dr：パナソニック（株）アプライアンス社 デザインセンター 三木龍司
D ：パナソニック（株）アプライアンス社 デザインセンター 福田收

17G020137

美顔器

Panasonic RF美顔器 EH-SR70

Infusion Skincare Device
Panasonic The Facial Lift EH-SR70
Ar: Panasonic Corporation

高出力のRF（ラジオ波）と超音波の融合により、自宅で手軽に目元・口元までケア、ハリのある美しい肌へ導く本格エイジングケア美顔器。美容クリニックでも使われている高出力のRFによる皮下深部の熱産生によりコラーゲンを生成して肌のハリを出し、1秒間に約100万回の超音波振動により肌内部から水分を引き出し引き締めることができる。

Ar：パナソニック（株）
Pr：パナソニック（株）アプライアンス社 ビューティ・リビング事業部 坂本敏浩
Dr：パナソニック（株）アプライアンス社 デザインセンター 三木龍司
D ：パナソニック（株）アプライアンス社 デザインセンター 福田攸、見村耕平

17G020138

美顔器

Panasonic スチーマー ナノケア／W温冷エステ EH-SA98

Facial Steamer
Panasonic Ionic Facial Steamer EH-SA98
Ar: Panasonic Corporation

肌に合わせたコースを選ぶだけで自宅で簡単、手軽に本格ケアできる美顔スチーマー。メイクオフ効果を高めたり、肌を柔らげ化粧水を浸透しやすくするなど、ベースケアに欠かせないアイテムの最上位機種として、WスチームとW冷ミスト機能を搭載。アロマで心身ともにリラックスしたいというニーズから、シーンに合わせた5種の香りを用意した。

Ar：パナソニック（株）
Pr：パナソニック（株）アプライアンス社 ビューティ・リビング事業部 坂本敏浩
Dr：パナソニック（株）アプライアンス社 デザインセンター 三木龍司
D ：パナソニック（株）アプライアンス社 デザインセンター 見村耕平

17G020139

Skin Device
TOUCHBEAUTY TB-1769

Skin Device
TOUCHBEAUTY TB-1769
Ar: TOUCHBEAUTY BEAUTY &
HEALTH (SHENZHEN) CO., LTD

超音波技術を使用して角質を除去し、マッサージもできる美容器具。シンプルなデザインで、なめらかで美しいラインはユーザーの手にぴったりとなじむ。超音波で振動するヘッド部は、柔らかいラバー製のキャップが付いており、ヘッドを保護して清潔な状態に保つ。携帯にも便利で、ユーザー体験とヒューマンケアを向上できる製品である。

Ar：TOUCHBEAUTY BEAUTY & HEALTH
(SHENZHEN) CO., LTD
Pr：Zhou Elin
Dr：Zhang zilan
D：Ni luogang

17G020140

Temperature Monitoring Kit with APP
tyson bio Solutions for Temperature Monitoring

Temperature Monitoring Kit with APP
tyson bio Solutions for Temperature Monitoring
Ar: TYSON BIORESEARCH, INC.

通常の体温計測だけでなく、継続的な体温モニタリングが可能なデジタル体温計。計測データはBluetooth経由でスマートフォンに送信される。2カ所に固定するデュアルリンク・デザインなので、装着感に優れ、正確な体温計測や信頼性の高いデータ送信が可能。体温以外に、活動レベルも計測できるため、睡眠の質など役に立つデータが得られる。

Ar：TYSON BIORESEARCH, INC.
Pr：Albert Chen
Dr：Andy Chen
D：Arch Sun

17G020141

Earmo
BONGMI

Earmo
BONGMI
Ar: AUG Hangzhou Industrial Design Co., Ltd

子供向けのスマート耳式体温計。

Ar：AUG Hangzhou Industrial Design Co., Ltd
Pr：Hangzhou Bangtang Network Technology Co., Ltd
Dr：Shan Huabiao, Zhang Wei, Chai Weihua, Yan Jing, Tang Degao
D ：AUG Hangzhou Industrial Design Co., Ltd

17G020142

Mi Body Fat Scale
Xiaomi

Mi Body Fat Scale
Xiaomi
Ar: Huami

体重、体脂肪率、BMI、筋肉量、体水分率、骨量、基礎代謝率、内臓脂肪レベルなど10種類の数値を計測できる体組成計。乗るだけで測定が始まる。すべての測定値が画面に表示され、Mi Fitアプリに保存できる。16人まで登録可能。

Ar：Huami
Pr：Anhui Huami Information Technology Co., Ltd
Dr：Huami In-House Design Team
D ：Huami In-House Design Team

17G020143

体重計

ヘルスメーター

Scale
SCALE
Ar: Ryohin Keikaku Co., Ltd.

素足がホッとするやさしい形状で、立ったままでも見やすい大きな液晶表示のヘルスメーター。本体の上に乗ると自動で電源が入り、体重測定後20秒経つと電源が切れる。暗いところでも見やすいようにLCD表示部分はバックライト付き。

Ar：（株）良品計画
Pr：（株）良品計画 生活雑貨部 池内端、中川実
Dr：（株）良品計画 生活雑貨部 企画デザイン室 矢野直子
D ：デザインスタジオエス 柴田文江

17G020144

マッサージチェア

サイバーリラックスシリーズ
AS-1100／SKS-6900

Massage Chair
CYBER-RELAX Series AS-1100 / SKS-6900
Ar: FUJI MEDICAL INSTRUMENTS MFG. CO., LTD.

最高峰モデルの最新版。さまざまな要望に合わせて選べる自動コース、12種類の部位集中技、多彩なストレッチ機能、エアバッグとローラーを組み合わせた独自の「足裏つかみ指圧」を搭載し、今まで以上にきめ細かくニーズに対応できる。また、どの角度から見てもバランスよくまとまっている高級感あふれるデザインを実現した。

Ar：（株）フジ医療器
Pr：（株）フジ医療器
Dr：（株）フジ医療器
D ：（株）デプロ・インターナショナル・アソシエイツ 高尾茂行＋（株）フジ医療器

17G020145

マッサージチェア

SYNCA
コンパクトマッサージチェア

Massage Chair
SYNCA Compact Massage Chair
Ar: JOHNSON Health Care Co., Ltd.

快適な時間を過ごすためのチェア。技術者たちがこだわりぬいた「人間工学的にも身体に優しい作り」＝106度のリクライニング角度を設定した。まるで赤ちゃんが座るチャイルドシートのような安心感と一度座ると動きたくなくなってしまうほどの快適さ。きっと身体が自然と求めてしまう、特別な場所になるはずである。

Ar：ジョンソンヘルスケア（株）
Pr：（株）フジ医療器

17G020146

EMS運動器

もてケア ウエスト＆ヒップ

Electrical Muscle Stimulation Exercise
MOTECARE Waist&Hip
Ar: Maxell, Ltd.

運動する時間がない、トレーニングが続かないという人に適した、貼るだけ簡単トレーニング機器である。鍛えにくいウエストとヒップに貼るだけで、骨盤まわりの筋肉、下腹部、ヒップ、骨盤を支えるすべての筋肉を同時に鍛えることができる。

Ar：マクセル（株）
Pr：マクセル（株）ライフソリューション事業本部 事業企画本部 商品企画部 企画課 課長 沢辺祐二
Dr：マクセル（株）ライフソリューション事業本部 事業企画本部 商品企画部 企画課 課長 沢辺祐二
D ：マクセル（株）ライフソリューション事業本部 事業企画本部 商品企画部 企画課 兼森友基

17G020147

リハビリテーションサポートグッズ

アクティムーブ ライゾフォーテ

One of a Kind Brace Restricting Thumb Movement
Actimove Rhizo Forte
Ar: BSN Medical KK

ビーエスエヌ メディカルとLothar Böhm Associatesが開発した親指に装着する新しい器具「ライゾフォーテ」。シンプルで直感的に使用できる構造に重点を置くとともに、他の関節の自由な動きを改めて確保する。アルミニウム芯を内蔵することで、さまざまな手の動きに個別で適応できる。

Ar：BSN medical（株）
Pr：ビーエスエヌ メディカル＋Lothar Bohm Associates
Dr：ビーエスエヌ メディカル＋Lothar Bohm Associates
D：ビーエスエヌ メディカル＋Lothar Bohm Associates

17G020149

Fertility Monitor

Eveline Smart Fertility System

Fertility Monitor
Eveline Smart Fertility System
Ar: iXensor Co., Ltd.

スマートフォンとの連携で簡単に排卵日を予測する、排卵検査・周期管理ソリューション。尿中の黄体形成ホルモンの分泌を検出する排卵予測キットと、妊娠しやすい時期を教えてくれるアプリからなる。データを自動的に保存し、パートナーと共有したり、次の検査日を通知する機能も付いている。妊娠する確率を高めるのに役立つ。

Ar：iXensor Co., Ltd.
Pr：iXensor Co., Ltd.
Dr：iXensor Co., Ltd.
D ：Design Team of Nova Design Co., Ltd.（Taiwan）

17G020150

鼻水吸引器

チュチュベビー鼻水キュートル 2WAYタイプ

Nasal Aspirator
ChuChuBaby Nasal Mucus Suction Remover 2ways Type
Ar: JEX Co., Ltd

鼻づまりは睡眠の妨げや口呼吸の習慣化などにつながり、特に口呼吸はウイルス感染しやすく、顎・顔の筋肉や骨格の発達にも影響を及ぼす。こまめな鼻水ケアが必要だが、器具を用いる吸引は赤ちゃんにとって不快な行為になる。様子を見ながら使い分けができて痛くない、ウイルス感染の防止と手入れのしやすさを考慮した、特徴的なノズルの2WAY仕様の鼻水吸引器である。

Ar：ジェクス（株）
Pr：ジェクス（株）代表取締役社長 梶川裕次郎
Dr：ジェクス（株）開発部 平岡勝之
D ：ジェクス（株）開発部 平岡勝之

17G020151

ネブライザ

オムロン メッシュ式ネブライザ NE-U100

Neblizer
OMRON Neblizer NE-U100
Ar: OMRON HEALTHCARE Co., Ltd.

喘息治療時に薬液の吸入に用いるネブライザ。超音波振動により振動した薬液は金属のメッシュとぶつかり、薬液が霧化され吸入できる。小型軽量の本体は、カバンなどに入れて携行し、外出先でも利用可能。付け外しがわかりやすく簡便なメッシュ部分や、大きく開口し薬液注入が容易なフタ構造など、全面的にユーザビリティを見直した製品である。

Ar：オムロン ヘルスケア（株）
Pr：オムロン ヘルスケア（株）
Dr：オムロン ヘルスケア（株）デザインコミュニケーション部
D ：オムロン ヘルスケア（株）デザインコミュニケーション部＋オムロン（株）グローバルものづくり革新本部 開発プロセス革新センタ ものづくりクリエイトラボ

17G020152

フラッシュグルコースモニタリングシステム
FreeStyleリブレ

Flash Glucose Monitoring System
FreeStyle Libre
Ar: Abbott Japan Co. Ltd.

上腕に貼付したセンサーを本体でスキャンするだけで測定できる新しいグルコース測定器。測定時の痛みや手間を軽減し、いつでもどこでも服の上からでも簡単に測定可能。センサーは最長14日間自動的にグルコース値を測定して記録するので詳細な血糖変動も確認できる。このことから、良好な糖尿病治療の実現に大きく貢献することが期待されている。

Ar：アボットジャパン（株）
Pr：アボット ダイアベティスケア 社長 ジャレッド・ワトキン

17G020153

Bluetooth Glucose Meter
GLUCOCARD S onyx

Bluetooth Glucose Meter
GLUCOCARD S onyx
Ar: cloudandco

高精度、Bluetooth通信機能付きの血糖自己測定器。測定スピードは5秒と速く、ごく微量の血液採取で済むため、ユーザー体験が向上する。

Ar：cloudandco
Pr：Product Development Division from ARKRAY
Dr：Kenya Hara, Yeongkyu Yoo
D ：cloudandco design team

17G020154

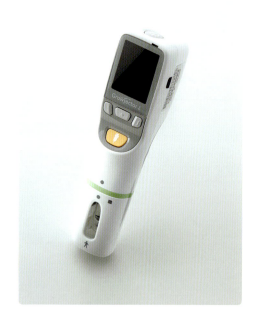

医薬品・ワクチン用注入器
グロウジェクター®L

Injector, Medication / Vaccine
GROWJECTOR L
Ar: JCR Pharmaceuticals Co., Ltd. +
Panasonic Healthcare Co., Ltd.

刺針、薬液注入、抜針という一連の注射動作を注射ボタンを押すだけで自動的におこなうことのできるヒト成長ホルモン専用電動式医薬品注入器。電動式の特長である自動刺針、自動注入、自動抜針や注射履歴などの機能に加え、本体を小型軽量化し、把持性を高めることで手の小さな人も使いやすい注入器へ進化した。

Ar：JCRファーマ（株）＋パナソニック ヘルスケア（株）
Pr：パナソニック ヘルスケア（株）診断薬事業部 宮崎正次
Dr：パナソニック ヘルスケア（株）診断薬事業部 事業企画部 デザイン課 森政和
D ：パナソニック ヘルスケア（株）診断薬事業部 事業企画部 デザイン課 谷怜亮、森分優太

17G020155

Fetus Camera
Smart baby camera

Fetus Camera
Smart baby camera
Ar: Shenzhen ND Industrial Design Co., Ltd

胎児の様子がいつでもわかる、新規特許取得の胎児画像診断ツール。手に持って軽くプッシュすると、腹部にぴったりフィットする。Wi-Fiでカメラをスマートフォンに接続し、超音波画像を胎児の2D/3Dの動画としてすぐに見ることが可能。ママやパパが胎児の状態を常に見守ることができる製品である。

Ar：Shenzhen ND Industrial Design Co., Ltd
Pr：Ningbo Marvoto Intelligent Technology Co., Ltd
Dr：Tianyu Xiao, Jingzhou Wen, Yanlai Yang
D ：Maxime, Fang Han

17G020156

モバイル型対話支援システム
コミューン・モバイル

Mobile Type Communication Support System
comuoon mobile
Ar: UNIVERSAL SOUND DESIGN Inc.

聴こえ支援の新しいカタチ「comuoon」のバッテリー搭載コンパクトタイプ。バッテリー搭載によって「聴こえやすいを、いつでもどこでも」の可能性が、またひとつカタチになった。

Ar：ユニバーサル・サウンドデザイン（株）
Pr：ユニバーサル・サウンドデザイン（株）代表取締役 中石真一路
Dr：（株）日本ディックス 技術ユニット 設計課 シニアマネージャー 菊池英司
D ：KUMAdesign 熊澤孝之

17G020157

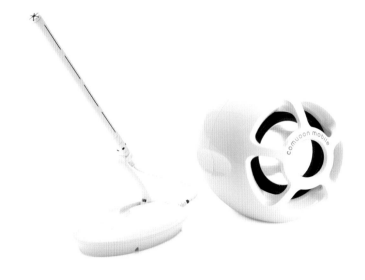

3

生活プロダクト（生活雑貨、日用品）

Daily Use Product（Household Goods）

このユニットは、生活雑貨、日用品が対象のユニットで、生まれて間もない新生児の
ための日用品から、亡くなられた後に必要になる墓石や仏壇まで、対象の種類は多岐に
わたる。また、家事の負担を無くすための生活用品や、障害のある人が使い易いものなど、
日常生活を便利にする道具が多いのも特徴的である。日常を便利にする生活用品は、
消費者の意見をもとに改良を加えていくため、多くの製品は使い勝手が良く、機能性に
長けた製品が多い。だがその機能を求める日本の傾向は少し偏ってもいる。欧米の製品
も日本と同じく消費者の要望に応えながらブラッシュアップを重ね、機能的にも優れた
ものが多いが、同時に形状の美しさを併せ持つものも多い。対して、これまでの日本の
生活用品は機能に優れているものが多いが、便利グッズの領域を超えない製品が少なく
なかった。これはデザインの重要性を認識し、企業のブランディングが確立している
欧米企業と、ものづくりに特化してきた日本の企業の考え方の違いが大きく影響している。
2016年の応募製品は、日常を豊かにするために様々な機能を追加したものや、伝統的
工芸品に新しいテクノロジーを加える足し算の製品が多かったが、2017年はより機能
を追求しながらも、余計なものをそぎ落とす引き算の製品が多く見られた。そして、消費
者に伝える手段として多くの企業がブランディングに力を入れてきたのは今年の大きな
変化であった。大きな投資や改良ではなく、視点を少し変えるだけで、より現代的な製品
に生まれ変わらせる手法は、地方の小さなものづくりの企業が生き残る有効な手段と
なることを、強く感じた審査であった。

柳原照弘

哺乳器

母乳実感 限定デザインガラスびん

Nursing Bottle
PIGEON Nursing Bottle with SofTouch Peristaltic PLUS Nipple Limited Design Glass Bottle
Ar: Pigeon Corporation

母乳育児を応援する哺乳びん。60年にわたる研究で作られた母乳実感乳首が付いているため、おっぱいとの併用がスムーズにできる。授乳時の持ちやすさに加え、一体感のあるデザイン。赤ちゃん用品らしさを残しながらも、パパやママが授乳する際に楽しさを感じられ、赤ちゃんとの生活をわくわくさせるようなデザインをめざした。

Ar：ピジョン（株）
Pr：ピジョン（株）ハード商品開発部 チーフマネージャー 小山貴之
Dr：ピジョン（株）ハード商品開発部 哺乳授乳研究企画グループ マネージャー 叶承啓／ハード商品開発グループ 宮本智弘
D ：NAOTO FUKASAWA DESIGN 深澤直人（プロダクトデザイン）＋ピジョン（株）企画設計部 デザイングループ 正木久美子（グラフィックデザイン）＋松川デザイン事務所 松川浩子

17G030158

Silicone Coating Nursing Bottle

Pigeon

Silicone Coating Nursing Bottle
Pigeon
Ar: Pigeon (Shanghai) CO., LTD

ガラス製哺乳びんにシリコンを上塗りし、安全性を強化。うっかり落としてもガラスが散らばらず、破片による負傷を防げるため、赤ちゃんやママにも安心。また、コーティングが滑り止めとなり、哺乳びんをしっかりと持つことができる。ガラス哺乳びんで育児をおこなうママを安心させる製品である。

Ar：Pigeon (Shanghai) Co., Ltd
Pr：Pigeon (Shanghai) Co., Ltd
Dr：Ryotaro Sato
D ：Xiangling Chen, Product designer / Yuelin Dai, Planner / Guoliang Chen, Engineer / Yaping Xu, Package designer

17G030159

眼鏡拭き

おふき

Wipe of Glasses
OFUKI
Ar: SOO

絹にこだわり作った眼鏡拭き。着物用の正絹生地に着物の柄を染色した後、上からさらに眼鏡拭きの柄を染色した。着物用の高い染色技術を手軽に手に取ってもらいたいという思いを込めて、一点一点手作業で作っている。パッケージにもこだわり、着物を保管する際に湿気から守るために入れるたとう紙で作った。

Ar：SOO
Pr：日根野孝司
Dr：日根野孝司
D：日根野孝司、関谷幸英、田辺哲也、安藤充泰

17G030161

ウェットティシュー

スコッティ ウェットティシュー

Wet Tissue
SCOTTIE WET TISSUE
Ar: NIPPON PAPER CRECIA CO., LTD

暮らしになじむデザインを追求。主要なデザインのコンセプトは3点。潔く装飾を取り去った究極のホワイトカラーのシンプルさ、容器のきれいなラインが映えるスコッティロゴの配置、持ちやすさにこだわったウエストシェイプした容器。つまり生活に寄り添う、シンプルかつ独特な個性を持つスコッティのオリジナルロゴと、色味を消したデザイン。

Ar：日本製紙クレシア（株）
Pr：日本製紙クレシア（株）髙津尚子＋（株）松永真デザイン事務所 松永真
Dr：（株）松永真デザイン事務所 松永真
D：（株）松永真デザイン事務所 松永真次郎

17G030162

203

アルバム

instax PICTURE BOOK

Album
instax PICTURE BOOK
Ar: FUJIFILM Corporation

instaxのプリントを入れることで完成する、オリジナルのピクチャーブック。16枚の写真を1ページに1枚ずつレイアウトしていくシンプルな構成で、写真の入れ替えやメッセージの書き込みができ、作品集やプレゼントなど、さまざまな用途に使用できる。使い手の創造性を誘発し、新たなコミュニケーションを創出するよう、本に見立てたデザイン。

Ar：富士フイルム（株）
Pr：富士フイルム（株）イメージング事業部
Dr：富士フイルム（株）デザインセンター長 堀切和久
D ：富士フイルム（株）デザインセンター 若林あかね

17G030163

Eleclean Disinfection Sprayer

ELECLEAN DISINFECTION SPRAYER

Eleclean Disinfection Sprayer
ELECLEAN DISINFECTION SPRAYER
Ar: Industrial Technology Research Institute

細菌やウイルスを除去できる、初めての携帯用殺菌器。容器に水を入れて、スプレーを押すだけで、活性酸素種が生成される。化学物質は添加されておらず、持ち運べる軽さ。部屋の空気や人体の消毒にも使える万能な製品である。

Ar：Industrial Technology Research Institute
Pr：Industrial Technology Research Institute + ELECLEAN Co., LTD.
Dr：Chih-Liang Weng, Design div., ELECLEAN Co., Ltd.
D ：Ming-Yu Hsiao, Industrial Design, Chaoyang University of Technology + Chien-Hung Chen, Lan-Yi Hsu, ELECLEAN Co., Ltd.

17G030164

ファイルボックス

ポリプロピレン持ち手付き
ファイルボックス・
スタンダードタイプ

File Box
PP FILE BOX STANDARD WITH HANDLE
Ar: Ryohin Keikaku Co., Ltd.

持ち運びがしやすいように持ち手を付けた
ファイルボックスである。

Ar：（株）良品計画
Pr：（株）良品計画 生活雑貨部 前田潤一郎
Dr：（株）良品計画 生活雑貨部 企画デザイン室 矢野直子
D：（株）良品計画 生活雑貨部 企画デザイン室 關博旨、岡本和士＋リスジョイントプロダクツ（株）三浦英二郎

17G030166

OAタップ

roo't

Power Strip
roo't
Ar: ELECOM CO., Ltd.

最近ではモバイル機器の充電用途が増え、OAタップが目に見える場所で使用される機会が増えてきている。しかし既存のOAタップは機能が優先され、外観が疎かになっている製品が多い。本製品は全側面配置の差し込み口によって配線の自由度を高め、接続機器同士の干渉を防ぐ機能を持ちながら、住空間に違和感なくとけ込む美しい外観を持つ。

Ar：エレコム（株）
Pr：エレコム（株）商品開発部 前口雄祐
Dr：エレコム（株）商品開発部 金辺裕奈
D：エレコム（株）商品開発部 前口雄祐

17G030168

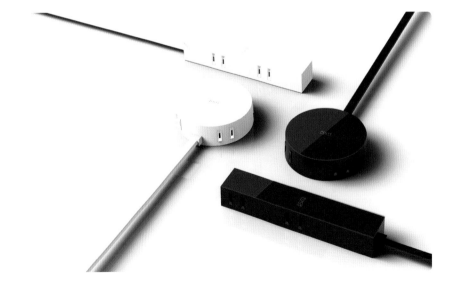

205

スマートフォンケース

INVOL Stand

Smartphone Case
INVOL Stand
Ar: SoftBank Commerce & Service Corp.

ハンズフリー視聴を可能とするスタンド機能を持ち、それ自体が意匠上の特徴となるスマートフォンケースである。ケースとして基本的に求められる耐衝撃性能に加え、ケースの一部が折れ曲がる構造を取ることでスタンド機能を持たせた。折れ曲がるポイントとなる斜めに入ったライン自体が意匠上の特徴にもなっている。

Ar：ソフトバンク コマース&サービス（株）
Pr：ソフトバンク コマース&サービス（株）
Dr：ソフトバンク コマース&サービス（株）プロダクトデザイン室
D ：ソフトバンク コマース&サービス（株）商品本部MA部 企画課 益子尚幸

17G030169

ウォールクロック

fun pun clock／ふんぷんくろっく

Wall Clock
fun pun clock
Ar: TAKATA Lemnos Inc. +
Design life with kids interior workshop

母親の視点で、時計に興味をもった幼児が読みたくなる仕掛けをほどこしたアナログ時計。モンテッソーリ教育専門家のアドバイスによる子供の理解の進み方や認識方法を参考に、開発段階で試作を幼稚園に持ち込み改良を重ねたデザインである。12進法と60進法を関連づけ、「ふん」と「ぷん」が交互に変化するので、その単位を商品名にした。

Ar：（株）タカタレムノス＋Design life with kids interior workshop
Pr：（株）タカタレムノス 高田博
Dr：Design life with kids interior workshop 土橋陽子
D ：Design life with kids interior workshop 土橋陽子

17G030170

Fan
SMALL HORN DESKTOP FAN

Fan
SMALL HORN DESKTOP FAN
Ar: inDare Design Strategy Ltd.

スタンドのない革新的な卓上扇風機。送風角度に合わせたラッパ型の形状で自立する。ダブルモーター式で2枚のファンが異なる方向に回転するため、パワフルな送風と静音性を両立する。ファンガードは厚めのスリットで、従来にないまったく新しいデザイン。USB接続なのでオフィスのデスク上での使用に向いている。

Ar：inDare Design Strategy Ltd.
Pr：ShenZhen Times Innovation Technology Co., Ltd.
Dr：inDare Design Strategy Limited
D ：CHEN FENGMING, CHEN YUJIE, CHEN SHAO LONG, LIANG JIAMIN, YANG JUNLONG, YAN YANHUI, YANG WEIPENG

17G030171

災害備蓄品
逃げた先にある安心
（もしもの備え、5年保存可能な災害備蓄Kit）

The Disaster Stockpile
The relief at the place of refuge. A kit of rice and water preservable for five years.
Ar: Katatumuri + kitakami ability center

既存の災害備蓄品は、さまざまなアイテムがパッケージされ、大きくて重く、女性や高齢者などの避難には負担になるような商品が多い。また高額で手軽に購入や買い替えもできない。そこで小さくて軽く、手軽に購入でき、分かち合える「災害備蓄品」を製作した。この商品が広く流通されることで、地域で守るという防災意識も高まるに違いない。

Ar：非営利型（一社）かたつむり＋北上アビリティーセンター
Pr：非営利型（一社）かたつむり 大西智史
Dr：非営利型（一社）かたつむり 吉田富美子
D ：北上アビリティーセンター 赤坂良幸

17G030172

207

洗濯用品

pasha basha

Laundry Supplies
pasha basha
Ar: SUNWARD Co., Ltd.

1981年に日本で初めて洗剤にドライクリーニング溶剤を配合した洗剤メーカーが、現代のライフスタイルに合わせ、日本で一番やさしく美しい洗濯をめざして作った家庭用クリーニング洗剤である。スーツやダウンなど、家では洗えないという常識を洗い流し、上質な洗濯シーンを提供する。

Ar：(株)サンワード
Pr：(株)サンワード 代表取締役 山家宏輝
Dr：(株)サンワード 代表取締役 山家宏輝
D ：(株)サンワード 代表取締役 山家宏輝

17G030173

うがいコップ

水が切れる スタンドマグ

Gargle Cup
Stand Mug
Ar: Like-it Co., Ltd.

衛生的に使えるうがいコップ。飲み口がカーブ状に設計されているので、ひっくり返して置いても口に触れる部分が下につかず、空気の通り道ができて効率的かつ衛生的に水を切ることができる。カーブの角度は勢いよく飲んでも口の端から水がこぼれにくくなっていて、取っ手部は歯ブラシや電動歯ブラシが立てられるスタンドになっている。

Ar：ライクイット(株)
Pr：ライクイット(株) 代表取締役社長 吉川利幸
Dr：ライクイット(株) 企画部
D ：イデア(株) 羽場一郎

17G030174

A Pot

Potted／green／autotrophic
potted plants

A Pot
Potted / green / autotrophic potted plants
Ar: Shenzhen Runhetianze City Stereo-ecological
Technology Co., Ltd

1回注水すると3カ月間にわたり水やりの必要がない植木鉢。土が湿った状態に保たれるため、植物が生育しやすくなる。ホテルや屋内の観葉植物に適しており、自然の吸水作用を利用し、セラミックの温度の変化に応じて吸収率が変わるため、栽培する植物を選ばない。室内に自然を取り入れてさわやかなエネルギーで満たす、科学的な栽培システム。

Ar：Shenzhen Runhetianze City Stereo-ecological
Technology Co., Ltd
Pr：JiahaoSun, YanliZhao
Dr：JincaiMa
D：Ma Jincai, LinweiMai, JiahaoSun, YanliZhao

17G030175

缶

SyuRoの角缶（大）（小）

Can
TIN CAN (L) , (S)
Ar: SyuRo

職人がハンダを使用せず、板金の技術と独自の曲げ加工だけで一つひとつ丁寧に製作しているため、錆びにくい作りとなっている。また角を丸くしているので、手のあたりが柔らかい。日本人ならではのマイナスの美意識を大切にし、形は極力シンプルで、いずれアンティークになる缶である。

Ar：SyuRo
Pr：（株）SyuRo 代表取締役 宇南山加子
Dr：（株）SyuRo 代表取締役 宇南山加子
D：中村敏樹＋宇南山加子

17G030176

no.30

no.30

no.30
no.30
Ar: no.30

創業40年の機械工場のスピンオフで生まれた製品。亜鉛ダイカスト技術の改善を通じて産業的価値の向上や持続可能な発展をめざすべく、父娘で「no.30」というブランドを立ち上げた。国際的デザイナーとの協業のもと、シンプルで飾らない製品づくりに取り組む。作業工程と用途をリニューアルし、工業製品をインテリア用品に昇華させた。

Ar：no.30
Pr：no.30
Dr：no.30
D ：no.30

17G030177

タオル

今治謹製

Towel
IMABARI KINSEI
Ar: STYLEM co., LTD. Garment Division LS Group Gift Communication Section

この製品名には、歴史ある今治タオルの産地と職人が丹精込めて作り上げたという意味が込められている。また、格式高い木箱にタオルを納め、贈り主の想いと確かな品質が届けられる。作り手、贈り手、貰い手のすべてがタオルを通じてつながり、触れるたびに喜びを感じ、毎日がもっと幸せになるタオルをめざしている。

Ar：スタイレム（株）ガーメント事業部 LS Grp. ギフトコミュニケーション課
Pr：スタイレム（株）ガーメント事業部 LS Grp. 平井賢二
Dr：スタイレム（株）ガーメント事業部 LS Grp. ギフトコミュニケーション課 久家正樹
D ：スタイレム（株）ガーメント事業部 LS Grp. ギフトコミュニケーション課 平井賢二、池田訓子、田中厚美、山田梨都子、安井加奈、谷口あかり＋アベデザインプロ（株）阿部真三

17G030179

タオル

今治謹製 極上タオル

Towel
IMABARI KINSEI GOKUJOUTOWEL
Ar: STYLEM co., LTD. Garment Division LS Group Gift Communication Section

製品名の「極上」はタオルに求められる本質的な性能である柔らかさ、吸水性、耐久性の極上のバランスを追求したことを表現している。また、贈り物として格式高い木箱にタオルを納め、贈り主の想いと確かな品質が届けられる。触れるたびに喜びを感じ、毎日がもっと幸せになるタオルをめざしている。

Ar：スタイレム（株）ガーメント事業部 LS Grp. ギフトコミュニケーション課
Pr：スタイレム（株）ガーメント事業部 LS Grp. 平井賢二
Dr：スタイレム（株）ガーメント事業部 LS Grp. 平井賢二
D ：スタイレム（株）ガーメント事業部 LS Grp. ギフトコミュニケーション課 平井賢二、山田梨都子＋アベデザインプロ（株）阿部真三

17G030180

モップ

ACTモップセット

Mop
ACTmopset
Ar: ACT JAPAN Co., Ltd.

感染予防ができ、地球環境に優しく、人体に優しい、エコな掃除用品である。モップは細かな繊維のウルトラマイクロファイバーで作られており、ドライモップは静電気効果により髪の毛や埃を取り、ダンプモップは水だけで毛細管現象により油汚れを取り雑菌を99％除去する。腰に負担を掛けない構造とした。

Ar：（株）ACT JAPAN
Pr：（株）ACT JAPAN
Dr：（株）ACT JAPAN
D ：（株）ACT JAPAN

17G030181

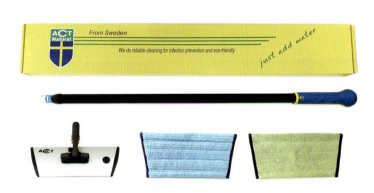

雪かき補助グッズ

スマスコ

Shoveling Snow Goods
smasco
Ar: yellow co., ltd.

既存の雪かきスコップに簡単に取り付けられる、腰をいたわる補助グッズである。

Ar：（株）イエロー
D：水嶋清人

17G030182

ちりとり

立つちりとり

Dustpan
Standing dustpan
Ar: CAINZ CORPORATION

自立するスクエアフォルムが特徴的なちりとり。従来のちりとりは、隠したいものとして扱われてきたが、隠さなくてもよいよう、ちりとりを感じさせない外観形状とした。壁際に省スペースで置くことができ、一般的なほうきや、同シリーズの立つほうきとのセットが可能で、穂先の保護にもつながる。使われていないときの状態にも気を配った商品である。

Ar：（株）カインズ
Pr：（株）カインズ

17G030183

清掃用ブラシ

ブラシ職人シリーズ
マイボトル洗いブラシ

Cleaning Brush
brush pro series My Bottle Cleaning Brush
Ar: BROSE corporation

ブラシ職人シリーズのこのブラシは、水筒などをしっかりとキレイに洗うことができる。泡立ちの良い極細中空毛を全周植毛して、筒内360度を洗え、また、先端部には折れにくく形が崩れない毛を限界まで植毛して底部の汚れを落とす。一方、持ち手部はボトルの奥まで届き、力を入れてしっかり洗っても曲がらず、持ちやすく使いやすいデザインとした。

Ar：(株)ブロス
Pr：錦織弘昭
Dr：坂部祐介
D ：プロペラデザイン 手槌りか、山田悦代

17G030184

除雪具

snoWラッセル

Snow Remover
snoW Russel
Ar: SANKO Co., Ltd.

ラッセルタイプの除雪具で、誰でも扱いやすい重量1キロ程度の軽量なプラスチック一体型になっている。シャフト部が二重になっているため、全体の強度が増し、変形しにくく、ほかの素材の除雪具と遜色のない使用感を実現。また、皿表面のエンボス加工により、雪がすぐにはがれて除雪作業がスムーズにおこなえる。

Ar：三甲(株)
Pr：三甲(株) 営業本部 村上敏治
D ：三甲(株) 営業本部 商品設計部 前川輝男

17G030185

213

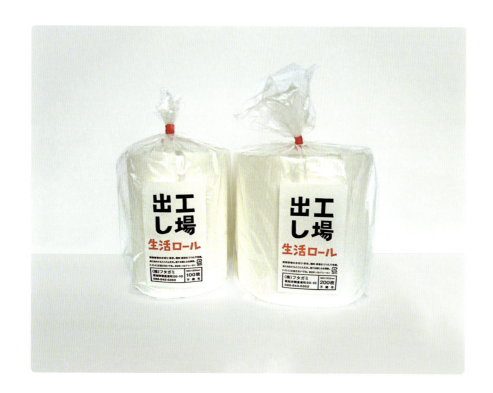

不織布ロール

工場出し 生活ロール

Nonwoven Fabric Roll
Factory-fresh roll useful your life!
Ar: FUTAGAMI Co., Ltd.

土佐和紙の伝統技術による素朴な不織布ロールを高知県のメーカーが高知県民のために天然素材のみで作製。不織布は布巾より弱いが、キッチンペーパーより耐久性があり、しかも使い捨てできる。非常に良い材質であるがキッチンでの使用において認知度がない。そこで、高知県民の生活スタイルに合わせて厚み、サイズ、ミシン目を工夫し、キッチンでの多様な用途をめざした。

Ar：(株)フタガミ
Pr：梅原デザイン事務所 梅原真
Dr：(株)フタガミ ホームセンター部 中西一晃
D：(株)フタガミ ホームセンター部 中西一晃

17G030186

詰め替えボトル

かたポン エコポン

Refillablebottle
KATAPON ECOPON
Ar: PLOTWORK CO., Ltd.

天板にスポンジを載せて押すことにより内容液を吐出させるディスペンサー(意匠登録済み)。通常両手でおこなっていた動作を片手でおこなうことが可能。また、吐出量を少なくし、「かたポン」は吐出量3cc、「エコポン」は吐出量1ccと、1回の吐出量を制限することによって内容液の出しすぎを防ぐ。ほんの些細な手間を省くことによって人と環境に優しくできる製品。

Ar：(株)プロトワーク
Pr：(株)プロトワーク 代表取締役社長 田村常之進
D：稗島弥生、岡島拓、奥翔哉、礪波拳、渡部一呂＋(株)プロトワーク 製造部 藤井昌晃

17G030187

マグネットフック

シリコンマグネットフック
「iフック・jフック」

Magnet Hook
Silicon Magnet Hook "i hook" & "j hook"
Ar: magever co., ltd.

磁石の欠点である錆びる、割れる、吸着面を傷つけるという問題を解決したマグネットフック。磁石をシリコン樹脂で覆い、ユニットバスや屋外など水に濡れる場所でも使える。また、重いものを掛けても滑りにくく、つかみやすくて安全である。さらに、吸着面を傷つけず、吸着時の衝撃音も軽減している。

Ar：(株)マグエバー
Pr：錦織弘昭
Dr：澤渡紀子
D ：(株)マグエバー

17G030188

縫い目のない3Dニットヌワン

NUONE ニット カシミヤシルク・
シーアイランドコットン（海島綿）

3D Knit Wear Nuone
NUONE KNIT Cashmere / Silk & Sea Island Cotton
Ar: SHIMA CO.

ヌワンのニットは縫い目のない、一着まるごと編み立てられたホールガーメント®。素肌での着用を意識して、より立体的に身体に沿ったパターン編成をすることによって、着ていることを忘れてしまうほどの着心地を実現した。縫わないのでヌワン。洗濯には付属のかわいいオリジナル洗濯ネットを使用。

Ar：(株)SHIMA
Pr：(株)SHIMA
Dr：(株)SHIMA
D ：(株)SHIMA

17G030189

Flat Cloud Clothes Rack

Fnji Furniture

Flat Cloud Clothes Rack
Fnji Furniture
Ar: Beijing Fnji Interior Design Co. Ltd.

真鍮、レザー、木材を絶妙に組み合わせ、キャンプ用スツールの構造を踏襲して折りたたみ収納できるようにしたハンガーラック。高さの異なる2段階のラックで、フックやハンガーをかけられる設計。転倒防止のため、メタル製のシャフトのサイズは上部よりも下部の方が大きくなるようデザインした。変形しないよう防水塗料を使用。

Ar：Beijing Fnji Interior Design Co. Ltd.
Pr：Beijing Fnji Interior Design Co. Ltd.
Dr：Guqi Gao
D ：Guqi Gao ＋ Yang Wang

17G030190

ダンボール

集中線ダンボール

Star Moving Box
Star Moving Box
Ar: StarMoving Co., Ltd. ＋ SHIMARS Co., LTD.

引っ越しの際に業務的になりがちな作業を少しでも楽しんでもらう仕組みとして、表面に集中線をプリントしたダンボールを考案した。この集中線の真ん中には中身がわかるような言葉であったり、注意であったり、好きな絵であったり何を描いたとしても少し楽しむことができ、積み上がった風景も普通のものとは違った楽しい風景となる。

Ar：(株)スタームービング＋(株)シマーズ
Pr：タルマユウキ
Dr：山本恒夫
D ：タルマユウキ

17G030191

傘

プラスチック

Umbrella
+TIC
Ar: Caetla Co., Ltd.

金属を一切使用していないオールプラスチックの新しい傘。強い風でも壊れにくい構造、雨水にさらされても錆びない素材、そして傘として役目を終えた後はリサイクルが可能。オールプラスチックならではの一体感や手なじみの良さを追求した、持つ人を選ばないデザイン。

Ar:（株）サエラ
Pr:（株）サエラ 山本健
Dr:（株）サエラ 山本健＋（株）エイトブランディングデザイン 西澤明洋
D：デザインスタジオエス 柴田文江（プロダクトデザイン）＋（株）エイトブランディングデザイン 西澤明洋、佐竹伸一（ブランディングデザイン）

17G030192

エクスジェル プニ・シリーズ

クッション

Exgel Puni Series
cushion
Ar: KAJI CORPORATION

どこでも座っていたい感触のプニ・クッションシリーズ。室内、室外で座る機会は意外と多くて長い。体に触れる時間が長い座面だからこそ、感触とデザインにこだわった。5色のカラーバリエーションで、中材は独自開発のエクスジェルを採用。ジェルの自在な動きが体の縦の圧力、横方向のズレの力にも流動的に分散するため、体の負担を軽減する。

Ar:（株）加地
Pr:（株）加地 取締役社長 小川要
Dr:（株）加地 プロセス技術部 戸屋範行／研究開発商品企画課長 小川孝史
D：（株）加地 研究開発商品企画課 金光未来

17G030193

Free-form Pillow

Mr.Z

Free-form Pillow
Mr.Z
Ar: Guangzhou Mrz Creative Culture Co., Ltd

個々の睡眠ニーズに合わせられる、世界初のDIY枕。頭や首が当たる部分の機能と特徴に応じて、枕が複数のモジュールに分かれており、必要に応じて各部を入れ替えることができる。さまざまな素材や硬さ、高さのスポンジを組み合わせることで、誰でも自分のニーズにぴったりな枕が作れる。

Ar：Guangzhou Mrz Creative Culture Co., Ltd
Pr：Guangzhou Mrz Creative Culture Co., Ltd
Dr：Shilin Liu
D ：Shilin Liu, Rongsheng Yang.

17G030194

枕

眠り杉枕（ねむりすぎまくら）

Pillow
sleeping cedar pillow
Ar: Iwaki-Takahashi, Inc.

間伐材割り箸を約500膳刻んだ杉チップ（約6mm角）を中材にした、これまでにない枕である。安眠効果の高い香り成分「セドロール」と、クッション性抜群の寝心地で、森林浴をするかのような心地よい眠りを届ける。

Ar：(株)磐城高箸
Pr：遠山産業(株) 佐藤光弘＋(株)磐城高箸 高橋正行
Dr：岩見哲夫、町田幸司
D ：馬場立治、鳥居塚実

17G030195

まくら
手作りキッズまくら

Pillow
Handmade kids pillow
Ar: Nishikawa Living Inc.

子供が自分の身体に合ったまくらを、自分で作ることができるキッズ用まくらのキット。まくら作りに大切な、頭と首の高さを測るための道具の組み立てから始まり、その道具で測って出てきた数字を計算式に当てはめ、中に詰めるパイプの量を算出することでオリジナルのまくらを作ることができる。

Ar：西川リビング（株）
Pr：西川リビング（株）代表取締役社長 西分平和
Dr：西川リビング（株）睡眠環境科学研究所
D：西川リビング（株）MD Design Lab. 相田沙希

17G030196

布団
スーパーウルトラコンパクト布団

Futon
Super Ultra Compact Futon
Ar: emoor

コンパクトに収納するというコンセプトを折紙をヒントに実現した、標準サイズの約5分の1の布団。寝心地を損なわないよう、P3DSC (Polyester 3D Solid Cushion)素材も同時開発。住空間が限られた都市部での生活スペースの有効活用と、使用頻度は低いが必要となる来客用布団の収納問題を解決することを主眼にした、まったく新しい布団のカタチである。

Ar：（株）エムール
Pr：（株）エムール 高橋幸司
Dr：（株）エムール 高橋幸司
D：（株）エムール 高橋幸司

17G030197

羽毛掛けふとん

マウンテンキルト掛けふとん
（自社精毛羽毛）

Duvet
Mountain Quilt Duvet
Ar: TOYO FEATHER INDUSTRY CO., LTD

東洋羽毛は福島の自社工場にて10項目もの工程で精毛（洗浄・選別）し、清潔で安心できるこだわりの羽毛を作り続けている。長年の経験に基づき2007年に開発されたこのふとんは、良質な羽毛の性能を最大限にいかしたキルトデザインであり、今もなおロングランで愛され続けている。

Ar：東洋羽毛工業（株）
Dr：東洋羽毛工業（株）商品部
D：東洋羽毛工業（株）相模原工場 縫製課／白河工場 精毛課

17G030198

敷ふとん、マットレス

ひろびろ使えて小さくしまえる
敷ふとん・マットレス

Mattress
Used widely and small storage mattress
Ar: NITORI co., Ltd.

コンパクトに折りたためる敷き布団とマットレス。いずれもたたんだときにシングルサイズの折りたたみサイズW105×D70cm以下に設計。広げればダブルサイズの大きさになるので夫婦でも、小さなお子様のいるご家族でも、一枚の布団の上で寝られる仕様。広々使えるダブルサイズを小さく収納することができる。

Ar：（株）ニトリ
Pr：（株）ニトリ 商品部マーチャンダイズマネジャー 村林廣樹
Dr：（株）ニトリ 商品部ソフトマーチャンダイザー 坂本陽一、鈴木敏明
D：（株）ニトリ 商品部ソフトバイヤー 高橋陵、藤谷洋、中村浩志

17G030199

ベビーマットレス

necocoro ベビーマットレス

Baby Mattress
necocoro baby mattress
Ar: C-ENG Co., Ltd.

うつ伏せ寝の窒息リスクを低減できるベビーマットレス。中材は高通気で洗える素材を使っている。赤ちゃんもお母さんも安心して寝られるように開発した。

Ar：(株)シーエンジ
Pr：(株)ケーション 川崎景太
Dr：(株)シーエンジ 高岡佳久、長谷川雅孝、成田香織、米津佳予子
D：(株)ケーション 井上博道

17G030200

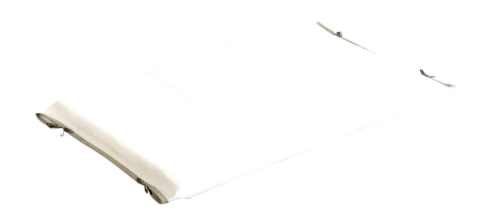

ミニ骨壷

ソウルプチポット ―カナタ―

Mini Urn
Soul Petit Pot -kanata-
Ar: Memorial Art Ohnoya, Inc.

離れがたい故人の遺骨や遺灰を墓に納める際に少量取り分け、手元で供養するための手のひらサイズの骨壷。職人の手作業により一つひとつ伝統的な着色を施された骨壷は、工芸品ともいえるあたたかみとわび・さびを持ち合わせている。

Ar：(株)メモリアルアートの大野屋
Pr：(株)メモリアルアートの大野屋 経営企画本部 箱崎容也
Dr：(株)メモリアルアートの大野屋 商品企画開発 服部美樹
D：(株)メモリアルアートの大野屋 商品企画開発 服部美樹

17G030201

神棚

かみだな

Family Altar
kamidana
Ar: masakiya wood company

日々の感謝や心のよりどころとして、現代の住宅事情や生活スタイルにも無理なくとけ込む、新しいカタチの神棚である。従来の神棚の在り方は変えず、伊勢神宮を立体模型から二次元にすることで、ミニマルなデザインが可能になり現代的な空間にも合う神棚になった。国産の檜を厳選し、木工職人が一つひとつ丁寧に作っている。

Ar：(株)正木屋材木店
Pr：(株)正木屋材木店 代表取締役 大平宏之
Dr：(株)正木屋材木店 取締役 大平祐子
D ：mizmiz design 水野憲司

17G030202

仏壇

HK シェルフレックス

Buddhist Altar
HK Shelflex
Ar: HASEGAWA CO., LTD. ＋ KARIMOKU FURNITURE INC.

現代の日本のライフスタイルや居住環境に、柔軟に対応する仏壇である。狭小な空間にも置きやすい、コンパクトでスリムなサイズ。仏壇と下台の組み合わせにより、4通りの高さから選べるため、お参りする際のさまざまな体勢や置き場所に対応できる。シャープなラインを生かした軽快でシンプルなデザインが、インテリアにとけ込む自然な存在感を実現した。

Ar：(株)はせがわ＋カリモク家具(株)
Pr：(株)はせがわ 商品開発部長 齊藤德雄
Dr：(株)はせがわ 商品開発部 松本佳奈
D ：カリモク皆栄(株) マーケティングセンター 高須博明

17G030203

4

生活プロダクト（キッチン、家電）

Daily Use Product（Kitchen, Home Appliance）

仕組みのデザインや、社会的なテーマ性の強いものの割合が増えてきている近年のグッドデザイン賞であるが、ユニット4では白物家電や家庭用品という典型的な工業製品が対象であり、近年の傾向に加えて、まずはプロダクトデザインの基本的な評価基準を持って審査が行われた。

このユニットでは、確実に進化していく家電製品などに対し、ガラスや陶磁器のように、デザインの対象としては王道的であるにもかかわらず、技術が成熟しているが故に進化しにくい製品もある。その中にあって、たとえ大きな進化がなくても、私たちの生活を変える可能性を秘めた「美しい」ものをどのように評価し、審査委員で共有するかということを改めて考える機会となった。ものの魅力や有用性は、単純な評価基準だけでは計れない。

ハリオの「ショットグラス／5oz グラス」、大堀相馬焼松永窯ほかの「クロテラス」、ベスト100に選ばれた東洋佐々木ガラスの「フィーノ」など、今回選出されたものは、世にある今までのものとは大きく変わらぬように見えながら、時代や生活様式に合わせて地味ながらも確実に新しいアイデンティティを形作っている。一方で受賞に至らなかった対象では、機能的で外観にまとまりのあるもの、地域社会への貢献が見られるもの、ユニバーサルな機能を考慮したものなどであっても、果たして本当に良いデザイン（＝グッドデザイン）かと問われると、やはり何かが足りない、ということも少なくなかった。美しいという感覚が得られないのである。

美しいということは、人や自然と同じく、一つはそのものの存在のしかたに対して言うのではないか。選出された対象は、外観のみならずこういった美しさを持っていたと思う。賞全体で見ても、仕組みや背景が重視されることはグッドデザイン賞のアイデンティティであり、審査基準として重要なのは間違いないが、それら対象のデザインが本当に美しいのか、ということに着目するのは、加えて非常に重要である。象徴的な応募が少なからず見られたユニット4の審査は、そういったデザインや賞の本質について考えさせられるものであった。

中坊壮介

グラス

生涯を添い遂げるグラス
SAKEグラス

Glass
SAKE Glass [Eternal Glass for your lifetime]
Ar: Wired Beans Inc.

日本酒の味や香りをより感じられるよう、酒造メーカーの助言のもとに開発した日本酒専用グラス。日本酒のタイプに合わせて形状は3タイプを用意。味わいや香りへのアプローチだけではなく、グラスの形状の美しさを日本の職人の技で実現。生涯補償（条件付き）を付加し、割れたグラスを再利用することで、グラス産業の活性化をめざす。

Ar：(株)ワイヤードビーンズ
Pr：(株)ワイヤードビーンズ 代表取締役 三輪寛
Dr：GKインダストリアルデザイン 朝倉重徳
D ：GKインダストリアルデザイン 朝倉重徳

17G040205

グラス

生涯を添い遂げるグラス
ワイングラス kシリーズ

Glass
Wine Glass k models [Eternal Glass for your lifetime]
Ar: Wired Beans Inc.

新世界のワインが普及し、ボルドーワインでさえも比較的若いうちから飲まれる昨今。ワインをより深く、しかし気軽に楽しむために、使い勝手の良い高さと、香りをさらに芳醇に感じ取れるボウル形状にこだわった日本の職人手作りのワイングラス。生涯補償（条件付き）を付加し、割れたグラスを再利用することで、グラス産業の活性化をめざす。

Ar：(株)ワイヤードビーンズ
Pr：(株)ワイヤードビーンズ 代表取締役 三輪寛
Dr：(株)ワイヤードビーンズ 佐々木道彦
D ：GKインダストリアルデザイン 朝倉重徳

17G040206

プラスチック グラス
2重成型プラスチック グラス

Plastic Glass
Double injection plastic glass
Ar: SV. MEIWA CO., LTD.

樹脂の2重成形によるグラスシリーズで、透明感や光沢感を損なうことなく、軽くて割れない。日常使いができる高級なイメージのグラスであり、ユニバーサルデザインの視点から社会に貢献できる。また金箔も2重成形の中に入っているので、表面が酸化することなく長期にわたって輝きを保てる製品である。

Ar：(株)明和
Pr：(株)明和 知念民三
Dr：(株)明和 知念民三
D ：(有)インターデザイン研究所 上田幸和

17G040208

ボウル
コメット

Bowl
COMET
Ar: HAKUSAN PORCELAIN CO., LTD.

スプーンやフォークで食べる料理に適した3サイズ、3色展開の磁器製ボウル。リム側の側面をくぼませたことでスムーズにすくうことができ、横長の形状は身体に近づけやすくリムに片手を添えることで安定した食事ができる。メニューや量に合わせて選択ができるサイズ展開と、明るく落ち着きのある色はいずれもさまざまな食卓シーンになじむ。

Ar：白山陶器(株)
Pr：白山陶器(株) 代表取締役社長 松尾慶一
Dr：白山陶器(株) デザイン部長 阪本やすき
D ：白山陶器(株) デザイン部長 阪本やすき

17G040209

225

食器

NPシリーズ

Tableware
NP Series
Ar: GOLD CRAFT co., Ltd.

丈夫で軽く、水洗いできるプライウッドの食器シリーズ。自然素材でありながら落としても割れない堅牢性を持つ。幼児から高齢者、野外使用までユニバーサルに使える食器として質的な貢献度が高く、水分や油分の侵入を防ぐ表面処理とスタッキング効率、堅牢性由来の安心感から、洗う、しまうといった管理面における機能性にも優れている。

Ar:（株）ゴールド工芸製作所
Pr:（株）ゴールド工芸製作所
Dr:（株）スタジオ 大友学
D :（株）スタジオ 大友学

17G040210

テーブルウエア

Yasuda Kawara TSUKI

Tableware
Yasuda Kawara TSUKI
Ar: Marumi Yasuda Kawara Kogyo Corp.

1200℃以上の高温で焼成する還元焼成法を用いた、吸水率が低く断熱性や耐寒性に優れ、硬く丈夫な寒冷地仕様の瓦で作られたテーブルウエアである。職人による手作業で丁寧に仕上げられた、鉄色瓦と呼ばれる独特な色とシワの表情が月のように見えることから「TSUKI」と名付けた。新潟県阿賀野市で製造している。

Ar:丸三安田瓦工業（株）
D :UMENODESIGN 梅野聡

17G040211

食器
SHIZQ

Dishes
SHIZQ
Ar: Kinetoscope

徳島県神山町産杉を使ったコップや皿などの食器ブランド。ロクロ挽きで木地を形成、赤白のコントラストが美しい横縞の柾目模様が特徴の鶴シリーズと、拭き漆仕上げの亀シリーズがある。杉ならではの高い保温性と口あたりの柔らかさ、類を見ない軽さ、手になじむシェイプは、今までにない使い心地。神山町の水源保全につながる商品でもある。

Ar：キネトスコープ
Pr：キネトスコープ 廣瀬圭治
Dr：キネトスコープ 廣瀬圭治
D：キネトスコープ 廣瀬圭治

17G040212

プレート
グラッセ

Plate
GLACER
Ar: TOYO-SASAKI GLASS CO., Ltd.

両面をリバーシブルで使えるコンセプトでデザインしたガラスの器シリーズ。手桶に張った氷をすくい上げたような新鮮な感覚をガラス特有の素材感で表現した。手作りによる素朴な風合いが魅力のシンプルなものと、金沢金箔をガラスと一体化させた華やかなものの2パターンでサイズバリエーションを揃え、さまざまな料理を自由に盛り付けることができる。

Ar：東洋佐々木ガラス（株）
Pr：東洋佐々木ガラス（株）代表取締役社長 戸田逸男
Dr：東洋佐々木ガラス（株）営業本部 営業企画部長 富樫亜人
D：東洋佐々木ガラス（株）営業本部 営業企画部 市販デザイングループ 窪田美直子

17G040213

黒照:クロテラス

黒照:クロテラス

Croterrace
croterrace
Ar: Gatch.inc + MATSUNAGA Klin +
The Ogatsu Suzuri Association

東日本大震災がきっかけで宮城県の雄勝硯と福島県の大堀相馬焼が出合い、雄勝硯の硯石の粉末を釉薬に混ぜて、大堀相馬焼にかけて焼成したブランドである。硯の釉薬を使用することによってこれまでにない艶やかな発色で料理が映える。マットな色にもかかわらず、指紋がつかなくなり取り扱いが容易になった。

Ar:ガッチ(株)+大堀相馬焼松永窯+雄勝硯生産販売協同組合
Pr:松永武士
Dr:(株)ドライブディレクション 後藤国弘
D:(有)棟方デザイン事ム所 棟方則和、永井北斗+ガッチ(株)松永武士

17G040214

Bowl

TiB-01 DRIKUNG KAGYU
Double-Walled Pure Titanium
BASIN BOWL

Bowl
TiB-01 DRIKUNG KAGYU Double-Walled Pure
Titanium BASIN BOWL
Ar: TIMAS TITAN CO., LTD.

食べ物や資源の尊重など、仏教の教えである感謝の精神を伝える一品。耐久性、軽量性、低密度、防食性、静菌性、生体適合性、親水性など多くの利点を持つチタン素材を使用。汚れや油分が簡単に洗い流せ、洗剤や水を節約できる。2層構造で断熱に優れ、なめらかな流線型のフォルムは母なる自然への敬意を表している。

Ar:TIMAS TITAN CO., LTD.
Pr:TiANN
Dr:TiANN
D :Jimho Hsieh

17G040215

228

Cup & Bottle
TiC-01 Series, TiANN Double-Walled Pure Titanium Coffee Cup, TiANN Pure Titanium Wine Bottle

Cup & Bottle
TiC-01 Series, TiANN Double-Walled Pure Titanium Coffee Cup, TiANN Pure Titanium Wine Bottle
Ar: TIMAS TITAN CO., LTD.

表面の酸化被膜の厚さを変える工程で、従来の電気めっき加工ではなく、さまざまな温度での熱処理とガス注入工程を用いて、各色で鮮やかな発色を実現した。また、熱伝導率が低く比重が小さいというチタンの特徴を活かして、2層断熱構造を実現。業界における技術革新をおこなった。サイドのシリコンバンドがこのシリーズの目印である。

Ar：TIMAS TITAN CO., LTD.
Pr：TiANN
Dr：TiANN
D ：Jimho Hsieh

17G040216

ステーキナイフ＋フォーク
ステーキナイフSK04＋フォークFR05

Steak Knife ＋ Fork
Steak Knife SK04 ＋ Fork FR05
Ar: Ryusen Hamono Co., Ltd.

70層鋼材を鍛造し造り上げた200μの凹凸模様を有するステーキナイフは見た目の美しさだけでなく抜群の切れ味を誇る。これらはテーブルセットの際のマッチングと使いやすさを熟考。両製品とも立てたまま置けるスタンドタイプであり、テーブル面との間に隙間ができるよう設計。自社開発特殊ネジにより、柄の交換や刃の砥ぎ直しが可能となった。

Ar：(株) 龍泉刃物
Pr：(株) 龍泉刃物 増谷浩司
Dr：(株) 龍泉刃物 増谷泰治
D ：(株) プレーン 渡辺弘明

17G040217

スープスプーン
ZIKICOスープスプーン

Soup Spoon
ZIKICO Soup Spoon
Ar: Kanehiro LTD

本製品はヘッド部分がジルコニアというセラミックスでできている。通常の金属製のスプーンを口に含むと、微量の金属イオンにより金属臭がするが、ジルコニアを使えば、素材の味を損なわずにそのまま味わえる。また、金属アレルギーの人も使える優しい商品である。

Ar：かねひろ（株）
Pr：かねひろ（株）代表取締役 山瀬光紀
Dr：かねひろ（株）深川一義、仁戸田武、土佐崇弘
D ：山瀬直子

17G040218

メジャーカップ
メジャーカップ／スマート

Jigger
JIGGER / SMART
Ar: SAMPOSANGYO CO., LTD.

スマートでシンプルなデザイン。女性をモチーフにしており、中心まで曲線的で継ぎ目なくくびれを持たせ、手に持った際にその姿が美しく見えるよう設計している。

Ar：三宝産業（株）
Pr：丸山武司

17G040219

Oblik Coffee Stand
bi.du.haev

Oblik Coffee Stand
bi.du.haev
Ar: HappinessKey Co., Ltd.

使い手を重視したデザインで、ユーザー体験を最大限に向上することをめざした。デザインの包括的思考、洗練されたライフスタイル表現の背後にある儀式的側面、製造プロセスに織り込まれたものづくり精神に由来する使いやすさが特徴である。さまざまな素材や象徴を折衷することで、現代人の日常生活空間に人間らしさを添える製品とした。

Ar：HappinessKey Co., Ltd.
Pr：HappinessKey Co., Ltd.
Dr：Wang Hsuan
D ：Wang Hsuan

17G040220

JIA Inc. Hand Drip Coffee Set
JIA Inc.

JIA Inc. Hand Drip Coffee Set
JIA Inc.
Ar: Life & Living International Limited

東洋のデザイン言語と西洋のライフスタイルを融合し、よりおいしいコーヒーを抽出するという機能を満たし、日常生活に彩りを与えるべく配慮を重ねてデザインされたコーヒーセット。本セットにはコーヒーミル、2種類のドリッパー、ポット、調整リング、ドリッパー受けが含まれており、初心者もこれだけで完璧な一杯を入れることができる。

Ar：Life & Living International Limited
Pr：JIA Inc.
Dr：JIA Inc.
D ：Shikai Tseng

17G040221

Portable Travel Tea Set

ZENS

Portable Travel Tea Set
ZENS
Ar: Guangzhou Zens Houseware Co., ltd

中国の伝統的な五行思想（金・木・水・火・土の五大元素）、そして清の乾隆帝の印章に用いられ、無私無欲や先見性を示した、自己修養を説く名言である「正誼明道（せいぎめいどう）」を組み合わせたデザインのティーセットである。

Ar：Guangzhou Zens Houseware Co., ltd
Pr：Guangzhou Zens Houseware Co., ltd
Dr：Qiming Liu, Creative director, ZENS
D ：Qianwu Xu, Design supervisor, ZENS

17G040222

水出しコーヒー器具

V60 ウォータードリッパー・FURIKO

Cold Brew Coffee Maker
V60 Water Dripper "FURIKO"
Ar: Hario Co., Ltd

水の滴下位置を変え続けながら短時間で抽出ができる新しい水出しコーヒー器具。抽出中も揺れ動く滴下の様子で緩やかな時間の経過を感じることができる。従来の定点滴下では3〜5時間の抽出時間を必要としていたが、滴下部品を振れ幅の方向を変え続ける特殊な振り子構造にし、その先端から水を滴下させることで約30分での抽出を可能とした。

Ar：HARIO（株）
Pr：HARIO（株）マーケティング本部 商品開発部
Dr：HARIO（株）マーケティング本部 商品開発部
D ：HARIO（株）マーケティング本部 商品開発部 鎌田将平

17G040223

グラス

ショットグラス／5oz グラス

Glass
Shot Glass / 5oz Glass
Ar: Hario Co., Ltd

濃いコーヒーをおいしく味わうための耐熱ガラス製ショットグラス、およびエスプレッソグラス。ユニバーサルデザインを意識した基本のグラスとして位置づけ、究極的なまでにシンプルな形状に仕上げた。濃縮されたコーヒーを味わうため、大きさと重量感のバランスに着目し、安心感と重厚感を持たせたグラスである。

Ar：HARIO（株）
Pr：HARIO（株）マーケティング本部 商品開発部
Dr：HARIO（株）マーケティング本部 商品開発部
D ：HARIO（株）マーケティング本部 商品開発部 吉田三紀

17G040224

リプトン ティー タンブラー

Lipton Fruits in Tea
オリジナルタンブラー

Lipton Tea Tumbler Bottle
Lipton Fruits in Tea Original Tumbler
Ar: UNILEVER JAPAN CUSTOMER MARKETING K.K.
 + HAKUHODO Inc. + HAPPY HOURS HAKUHODO

日本の紅茶市場はコーヒーや日本茶に比べ非常に小さく、その静的な「お紅茶」スタイルは不変であった。その紅茶に革新を起こすメニューとして、好きな果物を自由に入れてアレンジする「Fruits in Tea」を提案。さらにFruits in Teaを外に持ち出すシンボルのタンブラーで新体験を話題化させ、日本の紅茶を動かした。

Ar：ユニリーバ・ジャパン・カスタマーマーケティング（株）＋博報堂＋ハッピーアワーズ博報堂
Pr：倉品美佐子、小川元
Dr：藤井一成、寺岡重人
D ：杉山ユキ、関根友見子、斎藤若菜、木村沙智

17G040225

233

紙コップ
おめでたい紙コップ

Paper Cups
Kohaku Paper Cups
Ar: INOSHITA DESIGN

記念行事やおめでたい日に張る紅白幕の模様の紙コップである。パーティーの席などで飲み物を注ぐ前に並べておけばその場を華やかに演出するし、乾杯のときに紅白の柄が集合すると一層盛り上がる。この紙コップに注がれた飲み物を飲むだけでもおめでたい気持ちになれる。

Ar：イノシタデザイン
D：井下悠

17G040226

鍋
KING 無水鍋® シリーズ

Pan
KING MUSUINABE SERIES
Ar: HIROSHIMA ALUMINUM INDUSTRY CO., LTD.

これまでの無水鍋®のシンプルなデザインと機能を継承しつつ、時代に対応したIH調理器に使える機能を織り込んだ。また、新ブランドのロゴをマーキングすることで後世に伝えていくための新ブランド構築をおこなった商品である。

Ar：広島アルミニウム工業（株）
D：広島アルミニウム工業（株）

17G040227

調理器具

取っ手が外せる
セラミックフライパン＆鍋

Cookware
Detachable ceramic frying pan & pot
Ar: CAINZ CORPORATION

業界初の取り外せる両手ハンドル調理器具シリーズ。従来の鍋やフライパンとは異なり、料理で重たくなった場合でも片手と両手のハンドルを組み合わせることで簡単にしっかりと持つことが可能である。収納時はハンドルを外してコンパクトに収納でき、ハンドルは自立やフック掛けも可能。配色やコーティングにも配慮し調理器具としての完成度を高めた。

Ar：(株)カインズ
Pr：(株)カインズ
Dr：(株)カインズ
D ：(株)ハーズ実験デザイン研究所 代表取締役 ムラタ・チアキ

17G040228

調理小物

±0 調理小物シリーズ

Kitchenware
Plus-minus Zero Kitchenware series
Ar: CAINZ CORPORATION

シリーズ全アイテムにノンスリップ加工を施し、手元のホールド感と品質感を高めた調理小物シリーズ。刃物にセラミックを採用したことで軽量で錆びにくくなり日々の手入れも容易である。刃にもカラーを施すことで寒々しい金属感を排除しながら高級感を高め、道具としての機能を保持しながらミニマルなデザインでまとめた。

Ar：(株)カインズ
Pr：(株)カインズ
Dr：(株)カインズ
D ：プラマイゼロ(株)

17G040229

235

Panorama Pan
Greentec

Panorama Pan
Greentec
Ar: GreenTec Enterprise Limited + Greentec

耐久性が高く洗いやすい花こう岩を含有する素材でできた、まったく新しいデザインのフライパン。赤信号のような色の蓋が、フライパン本体の黒さを際立たせる。ドーム型のガラス蓋は、フライパンの中がよく見えるだけでなく油はねも防げる。目の細かいメッシュ部分と目の荒い切り込みが入っており水切りにも便利。

Ar：GreenTec Enterprise Limited + Greentec
Pr：Li Huamin
Dr：Li Huamin + Liang Jia
D ：Liang Jia + Li Huamin

17G040230

しゃもじ
極しゃもじ

Rice Scoop
Rice Scoop-Ultimate
Ar: MARNA Inc.

米をおいしく食べるためのひと手間であるシャリ切りのしやすさを極めたしゃもじである。米のプロと協議し、釜底から混ぜやすい長いヘラ面と手にフィットする形状の柄を採用。先端の薄さと水紋状に密に配置されたエンボスで米をつぶすことなく混ぜることができ、ふんわりと綺麗によそえ、見た目にもおいしいご飯が演出できる。

Ar：(株)マーナ
Pr：(株)マーナ
Dr：(株)マーナ 開発部
D ：(株)マーナ 開発部

17G040231

Rotary Peeler
Smart click peeler

Rotary Peeler
Smart click peeler
Ar: King's Flair Development Ltd.

野菜・果物用の2wayピーラー。ワンプッシュで刃が90度回転するロータリーヘッドが付いており、Y字型とP字型ピーラーに簡単に切り替えられる。ギザギザ刃とフラット刃の両刃で、いろいろな種類の野菜や果物の皮むきができる。持ち手は手に心地よくなじむなめらかな流線型をしている。

Ar：King's Flair Development Ltd.
Pr：King's Flair Development Ltd.
Dr：King's Flair Development Ltd.
D ：Dixon Poon

17G040232

調理用ザルとバットのセット

コランダー アンド バット レクタングル

Storage Container with Strainer
Colander & Vat Rectangle
Ar: Richell Corporation

水切り→保存→加熱という調理の間一貫して使えるザルとボウル。1台3役で調理過程での洗い物を増やさない。冷蔵庫で収まりの良い長方形でありながら、洗いやすく水切れの良い丸みを帯びた形状とした。ザルとボウルは90度回して重ねることで、食材を入れたまま積み重ねができ、調理スペースを広く使える。

Ar：(株)リッチェル
Pr：(株)リッチェル デザイン部 部長 高松桂子
Dr：(株)リッチェル デザイン部 プロダクトデザイン課 課長 三輪久夫
D ：(株)リッチェル デザイン部 プロダクトデザイン課 課長 三輪久夫

17G040233

バット&ザル

まかない丸バット&まかない平ザル

Round Tray & Flat Strainer
MAKANAI Tray & MAKANAI Flat Strainer
Ar: ichibishikinzoku co., ltd

丸バットと平ザルは高さが違うので重ねると隙間ができ、野菜の水切りや揚げ物の油切り、貝類の砂抜きなどに便利に使える。また、丸バット単体では食材の味付けや保存にも利用できる。どちらも底面はフラットに近く、立ち上がりのカーブが大きいので洗いやすく隙間がないため、衛生的である。

Ar：一菱金属（株）
Pr：一菱金属（株）江口広哲
D ：rinao design 小野里奈

17G040234

キッチンばさみ

SJ-K110 引き切りキッチンはさみ

Kitchen Scissors
SJ-K110 Sawing Kitchen Scissors
Ar: GREEN BELL co., ltd.

ハンドルの中央から左右に、薄くなる方向にカーブする2次曲面は、カット時の指の関節に沿い、置いたときにも安定する。ハンドルの中央部は常に床面から浮き、片手でつまみ上げやすく水切れも良い。さらに分解式の鋲機構の脱落事故を防ぐため、2重のフック掛け穴を設けた。ハサミを清潔に保ちつつ、いつも安全にスタンバイしているハサミである。

Ar：（株）グリーンベル
Pr：（株）グリーンベル 取締役会長 石田潔、取締役社長 石田逸人
Dr：（株）グリーンベル 取締役部長 岡田康裕
D ：原稔、太場菜々実、前田美帆

17G040235

そば打ちめん棒
木製 つなぎめん棒

Wooden Connecting Rolling Pin
wooden connecting rolling pin
Ar: nakamuratoyozosyouten

海外でそばを打つ人のために、よりコンパクトで携帯性に優れためん棒を製作した。最長1メートル強の長さでもスーツケースへの収納を可能にし、金具を一切使用しない木製品のため、安心・安全に航空機内にも持ち込める。国際郵便も送料を大幅に抑えられるなど、そば道具の海外への持ち出しを楽にし、和食文化の継承と保護に役立てたい。

Ar:（有）中村豊蔵商店
Pr:中村啓介

17G040236

こま板 そば道具
アーチこま板

Komaita Soba Tool
arch komaita soba tool
Ar: nakamuratoyozosyouten

そば、うどん、パスタなどの麺を好みの厚さに切るために、包丁を正確に動かす補佐をする道具。麺に接する裏側の板面をアーチ型に削り取り麺にフィットさせた形状が、こま板が麺から落ちる落差をなくし、正確で安定した切りを実現した新しい形状のこま板である。

Ar:（有）中村豊蔵商店
Pr:中村啓介

17G040237

キッチン用品

ハナウタ

Kitchen Ware
hanauta
Ar: be worth style co., Ltd.

思わず鼻歌が出るような使い心地のキッチン用品。従来のような道具としてのあり方を見つめ直し、アクセサリーのような美しさと、使う人の心にスッと寄り添う新機能を兼ね備えている。新潟県燕三条の職人の手で丁寧に作られている品質の高さも特徴のひとつである。

Ar：（株）ビーワーススタイル
Dr：（株）color シラスノリユキ
D ：（株）color シラスノリユキ、冨田浩行、日向俊晴

17G040238

キッチン収納用品

Spluce スリムポールラック

Kitchen Organizer
Spluce Slim Pole Rack
Ar: HEIAN SHINDO KOGYO CO., LTD.

原状回復が必要な賃貸マンションでも利用できるキッチン収納用品である。突っぱり固定構造を採用することで、住居を傷めず、手軽に、手に取りやすい目線の高さに収納スペースを作ることができる。スリムに設計することで、凹凸の多いシンク周りでも使用可能。別売のオプションと組み合わせて収納を拡張するなどカスタマイズ性も備えている。

Ar：平安伸銅工業（株）
Pr：平安伸銅工業（株）代表取締役 竹内香予子
Dr：平安伸銅工業（株）常務取締役 竹内一紘
D ：平安伸銅工業（株）商品企画部 折原彰仁

17G040239

ポット型浄水器
スタイル

Pitcher Type Water Filter
Style
Ar: BRITA Japan KK

全体的に丸みを帯びた柔らかいデザインで、片手で注水できるフリップトップ式の注水口フタにストラップを取り付けて機能性を向上させた。当社のポット型浄水器初となる、ライトの色でカートリッジ交換時期を知らせるスマートライトを搭載する。

Ar：ブリタジャパン（株）
Pr：ブリタGmbH
Dr：ブリタGmbHコンシューマープロダクト事業部 部長 マリータ・ベンダー
D ：パールクリエイティブ

17G040240

浄水機能付きボトル
フィルアンドゴー アクティブ

Bottle Type Water Filter
fill&go Active
Ar: BRITA Japan KK

携帯型の浄水機能の付いたボトルである。外出先で水道水を継ぎ足せば、継続して水分補給が可能。使用時に強く握ると本体が凹み勢いよく水が出て、短時間で大量の水を飲むことができ、スポーツ時の使用に適している。

Ar：ブリタジャパン（株）
Pr：ブリタGmbH
Dr：ブリタGmbHコンシューマープロダクト事業部 部長 マリータ・ベンダー
D ：クリスチャン・ルンメル、ティム・ストーティ

17G040241

Super Mini Water Purifier

SK magic

Super Mini Water Purifier
SK magic
Ar: SK magic

キッチンにレトロな趣を演出する超小型浄水器である。選ぶのが楽しい豊富なカラー展開。幅は世界最小の9.2センチで、省スペース性を重視する東洋の住居スタイルにもなじむ。タンク式ではなく、水道栓側に取り付けられた紫外線ランプで2時間ごとに自動殺菌消毒をおこなうため、水を常に清浄に保つことができる。

Ar：SK magic
Pr：SK magic
Dr：Dongsu Kim
D ：Junyoung Hong

17G040242

Water Softer

BB-15

Water Softer
BB-15
Ar: COWAY

水道水に含まれる汚染物質を除去し、硬度を下げる軟水器。浄水力が極めて高く、皮膚疾患の予防にも水の節約にも効果的である。前面に付いている業界初の計測ランプが軟水モードや軟水にかかる時間を知らせる。壁面に取り付けたり据え置きで設置することができ、流行に左右されず、どのようなバスルームにもなじむ簡素なデザインを採用した。

Ar：COWAY
Pr：COWAY Design Lab.
Dr：COWAY Design Lab.
D ：Junyoung Park

17G040243

Water Purifier

Coway Water Purifier Series

Water Purifier
Coway Water Purifier Series
Ar: COWAY

水道水からサビや重金属、その他の有害な物質をフィルター除去して清浄な水を供給する、ろ過式のキッチン用浄水器。お茶やコーヒー、ほ乳瓶用に適した温水温度を3段階で設定できる。給水口の下の自動スライドカバーが給水管と給水口を殺菌する。メモリー機能があり、ユーザーが飲む量の水をろ過器に溜めることもできる。

Ar：COWAY
Pr：COWAY Design Lab.
Dr：COWAY Design Lab.
D ：COWAY Design Lab.

17G040244

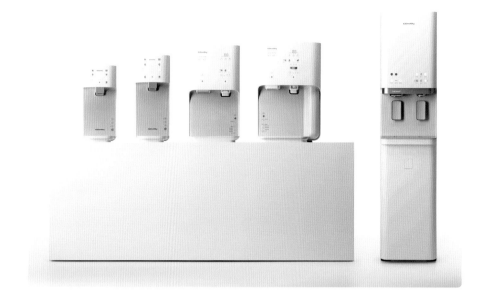

Water Purifier

CHP-7200N

Water Purifier
CHP-7200N
Ar: COWAY

汚染された水道水から微粒子やサビ、塩素、重金属を除去して清浄な水を供給する、ろ過式のキッチン用浄水器。室温水、お湯、冷水の3種類の水が出る。お湯の温度は3段階に設定可能。タワー型のデザインで、水受けトレイは取り外して下部に収納できる省スペース設計。物が多いキッチンでも使いやすい。

Ar：COWAY
Pr：COWAY Design Lab.
Dr：COWAY Design Lab.
D ：Dae-hoo Kim, Jun-young Park

17G040245

Water Purifier
P-350N

Water Purifier
P-350N
Ar: COWAY

水道水から微粒子やサビ、重金属、塩素を除去して清浄な水を供給するキッチン用浄水器。超小型なので、近年急増する単身世帯に多い小型で入り組んだキッチンにも対応する。ダイアル式の給水レバーで水の量を線形制御できる。さまざまな消費者の好みに合わせた、シルバー、ミント、ピンクの3色展開。

Ar：COWAY
Pr：COWAY Design Lab.
Dr：COWAY Design Lab.
D ：Dae-hoo Kim

17G040246

ウォーターサーバー
smartプラス

Waterserver
smart plus
Ar: cosmolife inc.

この製品は、大人から子供まで誰もが安心・快適に使用できるユニバーサルデザインを念頭に開発したウォーターサーバーである。重たくて持ち上げがむずかしい水ボトルはサーバー下部に設置し、シニアや女性でも簡単にボトル交換ができるように設計。また、チャイルドロック機能を装備しているので、子供のいる家庭でも安心して利用してもらえる。

Ar：(株)コスモライフ
Pr：(株)コスモライフ 代表取締役社長 荒川眞吾
Dr：荒川建築設計事務所 代表取締役 荒川大吾
D ：荒川建築設計事務所 代表取締役 荒川大吾

17G040247

Water Station Basic

Aqua Touch Desktop Instant-heating Water Purifier

Water Station Basic
Aqua Touch Desktop Instant-heating Water Purifier
Ar: Honeywell

中国のママと赤ちゃんのことを考えて開発された浄水器。高度な逆浸透膜技術を使い、浄化されたお湯が直接給水される。従来のアンダーシンク型浄水器では不可能だった、ほ乳瓶用のお湯がすぐに給水可能。中国のキッチンや居間の狭いスペースにも簡単に設置や取り付けができる。飲用の冷水とお湯を供給する、ママと赤ちゃんにとって便利で包括的なソリューションである。

Ar：Honeywell
Pr：Honeywell China
Dr：Honeywell HUE Studio
D ：Stephen Lu, Erica Lin, Qiang Peng, Dezhi Yang, Yolanda Chen, Chenghao Wang, Felix Fan, Leo Liu

17G040248

Kettle

Teawith

Kettle
Teawith
Ar: Teawith Essentials Association (Beijing) Co., Ltd.

台所用具というよりは、茶器となるべく生まれた製品。ティーテーブルにも自然になじむデザインで、洗練されたティータイムを演出、モダンライフの日常にお茶が自然にとけ込む。

Ar：Teawith Essentials Association (Beijing) Co., Ltd.
Pr：Teawith Essentials Association (Beijing) Co., Ltd.
Dr：Fang Leo
D ：Teawith inhouse design team, External design team (UDL)

17G040249

電気ケトル
バルミューダ ザ・ポット

Electrical Kettle
BALMUDA The Pot
Ar: BALMUDA Inc.

コーヒー3杯、カップヌードル2杯分に相当し、収納スペースを取らない600mlサイズ。最高の注ぎ心地を実現したノズルとハンドルで、余分な力を使わず的確に注ぎ入れられる。周囲から見やすい電源ランプは優しいオレンジ色の灯りで、沸かし終わりで自動消灯し消し忘れる心配がない。毎日使いたくなる、今までにない美しいデザインの電気ケトルである。

Ar：バルミューダ（株）
Pr：バルミューダ（株）代表取締役／クリエイティブ部長 寺尾玄
Dr：バルミューダ（株）代表取締役／クリエイティブ部長 寺尾玄
D：バルミューダ（株）クリエイティブ部

17G040250

コーヒーメーカー
エレッタ カプチーノ トップ
コンパクト全自動コーヒーマシン

Coffee Maker
Eletta Cappuccino Top Compact Fullautomatic Coffee Machine
Ar: De'Longhi Japan

豆から挽ける全自動コーヒーマシンである。コーヒーショップで楽しめるコーヒーメニューの数々が家庭で楽しめる。エスプレッソはもちろん、濃厚な泡立ちのカプチーノまで、このマシンがあれば簡単ワンタッチ操作で作ることができる。

Ar：デロンギ・ジャパン（株）
Pr：デロンギ インダストリアルデザイン チーム
Dr：ジャコモ・ポリン
D：マルコ・パオナ

17G040251

エスプレッソメーカー／コーヒーミル

デディカ エスプレッソ・
カプチーノメーカー／
デディカ コーン式コーヒー
グラインダー

Espresso Maker / Coffee Grinder
Dedica Series: Espresso Cappuccino Maker / Dedica Conical Burr Coffee Grinder
Ar: De'Longhi Japan

エスプレッソはもちろん、スチームノズルでミルクを温めておいしいカプチーノを簡単に淹れることができるエスプレッソメーカーである。グラインダーは、18段階の幅広いレンジで挽き目の調節が可能。エスプレッソはもちろん、ドリップやフレンチプレスなどさまざまなコーヒーメニューを楽しめる。

Ar：デロンギ・ジャパン（株）
Pr：デロンギ インダストリアルデザイン チーム
Dr：ジャコモ・ボリン
D ：マルコ・バオナ

17G040252

全自動コーヒーマシン

jura E6

Automatic Coffee Machine
jura E6
Ar: BREWMATIC JAPAN LTD

シンプルでエレガンスなデザインを特長とする全自動コーヒーマシン。洗練されたデザインと新技術を搭載した違いのわかるコーヒー愛好家にインスピレーションを与える。均整のとれたすっきりとした表面と調和のとれたラインとの融合は、高品質な美しさでどんな場所でも上質な空間を創造する。

Ar：ブルーマチックジャパン（株）
Pr：ユーラ・エレクトロアパレイト AG
Dr：ゼネラルマネジャー エマニュエル・プロープスト
D ：ラッツ・ゲバート

17G040253

コーヒーメーカー
豆から挽けるコーヒーメーカー

Coffee Maker
BEAN TO CUP COFFEE MAKER
Ar: Ryohin Keikaku Co., Ltd.

プロのハンドドリップを再現したコーヒーメーカーである。タイマー付きなので、忙しい平日の朝でも挽きたてのコーヒーを楽しめる。

Ar：(株)良品計画
Pr：(株)良品計画 生活雑貨部 池内端、中川実
Dr：(株)良品計画 生活雑貨部 企画デザイン室 矢野直子
D ：NAOTO FUKASAWA DESIGN 深澤直人

17G040254

Adjustable Electric Wine Aerator
Aervana／Vinaera

Adjustable Electric Wine Aerator
Aervana / Vinaera
Ar: MERCURIES AISA LTD.

世界初の調整機能付き電動ワインエアレーター。赤ワインのタンニンの酸化を促し、繊細な味わいを生み出すもので、ボトルの高さに合わせるための3種類の調整チューブが付いている。最速モードでは、通常のガラス容器で約180分のデカンタージュに相当する。またエアレーション時間を選べば、同じボトルでさまざまな味わいを試すことができる。

Ar：MERCURIES AISA LTD.
Pr：MERCURIES ASIA LTD.
Dr：HAN, CHANG-MING
D ：Yeh-Yi Chung

17G040255

ホームベーカリー
Panasonic SD-MDX100

Breadmaker
Panasonic SD-MDX100
Ar: Panasonic Corporation

家庭でも普段のパンから本格的なパンまでさまざまなパン作りを楽しみたい、という要望に応え新たにマニュアル機能を搭載した。ねり、発酵、焼成それぞれを単独で設定、パンの食感や形に合わせた調整ができることで、こだわりのパン作りが楽しめる。普段のパンからこだわりの本格パンまで多彩なニーズに応えた楽しみを提案する。

Ar：パナソニック（株）
Pr：パナソニック（株）アプライアンス社 ビューティ・リビング事業部 坂本敏浩
Dr：パナソニック（株）アプライアンス社 デザインセンター 能見拓男
D ：パナソニック（株）アプライアンス社 デザインセンター 小林幹、山浦晃司

17G040256

マルチクッカー
Panasonic マルチクッカー SR-G50P1

Multi Cooker
Panasonic Multi cooker SR-G50P1
Ar: Panasonic Corporation

炊飯をはじめ、煮物、蒸し物などのメニューをスピーディに調理できる圧力鍋である。取り外し可能な磁力撹拌羽根は、加熱ムラのない自動調理を実現するとともに、使用後の手入れのしやすさにも配慮している。スマートフォンのアプリ上でマニュアル設定を可能とすることで、使いやすさとシンプルな外観を両立させた。

Ar：パナソニック（株）
Pr：パナソニック（株）アプライアンス社 キッチンアプライアンス事業部 大瀧清
Dr：パナソニック（株）アプライアンス社 デザインセンター 能見拓男
D ：パナソニック（株）APチャイナ デザインセンター 戴宇明

17G040257

調理家電Grand Xシリーズ

炊飯ジャーJPG、
オーブントースターKAX、
コーヒーメーカーACQ

Cooking Appliances Grand X Series
Rice cooker JPG, Toaster oven KAX, Coffee maker ACQ
Ar: TIGER CORPORATION

感動のおいしさと上質なライフスタイルをテーマにした調理家電シリーズ。凛とした意匠、五感に響く心地よさ、先進と親和を併せ持ち、シンプルであることに徹する。Grand Xデザインフィロソフィを設定しシリーズ対象製品に一貫した表現を実施している。

Ar：タイガー魔法瓶（株）
Pr：井上友見、高田愛子、竹中寛、竹内知子
Dr：渡辺正弘、浅野未理
D ：渡辺正弘、浅野未理＋武田匠二＋河野史明

17G040258

Airfryer

Airfryer Avance Collection

Airfryer
Airfryer Avance Collection
Ar: Philips

脂肪分を最大80パーセントカットし、ダイエット中でも心配なくおいしい揚げ物が食べられる画期的なフライヤー。アイコン的なデザインとコンパクト設計でキッチンカウンターにもなじむ。各部分のアクセサリーは外して分解できるため、後片付けも簡単でスピーディ。クィックコントロールダイヤルとデジタル画面により直感的で素早い調理が可能である。

Ar：Philips
Pr：Philips
Dr：Philips Design
D ：Philips Design Team

17G040259

Airfryer

Airfryer Viva Collection

Airfryer
Airfryer Viva Collection
Ar: Philips

脂肪分が最大80パーセントカットでき、ダイエット中でも心配なくおいしい揚げ物が食べられる画期的なフライヤー。ターボスター技術で調理時間の短縮と省エネを実現した。アイコン的デザインとコンパクト設計でキッチンカウンターにもなじむ。各部分のアクセサリーはコア部分のターボから外して分解できるので、後片付けも簡単でスピーディである。

Ar：Philips
Pr：Philips
Dr：Philips Design
D ：Philips Design Team

17G040260

ミートグラインダー

Panasonic
MK-ZJ3500 ／ ZJ2700

Meat Grinder
Panasonic MK-ZJ3500 / ZJ2700
Ar: Panasonic Corporation

高い切削性能とハイパワーで素早くなめらかな挽き肉が作れる高性能ミートグラインダーである。新たに開発したモーター＆ギアボックスにより肉挽きスピードと静音性を両立した。速度可変機能や多彩なアタッチメントにより肉質や調理用途に合わせた仕上がりを提供する。高い性能とユーザビリティをシンプルな造形でまとめ、調理道具としての価値を高めた。

Ar：パナソニック（株）
Pr：パナソニック（株）アプライアンス社 ビューティ・リビング事業部 坂本敏浩
Dr：パナソニック（株）アプライアンス社 デザインセンター 能見拓男
D ：パナソニック（株）アプライアンス社 デザインセンター 泉雅和、能見拓男

17G040261

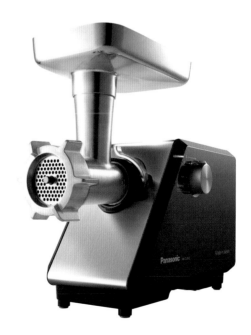

Enjoy Fresh

TATUNG

Enjoy Fresh
TATUNG
Ar: TATUNG Co.

単身世帯や小規模世帯に向けて、複雑な機能よりも、外観やサイズを重視した小型家電シリーズ。コーヒーは豆を挽いて抽出することができ、フルーツをジューサーにセットすれば30秒でジュースができあがる。野菜などを粉砕して電気加熱すればおいしいポタージュスープも作れる。操作が簡単でどの年齢層にもマッチする。

Ar: TATUNG Co.
Pr: TATUNG Co.
Dr: Yahsin, Ho
D : Ita, Tsai, Yenbin, Wu

17G040262

Vase Nutrition Blender

bianco di puro

Vase Nutrition Blender
bianco di puro
Ar: Bianco Asia Limited

キッチンの収納スペースの問題に対処するべく開発されたブレンダー。大小さまざまなアクセサリーで、自宅だけでなくアウトドアでの使用も可能である。持ち運びしやすいサイズ、モダンな外観、ユーザーに配慮した機能的デザインで、どこでも野菜をたっぷり摂取できる健康的な生活を提案する。

Ar: Bianco Asia Limited
Pr: Bianco di puro
Dr: Bianco di puro
D : Lorenzo Ruggieri

17G040263

Multi-function Vacuum Pump System

bianco di puro

Multi-function Vacuum Pump System
bianco di puro
Ar: Bianco Asia Limited

食品やフレッシュジュースの鮮度を維持する、多機能型真空ポンプ搭載の新しい電動ミキサーボトル。食品の真空保存ツールの機能も備えており、市販されている真空貯蔵容器や真空バッグにも対応。食品の酸化を大幅に軽減する設計で、ビタミンや栄養分、その他の材料の持ち味を保存し、より長く保存できるようにする。

Ar：Bianco Asia Limited
Pr：Bianco di puro
Dr：Bianco di puro
D ：Innnocenzo Rifino

17G040264

電子レンジ

Panasonic Over-the-Range Microwave Oven NN-ST27HB

Over-the-Range Microwave Oven
Panasonic Over-the-Range
Microwave Oven NN-ST27HB
Ar: Panasonic Corporation

電子レンジとレンジフード機能を組み合わせた、コンロ上に設置するカナダ市場向け大型ビルトインオーブン。大きなガラスドアとコントロールパネル、プッシュドアオープンボタンの分割ラインを最小限に抑え一体感を実現した。排気ルーバーの存在を消したメタルブロックパーツとの組み合わせにより、ガラス＆メタルのミニマルデザインをめざした。

Ar：パナソニック（株）
Pr：パナソニック（株）アプライアンス社 キッチンアプライアンス事業部 大瀧清
Dr：パナソニック（株）アプライアンス社 デザインセンター 能見拓男
D ：パナソニック（株）アプライアンス社 デザインセンター エンリコベルジェーゼ

17G040267

253

オーブン

Panasonic ロティサリーグリル＆スモーク NB-RDX100

Oven
Panasonic ROTISSERIE GRILL & SMOKE NB-RDX100
Ar: Panasonic Corporation

ヒーターと回転機構を付加したロティグリル調理で「ムラなく、こんがり360°」炙り焼き調理ができるオーブン。回転しながらの遠近赤外線ダブル加熱で、ローストビーフや焼き豚をムラなく均一に焼き上げる。強制排気プラス除煙・減臭機構で、自宅で手軽に玉子やチーズを燻製調理することも可能。オートキーによる便利な自動調理とこだわりマニュアル操作ができる。

Ar：パナソニック（株）
Pr：パナソニック（株）アプライアンス社 ビューティ・リビング事業部 坂本敏浩
Dr：パナソニック（株）アプライアンス社 デザインセンター 能見拓男
D ：パナソニック（株）アプライアンス社 デザインセンター 山浦晃司

17G040268

卓上IHオーブン

Panasonic 卓上IHオーブン NU-HX200SXPE

Countertop Induction Oven
Panasonic Countertop Induction Oven
NU-HX200SXPE
Ar: Panasonic Corporation

IHと赤外線ヒーターを搭載した中国市場向けのコンパクトオーブン。熱交換効率が高いIHと、庫内が即座に高温になる低背フォルムにより、ピザやグラタンなどの大皿料理もスピーディに調理が可能である。スマートフォンのアプリ上でマニュアル設定を可能とすることで、使いやすさとシンプルな外観を両立させた。

Ar：パナソニック（株）
Pr：パナソニック（株）アプライアンス社 キッチンアプライアンス事業部 大瀧清
Dr：パナソニック（株）アプライアンス社 デザインセンター 能見拓男
D ：パナソニック（株）アプライアンス社 デザインセンター エンリコ・ベルジェーゼ、中尾真人

17G040269

Microwave

Daewoo Microwave 'MONO'

Microwave
Daewoo Microwave 'MONO'
Ar: DongbuDaewoo Electronics

単身者などの小規模世帯に適した実用的な電子レンジ。不要な外部部品をなくし、基本的な機能のみを残したことで、非常に実用的かつコンパクトになりどのような環境にもなじむ。丸みを帯びた形はなめらかで安定した印象を与え、つやを抑えたマット色と腐食防止仕上げでほかと異なる特徴的な外観となっている。

Ar：DongbuDaewoo Electronics
Pr：Ham Youngho, Vice President
Dr：Park Sungchoel, Principal Designer
D ：Lee Jongwook, Jung Soonwon, Jo Namdoc, Deputy Principal Designer / Park Hyunjae, Designer

17G040270

冷凍冷蔵庫

MR-CXシリーズ

Refrigerator
MR-CX series
Ar: MITSUBISHI ELECTRIC CORPORATION

食への関心が高く、自炊頻度の高い女性をターゲットとし、解凍の手間を省いた効率的な調理を実現する「氷点下ストッカー」を搭載した冷蔵庫である。リビング空間ともフィットする高いインテリア性とともに、冷蔵室ハンドルは、縦・横・コーナーが使えるフリーアクセスデザインとし、力の弱い女性をはじめ、幅広いユーザーが楽に開閉できる。

Ar：三菱電機（株）
Pr：三菱電機（株）静岡製作所 足達威則
Dr：三菱電機（株）デザイン研究所 南雲孝太郎
D ：三菱電機（株）デザイン研究所 川上慎吾

17G040271

冷蔵庫
スタイリッシュ ボトムフリーザー

Refrigerator
Stylish Bottom Freezer
Ar: Hitachi Appliances, Inc.

東欧、中欧をおもな対象地域とした冷蔵庫である。外観のフルフラットでノイズレスなデザインは、ガラス面材を採用し高品質なたたずまいを実現した。食・住の生活実態を調査し、食品の出し入れ性、まとめ買い習慣への対応、保鮮性の視点から使い勝手を追求。横に壁がある設置環境でもドアを90度開くことができ、ケースを充分に引き出せる設計である。

Ar：日立アプライアンス（株）
Pr：日立アプライアンス（株）取締役 家電・環境機器事業部 事業部長 豊島久則
Dr：（株）日立製作所 研究開発グループ 東京社会イノベーション協創センタ 海老原徹
D ：（株）日立製作所 研究開発グループ 東京社会イノベーション協創センタ 白井晃平

17G040272

冷凍冷蔵庫
GR-M FWXシリーズ

Refrigerator
GR-M FWX Series
Ar: Toshiba Corporation + Toshiba Lifestyle Product & Services Corporation

建具や家具との親和性の高い水平垂直を基調としたデザイン。さわると光って浮かび上がる表示部や触れるだけで開くタッチオープンドアなど、家具のようなたたずまいの中にさりげなく機能性を表現した。本体中央にレイアウトした野菜室や庫内を正面から照らす扉に配したLED照明など、キッチンでの調理動線を考え使いやすさに配慮した。

Ar：（株）東芝＋東芝ライフスタイル（株）
Pr：東芝ライフスタイル（株）冷蔵庫事業部 河村吉章
Dr：（株）東芝 デザインセンター 佐川崇
D ：（株）東芝 デザインセンター 倉本幸重、吉田卓史、横山宏子、伊波潮

17G040273

冷凍冷蔵庫

Panasonic NR-C32FGM

Refrigerator
Panasonic NR-C32FGM
Ar: Panasonic Corporation

シンプルな構成の3枚ガラスドア冷蔵庫。奥行と高さをコンパクトにし、キッチンのおさまりと使いやすさを両立させながら、日常使いの容量をしっかり確保したベーシックな設計をおこなった。キッチン空間との調和をめざしたフラット&シンプルなデザインである。

Ar：パナソニック（株）
Pr：パナソニック（株）アプライアンス社 冷蔵庫事業部 植村英雄
Dr：パナソニック（株）アプライアンス社 デザインセンター 松本厚一
D ：パナソニック（株）アプライアンス社 デザインセンター 松田むみ、別所潮

17G040274

冷凍冷蔵庫

Panasonic
NR-F603HPXシリーズ

Refrigerator
Panasonic NR-F603HPX Series
Ar: Panasonic Corporation

両開きタイプの6枚ガラスドア冷蔵庫。キッチン空間との調和をめざし、前面の凹凸をなくした端正な表情と掃除のしやすさをフレームレスのドア構成で実現した。また狭いキッチンでも大容量冷蔵庫が置けるコンパクト設計で実用性を向上。毎日使う商品だからこそ、美しさと実用性を両立させた。

Ar：パナソニック（株）
Pr：パナソニック（株）アプライアンス社 冷蔵庫事業部 植村英雄
Dr：パナソニック（株）アプライアンス社 デザインセンター 松本厚一
D ：パナソニック（株）アプライアンス社 デザインセンター 筆谷直揮、松田むみ、別所潮

17G040275

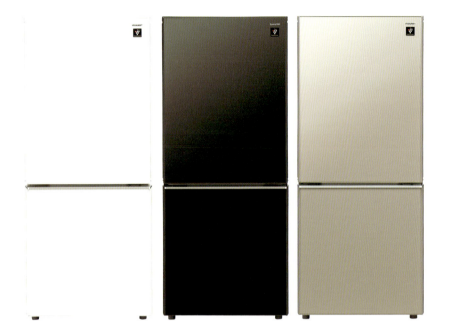

冷蔵庫

プラズマクラスター冷蔵庫
SJ-GD14C

Refrigerator
refrigerator SJ-GD14C
Ar: SHARP CORPORATION

おもに単身者をターゲットにした2ドア小型冷蔵庫。ドア前面にガラスを使用し、カラーはホワイト、ブラック、ベージュ系の3色展開となる。冷蔵庫内の空気を清潔に保つ「プラズマクラスター」を搭載。当社独自技術の「つけかえどっちもドア」を継承し、引っ越しや模様替え時でも設置場所に困らず、長く快適に使用できることに配慮した。

Ar：シャープ（株）
Pr：シャープ（株）健康環境システム事業本部 デザインスタジオ 福田康
Dr：シャープ（株）健康環境システム事業本部 デザインスタジオ 水野博志
D ：シャープ（株）健康環境システム事業本部 デザインスタジオ 一色純／IoT通信事業本部 デザインスタジオ 浜崎出

17G040276

3 Door Refrigerator

Dimchae

3 Door Refrigerator
Dimchae
Ar: DAYOU WINIA Co., Ltd.

各スペースが冷蔵から冷凍に切り替え可能な3ドア冷蔵庫。各スペースには密封可能なガラス製の保管ケースが付き、さまざまな種類の食品を新鮮に保つことができる。

Ar：DAYOU WINIA Co., Ltd.
Pr：Hun Jung Choi
Dr：Myung Dong You
D ：Bong Jun Kim, Ahn Ye Ji, Jungsun Park, Kyung Ha Kim

17G040277

冷凍冷蔵庫

AQR-SV27G／SV36G

Refrigerator
AQR-SV27G / SV36G
Ar: AQUA Co., Ltd. ＋ Haier Asia R&D Co., Ltd.

庫内容量360リットルと270リットルのインバーター式冷凍冷蔵庫である。上質な中型冷蔵庫を望むユーザーのライフスタイルに合わせ、外観は生活空間にとけ込むシンプルフォルムとした。握りやすく使いやすいグリップハンドルや引き出し部に大きな取っ手を設けてユーザビリティーにも配慮したデザインを心がけた。

Ar：アクア（株）＋ハイアールアジア R&D（株）
Pr：ハイアールアジア R&D（株）代表取締役会長 CEO
杜鏡国
Dr：ハイアールアジア R&D（株）ビジネスデザイングループ 草瀬真吾
D ：ハイアールアジア R&D（株）ビジネスデザイングループ 清水克明

17G040278

縦型洗濯機

Panasonic NA-F160P5シリーズ

Top Load Washing Machines
Panasonic NA-F160P5 series
Ar: Panasonic Corporation

ブラジル市場向け縦型洗濯機。大容量洗濯のニーズに合わせ投入口を大型化。操作パネルも大型化し、ピクト表示をおこなうことで直感的に運転コースがわかり、文字が読めない人にも簡単に設定できるよう配慮した。天面をフラットに仕上げ、汚れても拭き取りやすく手入れのしやすさも向上。現地のニーズに応える使いやすさとクリーンさに徹底的にこだわった。

Ar：パナソニック（株）
Pr：パナソニック（株）アプライアンス社 ランドリークリーナー事業部 安平宣夫
Dr：パナソニック（株）アプライアンス社 デザインセンター 村上浩司
D ：パナソニック（株）アプライアンス社 デザインセンター 石丸朋幸

17G040279

259

縦型洗濯機
Panasonic NA-FS16V5シリーズ

Top Load Washing Machines
Panasonic NA-FS16V5 series
Ar: Panasonic Corporation

使いやすさと耐久性、清潔さを追求したアジア市場向け大容量縦型洗濯機。出し入れ負担を軽減するワイド前面投入口を採用。大型の強化ガラス製のフタは、ソフトクロージング機構により重さを感じさせず開閉できる。操作部は静電タッチを採用しフラットな外観と清潔さを追求。60℃の温水による洗浄が可能で油汚れなどの頑固な汚れにも対応した。

Ar：パナソニック（株）
Pr：パナソニック（株）アプライアンスアジアパシフィック社 社長 田岸弘幸
Dr：パナソニック（株）アプライアンスアジアパシフィック社 デザインセンター 木原岳彦
D ：パナソニック（株）アプライアンスアジアパシフィック社 デザインセンター 田上雅彦、大前謙／アプライアンス社 デザインセンター 藤井満成

17G040280

ドラム式洗濯乾燥機
Panasonic NA-VX9800シリーズ

Washer Dryer
Panasonic NA-VX9800 series
Ar: Panasonic Corporation

使いやすさにこだわり、忙しい家事をサポートする国内向けドラム式洗濯機。見やすい角度の大型カラー液晶やコースがひとめでわかるグラフィック、操作ガイドにより家族誰もが簡単に使用できる。さらに洗剤を自動で適量投入する機能や、Wi-Fi接続し外出先からも洗濯予約可能なサービスを提供。常にでき立ての仕上がりに立ち会うことができる。

Ar：パナソニック（株）
Pr：パナソニック（株）アプライアンス社 ランドリー・クリーナー事業部 安平宣夫
Dr：パナソニック（株）アプライアンス社 デザインセンター 村上浩司
D ：パナソニック（株）アプライアンス社 デザインセンター 大野はるか、神徳正章、内藤信子

17G040281

Front Load Washing Machine

Daewoo Wall Mounted Drum 'MINI'

Front Load Washing Machine
Daewoo Wall Mounted Drum 'MINI'
Ar: DongbuDaewoo Electronics

壁掛け式洗濯機の第2世代で、ベビー服を
ほかと分けて洗濯したい主婦や、少量で短
時間のスピード洗濯がしたい単身世帯に対
応した製品である。IoT連携のスマート家
電で、洗濯から乾燥まで全自動のCOMBO
など、ユーザーの多様なニーズに対応した
製品ラインを展開する。

Ar：DongbuDaewoo Electronics
Pr：Ham Youngho, Vice President
Dr：Jun Sungwon, Principal Designer
D ：Yoon Jin Sub, Lee Chang Hoon, Deputy Principal Designer / Jung jie, Senior Designer / Jung An Chul, Ko Soo jin, Deputy Principal Designer

17G040283

タテ型洗濯乾燥機

日立 タテ型洗濯乾燥機 「ビートウォッシュ」BW-DX120B

Top Loading Washer Dryer
Hitachi Top Loading Washer Dryer
"BEATWASH" BW-DX120B
Ar: Hitachi Appliances, Inc.

毛布などの大物洗いやまとめ洗いのニーズ
に応えた、洗濯容量12キロのタテ型洗濯乾
燥機。当社独自の直径が大きく底が浅い洗
濯槽の特長を生かし、本体手前を低くして
衣類を取り出しやすくした。投入口のふたに
傷付きにくく清掃性の高い強化ガラスを採
用し、開けやすさを考慮した全幅のハンドル
がアクセントとなっている。

Ar：日立アプライアンス（株）
Pr：日立アプライアンス（株）取締役 家電・環境機器事業部 事業部長 豊島久則
Dr：（株）日立製作所 研究開発グループ 東京社会イノベーション協創センタ 大木雅之
D ：（株）日立製作所 研究開発グループ 東京社会イノベーション協創センタ 佐藤知彦、洪智源

17G040284

261

衣類スチーマー

Panasonic 衣類スチーマー
NI-FS530

Garment Steamer
Panasonic Garment Steamer NI-FS530
Ar: Panasonic Corporation

忙しい女性やビジネスマンに向けた衣類スチーマー。慌ただしい朝や帰宅後に、連続スチーム噴射＋アイロン面で、ハンガーに衣類をかけたまま簡単にシワや臭いを取る。フラットなアイロン面はプレスもでき、360度パワフルかつワイドなスチームで、素早く綺麗な仕上がりを提供。自動ヒーターオフ機能を搭載し、専用スタンドも付属する。

Ar：パナソニック（株）
Pr：パナソニック（株）アプライアンス社 ビューティ・リビング事業部 坂本敏浩
Dr：パナソニック（株）アプライアンス社 デザインセンター 三木龍司
D ：パナソニック（株）アプライアンス社 デザインセンター 溝口祐子

17G040285

掃除機

VC-NX1／NXS1

Cleaner
VC-NX1 / NXS1
Ar: Toshiba Corporation + Toshiba Lifestyle Product & Services Corporation

あらゆる所を快適に掃除できるキャニスター型のコードレスクリーナー。主要部品と大型タイヤを本体中央に配置することで旋回性を向上した。家具や角をすり抜けしやすく、両面走行可能な丸みのある上下対称ボディで思い通りの自在な操作性を実現。コードや本体が障害物に引っ掛かり、ひっくり返るような掃除中の潜在的なストレスを解消した。

Ar：（株）東芝＋東芝ライフスタイル（株）
Pr：東芝ライフスタイル（株）クリーン事業部 千田一臣
Dr：（株）東芝 デザインセンター 佐川崇
D ：（株）東芝 デザインセンター 小山崇、二宮正人、山内敏行

17G040286

電気掃除機

Panasonic 電気掃除機
MC-PA100G

Vacuum Cleaner
Panasonic Vacuum cleaner MC-PA100G
Ar: Panasonic corporation

軽量とハイパワーを両立する紙パック式掃除機。従来モデルより吸引力を向上させながら、約1キロの軽量化を実現。軽量モデルが増える掃除機市場で、軽さに加えて強い吸引力を求めるユーザーのニーズに応えた。ノズルを本体の中心に収納できるようにしたことで収納時の設置面積を減らし、準備と片付けもスムーズにできるよう進化させた。

Ar：パナソニック（株）
Pr：パナソニック（株）アプライアンス社 ランドリークリーナー事業部 安平宣夫
Dr：パナソニック（株）アプライアンス社 デザインセンター 岡部健作
D ：パナソニック（株）アプライアンス社 デザインセンター 武松大介

17G040287

電気掃除機

Panasonic 電気掃除機
MC-JP800G／SJP800G

Vacuum Cleaner
Panasonic Vacuum cleaner MC-JP800G / SJP800G
Ar: Panasonic Corporation

高齢者でも軽く楽に掃除ができることをめざした紙パック掃除機。最新の軽量化材料を業界最軽量2.0キロのボディ、ノズル、延長パイプに採用、全体でも最軽量3.3キロを実現した。掃除するときの負担軽減にも注力し、ホースの取り付け位置を大幅に前進させることで、より腕の筋負担を少なくした新バランスのハンドル延長管となった。

Ar：パナソニック（株）
Pr：パナソニック（株）アプライアンス社 ランドリー・クリーナー事業部 安平宣夫
Dr：パナソニック（株）アプライアンス社 デザインセンター 岡部健作
D ：パナソニック（株）アプライアンス社 デザインセンター 藤田和浩

17G040288

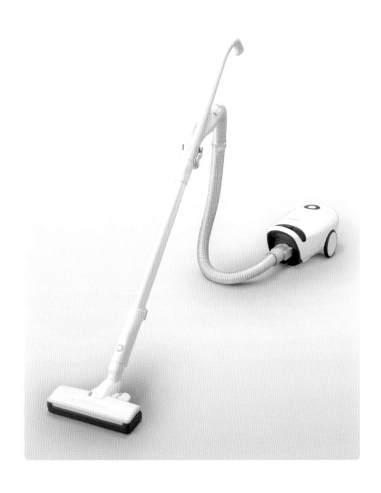

コードレス掃除機

コードレススティッククリーナー "RACTIVE Air"EC-A1Rシリーズ

Cordless Vacuum Cleaner
STICK CYCLONE CORDLESS VACUUM CLEANER
"RACTIVE Air" EC-A1R SERIES
Ar: SHARP CORPORATION

高いごみ取り性能を追求しながら標準質量1.5キロを実現した軽量コードレススティッククリーナー。構造から見直した軽量化とドライカーボンパイプの採用や重心の最適化で、床掃除だけでなく高い棚などの空間掃除の軽快さにもこだわった。掃除対象に特化したアタッチメントも複数同時開発し、ユーザーが目的に合わせて機能をシステムアップできるようになっている。

Ar：シャープ（株）
Pr：シャープ（株）健康環境システム事業本部 デザインスタジオ 福田康
Dr：シャープ（株）健康環境システム事業本部 デザインスタジオ 平友樹
D ：シャープ（株）健康環境システム事業本部 デザインスタジオ 松島貴史

17G040289

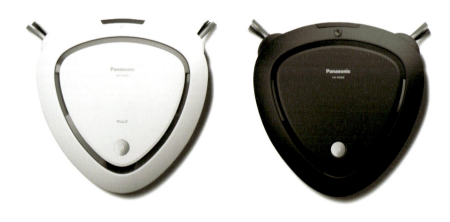

ロボット掃除機

Panasonic MC-RS300シリーズ

Robot Vacuum Cleaner
Panasonic MC-RS300series
Ar: Panasonic Corporation

独自の三角形状とセンサー進化で掃除性能を向上させた家庭用ロボット掃除機。前機種搭載のハウスダスト発見センサーや床面検知に加え、本機種は椅子の脚など細い障害物も検知するレーザーセンサーを搭載し、障害物をしっかり見分け丁寧にゴミを吸い取るという本質性能を追求。外観はシンプルな造形とマット仕上げで上質な表情を創出した。

Ar：パナソニック（株）
Pr：パナソニック（株）アプライアンス社 ランドリー・クリーナー事業部 安平宣夫
Dr：パナソニック（株）アプライアンス社 デザインセンター 岡部健作
D ：パナソニック（株）アプライアンス社 デザインセンター 岡部健作、筆谷直揮

17G040290

ロボット掃除機
Panasonic MC-RS800シリーズ

Robot Vacuum Cleaner
Panasonic MC-RS800series
Ar: Panasonic Corporation

独自の三角形状とセンサー進化で掃除性能を向上させた家庭用ロボット掃除機。空間認識で間取りを記憶し、ゴミ量や場所も学習して無駄なく動く。レーザーセンサーで椅子の脚など細い障害物も検知し、きめ細やかに掃除。スマートフォンアプリ連動で、いつでもどこからでも操作でき、暮らしのパートナーとして忙しい多様な暮らしに寄添う仕様となっている。

Ar：パナソニック（株）
Pr：パナソニック（株）アプライアンス社 ランドリー・クリーナー事業部 安平宣夫
Dr：パナソニック（株）アプライアンス社 デザインセンター 岡部健作
D ：パナソニック（株）アプライアンス社 デザインセンター 岡部健作、筆谷直揮

17G040291

Unibot
ECOVACS

Unibot
ECOVACS
Ar: ECOVACS ROBOTICS CO., LTD

フロア清掃、スマートホームコントロール、空気清浄器、加湿器のモジュールからなり、ユーザーの多様なニーズに対応した家事ロボットシリーズである。

Ar：ECOVACS ROBOTICS CO., LTD
Pr：ECOVACS ROBOTICS CO., LTD
Dr：LI XIAOWEN
D ：LI XIAOWEN, YU XINTONG, HE FANG, ZHOU JINYE ZHANG FAN, LIU SHUAI, CHI XU, LIAO WENLI

17G040292

265

次亜塩素酸 空間除菌脱臭機

Panasonic 次亜塩素酸
空間除菌脱臭機 F-MV3000

Hypochlorous Acid Indoor Antibacterial Deodorizer
Panasonic Hypochlorous acid Indoor Antibacterial
Deodorizer F-MV3000
Ar: Panasonic Corporation

公共空間向け商品で培った次亜塩素酸水と高性能フィルターの技術により、部屋を強力に脱臭、除菌できる次亜塩素酸空間除菌脱臭洗浄機。在宅介護での介護臭やペット臭、小さな子供や受験生がいる家庭での感染症対策など、今までの空気清浄機では解決が難しかった切実な問題を、部屋をまるごと空間洗浄することにより解決した。

Ar：パナソニック（株）
Pr：パナソニック（株）エコソリューションズ社＋エコシステムズ（株）IAQビジネスユニット 内山茂浩
Dr：パナソニック（株）エコソリューションズ社 デザインセンター 柴村一朗
D ：パナソニック（株）エコソリューションズ社 デザインセンター 友永勝之、渡邉辰弥

17G040293

電気脱臭機

Panasonic 電気脱臭機
MS-DH100

Electric Deodorizer
Panasonic Electric deodorizer MS-DH100
Ar: Panasonic Corporation

新しい作法を必要としない、衣類を掛けるだけのハンガースタイル衣類脱臭機。関心の高まるニオイケアへのニーズと、お気に入りの服を大切に着続けたいという思いを実現。効率的に消臭できる最新の10倍ナノイーデバイスで衣服の内側から外に向かってケアするという、これまでにない方法で応えた製品である。本体形状は衣類の形を美しく保てるよう配慮した。

Ar：パナソニック（株）
Pr：パナソニック（株）アプライアンス社 ランドリー・クリーナー事業部 事業部長 安平宣夫
Dr：パナソニック（株）アプライアンス社 デザインセンター 岡部健作
D ：パナソニック（株）アプライアンス社 デザインセンター 藤田和浩

17G040294

加湿空気清浄機

MCK70U

Humidifying Air Purifier
MCK70U
Ar: DAIKIN INDUSTRIES, LTD

澄んだ空気との暮らしを提供する空気清浄機。緊張感のある直線形状、透明感を感じる光沢、空気がきれいになると青色に揃う表示など、澄んだ空気を想起させる表現にこだわった。

Ar：ダイキン工業（株）
Pr：ダイキン工業（株）空調生産本部空気清浄商品G グループリーダー 是枝健治、小西良
Dr：ダイキン工業（株）テクノロジー・イノベーションセンター 先端デザイングループ グループリーダー 関康一郎、中村順司、村井雄一
D：ダイキン工業（株）テクノロジー・イノベーションセンター 先端デザイングループ 吉川千尋、太田由美、久木田知美

17G040295

Air-caster

WINIA Air Purifier

Air-caster
WINIA Air Purifier
Ar: DAYOU WINIA Co., Ltd.

有害ガスや微粒子、埃、細菌を3層フィルターで除去する空気清浄機。IoT技術で清浄機のセンサーがデータを収集し、画面に屋内外の空気状態を表示する。プレミアム機種と通常機種の2タイプがあり、プレミアム機種ではドットマトリックス方式で詳細な空気状態が文字表示され、通常機種はドットLEDによる簡潔な表示をおこなう。

Ar：DAYOU WINIA Co., Ltd.
Pr：Hun Jung Choi
Dr：Young Joon Choi
D：Joo Hyun Song, Tae Hyun Kim, Ho Gyu Lee, Sang Hwi Choi, Hye Won Choi

17G040297

LG Montblanc-D Air Purifier

LG Electronics Inc.

LG Montblanc-D Air Purifier
LG Electronics Inc.
Ar: LG Electronics, Inc.

空気浄化機能に「クリーン・ブースター」という空気循環機能を付けたことで、より広い範囲に効果的に対応できるユニークなデザインコンセプトの空気清浄機である。1台で広いスペースの空気が効率よく浄化でき、経済性にも配慮した。

Ar: LG Electronics, Inc.
Pr: Seungho Baek
Dr: Kyeongchul Cho
D : Yoojeong Han

17G040298

Air Purifier (with Sound)

WINIX Q300S (WINIX & JBL)

Air Purifier (with Sound)
WINIX Q300S (WINIX & JBL)
Ar: WINIX

室内にあるのは吸い込む空気だけでない。心地よくくつろげるサウンドがそこに伴うこともある。本製品は、タワー式の空気清浄機とスピーカーを合体させ、清浄な空気と音を届けるという新しいライフスタイルを提案している。

Ar: WINIX
Pr: WINIX
Dr: Yeo Chan Wook
D : Winix Design Lab

17G040299

SUPER L Air Cleaner

SK magic

SUPER L Air Cleaner
SK magic
Ar: SK magic

室内の空気を自動管理できるスマート（AI）空気清浄機。世界初のAI搭載型で、ビッグデータに基づいて室内の汚染レベルを計測、記録、判断できる。全体的な外観は特徴的なL字型で、浄化される空気の流れを反映している。

Ar：SK magic
Pr：SK magic
Dr：Dongsu Kim
D ：Dongwook Yoon

17G040300

Indoor Air Quality Monitoring Device

Acer Air Monitor

Indoor Air Quality Monitoring Device
Acer Air Monitor
Ar: Acer Inc.

リアルタイムで空気の質のデータを提供し、外出先からも室内の空気の状態を遠隔管理できるため、家族やペットを汚染から守ることができる。部屋の空気環境改善の必要を知らせる自動通知機能も付いている。操作は直感的におこなえ、装飾的なデザインはインテリアによくなじむ。空気の質のレベルは5段階でカラー表示され、わかりやすい。

Ar：Acer Inc.
Pr：Acer
Dr：Acer
D ：Acer

17G040301

Steam Sterilizer and Purification Dryer

Pigeon

Steam Sterilizer and Purification Dryer
Pigeon
Ar: Pigeon (Shanghai) Co., Ltd

搾乳器、ほ乳瓶、赤ちゃんの食器が殺菌できる消毒器。スチーム消毒とHEPAフィルターによる乾燥で、空気中の細菌や埃を効果的に除去し、2次汚染を避ける。また、コンパクトな外観ながら大容量で、1度に最大5本のほ乳瓶の消毒が可能。消毒器の中を浄化された空気が循環するため、消毒した物が清潔な状態で保管できる。

Ar：Pigeon (Shanghai) Co., Ltd
Pr：Pigeon (Shanghai) Co., Ltd
Dr：Ryotaro Sato
D ：Xiangling Chen, Product designer / Xinglin Xu, Planner / Kaimin Ying, Qiang Zhang, Engineer

17G040302

扇風機

コアンダエア

Electric Fan
COANDA AIR
Ar: TWINBIRD CORPORATION

人のくらしとやさしい風の調和のため、デザインと使い心地を再構築した扇風機である。部品構成から見直し、羽根内部にファン用モーターを埋め込む新構造や金属素材の支柱などによって、細くて小さく無駄のない形状と立ったままでの本体操作を実現。やさしい風、くらしにとけ込むデザイン、使いやすさの調和をめざした。

Ar：ツインバード工業（株）
D ：ツインバード工業（株） 開発生産本部 プロダクトディレクション部 我妻ひとみ

17G040303

扇風機

kamomefan Fシリーズ

Electric Fan
kamomefan Fseries
Ar: DOSHISHA CORPORATION

バイオミミクリーの発想によりカモメの羽に
ヒントを得て生まれた扇風機。羽根の形状
や素材の研究を重ね、風の効率を上げつつ
サイズを小型化。折りたたみもできる三脚構
造を採用し床への接地面積も省スペース化
を極めた。日本の狭い住居環境でも、あらゆ
るスペースに設置でき、部屋の隅々まで豊か
で上質な風を送る扇風機を開発した。

Ar：（株）ドウシシャ
Pr：（株）ドウシシャ 第二事業本部 井下主
Dr：（株）ドウシシャ 家電商品DIV 中込光輝
D ：（株）ブレーン 渡辺弘明、土橋麻以

17G040304

家庭用カバーステッチ専用ミシン

カバーステッチ専用ミシン CV3550

Home Cover Stitch Machine
Cover Stitch CV3550
Ar: BROTHER INDUSTRIES, LTD.

ストレッチ素材の洋服の襟や袖口の飾り縫
い、袖などの端処理などができるカバース
テッチ専用ミシン。家庭用としては業界初の
両面飾り縫い機能を備えた。それにより素
材や目的に合わせた多彩なステッチが可能
になり、作品の幅を広げることができる。洋
裁を楽しむソーイング上級者のニーズにも
応えられるミシンである。

Ar：ブラザー工業（株）
Pr：ブラザー工業（株）パーソナル＆ホーム事業
Dr：ブラザー工業（株）マーケティング企画センター 総合デザイン部
D ：ブラザー工業（株）マーケティング企画センター 総合デザイン部 岸本藍

17G040305

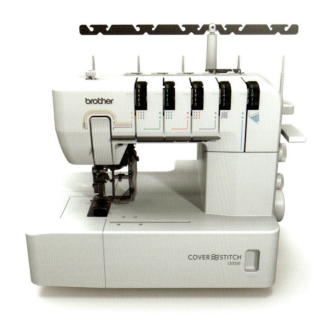

Computerized Sewing Machine

H10L

Computerized Sewing Machine
H10L
Ar: Zeng Hsing Industrial CO., LTD

初心者でも上手に縫える電子ミシン。ユーザーに配慮したインターフェースと洗練されたデザインで、簡単に操作でき、役立つ機能も豊富。裁縫に手放せない相棒となることは間違いない。

Ar：Zeng Hsing Industrial CO., LTD
Pr：ZENG HSING INDUSTRIAL CORPORATION
Dr：Hou Yu Sheng
D ：Chang Han Hsi

17G040306

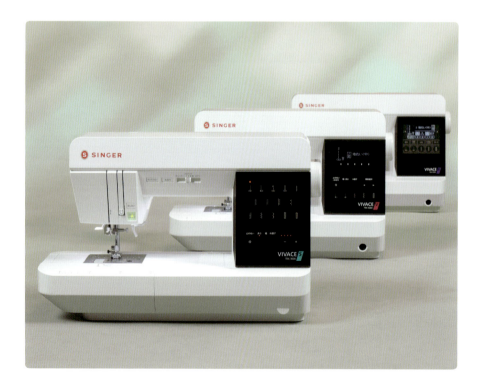

家庭用コンピュータミシン

シンガー ヴィヴァーチェシリーズ（TRX-3000 / 4000 / 5000）

Computer Sewing Machine for Home Use
SINGER VIVACE Series (TRX-3000 / 4000 / 5000)
Ar: HAPPYJAPAN Inc.

シンガーの中級モデルが、次世代シリーズとしてフルモデルチェンジ。広く作業性の良いワークエリアとシンプルで使い勝手の良い操作性をめざした。作業性の高い機能的な空間を作り出すと同時に、広くて使いやすいイメージも創出。モノトーンカラーを組み合わせ、ソーイングを楽しみたい人のための道具となっている。

Ar：（株）ハッピージャパン
Pr：（株）ハッピージャパン 取締役 営業本部長 前田修
Dr：（株）GKインダストリアルデザイン 阿久津雄一
D ：（株）GKインダストリアルデザイン 加藤完治、松本学

17G040307

ガスファンヒーター

リンナイ Harmo
RCDH-T3501E／
大阪ガス 140-8073

Gas Fan Heater
Rinnai Harmo RCDH-T3501E / OSAKA GAS 140-8073
Ar: Rinnai Corporation

国内初の電気ヒーターを搭載し、同程度の能力では本体サイズ最小幅のガスファンヒーターである。ガス暖房の速暖性に加え、電気ヒーター搭載により幅広い暖房能力と、ガス暖房後に長時間保温が可能になった。ガス栓のない場所での簡易暖房にも使用可能である。新機能を表現した新デザインは、上質感と操作性も向上している。

Ar：リンナイ（株）
Pr：リンナイ（株）常務執行役員 開発本部長 森錦司
Dr：リンナイ（株）開発本部 デザイン室 室長 吉岡敬祐
D ：リンナイ（株）開発本部 デザイン室 杉浦慎、東島宏彰、久保慶和、宇佐美友恵

17G040308

セラミックファンヒーター

Panasonic
セラミックファンヒーター
DS-FN1200

Ceramic Fan Heater
Panasonic ceramic fan heater DS-FN1200
Ar: Panasonic Corporation

持ち運び可能なコンパクトサイズのセラミックファンヒーター。コンパクトでも1,200ワットのハイパワーな高い暖房性能を持ち、運転開始後すぐに温風が出るので寒い朝や、夜のサニタリー空間、帰宅直後のリビングなどで素早く足元を温めてくれる。コンパクトで使用場所を特定せず、どの空間にも合うシンプルで使い勝手の良いデザインをめざした。

Ar：パナソニック（株）
Pr：パナソニック（株）アプライアンス社 ランドリークリーナー事業部 安平宣夫
Dr：パナソニック（株）アプライアンス社 デザインセンター 岡部健作
D ：パナソニック（株）アプライアンス社 デザインセンター 吉田浩章、吉田尚史

17G040309

家庭用遠赤外線ヒーター

マイヒートセラフィ MHS-900

Portable Radiant Heater
MyHeat SERAPHY MHS-900
Ar: INTER CENTRAL, INC.

最大の特徴は輻射熱による遠赤外線効果で、体を芯から温めることである。燃焼せず、風もなく埃を巻き上げないので、空気を汚さない。また、運転音がないため、とても静かで睡眠も妨げない。小さな子供からお年寄りまで、みんなが使えるように、機能とデザインはシンプルに、操作がわかりやすいのも特徴である。

Ar：（株）インターセントラル
D ：INDIGO DESIGN（有）代表 菅悟史

17G040310

家庭用遠赤外線ヒーター

マイヒートセラフィ MHS-700

Portable Radiant Heater
MyHeat SERAPHY MHS-700
Ar: INTER CENTRAL, INC.

遠赤外線の陽だまりのような暖かさを追求しつつ、運びやすさ、収納性に配慮したコンパクトな家庭向けのヒーター。ユーザーの抱えている問題である運転音、乾燥、埃、燃焼による空気汚染を解決し、安心、安全、便利な機能に配慮。先行機種ではなかった操作確認音消音設定、チャイルドロック、キャスター機能も付加した製品となっている。

Ar：（株）インターセントラル
D ：INDIGO DESIGN（有）代表 菅悟史

17G040311

Smart Switch

Artisan Creator

Smart Switch
Artisan Creator
Ar: Square industrial design Co., Ltd +
An Hui artisan creator technology Co., Ltd

製造元のスマートハウス関連製品ラインに
含まれるスマートスイッチである。アルミニウ
ム素材に質の高い仕上げ、ミニマルなデザイ
ン。Wi-Fi内蔵で、スマートハウスシステムを
通じて照明システムを遠隔操作できる。距離
センサーにより、スイッチパネルに近づくとボ
タンのドットライトが自動点灯し、誘導灯の
役割を果たす。

Ar：Square industrial design Co., Ltd +
An Hui artisan creator technology Co., Ltd
Pr：Cai Xiao Ya
Dr：Chen Wei Tao
D ：Chen Wei Tao

17G040312

USB出力付 急速充電器

BQ-CC57

Quick Charger with USB Output
BQ-CC57
Ar: Panasonic Corporation, AIS Company,
Energy Device Business Div.

いつもの便利、もしもの備えをコンセプトに、
日常と非日常での使用性を進化させた充電
器。スマートチャージ、残量判定、寿命判定な
ど、進化した機能とわかりやすい3色LEDイン
ターフェースを搭載した。USB出力も搭載し
エネループの最大の特徴である低自己放電
機能と組み合わせることで、日常のみならず
災害時においても充電器の役割を拡大する。

Ar：パナソニック（株）AIS社 エナジーデバイス事業部
Pr：只信一生
Dr：水田一久
D ：水田一久

17G040313

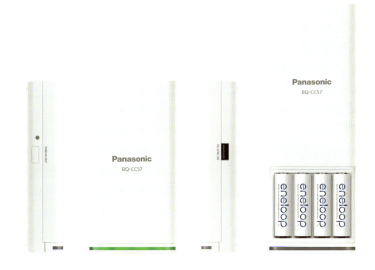

急速充電器

BQ-CC55

Battery Quick Charger
BQ-CC55
Ar: Panasonic Corporation, AIS Company,
Energy Device Business Div.

だれもがわかりやすく、より安心、安全をコンセプトに開発をおこなった充電器。従来の急速充電機能に、充電池を傷めないスマートチャージ機能、電池残量判定、寿命判定など進化した機能を加え、各機能もシンプルかつわかりやすいよう、3色LEDでユーザーインターフェースを構築した。従来よりも速く、より使いやすく、サスティナブルで安心、安全な構造となっている。

Ar：パナソニック（株）AIS社 エナジーデバイス事業部
Pr：只信一生
Dr：水田一久
D ：水田一久

17G040314

ペット見守りシステム

Panasonic ペット見守りシステム KX-HN6030

Pet Monitoring Kit
Panasonic Pet Monitoring Kit KX-HN6030
Ar: Panasonic Corporation

外出先から留守番しているペットの見守りや、ペットとのコミュニケーションが可能となるペットモニタリングキット。留守宅に設置された屋内カメラにより、ペットの様子を観察できる。また、ペットのストレスを軽減させるために、外出先からペットに話しかけることもできる、英国市場向け商品である。

Ar：パナソニック（株）
Pr：パナソニック（株）アプライアンス社 コミュニケーションプロダクツ事業部 南恭博
Dr：パナソニック（株）アプライアンス社 デザインセンター 長谷川隆
D ：パナソニック（株）アプライアンス社 デザインセンター 三浦雄一

17G040315

電気ホームシャワー
Panasonic DH-3NDP1シリーズ

Electric Home Shower (Water Heater)
Panasonic DH-3NDP1 series
Ar: Panasonic Corporation

東南アジア向けの瞬間湯沸式小型電気給湯器。本製品は縦長スリムフォルムを採用し、入浴中でも温度調整しやすい大型コントロールパネルと、大きく押しやすい出湯ボタンを本体最下端に配置し、安全かつ確実な操作性を実現した。浴室自体が洗練される中、スリークなフォルムを本体とシャワーヘッドに採用し、インテリア調和と人に優しいデザインとなっている。

Ar：パナソニック（株）
Pr：パナソニック（株）アプライアンスアジアパシフィック社 田岸弘幸
Dr：パナソニック（株）アプライアンスアジアパシフィック社 デザインセンター 木原岳彦
D ：パナソニック（株）アプライアンスアジアパシフィック社 デザインセンター Tan Chien Shiung

17G040316

パーソナルアロマディフューザー
AROMASTIC

Personal Aroma Diffuser
AROMASTIC
Ar: Sony Corporation

5種類の香りを手軽に持ち歩き、気分に合わせて楽しめるパーソナルアロマディフューザー。熱を使わずに香らせる気体放散方式により、香りを周囲に拡散させることなく、パーソナルに楽しめる。当社独自の技術で小さなカートリッジに複数の香りを閉じ込め、ダイヤルを回すだけで香りを瞬時に替えることができる。

Ar：ソニー（株）
Pr：ソニー（株）新規事業創出部 藤田修二
Dr：ソニー（株）クリエイティブセンター 菅野竜太
D ：ソニー（株）クリエイティブセンター 木村奈月、勝樂純子

17G040317

5

情報機器

Information Device

多種多様な商品やサービスが一堂に会するグッドデザイン賞の審査において、拠り所の一つとなるのが審査委員向けに配布される「審査委員チュートリアルブック」である。そこには審査に対する視点や基本的な考え方が記載されているが、その中の1つに「審査のウエイト」という項目がある。応募対象を「十分な実績を積んだ改善型」と「全く新しい新規型」に分け、改善型については「デザインの適切性」を、新規型については「将来の可能性」を重視して審査を行うよう求めるものである。今回の審査を通してこの点についての議論が多くなされたと感じており改めて振り返っておきたい。

この2つの審査基準は、実績あるプロダクトの正常進化も、新しいジャンルを切り開くイノベーションも、両方の価値を評価するための考え方であるが、では「改善型」は既存のターゲットユーザーに受け入れられる正常進化のみを目指し、新しいチャレンジをしなくてもよいかといえばそうではないだろう。テクノロジーが分野の垣根をなくし、グローバル化も進む中で、同じ分野の競合商品だけでなく、思わぬ異分野のイノベーションに顧客を奪われることも今後ますます起きてくるだろう。顧客の声に耳を傾け着実な進化を続けながらも、今までにない新たな価値を生み出す革新への意識も同時に求められる。

一方で、クラウドファンディング型の商品開発プロセスを大企業も取り入れるといった試みも生まれる中、斬新な発想や最新のテクノロジーを活かして新しいジャンルを切り開こうとするプロダクトが多く応募されているのも近年の傾向である。このような「新規型」は、プレゼンテーションやプロトタイプによって「将来の可能性」を感じさせることはもちろん重要であるが、一方で「改善型」に求められるような細部にわたるユーザビリティの配慮やプロダクトデザインとしての完成度に目をつぶってよいというわけではない。特に情報機器分野においては、プロダクトデザインとしての美しさだけでなく、例えばUIのレスポンスの快適さ、音声対話の認識精度、AIの賢さやふるまいの自然さなど、ユーザー体験（UX）全体のデザインが今後ますます重要性を増してくると思われる。

今回、2つの審査基準を踏まえて評価を行いながら、近年大きな変化のない商品ジャンルの商品群はこのままでよいのかといった点が議論になったり、逆にコンセプトは新規性があり面白いがプロトタイプの完成度がまだ低かったり、モックアップで体験ができず評価しようがないなど、審査に苦慮する場面もあった。

人々のライフスタイルや価値観が多様化し、技術進化のスピードもますます加速する時代において「革新性」と「完成度」を両立することはもちろん容易ではないが、今後それらが高いレベルで両立されたプロダクトやサービスが多く登場することを期待したい。

緒方壽人

イヤフォン

BeatsX イヤフォン

Earphones
BeatsX
Ar: Beats by Dr. Dre

ワイヤレスでフィットする本製品は、バッテリー駆動時間は最大8時間、Fast Fuel機能を使えば5分の充電で2時間の再生が可能。AppleのW1チップにより、Apple製デバイスと簡単にペアリングができる。Siriとの統合など独自の機能も備えるFlex-Formケーブルによりポケットに入れて持ち歩くことも可能なパートナーである。

Ar：ビーツ・バイ・ドクタードレ

17G050318

ハイレゾ対応ステレオヘッドホン

ゼロオーディオ CARBO MEZZO ／ ZH-DX220-CM

Inner Ear Headphones
ZERO AUDIO, CARBO MEZZO / ZH-DX220-CM
Ar: KYOWA HARMONET LTD.

リアルカーボンファイバーと削り出しアルミニウムという本物素材をまとったハイレゾ対応ヘッドホンである。メインボディにはカーボンを、フロントとリアにはアルミを使用し、リアエンドにはパンチングメタルを配したバスブーストポートをレイアウト。コンパクトなボディに異なる本物素材を立体的に組み上げて個性的なスタイルに仕上げた。

Ar：協和ハーモネット（株）
Pr：山口孝士
Dr：山口孝士
D ：山口孝士

17G050319

Headphones

Air by crazybaby

Headphones
Air by crazybaby
Ar: CRAZYBABY Inc.

世界初カーボンナノチューブ技術搭載のトゥルーワイヤレスステレオヘッドホンである。Bluetooth4.2を採用しワンボタン設計でインイヤー型マイクに携帯用ケースが付属する。

Ar：CRAZYBABY Inc.
Pr：CRAZYBABY Inc.
Dr：Allen Zhang
D ：Calvin Wu, Allen Zhang

17G050320

Headphones

AfterShokz Trekz Air Bone Conduction Headphones

Headphones
AfterShokz Trekz Air Bone Conduction Headphones
Ar: Shenzhen Voxtech Co., Ltd

オープンイヤースタイルで周囲に気を配りながら、長時間着用しても疲れないイヤホン。デザインのポイントであるチタン製の軽量フレームは、強度や耐久性だけでなく、快適な着用感と最高の音質を実現し、弾力性も高い。コンセプトは「オープンであること」。身の安全や快適性を保ちながら、いつでも好きなときに好きな音楽が聴ける。

Ar：Shenzhen Voxtech Co., Ltd
Pr：Ken Chen, Shenzhen Voxtech Co., Ltd
Dr：Ken Chen, Shenzhen Voxtech Co., Ltd
D ：Jun Xu, Yi Tang, Lei Zhong, C3 Strategy Consultant Co., Ltd

17G050321

骨伝導ヘッドセット

Panasonic 骨伝導ヘッドセット HS-CSH01G

Bone Conduction Head Set
Panasonic BONE CONDUCTION HEAD SET
HS-CSH01G
Ar: Panasonic Corporation

物流や製造、インフラ、交通、リテール、警備などの騒音下現場で、骨伝導方式による明瞭なコミュニケーションを実現するヘッドセット。鼓膜を使わず振動で音を脳に伝達する骨伝導技術と、特徴的なL字型本体形状によって、ヘルメット、マスクなどの安全装備と一緒の装着が可能となった。現場に応じた多様なマイクの選択も可能で、業務効率、安全性の向上に貢献している。

Ar：パナソニック（株）
Pr：パナソニック（株） コネクティッドソリューションズ社 イノベーションセンター 江坂忠晴
Dr：パナソニック（株） コネクティッドソリューションズ社 デザインセンター 松本宏之
D ：パナソニック（株） コネクティッドソリューションズ社 デザインセンター 高見満

17G050322

Mobile Inspection Assistant G60

AMobile

Mobile Inspection Assistant G60
AMobile
Ar: AMobile Intelligent Corp.

熱探知カメラ、トランシーバー、スマートフォンとして使え、さらに変電所や金属業、輸送業、建設業向けに効率性と正確性を向上させた、工業検査用カメラの機能を持つ世界初のマルチ端末。強力な無線通信機能とマルチデータ収集力を併せ持つパワフルなデバイスを、片手に収まるサイズで実現した。

Ar：AMobile Intelligent Corp.
Pr：Liying Chen, Research, Development VP
Dr：Joey Yeh, Product, Sales Manager
D ：Cheng-Cheng Chen, Industrial Designer

17G050323

ST7000 Small Tetra Radio

ST7000

ST7000 Small Tetra Radio
ST7000
Ar: Motorola Solutions

コンパクトで洗練された外観、シンプルなユーザーインターフェース、明瞭な音声を組み合わせたトランシーバー。顧客対応スタッフやエグゼクティブ、高官など、従来のような大型機がそぐわないユーザーのニーズに対応する。高音質でユーザーのイメージと調和し、直感的に操作できる、柔軟で現代的なコミュニケーションツール。

Ar：Motorola Solutions
Pr：Motorola Solutions Innovation Design Team
Dr：Lan Ting Garra
D ：Mike Page, Nicola Girotti

17G050324

スノースポーツ用 コミュニケーションギア

NYSNO-10

Communication Gear for Snow Sports
NYSNO-10
Ar: Sony Corporation ＋ Sony Video & Sound Products Inc.

ヘルメットに装着するだけでハンズフリーで会話ができるスノースポーツ専用コミュニケーションギア。ヘルメットを振動させて音声を発生させる音響技術により、耳をふさぐことなく、周囲の音を聴きながら仲間との会話を楽しめる。スノースポーツ用のあらゆるヘルメットにフィットする形状と、雪山の過酷な環境に耐える堅牢性や信頼性を追求した。

Ar：ソニー（株）＋ソニービデオ＆サウンドプロダクツ（株）
Pr：ソニービデオ＆サウンドプロダクツ（株）V＆S事業部 尾原昌輝
Dr：ソニー（株）クリエイティブセンター 詫摩智朗
D ：ソニー（株）クリエイティブセンター 八重樫拓

17G050326

283

Beker

Beker

Beker
Beker
Ar: HAPPY ISLAND TECH CO., LTD

骨伝導技術、IPX8規格防水性能に加え、頭蓋骨と水の2経路から音響伝送が可能な世界初の防水イヤホン。骨伝導技術で頭蓋骨を通じて内耳に直接音が伝わるだけでなく、水を音響媒体として音が聞ける。水泳やサイクリング、ダイビング好きのユーザーのためにデザインされた製品である。

Ar：HAPPY ISLAND TECH CO., LTD
Pr：Jordan Huang
Dr：Jordan Huang
D ：Jordan Huang

17G050327

Bubble

ROOBO

Bubble
ROOBO
Ar: Intelligent Steward Co., Ltd

シリコンを主素材とする携帯用スマートスピーカー。「バブル」という名は、製品全体の視覚的デザインがもとになっており、ユニークで新鮮な雰囲気を表している。質感や色、素材は好みに応じてカスタマイズできるので、オリジナルな「バブル」が作れる。柔らかな感触で耐久性と防水性に優れるので、どこでも音楽を楽しむことができる。

Ar：Intelligent Steward Co., Ltd
Pr：Intelligent Steward Co., Ltd
Dr：Feizi Ye, Senior Design Director, ROOBO Design Center, Intelligent Steward Co., Ltd
D ：Feizi Ye, Huanpeng Chen, Yong Zheng

17G050328

DAC内蔵ヘッドホンアンプ

TA-ZH1ES

Headphone Amplifier with D.A. Converter
TA-ZH1ES
Ar: Sony Corporation + Sony Video & Sound Products Inc.

最高の音質を求めるヘッドホンユーザーに、ハイレゾ音源の圧倒的な高音質体験を届けるため、ソニーのオーディオ技術をコンパクトな筐体に結集したDAC内蔵据え置き型ヘッドホンアンプ。オーディオルームで聴いているかのような臨場感をデスクトップで再現できる。アルミを押出成形したウォール構造を採用し高剛性を追求した。

Ar：ソニー（株）＋ソニービデオ＆サウンドプロダクツ（株）
Pr：ソニービデオ＆サウンドプロダクツ（株）
Dr：ソニー（株）クリエイティブセンター 詫摩智朗
D ：ソニー（株）クリエイティブセンター 出口道生

17G050329

ワイヤレス振動スピーカーシステム

Panasonic SC-RB5

Wireless Speaker System
Panasonic SC-RB5
Ar: Panasonic Corporation

中南米、南欧市場をメインターゲットとし、いつでもどこでも迫力のある音楽を楽しむことができる振動ワイヤレススピーカー。設置した場所や物を振動させることでコンパクトながら360度迫力のサウンドを鳴らすことが可能。家具、床面、車のボンネットなど、ユーザー自身がさまざまな設置場所を選び、音響や振動の変化を楽しむことができる。

Ar：パナソニック（株）
Pr：パナソニック（株）アプライアンス社 ホームエンターテインメント事業部 小川理子
Dr：パナソニック（株）アプライアンス社 デザインセンター 有村敬三
D ：パナソニック（株）アプライアンス社 デザインセンター 中嶋雅幸

17G050330

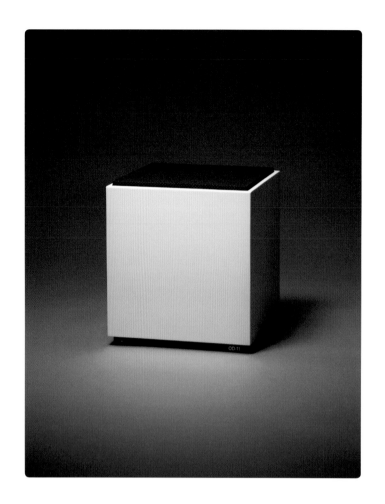

ラウドスピーカー
OD-11

ラウドスピーカー
OD-11
Ar: Media Integration, Inc

100ワットの出力を誇るアナログ・クラスDアンプを搭載し、コンピュータも内蔵したワイヤレス・マルチルーム・ラウドスピーカー。先進のWi-Fiテクノロジーを備え、対応するあらゆるデバイスで、音楽再生を快適なワイヤレス環境へとアップグレードする。

Ar:（株）メディア・インテグレーション
Pr: Teenage Engineering
Dr: Jesper Kouthoofd
D : Stig Carlsson

17G050331

Wireless 360-degree Speaker
Dell Wireless 360 Speaker System AE715

Wireless 360-degree Speaker
Dell Wireless 360 Speaker System AE715
Ar: Experience Design Group, Dell Inc.

360度のユニークなデザインの球体ワイヤレススピーカー。無指向性で部屋の全方位に向けて音を出す。高出力26ワットで、360度澄み切った明瞭なサウンドが広がる。低遅延apt-XのBluetoothワイヤレス対応で音声と画像をシンクロさせるため、映画やビデオ、音楽、電話会議に最適である。

Ar: Experience Design Group, Dell Inc.
Pr: Ed Boyd
Dr: Joe Jasinski
D : Experience Design Group, Dell Inc.

17G050332

ワイヤレススピーカーシステム
Panasonic SC-UA7

Wireless Speaker System
Panasonic SC-UA7
Ar: Panasonic Corporation

家族や友人を招いてのホームパーティーが盛んな中南米市場向けに開発されたワイヤレススピーカーシステム。高出力アンプと合計10個のスピーカーを搭載しコンパクトでも大音量で迫力のあるサウンドを楽しむことが可能。パーティーシーンにおいて前3面に配置されたスピーカー構成で正面180度どこにいても音色の変わらない快適な音響空間を提供する。

Ar：パナソニック(株)
Pr：パナソニック(株) アプライアンス社 ホームエンターテインメント事業部 小川理子
Dr：パナソニック(株) アプライアンス社 デザインセンター 有村敬三
D ：パナソニック(株) アプライアンス社 デザインセンター 保田知洋

17G050333

スピーカーシステム
Technics SB-G90

Speaker System
Technics SB-G90
Ar: Panasonic Corporation

明瞭な音像定位と豊かな空間を鮮やかに描きだす、点音源、リニアフェーズ思想をベースとしたスピーカーシステムである。ユニット自身が発する不要な振動を抑制するための重心マウント構造を採用。ユニットの重心位置で固定し、音の歪みや音質劣化を低減する。高感度でハイスピードな再生音をめざし、中高域再生用に同軸2ウェイユニットを開発した。

Ar：パナソニック(株)
Pr：パナソニック(株) アプライアンス社 ホームエンターテインメント事業部 小川理子
Dr：パナソニック(株) アプライアンス社 デザインセンター 有村敬三
D ：パナソニック(株) アプライアンス社 デザインセンター 欠木良一

17G050334

Skyworth Integrated Speaker

Shenzhen Skyworth Digital Technology Co., Ltd

Skyworth Integrated Speaker
Shenzhen Skyworth Digital Technology Co., Ltd
Ar: Shenzhen Skyworth Digital Technology Co., Ltd + Innozen Product Design Co., Ltd

セットトップボックスとスピーカーを合体させ、テレビで高品質のサウンドを楽しめるようにした製品。音声認識機能とタッチパネルバーで操作しやすくなっている。

Ar：Shenzhen Skyworth Digital Technology Co., Ltd + Innozen Product Design Co., Ltd
Pr：Lu Yu, HaoXiang Hu, HaoDing, Yaguang Zhang, Haopeng Li
Dr：Lu Yu, HaoXiang Hu, HaoDing, Yaguang Zhang, Haopeng Li
D：Xian Chen, Hong Zhang, Michael Bin Zheng, Lingzhu Shao, Lu Yu

17G050335

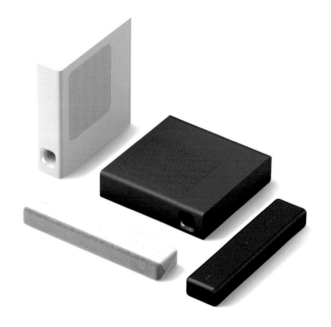

サウンドバー

HT-MT500／300

Sound Bar
HT-MT500 / 300
Ar: Sony Corporation + Sony Video & Sound Products Inc.

従来品と同等の音質を約半分のサイズで実現し、コンパクトかつインテリア性の高いデザインで生活空間にとけ込みながら高音質体験を提供するサウンドバー。丸みを帯びたフォルムは置き場所を選ばず、あたたかみのあるカラーが周囲の家具や小物との親和性を高める。厚みを抑えたワイヤレスサブウーファーはソファ下にも配置できる。

Ar：ソニー(株)＋ソニービデオ＆サウンドプロダクツ(株)
Pr：ソニービデオ＆サウンドプロダクツ(株)
Dr：ソニー(株) クリエイティブセンター 田幸宏崇
D：ソニー(株) クリエイティブセンター 和田貴之

17G050336

コンパクトステレオシステム

Panasonic SC-HC1020／1000

Compact Stereo System
Panasonic SC-HC1020 / 1000
Ar: Panasonic Corporation

CDやラジオのほか、音楽ストリーミングサービスなどのワイヤレス再生にも対応したオールインワンオーディオ。磁石強化型大口径スピーカーと低音を豊かに再生するツイステッドポートの搭載により、コンパクトな本体と高音質を両立した。壁掛け可能な薄型、スクエアフォルムとインテリア調ファブリックの採用により場所を選ばずすっきり設置できる。

Ar：パナソニック（株）
Pr：パナソニック（株）アプライアンス社 ホームエンターテインメント事業部 小川理子
Dr：パナソニック（株）アプライアンス社 デザインセンター 有村敬三
D ：パナソニック（株）アプライアンス社 デザインセンター 宮田賢二

17G050337

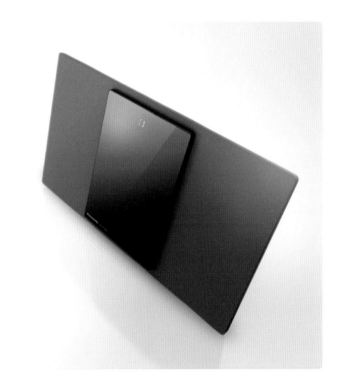

コンパクトステレオシステム

Technics SC-C70

Compact Stereo System
Technics SC-C70
Ar: Panasonic Corporation

テクニクスの音響技術をワンパッケージに凝縮することで省スペースかつスマートに上質な音楽空間をつくり出すオールインワンミュージックシステム。ハイレゾ・ネット音源やUSB音源だけでなくCD、ラジオを含む幅広い音楽ソースに対応する。Bluetooth、Wi-Fi、Airplayなど、高いワイヤレス接続機能を搭載し簡単に高品位な音楽を楽しむことが可能。

Ar：パナソニック（株）
Pr：パナソニック（株）アプライアンス社 ホームエンターテインメント事業部 小川理子
Dr：パナソニック（株）アプライアンス社 デザインセンター 有村敬三
D ：パナソニック（株）アプライアンス社 デザインセンター 保田知洋

17G050338

ステレオインテグレーテッドアンプ
Technics SU-G700

Stereo Integrated Amplifier
Technics SU-G700
Ar: Panasonic Corporation

自然でありながら音楽のニュアンスまで感じることのできる緻密な音を再現する、フルデジタル構成のインテグレーテッドアンプ。筐体内部の3分割構造や、電源部をBOX構造でシールドするノイズ対策などにより、低ノイズで純度の高い再生音を実現した。ハイレゾ音源からアナログ音源まで、こだわりの音を追求するオーディオユーザーに提案する商品である。

Ar：パナソニック(株)
Pr：パナソニック(株) アプライアンス社 ホームエンターテインメント事業部 小川理子
Dr：パナソニック(株) アプライアンス社 デザインセンター 有村敬三
D ：パナソニック(株) アプライアンス社 デザインセンター 矢木良一

17G050339

ダイレクトドライブターンテーブルシステム
Technics
SL-1200GR／1210GR

Direct Drive Turntable System
Technics SL-1200GR / 1210GR
Ar: Panasonic Corporation

世界中のユーザーからSL-1200シリーズ復活を熱望する声を数多く受け、昨年SL-1200Gを発売。今回、その取り組みと成果を継承した新たなスタンダードモデルとして本製品を開発した。基本構成はそのままに、素材や仕上げなど細部を洗練化させることで高品位なデザインの実現に注力した。

Ar：パナソニック(株)
Pr：パナソニック(株) アプライアンス社 ホームエンターテインメント事業部 小川理子
Dr：パナソニック(株) アプライアンス社 デザインセンター 有村敬三
D ：パナソニック(株) アプライアンス社 デザインセンター 矢木良一

17G050340

Audio

Portable DJING Boom Box (FJ8)

Audio
Portable DJING Boom Box (FJ8)
Ar: LG Electronics, Inc.

DJ操作（クロスフェーダー、スクラッチホイール、DJ PRO PAD、DJ Loof、ユーザーイコライザー）、パーティーの盛り上げ（点滅ライト）、カラオケ（エコー、ボイスキャンセラー）と、広く使用できる多機能な製品。DJミキサーと携帯用Bluetoothスピーカーを一体化させ、パーティーやクラビングを好む若者層のトレンドにマッチさせた。

Ar：LG Electronics, Inc.
Pr：Woo gang ho
Dr：Kim jun gi
D ：Kim kyung min

17G050341

OLED TV

Skyworth W9 OLED TV

OLED TV
Skyworth W9 OLED TV
Ar: ShenZhen ChuangWei-RGB Electronics Co., Ltd.

あらゆる壁面にマグネットで固定できるディスプレイ機器。しなやかでごく薄い有機EL素材を使用しており、壁紙のようにぴたりと貼り付けることができる。独立したスピーカーユニットには、Hi-Fiサウンドバーとスマート音量調節つまみが内蔵されている。声をかけるだけで電源が入り、スマート音量調節機能で少しずつ音量を上げられる。

Ar：ShenZhen ChuangWei-RGB Electronics Co., Ltd.
Pr：ShenZhen ChuangWei-RGB Electronics Co., Ltd.
Dr：Chen Zhiyong
D ：Peng Liyuan, Chen Zhiyong, Wang Mingming, Wei Shuxiao, Yang Shusan, Huo Wenjie, Zhang Xiaohui

17G050343

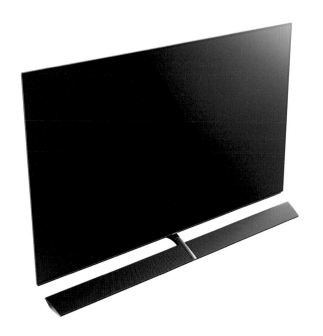

有機ELテレビ

Panasonic TH-EZ1000シリーズ

OLED Television
Panasonic TH-EZ1000 series
Ar: Panasonic Corporation

本製品は高精細4K対応有機ELテレビである。リアリティーを追求した映像と音のみに集中できるよう、極限まで薄いスクリーンと高音質スピーカーを細い1本のフレームで象徴的に結合。背面処理にもこだわることで、空間に調和し映像が浮かび上がる新たなテレビの在り方を追求した。美しい映像がアートのように空間にたたずみ、人々に上質な体験を提供する。

Ar：パナソニック（株）
Pr：パナソニック（株）アプライアンス社 テレビ事業部 筒井俊治
Dr：パナソニック（株）アプライアンス社 デザインセンター 木村博光
D ：パナソニック（株）アプライアンス社 デザインセンター 伊藤正勝、内藤英一郎、足立昭博

17G050344

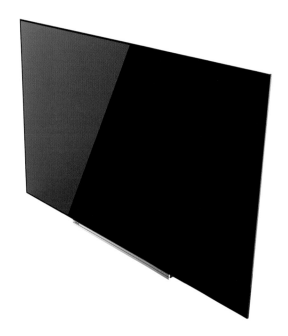

4K有機ELテレビ

レグザ X910シリーズ

4K OLED Television
REGZA X910 series
Ar: Toshiba Corporation ＋ Toshiba Visual Solutions Corporation

4K有機ELパネルと自社開発の映像処理エンジンを採用し、高いピーク輝度と濃密な黒による高いコントラストでクリアな臨場感あふれる映像美を実現した。高画質映像を最大限に引き出すため、画面の角度や高さを適切なポジションに保持し視線を導く。映像に没入できるよう視聴ノイズとなるスタンドのでっぱりを排除し、最小限の要素で高質感を表現した。

Ar：（株）東芝＋東芝映像ソリューション（株）
Pr：東芝映像ソリューション（株）村沢圧司
Dr：（株）東芝 デザインセンター 倉増裕
D ：（株）東芝 デザインセンター 本田達也

17G050345

OLED TV

OLED E7

OLED TV
OLED E7
Ar: LG Electronics, Inc.

究極の画質と音質を実現し、没入感をもたらすテレビ。1枚の薄いガラスのような画面の下にストライプ型のスピーカーがあり、コントラストをつけながら全体を調和させている。このスピーカー部分とアルミニウム製のスタンドが安定性をもたらし、有機ELの軽さを表現している。洗練されたメタル仕上げが外観に最上級の美的価値を与えている。

Ar：LG Electronics, Inc.
Pr：Huh ByungMu
Dr：Cha Hyun Byung
D ：Lee Yoon-Kyeong, Jeong Young Won

17G050347

Xiaomi TV 4

Xiaomi

Xiaomi TV 4
Xiaomi
Ar: Beijing Xiaomi Electronics Co., Ltd

サウンドバー、テレビ、低音スピーカーから構成される製品システムである。ホストはサウンドバーに内蔵するなど、画面からさまざまな機能を独立させている。フレームの幅がスリムなため、画面がより広く感じられる。サウンドバーにはドルビーアトモスを搭載し、人工知能システムを活用できる。

Ar：Beijing Xiaomi Electronics Co., Ltd
Pr：Xiaomi Corporation
Dr：Chuan Wang
D ：Ning Li, Weihao Wang, Haiyang Ren

17G050348

LED TV

Daewoo Interior TV 'HUG'

LED TV
Daewoo Interior TV 'HUG'
Ar：DongbuDaewoo Electronics

単身世帯向けのシンプルな生活スタイルをコンセプトとするテレビ。たたずまいは東洋的で新しいイメージ。デザインは直線と円で構成し、基本的な機能を備えた地球に優しいモデルという印象をもたらす。住宅のあらゆるスペースと自然に調和し、インテリアの一部となるよう、コミュニケーションとグラフィックのデザインをおこなった。

Ar：DongbuDaewoo Electronics
Pr：Ham Youngho, Vice President
Dr：Lee Changhun, Lee Hyukjin, Deputy Principal Designer
D ：Jeon Oesoo, Senior Designer / Ko Soojin, Deputy Principal Designer

17G050349

デジタルハイビジョン液晶テレビ

Panasonic TH-ES500シリーズ

Digital Hi-Vision Liquid Crystal Television
Panasonic TH-ES500 Series
Ar：Panasonic Corporation

スマホで見ているネット動画が、簡単に視聴できる液晶テレビである。スマホの専用アプリでネット動画やテレビ放送、録画も含めて気軽に検索し、シームレスにテレビに映すことができる。画面を前後に傾ける機能付きのスタンドで、床でも台の上でも観やすい。スマホと共存することでネットコンテンツを大画面で楽しむ新たなテレビライフを提供する。

Ar：パナソニック（株）
Pr：パナソニック（株）アプライアンス社 テレビ事業部 筒井俊治
Dr：パナソニック（株）アプライアンス社 デザインセンター 木村博光
D ：パナソニック（株）アプライアンス社 デザインセンター 伊藤正勝、内藤英一郎

17G050350

ポータブルテレビ

Panasonic UN-15TDX7

Portable Television
Panasonic UN-15TDX7
Ar: Panasonic Corporation

家じゅうどこでも、テレビ、録画番組、ブルーレイディスク、ネット動画が楽しめるワイヤレスポータブルテレビ。防水仕様で浴室などの水廻りでも使用でき、自動録画機能で後から見たい番組を楽しめる。スタンドはハンドルとして使え、画面角度の自由な調整とフックへの引っ掛けが可能。映像と音を自由な空間で楽しむ心地よい時間を提供する。

Ar：パナソニック（株）
Pr：パナソニック（株）アプライアンス社 ホームエンターテイメント事業部 小川理子
Dr：パナソニック（株）アプライアンス社 デザインセンター 木村博光
D ：パナソニック（株）アプライアンス社 デザインセンター 杉山勇樹、浅野花歩

17G050351

ポータブルテレビ

Panasonic UN-15T7

Portable Television
Panasonic UN-15T7
Ar: Panasonic Corporation

家じゅうどこでも、テレビ、録画番組、ネット動画が楽しめるワイヤレスポータブルテレビ。防水仕様で浴室やキッチンなどの水廻りでも映像を楽しめる。スタンドは持ち運び時のハンドルとして使え、画面角度の調整とフックへの引っ掛けが可能。映像と音を自由な空間で楽しむ心地よい時間を提供する。

Ar：パナソニック（株）
Pr：パナソニック（株）アプライアンス社 ホームエンターテイメント事業部 小川理子
Dr：パナソニック（株）アプライアンス社 デザインセンター 木村博光
D ：パナソニック（株）アプライアンス社 デザインセンター 杉山勇樹、浅野花歩

17G050352

ポータブルテレビ

Panasonic UN-19Z1

Portable Television
Panasonic UN-19Z1
Ar: Panasonic Corporation

近距離視聴による迫力の音と映像でテレビやネット動画などのさまざまなコンテンツを楽しむプライベートシアターである。聴く人を包み込むようなスピーカーとシンプルなモニター、音声操作によって没入感を高め、自分だけの贅沢な映像と音の空間を作り出す。自宅にいながら劇場やホールにいるような感覚を楽しめるエンターテイメント空間を提供する。

Ar：パナソニック（株）
Pr：パナソニック（株）アプライアンス社 ホームエンターテイメント事業部 小川理子
Dr：パナソニック（株）アプライアンス社 デザインセンター 木村博光
D ：パナソニック（株）アプライアンス社 デザインセンター 内山勝義、杉山勇樹、浅野花歩

17G050353

Portable USB Monitor

ASUS Zenscreen

Portable USB Monitor
ASUS Zenscreen
Ar: Asustek Computer Inc.

15.5インチのモバイルディスプレイ。重量わずか800グラムの世界最薄・最軽量のUBS接続ディスプレイであり、横長の「ランドスケープモード」と縦長の「ポートレートモード」が自動で切り替わる。アルミニウム製の筐体で背面はうず巻きのヘアライン加工をおこなっている。PUレザーカバーは角度調整が可能なスタンドにもなる。

Ar：Asustek Computer Inc.
Pr：Asustek Computer Inc.
Dr：ASUS DESIGN CENTER
D ：ASUS DESIGN CENTER

17G050354

27" Monitor
MZ Monitor Series

27" Monitor
MZ Monitor Series
Ar: Asustek Computer Inc.

現代的なライフスタイルを独創的に表現したディスプレイ。音質や簡素なデザインにこだわり、仕事とエンターテインメントの両方に使える製品。3辺がフレームレスの構造で、厚みわずか7ミリというスリムさだが、QHD解像度に対応する。すっきりとしたラインと円形台座が特徴となっている。

Ar：Asustek Computer Inc.
Pr：Asustek Computer Inc.
Dr：ASUS DESIGN CENTER
D ：ASUS DESIGN CENTER

17G050355

Ultrathin Monitor
Dell 27 Ultrathin Monitor S2718D

Ultrathin Monitor
Dell 27 Ultrathin Monitor S2718D
Ar: Experience Design Group, Dell Inc.

世界でもクラス最薄のデザインを誇るディスプレイ。ハイダイナミックレンジ（HDR）対応、ほぼフレームレス画面のInfinityEdge、目に有害なブルーライトを抑制して長時間視聴しても目に優しい、TUV認定のComfortView機能を搭載する。

Ar：Experience Design Group, Dell Inc.
Pr：Ed Boyd
Dr：Joe Jasinski
D ：Experience Design Group, Dell Inc.

17G050356

Ultra Wide Curved Monitor
21:9 Curved Monitor 38UC99

Ultra Wide Curved Monitor
21:9 Curved Monitor 38UC99
Ar: LG Electronics, Inc.

38インチ、2,300Rという最大の曲率を誇るワイド曲面ディスプレイ。フラットな大画面に起こりがちな歪みの問題を解決し、最適な視野角と驚くべき没入感を実現した。この没入感をもたらすために、余計なデザインや装飾を一切取り除き、プレミアム製品のイメージを完成させた。スタント台座は高さと角度が調節可能で、完璧な視聴体験をもたらす。

Ar：LG Electronics, Inc.
Pr：Park Soo-young
Dr：Jung Jae-neung
D ：Lim Jae-won

17G050357

Gaming Monitor
Gaming Monitor 32GK850

Gaming Monitor
Gaming Monitor 32GK850
Ar: LG Electronics, Inc.

32インチ、画面アスペクト比16：9のゲーム用ディスプレイ。ゲーム中のバッファリングやフローが起きにくい仕様で、背面の円形ライトは暗い部屋でゲームする際の目の負担を軽減する間接照明の役割を果たす。ディスプレイを3台使ったシネマスクリーンモードで没入感が得られる。高さ、傾斜角度、回転角度の調節機能でさらに便利になった。

Ar：LG Electronics, Inc.
Pr：Woo Gang-ho
Dr：Kim Yeon-jin
D ：Lee Tae-jin

17G050358

4K Photographer Monitor

SW320

4K Photographer Monitor
SW320
Ar: BenQ Corporation

写真編集や精細な色彩調整作業のために開発された4K UHDディスプレイ。ハードウェアキャリブレーション技術により、グラフィック設定に影響を受けることなく、画像とオリジナル写真との一貫性を維持する。本体はフレームの内側に傾斜角を入れ、遮光フードを付けたため、モニター画面のグレアを効果的に軽減できる。

Ar：BenQ Corporation
Pr：BenQ Corporation
Dr：BenQ Lifestyle Design Center
D ：BenQ Lifestyle Design Center

17G050359

カラーマッチングシステム

EIZO Quick Color Match、ColorEdge CS2730

Color Matching Tool and 27 inch LCD Monitor
EIZO Quick Color Match, ColorEdge CS2730
Ar: EIZO Corporation

用紙とプリンターを選ぶだけでモニター画面と印刷物の色が合う、ソフトウェアと液晶モニターの組み合わせ。ソフトウェアはアドビ、エプソン、キヤノンと共同開発し最小限の操作でカラーマッチングを実現。液晶モニターは大画面に正確な色表示性能を備え、シンプルな額縁と可動域の広いスタンドを配することで、ユーザーは集中して創造性を発揮できる。

Ar：EIZO（株）
Pr：（株）KUZE DESIGN
Dr：（株）KUZE DESIGN 久世迅
D ：（株）KUZE DESIGN 久世迅

17G050360

タッチディスプレイ

タッチディスプレイ BIG PAD
PN-L-705H ／ PN-ZS703

Touch Display
Touch display BIG PAD PN-L-705H / PN-ZS703
Ar: SHARP CORPORATION

プレゼンテーションやディスカッション、アイデアミーティングなど、オフィスや教育機関向けに作られた本製品は、タッチの感度や精度、ペンの書き心地などにこだわって開発された。ホワイトボードが持つアナログのわかりやすさや使いやすさと、描いたデータをリアルタイムで共有し簡単に編集できるなど、デジタルの便利さを融合させたこれからのICT（情報通信技術）商品である。

Ar：シャープ（株）
Pr：シャープ（株）ビジネスソリューション事業本部 デザインスタジオ 中村雅博
Dr：シャープ（株）ビジネスソリューション事業本部 デザインスタジオ 大木邦裕／ブランディングデザイン本部 UXデザインスタジオ 倉持淳子
D ：シャープ（株）ビジネスソリューション事業本部 デザインスタジオ 太田賢二、松本佳太／ブランディングデザイン本部 UXデザインスタジオ 羽田亜美

17G050361

Beam Projector

HF80J

Beam Projector
HF80J
Ar: LG Electronics, Inc.

コンパクトで持ち運びしやすいプロジェクターMini Beamシリーズを、2,000ANSIルーメンの高輝度フルHDへとさらに進化させた製品。アダプターやリモコン、ケーブルなどはアクセサリーボックスに収納されており、設置や組み立て、持ち運び、保管が簡単になった。アクセサリーボックスは高さが調整でき、プロジェクター台の機能も兼ねる。

Ar：LG Electronics, Inc.
Pr：Woo Gang ho
Dr：Moon Yi hyun
D ：Lee Eun bong

17G050362

Smart Portable Projector

JmGO P2

Smart Portable Projector
JmGO P2
Ar: SHENZHEN HOLATEK Co., LTD

独創的でスマートなプロジェクター。大容量バッテリー内蔵で、従来は電源のある屋内でしか使用できなかったプロジェクターの制約を取り払い、野外での映画鑑賞なども可能にした。創意工夫とトップクラスの性能により、ユーザーに製品との新たな関わりや創造的な視聴体験をもたらす。

Ar：SHENZHEN HOLATEK Co., LTD
Pr：SHENZHEN HOLATEK Co., LTD
Dr：Xingbo Chen
D ：Ying Liang, Ming Li, Dilong He, Zhaonan Yang

17G050363

Laser Home Cinema Projector

Mi Laser Home Cinema Projector

Laser Home Cinema Projector
Mi Laser Home Cinema Projector
Ar: Xiaomi Inc.

世界初の高度レーザー発光式ディスプレイ（ALPD）技術を搭載した超短焦点プロジェクター。最大150インチのフルHD映像を50センチの近距離から投影でき、ドルビーオーディオ技術で音声のカスタム調整が可能。Bluetooth対応で、部屋のどこからでも遠隔操作でき、音声アシスタントにより目当てのコンテンツが素早く見つかる。

Ar：Xiaomi Inc.
Pr：Xiaomi Inc.
Dr：Li Ningning
D ：Zhang Lei, Li Ningning

17G050364

Smart Projector

Whaley K1

Smart Projector
Whaley K1
Ar: Whaley Technology Corporation

用途の広い携帯型のDLP方式プロジェクター。120インチのスクリーン投影機能、Hi-Fiスピーカー、スマートOSが搭載されている。さまざまな機能がコンパクトにまとまり、パーティーや旅行のほか会議やイベントにも適する。基本的な選択はキー、コンテンツ検索は音声、補助機能はジェスチャーと、3種類の操作法があり使いやすい。

Ar:Whaley Technology Corporation
Pr:Whaley Technology
Dr:Zhang Li
D :Shen Yurui, Cheng Zheng, Peng Jun, Wang Lei, Yang Zhensheng

17G050365

Projector

GS1

Projector
GS1
Ar: BenQ Corporation

屋内外で使えるワイヤレス携帯型プロジェクター。スクリーンサイズは60インチ、投影距離は1メートルの近距離、重量は1キロを切る。ケーブル不要でUSBリーダーやBluetooth、スマートフォンアプリ、ストリーミング経由ですぐにコンテンツを楽しめる。合成ラバー素材とシームレスボタンを採用したユニボディ構造で防水性が高く、落下耐性もある。

Ar:BenQ Corporation
Pr:BenQ Corporation
Dr:BenQ Lifestyle Design Center
D :BenQ Lifestyle Design Center

17G050366

ビジネスプロジェクター

EB-1795F

Projector
EB-1795F
Ar: SEIKO EPSON CORPORATION

ビジネスにおけるスマートなプレゼンテーションを支援する軽量でコンパクトなモバイルプロジェクターである。小型ながらも外出先でのさまざまな使用環境において鮮明に明るく投射することができる。ビジネスツールとして会議の場でノイズとならない薄くスマートな外観や、持ち運んで使われるものとしての堅牢性に配慮したデザインをめざした。

Ar：セイコーエプソン（株）
Pr：セイコーエプソン（株）ビジュアルプロダクツ事業部
Dr：セイコーエプソン（株）VPデザイン部
D ：セイコーエプソン（株）VPデザイン部

17G050367

ビジネスプロジェクター

EB-L1000シリーズ

Projector
EB-L1000 series
Ar: SEIKO EPSON CORPORATION

明るく鮮明な画像を幅広い用途、場所で提供できるレーザー光源プロジェクターである。レンズを交換することでさまざまな使用環境であらゆる場所への大画面投写を実現。過酷な設置環境にも耐えうる堅牢なボディとさまざまな設置環境になじむ圧迫感のないコンパクトに見えるデザインをめざした。

Ar：セイコーエプソン（株）
Pr：セイコーエプソン（株）ビジュアルプロダクツ事業部
Dr：セイコーエプソン（株）VPデザイン部
D ：セイコーエプソン（株）VPデザイン部

17G050368

DLPプロジェクター

Panasonic DLPプロジェクター
PT-RZ21K／RS20K

DLP Projector
Panasonic DLP Projector PT-RZ21K / RS20K
Ar: Panasonic Corporation

イベントやステージ、展示会、博覧会などで使用されるレーザー光源を使用した超高輝度20,000ルーメンクラスで世界最小・最軽量のDLPプロジェクター。運搬、設置、撤収などの作業の負担を軽減し、レーザー光源による20,000時間メンテナンス不要と、360度設置フリーでユーザーが求める新しい映像表現に応え、感動体験を実現する。

Ar：パナソニック（株）
Pr：パナソニック（株）コネクティッドソリューションズ社 メディアエンターテインメント事業部 事業部長 貴志俊法
Dr：パナソニック（株）コネクティッドソリューションズ社 デザインセンター 松本宏之
D：パナソニック（株）コネクティッドソリューションズ社 デザインセンター 湯山啓二

17G050369

4Kプロジェクター

パワープロジェクター
4K501ST／600STZ

4K Projector
Power Projector 4K501ST / 600STZ
Ar: Canon Inc.

4,096×2,400画素の高解像度LCOSパネルを搭載し、小型軽量で高精細投写を可能にした業務用4Kプロジェクターシリーズ。業務機として剛性感のあるソリッドデザインと、多様な設置環境に対応するシンメトリーデザインにより、あらゆる向きから見ても美しいデザインを実現する。調整作業のグラフィカルユーザーインターフェースも直感的でわかりやすい操作を可能にした。

Ar：キヤノン（株）
Pr：キヤノン（株）執行役員 イメージコミュニケーション事業本部長 戸倉剛
Dr：キヤノン（株）総合デザインセンター 所長 石川慶文
D：キヤノン（株）総合デザインセンター 関根哲也（PD）、吉野彰（UI）

17G050370

インタラクティブプロジェクター
Future Lab Program T／FL-T01

Interactive Tabletop Projector
Future Lab Program T/FL-T01
Ar: Sony Corporation

テーブルをタッチスクリーンに変え、インタラクティブな空間を作り出すテーブルトッププロジェクター。最新のセンシング技術を応用した開発環境をデベロッパーに提供し、未来のライフスタイルや価値を共創するための道具である。プロジェクター、センサー、カメラなどを一体化したメインユニットとスタンドのシンプルな構成で汎用性や拡張性を高めた。

Ar：ソニー（株）
Pr：ソニー（株）システム研究開発本部 坂本隆之
Dr：ソニー（株）クリエイティブセンター 田幸宏崇
D ：ソニー（株）クリエイティブセンター 石井智裕、渡邊祥次、藤木学、辻田裕介

17G050371

VR Headset
MiVR

VR Headset
MiVR
Ar: Beijing Xiaomi Mobile Software Co., Ltd

スマートフォン装着型のVRヘッドセット。コントローラーが付属する。

Ar：Beijing Xiaomi Mobile Software Co., Ltd
Pr：Mi
Dr：Howard.J
D ：Mi Design Team

17G050373

305

ウォッチ

FES Watch U

Watch
FES Watch U
Ar: Sony Corporation

電子ペーパーを採用し、その日の服装や気分、シーンに合わせて文字盤とベルトを好みのデザインに変えられる腕時計。専用アプリを使えば、時計にプリインストールされた柄だけでなく、オンラインストアから好みの柄をダウンロードしたり自分で撮った写真を使ってオリジナルの柄を作ることができる。デジタルとファッションを融合した新たな体験を提供する。

Ar:ソニー（株）
Pr:ソニー（株）新規事業創出部
Dr:ソニー（株）クリエイティブセンター 菅野竜太
D：ソニー（株）クリエイティブセンター 大田潔、庄司友紀、兵野涼子、青柳聡

17G050374

スマートウォッチ

wena wrist
WN-WT01S／WC01S

Smart Watch
wena wrist WN-WT01S / WC01S
Ar: Sony Corporation

テクノロジーを自然に身につけるをコンセプトに、腕時計のデザインや世界観はそのままに、バンド部にスマートウォッチの電子マネー機能、活動ログ機能、通知機能を集約したハイブリッドスマートウォッチ。アナログ時計ならではの美しさとテクノロジーの利便性を融合し、これからのウェアラブルデバイスのひとつの在り方を提案する。

Ar:ソニー（株）
Pr:ソニー（株）新規事業創出部 對馬哲平
Dr:ソニー（株）クリエイティブセンター 菅野竜太
D：ソニー（株）クリエイティブセンター 森本壮、中山寛、浅井聡、松原明香

17G050375

Smartwatch

Matrix Powerwatch

Smartwatch
Matrix Powerwatch
Ar: Matrix Industries

低電力エレクトロニクス技術を搭載した革新的なスマートウォッチ。人体が放出する熱で可動するため、バッテリー交換や外部電源が不要である。長年にわたる研究から生まれた、人体と周囲環境の温度差を活用してバッテリーを常に充電できる画期的な技術を使用している。

Ar：Matrix Industries
Pr：Akram Boukai, Douglas Tham, Matrix Industries
Dr：Akram Boukai, Douglas Tham, Matrix Industries
D ：Andrea Ponti, Ponti Design Studio Ltd.

17G050376

Mobile Device

Galaxy S8 Active

Mobile Device
Galaxy S8 Active
Ar: Samsung Electronics Co., Ltd.

Galaxy S8の強度、耐久性に優れたモデルで、アクティブで活動的なライフスタイルのユーザーに最適。なめらかな外観を見せつけながらも非常に堅牢な造りとなっている。

Ar：Samsung Electronics Co., Ltd.
Pr：Samsung Electronics
Dr：Samsung Electronics Mobile Design Team
D ：Samsung Electronics Mobile Design Team

17G050378

Mobile Device

2017 Galaxy J7 & J5

Mobile Device
2017 Galaxy J7 & J5
Ar: Samsung Electronics Co., Ltd.

従来のJシリーズのフレームデザインから脱却し、大衆市場向けモデルに新鮮さを吹き込むべく、メタル製のなめらかなユニボディ構造を採用した。新デザインを通じ、金属が持つ率直でひんやりしたイメージによる信頼感を与えることをめざす。

Ar：Samsung Electronics Co., Ltd.
Pr：Samsung Electronics
Dr：Samsung Electronics Mobile Design Team
D ：Samsung Electronics Mobile Design Team

17G050379

Mobile Device

W2017

Mobile Device
W2017
Ar: Samsung Electronics Co., Ltd.

スマートフォンと折りたたみ式携帯電話の折衷デザインにより、独特のユーザー体験をもたらす。閉じた状態では外側のスクリーンからスマートフォンが持つ拡張機能を利用でき、通話の際はフリップ式の携帯電話となる。内側にはハードウェアのキーボタンとメインタッチスクリーンの両方があり、2種類の入力インターフェースを使用できる。

Ar：Samsung Electronics Co., Ltd.
Pr：Samsung Electronics
Dr：Samsung Electronics Mobile Design Team
D ：Samsung Electronics Mobile Design Team

17G050380

Smart Phone

LG V34

Smart Phone
LG V34
Ar: LG Electronics, Inc.

優れた耐久性と操作性を備えたスマートフォンで、独自の構造と素材が特徴。シンプルながら頑丈な仕上げで耐久性を高めるとともに、最新の特殊機能を通じてユーザー体験の向上や差別化された価値を提案している。

Ar:LG Electronics, Inc.
Pr:Youngho Kim
Dr:Jihoon Shin
D :Hyejin Kim, Byunghyun Yi

17G050381

スマートフォン

Xperia XZ Premium

Smartphone
Xperia XZ Premium
Ar: Sony Corporation + Sony Mobile Communications Inc.

4K HDR対応ディスプレイ、メモリ積層型イメージセンサー搭載による最大960fpsのスーパースローモーション映像撮影、DL最大1Gbpsの高速モバイル通信など、当社の最先端技術を凝縮しリアリティあふれる撮影や映像体験を提供するスマートフォン。その体験をより多くの人に届けるため、上質ながらも人の生活に寄り添う美しいたたずまいに融合するデザインとなっている。

Ar:ソニー(株)＋ソニーモバイルコミュニケーションズ(株)
Pr:ソニーモバイルコミュニケーションズ(株)
Dr:ソニー(株) クリエイティブセンター 石井大輔
D :ソニー(株) クリエイティブセンター 植田有信、濱達也、青柳聡

17G050382

スマートフォン

AQUOS R

Smart Phone
AQUOS R
Ar: SHARP CORPORATION

人に寄り添うAIoTの世界をめざした人工知能エモパー搭載のスマホである本製品と、エモパーに連動して動く充電台ロボクル。スマホを単なる道具ではなく、身近なパートナーにしたいという思いから、人と機器との新しい関係を構築した。ロボクルにセットするとスマホの広角インカメラで人を感知し、人に向かって回転して話しかける。

Ar：シャープ（株）
Pr：シャープ（株）IoT通信事業本部 デザインスタジオ 川充雄
Dr：シャープ（株）IoT通信事業本部 デザインスタジオ 水野理史、徳永大二郎／ブランディングデザイン本部 UXデザインスタジオ 中田裕士
D ：シャープ（株）IoT通信事業本部 デザインスタジオ 田中隆士、山口大次郎、川村昌樹／ブランディングデザイン本部 UXデザインスタジオ 岡田遥、井上静

17G050383

Smart Phone

ASUS Zenfone AR

Smart Phone
ASUS Zenfone AR
Ar: Asustek Computer Inc.

世界で初めてGoogleのTango（拡張現実）とDaydream（仮想現実）の両テクノロジーに対応したスマートフォン。人間のように空間や動きを認識する能力を備えている。またモーショントラッキング、深度認識、空間学習能力を習得することで、移動するにしたがって地面や壁面、物体との位置関係を感知し、3D空間の物体的特徴を認識し記憶する。

Ar：Asustek Computer Inc.
Pr：Asustek Computer Inc.
Dr：ASUS DESIGN CENTER
D ：ASUS DESIGN CENTER

17G050384

Smart Phone
ASUS Zenfone 4 series

Smart Phone
ASUS Zenfone 4 series
Ar: Asustek Computer Inc.

本シリーズは、通常機種とハイエンドモデルのProからなり、ユーザーは必要に応じていずれかを選べる。シームレスなデザインコンセプトに高機能の仕様を備え、整合性のとれた統一感のある超薄型デザインの筐体に収めた。2.5Dゴリラガラスの画面にアルミフレームのユニボディと、贅沢な素材使いで、美しい外観となめらかな感触をもたらす。

Ar：Asustek Computer Inc.
Pr：Asustek Computer Inc.
Dr：ASUS DESIGN CENTER
D ：ASUS DESIGN CENTER

17G050385

Smart Phone
ASUS Zenfone 4 Selfie Pro

Smart Phone
ASUS Zenfone 4 Selfie Pro
Ar: Asustek Computer Inc.

自分自身や友人との自分撮りを美しく撮れるモデル。前面には通常視野角のレンズと120度の広角レンズからなるデュアルレンズカメラを搭載し、大人数のグループやワイドアングルの背景での自分撮りにも最適。前面デュアルレンズはいずれも光感度が高く、写真と動画ライブ配信の両方で使える美人エフェクトも搭載する。

Ar：Asustek Computer Inc.
Pr：Asustek Computer Inc.
Dr：ASUS DESIGN CENTER
D ：ASUS DESIGN CENTER

17G050386

Smart Phone

Smartisan U2 Pro

Smart Phone
Smartisan U2 Pro
Ar: Smartisan Technology Co., Ltd.

当社が常に提唱してきたミニマルな美学原則を体現したスマートフォンモデル。ミニマルな工業デザインと効率重視のUI/UXデザインの両立を指向した。カーブや丸みを多用したデザインで工業製品の美観と洗練されたユーザー体験を併せ持ち、競合モデルとは一線を画すものとなった。

Ar：Smartisan Technology Co., Ltd.
Pr：Smartisan Technology Co., Ltd.
Dr：Kent Li
D ：Smartisan Industrial Design Team

17G050387

Smart Phone

Mi MIX

Smart Phone
Mi MIX
Ar: Xiaomi Communications Co., Ltd

革新性にあふれたフルディスプレイ・セラミック製の画期的なスマートフォン。エッジ近くまで広がるほぼフルスクリーンのディスプレイは、近未来をかいま見せる。創意工夫に富んだカンチレバー圧電セラミック音響技術を搭載。現代的なミニマルデザインと伝統的な工芸が出会い、素晴らしい外観と使い心地のフルセラミック筐体を作り上げている。

Ar：Xiaomi Communications Co., Ltd
Pr：Xiaomi Inc.
Dr：Liu De
D ：Xiao Yanlin, Shan He, Xiaomi Smartphone Industrial Design Team

17G050388

スマートフォン
TORQUE G03

Smart Phone
TORQUE G03
Ar: KYOCERA Corporation

TORQUEシリーズの高耐久スマートフォン。MIL規格やアウトドアアクティビティのための耐海水基準をクリアし、従来のスマートフォンでは不可能だった新しい体験価値を提供する。水中撮影可能な超広角カメラ、グリップやキー配置にも徹底的にこだわった。性能に裏打ちされたデザインはアウトドアシーンを楽しむユーザーの心を高揚させるであろう。

Ar：京セラ（株）
Pr：KDDI（株）
Dr：京セラ（株）通信機器事業本部デザインセンター　北村和生
D：京セラ（株）通信機器事業本部デザインセンター　西川規理（プロダクトデザイン）、亀岡永子（カラーデザイン）

17G050389

携帯電話
かんたんケータイ KYF36

Cellular Phone
Kantan Keitai KYF36
Ar: KYOCERA Corporation

シニアは、心理的障壁からスマートフォンへの移行が難しく、フィーチャーフォンを必要としている。これに応えるのが我々の社会的役割だと考え、本機種は改めてシニアの声に向き合い開発した。いつまでも若々しくありたい、充分にいいモノを知っているというシニアの気持ちを満たす、シンプルで上質なデザインをめざした。

Ar：京セラ（株）
Pr：KDDI（株）
Dr：京セラ（株）通信機器事業本部デザインセンター　北村和生
D：京セラ（株）通信機器事業本部デザインセンター　八谷英俊（プロダクトデザイン）、野崎友里子（カラーデザイン）

17G050390

携帯電話

キッズケータイ F-03J

Mobile Phone
Kids' keitai F-03J
Ar: FUJITSU DESIGN + FUJITSU +
FUJITSU CONNECTED TECHNOLOGIES +
NTT DOCOMO, INC.

未就学児から小学校低学年層をターゲットとした見守り携帯電話である。手のひらの安心を6年生までをテーマに、Bluetooth®機能を活用した独自の見守り機能の進化に加え、素材の色を活かしたキズが目立たないボディと抗菌コートを採用。アクティブな毎日を過ごす子供達の生活や成長に寄り添い、安心を届けられるデザインをめざした。

Ar：富士通デザイン（株）+富士通（株）+富士通コネクテッドテクノロジーズ（株）+（株）NTTドコモ
Pr：富士通コネクテッドテクノロジーズ（株）高田克美
Dr：富士通デザイン（株）吉橋健太郎
D：富士通デザイン（株）森口健二、京谷美穂+（株）イマジカデジタルスケープ　田中律佐子

17G050391

アンドロイドタブレット

arrows Tab F-02K

Android Tablet
arrows Tab F-02K
Ar: FUJITSU DESIGN LTD. + FUJITSU LTD. +
FUJITSU CONNECTED TECHNOLOGIES LTD.

こんなシーンでタブレットを使えたら…と今までの生活が美しく、快適に変化することをめざしたアンドロイドタブレット。高性能マイクアレイを搭載し、離れた場所や周囲に雑音がある環境でもあなたの声だけを認識する。加えて虹彩認証によるログインや壁に立てかける滑り止めを組み合わせ、一切手を使わない新しい所作を生み出した。

Ar：富士通デザイン（株）+富士通（株）+富士通コネクテッドテクノロジーズ（株）
Pr：富士通コネクテッドテクノロジーズ（株）高田克美
Dr：富士通デザイン（株）吉橋健太郎
D：富士通デザイン（株）小池崚、益山宜治、岡本浩平+（株）イマジカデジタルスケープ　岩田永太郎、土居慶佑

17G050392

Mobile Device

Galaxy Book

Mobile Device
Galaxy Book
Ar: Samsung Electronics Co., Ltd.

高性能で用途の広い2in1のWindowsタブレット。キーボード付きブックカバーと併用するとディスプレイの角度が調整できる。マグネット式スタンド構造でヒンジの出っ張りがないため、直感的でシームレスなユーザー体験をもたらす。付属の「Sペン」は洗練されたスタイラスで持ちやすく、バッテリーも不要で使いやすい。

Ar：Samsung Electronics Co., Ltd.
Pr：Samsung Electronics
Dr：Samsung Electronics Mobile Design Team
D ：Samsung Electronics Mobile Design Team

17G050393

パーソナルコンピュータ

Panasonic CF-XZ

Personal Computer
Panasonic CF-XZ
Ar: Panasonic Corporation

画面部を取り外せばタブレットとしても使用できる業務用ノートパソコン。マグネシウム素材の筐体にボンネット構造を採用し、携行時の予期せぬ落下や外圧にも耐える堅牢性と軽量性を両立した。業務用途での使いやすさを追求し、必要最小限の指の動作で操作可能な円形パッド、文字入力しやすい大型キーボード、LAN端子からUSB-Cまで豊富な拡張ポートを搭載する。

Ar：パナソニック（株）
Pr：パナソニック（株）コネクティッドソリューションズ社 モバイルソリューションズ事業部 坂元寛明
Dr：パナソニック（株）コネクティッドソリューションズ社 デザインセンター 鈴木創
D ：パナソニック（株）コネクティッドソリューションズ社 デザインセンター 田中洋平／アプフイアンス社 デザインセンター 佐藤徹

17G050394

2in1 Detachable Laptop

Acer Switch 7

2in1 Detachable Laptop
Acer Switch 7
Ar: Acer Inc.

世界初のファンレス2in1ノートパソコン。単体グラフィックで複雑なデータ処理を必要とする仕事や趣味向け。内蔵光学レンズによる指紋読み取り機能で、濡れた指でもワンタッチで電源を入れたりログインができる。ディスプレイは取り外し可能で、付属のペンでスケッチやメモも素早く取れる。使用中はファンの騒音がないため、静音性に優れる。

Ar: Acer Inc.
Pr: Sean Hsiao, CT Chen, Stanley Chen
Dr: Seji Peng, Vic Lin
D : Ian Li, Atsushi Yang

17G050395

Premium 2in1 Mobile Laptop

Dell XPS 13

Premium 2in1 Mobile Laptop
Dell XPS 13
Ar: Experience Design Group, Dell Inc.

ディスプレイが360度回転するコンバーチブルタイプ2in1ノートパソコン。外部を保護するアルミシェルは精密なフィット感を実現し、パームレストはカーボンファイバーのソフトタッチ塗装で、操作感と堅牢性に加え軽量化も両立した。液晶のフレーム幅を最小化し、一般的な12インチノートパソコンよりさらに小さい、世界最小の2in1を実現した。

Ar: Experience Design Group, Dell Inc.
Pr: Ed Boyd
Dr: Joe Jasinski
D : Experience Design Group, Dell Inc.

17G050396

ノートブックパソコン

LIFEBOOK UHシリーズ

Notebook PC
LIFEBOOK UH series
Ar: FUJITSU DESIGN LIMITED ＋ FUJITSU CLIENT COMPUTING LIMITED ＋ FUJITSU LIMITED

Minimum & Maximumのコンセプトのもと、両立の難しい要素の高い次元での融合をめざし開発した。コンパクトなボディでありながらフルサイズキーボードを搭載し、軽量でありながらも高い堅牢性も併せ持つ。最高の携帯性と最高の操作性を追求した、世界最軽量のモバイルノートブックである。

Ar：富士通デザイン（株）＋富士通クライアントコンピューティング（株）＋富士通（株）
Pr：富士通クライアントコンピューティング（株）齋藤邦彰
Dr：富士通デザイン（株）藤田博之
D ：富士通デザイン（株）森口健二、益山宜治

17G050397

Notebook PC

Gram 15（15Z970）

Notebook PC
Gram 15（15Z970）
Ar: LG Electronics, Inc.

15.6インチ、重量1キロ未満のウルトラブック。軽量だが、バッテリーフル充電で24時間駆動する。前面のウェブカメラをヒンジ部分に配置し、ベゼルの幅を最小限にしたことで画面に没入感を持たせた。携帯性に加え、高機能、5秒の高速ブート処理、クリーンでシンプルな外観と操作感など、究極のウルトラブックといえる。

Ar：LG Electronics, Inc.
Pr：Woo Gang-ho
Dr：Park Soo-young
D ：Lee Hee-chang, Lee Tae-jin

17G050398

パーソナルコンピュータ

ThinkPad X1 Yoga

Personal Computer
ThinkPad X1 Yoga
Ar: Lenovo (Japan) Ltd.

ThinkPad X1シリーズの2in1モデル。MIL spec準拠の耐久性、大容量バッテリー、多彩なワイヤレス機能と一切の妥協を排した。新開発のRise and Fall Keyboardにより、ディスプレイの回転に合わせてキーが自動的に昇降、パームレストがフラットになる。タブレットとして使用する際の不用意なキーの押し込みがなくなり、快適な操作が可能である。

Ar：レノボ・ジャパン（株）
Pr：レノボ・ジャパン（株）
Dr：デザイン／ユーザーエクスペリエンス：David Hill、髙橋知之
D：デザイン／ユーザーエクスペリエンス：高橋辰之輔、Matthew Geary（人間工学）

17G050399

パーソナルコンピュータ

ThinkPad X1 Carbon

Personal Computer
ThinkPad X1 Carbon
Ar: Lenovo (Japan) Ltd.

ThinkPad X1シリーズのクラムシェルモデル。五世代目となった本機はカーボンを使用し薄くて軽量、強靭な本体設計をさらに進化させている。狭額縁設計により、13インチ相当のコンパクトなボディに14インチのLCDを収め、実用に充分なI/Oポート、多彩なワイヤレスサポート、大容量バッテリーと合わせて、ビジネスシーンで最適なソリューションを提供する。

Ar：レノボ・ジャパン（株）
Pr：レノボ・ジャパン（株）
Dr：デザイン／ユーザーエクスペリエンス：David Hill、髙橋知之
D：デザイン／ユーザーエクスペリエンス：鎌田新平、Markus Takashi Heberlein（人間工学）

17G050400

パーソナルコンピュータ

ThinkPad 25

Personal Computer
ThinkPad 25
Ar: Lenovo (Japan) Ltd.

ThinkPadブランドの25周年を記念して開発した製品である。他の製品と違い、長年本ブランドを愛用しているユーザーに対し、Webサイトでどのような製品が欲しいか、どのような機能が重要かを調査してその結果を基に開発した。キーボードのレイアウト、キートップの形状などインターフェースは慣れ親しんだものであるが、機能的には最新を搭載している。

Ar：レノボ・ジャパン（株）
Pr：レノボ・ジャパン（株）
Dr：デザイン／ユーザーエクスペリエンス：David Hill、髙橋知之
D ：デザイン／ユーザーエクスペリエンス：嶋久志、James Tang、Jasper Chen、岡田衛（人間工学）

17G050401

Notebook PC

Predator Triton 700

Notebook PC
Predator Triton 700
Ar: Acer Inc.

15.6インチフルHD IPSディスプレイを持つ、パワフルなゲーム用ノートパソコン。2重ファンにより冷却性能が向上し、薄型フォームファクターを実現。ゲーム対応のため、第7世代インテルCoreプロセッサー、最新のNVIDIA GeForce GTX 1080グラフィックスカード、高速NVMe対応PCIe SSD、高速データ伝送技術Thunderbolt 3を搭載する。

Ar：Acer Inc.
Pr：Acer Inc.
Dr：Seji Peng, George Cheng
D ：Rice Hsieh, Paul Huang

17G050402

Notebook PC

Swift 5

Notebook PC
Swift 5
Ar: Acer Inc.

抜群の携帯性を誇る超軽量ノートパソコン。外側のトップ・ボトムカバーにはマグネシウム・リチウム合金、パームレスト部分にはマグネシウム・アルミニウム合金を採用し、強度と軽量性を両立させた。駆動時間は最大8時間で外出先での作業に適している。

Ar：Acer Inc.
Pr：Acer Inc.
Dr：Seji Peng, George Cheng
D ：Eric So Liu, Paul Huang

17G050403

Convertible Laptop

Acer Spin 5

Convertible Laptop
Acer Spin 5
Ar: Acer Inc.

仕事にはノートパソコンモード、遊びにはタブレットモード、画面共有にはディスプレイモード、省スペースにはテントモードなど、用途に合わせて自在にモードが切り替えられるコンバーチブルタイプのノートパソコン。用途の広さと優れた携帯性で生活にフレキシブルに対応する。外出先での仕事やエンターテイメントに適している。

Ar：Acer Inc.
Pr：Bryan Cheng, Jason JH Lin, CT Chen, Stanley Chen
Dr：Paul Huang, George Cheng
D ：Hans Lin

17G050404

Laptop

ASUS ZENBOOK Flip UX370

Laptop
ASUS ZENBOOK Flip UX370
Ar: Asustek Computer Inc.

超薄型・超軽量、ディスプレイが360度回転するコンバーチブルパソコン。作業やプレゼンなどさまざまなシーンに合わせて開くことが可能。厚さわずか10.9ミリ、重さわずか1.1キロ。キーストロークは1ミリで、ガラスでカバーされたタッチパッドが抜群のタッチ操作感をもたらす。サイドに配置された指紋読み取りスキャナーは世界最薄である。

Ar：Asustek Computer Inc.
Pr：Asustek Computer Inc.
Dr：ASUS DESIGN CENTER
D ：ASUS DESIGN CENTER

17G050405

Laptop

ASUS ZENBOOK UX430／530 series

Laptop
ASUS ZENBOOK UX430／530 series
Ar: Asustek Computer Inc.

ZenBookの中でも異彩を放つ新シリーズ。洗練と上品さ、スタイリッシュさを持つ薄型・軽量モデルで、超小型のデザインの中に極細のベゼルと大きめのディスプレイが収まっている。大きくなった画面は作業の効率向上が期待できる。高性能の単体グラフィックスが搭載されているモデルの中では史上最薄を誇る。

Ar：Asustek Computer Inc.
Pr：Asustek Computer Inc.
Dr：ASUS DESIGN CENTER
D ：ASUS DESIGN CENTER

17G050406

Laptop

Zenbook 3 Deluxe (UX490)

Laptop
Zenbook 3 Deluxe (UX490)
Ar: Asustek Computer Inc.

ZenBookの新世代機種となる高性能の超軽量ノートパソコン。細部まで上品に造り込まれた新デザインが洗練された雰囲気を放つ。ゴージャスな光沢をたたえたボディは厚さ12.9ミリ、重量わずか1.1キロ。最新の部品と革新的な設計で、高い性能と9時間という長い駆動時間を実現。出張の多いプロフェッショナルの目にかなう仕様にした。

Ar：Asustek Computer Inc.
Pr：Asustek Computer Inc.
Dr：ASUS DESIGN CENTER
D ：ASUS DESIGN CENTER

17G050407

Laptop

ASUSPRO B9440

Laptop
ASUSPRO B9440
Ar: Asustek Computer Inc.

超軽量で耐久性、堅牢性が高く、大きめのディスプレイを持つノートパソコン。あらゆる面でビジネス向けに設計され、MIL規格にも対応できる信頼性があり、精巧な14インチのフルHDディスプレイが13インチ相当のボディに収まっている。アングルの特徴的なエッジも、ビジネス用ノートパソコンの目的志向を体現している。

Ar：Asustek Computer Inc.
Pr：Asustek Computer Inc.
Dr：ASUS DESIGN CENTER
D ：ASUS DESIGN CENTER

17G050408

Laptop

ASUS Education Chromebook Flip C213

Laptop
ASUS Education Chromebook Flip C213
Ar: Asustek Computer Inc.

壊れにくく、信頼性が高く、操作しやすい、児童・生徒向けに設計されたノートパソコン。機能的なデザインをめざす新しいコンセプトに基づき、用途の広い360度回転ディスプレイを搭載した。頑丈さを最優先に設計され、衝撃耐性のある素材を使用。衝撃や傷からパソコンを保護し、幼稚園から高校まであらゆる学年の児童生徒の使用に適している。

Ar：Asustek Computer Inc.
Pr：Asustek Computer Inc.
Dr：ASUS DESIGN CENTER
D ：ASUS DESIGN CENTER

17G050409

Gaming Laptop

GX501 series

Gaming Laptop
GX501 series
Ar: Asustek Computer Inc.

薄いボディと究極の性能を誇る、画期的なゲーム用ノートパソコン。持ち運びに便利でどこでもゲームを楽しめる。カバーを開くとヒンジ構造が連動して冷却機構が拡大。最新GTX1080ビデオカードの要求性能にも対応する。かつてないゲーム体験をもたらし、仮想現実とリアルの世界をすいすいと行き来できる。

Ar：Asustek Computer Inc.
Pr：Asustek Computer Inc.
Dr：ASUS DESIGN CENTER
D ：ASUSTEK COMPUTER INC.

17G050410

Gaming／High Performance Laptop PC

Dell Inspiron 15 7000 Gaming Laptop

Gaming / High Performance Laptop PC
Dell Inspiron 15 7000 Gaming Laptop
Ar: Experience Design Group, Dell Inc.

内部に高性能の仕様を導入するとともに、エントリーレベルの大幅低価格に迫り、ゲーム初心者から上級ファンまでの広い層に訴求するゲーム用ノートパソコン。冷却機構の最適化に対応した結果の産物ともいえるデザイン。薄暗い部屋でのゲームプレーに欠かせない、レッドのバックライト付きフルサイズキーボードを搭載。

Ar：Experience Design Group, Dell Inc.
Pr：Ed Boyd
Dr：Joe Jasinski
D ：Experience Design Group, Dell Inc.

17G050411

Premium All in One Desktop PC

Dell Inspiron 27 7000 AIO

Premium All in One Desktop PC
Dell Inspiron 27 7000 AIO
Ar: Experience Design Group, Dell Inc.

没入感をもたらし、高品質のエンターテイメント用デバイスを求める層に向けたVR体験にも対応可能なオールインワンPCである。27インチの広視野角（IPS）、4K UHD解像度に加え、HDRなどの次世代技術にも対応したディスプレイで、エッジツーエッジの目を見張る視覚体験を楽しめる。

Ar：Experience Design Group, Dell Inc.
Pr：Ed Boyd
Dr：Joe Jasinski
D ：Experience Design Group, Dell Inc.

17G050412

All in One Desktop Computer
Aspire S24

All in One Desktop Computer
Aspire S24
Ar: Acer Inc.

黒とゴールドの2色使いで、落ち着きのある洗練された雰囲気のオールインワンパソコン。OSとよく使うポートを下部に配置したことで、超薄のデザインと現代的なミニマルアートのような簡素さをたたえる。一方で、優れた性能と素早い反応、スタンド台座部分にパワフルなプロセッサー、メモリ、技術部品を収めた収納性の良さを特徴とする。

Ar：Acer Inc.
Pr：Acer Inc.
Dr：Acer Inc.
D ：Acer Inc.

17G050413

All in One PC
ASUS ZN AIO SERIES

All in One PC
ASUS ZN AIO SERIES
Ar: Asustek Computer Inc.

デスクトップをすっきりと整理すべく造形したオールインワンパソコン。トップクラスの性能を追求するため、先端技術部品を活かし、超薄でシャープなエッジと背面から前面にかけての美観を実現。さらに前面のIRカメラはプライバシー保護のため、不要の際は収納できる設計。冷却ファンの排気口をブランドロゴに組み込み、美観と機能性を両立させた。

Ar：Asustek Computer Inc.
Pr：Asustek Computer Inc.
Dr：ASUS DESIGN CENTER
D ：ASUS DESIGN CENTER

17G050414

デスクトップパソコン

FMV ESPRIMO FH77

Desktop PC
FMV ESPRIMO FH77
Ar: FUJITSU DESIGN LIMITED +
FUJITSU CLIENT COMPUTING LIMITED +
FUJITSU LIMITED

本製品は美しい画面とリビング空間の調和をめざした一体型デスクトップパソコンである。

Ar：富士通デザイン（株）＋富士通クライアントコンピューティング（株）＋富士通（株）
Pr：富士通クライアントコンピューティング（株）齋藤邦彰
Dr：富士通デザイン（株）藤田博之
D：富士通デザイン（株）星真人＋（株）イマジカデジタルスケープ 岩田永太郎＋（株）アルテクナ 渡邊剛士

17G050415

ワークステーション

CELSIUS M770シリーズ

Workstation
CELSIUS M770 series
Ar: FUJITSU LIMITED +
FUJITSU CLIENT COMPUTING LIMITED +
FUJITSU DESIGN LIMITED

プロフェッショナルの要望に応える、PCワークステーション。

Ar：富士通（株）＋富士通クライアントコンピューティング（株）＋富士通デザイン（株）
Pr：富士通クライアントコンピューティング（株）齋藤邦彰
Dr：富士通デザイン（株）藤田博之
D：富士通デザイン（株）マーク・フリーセン、トニー・コバリング、諸岡寿夫＋LUNAR ヨーロッパデザインチーム

17G050416

Desktop PC

ASUS Vivo PCX

Desktop PC
ASUS Vivo PCX
Ar: Asustek Computer Inc.

現代住宅にうまくとけ込む流麗で洗練されたラインを持つゲーミングPC。雨垂れを意匠化した側面の排気口や、ボディを走る魅力的な赤のラインといったデザイン要素がスタイル感をプラス。容量5リットルのコンパクトさで省スペース。テーブルの下やHDテレビの脇など場所を選ばない。

Ar：Asustek Computer Inc.
Pr：Asustek Computer Inc.
Dr：ASUS DESIGN CENTER
D ：ASUS DESIGN CENTER

17G050417

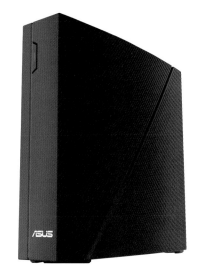

Desktop PC

Asus VivoMini VC66 Series

Desktop PC
Asus VivoMini VC66 Series
Ar: Asustek Computer Inc.

汎用性の高いモジュールデザインで、相互接続性の高い高性能ミニPC。職場のワークステーションやキオスク端末としても、自宅でのPCやホームエンターテイメント機器としても最適。ねじ回し1本でストレージディスクやメモリモジュールが開くので増設も簡単。さまざまな機器へ簡単に接続できる。静音で省エネ、アイドル時の消費電力はわずか18W。

Ar：Asustek Computer Inc.
Pr：Asustek Computer Inc.
Dr：ASUSTEK COMPUTER INC.
D ：ASUSTEK COMPUTER INC.

17G050418

インダストリアルコンピュータ

RICOH AP-10A

Industrial Computer
RICOH AP-10A
Ar: Ricoh Company, Ltd.

工場や物流倉庫などのさまざまな機械を自動制御するインダストリアルコンピュータ。従来は機械の動きをプログラミングするパソコンと、動きを制御するPLCの2台で運用していたが、一体化することで配線の簡略化と本体の小型化をおこない設置自由度を高めた。また、自動化が進む小売物流や店舗への導入を想定し外観品位とユーザビリティを考慮した。

Ar：(株)リコー
Pr：リコーインダストリアルソリューションズ(株) ECUC企画 太田祐一
Dr：(株)リコー 知的財産本部 総合デザインセンター 鈴木裕児
D ：(株)リコー 知的財産本部 総合デザインセンター 日比将市、長野修司

17G050419

Motherboard

ROG Maximus IX Extreme Motherboard

Motherboard
ROG Maximus IX Extreme Motherboard
Ar: Asustek Computer Inc.

本格派ゲーマーの要望に応えた水冷却システム付きマザーボード。水冷モノブロックは、PCの自作知識がなくても簡単に組み立て可能である。人を引きつけるデザインの中に流量、液漏れ、温度センサーなど多くの機能を集約する。M.2ヒートシンクと水冷モノブロックの搭載は画期的。多機能な性能を堪能できる製品である。

Ar：Asustek Computer Inc.
Pr：Asustek Computer Inc.
Dr：ASUS DESIGN CENTER
D ：ASUS DESIGN CENTER

17G050420

DDR4 Memory Module

T-FORCE XTREEM

DDR4 Memory Module
T-FORCE XTREEM
Ar: TEAM GROUP INC.

本メモリモジュールでは、新しい外部デザインコンセプトからヒートスプレッダを開発、最先端のアルミニウム押出プロセスとCNC加工を用いて製造された。独自の溝設計により冷却面積を広げ、冷却効率を向上。シンプルかつ壮麗なデザインと最高スペックのオーバークロック性能を両立。クリーンで流麗なラインが高速スペックを演出する。

Ar：TEAM GROUP INC.
Pr：David Yang, Business Unit 2., Team Group Inc.
Dr：Kevin Chang, Product Development Div., Team Group Inc.
D ：Kevin Wu, Product Development Div., Team Group Inc.

17G050421

Force Keyboard & Trackpad

PEGACASA

Force Keyboard & Trackpad
PEGACASA
Ar: Pegatron Corporation

直感的なマルチタッチ入力で、押された力を検知できる、電気通信機器と室内環境向けキーボードとトラックパッド。指で触れると電気信号が誘発され、0.2ミリの認識センサーから即時に接触フィードバックがもたらされる。さまざまな押す力を検知できるので、家電コントローラーとしての用途に適し、パーソナル設定もできる。

Ar：Pegatron Corporation
Pr：Pegatron Corporation
Dr：PEGACASA Design Team, PEGATRON CORP.
D ：PEGACASA Design Team, PEGATRON CORP.

17G050422

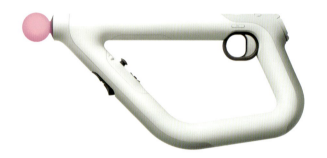

ゲームコントローラー

PlayStation® VR
シューティングコントローラー

Game Controller
PlayStation VR Aim Controller
Ar: Sony Interactive Entertainment

プレイヤーがPS VRで体験するゲームの世界に入ったかのような感覚をさらに高めるコントローラー。持ち方や狙いを定めている場所がそのままゲームに反映され、ゲーム内の標的を現実世界で狙うかのように自然に定めることができる。よりリアルで直感的に操作でき、従来のシューティングゲームが苦手な人にも白熱の戦いが楽しめる。

Ar：(株)ソニー・インタラクティブエンタテインメント
D：(株)ソニー・インタラクティブエンタテインメント コーポレートデザインセンター UXプラットフォームデザイングループ 野久尾太一

17G050423

トラックボール

ヒュージ

Trackball
HUGE
Ar: ELECOM

本製品は圧倒的な操球感とカスタマイズ性能を備えたトラックボール。これまでにない最高のポインタ操作を実現すべく、ボールのわずかな動きを検出するゲーミンググレードの高性能光学式センサーを搭載。そのセンサーに最適なボールの色とコーティング層の厚みを徹底解析し、ボール設計を一から見直すことで究極のポインター追従性を実現した。

Ar：エレコム(株)
Pr：エレコム(株) 商品開発部 コンダクションデバイス課 I/Oデバイスチーム 清水光則
Dr：エレコム(株) 商品開発部 コンダクションデバイス課 I/Oデバイスチーム 清水光則
D：エレコム(株) 商品開発部 コンダクションデバイス課 佐藤慶太

17G050424

マウス

エッグマウスフリー

Mouse
EGG MOUSE FREE
Ar: ELECOM

本製品は本体重量約30グラムという、驚異的な軽さを誇るマウスである。重さという概念から解き放つことでほんのわずかな力で操作でき、長時間の使用でも疲れにくい特徴をもつ。建築分野で用いられるトラス構造を基本設計に採用することで、マウス全体の強度を確保。ネジ1本の重さまで突き詰めることで、軽量化を実現している。

Ar：エレコム（株）
Pr：エレコム（株）商品開発部 コンダクションデバイス課 I/Oデバイスチーム 清水光則
Dr：エレコム（株）商品開発部 コンダクションデバイス課 I/Oデバイスチーム 清水光則
D：エレコム（株）商品開発部 コンダクションデバイス課 佐藤慶太

17G050425

ミラーレスカメラ

EOS M5

Mirrorless Camera
EOS M5
Ar: Canon Inc.

カメラを趣味とするハイアマチュア向けミラーレスカメラ。小型軽量ながらもホールド感の高いグリップは大型レンズの装着にも配慮しており、アルミ切削を施したダイヤルは最適な高さと角度を吟味し立体的に配置している。ファインダーをのぞいたままおこなえるタッチ画面操作と、AF機能の進化により、本格的なファインダー撮影を快適に楽しめる。

Ar：キヤノン（株）
Pr：キヤノン（株）執行役員 イメージコミュニケーション事業本部長 戸倉剛
Dr：キヤノン（株）総合デザインセンター 所長 石川慶文
D：キヤノン（株）総合デザインセンター 松本康、大石裕紀（PD）／吉尾勝人、橘川武史（UI）

17G050428

デジタル一眼レフカメラ
EOS Kiss X9

Digital SLR Camera
EOS Kiss X9
Ar: Canon Inc.

EOSシリーズのエントリーユーザー向けデジタル一眼レフカメラ。小さい、軽い、簡単の3拍子を揃えた、初心者が安心して選べる一眼レフをめざした。小型ながら、しっかりと握れるグリップやバリアングルモニターを搭載。グラフィカルユーザーインターフェースはカメラの機能を明快・直感的に表現し、幅広い写真表現を気軽に楽しめるようにした。

Ar：キヤノン（株）
Pr：キヤノン（株）執行役員 イメージコミュニケーション事業本部長 戸倉剛
Dr：キヤノン（株）総合デザインセンター 所長 石川慶文
D：キヤノン（株）総合デザインセンター 稲積めぐみ（PD）／小林奈津子、山﨑伸吾、中村安紗美（UI）

17G050429

デジタル一眼レフカメラ
Nikon D850

Digital SLR Camera
Nikon D850
Ar: NIKON CORPORATION

4575万画素で常用感度ISO64-25600、最高7コマ/秒、プロ機同等の153点AFシステム採用のハイエンドカメラ。ニコンFXフォーマット一眼レフで初めて4K UHDビデオのフルフレーム撮影に対応し、ランドスケープからコマーシャル、スポーツ、ウェディング、ファッション、マルチメディア制作まで幅広いシーンで映像づくりを可能とした。

Ar：（株）ニコン
Pr：（株）ニコン 映像事業部
Dr：（株）ニコン 映像事業部
D：（株）ニコン 映像事業部 デザイン部 プロダクトデザイン課 二階堂豊、渡邉純人／グラフィックデザイン課 熊崎武敏、梅原高志、滝澤慎吾

17G050430

デジタル一眼レフカメラ
Nikon D7500

Digital SLR Camera
Nikon D7500
Ar: NIKON CORPORATION

高速連続撮影とニコンDXフォーマット最高レベルの画質を実現するデジタル一眼レフカメラ。前機種以上の軽量化によって高められた機動力と、防塵・防滴ボディにより、さまざまなシーンで手持ち撮影を楽しむことができる。また、上位機種同様の再生フローに加え、カメラ内RAW一括現像を搭載し、作業効率も飛躍的に向上している。

Ar:（株）ニコン
Pr:（株）ニコン 映像事業部
Dr:（株）ニコン 映像事業部
D :（株）ニコン 映像事業部 デザイン部 二階堂翔太、渡邉純人、三浦操、松田俊一

17G050431

ミラーレス一眼カメラ
OM-D System for Professionals

Mirrorless Interchangeable Lens Camera
OM-D ＋ M.ZUIKO PRO: A System for Professionals
Ar: Olympus Corporation

圧倒的な機動性と高画質を提供するプロフェッショナル向け写真撮影システム。多くのプロカメラマンから高評価のE-M1 MarkⅡとレンズの組み合わせは、強力な手振れ補正と快適なホールディング性、直感的な操作性を実現し、快適に確実に表現するための写真撮影システムへと進化を遂げた。

Ar:オリンパス（株）
Pr:オリンパス（株）執行役員 映像事業ユニット長 半田正道
Dr:オリンパス（株）デザインセンター長 高橋純
D :オリンパス（株）デザインセンター 野原剛、酒井浩次、田島健司

17G050432

ミラーレス一眼カメラ
OM-D E-M1 Mark II

Mirrorless Interchangeable Lens Camera
OM-D E-M1 Mark II
Ar: Olympus Corporation

圧倒的な機動性と高画質を誇るOM-Dシリーズのフラグシップモデル。高い評価を得たE-M1の後継機として、プロフェッショナルの道具として、いっさい妥協のない進化を追求。画質、EVF性能、AF性能など基本性能の大幅な向上、防塵防滴をはじめとしたプロ向けの仕様と、小型軽量ボディを両立し、さらなる撮影機会の拡大を実現した。

Ar：オリンパス（株）
Pr：オリンパス（株）執行役員 映像事業ユニット長 半田正道
Dr：オリンパス（株）デザインセンター長 高橋純
D：オリンパス（株）デザインセンター 酒井浩次、岡田圭司

17G050433

ミラーレス一眼カメラ
OM-D E-M10 Mark III

Mirrorless Interchangeable Lens Camera
OM-D E-M10 Mark III
Ar: Olympus Corporation

ミラーレス一眼OM-Dシリーズのエントリーモデル。5軸手ぶれ補正、4K動画、新画像処理エンジンなど、上位モデル譲りの妥協のない性能を持ちながら、初めて一眼を使うユーザーにもわかりやすいシンプルな操作を実現。一歩踏み込んだこだわりの写真や一眼トップクラスの高画質な写真をさまざまなシーンで簡単に撮影できる。

Ar：オリンパス（株）
Pr：オリンパス（株）執行役員 映像事業ユニット長 半田正道
Dr：オリンパス（株）デザインセンター長 高橋純
D：オリンパス（株）デザインセンター 酒井浩次、山本紗知恵

17G050434

デジタルカメラ
Panasonic Digital Camera DC-GH5

Digital Camera
Panasonic Digital Camera DC-GH5
Ar: Panasonic Corporation

カメラ愛好家や動画クリエイターをターゲットとした、高品位な写真撮影やプロフェッショナルな映像制作が可能な静止画動画ハイブリッドハイエンドミラーレス一眼。動体撮影に優れた本機の性能を最大限に引き出せる一眼レフスタイルを採用するとともに、質実剛健なスタイリングでプロ機器にふさわしい表現を心がけた。

Ar：パナソニック（株）
Pr：パナソニック（株）アプライアンス社 イメージングネットワーク事業部 山根洋介
Dr：パナソニック（株）アプライアンス社 デザインセンター 古宮幸昌
D：パナソニック（株）アプライアンス社 デザインセンター 政野耕治、吉山豪

17G050435

デジタルカメラ
Panasonic Digital Camera DC-GF9／GX800／GX850

Digital Camera
Panasonic Digital Camera DC-GF9 / GX800 / GX850
Ar: Panasonic Corporation

エントリーユーザーに向けた、高画質と簡単操作、使い勝手の良い自撮り機能を小型サイズに凝縮したマイクロフォーサーズ規格のレンズ交換式カメラ。秒間30コマの高速連写をおこない、後から写真が選別できる4Kセルフィー機能や180度チルト式タッチパネルモニターなど多彩な自撮り機能を搭載し、より簡単に美しい自撮り撮影が可能。

Ar：パナソニック（株）
Pr：パナソニック（株）アプライアンス社 イメージングネットワーク事業部 山根洋介
Dr：パナソニック（株）アプライアンス社 デザインセンター 古宮幸昌
D：パナソニック（株）アプライアンス社 デザインセンター 北出克宏

17G050436

デジタルカメラ

FUJIFILM X-Pro2 グラファイト エディション

Digital Camera
FUJIFILM X-Pro2 Graphite Edition
Ar: FUJIFILM Corporation

X-Pro2ボディ／XF23mmF2レンズ／レンズフードは、街中で目立たずストリートフォト分野でも使いやすく、かつ所有欲を満たすグラファイトカラーでまとめた限定1,000台のセット。金属製のボディとレンズ、ダイヤルによる感覚的なアナログ操作系、液晶画面も同時に表示する光学ファインダーで撮る悦びを追求した。

Ar：富士フイルム（株）
Pr：富士フイルム（株）光学・電子映像事業部
Dr：富士フイルム（株）デザインセンター長 堀切和久
D：富士フイルム（株）デザインセンター 佐藤純、小俣武治

17G050437

デジタカメラ

FUJIFILM X-T20

Digital Camera
FUJIFILM X-T20
Ar: FUJIFILM Corporation

先代機種X-T10で評価された、ダイヤルを操作しファインダーを覗いて撮る楽しさ、小型軽量、FUJIFILMの写真画質などを進化継承した後継機。好評だった外観デザインやオートモード切り替えレバーも継承し、ボタンレイアウトの見直しとタッチパネル液晶搭載で操作性を向上。幅広いユーザーが使える、小さいけれど本格派のプレミアムカメラ。

Ar：富士フイルム（株）
Pr：富士フイルム（株）光学・電子映像事業部
Dr：富士フイルム（株）デザインセンター長 堀切和久
D：富士フイルム（株）デザインセンター 酒井真之、佐久間奈々恵

17G050438

デジタルカメラ

FUJIFILM X-E3

Digital Camera
FUJIFILM X-E3
Ar: FUJIFILM Corporation

往年のカメラを彷彿とさせるレンジファインダースタイルのレンズ交換式デジタルカメラ。先代機からさらに小型・軽量化すると同時に、精緻さの中にも柔らかな面を取り入れたモダンで高品位なデザインを追求。また、スマートフォンとの常時接続による画像共有機能やシンプルさを極めた背面の操作部など、写真を撮る悦びの提供を狙った。

Ar：富士フイルム（株）
Pr：富士フイルム（株）光学・電子映像事業部
Dr：富士フイルム（株）デザインセンター長 堀切和久
D ：富士フイルム（株）デザインセンター 齊藤大、小俣武治

17G050439

APS-Cサイズ一眼レフデジタルカメラ

PENTAX KP

APS-C Size Single-lens Reflex Camera
PENTAX KP
Ar: Ricoh Company, Ltd.

高性能光学ファインダーと先端技術を搭載した小型ボディのAPS-C一眼レフカメラ。防塵防滴構造とマイナス10℃の耐寒性能を有し悪天候下でも撮影に集中できる信頼性を保持。最高ISO 819200は暗い環境でもノイズの少ない撮影が可能。ユーザーが簡単に交換できる3種のグリップは、使用レンズや好みに合わせてカスタマイズできる。

Ar：（株）リコー
Pr：（株）リコー Smart Vision事業本部 野口智弘
Dr：（株）リコー 知的財産本部 総合デザインセンター 鈴木裕児、奥田龍生
D ：（株）リコー 知的財産本部 総合デザインセンター 羽賀正明、松下武、松田多加志

17G050440

カメラ用交換レンズ

EF70-300mm F4-5.6 IS II USM

Telephoto Zoom Lens
EF70-300mm F4-5.6 IS II USM
Ar: Canon Inc.

デジタル一眼レフカメラ「EOS」シリーズ用望遠ズームレンズ。ナノUSM搭載により、静止画撮影時における高速AFと、動画撮影時のなめらかなAFを実現した。EFレンズ初の液晶画面を搭載し、撮影距離、焦点距離、揺れ量などの情報が表示可能である。撮る喜びと所有する喜びを感じさせる端正なデザインを追求した。

Ar：キヤノン（株）
Pr：キヤノン（株）執行役員 イメージコミュニケーション事業本部長 戸倉剛
Dr：キヤノン（株）総合デザインセンター 所長 石川慶文
D：キヤノン（株）総合デザインセンター 保刈祐介、宮原和彦、千葉俊巳

17G050441

デジタルカメラ用交換レンズ

フジノンレンズ
GF110mm F2 R LM WR

Lens for Digital Camera
FUJINON GF110mm F2 R LM WR
Ar: FUJIFILM Corporation

当社中判ミラーレスカメラシステムGFXの専用交換レンズ。美しいボケ味にこだわった、ポートレート撮影に最適な大口径中望遠レンズ。中判レンズとしては小型軽量でプロが満足する操作性と、無駄を削ぎ落としながらも、大口径レンズを美しく引き立てる迫力のある精悍なデザインとした。

Ar：富士フイルム（株）
Pr：富士フイルム（株）光学・電子映像事業部
Dr：富士フイルム（株）デザインセンター長 堀切和久
D：富士フイルム（株）デザインセンター 池亀春香

17G050442

デジタルカメラ用交換レンズ

フジノンレンズ
GF23mm F4 R LM WR

Lens for Digital Camera
FUJINON GF23mm F4 R LM WR
Ar: FUJIFILM Corporation

当社中判ミラーレスカメラシステムGFXの専用交換レンズ。シャープでクリアな画質を画面全域で実現した、風景や建築物の撮影に最適な超広角レンズ。中判レンズとしては小型軽量でプロが満足する操作性と、無駄を削ぎ落としながらも、超広角レンズを美しく引き立てる精緻なデザインである。

Ar：富士フイルム（株）
Pr：富士フイルム（株）光学・電子映像事業部
Dr：富士フイルム（株）デザインセンター長 堀切和久
D ：富士フイルム（株）デザインセンター 池亀春香

17G050443

デジタルカメラ用交換レンズ

フジノンレンズ F2ラインアップ
XF23mm F2 R WR／
XF35mm F2 R WR／
XF50mm F2 R WR

Lens for Digital Camera
FUJINON LENS XF23mm F2 R WR / XF35mm F2 R WR / 50mm F2 R WR
Ar: FUJIFILM Corporation

開放値をF2に揃えた23mm/35mm/50mmの小型軽量で取り回しの良い単焦点交換レンズラインアップ。XFレンズ中最小径でありながら防滴仕様とし、総金属製で堅牢性と高い品位を持たせた。また、絞りリングの形状、位置、数値を統一し、3つのレンズ間で操作感を揃えるなど、指先の感覚を大切にした操作系で撮る悦びを追求した。

Ar：富士フイルム（株）
Pr：富士フイルム（株）光学・電子映像事業部
Dr：富士フイルム（株）デザインセンター長 堀切和久
D ：富士フイルム（株）デザインセンター 佐藤純

17G050444

GFXカメラシステム用 縦位置グリップ

パワー・ブースター・グリップ VG-GFX1

Vertical Grip for GFX Camera System
Vertical Battery Grip VG-GFX1
Ar: FUJIFILM Corporation

中判デジタルカメラ、GFXシステムの縦位置グリップ。従来、カメラと縦位置グリップでシャッターボタンの配置やグリップ形状が異なるため使用感が統一されず撮影者に慣れが必要なことが一般的だったが、本製品ではこれらの配置や形状を統一。縦・横位置でまったく同じ使用感を実現し、シビアな撮影シーンでも確実性と快適性を提供する。

Ar：富士フイルム（株）
Pr：富士フイルム（株）光学・電子映像事業部
Dr：富士フイルム（株）デザインセンター長 堀切和久
D ：富士フイルム（株）デザインセンター 今井雅純

17G050445

デジタルカメラ

GZE-1

Digital Camera
GZE-1
Ar: CASIO COMPUTER CO., LTD.

50メートル防水、耐衝撃5メートルのスペックを実現し、エクストリームスポーツなどのハードユースにおける高い操作性を実現したデジタルカメラ。専用スマートフォンアプリもしくはオプション販売のリモコンやコントローラにより操作可能。いずれの場合にも、決定的な瞬間を確実に記録に残すため、極めてシンプルで手元を見る必要がないNO LOOK UIを追求した。

Ar：カシオ計算機（株）
Pr：カシオ計算機（株）デザインセンター センター長 井戸透記
Dr：カシオ計算機（株）デザインセンター プロダクトデザイン部 部長 大木優次、室長 杉岡忍／デザインセンター コミュニケーションデザイン部 部長 長山洋介、室長 花房紀人
D ：カシオ計算機（株）デザインセンター プロダクトデザイン部 神出英／デザインセンター コミュニケーションデザイン部 リーダー 辻村泰一郎、菅原若菜

17G050446

インスタントカメラ
instax mini9

Instant Camera
instax mini9
Ar: FUJIFILM Corporation

誰でも簡単に写真プリントがその場で手に入るインスタントカメラのエントリー機である。年間数百万台を売る大ヒットとなった先代機mini8を基本に、要望の高かった自撮りミラーを採用するとともに、世界の幅広いユーザーの心に響く新たな5色のカラーバリエーションを展開し、インスタント写真をより楽しんでもらうためのカメラとした。

Ar：富士フイルム（株）
Pr：富士フイルム（株）イメージング事業部
Dr：富士フイルム（株）デザインセンター長 堀切和久
D：富士フイルム（株）デザインセンター 礒崎誠

17G050448

4Kメモリーカード・カメラレコーダー
Panasonic
メモリーカード・カメラレコーダー
AG-UX180／UX90

4K Memory Card Camere Recorder
Panasonic Memory Card Camera Recoder
AG-UX180 / UX90
Ar: Panasonic Corporation

業務用ハンドヘルド4Kビデオカメラ。プロのカメラワークに応えるコンパクトに新設計された広角24mm・光学20倍ズームレンズと有効サイズ1.0インチの高感度MOSセンサーを搭載。フォーカスを的確にアシストする追従性と安定性にすぐれたインテリジェント・オートフォーカス。

Ar：パナソニック（株）
Pr：パナソニック（株）コネクティッドソリューションズ社 メディアエンターテインメント事業部 プロダクトソリューションセンター 商品戦略企画部 宮沢哲也
Dr：パナソニック（株）コネクティッドソリューションズ社 デザインセンター 松本宏之
D：パナソニック（株）アプライアンス社 デザインセンター 西脇憲治

17G050449

放送用ズームレンズ

FUJINON UA27x6.5

Broadcast Field Lens
FUJINON UA27x6.5
Ar: FUJIFILM Corporation

最新のシミュレーション技術を活用した光学設計により、6.5〜180mm全域で4K画質を実現した27倍ズームレンズ。広角6.5mmの焦点距離を活かし野外スポーツ中継やニュースなどのスタジオ撮影などで他レンズと接近して使用されることを踏まえ、全長を短縮し取り回しを高めた進化と長年なじんだ操作性の継承を実現した。

Ar：富士フイルム（株）
Pr：富士フイルム（株）光学・電子映像事業部
Dr：富士フイルム（株）デザインセンター長 堀切和久
D ：富士フイルム（株）デザインセンター 酒井裕之

17G050450

放送用ポータブルズームレンズ

FUJINON UA14x4.5

Broadcast Portable Lens
FUJINON UA14x4.5
Ar: FUJIFILM Corporation

全長約238.5ミリの小型軽量ボディで、4K光学性能を有しながら超広角4.5mmと最短距離0.3メートルを実現したポータブルタイプのズームレンズ。既存設計を最大限活用することでコストパフォーマンスを高めるとともに、グリップ性や表記可読性を高めることで小型化が進むカメラとの一体感ある操作性を実現し、撮影者の取り回しを向上させた。

Ar：富士フイルム（株）
Pr：富士フイルム（株）光学・電子映像事業部
Dr：富士フイルム（株）デザインセンター長 堀切和久
D ：富士フイルム（株）デザインセンター 酒井裕之

17G050451

シネマカメラレンズシリーズ

FUJINON
MK18-55mm T2.9／
MK50-135mm T2.9

Cine Lens
FUJINON MK18-55mm T2.9 / MK50-135mm T2.9
Ar: FUJIFILM Corporation

焦点距離全域でT2.9の明るさを実現し、浅い被写界深度での撮影を可能としたシネマレンズ。Eマウント専用設計の、1キロ以下の小型軽量と優れたコストパフォーマンスを実現するとともに、ユーザーがなじんだ使い勝手を踏襲し迅速かつ確実に撮影をおこなえる道具としての操作性と、所有欲を満たす外観質感と品位を達成した。

Ar：富士フイルム（株）
Pr：富士フイルム（株）光学・電子映像事業部
Dr：富士フイルム（株）デザインセンター長 堀切和久
D ：富士フイルム（株）デザインセンター 酒井裕之

17G050452

シネレンズ

SIGMA CINE LENS

Cine Lens
SIGMA CINE LENS
Ar: SIGMA CORPORATION

SIGMA初の動画撮影専用レンズシリーズ。スチル用レンズで世界的な評価を得てきた光学性能はそのままに、光学系以外の設計要素を業界標準に合わせフルリニューアル。軽量、コンパクトながら最高の性能とこれまでにないバリューを持つシネレンズシリーズの実現により、映像制作の現場に自由と可能性を提供する。

Ar：（株）シグマ
Pr：（株）シグマ 代表取締役社長 山木和人
Dr：イワサキデザインスタジオ 岩崎一郎
D ：イワサキデザインスタジオ 岩崎一郎

17G050453

多目的カメラ

ME20F-SH

Multi Purpose Camera
ME20F-SH
Ar: Canon Inc.

さまざまな用途に使用可能な超高感度多目的カメラ。当社独自の超高感度CMOSセンサーを搭載することで、映画などの映像制作はもちろん、夜間監視や災害時の状況把握、学術研究にも応用可能である。本体はキュービックなモジュールデザインを採用し、設置の自由度や製品の作り変えに配慮されたデザインをめざした。

Ar：キヤノン（株）
Pr：キヤノン（株）執行役員 イメージコミュニケーション事業本部長 戸倉剛
Dr：キヤノン（株）総合デザインセンター 所長 石川慶文
D ：キヤノン（株）総合デザインセンター 森隆志

17G050454

アクションカメラ

KeyMission

Action Camera
KeyMission
Ar: NIKON CORPORATION

防水性能、耐衝撃性、耐寒性、防塵性を備えたアクションカメラである。それぞれ360度、170度、80度の画角を持ち、記録した映像をSnapBridgeもしくはSnapBridge 360/170のアプリを使ってスマートデバイスへ自動転送ができる。また、豊富なアクセサリーを使ってさまざまな撮影フィールドで楽しむことも可能。

Ar：（株）ニコン
Pr：（株）ニコン 映像事業部
Dr：（株）ニコン 映像事業部
D ：（株）ニコン 映像事業部 デザイン部 中島充雄、淺野宏幸、星智浩、鈴木舟、藤田力、宇梶純一、有馬由桂、青木友希、小畑一真

17G050455

Action Camera

GoPro HERO5 Black

Action Camera
GoPro HERO5 Black
Ar：GoPro

体験を切り取り共有できるアクションカメラGoProのフラッグシップモデル。ビデオ安定化機能付きで、解像度12メガピクセル、ステレオオーディオ付きHDビデオを搭載。操作に気を取られて楽しい瞬間を見逃さないよう、ユーザーに使いやすいデザインにした。シャッターボタンを一押しするだけで電源が入り、自動的に撮影を開始する。

Ar：GoPro
Pr：Huy Nguyen
Dr：John Muhlenkamp
D ：GoPro Industrial Design Team

17G050456

Micro-sized Action Camera

GoPro HERO5 Session

Micro-sized Action Camera
GoPro HERO5 Session
Ar：GoPro

アクションカメラGoProシリーズの最小コンパクトモデル。スペースの余裕がなくても使え、30種以上ある既存のGoProマウントのほとんどと互換性がある。堅固で防水性があり、先進的なビデオ安定化機能付きで、高品質4Kビデオ、解像度10メガピクセルの画像が撮影可能。超小型なので、グラスの中など従来にない視点から撮影できる。

Ar：GoPro
Pr：Huy Nguyen
Dr：John Muhlenkamp
D ：GoPro Industrial Design Team

17G050457

Innovative 3-Axis Smartphone Gimbal

SNOPPA

Innovative 3-Axis Smartphone Gimbal
SNOPPA
Ar: GWOWO Technology Co. Ltd.

世界初のスマートフォン3軸ジンバル。モーターアームや余計な重りのない造りとした。先進的な3軸スタビライズアルゴリズムとパワフルな電子ハードウェアによって、スマートフォン位置を正確に検知する。内蔵モーターを操作してアームの動きを補正し、よりなめらかな動画を実現した。

Ar：GWOWO Technology Co. Ltd.
Pr：Jieling Zhou
Dr：Weiling Li
D ：Weiling Li, Junliang Long, Hudong He, Yiyi Xu, Ni Jiao, GWOWO DESIGN

17G050458

ボディウォーンカメラ

Panasonic WV-TW370P

Body Worn Camera
Panasonic WV-TW370P
Ar: Panasonic Corporation

警察官が任務中に見た状況を記録するために胸部に装着するカメラである。警察官が現場で何を見たのかを証拠として確実に記録するために、人の視野角に近い160度の広角レンズを採用。容疑者との格闘も想定し、本体は耐衝撃性と防水性を備え、本製品が双方の怪我の原因にならないようにエッジ形状を排除し、ラバーで外周を保護している。

Ar：パナソニック（株）
Pr：パナソニック（株）コネクティッドソリューションズ社 セキュリティシステム事業部 島田伊三男
Dr：パナソニック（株）コネクティッドソリューションズ社 デザインセンター 束原崇
D ：パナソニック（株）コネクティッドソリューションズ社 デザインセンター 鹿取丈人

17G050459

360度カメラ

Panasonic 360度ライブカメラ AW-360C10（カメラヘッド）／360B10（ベースユニット）

360-degree Camera
Panasonic 360-degree Live Camara AW-36C10 (Camere Head) / 360B10 (Bass Unit)
Ar: Panasonic Corporation

高品位360度ライブ配信を手軽に実現する、4K対応、リアルタイム動的高精度スティッチング（複数カメラで撮影した画像をつなぎ合わせパノラマ画像を生成する機能）360度カメラ。撮影現場での自動調整で簡単な設置と撤収ができ、PCによるスティッチング処理も不要。また、PCを用いて離れた場所からも自由に設定を制御、変更が可能である。

Ar：パナソニック（株）
Pr：パナソニック（株）コネクティッドソリューションズ社 メディアエンターテイメント事業部 プロダクトソリューションセンター 商品戦略企画部 宮沢哲也
Dr：パナソニック（株）コネクティッドソリューションズ社 デザインセンター 松本宏之
D ：パナソニック（株）コネクティッドソリューションズ社 デザインセンター 森下悦仁

17G050460

Panoramic Camera

Insta360 Pro

Panoramic Camera
Insta360 Pro
Ar: Shenzhen Arashi Vision Company Limited

小型で直感的に扱える、新たなVR世代に向けた360度パノラマ式カメラ。なめらかなアルミの中心部を6枚のレンズが取り囲み、美麗な8Kパノラマ動画・写真が撮影できる。3D撮影にも対応し、素晴らしい奥行きや動きを画像にもたらす。リアルタイムでの画像連結やSNS対応のライブストリーミング機能付きで、簡単に世界中と臨場感を共有できる。

Ar：Shenzhen Arashi Vision Company Limited
Pr：JK Liu
Dr：Even Wang
D ：Even Wang, Livi Huang, River He, Benjamin Kwok

17G050461

全天球ライブカム

RICOH R Development Kit

Spherical Live Streaming Camera
RICOH R Development Kit
Ar: Ricoh Company, Ltd.

24時間連続稼動が可能な360度全天球ライブストリーミングカメラ。カメラをUSB経由でコントロールするためのAPIや、パソコン向けの映像コントロールツールであるRICOH R Consoleのソースコードを公開し、エンターテインメント以外の分野にも幅広く活用できる。

Ar：(株)リコー
Pr：(株)リコー 技術経営センター 生方秀直
Dr：(株)リコー 知的財産本部 総合デザインセンター
百瀬明、鈴木裕児、佐々木智彦
D ：(株)リコー 知的財産本部 総合デザインセンター
河俊光

17G050462

Acer Smart DashCam

Acer Vision360

Acer Smart DashCam
Acer Vision360
Ar: Acer Inc.

録画、スマート遠隔アラート、ネットワーク接続によるリモートビューなどの機能が付いた、車載用360度カメラ。コネクテッドカーや高付加価値サービスの分野に、安全安心と楽しさをもたらした。

Ar：Acer Inc.
Pr：Acer Cloud Technology Taiwan Inc.
Dr：Kris Lee
D ：Angus Chen, Loewy Tsao

17G050464

360 degree Camera

Holo360

360 degree Camera
Holo360
Ar: Acer Inc.

好きなときに素早くポケットから取り出して、細部まで詳細に撮影できるコンパクトな次世代型360度カメラ。360度の写真や映像の撮影、鑑賞、編集、さらにSNSへの直接共有を1台でおこなえるオールインワン・ソリューション。リアルタイムでの画像連結機能があり、360度のベスト映像をライブストリーミングで配信できる。

Ar：Acer Inc.
Pr：Acer Inc.
Dr：Acer Inc.
D ：Acer Inc.

17G050465

Gear 360

Galaxy

Gear 360
Galaxy
Ar: Samsung Electronics Co., Ltd.

4K映像の録画や生配信ができる360度カメラ。前モデルよりも小型で、ハンドルが持ちやすくなり、日常使用に便利となった。前モデルの特徴であった球形のボディを継承しながらも、操作の敏捷性や使いやすさが向上した。

Ar：Samsung Electronics Co., Ltd.
Pr：Samsung Electronics Co., Ltd.
Dr：MINKI HAM
D ：WOOJUNG MOON, NAMKYU KIM, KYUNGHAN NOH

17G050466

Remotely Operated Vehicle

PowerRay

Remotely Operated Vehicle
PowerRay
Ar: Power Vision Robot Corporation

魚の鑑賞や釣りの補助にも使える自律型水中ロボット。内蔵4Kカメラと調光機能付きLEDライトにより、リアルで鮮明、生き生きとした水中の世界を見ることができる。下部の魚群探知機で海中の様子や魚の多い場所を確認でき、アプリで常時映像を表示することも可能である。

Ar：Power Vision Robot Corporation
Pr：Power Vision Robot Corporation
Dr：Feng Fan
D ：Feng Fan

17G050467

LTE Smart Handheld Data Terminal

POC-E3316

LTE Smart Handheld Data Terminal
POC-E3316
Ar: Hytera Communications Corporation Limited

警察向けハンドヘルド式スマートデータ端末。LTE通信対応で、音声、ビデオ撮影、モバイルオフィス、非常警報、その他のサービスを網羅する。米軍用規格（MIL）、防水防塵規格（IP67）に準拠し、有線、無線によるデータ通信が可能である。警察の治安、交通、都市管理部署などにおける幅広い採用実績がある。

Ar：Hytera Communications Corporation Limited
Pr：Wang Yali
Dr：Geng Shaowei
D ：Chen Huiting

17G050468

セキュリティカメラ

セキュアル カム アディ

Security Camera
Secual Cam Ady
Ar: Secual, Inc.

AIを搭載した次世代型セキュリティカメラ。顔認識技術により来訪者を検知し、周辺の気象情報や交通情報などと組み合わせて生成したシナリオで音声で応対しつつ、カメラ外縁部のマルチカラーLEDがシナリオに連動して点灯する。音と視覚により玄関先での新たなコミュニケーション体験を提案。

Ar：(株)Secual
Pr：(株)Secual 青柳和洋
Dr：(株)Secual 菊池正和
D：(有)アイディープラス 井植洋

17G050469

Baby Monitor

CupCake

Baby Monitor
CupCake
Ar: Shenzhen Ge Wai Design Management Co., Ltd.

いつどこでも赤ちゃんを近くに感じられるスマートベビーモニター。Wi-Fi対応で、いつでも赤ちゃんの写真やビデオを簡単に撮影できる。お世話用タイマーが内蔵されており、食事やおむつ交換、起床のタイミングを知らせてくれる。温度や騒音のモニタリング、寝かしつけに役立つ子守歌の再生、ぐずったときの通知などのヘルプ機能がある。

Ar：Shenzhen Ge Wai Design Management Co., Ltd.
Pr：Shenzhen Unixe Electronic Technology Co., Ltd.
Dr：inDare Design Strategy Limited
D ：CHEN FENGMING, CHEN YUJIE, CHEN SHAO LONG, LIANG JIAMIN, YANG JUNLONG, YAN YANHUI, YANG WEIPENG

17G050470

Pudding BeanQ Smart Robot

ROOBO

Pudding BeanQ Smart Robot
ROOBO
Ar: Intelligent Steward Co., Ltd

子供向けのスマートロボット。生き生きとしたデザインランゲージと革新的なインタラクティブ機能で、多くの知識を教えてくれる。言語力、数学力、空間・自然認識力を総合的に鍛える擬人化ツールにより、生き生きと学習ができるよう配慮した。表現される「元気さ」は、消費者向け家庭用ロボットであることを意識したもの。

Ar：Intelligent Steward Co., Ltd
Pr：Intelligent Steward Co., Ltd
Dr：Feizi Ye, Senior Design Director, ROOBO Design Center, Intelligent Steward Co., Ltd
D ：Feizi Ye, Bin Zheng, Haichen Zheng

17G050472

ホーム IoTターミナル

TH-GW10

Home IoT Terminal
TH-GW10
Ar: Toshiba Corporation +
Toshiba Visual Solutions Corporation

当モデルは、見る（見守りカメラ）、聴く（Bluetoothスピーカー）、知る（自然言語による音声アシスト検索）、コントロールする（スマート家電連携、デジタルハブ機能）、話す（室内間インターホン機能）、守る（温度、湿度他各種センサー）など、代表的な6つの機能を搭載し、1台で簡単にスマートホームを実現する。

Ar：（株）東芝＋東芝映像ソリューション（株）
Pr：東芝映像ソリューション（株）村沢圧司
Dr：（株）東芝 デザインセンター 倉増裕
D ：（株）東芝 デザインセンター 本田達也、渡辺隆行

17G050473

ヘムスゲートウェイ

キューブ J

HEMS Gateway
Cube J
Ar: NextDrive KK

Wi-Fi、BLE、Wi-SUNなどの無線通信標準により、スマートメーターに接続して家庭や店舗などの電力使用状況管理を司るIoTゲートウェイ。モバイル端末で電力使用量の見える化や家電の遠隔制御などを実現。センサーやカメラと組み合わせ、ホームセキュリティーやエネルギー管理用ソリューションを簡単に構築できる。

Ar：NextDrive（株）
Pr：NextDrive（株）マーケティング部 王鴻彦
Dr：NextDrive（株）マーケティング部 王鴻彦
D ：NextDrive（株）マーケティング部 王鴻彦

17G050474

Tichome Mini

Mobvoi

Tichome Mini
Mobvoi
Ar: Shanghai Mobvoi Information Technology Company Limited

ハンズフリーで音声操作ができる携帯型スマートスピーカー。ステレオサウンドを再生するのはもちろん、Voice Serviceと接続し、スマートホーム（照明、ファン、ドア、スイッチなど）の操作ができるほか、電話をかける、メッセージを送受信する、ニュースやスポーツ試合結果、天気予報などの情報を即時に送信することもできる。

Ar：Shanghai Mobvoi Information Technology Company Limited
Pr：Shanghai Mobvoi Information Technology Company Limited
Dr：Gu Jing
D ：Guo Shuai

17G050475

カーテン自動開閉機

mornin'

Automatic Curtain Opener
mornin'
Ar: Robit Inc.

起床時刻に自動でカーテンを開き、太陽光による快適な目覚めを促す家電製品。カーテンレールを移動する乾電池方式の小型の本体が、アプリで設定した時刻に自動でカーテンを押し動かして開閉する。設置した本体はカーテンの裏側にぴったり隠れ、生活空間を乱さず、閉める時刻を設定すれば不在時の防犯にも役立つ。

Ar：(株)ロビット
D：高橋翔太、米原直美

17G050476

文教用アクセスポイント

WAPM-2133TR

Wireless Access Point for Schools
WAPM-2133TR
Ar: Buffalo Inc.

教育の情報化を見据えた学校用無線LANアクセスポイント。いたずらや破損を防止するためアンテナなどの突起物をなくし、コネクターなどを隠すセキュリティカバーを装備。学校での使用に耐えうる設計を施し、さらに、災害発生時には学校が避難所になることを想定し、パスワード不要で通信できる緊急時モードの搭載により災害時支援を担う。

Ar：(株)バッファロー
Pr：(株)バッファロー ネットワーク事業部
Dr：(株)バッファロー 共通技術部 小幡真也
D ：(株)バッファロー 共通技術部デザイン課 池上響

17G050477

Access Router 650

HUAWEI

Access Router 650
HUAWEI
Ar: Huawei Technologies Co., Ltd.

SDN/NFV技術の普及を背景に開発された、新型の汎用ワイヤレス端末アクセス装置。ユーザーが多様な仮想ネットワーク機能を導入することができ、ハードディスク拡張やLTEに対応する。性能を表現することに重点を置くとともに、柔らかで人間的なディテールもバランスよく取り入れ、コーポレートカラーの赤を差し色にしている。

Ar:Huawei Technologies Co., Ltd.
Pr:Huawei Technologies Co., Ltd
Dr:Huawei Technologies Co., Ltd
D :Huawei Technologies Co., Ltd

17G050478

Pocket WiFi 601ZT

Pocket WiFi 601ZT

Pocket WiFi 601ZT
Pocket WiFi 601ZT
Ar: ZTE CORPORATION

正方形で縦横わずか約71ミリのコンパクトなモバイルWi-Fiルーターである。手になじむ正方形のデザインのため、コンパクトで持ち運びしやすい。カラーはピンク、ホワイト、ブルーの3種類。本体のカラーに合わせ、ディスプレイで表示される色を統一。さらにさまざまな情報がひとめでわかるようにシンプルにホーム画面をレイアウトした。

Ar:ZTE CORPORATION
Pr:ZTE CORPORATION
Dr:ソフトバンク(株) 浦元芳浩、松木香織、岡田勝、坂田晃浩、碓井映美＋ZTE Corporation 牛犇＋ZTEジャパン(株) 荒井厚介
D :(株) DESIGN FOR INDUSTRY 北川大輔＋ZTE Corporation 範凱

17G050479

モバイルプリンター
レインドロップ

Mobile Printer
RAINDROP
Ar: blayn inc.

電源のない屋外環境では利用できなかったプリンターに、大容量バッテリーを搭載しモバイル化に成功。また、タブレットスタンドを兼ねた水滴形状、POSレジに必要なキャッシュドロワーとの連携は世界初。

Ar：ブレイン（株）
Pr：天毛伸一
D：天毛伸一

17G050480

インクジェットプリンター
EP-50V

Inkjet Printer
EP-50V
Ar: SEIKO EPSON CORPORATION

新6色インクによる広い色再現域で、広告から趣味の写真まで多彩に使えるSOHO・写真愛好家向けA3ノビ高画質プリンター。かつてないコンパクトサイズと狭い場所でも使える操作性を追求した。2WAY給紙など仕事の流れを止めない快適な操作性と信頼できる堅牢感にこだわりながらも、すっきりとしたたたずまいは空間へ心地よく調和する。

Ar：セイコーエプソン（株）
Pr：セイコーエプソン（株）プリンティングソリューションズ事業部
Dr：セイコーエプソン（株）Pデザイン部
D：セイコーエプソン（株）Pデザイン部

17G050482

ビジネスインクジェットプリンター

PX-M680F／M780F／M781F

Business Inkjet Printer
PX-M680F / M780F / M781F
Ar: SEIKO EPSON CORPORATION

SOHO向けA4カラーインクジェット複合機。ステーショナリーを思わせる親しみやすくスッキリした外観や、直観的に使い方のわかるグラフィカルユーザーインターフェースはシンプルさにこだわってデザインされており、生活空間でもあるワークスペースとの調和と、仕事の道具としてストレスなく使えるユーザビリティとの両立を果たした。

Ar：セイコーエプソン（株）
Pr：セイコーエプソン（株）プリンティングソリューションズ事業部
Dr：セイコーエプソン（株）Pデザイン部
D ：セイコーエプソン（株）Pデザイン部

17G050483

A4カラーレーザー複合機

Satera MF730／630シリーズ、
Satera LBP650／610シリーズ

A4 Color Laser Multifunction Printers
Satera MF730 / 630 Series,
Satera LBP650 / 610 Series
Ar: Canon Inc.

設置スペースの限られたSOHOや店舗などのメインマシンとして、ユーザーの業務効率化をサポートするA4カラーレーザー複合機。さまざまな環境に調和するスクエアでシンプルな外観は、信頼感と堅牢性を表現。MFシリーズには直感的な操作を実現する5インチタッチパネルを搭載した。

Ar：キヤノン（株）
Pr：キヤノン（株）代表取締役副社長 事務機事業管掌 映像事務機事業本部長 本間利夫
Dr：キヤノン（株）総合デザインセンター 所長 石川慶文
D ：キヤノン（株）総合デザインセンター 林英樹、仙敷保典、塩崎彰久(PD)／柴田高幸、坂本茜(UI)

17G050484

A4複合機

Versalink C600／C500、
Versalink C605／C505

A4 Multifunction Devices
Versalink C600 / C500, Versalink C605 / C505
Ar: FujiXerox Co., Ltd.

官公庁、大学、法律事務所などのさまざまな業種に向けたA4カラー複合機。膨大な文書の入出力をサポートするための生産性や耐久性を備えている。書類の処理業務を中心としたユーザーの仕事をシンプルにするために迷わせない直観的なデザインと、必要な機能が選べる多様な拡張オプションをコンパクトなサイズで実現した。

Ar：富士ゼロックス（株）
Pr：富士ゼロックス（株）エンタープライズドキュメントソリューション事業本部 商品開発部 宮崎文夫＋ゼロックスコーポレーション ステフ・ミューラー
Dr：富士ゼロックス（株）ヒューマンインターフェイスデザイン開発部 髙田理恵、斎藤浩子＋ゼロックスコーポレーション ドナルド・A・ブラウン
D ：富士ゼロックス（株）ヒューマンインターフェイスデザイン開発部 扇一行、大久保恵、武内雅明、竹内功

17G050485

カラーレーザー複合機シリーズ

HL-L8360CDW／
MFC-L8610CDW

A4 Multi-Function Laser Printer Series
HL-L8360CDW / MFC-L8610CDW
Ar: BROTHER INDUSTRIES, LTD.

SOHOや小規模ワークグループに向けたカラーレーザー複合機。本体の特徴は毎分A4サイズ約31枚の印字速度、大量プリントに対応する拡張性と耐久性である。インターフェースの特徴はステップレスで直感的に使える点、セキュリティ機能が充実している点、モバイルやクラウドサービスとシームレスに連携している点である。

Ar：ブラザー工業（株）
Pr：ブラザー工業（株）プリンティング＆ソリューションズ事業
Dr：ブラザー工業（株）マーケティング企画センター 総合デザイン部
D ：ブラザー工業（株）マーケティング企画センター 総合デザイン部 御田政義、マルチンコワルスキー、上垣直希、中田佑輔、大川千尋

17G050486

カラーレーザー複合機シリーズ

HL-L9310CDW ／
MFC-L9570CDW

A4 Multi-Function Laser Printer Series
HL-L9310CDW / MFC-L9570CDW
Ar: BROTHER INDUSTRIES, LTD.

中規模ワークグループからコーポレートオフィスに向けたカラーレーザー複合機。本体の特徴は毎分A4サイズ約31枚の印字速度、大量プリントに対応する拡張性と耐久性、1枚両面あたり1.02秒のスキャン速度である。インターフェースの特徴は細かなカスタマイズが可能な7インチタッチパネルにより生産性を向上している点である。

Ar：ブラザー工業（株）
Pr：ブラザー工業（株）プリンティング＆ソリューションズ事業
Dr：ブラザー工業（株）マーケティング企画センター 総合デザイン部
D ：ブラザー工業（株）マーケティング企画センター 総合デザイン部 御田政義、マルチンコワルスキー、上垣直希、中田佑輔、大川千尋

17G050487

デジタル複合機

TASKalfa 2520i ／ 2470ci、
ECOSYS M4132idn ／
M8130cidn

Digital Multi Function Peripheral
TASKalfa 2520i / 2470ci,
ECOSYS M4132idn / M8130cidn
Ar: KYOCERA Document Solutions Inc.

メンテナンス性を向上させIT機能を強化した、小規模オフィス向けのモノクロ・カラーA3複合機。簡単にメンテナンスできるユニット交換方式に加え、クラウドを使ったリモート管理により機器のダウンタイムを短縮。モバイル端末との連携で利便性を高めつつ、オフィス空間に合わせたコンパクトでシンプルなデザインとした。

Ar：京セラドキュメントソリューションズ（株）
Pr：京セラドキュメントソリューションズ（株）技術本部 MFP2統括技術部 小林竜也
Dr：京セラドキュメントソリューションズ（株）デザイン課 渡部俊彦
D ：京セラドキュメントソリューションズ（株）デザイン課 黒木裕文、田村崇、瀬島治、北川幹也、秋山卓也

17G050488

A3複合機

ApeosPort-VI C ／ DocuCentre-VI Cシリーズ

A3 Multifunction Devices
ApeosPort-VI C / DocuCentre-VI C series
Ar: FujiXerox Co., Ltd.

オフィス向けA3カラー複合機。個人や組織が、高いパフォーマンスを発揮し、多様な働き方を実践できる環境構築を支援する、当社の新コンセプト「Smart Work Gateway」を具現化した。ユーザーが仕事や思考の流れを途切れさせることなく、欲しいときに必要な情報につながることが大切であると考え、ユーザーと複合機の接点をデザインした。

Ar：富士ゼロックス（株）
Pr：富士ゼロックス（株）エンタープライズドキュメントソリューション事業本部 商品開発部 田村一夫
Dr：富士ゼロックス（株）ヒューマンインターフェイスデザイン開発部 高田理恵、松尾俊彦、中田洋＋ゼロックスコーポレーション ドナルド・A・ブラウン
D：富士ゼロックス（株）ヒューマンインターフェイスデザイン開発部 椎原務、木村英俊、野口由希、野村彩菜

17G050489

インクジェットA3カラー複合機

LX-10000F ／ 7000F

A3 Color Multifunction Network Printer
LX-10000F / 7000F
Ar: SEIKO EPSON CORPORATION

中・大規模オフィス向けインクジェットカラーA3複合機。1分間にA4サイズ100枚の高速印刷、水性顔料インクによる高画質印刷を両立しつつ、インクジェット方式ならではの低消費電力を実現し、環境負荷も低減する。高い操作性を実現する9インチ大型タッチパネルと明瞭なGUIを採用した。圧倒的な印刷スピードを伝える排紙部の造形をシンプルでクリーンな外観の中に表現。

Ar：セイコーエプソン（株）
Pr：セイコーエプソン（株）
Dr：セイコーエプソン（株）Pデザイン部
D ：セイコーエプソン（株）Pデザイン部

17G050490

Large Format Printer

Oce Colorado 1640

Large Format Printer
Oce Colorado 1640
Ar: Oce, A Canon Company

グラフィックアート市場向け大判印刷機。用途は屋内・屋外使用に向けたバナーや広告の印刷。ロールツーロール式印刷機の市場における技術的ギャップを埋める製品。UVジェル技術により、ハイエンド製品の数分の1の価格ながら、ローエンド製品よりもはるかに高速で印刷できる。

Ar：Oce, A Canon Company
Pr：Oce, A Canon Company
Dr：Carlijn Compen
D：Fred de Jong, Elsemieke van Rossum, Bert Bogaerts, Andrea Meessen, Eddy van Vliembergen, Frank Willems, Jeroen Heuvelmans, Ruben Hekkens, Andre Fangueiro, Arjen Wind.

17G050491

デジタル多機能電話機

DG-station 100シリーズ

Digital Multi-function Phone
DG-station 100 series
Ar: FUJITSU DESIGN LIMITED

この製品はおもにビジネスで使用されるデジタル多機能電話機である。多彩な機能をより多くのユーザーに使ってもらうために、見やすい画面、押しやすさにこだわったキー、持ちやすさや衛生に考慮した受話器など、隅々に細やかな配慮を施した。また、あらゆるオフィスになじむよう、普遍的でニュートラルな外観によってロングライフなデザインを実現している。

Ar：富士通デザイン（株）
Pr：富士通（株）ネットワークサービス事業本部 間宮伸之
Dr：富士通デザイン（株）板野一郎
D：富士通デザイン（株）長尾英児＋富士通エフサス・クリエ（株）原良子＋（株）アルテクナ 千崎雄大

17G050492

デジタルペーパー

DPT-RP1

Digital Paper
DPT-RP1
Ar: Sony Corporation +
Sony Imaging Products & Solutions Inc.

紙のような読みやすさ、書きやすさと、紙を超える使いやすさを融合したデジタルペーパー。A4サイズの文書をほぼ原寸表示できるとともに、目にやさしく小さな文字までくっきりと表示できる。紙の書き心地にこだわり、ペン先の紙の感触まで再現した。内蔵メモリーには約1万ファイルの文書が保存でき、パソコンやネットワークとの連携も可能である。

Ar：ソニー（株）＋ソニーイメージングプロダクツ＆ソリューションズ（株）
Pr：ソニーイメージングプロダクツ＆ソリューションズ（株）
Dr：ソニー（株）クリエイティブセンター　山田良憲、大場晴夫
D：ソニー（株）クリエイティブセンター　荻下直樹、宮野有子、東出元輝、小林翔、布施基雄

17G050493

翻訳機

イリー ウェアラブル音声翻訳機

Translator
ili Wearable Translator
Ar: Logbar Inc.

話した言葉を一瞬で音声翻訳する旅行に特化した翻訳デバイス。円形ボタンを押しながら話しボタンを離す。これだけの直感的な操作で、スムーズなコミュニケーションを可能にする。またオフラインで使用できるので、旅行中でも不安定なインターネット環境を気にすることなく、伝えたい瞬間に使うことができる。

Ar：（株）ログバー
Pr：（株）ログバー
Dr：（株）ログバー
D：（株）ログバー

17G050494

Personal Cloud Storage

Apollo Cloud 2

Personal Cloud Storage
Apollo Cloud 2
Ar: Promise Technology, Inc.

アプリで手軽に操作できるパワフルなパーソナルクラウド。大切な写真や動画、文書のバックアップや共有が、これまでになく簡単にできて安心。共有を通じて家族や友人とつながることのできる製品である。

Ar：Promise Technology, Inc.
Pr：Sherlock Cheng, Director, Product Marketing, IoT BU, Promise Technology
Dr：Hammer Chien, Senior Director, IoT BU, Promise Technology
D ：Center Liu, Alan Yeh, Engineer / Yuan Liao, UI Designer, Promise Technology

17G050495

ポータブルハードディスクドライブ

シリコンパワー Armor A62

Portable Hard Disk Drive
Silicon Power Armor A62
Ar: Silicon Power Japan Co., LTD.

赤いリボンがついた包装箱をデザインコンセプトに、美しい贈り物をイメージした。斜めにケーブルを保管でき、軽量化と持ち運びの利便性を追求した。本体表面は、指紋、傷、摩擦による損傷を防ぎ、さらに、IPX4の防水性能を備え、重要なデータをさまざまなリスクから守る。

Ar：シリコンパワージャパン（株）
Pr：シリコンパワージャパン（株）
Dr：沈文徳
D ：蔡卉柔、許硯翔

17G050496

SD700 External SSD

ADATA Technology Co., Ltd.

SD700 External SSD
ADATA Technology Co., Ltd.
Ar: ADATA Technology Co., Ltd.

高性能、魅力的なデザイン、プロフェッショナル規格の高い防水防塵性と軍用規格の耐久性と、3つの利点を持つコンパクトな携帯型外付けSSDである。製造元の高耐久性外付けハードディスクのノウハウをもとに、携帯型外付け拡張ストレージを実現するにいたった。屋内外を問わずあらゆる環境下で使える。

Ar：ADATA Technology Co., Ltd.
Pr：ADATA Technology Co., Ltd.
Dr：Tom Tsai
D ：Tom Tsai

17G050497

M.2 SSD 外付けドライブケース

CM42

M.2 SSD Enclosure Kit
CM42
Ar: Transcend Information, Inc.

SATA M.2 SSDの有効活用に最適な外付けドライブケースである。Serial ATA対応のM.2 SSDと組み合わせてポータブルストレージを簡単に組み立てることができる。寸法は81.41ミリ×33.6ミリ×7.5ミリで、小さく持ち運びに便利。インターフェースに最新のUSB 3.1 Gen 1規格を採用し、Type-CとType-Aの端子をもつのでパソコンなどと接続が可能である。

Ar：Transcend Information, Inc.
Pr：トランセンド・インフォメーション社 エリック・ワン、アモ・チアン
Dr：トランセンド・インフォメーション社 アーロン・リー、アレン・ウー
D ：トランセンド・インフォメーション社 エリック・ワン、アモ・ツァン、ポール・リン、アンディ・チャン、サティーン・ウー

17G050498

3in1 USBフラッシュメモリ

シリコンパワー Mobile C50

3in1 USB Flash Memory
Silicon Power Mobile C50
Ar: Silicon Power Japan Co., LTD.

USB3.1規格対応のスマートフォン用のUSBメモリである。Type-Cとmicro-B、Type-Aの3種類のコネクタを装備、Type-Cコネクタを保護するカバーもついた一体型デザインを採用している。Androidスマートフォン、タブレットやパソコン間でのデータのやり取りが可能である。小さくて片手で簡単に操作でき、どこにでも持ち運べる。

Ar：シリコンパワージャパン(株)
Pr：シリコンパワージャパン(株)
Dr：沈文德
D ：邱美玲

17G050499

モバイルケーブル

温度検知機能付き
Type-Cケーブル

Mobile Cable
Type-C cable with temperature detection function
Ar: ELECOM

Type-C端子を搭載し、ケーブル単体で異常発熱を検知できるモバイルケーブル。Type-C端子は最大3Aもの大電流での充電が可能である一方、発熱事故の懸念がある。本製品はコネクタ部分にブレーカー素子を搭載することによって、スマートフォン充電時の異常発熱を事前に検知し充電を止め、事故を防ぐ。シンプルな見た目で違和感なく使用できる。

Ar：エレコム(株)
Pr：エレコム(株) 商品開発部 コンダクションデバイス課 杉本善朗
Dr：エレコム(株) 商品開発部 品質管理課 大森大樹／コンダクションデバイス課 I/Oデバイスチーム 古畑義矢／ケーブルチーム 藤井明子
D ：エレコム(株) 商品開発部 コンダクションデバイス課 I/Oデバイスチーム 古畑義矢

17G050500

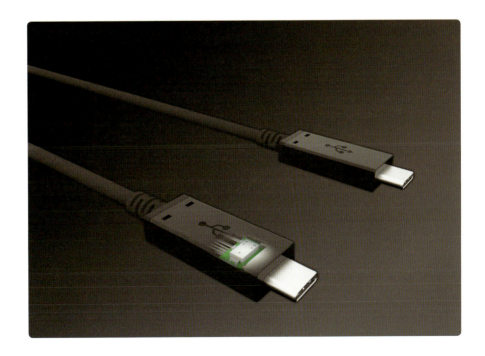

Reader, Storage, Card Reader for iOS

PQI

Reader, Storage, Card Reader for iOS
PQI
Ar: PQI / Power Quotient International Co., Ltd.

撮影した写真や動画を簡単に編集・管理できるツール。ネットワーク接続環境がなくてもアクションカメラやドローン、ドライブレコーダー、カムコーダーなどの機器から動画をキャプチャできる。マルチメディア対応、バックアップ容量拡張、指紋認識、ファイル管理、SNS共有機能を特徴とする。

Ar：PQI / Power Quotient International Co., Ltd.
Pr：PQI Product Business Unit II / Product Manager: Christine Hsieh, Peter Chang PQI Product Engineering Dept. / Louis Huang, William Tsai, Yafeng Chen
Dr：Special Assistant: KC Tu
D ：Yeng-Horng Perng, Yu-Fa Chiu, National Taiwan University of Science and Technology

17G050501

PowerJoy 30C USB-C Wall Charger

Innergie- A brand of Delta

PowerJoy 30C USB-C Wall Charger
Innergie- A brand of Delta
Ar: Delta Electronics, Inc.

オールインワンのトラベル充電器。各国のプラグに柔軟に適合するため、充電が容易。電源用のUSB-Cとデバイス検知用のUSB-Aの2つのポートを搭載している。2wayプラグと奇抜なデザインが特徴で、狭い場所でも方向を切り替えて使用できる。筐体はプラグ先に向かって2.5度傾斜しており、持つと直感的にコンセントにつなぐ方向がわかる。

Ar：Delta Electronics, Inc.
Pr：Joe C. Wang, Head of Innergie / Keith Hsieh, Product development manager / Watson SW. Hu, Product planner
Dr：JJ Chang, VP & GM
D ：Red Hung, Industrial Designer

17G050502

Wide Angle Illumination Lens

Evoko Groupie

Wide Angle Illumination Lens
Evoko Groupie
Ar: Evoko Unlimited AB

あらゆるデバイスに取り付け可能な携帯型の広角照射レンズ。手持ちのカメラに簡単に取り付けて、視野を拡大して明るくすることが可能。テレビ会議でも顔がはっきり見える。視野が広いため、たくさんの人が入り身振りも見える。間接光センサー付きで光量を自動調整する。スマートな保護ケースで、どこへでも携帯できる。

Ar：Evoko Unlimited AB
Pr：Evoko Unlimited AB
Dr：Dan Berglund
D ：above

17G050503

6

家具、住宅設備
Furnitures, Housing Facility

ユニット6は家具・住宅設備のカテゴリーで、2017年もたくさんの応募があった。この
ユニットから4つのベスト100が選出された。

ユニットを超えて審査委員会で評価された、これらの製品がどのようなモノであるか
を考えられたらと思う。

ダイキン工業のエアーコンディショナー「小空間マルチカセット ココタス」は、書斎や
茶室、キッチンや洗面室、子供部屋などの日本の住宅や空間に多く存在する狭小空間の
為に必要なサイズのエアコンである。リンナイのガスビルトインコンロ「リンナ
イ RHD312GM RHD322GM」は、ガス火の良さとIHの良さを上手く融合しており、
頑丈な五徳で安心感がありながら清掃性も良いものであった。また、寺田電機製作所 の
壁用コンセント「UCWシリーズ」は、空間に必須なアイテムであるがノイズになってい
たコンセントを、使っていない時にワンプッシュで存在を消せるようにしたことでノイ
ズの解消に成功した。最後に、LIXILのカーポート「LIXIL カーポート SC」は、2本の
柱とアルミ押出材で構成された薄い1つの屋根という極めて単純な構成を、構造と設
備面をクリアしながら見事に実現しており、完成度の高さが評価された。

これらの根底に共通することはどれも、「なぜ今までに無かったのだろう！」と思わざる
を得ない製品であり、これが「新しいスタンダードになったらいいな！」と思わせる物で
あった。

一見普通だが、一度全てゼロベースまで立ち戻り、設置される空間を意識し、機能を
絞り込み、詳細のディテールまで一貫して真摯に追求したからこそできた製品であるこ
とが分かる。

このような開発プロセスを踏んだと思われる日常の製品が、ユニット内だけでなく、
ユニットを超えた多くのベスト100候補の中から選出されたことに希望を感じる。

鈴野浩一

デジタルロック

PiACK Ⅱ（ピアック ツー）

Electronic Digital Lock Unit
PiACK Ⅱ
Ar: MIWA LOCK Co., Ltd.

カード、テンキーによる暗証番号、機械式の鍵の3通りの方法で施解錠が可能な電池式のスタンドアロン・デジタルロックである。横からのぞくとテンキー表示が見えにくくなる「のぞき見防止機能」に加え、テンキー入力前に表示されるランダムな数字を操作することで、暗証番号入力をカモフラージュする「フェイクピン機能」を備えている。

Ar：美和ロック（株）
Pr：美和ロック（株）商品企画部 部長 木下琢生、課長 岩田圭司、係長 中島浩介
Dr：美和ロック（株）商品企画部 デザイングループ 課長代理 加治屋京司
D ：美和ロック（株）商品企画部 デザイングループ 課長代理 加治屋京司

17G060504

電球

アイリスオーヤマ
LED人感センサー電球
LDR8L-H-6S／LDR8N-H-6S／LDR5L-H-6S／LDR5N-H-6S

Light Bulb
IRIS OHYAMA LED person sense sensor light bulb
LDR8L-H-6S / LDR8N-H-6S / LDR5L-H-6S / LDR5N-H-6S
Ar: IRISOHYAMA INC.

光源がLEDでE26口金の一般電球で人感センサーと明るさセンサーを搭載した。下面が開放された照明器具に取り付けることができ、廊下やトイレなどで暗くなった場合に人の赤外線を感知し自動で点灯、消灯する。一度感知すると90秒自動点灯しその後自動で消灯するが、人を感知すれば引き続き点灯する。

Ar：アイリスオーヤマ（株）
Pr：アイリスオーヤマ（株）商品開発部 大山繁生
Dr：アイリスオーヤマ（株）商品開発部 奥村明彦
D ：アイリスオーヤマ（株）デザインセンター 宮脇将志

17G060505

デザインLED電球

サイフォングランデ

Designed LED Bulb
Siphon Grande
Ar: Beat-Sonic

従来のフィラメント電球をLEDで再現し、照明市場に新たなる可能性を見出したデザインLED電球「Siphonシリーズ」の新モデル。漁業で使われてきた集魚灯（漁火）や浮き玉をモチーフとした大型のプレミアムLED電球である。環境配慮の流れからLEDしか使えない建物や空間が多くなっている中で、今まで通りのフィラメント電球スタイルの空間演出が可能になる。

Ar：(株)ビートソニック
Pr：(株)ビートソニック 戸谷大地
Dr：(株)ビートソニック 戸谷大地
D ：(株)ビートソニック 戸谷大地

17G060506

Akro

L&L Luce&Light

Akro
L&L Luce&Light
Ar: L&L Luce&Light

LED技術を活用した照明システム。建築照明分野に、屋外でも屋内の光学性能を提供するべく開発された。

Ar：L&L Luce&Light
Pr：L&L Luce&Light
Dr：L&L Luce&Light
D ：L&L Luce&Light

17G060507

Lighting

WiT MindDuo

Lighting
WiT MindDuo
Ar: BenQ Corporation

一緒に並んで読む家族も自動検知する照射範囲95センチの世界初のデスクライト。内蔵ライトセンサーが自動的に光を検知し、最適な明るさに調整する。人の検知機能で、センサーエリアに人が入ると自動的にライトが点灯。消し忘れても30分後に自動消灯。デジタル読書と読書の2モードがあらかじめ設定されているが、明るさや色温度を手動で変更することも可能である。

Ar：BenQ Corporation
Pr：BenQ Corporation
Dr：BenQ Lifestyle Design Center
D ：BenQ Lifestyle Design Center

17G060508

Connected Desk Light

Philips EyeCare connected desk lamp gen 2

Connected Desk Light
Philips EyeCare connected desk lamp gen 2
Ar: Philips Lighting

自宅に快適かつ健康的な作業環境を創出するデスクライト。適切な明るさに自動調節し、バックライトでコントラストも調整できる。

Ar：Philips Lighting
Pr：Philips Lighting
Dr：Philips Lighting Design
D ：Philips Lighting Design team

17G060509

LEDタスクライト
レビオ

LED Task Light
Rebio
Ar: YAMAGIWA CORPORATION

「文字が読みやすいためには光はどうあるべきか」という問いに真正面から向き合い開発したLEDタスクライト。紙に印刷された1文字1文字がくっきり見え、対象物の本来の色を限りなく自然に再現する。文筆家、研究者、受験生、デザイナーなど、長時間にわたって視作業を続ける人、正確な色にこだわる人に最適である。

Ar：(株)YAMAGIWA
D：ヤマギワ ライティング デザイン

17G060510

デスクライト
トア

Desk Light
Torr
Ar: Ambientec Corporation

シンプルな塔のような姿をし、独自開発の高演色性LEDを搭載したバッテリー内蔵のコードレスデスクライト。簡単に持ち運べ、設置面が小さいので、人の活動に合わせてさまざまな場所で最適な手元灯を作り出すことができる。使用時、未使用時で姿を変え、使われる状況や置かれる環境を問わないたたずまいを持つ。

Ar：(株)アンビエンテック
Pr：(株)アンビエンテック 代表取締役 久野義憲
Dr：(株)アンビエンテック 代表取締役 久野義憲
D：RKDS 小関隆一

17G060511

373

照明

ペンダントライト 大正浪漫硝子

Light
pendant light Milky Glass
Ar: Hirota Glass co., ltd

第一回東京ビジネスデザインアワードがきっかけで生まれた、大正時代から続く伝統的な硝子成型技法のひとつ「乳白あぶりだし技法」を使った照明器具。硝子の中に特殊な原料を入れ、急激な温度差を与えることで乳白色に発色させ、熟練した職人技と精密な紋様の金型によって、ガラスに絵柄を浮かび上がらせる伝統的な技法である。

Ar：廣田硝子（株）
Pr：廣田硝子（株）廣田達朗＋パナソニック（株）エコソリューションズ社 ライティング事業部 道浦正治
Dr：Tamaki Design Studio 玉置潤平、玉置唯織＋パナソニック（株）エコソリューションズ社 デザインセンター 笹子達也
D ：Tamaki Design Studio 玉置潤平、玉置唯織＋パナソニック（株）エコソリューションズ社 デザインセンター 白鳥真衣子

17G060512

照明器具

ジュジュ

Lighting Equipment
JUJUBE
Ar: SUZUKI LIGHTING CORPORATION

古くから茶道具などの意匠に取り入れられてきたナツメの実。その丸みのあるおおらかな形から着想を得たペンダントライトである。アルミのシェードは、金属加工の町である新潟県燕市のヘラ絞り職人によって手作業で作られている。赤、白、墨色の日本的な3色のつややかな鏡面仕上げは、日本でも有数の塗装職人の手によるものである。

Ar：鈴木照明（株）
Pr：安東孝一
Dr：安東孝一
D ：山本秀夫

17G060513

センサーライト

フリーアーム式LEDセンサーライト

Motion Security Light
LED Sensor Light with Flexible Arm
Ar: Musashi Hardware Mfg Co., Ltd.

設置性、照射角を従来製品に比べて大きく改善したセンサーライトの新シリーズである。本体ライト、左右ライト、センサーがそれぞれ独立して可動し、3灯式は360度全方向を、2灯式は曲がり角の両方向を照らすことができる。センサーにより自動点灯、消灯する。夜の住宅周りの安心・安全を提供するLEDセンサーライトに新しい利便性を付け加えた。

Ar：(株)ムサシ
Pr：(株)ムサシ デザインプロジェクトディレクター 岡本亮
Dr：(株)ムサシ デザイン課 チーフ 小笠原敏
D ：(株)ツジモトデザインオフィス 辻本泰嗣

17G060514

屋外用照明器具

美彩
（2017モデル／屋外用和風照明）

Exterior Light
Bisai (2017model / Outdoor Japanese Light)
Ar: LIXIL Corporation

和風建築や日本庭園の夜景を構成する照明として開発が待ち望まれていた「行灯照明」を、電気工事資格を持たない造園業者でも施工することが可能な照明器具（DC12V）のひとつとして開発。庭園を造りあげる過程で施工ができる工夫と伝統的な和風金物製法を用いたディテールは建築様式とも相まって、日本ならではの庭園夜景の普及に貢献する。

Ar：(株)LIXIL
Pr：(株)LIXIL Housing Technology Japan エクステリア事業部
Dr：(株)LEM空間工房＋(株)LIXIL Housing Technology Japan エクステリア開発部
D ：(株)LEM空間工房 長町志穂＋(株)LIXIL Housing Technology Japan エクステリア開発部 今泉剛、藤井郁

17G060515

カラーエアコン

KADEN Colors

Color Air Conditioning
KADEN Colors
Ar: Hasegawa Denkasyo-kai .Inc

この製品は、家電を彩ったKADENである。リビングルームで最も存在感を放つエアコンをメインに、冷蔵庫、空気清浄機とあらゆる家電に自動車同様の高品質塗装技術でカラーリングを施した。色も一から作成するので、部屋に合わせて色をつくりだせる。これからは、隠す家電ではなく、見せたくなる家電へ。

Ar：(有)長谷川電家商会
Pr：(有)長谷川電家商会 代表取締役社長 長谷川記史
Dr：(有)長谷川電家商会 KADEN Colors事業部 長谷川彩香
D ：(有)長谷川電家商会 代表取締役社長 長谷川記史

17G060517

エアーコンディショナー

FTXM25SVLT

Air Conditioner
FTXM25SVLT
Ar: DAIKIN INDUSTRIES, LTD

経済成長によりリビングだけでなく寝室での利用が増加している台湾の状況に対応し、就寝時の優しい気流を実現した眠りのためのエアコンである。眠りの快適性を追求するための省エネ・空調技術を搭載し寝室に合った外観をデザインした。台湾市場における最上位機種モデルである。

Ar：ダイキン工業(株)
Pr：ダイキン工業(株) 空調生産本部 住宅設備商品グループリーダー 小泉淳／小型RA商品グループリーダー 今中俊行＋ダイキンインダストリーズタイランド社 R＆Dセンター長 山中哲博
Dr：ダイキン工業(株) テクノロジーイノベーションセンター 先端デザイングループリーダー 関康一郎
D ：ダイキン工業(株) テクノロジーイノベーションセンター 先端デザイングループ 長治雅彦

17G060518

エアーコンディショナー
risora

Air Conditioner
risora
Ar: DAIKIN INDUSTRIES, LTD

国内の住環境に合う半間対応サイズの横幅で、生活になじむ形と質感を追求したインテリアの一要素となるエアコン。省エネ性や快適性を高いレベルで有しながらも厚さ185ミリ、幅798ミリを実現。この半間対応サイズをキープすることにより設置性をクリアし、すべてのインテリアにこだわりたい人に届けられる製品である。

Ar：ダイキン工業（株）
Pr：ダイキン工業（株）空調生産本部 住宅設備商品グループリーダー 小泉淳／小型RA商品グループリーダー 今中俊行
Dr：ダイキン工業（株）テクノロジーイノベーションセンター 先端デザイングループリーダー 関康一郎／チームリーダー 長治雅彦
D：ダイキン工業（株）テクノロジーイノベーションセンター 先端デザイングループ 中森大樹

17G060519

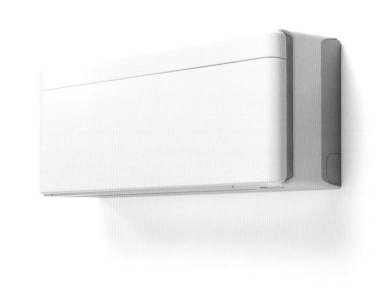

エアーコンディショナー
Panasonic CS-X408C2シリーズ

Air Conditioner
Panasonic CS-X408C2 series
Ar: Panasonic Corporation

リビング空間を想定した高い省エネ性と機能性を凝縮した日本市場向けエアコン。暑い、寒いという人の温冷感を検知し2つの異なる温度の気流を実現した。可動式空気清浄フィルター、自動お掃除ロボット機能を搭載する。これらの機能を内包しながら段差や継目を極力排したクリーンなフォルムの追求と、マットな質感を採用することで空間調和をめざした。

Ar：パナソニック（株）
Pr：パナソニック（株）アプライアンス社 エアコンカンパニー エアコン事業部 白土清
Dr：パナソニック（株）アプライアンス社 デザインセンター 高橋匡嗣
D：パナソニック（株）アプライアンス社 デザインセンタ 木下和美、中村実

17G060520

エアーコンディショナー
Panasonic CS-J227Cシリーズ

Air Conditioner
Panasonic CS-J227C series
Ar: Panasonic Corporation

基本機能を凝縮した日本市場向けエアコン。涼風が降り注ぐ天井シャワー気流と、吹き出す風を清潔に保つナノイーXの搭載で、清潔で快適、健康的な空調を実現。また、省エネ基準を満たしながらもコンパクトな本体の実現と、段差や継目を極力排したクリーンなフォルムで圧迫感の低減と空間調和をめざした。

Ar:パナソニック(株)
Pr:パナソニック(株) アプライアンス社 エアコンカンパニー エアコン事業部 白土清
Dr:パナソニック(株) アプライアンス社 デザインセンター 高橋匡嗣
D :パナソニック(株) アプライアンス社 デザインセンター 羽鳥功二、山野潤

17G060521

エアーコンディショナー
FUJITSU KGシリーズ

Air Conditioner
FUJITSU KG Series
Ar: FUJITSU GENERAL LIMITED

グローバル市場向け標準クラスの壁掛けエアコン。海外市場で要望の強い薄型化と省エネ性能向上に取り組み、独自の熱交換器で奥行き215ミリの薄型フォルムと欧州エネルギーランクで最高のA+++を達成している。インテリアへの意識が高い海外ユーザーの志向に応え、居住空間に穏やかに調和する、長く使い続けられるデザインをめざした。

Ar:(株)富士通ゼネラル
Pr:(株)富士通ゼネラル 空調機デザイン開発部 プロダクトデザイン部 部長 三宅学
Dr:(株)富士通ゼネラル 空調機デザイン開発部 プロダクトデザイン部 担当課長 南條聡
D :(株)富士通ゼネラル 空調機デザイン開発部 プロダクトデザイン部 上野慎太郎、藤岡充央

17G060522

家庭用壁掛けエアコン

OP-E221MX

Air Conditioner
OP-E221MX
Ar: GD MIDEA AIR CONDITIONING EQUIPMENT CO;
LTD

北米市場一般家庭向けの壁掛けエアコン。エアコンに求められる、冷やす、暖める、という基本的な機能にしぼり、できるだけシンプルに、コンパクトにまとめたベーシックモデルである。

Ar：広東美的制冷設備有限公司
Pr：Yin Bi Tong
Dr：花牟禮敏幸
D：叶家兵、甘りん、程洪

17G060523

エアーコンディショナー

霧ヶ峰
MSZ-ZWシリーズ／ZXVシリーズ

Air Conditioner
Kirigamine MSZ-ZW Series / ZXV Series
Ar: MITSUBISHI ELECTRIC CORPORATION

本製品は、高い省エネ性能を保有する当社エアコンの上位機種である。フィルター自動清掃メカを取り外せる構造にすることで、内部構造部まで清掃を可能にした。また、前面から下面までを一体のパネル形状とし拭きやすさに配慮しつつ、リモコン受光部や表示部も表面に現れないようにするなど、エアコンの中も外も徹底的に清潔にすることにこだわった。

Ar：三菱電機（株）
Pr：三菱電機（株）静岡製作所 永野雅夫
Dr：三菱電機（株）デザイン研究所 西口隆行
D：三菱電機（株）デザイン研究所 藤ヶ谷友輔、加藤弘之

17G060524

379

エアーコンディショナー
MSZ-APシリーズ

Air Conditioner
MSZ-AP Series
Ar: MITSUBISHI ELECTRIC CORPORATION

欧州の都市部での利用を想定したルームエアコンである。欧州の省エネ基準であるSEERで最高ランクのA+++を獲得しながら、住宅事情を考慮したコンパクトな筐体に納めているのが特徴。また、本体下部を小さく見せる造形や、部品の継ぎ目や凹凸形状を極力排することで、住空間との調和にも配慮している。

Ar：三菱電機（株）
Pr：三菱電機（株）静岡製作所 永野雅夫
Dr：三菱電機（株）デザイン研究所 西口隆行
D ：三菱電機（株）デザイン研究所 新井悟史、林壮烈、前谷典輝

17G060525

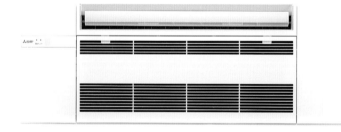

エアーコンディショナー
一方向天井カセット形
MLZ-RXシリーズ／GXシリーズ／HXシリーズ

Air Conditioner
One direction cassette MLZ-RX series / GX series / HX series
Ar: MITSUBISHI ELECTRIC CORPORATION

本製品は、空間への干渉を極力少なくすることをコンセプトにした国内外の住宅に向けた天井カセットタイプの一方向エアコンである。本体構造を見直して、天井からの突出量を極限まで抑えたパネルを採用し、建築空間と調和するフラットでスクエアなパネルデザインとした。また、リモコン受光部と操作・表示部は本体と一体化している。

Ar：三菱電機（株）
Pr：三菱電機（株）静岡製作所 小野達生
Dr：三菱電機（株）デザイン研究所 西口隆行
D ：三菱電機（株）デザイン研究所 楠木陽子、前谷典輝

17G060526

ペレットストーブ
時計型Plus YNE-60

Pellet Stove
"TOKEIGATA Plus" YNE-60
Ar: HONMA SEISAKUSYO Co., Ltd.

木質ペレットを電気で自動供給し暖を取るペレットストーブである。ペレットタンクを透明の筒にすることでデザイン性を高めるとともにペレット残量をひとめで確認できるようにした。また、自然排気式の採用により自然にゆらぐ美しい炎と高い静音性を実現している。停電時には薪ストーブとして使用でき、ストーブ天板は煮炊きに利用できる。

Ar：（株）ホンマ製作所
D：黒川玲

17G060527

ヒートポンプ式給湯暖房機
Panasonic WH-ADCシリーズ

Air to Water Heat Pump
Panasonic WH-ADC Series
Ar: Panasonic Corporation

熱交換ユニットと貯湯タンクが一体型の欧州向けヒートポンプ式給湯暖房機。欧州では家庭のエネルギー消費量とCO_2の削減が積極的に推進されており、本製品は省エネ性能が高い日本のヒートポンプ技術を基に、省エネ性能最高ランクのA＋＋を獲得。また、一体型の利点を活かした省スペース性と施工性向上を実現し、欧州の住空間に配慮した。

Ar：パナソニック（株）
Pr：パナソニック（株）アプライアンス社 エアコンカンパニー エアコン事業部 白土清
Dr：パナソニック（株）アプライアンス社 デザインセンター 高橋匡嗣
D：パナソニック（株）アプライアンス社 デザインセンター 松本哲也

17G060528

ヒートポンプ式給湯暖房機
Panasonic WH-SDCシリーズ

Air to Water Heat Pump
Panasonic WH-SDC Series
Ar: Panasonic Corporation

欧州向けヒートポンプ式給湯暖房機。欧州では家庭のエネルギー消費量とCO_2の削減が積極的に推進されている。本製品は省エネ性能が高い日本のヒートポンプ技術を基に、省エネ性能最高ランクのA＋＋を獲得。また、熱交換ユニットと貯湯タンクが分離しているセパレート型の利点を活かし、レイアウトの自由度が増え、欧州の住空間への設置性に配慮した。

Ar：パナソニック(株)
Pr：パナソニック(株) アプライアンス社 エアコンカンパニー エアコン事業部 白土清
Dr：パナソニック(株) アプライアンス社 デザインセンター 高橋匡嗣
D ：パナソニック(株) アプライアンス社 デザインセンター 松本哲也

17G060529

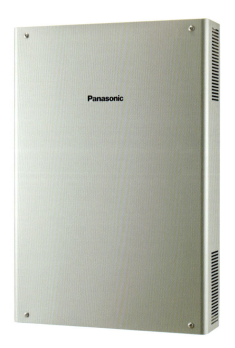

ハイブリッド型パワーコンディショナ
Panasonic パワーステーションS LJPB21／22

Hybrid Inverter
Panasonic POWER STATION S LJPB21 / 22
Ar: Panasonic Corporation

太陽光発電用のパワコンと、蓄電池用のパワコンをコンパクトに一体化した商品。平常時は太陽光発電と蓄電池をかしこく連携制御し電気を効率よく活用する。停電時は照明や冷蔵庫、テレビなどに加え、炊飯器なども使用できる高出力で安心を提供。従来品に比べ約3分の1のコンパクトな壁掛け型で基礎工事が不要になり、併せて速結端子を採用し施工時間を大幅に短縮した。

Ar：パナソニック(株)
Pr：パナソニック(株) エコソリューションズ社 エナジーシステム事業部 ソーラーシステムビジネスユニット パワーエレクトロニクスストラテジックビジネスユニット 牧野康弘
Dr：パナソニック(株) エコソリューションズ社 デザインセンター 板橋敏行
D ：パナソニック(株) エコソリューションズ社 デザインセンター 日高正隆、大槻顕

17G060530

スツール

デュエンデ ベントスツール

Stool
DUENDE BENT STOOL
Ar: marcs international co., ltd.

座面を固定する太いパイプが、熱で溶けたように前脚の細いパイプに巻きつき方向を変えて伸び、後ろ脚となっている。構造上一見弱そうに見えるが、つぶれたパイプが前脚を強くホールドし、裏面から溶接することでイスとしての耐久性を保っている。Tube Flattening（パイプつぶし加工）の持つメリットを最大限に引き出し、最小限の工程とパーツ数で作られた新しい家具である。

Ar：(株)マークスインターナショナル
Pr：(株)マークスインターナショナル マネージングディレクター 大谷正人
Dr：(株)マークスインターナショナル ディレクター 西場弘治
D：岩元航大

17G060531

スツール

PPスタッキングスツール

Stool
POLYPROPYLENE STACKABLE STOOL
Ar: Ryohin Keikaku Co., Ltd.

簡素で無駄のないデザインのスツール。座面は座り心地の良さを追求して体の形状に合わせた窪みをつけた。積み重ねできるので使わないときは省スペースに収納でき、限られたスペースを有効に活用できる。ポリプロピレン素材なので非常に軽く、女性でも使いたい場所へ楽にさっと持ち運びができる。

Ar：(株)良品計画
Pr：(株)良品計画 生活雑貨部 依田徳則
Dr：(株)良品計画 生活雑貨部 企画デザイン室 矢野直子
D：ジャスパー モリソン

17G060532

食堂椅子

TASTO STACKING DC315-1W

Dining Chair
TASTO STACKING DC315-1W
Ar: nagano interior industry co. ltd

軽量でスタッキングが可能なダイニングチェア。木という素材の特徴を活かしつつ、細身ながらも強度があり座り心地に優れている。

Ar：ナガノインテリア工業（株）
Pr：ナガノインテリア工業（株）
D ：村澤一晃

17G060533

食堂椅子

DC343-1W

Dining Chair
DC343-1W
Ar: nagano interior industry co. ltd

アームをダイニングテーブル天板に掛けることができるハンギング機能を持つチェア。ハーフアームなので、出入りしやすく立ち上がりの支えになり高齢者にも優しい。座面にダイメトロールを使用することで、軽量化と底づき感のない座り心地を実現。座カバーはマジックテープで簡単に取り外し、家庭で気軽に洗濯することができる。

Ar：ナガノインテリア工業（株）
Pr：ナガノインテリア工業（株）
D ：中尾雅治

17G060534

椅子
アーガイル

Chair
Argyle
Ar: PRESTIGE JAPAN INC.

本製品はウインザーチェアの新しい背当たりの工夫をテーマにデザインをスタートさせた。斜めにクロスしたスポークに調和するように、椅子全体の統一感を出した。八の字のスポークの組み合わせによりアーガイル柄が現れ、どのようにすれば丸棒だけで腰から背にかけて快適なサポートができるか、試行錯誤を経てこのデザインに着地している。

Ar:（株）プレステージジャパン
Pr:（株）プレステージジャパン TIME&STYLE
Dr:（株）プレステージジャパン TIME&STYLE
D :DRILL DESIGN

17G060535

ダイニングチェア
AWASE

Dining Chair
AWASE
Ar: HIDA SANGYO Co., Ltd.

ウインザーチェアをベースに、できるだけシンプルに軽快な印象を探求。柔らかい曲線をもつ特徴的な背はやや高めにし、空間との調和を意識した。西と東の文化慣習が合わさり、今までのものに新しい価値が生まれる。2つ以上のものをひとつにする「合わせ」という考え方を、今とこれからの暮らし方に取り入れたいと考えた。

Ar:飛驒産業（株）
Pr:飛驒産業（株）代表取締役社長 岡田贊三
Dr:飛驒産業（株）デザイン室長 中川輝彦
D :（有）イガラシデザインスタジオ 五十嵐久枝

17G060536

385

ループチェア
LLC41F／41A

Loop Chair
LLC41F／41A
Ar: Kashiwa Mokko Co., Ltd.

基本技術である曲げ木を使用したループバックスタイルのパーソナルチェア。空間を広く感じさせるため背クッションを外し、スポークをバランスよく配置することにより背当たりを良くした。座り心地が良く、バックスタイルが美しい椅子である。

Ar：柏木工（株）
Pr：柏木工（株）
Dr：柏木工（株）
D ：柏木工（株）牛丸敏彦

17G060537

椅子
C-Fit-Chair（シーフィットチェア）
[トライアングル・キュービック]

Chair
C-Fit-Chair [Triangle / Cubic]
Ar: Nakatsu kagu Co., ltd. + Oita-pjc + Oita-nhs + OIRI

おもに高齢者施設などで使用され、高齢者の座り心地と安全性を重視し、生活の質の向上をめざす木製の椅子である。円背の姿勢にフィットする背座面カーブにより、前かがみでうつむきがちな視線を上げて食事や会話が楽しめる。体圧を分散させる凹凸クッションを着脱式にして、体形や体格の異なる高齢者に合わせられるよう工夫した。

Ar：中津家具（株）＋大分県立芸術文化短期大学＋大分県立看護科学大学＋大分県産業科学技術センター
Pr：中津家具（株）代表取締役社長 永岡実男
D ：NAHO DESIGN 松野奈帆＋大分県立芸術文化短期大学 松木康史＋大分県立看護科学大学 麻生優恵＋大分県産業科学技術センター 佐藤幸志郎、北嶋俊朗、兵頭敬一郎

17G060538

低座シーティング

バッソ

Low Seating
Basso
Ar: Okamura Corporation

畳で生活してきた日本人にとってなじみ深い床生活の良さを体感できるイスである。シート高を22センチとすることで低座感を味わいながらも、独自構造によるフィット感に優れ安定感のある座り心地と、立ち上がりやすさを実現した。シンプルなスタイリングと木の風合いにより、リビングルームに置いても圧迫感を感じず、快適なくつろぎの時間を演出する。

Ar:（株）岡村製作所
Pr:（株）岡村製作所 インテリア営業部製品開発室 高橋将人
D :（株）岡村製作所 デザイン本部製品デザイン部 戸塚新平

17G060539

椅子

フレックスチェア

Floor Chair
ZAGUN FLEX CHAIR
Ar: Yamazaki Corporation

独自のリクライニング機能と特許クッション構造で、機能性、座り心地、コンパクトさを追求したフレックスな椅子である。椅子本体は頭部、背もたれ、脚部の3カ所、台座部分は前後両側2カ所の合計5カ所がリクライニングする。作業には前傾姿勢、休息には後傾姿勢、座面を高くした立ち座りが楽な姿勢など、さまざまな生活シーンでの姿勢をケアする。

Ar:（株）ヤマザキ
Pr:（株）ヤマザキ 山﨑隆一
Dr:NORIKO HASHIDA DESIGN 橋田規子
D :橋田規子＋山﨑隆一

17G060540

Table

tii

Table
tii
Ar: GuangZhou Living Together Furniture Co., Ltd.

かごに着想を得た、取っ手付きのサイドテーブル。持ち運びや収納が簡単で、機能性と楽しさを両立させた。

Ar：GuangZhou Living Together Furniture Co., Ltd.
Pr：GuangZhou Living Together Furniture Co., Ltd.
Dr：GuangZhou Living Together Furniture Co., Ltd.
D：Zhou AnBin

17G060541

テーブル・キッチン

圧密国産杉のテーブルとキッチン

Table and Kitchen
Compressed Japanese cedar table and kitchen
Ar: Gotohmokuzai Co., Ltd.

当社の圧密技術で国産の杉を50パーセントまで圧縮、狂いの少ない、また水にも強い材料に加工してキッチンやテーブルの天板に使った。機器を自由に選んでもらい孔開け加工をして提供する。木目は板目と柾目の2種類を用意、塗装の種類や色も自由に選べる。国産材の普及と、キッチンを自由にさまざまな場所で使えるようにと考えて作った。

Ar：後藤木材(株)
Pr：(株)貞雄 代表 土谷貞雄
Dr：(株)貞雄 代表 土谷貞雄
D：(株)貞雄 代表 土谷貞雄＋(株)TENHACHI 佐藤圭

17G060542

テーブル
Guideline System

Table
Guideline System
Ar: KYUMEIKYO Co., Ltd.

斜めから俯瞰すると天板がわずか7ミリという独特な浮揚感と、脚部に反り止め対策機能をもたせたスクエアなフレームにより構成された天板交換システムを有するテーブルである。最小限の構成により潔く軽やかなフォルムで組み立て分解も容易なため、樹種や板の構成を換えることが可能であり、さまざまなシーンで使うことができる。

Ar:（株）九銘協
Pr:（株）九銘協 峯公一郎
Dr:（株）九銘協 峯公一郎
D :（株）九銘協 峯公一郎、河本裕行＋NINE PER ONE ヤマウチマサヒロ＋松尾樫工場 松尾武

17G060543

炉付き八角テーブル
八角炉

Octagonal Table with a Fire Pit
Hachikakuro
Ar: hoshinomingei Co., Ltd.

本製品は「古き良き日本の団欒の場であった囲炉裏と現代の融合」をテーマに30年前に誕生。改良、進化を遂げたさまざまな住環境にマッチする、重厚でモダンなデザインのリビング・ダイニングテーブルである。囲炉裏に付属する2種類の天板は交換可能で、使い方も豊富。外した天板はサイドテーブルとしても活用でき、伝統的な技術により永く使ってもらえる工夫を施してある。

Ar:（株）星野民藝
Pr:（株）星野民藝 代表取締役 竹内主直
Dr:（株）星野民藝 代表取締役 竹内主直
D :（株）星野民藝 代表取締役 竹内主直

17G060544

親子で作る学習机

キミのつくえ

DIY Desk
The your desk
Ar: TOIRO co., ltd.

親子で作る学習机は、3日間のワークショップに参加して自然環境の大切さを語り合う時間を親子で共有した後、子供が一生使える机を力を合わせて作るという企画に対して、デザイン、開発したプロダクトである。

Ar：(株)トイロ
Pr：(株)トイロ 龍田昌樹
Dr：(株)地域デザイン研究所 納島正弘
D：ハンクラデザイン 島谷将文、島谷寿美礼

17G060545

国産木材・竹材使用の家具プロジェクト

秋田コレクション・フラットバンブー

Furniture Made of Domestic Wood & Bamboo Materials
AKITA COLLECTION, FLAT BAMBOO SHIMANE
Ar: TOSHIYUKI KITA DESIGN LABORATORY LTD.

豊富な国産材を建築、家具、生活用品や暮らしの道具として使ってきた日本の伝統を土台に、匠の技と現代の新しい技術、テクノロジーによる素材の加工法を用いた。オリジナルデザインによって、素材としての可能性とデザインの可能性、次世代のものづくりを追求した。

Ar：(株)喜多俊之デザイン研究所
Pr：喜多俊之
D：喜多俊之

17G060546

Kids Furniture
Tinkle-Pop

Kids Furniture
Tinkle-Pop
Ar：iloom

美しい色となめらかなカーブのデザインを備えた子供向け家具シリーズ。特に成長に合わせて使える学習机は、脚の長さを3段階に調整できる。安定したデザインのベッドは、色違いの2段ベッドにすることも、別々に使うことも可能。すべてのアイテムが子供の目の高さに合わせて設計されており、自分で片付けをする習慣を身につけやすい。

Ar：iloom
Pr：iloom
Dr：InHwan Woo
D ：JungSoo Huh

17G060547

キッズ家具
トッカトゥットシリーズ

Kids Furniture
TOCCATUTTO Series
Ar：Mastro Geppetto Corporation

小さな家具を提案するだけではなく生活の中で想像力をふくらませることができるマルチツールとして使って欲しいと考えられたキッズファニチャーである。シリーズにはチェアやテーブル、ベンチがある。子供のいる住空間にあっても強く主張せず、飽きのこない自然素材と自然塗料を使用して、角が丸まった安心・安全設計をしている。

Ar：（株）マストロ・ジェッペット
Pr：（株）マストロ・ジェッペット＋金中林産合資会社　武藤桂一
Dr：富永周平
D ：富永周平、田中英樹、フェルナンダ・ブランダオ

17G060548

壁寄せTVスタンド

ウォール テレビスタンド

TV Stand with a Mount
WALL TV stand
Ar: Nakamura Co., Ltd.

薄型テレビ時代に焦点をあてたスタイリッシュなテレビ台。薄型テレビを壁に掛けたいという希望を叶えるために壁との一体化を意識し、配線やネジ、無駄なラインを極力なくしたシンプルなデザインに仕上げている。空間に合わせ、木目が美しいウォールナット、壁になじむホワイト、テレビフレームと一体化するブラックの3色を展開。

Ar：(株)ナカムラ
Pr：高木廣見
Dr：小森敏昭
D：戸澤大志

17G060549

家具

「箱の間」

Furniture
HAKONOMA
Ar: MITSUBISHI JISHO RESIDENCE CO., LTD.

家族構成やライフスタイルに合わせて間取りを変化させる家具である。自立した箱型になっていることで、中に籠ったり部屋を仕切ったり、シーンに合わせて移動することもできる。多様なライフスタイルと、ライフステージの変化に対応し、気軽に新たな居場所をつくることができる製品である。

Ar：三菱地所レジデンス(株)
Pr：三菱地所レジデンス(株)商品企画部 榎並秀夫
Dr：三菱地所レジデンス(株)商品企画部 岡崎新太郎、澤野由佳＋コクヨ(株)深堀崇弘、久保友理恵＋フォレストリンク 白鳥芳洋
D：小泉誠

17G060550

Khan Kluay
Hari Ora

Khan Kluay
Hari Ora
Ar: Unique Space Co., Ltd.

タイ語の「バナナの木の枝」にちなんだ名前のポールハンガー。デザインの着想は、バナナの枝を使ったタイの子供に人気の昔ながらの玩具で、大きな音が出るピストルである。アームを出したり格納したりして使える。

Ar：Unique Space Co., Ltd.
Pr：Nutdanai Siribongkot
Dr：Chayanin Sakdikul
D ：Chayanin Sakdikul (Product Design, Concept Design), Nutdnai Siribongkot (Product Design, Product Detail)

17G060551

Sonnet Platform Bed Frame
ZINUS

Sonnet Platform Bed Frame
ZINUS
Ar: ZINUS Inc

ミニマルコンセプトの組み立て式ベッド。輸送や組み立てが簡単にできるように設計されており、マットレスのサポート力も高い。丸パイプ材を使い、美しさと手頃な価格を両立。

Ar：ZINUS Inc
Pr：ZINUS Inc
Dr：YOUN JAE LEE
D ：Nari Kang, Main Designer / Jiyeon Kim, HyeJin Han

17G060552

Adjustable Twin Bed and Bed Room Furniture
Argian

Adjustable Twin Bed and Bed Room Furniture
Argian
Ar：iloom

多彩なシーンに対応できる寝室用家具コレクション。睡眠やくつろぎ、ベッドサイドテーブルでの作業など、ベッドでのさまざまな活動の質の向上を重視している。例えば、リクライニング調整が可能なツインベッドには、収納や電子機器の充電ができる多機能ヘッドボードがついており、ベッドを離せばシングルベッド2台になる。

Ar：iloom
Pr：iloom
Dr：InHwan Woo
D ：HyuhJin Lee

17G060553

ベッド
インタイム1000

Bed
INTIME 1000
Ar: PARAMOUNT BED CO., LTD.

メディカルケア分野で培った技術力を活用し一般家庭向けに開発した電動ベッド。背や腹部に負担の少ないリクライニング機構や好みのポジションを再現できるメモリー設定など日常生活の快適性や利便性を高める機能を搭載した。介護が必要なときには、介護仕様に変身させることができる。

Ar：パラマウントベッド（株）
Dr：パラマウントベッド（株）技術開発本部デザイン部 駒田博
D ：パラマウントベッド（株）技術開発本部デザイン部 松本孝樹

17G060554

ベッド（寝具）
人類進化ベッド2017モデル

Bedding
Human Evolution Bed 2017
Ar: IWATA Inc.

チンパンジーが樹上に作るベッドをヒントに開発したベッドである。楕円形で縁が盛り上り皿のような形状。寝返りを打つと360度揺りかごのように心地よく揺れる。盛り上がった縁は、ちょうど枕の位置にあたり、足の位置にある縁は足枕、横の縁の盛り上がりは抱き枕のようだ。まん中の浅いくぼみは、体をやさしく包み込んでくれる。

Ar：（株）イワタ
Pr：（株）イワタ 代表取締役 岩田有史
Dr：長野県看護大学 准教授 座馬耕一郎
D ：東南西北デザイン研究所 石川新一

17G060555

折りたたみベッドフレーム
Z型折りたたみベッドフレーム

Folding Bed Frame
Z type Folding bed frame
Ar: YUME HOUSE Co., Ltd

通常ベッドフレームはかさばり、持ち運びしにくい。いくつものパーツに分かれて梱包され組み立ても煩わしい。そんな懸念を払拭するこの製品はZ型に折りたたむことで工具を一切使わず女性でも簡単に組み立てることができる。不要なときは容易にコンパクトにしまえるので、一般家庭だけでなく旅館などの宿泊施設での利用も期待できるオール無垢材のベッドフレームである。

Ar：（株）夢ハウス
Pr：代表取締役会長 赤塚幹夫
Dr：企画開発部部長 小川和彦
D ：企画開発部主任 石川真理子

17G060556

395

マットレス
テンピュール® マットレスコレクション

Mattress
TEMPUR® Mattress Collection
Ar: TEMPUR SEALY Japan Ltd.

体温や体重に反応し体形に沿って形を変え体圧を分散させる素材を使ったマットレス。世界的に著名なアメリカのデザインコンサルティング会社IDEOとカバーを開発した。日本庭園にある特徴的な幾何学模様となめらかなラインにインスパイアされた安らぎとエネルギーを与えるデザインのカバーは、中央のファスナーで簡単に着脱、洗濯できる。

Ar:テンピュール・シーリー・ジャパン(有)
Dr:Thomas Overthun, Associate Partner and Design Director, Global Design Company IDEO
D :Ida Tulsgaard Jensen, Designer, Tempur Sealy International, Inc.

17G060557

3 Way Bed
KOTOKA

3 Way Bed
KOTOKA
Ar: ETO co., ltd.

子供の成長過程の変化に自然と調和する2段ベッド。シングルベッド、キングサイズベッド、2段ベッドと3 Way使用が可能である。水性塗料で仕上げることで桧の香りを活かし、独自のサイドフレーム加工により安全性を高めている。

Ar:(株)エトウ
D :糸山浩司

17G060558

突っ張り棒

DRAW A LINEシリーズ

Tension Rod
DRAW A LINE series
Ar: HEIAN SHINDO KOGYO CO., LTD.

突っ張り棒を暮らしを豊かにする一本の線ととらえ、新しいライフスタイルを実現する家具として再定義した。空間に1本の線を引き、さまざまなカスタマイズパーツを追加すれば、軽やかな空間づくりが実現できる。傾斜や凹みなどの視覚的なノイズをなくしすべての素材感を統一。真鍮ネジや彫刻文字などのディティールにもこだわった。

Ar：平安伸銅工業（株）
Pr：平安伸銅工業（株）代表取締役 竹内香予子
Dr：平安伸銅工業（株）常務取締役 竹内一紘
D ：（株）テント インダストリアルデザイナー アートディレクター 青木亮作、治田将之＋TAKUBO DESIGN STUDIO 田久保彬

17G060559

ブラインド

スマートプライバシー機能
（ループコードタイプ）

Blind
Smart Privacy™ for Cord Loop Type
Ar: Norman Japan co., ltd

2016年に当社は日本で普及する操作タイプであるドラム式ループコードでスマートプライバシー機能再現に成功した。それは機能的レイアウトだけでなく、機構デザインや精巧な製造ラインの構築など、各セクションのデザイン力の結集である。歴史上最も機能的な窓周り製品といわれるブラインドは、私たちのデザインでさらなる進化を遂げた。

Ar：ノーマンジャパン（株）
D ：ノーマングループ研究開発部

17G060560

壁用鉄のオブジェクト

ウォールデコ

Wall Iron Object
Wall Deco
Ar: SUGIYAMASEISAKUSHO

日本の家屋の壁面を鉄という自然で温かみのある素材を用いて豊かにしたいという思いから生まれた製品。絵画のように枠に収めて飾るという概念を取り払い壁面全体を枠としてとらえ、枠にとらわれずどこまでも続くような幾何学模様。四季に合わせてポストカードを変えて空間を変化させたり、写真を飾り日々変化する生活で使えることも特徴である。

Ar：(株)杉山製作所
D：柴田文江

17G060561

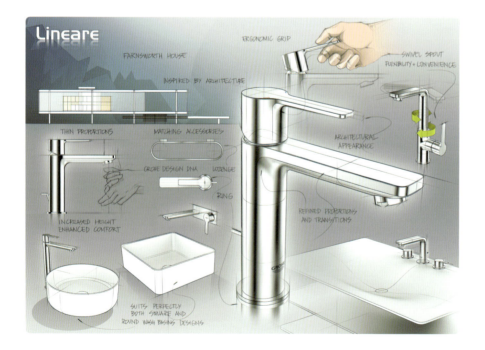

Lineare New Collection

Grohe

Lineare New Collection
Grohe
Ar: Grohe AG

「純粋なシンプリシティ」がコンセプトの水栓シリーズ。ミニマルな美しさを追求しつつも、非常に魅力的な外観をもつ。ミニマリズムに従って、余計な要素をすべて取り払い、極限まで薄い外見を実現した。デザインは、ハンドルと吐水口に使用されているシリンダー形と細い長方形の幾何学的なフォルムに集約され、美しい調和を生み出している。

Ar：Grohe AG
Pr：Grohe AG
Dr：Michael Seum
D：Grohe In-house Design Team

17G060562

Concetto Professional

Grohe

Concetto Professional
Grohe
Ar: Grohe AG

洗練されたミニマルなデザインと高い調理性能を持ち、都市生活者の価値観を映し出した水栓。製品は複数のシリンダー形のパーツで構成され、機能性の高いサンプレーン樹脂を使ったホース部分が、水栓本体から優雅に曲線を描く。混じりけのない美しさが、高光沢のクロムや、汚れや変色を防ぐマットなスーパースチール仕上げで、より際立つ。

Ar：Grohe AG
Pr：Grohe AG
Dr：Michael Seum
D ：Grohe In-house Design Team

17G060563

Sense and Sense Guard

Grohe

Sense and Sense Guard
Grohe
Ar: Grohe AG

水漏れ、詰まり、パイプ破裂などの水のトラブルを防ぎ、住宅を守るために開発した漏水検知システム。問題が発生すると直ちにアラートを送り、浸水を防ぐ。

Ar：Grohe AG
Pr：Grohe AG
Dr：Michael Seum
D ：Grohe In-house Design Team

17G060564

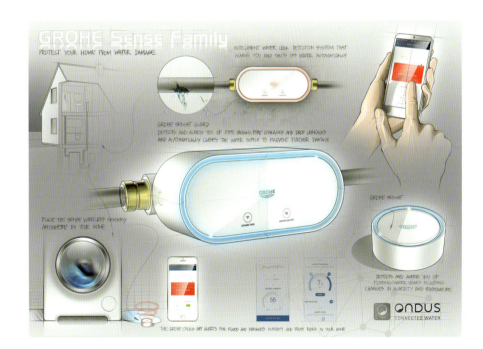

ガスビルトインコンロ

フェイシスシリーズ

Gas Builtin Hob
FACEIS
Ar: Paloma Co., Ltd.

ラク家事の魅力を高め、トッププレートは開放感と清潔感あるデザインを採用した。グリル活用を推進する「ラ・クック」が自動で使える機能や、温め直しもカリッと仕上がるあたため機能、少量保温もしやすいとろ火機能、軽鍋の転倒を軽減する低荷重センサーなど、近年のライフスタイルに合わせた調理価値を新たに取り入れた。

Ar:（株）パロマ
Pr:（株）パロマ 営業本部 販売統括室 厨房グループ マネージャー 青木信介
Dr:（株）パロマ 営業本部 販売統括室 デザイングループ マネージャー 村田烈
D :（株）パロマ 販売部 営業企画室 デザイングループ 有村淳一、小林千夏

17G060566

IHクッキングヒーター

Panasonic KY-T937SL

Induction Hob
Panasonic KY-T937SL
Ar: Panasonic Corporation

3つのエリア内にサイズやカタチの異なる鍋を自由に配置でき、高火力・省エネ・安全の光学式赤外線センサーを搭載したフレックス加熱タイプの欧州向けIHクッキングヒーター。操作部を1カ所に集中させたTFTタッチパネルコントロールを採用、キッチンカウンターと同面に収まるガラス端面処理を施したフラット＆ワイドスクエアデザインである。

Ar：パナソニック（株）
Pr：パナソニック（株）アプライアンス社 キッチンアプライアンス事業部 大瀧清
Dr：パナソニック（株）アプライアンス社 デザインセンター 田中弘之
D ：パナソニック（株）アプライアンス社 デザインセンター 速水孝之、寺田大樹

17G060567

IHクッキングヒーター

Panasonic KY-B917AF

Induction Hob
Panasonic KY-B917AF
Ar: Panasonic Corporation

エリア内にサイズやカタチの異なる鍋を自由に配置でき、高火力・省エネ・安全の光学式赤外線センサーを搭載したフレックス加熱コイルと、標準サイズの鍋と大鍋にも対応した加熱コイルを組み合わせた欧州向けIHクックトップ。キッチンカウンター上に設置するシンプルでスリムなファセットフレームを採用したフラット＆ワイドスクエアデザインである。

Ar：パナソニック（株）
Pr：パナソニック（株）アプライアンス社 キッチンアプライアンス事業部 大瀧清
Dr：パナソニック（株）アプライアンス社 デザインセンター 田中弘之
D ：パナソニック（株）アプライアンス社 デザインセンター 杉本昌士、寺田大樹

17G060568

IHクッキングヒーター

Panasonic KY-B627SL

Induction Hob
Panasonic KY-B627SL
Ar: Panasonic Corporation

2つのエリア内にサイズやカタチの異なる鍋を自由に配置でき、高火力・省エネ・安全の光学式赤外線センサーを搭載したフレックス加熱タイプの欧州向けIHクッキングヒーター。操作を集中したセンターコンソールと火加減を指でなぞるスライダーコントロールを採用した。キッチンカウンターと同面に収まるガラス端面処理を施したフラット＆スクエアデザイン。

Ar：パナソニック（株）
Pr：パナソニック（株）アプライアンス社 キッチンアプライアンス事業部 大瀧清
Dr：パナソニック（株）アプライアンス社 デザインセンター 田中弘之
D ：パナソニック（株）アプライアンス社 デザインセンター 寺田大樹

17G060569

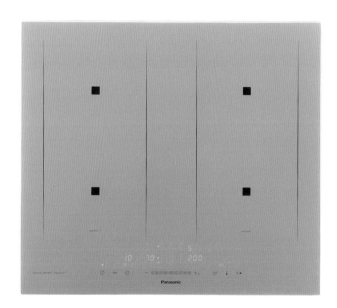

IHクッキングヒーター

Panasonic KY-T937VL

Induction Hob
Panasonic KY-T937VL
Ar: Panasonic Corporation

クックトップ全体にサイズやカタチの異なる鍋を自由に配置でき、高火力と省エネの光学式赤外線センサー搭載で調理アシストまでこなすフレキシブルタイプの欧州向けIHクッキングヒーター。直感的操作のグラフィカルユーザーインターフェースと、鍋位置を示すシンプルで機能的なグラフィック。現地の調理シーンから発想し、日本ならではのきめこまやかなモノづくりで実現したデザインである。

Ar：パナソニック（株）
Pr：パナソニック（株）アプライアンス社 キッチンアプライアンス事業部 大瀧清
Dr：パナソニック（株）アプライアンス社 デザインセンター 田中弘之
D ：パナソニック（株）アプライアンス社 デザインセンター 速水孝之、寺田大樹

17G060570

換気扇（レンジフード）

ホーロークリーンレンジフード VRAシリーズ

Ventilating Fan
EnamelCleanRange food VRAseries
Ar: Takara standard Co., Ltd.

油汚れの約97パーセントを、防汚・耐熱素材で定評のあるホーローでキャッチ。拭き掃除の妨げになる部位を排除した新型シャットアウトパネルをはじめ各部パーツも簡単に手入れができる。整流板を開けるとファンを強制停止させる安全制御や整流板を開けるときの勢いを抑制するソフトオープン機構など、手入れのしやすさと安全にこだわったレンジフード。

Ar：タカラスタンダード（株）
Pr：タカラスタンダード（株）開発部 増田秀彦
Dr：タカラスタンダード（株）開発部 亀田雄史
D ：タカラスタンダード（株）開発部 中原勝久、児玉英男

17G060571

レンジフード

ユーフォー

Range Hood
UFO
Ar: TOYO KITCHEN STYLE CO., LTD.

インテリアと調和するデザインと、高い煙捕集性、メンテナンス性を兼ね備えたレンジフード。設備機器として機能性が最優先されがちだが、今や居住空間の中央に位置するレンジフードにはデザインが不可欠である。ステンレスの素材感、逃げた煙を捕らえるサイドウイング、清掃性を考慮した曲面など、デザインと機能を両立した。

Ar:（株）トーヨーキッチンスタイル
Pr:（株）トーヨーキッチンスタイル 代表取締役社長 渡辺孝雄
Dr:（株）トーヨーキッチンスタイル 副社長兼企画開発部長 清本英嗣
D :（株）トーヨーキッチンスタイル 企画開発部 商品デザイン課 デザイナー 中村光一

17G060572

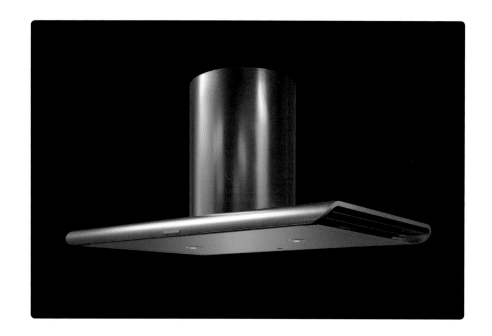

レンジフード搭載機能

オイルスマッシャー

Range Hood Deployment Function
OIL SMASHER
Ar: FUJI INDUSTRIAL CO., LTD

本製品は難点である掃除の大変さを、汚さないという発想で解決した機能をもつレンジフードである。高速回転するディスク状のフィルターを搭載し、より多くの油をレンジフード内部に浸入する前に捕集。汚れなければ掃除がラクになることを追求した。

Ar:富士工業（株）
Pr:富士工業（株）代表取締役社長 柏村浩介
Dr:富士工業（株）開発本部開発部 部長 越智貴志
D :富士工業（株）開発本部設計部 鈴木勝／開発本部開発部 丸川雄一

17G060573

キッチン

エスティコ

Kitchen
Estico
Ar: SANWA COMPANY LTD.

ムダなものはすべて削ぎ落とす徹底したミニマリズムを追求することで生まれたコンパクトキッチンである。外観の素材はすべてメラミンとすることでシンプルな塊を表現するとともに、留め加工によるエッジの効いたシャープなフォルムを実現。落ち着いたスモーキーなカラー展開が洗練された雰囲気を醸し出す。

Ar：(株)サンワカンパニー
Pr：商品部 部長 原野繁之
Dr：商品部 岩永正巳
D ：商品部 田尻健一

17G060574

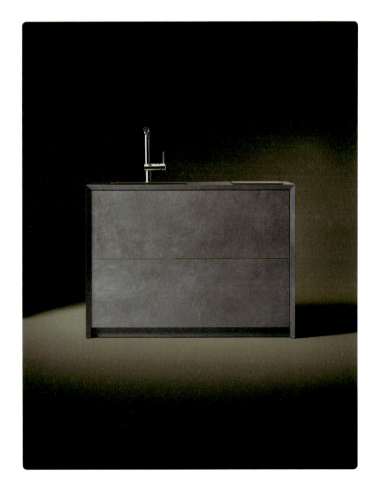

キッチン

セラジーノ

Kitchen
Ceragino
Ar: SANWA COMPANY LTD.

歴史あるイタリアタイル技術が生み出した薄タイルを活用し、日本で製造することで、ジャパンミニマリズムを表現したコンパクトキッチン。日本の細やかな加工技術によってタイルの小口を見せないよう45度でカットするとともに、全体をタイルで統一することで、デザイン要素を極限まで減らしたミニマルコンパクトキッチンである。

Ar：(株)サンワカンパニー
Pr：商品部 部長 原野繁之
Dr：商品部 田尻健一、罍川康次郎
D ：商品部 田尻健一、大澤康弘

17G060575

Lucky 7 Two-handle Wall-mounted Basin Faucet
JUSTIME

Lucky 7 Two-handle Wall-mounted Basin Faucet
JUSTIME
Ar: SHENG TAI BRASSWARE CO., LTD

すくすく伸びる植物の茎を、デザイナーの創造的なアイデアによりさまざまなスタイルで提案した吐水口。埋め込み式の整流口はシンプルな部品で作られ、吐水口がすっきりと上品に見えるようにした。ハンドルのデザインは濡れた手でも使いやすい。吐水口を洗面ボウルに合わせて微調整できるように設計し、多様なニーズに応えられるようにした。

Ar：SHENG TAI BRASSWARE CO., LTD
Pr：SHENG TAI BRASSWARE CO., LTD
Dr：Chinger Pan
D ：JUSTIME TEAM of SHENG TAI BRASSWARE CO., LTD

17G060576

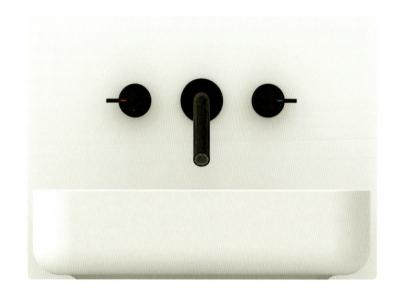

洗面ボウル
シガラキ エン

Washbasin
Shigaraki En
Ar: SANWA COMPANY LTD.

伝統工芸品にも指定されている信楽焼は、日本でも中世から現在まで生産が続く代表的な6つの窯のうちのひとつで、京都の茶人をはじめとする文化人に親しまれてきた。信楽焼独特のわび、さびを残しながら、正円をコンセプトにエッジを薄くアクセントとすることで、モダンな洗面ボウルとしてリデザインした。

Ar：(株)サンワカンパニー
Pr：商品部 部長 原野繁之
Dr：商品部 多田嘉行
D ：商品部 多田嘉行

17G060577

405

洗面ボウル
シガラキ イロドリ

Washbasin
Shigaraki Irodori
Ar: SANWA COMPANY LTD.

日本の伝統工芸品にも指定されている信楽焼は、日本六古窯のうちのひとつで、京都の茶人をはじめとする文化人に親しまれてきた。信楽焼独特のわび、さびを残しつつ、エッジを薄くモダンな洗面ボウルとしてリデザインし、カラーバリエーションは日本の伝統色とすることで、これまでにない日本らしさを発信する。

Ar：(株)サンワカンパニー
Pr：商品部 部長 原野繁之
Dr：商品部 多田嘉行
D ：商品部 多田嘉行

17G060578

洗面台
カーラ

Washbasin
CARA
Ar: SANWA COMPANY LTD.

日本が誇る金属加工技術で、限りなく薄くフラットな面で構成した洗面ボウル。ステンレスを基材とし、高硬度、低汚染性、耐候性に優れた無機と有機のハイブリット塗料を採用。板金加工において直角曲げを採用することでよりシャープかつシンプルなデザインを実現し、あらゆる空間にとけ込む究極のミニマリズムを追求した。

Ar：(株)サンワカンパニー
Pr：商品部 部長 原野繁之
Dr：商品部 多田嘉行
D ：商品部 多田嘉行

17G060579

洗面台
デリエレ

Washbasin
Deliere
Ar: SANWA COMPANY LTD.

フレームデザインをコンセプトとしたこれまでにないミニマルスタイルの洗面台。水平垂直の細いフレームのみで構成することで、圧迫感を感じさせず空間に広がりをもたらし、よりすっきりとした印象でシンプルさを強調。バリエーションは、ホワイトとブラックのフレームカラーで、さまざまな空間に調和する。

Ar:(株)サンワカンパニー
Pr:商品部 部長 原野繁之
Dr:商品部 岩永正巳
D :商品部 糀川康次郎、大澤康弘

17G060580

洗面器
YL-A401

Washbasin
YL-A401
Ar: LIXIL Corporation

当社が培ってきたセラミック技術により、従来困難であった薄さ5ミリの繊細なエッジと使い勝手のよさを追求した幅広の高精度な洗面ボウルを実現。カウンター埋め込み仕様とし、外観のボリュームを抑えつつもボウル内は充分な深さを確保することで、使いやすさを格段に向上させた。アクアセラミックを用い、簡単な手入れでキレイが持続する。

Ar:(株)LIXIL
Pr:(株)LIXIL 白井康裕
Dr:(株)LIXIL 都築秀昭
D :(株)LIXIL 吉原新一朗

17G060581

ユニットバス部材
Panasonic スゴピカシリーズ

Materials for Modular Bathrooms
Panasonic SUGOPIKA Series
Ar: Panasonic Corporation

有機ガラス系新素材による浴室部材のシリーズ。従来の浴室部材は水アカや汚れが落ちにくく、掃除が大変という認識が一般的であった。有機ガラス系新素材は、水族館の水槽などにも使用されるアクリル樹脂をベースに独自開発した、汚れに強く、耐久性に優れた素材である。浴槽、水栓、カウンターに本素材を展開、清潔な浴室が保てることをめざした。

Ar：パナソニック（株）
Pr：パナソニック（株）エコソリューションズ社 ハウジングシステム事業部 水廻りシステムビジネスユニット 小早川益律
Dr：パナソニック（株）エコソリューションズ社 デザインセンター 村元達也
D ：パナソニック（株）エコソリューションズ社 デザインセンター 平尾尚郷、近藤高宣、碓氷修也

17G060582

シャワーヘッド
ミストップ・リッチシャワー

Shower Head
MISTOP RICH SHOWER
Ar: MIZSEI MFG CO. LTD.

細かなミストで癒やし、しかも節湯。カラダもココロもリフレッシュするシャワータイムだからこそ、その両方にこだわりたい。本製品は、肌への優しい刺激によって健康美肌へ導くミスト水流と、完全止水ストップボタンを備えた30パーセントの節湯効果のあるシャワーヘッドである。操作が簡単な新デザインのハンドルを備え、切り替えることでシャワー水流の使用も可能。

Ar：（株）水生活製作所
Pr：（株）水生活製作所 代表取締役社長 早川徹
Dr：（株）水生活製作所 開発部開発1課 課長 藤井雄一郎
D ：KEISUKE FUNAHASHI DESIGN 代表 舟橋慶祐

17G060583

シャワーヘッド
Panasonic W水流シャワー
GVM8000／8001／8002

Shower Head
Panasonic shower head GVM8000 / 8001 / 8002
Ar: Panasonic Corporation

浴び心地と節水の両立を実現したシャワーヘッド。散水板の超微細加工技術により、繊細な肌当たりと高い水圧による汚れ除去を両立した。さらに従来品比約35パーセントの節水を実現。散水板は前面から取り外せるため、掃除も簡単におこなえる。ワンタッチ止水タイプには正面にシーソースイッチを採用し、握りながらの操作だけでなく、壁面に引っ掛けた状態でも操作が簡単である。

Ar：パナソニック（株）
Pr：パナソニック（株）エコソリューションズ社 ハウジングシステム事業部 水廻りシステムビジネスユニット 小早川益律
Dr：パナソニック（株）エコソリューションズ社 デザインセンター 村元達也
D ：パナソニック（株）エコソリューションズ社 デザインセンター 近藤高宣

17G060584

サーモスタット付きシャワーバス水栓
クロマーレS

Thermostatic Shower / Bath Mixer
Chromare S
Ar: LIXIL Corporation

多くの人が使う普及クラス商品だからこそ、ユーザーや施工者との対話から価値を見つめ直し新たなスタンダードとしてデザインした浴室用水栓。使いやすい操作部の検討、ノイズの徹底排除などでさまざまなシーンに対応できる。シャワーは握り心地にこだわり、大きな散水板で優れた浴び心地を提供しながら節水も実現。新構成の取付脚で施工性も向上した。

Ar：（株）LIXIL
D ：（株）LIXIL 安藤良彦、小松佑一朗

17G060585

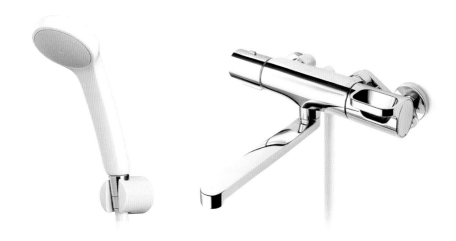

ハンドシャワー、シャワースライドバー
フルフォールシャワー

Hand-held Shower Head with Shower Slide Bar
Fullfall shower
Ar: LIXIL Corporation

頭上から降りそそぐ心地よいシャワー入浴を手軽に体験できる、ハンドシャワーとスライドバーの組み合わせである。ハンドシャワーを弓形に湾曲したスライドバーに掛けて使用。上方にスライドさせると、自然と前にせり出し、頭上からのシャワーが可能に。座位と立位が混在する日本の入浴スタイルにおいて、湯に包まれる贅沢なシャワー体験を提供する。

Ar:（株）LIXIL
Pr:（株）LIXIL 浜田広一
Dr:（株）LIXIL 長瀬德彦
D :（株）LIXIL 西澤研一

17G060586

プッシュボタン式シャワーバス水栓
プッシュ水栓

Shower Bath Faucet with Push Button Controls
Push-button faucet
Ar: LIXIL Corporation

誰もが簡単に使えるプッシュボタン操作のシャワーバス水栓。コンパクトなプッシュボタンはどんな姿勢でもスムーズにアクセスできる。また各ボタンには流量調節を設け、ワンプッシュで所定の流量を吐水でき、高い操作感を実現。メタルボディとボタンにより高い品位と耐久性を実現するとともに、凹凸を排除し清掃性にも配慮している。

Ar:（株）LIXIL
Pr:（株）LIXIL 浜田広一
Dr:（株）LIXIL 長瀬德彦
D :（株）LIXIL 長瀬德彦、西澤研一

17G060587

Shower Trim Kit

Livin

Shower Trim Kit
Livin
Ar: Livin Life Inc.

ボタン一押しでシャワーをすぐに好みの温度に設定できるシャワーヘッドである。操作は米国の一般的なシャワーよりも、はるかに簡単。従来はノブを高温まで回してから手で温度を見つつ調整する必要があり、時間がかかるうえ快適ではなく、水も浪費する。本製品はユーザーの適温を徐々に学習し、温度調整を最適化できるようにしたことで、この問題を解決した。

Ar：Livin Life Inc.
Pr：Jaejun Lee, Livin Life Inc.
Dr：Hyunsol Park, Livin Life Inc.
D ：Hyunsol Park, Livin Life Inc.

17G060588

エクステリア商品シリーズ

シャローネ

Exterior Products Series
SHALONE
Ar: YKK AP Inc.

アルミ鋳物の質感を追求したエクステリアシリーズ。表面のテクスチャーにこだわり、直線基調のシンプルタイプとロートアイアンのようなディテールのエレガントタイプをラインアップ。トータルコーディネートによるワンランク上のエクステリア空間を実現する。玄関ドアと鍵（電気錠）を共通化し機能性にも配慮している。

Ar：YKK AP（株）
Pr：YKK AP（株）
Dr：YKK AP（株）
D ：YKK AP（株）

17G060589

木製システム手摺

**木製システム手摺 ウィズモア
WiseMore**

Wooden Handrail
Wooden System Handrail WiseMore
Ar: Misawa Homes Co., Ltd. + Asahi WoodTec Co., Ltd.

住宅内部階段向け木製システム手摺である。豊かな質感と意匠をもつ銘木集成材を採用。手で触れて使用する製品として、握りやすさはもちろん、冷たさや硬さを感じにくい仕上げとした。高度な大工技能に頼らず容易に施工できる工場プレカットとし、パーツ結合部は凹凸が少なくなめらかに連続させることで、手摺の基本性能と意匠、安全性を両立した。

Ar：ミサワホーム（株）＋朝日ウッドテック（株）
Pr：ミサワホーム（株）調達開発部
Dr：朝日ウッドテック（株）商品部 商品開発ユニット
D：朝日ウッドテック（株）商品部 商品開発ユニット

17G060590

公共および民間ビル向けアルミニウム製建具

MTG-70R

Aluminium Joinery for Public or Private Building
MTG-70R
Ar: SankyoTateyama, Inc. SankyoAlumi-company

非木造建築物に使用するスタンダードなサッシで、シリーズ全体を通しシンプルでシャープなデザインをコンセプトに、多様な窓種をラインアップ。スリムなフレームや、開口サイズの対応幅をアップし、清掃のしやすさや安心して採風できる工夫をした。使い勝手や快適性とデザイン性を両立した新しいサッシである。

Ar：三協立山（株）三協アルミ社
Pr：三協立山（株）三協アルミ社 技術開発統括部 商品企画部
Dr：三協立山（株）三協アルミ社 技術開発統括部 商品企画部
D：三協立山（株）三協アルミ社 技術開発統括部 商品開発部／商品企画部 石原典継、金森英晃、山本丈志、西田健、倉田純子、山田正義、伏屋忠、中﨑恵未

17G060591

手すり

七曲

Handrail
NANAWADA
Ar: HEISEI Corporation

一般的な手すりの曲げ加工は集成材か無垢材を成形するが、どちらも木目の連続性をなくしてしまい、不自然な結合部分が生じてしまう。本製品は美しい曲面を実現し、木目の連続性を維持した手すりで、単板を集成させながらも、手すりの初めから最後まで木目が一連の流れとなり、美しく、どの部分に手をかけてもしっくりとくる機能性を備える。

Ar:（株）平成建設
D：桜井謙治

17G060592

室内手すり

AMiS

Interior Handrail
AMiS
Ar: sankyotateyama.inc

室内の吹き抜け部に設置することで室内空間に開放感を演出できるアルミ製室内手すりである。住空間の背景のような存在をめざし、ユニットの構成要素であるトップレール、支柱、面材を、接続部などの余分なノイズを消して自然に結び付けることで、部分ではなくひとつの「まとまり＝背景」としてのたたずまいを実現した。

Ar：三協立山（株）
Pr：富山県総合デザインセンター デザインディレクター 桐山登士樹＋三協立山（株）三協アルミ社 技術開発統括部 商品企画部
Dr：藤森泰司アトリエ 藤森泰司＋三協立山（株）三協アルミ社 技術開発統括部 商品企画部
D ：藤森泰司アトリエ 藤森泰司＋三協立山（株）三協アルミ社 技術開発統括部 商品企画部

17G060593

排水トラップ

マルトラップ 洗面・手洗い用ウォレス

Drain Trap
Water less trap "WALESS" for washbasins and hand-washbasins
Ar: Maruichi Co., Ltd.

従来の水封式排水トラップではなく、水が流れれば自然に開いて排水し、流れが終わると自然に閉じる自己閉鎖膜を採用することで、常識を覆し、まったく新しいものに進化させた自己閉鎖式排水トラップである。結果、空き部屋の封水切れやリフォーム時の封水の引き込み防止にも効果を発揮する。

Ar：丸一（株）
Pr：代表取締役社長 冨岡市子
Dr：開発研究所 係長 笹川知久
D ：開発研究所 係長 笹川知久

17G060594

外壁用端末換気口

角型横吹出し換気口

Terminal Air Vent for Outer Wall
Square shape and sideblown air vent
Ar: BAKUMA INDUSTRIAL. CO., LTD

正面および横方向からの風、または下からの吹き上げ風による風雨が室内に入りにくい構造の換気口である。モダンな建物の横貼りの外壁に、特にマッチする横長でシャープなデザインとした。

Ar：バクマ工業（株）
Pr：バクマ工業（株）代表取締役社長 馬場康幸
Dr：バクマ工業（株）取締役副社長 廣川一郎
D ：バクマ工業（株）専務取締役 川上剛史

17G060595

外壁用端末換気口
角型超スリムフード付換気口

Terminal Air Vent for Outer Wall
Square shape and super slim hooded air vent
Ar: BAKUMA INDUSTRIAL. CO., LTD

壁からの出っ張りが少ない薄型のシンプルでスクエアなデザインの換気口。開口部が両サイドのため、下からの吹き上げ風に強く、雨水の侵入が少ない構造になっている。排気用（SK-HV）と給気用（SK-KV）を別々にすることにより、各々の役割を効率良く発揮できる。

Ar：バクマ工業（株）
Pr：バクマ工業（株）代表取締役社長 馬場康幸
Dr：バクマ工業（株）取締役副社長 廣川一郎
D ：バクマ工業（株）専務取締役 川上剛史

17G060596

室内給気口
樹脂製プッシュ式レジスター

Indoor Air Supply Port
Push type register made of resin
Ar: BAKUMA INDUSTRIAL. CO., LTD

室内空間に自然にとけ込めるようなシンプルデザインの薄型タイプ換気口。3段階（全開・中開・小開）の風量調整機能付きで、ワンタッチ操作によりクリーンで快適な空間に調整できる。さらに、操作部脱着式なので、メンテナンスの際には操作部を取り外し、ダクト内の掃除も可能である。

Ar：バクマ工業（株）
Pr：バクマ工業（株）代表取締役社長 馬場康幸
Dr：バクマ工業（株）取締役副社長 廣川一郎
D ：バクマ工業（株）技術部 商品開発G 主任 冨田風平

17G060597

給湯リモコン

RC-G001シリーズ

Remote-controller for a Water Heater
RC-G001 SERIES
Ar: NORITZ CORPORATION.

浴室や台所で給湯器の操作をおこなうリモコン。浴室リモコンと給湯器内に内蔵されたセンサーの働きによって浴室の出入りと湯船への入槽を検知。入浴時間を知らせたりタイミングに合わせて緩やかに沸かしあげたりする機能など、入浴時の安心を多面的にサポートする。

Ar:(株)ノーリツ
Dr:(株)ノーリツ デザイン室 石野敏宏
D :(株)ノーリツ デザイン室 石野敏宏、齋藤哲太

17G060598

ガスふろ給湯器用台所リモコン

MC-E226VSシリーズ

Remote-controller for a Water Heater
MC-E226VS series
Ar: Paloma Co., Ltd.

都市部を中心とした少人数世帯に向けたガスふろ給湯器用台所リモコン。共働きの夫婦2人世帯や女性の単身者が1LDKのような分譲住宅でも快適に使用できる必要最低限の機能に集約したミニマムなリモコン。小さい間取りでも上質な暮らしを求めるインテリアにこだわりを持った若い世帯のニーズにも合う嫌味のないシンプルさと高級感を追求した。

Ar:(株)パロマ
Pr:(株)パロマ 営業本部 販売統括室 温水グループ マネージャー 吉田信也
Dr:(株)パロマ 営業本部 販売統括室 デザイングループ マネージャー 村田烈
D :(株)パロマ 販売部 営業企画室 デザイングループ 有村淳一

17G060599

空調設備

Z空調〔ゼックウチョウ〕

Air Conditioner
Zekkucho
Ar: Hinokiya Holdings Co., Ltd.

冬のヒートショックや夏の睡眠障害から住む人を守るため、今までの個別のエアコンでは難しい玄関、トイレ、洗面所などを含めた家全体を、設置コストおよびランニングコストを抑える独自技術で空調する。家中隅々まで快適、しかも経済的という相反する価値を両立したまったく新しい冷暖房システムである。

Ar：(株)桧家ホールディングス
Pr：(株)桧家ホールディングス マーケティング部 荒木伸介
Dr：(株)桧家ホールディングス マーケティング部 荒木伸介
D：(株)桧家ホールディングス マーケティング部 荒木伸介

17G060600

配線器具

インド向け配線器具
新ローマシリーズ

Wiring Device
New ROMA Series
Ar: Panasonic Corporation

インドミドル層向けに配線器具本来の安全性、施工性、堅牢性にこだわり、コストと品質、デザインの高い次元での実現をめざした。現地の感性研究の積み重ねで品質感を感じる特徴と好みのデザイン傾向を導き出し、光沢によるセラミック感を表現した住宅向けのラウンド形状と、ガラスのような質感を表現したオフィス向けのスクエアを展開する。

Ar：パナソニック(株)
Pr：パナソニック(株)エコソリューションズ社 エナジー事業部 パワービジネスユニット 小笠原卓
Dr：パナソニック(株)エコソリューションズ社 デザインセンター 足田功雄
D：パナソニック(株)エコソリューションズ社 デザインセンター 山本慧

17G060602

417

テレビドアホン

Panasonic テレビドアホン VL-SWH705KS

Video Intercom
Panasonic Video Intercom VL-SWH705KS
Ar: Panasonic Corporation

手持ちのスマートフォンで外出先から来客応対ができる「外でもドアホン」。留守番中の子供に来客応対させることなく安心である。また、宅配便への対応も外出先からリアルタイムで応対することで、受取時間の指定が可能。自宅に設置されたワイヤレスカメラ（別売り）の画像を外出先から確認でき、防犯面にも配慮している。

Ar：パナソニック（株）
Pr：パナソニック（株）アプライアンス社 コミュニケーションプロダクツ事業部 南恭博
Dr：パナソニック（株）アプライアンス社 デザインセンター 長谷川隆
D ：パナソニック（株）アプライアンス社 デザインセンター 三浦雄一

17G060603

マンション玄関ドア

ヴァリフェイス Ae

Apartment Front Door
VariFace Ae
Ar: BUNKA SHUTTER CO., LTD.

本品は、日本文化の引き戸が元来もつユニバーサルデザイン性を発展させ、安全性と機能性も確保しながら、モダンでシンプルな意匠性も兼ね備えた、新発想の玄関引き戸。開き戸が主流の集合住宅の玄関ドア市場に、これからの集合住宅の新しいあり方とライフスタイルを提案するネクストスタンダードな玄関ドアである。

Ar：文化シヤッター（株）
Pr：文化シヤッター（株）ドア・パーティション事業本部 ドア・パーティション技術部長 井上英久
Dr：文化シヤッター（株）ドア・パーティション事業本部 ドア・パーティション技術部 小縣剛士
D ：文化シヤッター（株）ドア・パーティション事業本部 ドア・パーティション技術部 野口茂、久保貴博／商品開発部 開発企画部 マーケティングチーム デザイングループ 長峰大輔、渡部桃子

17G060604

玄関ドア

コンサイニードア

Entrance Door
consignee door
Ar: Misawa Homes Co., Ltd

大型郵便物の受け取りが可能な郵便受けと、最大2つの宅配ボックスを組み込んだ玄関ドア。郵便受けと宅配ボックスを扉本体に内蔵するタイプと、FIX袖ガラス部に組み込むタイプの2種類を設定した。本製品は、玄関ドアとして求められる性能を担保しつつ、屋内取り出しが可能な宅配ボックスの利便性とシンプルな意匠を両立している。

Ar：ミサワホーム（株）
Pr：ミサワホーム（株）調達開発部 資材開発二課
Dr：ミサワホーム（株）調達開発部 資材開発二課
D：ミサワホーム（株）調達開発部 資材開発二課

17G060605

機能ポール

ファノーバ

Function Pole
FANOVA
Ar: SankyoTateyama, Inc. SankyoAlumi-Company

前面道路から住宅建物へのアプローチ部分に設置する表札がメインの機能付き門柱。住まい手の好みでポストやインターホン子機の取り付けが可能で、表札以外の機能を加えて拡張できる。表札は住まい手自身で交換ができ、色や素材、書体などが選べることで多様なこだわりに応える。表札交換のために業者が現地へ赴く必要がない、環境にやさしい製品である。

Ar：三協立山（株）三協アルミ社
Pr：三協立山（株）三協アルミ社 技術開発統括部 商品企画部 堺潔
Dr：三協立山（株）三協アルミ社 技術開発統括部 商品開発部 北山茂宏
D：三協立山（株）三協アルミ社 技術開発統括部 商品企画部 石崎唯、谷川斗南／商品開発部 島田珠代、奥井北斗

17G060606

419

高断熱玄関ドア

イノベスト

High Thermal Insulation Door
InnoBest
Ar: YKK AP Inc.

住宅の高断熱化が進む中、窓や玄関ドアも性能向上が必須である。本製品は高性能断熱パネルの採用と、各部材や配置の最適化でトップクラスの断熱性能を確保。また、高耐候加工による天然木仕上げとし、豊かな表情も実現した。電気錠を標準採用し防犯性や利便性の向上を図った。汎用的なデザインを充実させた廉価版シリーズも用意している。

Ar：YKK AP（株）
Pr：YKK AP（株）
Dr：YKK AP（株）
D ：YKK AP（株）

17G060607

マンション内設置郵便ポスト付宅配ロッカー

「ソコポス」

Delivery Lockers with Mailboxes in Condominiums
SOCOPOS
Ar: Takara Leben Co., Ltd.

これまで日本の郵便は一般的に郵便局か郵便ポストでの回収が前提だったが、このシステムの導入により集合住宅内で郵便物の集配が可能になった。集合住宅で初めて導入される試みである。これは回収業務と配達業務という異なる業務の効率を少しでも高め、発送利用者と配送業務者の二者の伝達流通手段のどちらにも効率化をもたらそうとするものである。

Ar：（株）タカラレーベン
Pr：（株）タカラレーベン 営業統括グループ 営業企画部 部長 横田新哉
Dr：（株）タカラレーベン 取締役 執行役員 営業統括グループ 統括部長 髙荒美香
D ：（株）タカラレーベン LEBEN LABO事務局

17G060608

蝶番

フラット蝶番

Hinge
Flat Hinge
Ar: NISHIMURA Co., Ltd.

本製品は空間をすっきりシンプルに見せる新しい蝶番である。従来の蝶番は回転軸の飛び出しなどから空間デザインや安全面で問題があったが、コスト面も踏まえた独自の新機構により、扉と一体化したフラットな形状と、扉表面側から指が挟まりにくい安全性を保有している。これにより上質な建具デザインと空間をより広く世の中に提供する。

Ar：(株)ニシムラ
Pr：(株)ニシムラ
Dr：(株)ニシムラ
D ：(株)ニシムラ

17G060610

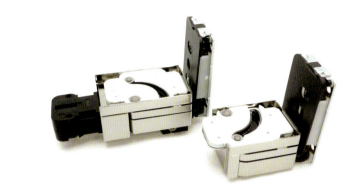

オープン棚用引き戸金具

スライドライン エム

Sliding Door System (Furniture Fitting)
SlideLine M
Ar: Hettich Japan K.K.

単純なオープンシェルフをデザイン性豊かなスライド扉付きの家具に変貌させることができる引き戸金具。扉を左右にスライドさせるたびに変化に富んだ家具のファサードを創りだし、空間を豊かに演出することができる。リビングルーム、キッチン、パウダールーム、オフィスなどへの応用、さまざまな用途の家具への適用が可能である。

Ar：ヘティヒ・ジャパン(株)
Pr：ドイツ ヘティヒ本社社内デザイナー
Dr：ドイツ ヘティヒ本社社内デザイナー
D ：ドイツ ヘティヒ本社社内デザイナー

17G060611

ビニル床タイル
モルタライク

Vinyl Composition Tile
MORTALIKE
Ar: TAJIMA ROOFING INC.

打ち放しの床はホコリが発生しやすく、汚れも付きやすく、飲食店など往来の多い店舗では硬い床での歩行時の疲労も課題だった。本製品は、3ミリ厚の全層塩ビ樹脂タイルのため歩行感もやさしく、また、木目、石調のタイルとも自由に組み合わせられる。ラミネートフィルムでは表現できなかった、モルタル感のある新しい床を提案する。

Ar：田島ルーフィング（株）
Pr：田島ルーフィング（株）代表取締役社長 田島国雄

17G060612

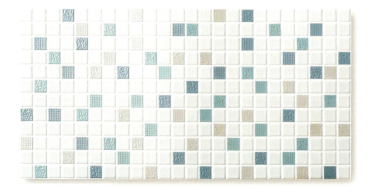

タイル
スマートモザイクシート

Tile
Smart Mosaic Sheet
Ar: LIXIL Corporation

タイル施工の専門技術のない業者でも簡単に施工できる商品として、タイル張りリフォームの可能性を追求し誕生。タイルを柔らかな目地で連結しシート状にすることで、キッチンカウンターや洗面バックなど空間のアクセントとして壁面に使用できる。目地部はカッターなどで簡単に切断でき、接着剤で貼り付けるだけの簡単施工を実現した。

Ar：（株）LIXIL
Pr：（株）LIXIL 田阪裕一、森岡俊道、中川剛
Dr：（株）LIXIL 川出純子
D ：（株）LIXIL 西澤祥子、崎山智弘、松岡広子

17G060613

内装用カラーガラス
ラコベル®プリュム

Color Glass for Interior Wall
Lacobel Plume
Ar: Asahi Glass Co., Ltd.

ガラスと樹脂を複合した内装用カラーガラス。シックで高級感あるカラーガラスの質感はそのままに、重量を60パーセントカットした。万が一ガラスが破損しても飛散しにくく、安全性にも優れている。

Ar：旭硝子（株）
Pr：旭硝子（株）ビルディング・産業ガラスカンパニー　松井徹
Dr：AGCグラスプロダクツ（株）内装・新市場営業グループ　太田里華＋旭硝子（株）ビルディング・産業ガラスカンパニー　桶谷幸史
D：旭硝子（株）ビルディング・産業ガラスカンパニー　菊地哲、一山泰子、山本祥平

17G060614

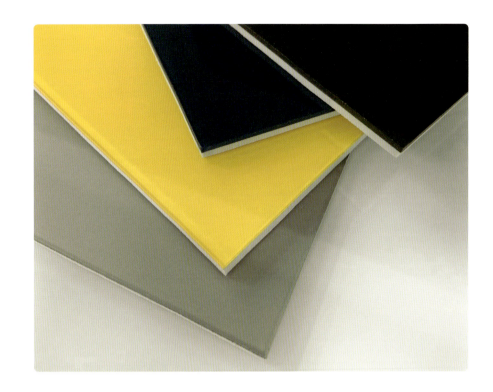

装飾用パネル
ORII MARBLE（オリイマーブル）

Decorative Panel
ORII MARBLE
Ar: momentum factory Orii CO., Ltd

高岡銅器の伝統着色技術を基礎に開発した銅と真鍮の装飾パネル。全12色は、すべて職人の手により色付けされている。0.4ミリの銅板や真鍮板を、薬品や熱に意図的に反応させ、素材本来の色を空間装飾へ転用。規格化によって、大きな壁面への施工から海外輸送、施工現場での作業をよりシンプルにすることができた。

Ar：（有）モメンタムファクトリー・Orii
Dr：戸田祐希利
D ：戸田祐希利

17G060615

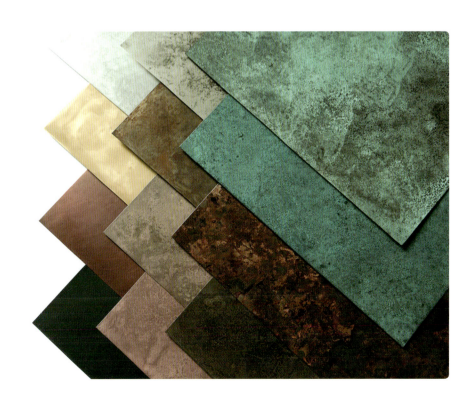

石膏ボード

コーナーボード

Gypsum Board
Corner Board
Ar: CHIYODA UTE CO., LTD.

住宅や建築物の出隅部を簡単に丸い角（2R、15R）にすることができる、R加工済み出隅用石膏ボード。補強材やパテによるコーナー処理が不要で、現場での施工手間を大幅に削減し、施工後の不具合の発生も抑える。また、丸い角による柔らかな住空間や、怪我をする可能性の高い子供や高齢者に優しい住環境を提供する。

Ar：チヨダウーテ（株）
Pr：チヨダウーテ（株）マーケティング室

17G060616

住宅用熱処理木材製壁材

室内外用壁材

Heat Treated Wood Wall
Indoor outer wall material
Ar: SUMITOMO FORESTRY CO., LTD.

ボーダーラインの製品特徴を活かして、室外の壁から室内へ同じ意匠の化粧を施すことで空間の広がりと自然光を室内に誘導し、内と外をつなぐ。製品物性を安定させるために施した熱処理による木の変色が浮造り調に仕上がり、本物の価値をさらに高めている。

Ar：住友林業（株）
Pr：住友林業（株）住宅事業本部 資材物流部
Dr：住友林業（株）住宅事業本部 資材物流部 鈴木久之
D ：住友林業（株）住宅事業本部 資材物流部 鈴木久之

17G060617

窯業系外装材

レジェール

Fiber Reinforced Cement Sidings
LegerAir
Ar: KMEW Co., Ltd.

すべての人に理想をあきらめない家づくりができる外壁を、という思いから生まれた軽量外壁材。既存の窯業系サイディングとは一線を画する彫りの深さと、陰影で魅せる印象的なデザインが特徴である。従来製品からさらにレベルアップしたコーティング機能を付加し、美しさと強さを兼ね備えた新たな住宅外観を提案する。

Ar：ケイミュー（株）
Pr：ケイミュー（株）外壁材開発部 古宮隆史
Dr：ケイミュー（株）外壁材開発部 太田恵子／商品企画部 前田実可子
D ：ケイミュー（株）商品企画部 西野祥平

17G060618

金属製外壁材

SF-ビレクト

Metal Siding
SF-BIRECT
Ar: IG KOGYO CO., LTD.

金属横葺き屋根の意匠をモチーフにデザインされた金属製外壁材である。薄い鋼板だけで外壁を仕上げる場合、薄い鋼板特有の歪みのため壁面に波打ち感が出てしまう。本製品は断熱材を裏打ちすることで、薄い鋼板特有の歪みをなくし、表面の平滑性と美しい水平ライン、金属の質感を活かした美しい壁面の仕上がりを実現した。

Ar：アイジー工業（株）
Pr：（株）スタジオ・ノア 森信人＋アイジー工業（株）国分利秀
Dr：アイジー工業（株）安達伸一、菊地伸一
D ：アイジー工業（株）竹屋孝志、眞田耕一郎、齋藤寿実、海藤真広、石垣温子、笹川愛美

17G060619

外装建材

色と線の一体感を演出する
「TANITA GALVA」

Exterior Bulding Material
directing the unity of color and line TANITA GALVA
Ar: TANITA HOUSINGWARE CO. LTD.

素材と色を統一させ、○□△という形をベースにデザイン要素をそぎ落とした、シンプルなガルバリウム外装建材シリーズ。ベースとなるアイテムは雨とい。色はマット調の5色で、そのほか、屋根材、外壁材、小庇など15アイテムがある。シンプルな形状は定番化されるという好循環を生み出し、さまざまな立場のつくり手同士をつなぐ。

Ar：(株)タニタハウジングウエア
Pr：(株)タニタハウジングウエア 代表取締役社長 谷田泰
Dr：(株)タニタハウジングウエア マーケティング部GL推進課 大町健太郎
D：(株)タニタハウジングウエア タニタガルバプロジェクトチーム、企画課 飯島清一、岡田斐加、室野伴也／PV推進室 山内清孝／GL推進課 小塚大輔

17G060620

漆塗

不燃材への漆塗技術

Japanese Lacquer ("Urushi") Coating
Urushi coating technique applied to non-combustible materials
Ar: Heisei Corporation

現代建築における漆の可能性を追求し、一般的に漆の下地として用いることのないアルカリ性の建材(コンクリート・ケイ酸カルシウム板など)に特殊な技術を用いることで、美しい漆の仕上げを可能とした。素材のもつ表情を活かした漆独特の意匠表現ができることは、漆の新しい可能性を感じさせる。

Ar：(株)平成建設
D：有賀建樹

17G060621

木製サッシ

マドバ

Wood Windows
MADOBA
Ar: NIPPONNOMADO., LTD.

杉は古くから柱をはじめとした家の部材として、私たちの暮らしに寄り添ってきた。サッシ枠として使うには柔らかすぎるその性質を最先端の技術で克服し、本製品は完成した。木目の味わいと、素材のもつ特性としての温かみ。今までにない美しさと、機能性を両立したサッシである。

Ar：(株)日本の窓
Pr：(株)東京組
Dr：(株)東京組
D：(株)東京組

17G060622

屋根葺き材

はたらく屋根 屋根材型モジュール エコテクノルーフ

Roof
WORKING ROOF ROOFTYPE MODULE
ECOTECNOROOF
Ar: TANITA HOUSINGWARE CO. LTD. +
YOSHIOKA. CO. LTD

工業化された屋根材として開発し、飛び火認定を取得。勾配は1〜10寸、積雪は2.5メートルに対応している。コーキングなどの消耗材に依存せず強化ガラスとアルミ部材の嵌合で止水。万一の雨水進入にも雨とい機能を備えたフレームと桟を経由し、軒先から排出する。屋根材下は通気層となっており、シースルーモジュール、通気層を活用した太陽熱利用が可能である。

Ar：(株)タニタハウジングウエア＋(株)吉岡
Pr：(株)タニタハウジングウエア 常務取締役 木村吉宏
Dr：(株)タニタハウジングウエア PV推進室 長 下山真一
D：(株)吉岡 顧問 石川修＋(株)タニタハウジングウエア PV推進室リーダー 山内清孝

17G060623

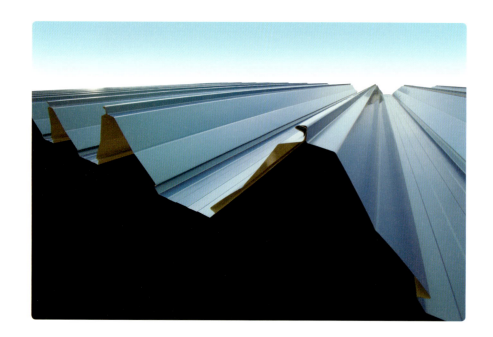

屋根材

アドバンス

Roofing Material
ADVANCE
Ar: kawakamibankinkougyousyo Co., Ltd

デザインコンセプトは「進化×深化＝強化」である。特許技術と持てる技術を尽くし、骨格と接合部さらに本体とをひとつながりに進化させたことにより屋根全体の強化へとつながった。この製品は、その熟成したストロングデザインにより、差ではなく、圧倒的な違いと強さを持って生み出された、業界最高レベルの高強度ハゼ式嵌合型折板である。

Ar：(株)川上板金工業所
Pr：(株)川上板金工業所 代表取締役 川上正城
Dr：(株)川上板金工業所 専務取締役 川上真紀夫
D ：(株)川上板金工業所 技術顧問 川上進

17G060624

木造住宅向け制振装置

制振装置evoltz L220

Earthquake Damping System for Wooden House
Earthquake damping system evoltz L220
Ar: Chihiro Sangyo Co., Ltd.

木造住宅向け制振装置evoltzシリーズの第2弾である。自動車のショックアブソーバとマフラーの技術を応用。本体部分はドイツのBILSTEIN社、テクニカルブレース部分は日本の藤壺技研工業に製造委託。世界レベルの高品質を保ったままさらなる高性能を引き出すことに成功した。大きな地震だけでなく、余震にもしっかりと性能を発揮する。

Ar：千博産業(株)
Pr：渥美幸久

17G060625

ルーバーパネル
ドリップルーバー

Louver Panel
Drip Louver
Ar: Misawa Homes Co., Ltd + Misawa Homes Institute of Research Development Co., Ltd.

ルーバーの最上段から下段へ次々に水（雫）を落とし、ルーバー表面へ効率的に水を拡げ、蒸発冷却による冷放射面の形成と冷気の生成の効果で体感温度を下げながら、視覚的にも聴覚的にも涼感を演出する。送水のホースは立水栓などへ接続するため水道工事は不要。水道圧で水を供給し、電気は使用しない。

Ar：ミサワホーム（株）＋（株）ミサワホーム総合研究所
Pr：（株）ミサワホーム総合研究所 環境エネルギーセンター 環境創造研究室
Dr：ミサワホーム（株）調達開発部 特需推進課
D：ミサワホーム（株）調達開発部 特需推進課

17G060626

壁面緑化システム
グリーン・ラジエーター

Wall Greening System
GREEN RADIATOR
Ar: SHIMIZU CORPORATION + FIELD FOUR DESIGN OFFICE

両面緑化した縦型ルーバーを建物外壁や窓ガラス前面に配置する緑化システム。直射光を抑えて通風が得られ、植栽基盤からの蒸散効果も併せてクールスポットを創出。植栽基盤は熱融着培土により両面緑化を可能とし、植物は森の林縁部や崖地、岩場などの自生種をテーマに選択。自然が持つ環境改善機能を都市に取り入れ暑熱ストレス緩和などを図る。

Ar：清水建設（株）＋（株）フィールドフォー・デザインオフィス
Pr：清水建設（株）部長 中村健二＋（株）フィールドフォー・デザインオフィス ディレクター 渡辺高史
Dr：清水建設（株）部長 中村健二＋（株）フィールドフォー・デザインオフィス ディレクター 渡辺高史
D：清水建設（株）松島研＋（株）フィールドフォー・デザインオフィス ディレクター 渡辺高史＋（株）コミヤマ環境 代表取締役 谷岡亘＋みのる産業（株）眞家道博

17G060627

エアトゥーウォーターヒートポンプ室外機

ecodan
PUHZ-SW／SHW-AAシリーズ

Air to Water Heat Pump Outdoor Unit
ecodan PUHZ-SW / SHW-AA series
Ar: MITSUBISHI ELECTRIC CORPORATION

本製品は住宅向けヒートポンプ式温水暖房・給湯システム用の室外機である。住宅への調和を考慮し、ファンガードと本体の一体化や、運搬用のハンドル位置の工夫によりフラットでシンプルな外観をめざした。また、ファン周囲をファンと同色にして存在感を軽減。従来品から騒音値を10dB削減して高い静音性を実現した。

Ar：三菱電機(株)
Pr：三菱電機(株)静岡製作所 服部太郎
Dr：三菱電機(株)デザイン研究所 西口隆行
D ：三菱電機(株)デザイン研究所 楠木陽子、前谷典輝

17G060628

7

モビリティ

Mobility

「スマートパーキング Peasy」の自律センサーによる駐車シェアのネットワーキングや、「アマゾンダッシュボタン」の家庭の買物ニーズをワンボタンで直接配送に結びつける提案は、IoTによって都市の形を変えていく動きにつながるだろう。300kgの車体軽量化に加え、高水準の客室性能と安全技術を誇るフロントデザインが印象的な「日野プロフィア」「シトロエン C3」は、エアバンパーをモチーフにトータルデザインしたスタイリッシュな C3 を提案している。「テスラ Model X」は、高性能計算機を実装したインターネットネイティヴなモビリティデザインを提案、パナソニックの「ワイドディスプレイミラーレスモニターシステム」は、車をミラーレスにするだけでなく運転感覚を変える可能性がある。JR西日本の「トワイライトエクスプレス瑞風」は、オープンデッキによる鉄道の懐かしい移動体験の演出と内部デッキの工夫が光った。大胆な発想の追求と底堅いつくりこみによる社会問題の解決に向けたモビリティデザインの息吹が感じられた。YAMAHAの「TMAX530」は、高級感ある樹脂素材の拘りと、ハイアップされた排気とシートで独自の世界観を表現。欧州スポーツコミューターの新カテゴリーを確立したデザインが卓越の域に達していた。トヨタの「C-HR」は、ダイヤモンドをモチーフに車体を斜めにカットし、上部をクーペのようにデザインしている。安全技術装備のつくりこみ精度も高く、最高水準の車両デザインと評価された。「TRAIN SUITE 四季島」は、震災に列島が揺れた 2011 年に開発をスタート。東北の美しい川面の風景が見えるように下向きに設けられた小さな窓、南部鉄器のダブルアーチによる広い客室、地域管理区の運転士による誇りをもったオペレーションが、非電化区間用に実装されたバッハのエンジンなど高い技術に支えられている。震災から立ち上がろうとしている東北文化を再編集するためのフラッグシップデザインとして高く評価した。

「移動」に関わるデザイナーは、安全や環境の制約下で、変わらぬ価値の体現とその変革に形を与えることが同時に求められる。質の高いデザインと、イノベイティブな提案が交錯した一年だった。

羽藤英二

鉄道

小湊鐵道

A Railway
Kominato railway
Ar: Kominato railway co., ltd.

ローカル鉄道と沿線里人でつくる懐かしい未来SATOYAMAづくり。SATOYAMAは縄文の昔から、人が自然に手を入れ作りあげた半自然・半人工の人の暮らしに最適な風土である。そのSATOYAMAを残された遺産ではなく未来資産ととらえ、世界にシェアし、創意工夫してより豊かにする一歩を踏みだした。

Ar：小湊鐵道（株）
Pr：代表取締役社長 石川晋平
Dr：鉄道部長 黒川雄次、顧問 数馬宏喜
D：南市原里山連合 松本靖彦ほか＋喜動房倶楽部＋市原ルネッサンス＋安由美会＋森遊会＋国本一心会＋石神菜の花会＋いっぺぇde渓谷＋市原市＋絵本作家工学博士 かこさとし＋千葉公慈＋藤本壮介＋三宅正芳＋北陸重機工業＋川西正人＋山本嘉範＋山崎毅彦＋地元の皆様方

17G070631

鉄道車両

70000系

Rolling Stock
70000series
Ar: TOBU RAILWAY CO., LTD.

活力を感じさせる車両をコンセプトとし、エクステリアはスピード感のある造形と印象的な色彩を組み合わせている。フリースペース設置箇所の側面ラインに車いすとベビーカーの標記を組み込むことで、ホームドア設置時の視認性とデザイン性の両立を図った。インテリアは安全性と快適性を第一に、明るく開放感のある室内構造となっている。

Ar：東武鉄道（株）
Pr：東武鉄道（株）

17G070632

鉄道車両
京王電鉄 5000系

Rolling Stock
MODEL 5000 Keio Corporation
Ar: Keio Corporation

当社初の座席指定列車導入に向け新造した新型車両である。クロス／ロングシート転換座席を導入し、さまざまなシーンで活躍できる次世代の通勤車両をめざした。外観はシャープな正面形状を採用しスマートな列車を表現、内装は沿線にある高尾山の木々と繊維の街である八王子の絹糸をモチーフに華やかな室内空間を表現した。

Ar：京王電鉄（株）
Pr：京王電鉄（株）鉄道事業本部 車両電気部 梁瀬哲夫
Dr：京王電鉄（株）鉄道事業本部 車両電気部 車両計画改良担当 若松茂則
D：（株）総合車両製作所 生産本部 技術部 デザインセンター 斉藤和彦、塩野太郎

17G070633

鉄道車両
西武鉄道40000系

EMU (Electric Multiple Unit)
SEIBU RAILWAY:EMU Series 40000
Ar: SEIBU RAILWAY Co., Ltd. +
Kawasaki Heavy Industries, Ltd.

今までにない多様性をもった鉄道車両である。ロングシートとクロスシートが切り替え可能で、通勤・通学はもちろん観光利用まで幅広い用途に対応することができる。車両内には車イスやベビーカーを置くことのできるパートナーゾーンを設定し、乗車する人同士が心地よく空間をシェアできるスペースを用意している。

Ar：西武鉄道（株）＋川崎重工業（株）
Pr：西武鉄道（株）
D：川崎重工業（株）車両カンパニー 国内プロジェクト本部 技術企画部 デザイン課

17G070634

超低床路面電車

阪堺電車1001形 堺トラム

Low Floor Light Rail Vehicle
Hankai Tramway Series1001 SAKAI TRAM
Ar: Hankai Tramway Co., Ltd.

先頭部をスラントさせ、ダイナミックな曲面でホームから見たときの圧迫感をなくし、人にやさしく親しみやすいデザインと堺ゆかりのカラーリングの車両である。木材を随所に使い、茶室を連想させるすだれのカーテンや堺の工芸品として栄えた堺更紗柄を復活させたシートで、堺の歴史と華やかさも演出された魅力ある室内空間をつくった。

Ar：阪堺電気軌道（株）
Pr：堺市＋阪堺電気軌道（株）山本拓郎
Dr：阪堺電気軌道（株）仁尾勝利＋アルナ車両（株）田島辰哉
D：アルナ車両（株）大村知也

17G070635

鉄道車両用シート

ユニバーサルデザインシート

Seat for Rolling Stock
Universal Design Seat
Ar: Hitachi, Ltd.

座面を高く、浅くすることで、座る、立つという動作の身体的負担を軽減し、どんな人でもパッと座ってサッと立つことができる鉄道車両用シートである。今まで座席下にあったヒーターをなくし、シートヒーターを搭載したことで快適性が向上。座席下には広い空間がうまれ、荷棚の利用が難しい人でも通路を塞ぐことなく足下に荷物を納められるようになった。

Ar：（株）日立製作所
Pr：（株）日立製作所 アリステア・ドーマー
Dr：川上デザインルーム 代表 川上元美＋（株）日立製作所 製品デザイン部 主管デザイナー 熊谷健太
D：川上デザインルーム 代表 川上元美＋（株）日立製作所 製品デザイン部 デザイナー 川口裕太

17G070636

地下鉄
東京メトロ銀座線リニューアル計画

Subway
Tokyo Metro Ginza Line Renewal Project
Ar: Tokyo Metro Co., Ltd.

東洋初の地下鉄として東京の街をつないできた歴史や伝統も大切にしながら、先端の機能を取り入れ発信する路線をめざし、銀座線の路線コンセプトを伝統×先端の融合として全駅、全車両をリニューアルする計画である。

Ar：東京地下鉄（株）
Pr：東京地下鉄（株）代表取締役社長 山村明義
Dr：東京地下鉄（株）鉄道統括部計画課 佐藤浩樹
D：東京地下鉄（株）鉄道統括部計画課 加藤伸一郎

17G070637

複合商業施設
中目黒高架下

Commercial Complex
NAKAMEGURO KOUKASHITA
Ar: TOKYU CORPORATION ＋ Tokyo Metro Co., Ltd.

中目黒高架下は中目黒駅周辺の高架下空間を約700メートルにわたって線上に開発した、飲食店や雑貨・食物販店、事務所など、約30店舗からなる施設である。2008年に着工してから約8年を経て竣工した。コンセプトはSHARE（シェア）。約700メートルにわたる高架橋というひとつ屋根の下、各店舗が空間をシェアしたり、人々が楽しい時間をシェアする、新しい商店街の形を実現した。

Ar：東京急行電鉄（株）＋東京地下鉄（株）
Pr：東京急行電鉄（株）取締役社長 野本弘文
Dr：東京急行電鉄（株）取締役社長 野本弘文
D：（株）東急設計コンサルタント 建築設計本部 伊藤浩史、三塚悠（元社員）、勅使河原雅幸＋（株）丹青社 中村耕一郎、城戸埋誠＋（株）トランジットジェネラルオフィス 渡邊吉晃、千田弘治

17G070638

乗用車

スイフト シリーズ

Passenger Car
SWIFT series
Ar: SUZUKI MOTOR CORPORATION

走りとデザインをコンセプトに開発した本ブランドは、2004年の発売以来、高い評価を受けてきた。今回の新型シリーズでは、ブランドのDNAを継承しながらも進化させた躍動感あふれるデザイン、低燃費化と運動性能の両立、先進の安全技術で、今まで以上に走りとデザインを楽しめるクルマとなった。

Ar：スズキ（株）
Pr：四輪商品・原価企画本部
Dr：四輪商品第二部
D ：四輪デザイン部

17G070640

乗用車

スバル インプレッサ G4／SPORT

Passenger Car
SUBARU IMPREZA G4/SPORT
Ar: SUBARU CORPORATION

新プラットフォームによる安全性能と動的質感に、存在感あるデザインと造り込まれた静的質感を高次元融合させ、安心と愉しさを際立たせた。Sporty & Advance、大胆と精緻をテーマに、質感表現との高次元融合が生み出すクラスを超えた感動を追求した。

Ar：（株）SUBARU
Pr：（株）SUBARU 商品企画本部 上級プロジェクトマネージャー 阿部 一博
Dr：（株）SUBARU 商品企画本部 デザイン部 部長 石井守
D ：（株）SUBARU 商品企画本部 デザイン部 磯村 晋

17G070641

乗用車

スバル XV

Passenger Car
SUBARU XV
Ar: SUBARU CORPORATION

ユーザーに安心と愉しさを届ける当社のSUVシリーズの中で、最もアクティブでスポーティな個性のスポカジスタイルを提案するXV。新型はFun Adventureをテーマに、さらなるスポカジの追求と、クラスを超えた質感表現の融合による、ワクワクする愉しさを表現する商品作りをめざした。

Ar：(株)SUBARU
Pr：(株)SUBARU 商品企画本部 プロジェクトゼネラルマネージャー 井上正彦
Dr：(株)SUBARU 商品企画本部 デザイン部 部長 石井守
D ：(株)SUBARU 商品企画本部 デザイン部 磯村晋

17G070642

Passenger Vehicle

ROEWE i6

Passenger Vehicle
ROEWE i6
Ar: SAIC Motor

世界初の量産コネクテッド・ファミリーセダン。製造元の主力モデルの一つ。世界標準の自動車デザイン、パワートレイン技術、インターネットアプリケーションなど、さまざまな先端技術やフロンティアコンセプトを特徴とする未来型ファミリーカーである。単にインターネット接続ができる車ではなく、IoE社会における動くノードといえる。

Ar：SAIC Motor
Pr：SAIC Motor
Dr：Shao Jingfeng, SAIC Design Director
D ：SAIC MOTOR Design Center

17G070645

乗用車

ダイハツトール／
トールカスタム トヨタルーミー／
タンク スバルジャスティ／
ジャスティカスタム

Automobile
DAIHATSU THOR / THOR CUSTOM,
TOYOTA ROOMY / TANK, SUBARU JUSTY
Ar: DAIHATSU MOTOR CO., LTD.

小型車のスペースモデルに、ダイハツが培ったノウハウを投入すべく、「家族とのつながり」をキーワードに「子育てファミリーの日常に適したコンパクトファーストカー」として開発。軽自動車で育んだパッケージング技術を応用し、コンパクトな外形寸法で取り回し性能を軽自動車と同等としながら、ゆとりある室内空間を実現。日本の家族の日常に使える頼れるミニバンとした。

Ar：ダイハツ工業（株）
Pr：ダイハツ工業（株）開発本部 製品企画部 CE 嶋村博次
Dr：ダイハツ工業（株）開発本部 デザイン部 部長 丸谷勝己
D ：ダイハツ工業（株）開発本部 デザイン部

17G070646

軽自動車

ワゴンR／ワゴンR スティングレー

Small Car
WAGON R / WAGON R STINGRAY
Ar: SUZUKI MOTOR CORPORATION

初代型は、力強いスタイルと大きな居住空間、多用途性、乗り降りと運転のしやすさを実現した。6代目である本車は広い室内空間と使い勝手の良さを向上させながら、機能性とデザイン性を両立させた機能美を表現。さらに多くのユーザーが自分に合ったものを選べるよう、個性的な3つの外観デザインを採用した。

Ar：スズキ（株）
Pr：四輪商品・原価企画本部
Dr：四輪商品第一部
D ：四輪デザイン部

17G070647

乗用車

ジャパンタクシー

Passenger Vehicle
JPN Taxi
Ar: TOYOTA MOTOR CORPORATION

2020年、日本を走るタクシーのカタチはどうあるべきか。当社がその将来を見据えつくり上げたタクシー。未来を託すクルマに欠かせぬ環境への配慮を携え、ひとめでタクシーとわかる独創的で親しみのあるデザインを採用し、新しい街並みにも古き町並みにもなじみ、景観を美しく統一することをめざした。みんなにやさしいタクシー車両である。

Ar：トヨタ自動車（株）
Pr：トヨタ自動車（株）
Dr：トヨタ自動車（株）Chief Branding Officer 先進技術開発カンパニー 先行デザイン担当 専務役員 福市得雄
D：トヨタ自動車（株）Toyota Compact Car Company デザイン部＋トヨタ自動車東日本（株）デザイン部

17G070648

自動車用内装パネル

3Dドライ転写パネル

Automotive Interior Panel
3D Dry Transfer Printed Panel
Ar: TOKAI RIKA CO., LTD. +
TOYOTA MOTOR CORPORATION

3Dドライ転写工法によって加飾された自動車用内装パネル。この工法は、多層印刷による深みのある色彩表現と、歪みが少なく位置決め精度の高い図柄配置が特長である。内装パネルの複雑な形状や組み立て見切りによる影響を受けにくく、美しいパターン柄を、内装全体にわたって、連続的かつ広範囲に印刷することができる。

Ar：（株）東海理化＋トヨタ自動車（株）
Pr：トヨタ自動車（株）＋（株）東海理化
Dr：トヨタ自動車（株）先進技術開発カンパニー デザイン開発部＋（株）東海理化 デザイン部
D：トヨタ自動車（株）先進技術開発カンパニー デザイン開発部＋（株）東海理化 デザイン部

17G070649

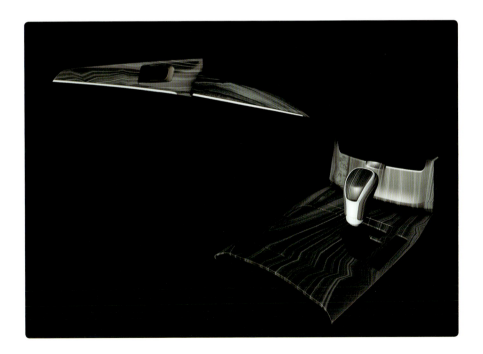

自動車用メータ

レクサスLS用メータ

Automobile Meter Cluster
Meter cluster for Lexus LS
Ar: TOYOTA MOTOR CORPORATION + DENSO CORPORATION

LEXUS LS500、LS500hに搭載されるメータ。高精細ディスプレイと表皮巻の見返し板、アナログゲージから成る。高度運転支援機能をはじめとする最先端機能を理解しやすく先進的なデザインで表した。世界トップクラスの先進技術と、日本のものづくりによるクラフトマンシップを融合させることで、次世代の車を運転する喜びを表現した。

Ar：トヨタ自動車（株）+（株）デンソー
Pr：トヨタ自動車（株）+（株）デンソー
Dr：トヨタ自動車（株）先進技術開発カンパニー デザイン開発部／Lexus International レクサスデザイン部+（株）デンソー デザイン部
D：トヨタ自動車（株）先進技術開発カンパニー デザイン開発部／Lexus International レクサスデザイン部+（株）デンソー デザイン部

17G070651

車載用スピーカーシステム

DIATONE DS-SA1000

Car Speakers
DIATONE DS-SA1000
Ar: MITSUBISHI ELECTRIC CORPORATION

本ブランドが長年培ってきた音響技術を集結させた車載用スピーカーシステムのフラグシップモデルである。トゥイーターには世界最速の伝搬速度を実現するB4C（ボロンカーバイド）振動板を採用。またNCV-R（カップ積層型カーボンナノチューブ配合樹脂）による比類のない新形状ウーファー振動板などにより、高い音響性能を実現した。

Ar：三菱電機（株）
Pr：三菱電機（株）三田製作所 佐藤史尚
Dr：三菱電機（株）デザイン研究所 松原勉
D：三菱電機（株）デザイン研究所 引間孝典、春日敬

17G070652

ドライブ アクション レコーダー
ダクションサンロクマル

Drive Action Recorder
d'Action 360
Ar: CARMATE MFG. CO., LTD.

360度レンズ搭載のドライブアクションレコーダー。従来のドラレコでは撮り逃していた、車両側方や後方で起きる事故まで記録できる。駐車監視オプション装着でエンジンを切った後も360度の衝撃感知録画が可能になるほか、バッテリーオプションを付ければ車外へ持ち出し、アクティブに撮影を楽しめる点も業界初のコンセプトとして評価されている。

Ar：(株)カーメイト
Pr：(株)カーメイト IT開発グループ 中村良幸
Dr：(株)カーメイト デザイン開発部
D ：(株)カーメイト デザイン開発部 松本孝太郎

17G070653

キャンピングカーキット
ネクストキャンパー
プレミアムキット

Motorhome Kit
next camper premium kit
Ar: BLAZE CO., LTD

夢をかなえる次世代のキャンピングカーをコンセプトに製作した軽キャンピングカーのキットである。軽自動車の空間を最大限に広く見せ、いかに使い勝手が良いかを追求し、デザイン性、機能性、品質、経済性すべてにおいてこだわり抜いて製作した。

Ar：(株)ブレイズ
Pr：(株)ブレイズ

17G070654

乗用車用タイヤ

ジオランダー・エムティー・
ジーゼロゼロサン

Passenger Car Tire
GEOLANDAR M / T G003
Ar: The Yokohama Rubber Co., Ltd.

SUV用タイヤの中でも泥濘地などの特に過酷なオフロードを走行するために開発されたマッドテレーンタイヤである。トレッド部に大きな溝を保有し、タイヤサイド部には7ミリの深さを有するサイドブロックを配置した。深い泥濘地や岩石路面での推進力、カット耐久性を得られるとともに、アグレッシブなデザインを実現した。

Ar：横浜ゴム（株）
Pr：横浜ゴム（株）消費財製品企画部 小島弘行
Dr：横浜ゴム（株）タイヤ第一設計部 設計3G 根本雅行
D ：横浜ゴム（株）消費財製品企画部 デザイングループ 桑原陵

17G070655

タイヤ

N'FERA RU1

Tire
N'FERA RU1
Ar: NEXEN TIRE Corporation

抜群の乗り心地と静音性で最適な運転環境を実現するSUV専用プレミアムタイヤ。プレステージクラスのSUVにふさわしい超高性能。最大の特徴であるトレッドパターンの最適な設計はセダン車並みの乗り心地をもたらし、長時間のドライブも安心。SUVでの快適なドライブを実現した。

Ar：NEXEN TIRE Corporation
Pr：NEXEN TIRE Corporation
Dr：Seung-il, Choi
D ：Tae-nyun Kim, Da hee Yu

17G070656

タイヤ

ル・マン ファイブ

Tire
LE MANS V
Ar: SUMITOMO RUBBER INDUSTRIES, LTD

ダンロップブランドのコンフォートタイヤ。実感できる快適性能が特長で、タイヤの振動を抑えることで乗心地性能と静粛性能を向上させた。軽自動車から大型セダンまで幅広い車両で使用可能である。

Ar：住友ゴム工業（株）
Pr：住友ゴム工業（株）タイヤ国内営業本部 販売企画部長 津崎正浩
Dr：住友ゴム工業（株）タイヤ技術本部 第一技術部長 田中進
D ：住友ゴム工業（株）タイヤ技術本部 第一技術部 岡川洋士

17G070657

自動車用タイヤ

NT421Q

Car Tires
NT421Q
Ar: TOYO TIRE & RUBBER CO., LTD.

SUV専用のラグジュアリー低燃費タイヤ。SUVを街乗りで使用し、カスタマイズをおこないたいユーザー向けの商品である。展開するすべてのサイズで国内タイヤラベリング制度における転がり抵抗性能Aとウェットグリップ性能bを取得。ユニークでスタイリッシュな非対称トレッドパターンを採用し、街乗りでも快適な静粛性と乗り心地を実現した。

Ar：東洋ゴム工業（株）
Pr：商品企画本部 商品企画部 部長 安達雅輝
Dr：技術第一本部 REタイヤ開発部 部長 新開明彦
D ：技術第一本部 REタイヤ開発部 モールド設計グループ 佐藤芳樹

17G070658

443

自動車用タイヤ

OPEN COUNTRY AT＋

Car Tires
OPEN COUNTRY AT＋
Ar: TOYO TIRE & RUBBER CO., LTD.

SUV用ALL Terrain（オールテレーン：全地形型）タイヤ。オフロード走行における優れたトラクション性能を有しつつ、オンロード走行時での静粛性を確保した。非対称パターンと高剛性ブロックで、高い耐久性とオンロードのレスポンス、オフロードの操作性を実現。

Ar：東洋ゴム工業（株）
Pr：商品企画本部 商品企画部 部長 安達雅輝
Dr：技術第一本部 REタイヤ開発部 部長 新開明彦
D ：技術第一本部 REタイヤ開発部 モールド設計グループ 安永智一

17G070659

Tire

CRUGEN HP71

Tire
CRUGEN HP71
Ar: kumhotire

プレミアムSUV向けのオールシーズンタイヤ。ロープロファイルタイヤの洗練性と大口径ホイールで外観の美しさを高めた。少々の雪道でも走れる、季節を問わない汎用性が特徴である。長寿命と転がり抵抗の低減を実現。コンパウンドには、左右対称で不規則なピッチ配列のトレッドパターンを刻み、騒音を低減し、静かなドライブを提供する。

Ar：kumhotire
Pr：Jae Moon Lee
Dr：Chang Joong Park, Jae Hyun Han
D ：Hae Dong Jung, In Hee Park, Jae Hyun Han

17G070660

乗用車用スタッドレスタイヤ

アイスガード シックス
アイジー ロクジュウ

Studless Tires for Passenger Cars
iceGUARD iG60
Ar: The Yokohama Rubber Co., Ltd.

乗用車用スタッドレスタイヤ。従来から追求してきた3つのベネフィットである、氷に効く、永く効く、燃費に効く、に加え、新たにウェットに効く、音に効くを追加した。最新テクノロジーの導入と専用の非対称パターンの採用で、氷上性能を大幅に向上させつつウェット性能、静粛性の向上も実現した。

Ar：横浜ゴム（株）
Pr：横浜ゴム（株）消費財製品企画部 製品企画2グループ 佐藤英俊
Dr：横浜ゴム（株）タイヤ第一設計部 橋本佳昌／消費財製品企画部 デザイングループ 森戸拓実
D：横浜ゴム（株）消費財製品企画部 デザイングループ 佐藤健一

17G070661

自動車用タイヤ

Winter TRANPATH TX

Car Tires
Winter TRANPATH TX
Ar: TOYO TIRE & RUBBER CO., LTD.

ハイト系専用スタッドレスタイヤ。ミニバン、SUVのように車高が高く、車重の重い車種はほかの車種の車に比べ、レーンチェンジ時などにフラツキやすい傾向がある。このような特徴のあるハイト系の車種に対し、アイス・スノー路面での走行性能はもちろんのこと、アイス路面から乾燥路面までレーンチェンジの安定性を確保したタイヤ。

Ar：東洋ゴム工業（株）
Pr：商品企画本部 商品企画部 部長 安達雅輝
Dr：技術第一本部 REタイヤ開発部 部長 新開明彦
D：技術第一本部 REタイヤ開発部 モールド設計グループ 谷口二朗、佐野伸悟

17G070662

445

自動車用タイヤ

ミシュラン アジリス エックスアイス

Tire for Vehicle
Agilis X-ICE
Ar: NIHON MICHELIN TIRE CO., LTD

優れた氷雪性能と耐久性を併せ持つ、バン・商用車用スタッドレスタイヤ。初期性能が永く続くスタッドレスタイヤ、当社X-ICEシリーズと、高い耐久性で好評を得ているバン・ライトラック用サマータイヤ、当社Agilisの両方の技術を搭載。実用的なデザインのタイヤが多い中、サイドウォール部に洗練されたデザインを採用した。

Ar：日本ミシュランタイヤ（株）
Pr：日本ミシュランタイヤ（株）乗用車・商用車タイヤ事業部 マーケティング部
Dr：日本ミシュランタイヤ（株）製品開発部 池田聡
D ：日本ミシュランタイヤ（株）研究開発部 野村昌由／製品開発部 守部浩平

17G070663

Warning Triangle Rack

Tripod Robot

Warning Triangle Rack
Tripod Robot
Ar: HON HAI PRECISION IND. CO., LTD

テクノロジーが人間の生活を便利にする。この三角表示板は革新性にあふれるデザインにより、実用性、テクノロジー、環境面で優れた製品となっているが、最大の機能は「危険回避」。従来の三角表示板は設置に危険性が伴うが、この製品はIoTと遠隔操作機能を組み合わせ、設置中の二次事故の発生を防止する。美観、利便性、独自性に配慮したデザインとした。

Ar：HON HAI PRECISION IND. CO., LTD
Pr：HON HAI PRECISION IND. CO., LTD
Dr：Tseng Chuang Wei
D ：Tseng Chuang Wei

17G070664

クッション
コンフォートクッション

Cushion
COMFORT CUSHION
Ar: AISIN SEIKI Co., Ltd.

本製品は、自動車の座席に装着し、腰部をやさしくサポートし疲れを軽減させる。内部の弾性樹脂素材であるファインレボは、タテ、ヨコ、ナナメの3次元の動きで体型にフィトし、しなやかなツボ押し感覚で腰を支える。運転席、助手席、後部席に装着でき、年齢、性別問わず幅広いユーザーが使用できる。

Ar：アイシン精機（株）
Pr：アイシン精機（株）
Dr：アイシン精機（株）デザイン部 部長 松井明子
D ：アイシン精機（株）デザイン部 藤田誉之

17G070665

Smartphone Case / Car Mount
iFace

Smartphone Case / Car Mount
iFace
Ar: Hamee + Hamee Korea

外部衝撃からスマートフォンを保護するだけでなく、それを使うユーザーの安全にも配慮したカーマウントホルダーである。

Ar：Hamee + Hamee Korea
Pr：Seiji Kono
Dr：Yeonwon Seo
D ：Jinseok kim

17G070666

オートバイ

ボンネビル ボバー

Motorcycle
Bonneville Bobber
Ar: Triumpn Motorcycles Japan

英国のバイクブランドであるトライアンフに新たに加わったプレミアムカスタム、ボンネビル ボバー。1940年代に発生したボバーカスタムスタイルの正統な流れを引き継ぐ本車は、無駄をそぎ落としたミニマルなスタイリングコンセプトでありながら、ディテールへのこだわりをもったプレミアムなカスタマイズを表現した。

Ar:トライアンフ モーターサイクルズ ジャパン(株)
Pr:トライアンフ モーターサイクルズ
Dr:トライアンフ モーターサイクルズ
D :トライアンフ モーターサイクルズ

17G070667

モーターサイクル

Vストローム250

Motorcycle
V-Strom 250
Ar: SUZUKI MOTOR CORPORATION

本車は、同シリーズ共通のスタイリングと、ロングツーリングでの快適性のために低中速トルクの重視、長い航続距離の実現など、充実した内容で開発した。ツーリングに必要なパニアケース取り付けステーを標準装備するなど装備も充実している。足つき性や取り回しの良さで、幅広いユーザーが乗ることができるモデルである。

Ar:スズキ(株)
Pr:スズキ(株) 二輪事業本部
Dr:スズキ(株) 二輪事業本部 二輪第二カーラインチーフエンジニア 課長 福留武志
D :スズキ(株) 二輪事業本部 二輪デザイン部 デザイン課

17G070668

自動二輪車
MT-10

Motorcycle
MT-10
Ar: Yamaha Motor Co., Ltd.

力強く個性あるエンジン特性と俊敏な走り、独創的なスタイルを両立したスポーツバイク。グローバルに展開するMTシリーズのハイエンドモデルで、街乗りから高速移動、長距離ツーリングまで、幅広い用途での走行性能と機能性を兼ね備えている。電子制御システムなどのさまざまな最新技術とライダーの用途に合わせた汎用性をもつ。

Ar：ヤマハ発動機（株）
Pr：ヤマハ発動機（株）
Dr：ヤマハ発動機（株）デザイン本部 木下保宏
D ：（株）GKダイナミックス 竹田奏

17G070669

モーターサイクル
GSX250R

Motorcycle
GSX250R
Ar: SUZUKI MOTOR CORPORATION

徹底的にこだわりぬいたスタイルの良さに加えて、当社独自の高トルク型エンジンと、ライダーが意のままに操れる軽快なハンドリングで、毎日の通勤、通学から長距離のツーリングまで幅広く楽しめる魅力的なモデルに仕上げた。

Ar：スズキ（株）
Pr：スズキ（株）二輪事業本部
Dr：スズキ（株）二輪事業本部 二輪第二カーライン チーフエンジニア 課長 福留武志
D ：スズキ（株）二輪事業本部 二輪デザイン部 デザイン課 遠藤勇太

17G070670

449

自動二輪車
X-MAX 300

Motorcycle
X-MAX 300
Ar: Yamaha Motor Co., Ltd.

走る楽しさとスポーティなスタイリング、街中での移動や通勤における快適性や実用性を併せ持つことから、欧州で長年にわたり人気を集めてきたXMAX250の後継モデル。スポーツスクーターのパイオニアであり、欧州や台湾などでは300ccエンジン、インドネシアやトルコなどでは250ccエンジンを搭載して展開するグローバルモデルである。

Ar：ヤマハ発動機（株）
Pr：ヤマハ発動機（株）
Dr：ヤマハ発動機（株）デザイン本部 野中一浩
D ：ヤマハ発動機（株）デザイン本部 太田充昭

17G070672

Electric Motorcycle
SOCO TS Pro Smart Electric Motorcycle

Electric Motorcycle
SOCO TS Pro Smart Electric Motorcycle
Ar: Supersoco Intelligent Technology (Shanghai) Co., Ltd.

環境保護や省エネに配慮した超現代的な電動バイク。シンプルでなめらかなライン、高性能な電気駆動システム、エネルギーシステムのベストな組み合わせにより、素晴らしい製品となっている。

Ar：Supersoco Intelligent Technology (Shanghai) Co., Ltd.
Pr：Supersoco Intelligent Technology (Shanghai) Co., Ltd.
Dr：Sherman Xie
D ：Sherman Xie & Linteng Zheng

17G070673

Electric Scooter

M1

Electric Scooter
M1
Ar: Beijing NIU Technology Co., Ltd.

エレガントで信頼性が高く、気が利いてスマートな今どきの都市通勤用二輪車。正確な盗難追跡や残り走行可能距離リマインダー、車検・サービスポイント検索などのスマートモバイルアプリが付いている。製造元は持続可能なライフスタイルブランドを通じて環境への配慮を呼びかけている。

Ar：Beijing NIU Technology Co., Ltd.
Pr：Beijing NIU Technology Co., Ltd.
Dr：Token Hu
D ：Niu innovation lab

17G070675

レーシングスーツ

Mugello R D-Air

Racing Suit
Mugello R D-Air
Ar: Dainese S.p.A.

製品一つひとつについて「保護・快適性・流行・性能」のベストバランスと安全性を追求するというメーカーの使命を体現したバイク用レーシングスーツ。MotoGPのレーサー、バレンティーノ・ロッシとの共同開発による。25の新たな技術仕様に加え、5つの革新的な特許技術が含まれ、プロのレーサーにとってかつてないほど安全性が向上した。

Ar：Dainese S.p.A.
Pr：Dainese S.p.A.
D ：Internal design center

17G070676

451

ヘルメット

Pista GP R

Helmet
Pista GP R
Ar：Dainese S.p.A.

最先端のプロのバイクレーサー用ヘルメット。MotoGPの生きる伝説、バレンティーノ・ロッシとの共同開発による本製品は、MotoGPやエクストリームレーシング向けに設計されている。数多くのイノベーションにより能動・受動的保護、性能、快適性の総合点でかつてないレベルに達した。

Ar：Dainese S.p.A.
Pr：AGV
D ：Internal design center

17G070677

二輪車始動用リチウムイオンバッテリー

HYバッテリー

Lithium-ion Motorcycle Starter Battery
HY Battery
Ar：ELIIY Power CO., Ltd.

鉛電池との互換性を有する次世代型プレミアムバッテリー。定置用大型リチウムイオン電池で培った世界トップクラスの安全性と高性能を実現したコア技術をもとに、二輪車始動用バッテリーに要求される軽量性、安全性、低温時の優れた始動性、長寿命を満たす高性能バッテリーを開発した。

Ar：エリーパワー（株）
Pr：エリーパワー（株）代表取締役社長 吉田博一
Dr：エリーパワー（株）代表取締役専務執行役員 河上清源
D ：GKインダストリアルデザイン 朝倉重徳、鈴木慶、根岸岳

17G070678

2輪車用タイヤ

バトルクルーズ エイチゴーマル

Motorcycle Tire
BATTLECRUISE H50
Ar: Bridgestone Corporation

大排気量、大重量のアメリカン・クルーザーバイクのために専用に開発されたタイヤである。めざしたのはロングライフ、ハンドリング、乗りやすさ。雄大に、ゆったりとクルージングするアメリカンV-Twinの醍醐味を、多くのライダーに堪能してもらいたいという思いで開発された。

Ar：(株)ブリヂストン
Pr：(株)ブリヂストン モーターサイクルタイヤ事業部長 内田達也
Dr：(株)ブリヂストン イノベーション本部 デザイン企画部部長 福永高之
D ：(株)ブリヂストン イノベーション本部 デザイン企画部 デザイン第2ユニット 中村貴光

17G070679

ROV

YXZ1000R SS

Recreational Off-highway Vehicle
YXZ1000R SS
Ar: Yamaha Motor Co., Ltd.

北米で人気を集める、オフロードでスポーツ走行を楽しむためのモデル。低く構えたスポーティな前傾スタイリング、重心を車体の中心に低く設定したシャシー、アグレッシブな走行を想定したタイトなコックピットなど、スポーツ走行に特化した車体パッケージをもつYXZ1000Rをベースに、スポーツ・シフト5速トランスミッションを装備した。

Ar：ヤマハ発動機(株)
Pr：ヤマハ発動機(株)
Dr：ヤマハ発動機(株)
D ：(株)GKダイナミックス 木下省吾

17G070680

453

レジャーボート
DFR-33

Leisure Boat
DFR-33
Ar: Yamaha Motor Co., Ltd.

フィッシングの多様化に応え、機能を高めた新世代の中型フィッシングボート。フィッシングを趣味とするユーザーに限らず、家族や仲間とクルージングを楽しむための充実した機能と装備を提供し、当社フィッシングボートのDNAを受け継いで、機能とスタリングの融合をはかったモデルである。

Ar：ヤマハ発動機（株）
Pr：ヤマハ発動機（株）
Dr：ヤマハ発動機（株）デザイン本部
D ：ヤマハ発動機（株）デザイン本部 平野直樹

17G070681

Personal Watercraft
Sea-Doo Spark Trixx

Personal Watercraft
Sea-Doo Spark Trixx
Ar: BRP inc.

ブランドと価値を反映した視覚的手掛かりを与えるデザインをめざした水上バイク。独特なスタント・ライディングに合わせた新しい特徴を加えることにより、既存のモデルよりも刺激的な製品となっている。敏捷で胸躍る、目的をしっかりと持ったデザインで、エンドユーザーの体験にも呼応している。

Ar：BRP inc.
Pr：BRP inc.
Dr：BRP Design and Innovation
D ：BRP Design and Innovation

17G070682

船外機

ディーエフ350エイ

Outboard Motor
DF350A
Ar: SUZUKI MOTOR CORPORATION

船外機とはボート後方外部に装着し、ボートの推進装置として使用されるエンジンのこと。本エンジンは当社船外機最大の350馬力でコンパクトさ、操船する楽しさをコンセプトに開発。効率が良い当社DUAL PROP SYSTEM（二重反転プロペラ）を特徴として躍動感のある上質なデザインとすることで、所有する喜びを感じられる船外機を実現した。

Ar：スズキ（株）
Pr：特機事業本部
Dr：四輪商品原価企画本部 四輪デザイン部 エクステリア課 大谷篤
D ：四輪商品原価企画本部 四輪デザイン部 エクステリア課 岡本尚士、内山義隆

17G070683

水上オートバイ

MJ-GP1800

Personal Watercraft
MJ-GP1800
Ar: Yamaha Motor Co., Ltd.

究極のスポーツ走行やレースを楽しむために、速さに特化したモデル。超軽量素材であるNanoXcel 2を採用した船体に、スーパーチャージャーを備えた当社最強の1,812ccのエンジンを搭載。減速時でもステアリング操作による旋回を可能にした革新的なRiDE技術、走行条件に応じ最適な艇体姿勢の調整をおこなえる電動トリムなど、徹底した造り込みが特徴である。

Ar：ヤマハ発動機（株）
Pr：ヤマハ発動機（株）
Dr：ヤマハ発動機（株）
D ：（株）ジイケイ京都 山本尚志

17G070684

電動アシスト自転車

ビッケ ポーラー

Electric Assist Bicycle
bikke POLAR
Ar: Bridgestone Cycle Co., Ltd.

低床設計フレームと前後20インチ小径タイヤの車体に、新開発したスマートチャイルドシートを搭載。子供の安全性、快適性はもちろん、運転者の走行安定性、操作性も追求した。スマートな車体デザインと豊富なカラー展開、さらに自転車を自分好みにスタイリングできるカラーパーツも用意し、家族だけのオリジナルコーディネートを楽しめる。

Ar：ブリヂストンサイクル（株）
Pr：ブリヂストンサイクル（株）マーケティング部 商品企画課
Dr：ブリヂストンサイクル（株）設計開発部 デザイン設計課
D ：ブリヂストンサイクル（株）設計開発部 デザイン設計課 古見佑介

17G070685

自転車

折り畳み自転車SLIKE

Bike
Folding bike SLIKE
Ar: CAINZ CORPORATION

もっと簡単に折り畳みができて、移動や収納もできればいいのにという声から生まれた、まったく新しい業界初の折り畳み自転車。従来品は約30秒ほどかかるものが、3秒で折り畳みが可能。外装6段変速付きで、登り坂にも対応する。畳んだ状態で押し運べるので、狭いエレベーターや玄関への収納が可能であり、防犯、汚れ対策にも配慮した商品である。

Ar：（株）カインズ
Pr：（株）カインズ

17G070686

自転車

アウトランク

Bicycle
OUTRUNK
Ar: ASAHI CO., LTD.

アウトドアアイテムのひとつとして自転車を手軽にレジャーへ持っていくことはできないかという想いで開発した商品。耐久性、軽さを考え、折り畳み機構をハンドルのみに絞り、車へ積み込みやすいコンパクトな14型の車体とした。本体中心の取手は車への積み下ろしを手助けし、レジャーシーンに手軽に持ち出せる自転車である。

Ar：(株)あさひ
Pr：(株)あさひ 商品部
D ：(株)あさひ 商品部 商品企画セクション 石吾尚樹

17G070687

自転車

ファストライド ハブス

Bicycle
FASTRIDE HUBS
Ar: ASAHI CO., LTD.

自転車にとって重要な軽さと体に合ったサイズに着目し、成長の早い幼少期の子供用自転車の在り方を見直した。素材や車体設計を見直すことで、体への負担を軽減する軽さと、成長に合わせ長期間乗ることができる調整幅を実現。初めての自転車との出合いから、子供とともに成長し、早く、長く、安心安全に乗ることができる自転車である。

Ar：(株)あさひ
Pr：(株)あさひ 商品部
D ：(株)あさひ 商品部 商品企画セクション 梁眞榮

17G070688

457

e-Bike

BESV PSA1

e-Bike
BESV PSA1
Ar: Darfon Innovation Corp.

乗るたびに楽しく心地よい体験をもたらす電動アシスト自転車。流麗で粋なデザインにより、スムーズで快適な街乗りが楽しめる。液晶ディスプレイと専用アプリによるスマート通勤、さらに小ぶりのホイールと取り外し可能なバッテリーの便利さが体験できる。

Ar：Darfon Innovation Corp.
Pr：Product Team of BESV
Dr：Jonathan Yin, Associate Vice President
D ：Design Team of BESV

17G070689

e-Bike

BESV TRB1

e-Bike
BESV TRB1
Ar: Darfon Innovation Corp.

756Whと業界最大レベルのバッテリー容量を持つ、パワフルで堅固、信頼できる電動自転車。進化した二重チューブのフレームにより、バッテリーの保護性を向上させ、同時に堅固なライディング性能を実現した。専用アプリで自転車の状態や運動の成果を確認できるため、究極のマウンテンバイク体験が叶う。

Ar：Darfon Innovation Corp.
Pr：Product Team of BESV
Dr：Jonathan Yin, Associate Vice President
D ：Design Team of BESV

17G070690

自転車コンポーネント
シマノ アルテグラ R8000シリーズ

Bicycle Components
SHIMANO ULTEGRA R8000 Series
Ar: SHIMANO INC.

トップをめざすレーサーのための駆動、制動、変速用コンポーネント。高トルクモーターを搭載した電動変速システムにより直感的な操作が可能なため、雨天でも石畳のコースでも、最高のパフォーマンスを発揮できる。当社のコア技術であるアルミ鍛造による高剛性の構造は、解析に基づいたフォルムデザインによってさらに高められている。

Ar：(株)シマノ
Pr：(株)シマノ 代表取締役社長 島野容三
Dr：(株)シマノ デザイン室
D ：(株)シマノ デザイン室

17G070691

自転車コンポーネント
シマノ ディオーレ M6000シリーズ

Bicycle Components
SHIMANO DEORE M6000 Series
Ar: SHIMANO INC.

MTBを黎明期から支え続けてきた、このカテゴリーのベーシックコンポーネントブランド。このブランドの新シリーズは、上級モデル譲りの特徴を、構造を生かした造形と素材由来の質感で表現することにより、幅広いライダーがMTBライディングの楽しさを追求することに貢献する。

Ar：(株)シマノ
Pr：(株)シマノ 代表取締役社長 島野容三
Dr：(株)シマノ デザイン室
D ：(株)シマノ デザイン室

17G070692

In-Sight Display

Varia Vision

In-Sight Display
Varia Vision
Ar：GARMIN corporation

必要な場所で必要な情報を表示するインサイトディスプレイで、安全意識を向上する。

Ar：GARMIN corporation
Pr：GARMIN cooperation
Dr：David Lammer-Meis
D ：Sung-Chi Chen

17G070693

自転車用ウェアラブルセーフティライト

キャットアイ ウェアラブルエックス

Wearable Safety Light for Cycling
CATEYE WEARABLE X
Ar: CatEye Co., Ltd.

バッグやウェアなど、自転車以外への取り付けを主体にした充電式セーフティライトである。全体がレンズとなる特徴的な形状は、面的な発光で後方への被視認性を向上。体の動きに合わせて動く箇所にライトを取り付けることでより高い安全性を提供する。

Ar：（株）キャットアイ
Pr：（株）キャットアイ マーケティング部 呉家頌
Dr：（株）キャットアイ マーケティング部 デザイングループ 長野敏行
D ：（株）キャットアイ マーケティング部 デザイングループ 奥田洋次

17G070694

自転車用空気入れ

力半分 らくらくポンプ

Bicycles Pump
Half power Easy pump
Ar: KOMERi

空気入れ作業をともかく楽にと考え、ユーザーの要望、意見をもとにデザイン。ポンピングの軽さだけではなく、エアータンク内蔵ながらスッキリとしたフォルム、樹脂筐体とアルミによる軽量化でコンパクトで携帯性に優れている。さらに長く柔らかいホースを採用し、タイヤにつなぐのも楽な自転車用空気入れである。

Ar:（株）コメリ
Pr:（株）コメリ 商品部 吉田努

17G070695

パーソナルモビリティ

WHILL Model C

Personal Mobility
WHILL Model C
Ar: WHILL Co., Ltd.

ファーストモデル「Model A」で培った、車椅子の概念を覆すスタイリング、小半径回転が可能な前輪オムニホイールタイヤ、簡単操作のマウスコントロール、スマホ遠隔操作などの特徴に加え、小スペースの車のトランクへの車載が可能。服を選ぶように自分の気持ちに合った色の外装への着せ替えもできる。

Ar: WHILL（株）
Pr: 福岡宗明
Dr: 杉江理
D: 菅野秀、鳥山将洋

17G070696

歩行アシストロボット

ロボットアシストウォーカー RT.2

Walking Assist Robot
Robotics Assisted Walker RT.2
Ar: RT.WORKS CO., LTD.

ハンドル部のセンサーと本体内蔵の6軸モーションセンサーによって路面状況や人の動きをセンシングし、ブレーキをかけたりすることができる歩行アシストロボットである。軽快感のある新鮮なスタイリングと色づかいなどデザイン性も特徴。パーソナルケアロボット（生活支援ロボット）の安全性に関する国際規格ISO 13482の認証も取得している。

Ar：RT.ワークス（株）
Pr：藤井仁、鹿山裕介
Dr：神品淳
D ：デザインマジカ ナカジマミカ

17G070697

歩行車

ミケーレ

Rollator
Michele
Ar: KOWA CO., LTD.

男性は歩行車の使用を拒否することが多い。歩行車に対して女性が使うもの、仰々しい、老人扱いなどマイナスイメージを持っているからである。この製品は日本人男性の体格や生活環境にフォーカスした仕様になっており、意匠面では正装時などでも違和感のないようにミニマムでありながら上質なデザインになっている。

Ar：（株）幸和製作所
Pr：開発本部 商品開発部 峯垣淳平
Dr：開発本部 商品開発部 開発2課 山口聡
D ：開発本部 商品開発部 開発2課 山口聡／開発本部 商品開発部 開発1課 奥村泰明

17G070698

ベビーカー
ビングル

Baby Stroller
Bingle
Ar: Pigeon Corporation

押しやすさにこだわった軽量B形ベビーカーである。車体重量3.6キロの軽量、コンパクト設計なので、赤ちゃんを抱っこしながら片手で簡単に折りたため、階段も楽に上り降り可能。お出かけを遊びつくそうをコンセプトに、持ち運びやすさと押しやすさを両立した本商品は、赤ちゃんとのお出かけを、もっとアクティブに楽しむことができる。

Ar：ピジョン（株）
Pr：ピジョン（株）ベビー大型商品開発部 チーフマネージャー 大口将利
Dr：ピジョン（株）ベビー大型商品設計G マネージャー 田中隆徳／ベビー大型商品マーケティングG 渡邊邦子／ベビー大型商品設計G 池田真実、加藤義之
D：ピジョン（株）開発推進部 デザインG 正木久美子

17G070699

大型トラック
クオン

Heavy Duty Truck
Quon
Ar: UD Trucks Corporation

燃費環境性能と力強さを両立し、スムーズな走りをもたらすドライブライン、周囲の安全性も確保する先進的な安全装備、快適で運転に集中できるインテリア、ドライバーの誇りと歓びにつながる凛とした存在感のあるエクステリアなど、現代輸送のニーズに応えつつ、細部にわたり人を想い、時代の先を駆けるトラックである。

Ar：UDトラックス（株）
Pr：UDトラックス（株）UDトラックス ブランド・コミュニケーションズ＆プロダクト バイスプレジデント 松尾泰造
Dr：UDトラックス（株）コンプリートビークル プロダクトデザイン ダイレクター 白鳥敏雄
D：UDトラックス（株）コンプリートビークル プロダクトデザイン

17G070701

463

大型トラック

スーパーグレート

Heavy Duty Truck
SUPER GREAT
Ar: Mitsubishi Fuso Truck and Bus Corporation

新技術を取り入れた当社の新世代フラッグシップカー。軽量化された新型エンジンとともに全車にAMT「SHIFTPILOT」を搭載。スムーズな加速と実感できるほどの燃費の違いを実現した。アクティブ・ブレーキ・アシスト4やAMBプラスによる自動ブレーキシステムをはじめ、巻き込み防止、ドライバーの注意力低下などのセンサーにより、安全性の向上を図る。

Ar：三菱ふそうトラック・バス（株）
Pr：久保田慶
Dr：タレック ベノワ
D ：神田浩史

17G070702

中型トラック

日野レンジャー

Medium-duty Truck
HINO RANGER
Ar: Hino Motors, Ltd.

デザインを一新させた本製品は、安全装備を標準装備とし安全性能を大幅に進化させた。衝突被害軽減ブレーキは機能を向上させ、停止車両や歩行者も検知して衝突回避を支援。エンジンのダウンサイジングで燃費向上や軽量化も実現し、環境負荷低減に大きく貢献。これらの改良により、ドライバーが誇りを持ち安心して乗れるトラックとなった。

Ar：日野自動車（株）
Pr：日野自動車（株）チーフエンジニア 佐藤直樹
Dr：日野自動車（株）デザイン部 部長 山口聡
D ：日野自動車（株）デザイン部

17G070703

中型トラック

クローナー

Medium Duty Truck
Croner
Ar: UD Trucks Corporation

ユーザーが稼働時間を最大限に活用できるように、諺にもある「時は金なり」という思いを込め、新興国向け新中型トラックを開発した。呼称はギリシャ神話の「時の神」に由来し、ユーザーの声をベースに仕様・品質・信頼性にさらに磨きを掛けた。

Ar：UDトラックス（株）
Pr：UDトラックス（株）商品戦略担当 ダイレクター 大園正美
Dr：UDトラックス（株）コンプリートビークル プロダクトデザイン ダイレクター 白鳥敏雄
D ：UDトラックス（株）コンプリートビークル プロダクトデザイン

17G070704

トイレカー

7ブーストイレカー

Toilet Car
SEVEN BOOTH TOILET CAR
Ar: BEQCES CO., LTD

日本のトイレ環境の快適性をイベントや災害時などに利用する仮設トイレでも実現した。温水洗浄便座、エアコンなどを装備し木目調の落ち着いた雰囲気の個室を7室備えている。設置撤去作業も簡単で、目的地まで走行し、駐車スペースさえあればすぐに清潔で快適なトイレが利用でき、利用終了時にはそのまま移動・撤去できる。

Ar：ベクセス（株）
Pr：ベクセス（株）代表取締役社長 横山哲郎
Dr：ベクセス（株）専務取締役 伊藤浩司
D ：ベクセス（株）

17G070705

電動フォークリフト

トヨタL&F
電動式リーチフォークリフト
Rinovaシリーズ

Electric Forklift
TOYOTA electric reach forklift 8FBR series
Ar: Toyota Industries Corporation

おもに倉庫などで、荷物の積み下ろしをおこなう電動フォークリフト。思いのままに走り、安心かつ効率的な物流に貢献するフォークリフトとしてモデルチェンジした、リーチフォークリフトおよび派生機種である。サスペンション制御に旋回速度制御を加え、稼働時間延長やバッテリー保護機能など、本質を高め、重要さを増す物流の未来を支える機器である。

Ar：(株)豊田自動織機
Pr：(株)豊田自動織機 トヨタL&Fカンパニー R&Dセンター 技術部 大塚晴彦
Dr：(株)豊田自動織機 トヨタL&Fカンパニー R&Dセンター 製品企画部 デザインG 佐藤良孝
D ：(株)豊田自動織機 トヨタL&Fカンパニー R&Dセンター 製品企画部 デザインG 薬師忠幸

17G070706

ゲレンデ整備車

雷刃

Snow Groomer
RIZIN
Ar: Ohara Corporation

ゲレンデ整備車を製造するメーカーは世界に3社で、日本に於いては当社が唯一の企業となっている。作業車両としての信頼感や高い精度を感じられるように、直線を基調とした精悍でソリッドな造形とした。また、安全性を高めるために乗車時のアシストグリップを兼ね、剛性に配慮したミラーステーをキャビンと一体化し、斬新なイメージを持たせた。

Ar：(株)大原鉄工所
Pr：(株)大原鉄工所 代表取締役社長 大原興人
Dr：(株)大原鉄工所 鈴木正人、馬場実
D ：長岡造形大学 和田裕

17G070707

自動車用メータ
日野バス・トラック用メータ

Automobile Meter Cluster
Meter cluster for trucks of HINO MOTORS, Ltd..
Ar: DENSO CORPORATION

本製品は日野自動車のプロフィア・レンジャー・セレガに搭載されるメータ。先進安全機能を表示するディスプレイや常時使用のスピード・タコメータを大型化し、瞬読性のあるデザインを開発した。視認性を阻害しない抜き印刷によるメータリングなどの洗練された各要素により、プロユースとしての仕立ての良さを感じられるメータを実現している。

Ar：（株）デンソー
Pr：（株）デンソー＋日野自動車（株）
Dr：（株）デンソー デザイン部 松井洋樹＋日野自動車（株）
D ：（株）デンソー デザイン部 戸田圭亮、武政智之＋日野自動車（株）

17G070708

車載用冷凍機
デンソー冷凍機 P28L

Transport Refrigerators
DENSO TRANSPORT REFRIGERATORS P28L
Ar: DENSO + DENSO AIRCOOL CORPORATION

トラックのコンテナ部に取り付けられ、食品などの輸送時に積荷の品質を保持する輸送用冷凍機である。従来では1つのトラックで冷蔵・冷凍室を分けて輸送する場合、2台の冷凍機の搭載が必要であった。本製品では、内機に備えるコンデンサレイアウトの見直しにより冷凍性能をアップ。1台の冷凍機で冷凍・冷蔵の2室への対応を可能とした。

Ar：（株）デンソー＋（株）デンソーエアクール
Pr：（株）デンソーエアクール
Dr：（株）デンソー デザイン部 河原裕司
D ：（株）デンソー デザイン部 笠井洋志、戸田圭亮

17G070709

オープントップ型金属製輸送コンテナ
エコロジーボックス®(E/B)

Open-top Metal Transport Container
Ecology Box (E/B)
Ar: Atago-Body Co., Ltd.

ISO規格の40フィート国際海上コンテナ用シャーシを用いたトレーラーに搭載し、鉄屑を効率的かつ安心、安全に運ぶためのオープントップ型金属製輸送用コンテナである。主要材質には一般鋼の約3倍の強度がある耐摩耗鋼を使用し、シンプルかつスタイリッシュでタフなボディ構造を実現した。

Ar：愛宕自動車工業(株)
Pr：愛宕自動車工業(株) 代表取締役社長 愛宕康平

17G070710

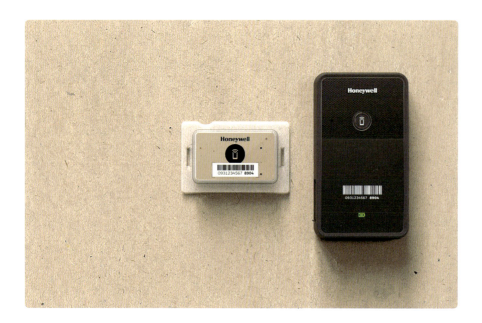

Freight Tracking System
Honeywell Connected Freight

Freight Tracking System
Honeywell Connected Freight
Ar: Honeywell Design Team

リアルタイムで世界のどこでもあらゆる貨物をリアルタイムで追跡できるコネクテッド貨物ソリューション。タグとクラウドに接続するゲートウェイという独自のシステムアーキテクチャで、ハードウェアのコストを大幅低減し、パレット、箱、さらにカートン単位でピンポイントなデータ収集が可能である。

Ar：Honeywell Design Team
D ：Honeywell SPS Design Team

17G070711

ドローン配送
楽天ドローン

Drone Delivery
Rakuten Drone
Ar: Rakuten, Inc.

ユーザーがスマートフォン上で専用アプリから注文をすると、ドローンが指定場所まで商品を自律運転で配達する。また提供者も、複雑なコントローラでの操作の必要はなく、誰でもボタンひとつで運用できるよう設計している。

Ar：楽天（株）
Pr：楽天（株）新サービス開発カンパニー ドローン事業部
Dr：楽天（株）新サービス開発カンパニー ドローン事業部
D ：楽天（株）新サービス開発カンパニー ドローン事業部

17G070713

高齢ドライバー運転見守りサービス
あんしん運転 Ever Drive

Eye on Senior's Driving
Safety Drive "Ever Drive"
Ar: ORIX Auto Corporation

高齢ドライバーのクルマに専用の通信型車載機を設置して運転状況を可視化し、その情報を家族で共有することで、高齢ドライバーの安全運転をサポートする運転見守りサービス。運転状況は専用のWebサイト上で閲覧できるほか、メールによる情報配信が可能。現在位置や運転中の危険挙動、長時間運転などをリアルタイムで確認することができる。

Ar：オリックス自動車（株）
Pr：オリックス自動車（株）リスクコンサルティング部 竹村成史
Dr：オリックス自動車（株）リスクコンサルティング部 中村健太郎
D ：オリックス自動車（株）リスクコンサルティング部 中村健太郎、時枝千恵、櫻井泰崇

17G070715

469

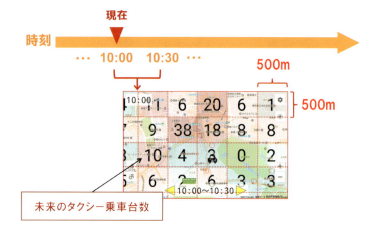

タクシーのリアルタイム移動需要予測

AIタクシー

Forecasting Taxis Demand in Real Time
AI Taxi
Ar: NTT DOCOMO INC.

未来のタクシー乗車台数をエリアごとに予測し、タクシードライバーに提供することで、効率的にタクシーを運行し、利用者のタクシー待ち時間の短縮など、タクシー乗車に関する需要と供給の最適マッチング実現をめざしたシステムである。

Ar：(株)NTTドコモ
Pr：(株)NTTドコモ IoTビジネス部 那須和徳
Dr：(株)NTTドコモ IoTビジネス部 槇島章人
D：(株)NTTドコモ IoTビジネス部 藤田将成、鈴木亮平、高橋一彰、朽木大祐、野網順子

17G070716

インフラ管理システム

i-DREAMs

Infrastructure Management System
intelligence-Dynamic Revolution for
Asset Management systems
Ar: Metroolitan Expressway Company Limited

インフラの設計、建設、維持管理のプロセスにおいて、必要なデータをGIS（地理情報システム）プラットフォームに統合し、シームレスなインフラのマネジメントを実施するシステムである。また、3次元点群データを用いた維持管理計画の策定、ICT（情報通信技術）やAI（人工知能）の活用により、インフラの管理において大幅な生産性の向上を図る。

Ar：首都高速道路(株)
Pr：首都高速道路(株) 保全・交通部 土橋浩
Dr：首都高速道路(株) 保全・交通部 保全企画課 永田佳文、点検推進課 高野正克
D：首都高速道路(株) 保全・交通部 点検推進課 長田隆信、神田信也

17G070717

8

医療・生産プロダクト

Medical / Industrial Product

ユニット8は、正確性や安全性が強く求められる医療機器や産業機器といった分野を
対象にしているカテゴリーだ。共通している事は、外観において華美な装飾は不要、堅実
かつ誠実であること。長年にわたって着実にノウハウを蓄積し、確実な歩みを続けた
結果として評価される「信頼」こそが価値と認められる分野だ。これこそデザインの本質
でもあり、まさにそれを求められる。

本年は、従来の流れを踏襲しながら深化を遂げた文脈と、これまでの概念を覆す飛躍的
進化の文脈、という二極化が顕著であった。前者が、信頼を裏切らずに、さらなる美しさ
を追求した製品であるのに対し、後者は、100年に一度あるか無いかというスケールで、
通例を覆すイノベーティブなデザインを実現している。

昨今はIoTやウェアラブルのトレンドによって、センサー、バッテリーの小型化の進歩が
めざましい。そのような背景もあいまって、長年抱いてきた思想や研究成果を、このタイ
ミングでリリースすることができた極小医療製品などは、まさに2017年の代表格と
いえよう。

本分野のデザインにおいて総じて言えることは、部品変更による機能性の向上などで
はなく、俯瞰的視点と柔軟な発想をもって、「社会システムとして成立するか?」にチャ
レンジする次元に突入してきている、ということだ。例えば技術革新によって可能に
なった特徴的機構の実現と、それによるコスト削減や環境への配慮も提案に織り込ま
れているものも多い。もはや解釈を捉え直す分岐点に来ているのだ。このことから「個」
の主張というより、社会の仕組みとして個がどのように生かされるべきか、という観点で
デザインされる時代だと分かる。

本カテゴリーは一見地味に見えがちな分野であるが、若いベンチャー企業の応募が
あったことも注目すべき点だ。変化する社会基盤形成への貢献性が高く、進化と深化の
可能性を多分に含む分野であることから、新たな視点でデザインを再構成する対象と
して、大変意義深いことは間違いない。

田子 學

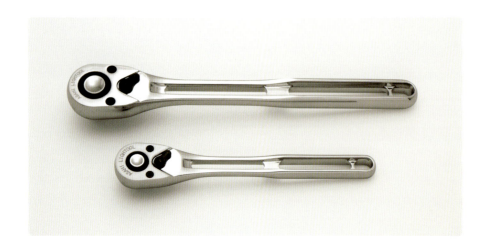

ラチェットハンドル

ライツール ラチェットハンドル

Ratchet Handle
LIGHTOOL Ratchet Handle
Ar: Asahi Metal Industry Co., Ltd.

大胆な軽量化を施しながらも充分な強度を両立し、ラチェットハンドルで最軽量クラスを実現した。ボルトやナットの締結作業の省力化と携帯する際に威力を発揮する。また、送り角度5度のラチェットギアを採用し、繊細な締結作業が可能である。

Ar：旭金属工業（株）
Pr：旭金属工業（株）代表取締役社長 宮野光
Dr：旭金属工業（株）代表取締役社長 宮野光
D ：旭金属工業（株）企画開発課課長 土田康弘

17G080718

T形ハンドル

T形早回しハンドル
セパレートタイプ

T-Shape Handle
T-Shape Handle, Separate Type
Ar: Asahi Metal Industry Co., Ltd.

本製品は、早回し機能が付いた作業性の高いねじ回し工具である。ハンドルと本体を分離させ、ハンドルを本体に収納することで一本のスティック状になり、非常にコンパクトになる。

Ar：旭金属工業（株）
Pr：旭金属工業（株）代表取締役社長 宮野光
Dr：旭金属工業（株）代表取締役社長 宮野光
D ：旭金属工業（株）企画開発課課長 土田康弘

17G080719

ショックレスハンマー

コンポータンハンマー・
ユニコンハンマー

Shockless Hammer
Compothanehammer / Unicomhammer
Ar: MAEDA SHELL SERVICE CO., LTD

鉄芯とウレタンの一体成型により、柄の折れ やヘッドの抜けがない安全構造とした。特殊 素材の作用によるショックレス構造で、疲れ にくく、手首痛や腱鞘炎などを予防。また、特 殊ウレタン採用により割れ、欠けなどの耐久 性に優れる。打撃面に傷がつきにくく、騒音 も低減。打撃時の筋力解析、打撃力分析で 機能面を大幅に向上（最大30パーセントの 疲労軽減）させた。

Ar:（株）前田シェルサービス
Pr:（株）前田シェルサービス 取締役 藤山道朗

17G080720

ヤスリ

ジェットブラックヤスリ

File
JET BLACK FILES
Ar: ENGINEER INC.

ヤスリの「目立て」で発生する微細なバリを 電解研磨で除去し、同時に研がれた無数の 刃先によって高い切削性を実現。表面に特 殊な黒染めを施し、見た目の美しさに加え防 錆効果を高めた。専用に設計したケースはヤ スリを一本ずつ収納するポケットがあり、収 納時にヤスリが接触しないよう配慮した。

Ar:（株）エンジニア
Pr:（株）エンジニア 代表取締役 高崎充弘
Dr:（株）エンジニア 開発課 安藤雅則
D :（株）エンジニア 開発課 川合真之介、加計燎一

17G080721

Wire Cutter

NUSHARP

Wire Cutter
NUSHARP
Ar: Nusharp inc.

特殊なデザインの刃先で、ワイヤーをねじ切るのではなく、垂直に切断するワイヤーカッター。2重熱処理による刃先は硬度があり、耐久性に優れる。人間工学に基づいた握りやすいハンドルにより、必要な力を効果的に伝達し、楽にワイヤーを切断できる。さらにバネ内蔵で手の負担を軽減する。

Ar：Nusharp inc.
Pr：Nusharp inc.
Dr：ARTHUR HUANG
D ：SONGYU CHANG, JASON LIAO

17G080722

ワンタッチホルダー

プラスチック製ワンタッチホルダー

Quick Holder
plastic quick holder
Ar: KANEKO MFG. Co, Ltd

電動ドライバー用先端工具ビットを保持するためのホルダー。カプラ式で片手でもビットの交換ができ、プラスチック製なので非常に軽量である。

Ar：(株)兼古製作所
Pr：(株)兼古製作所 代表取締役 兼古耕一
Dr：(株)兼古製作所 常務取締役 兼古敦史
D ：(株)兼古製作所 企画開発部 石川大貴

17G080723

充電式インパクトドライバー

BID-10XR

Cordless Impact Driver
BID-10XR
Ar: RYOBI LIMITED

使い手の高度な技術に寄り添い、そのパフォーマンスを最大化することをコンセプトに開発。建築現場で働く職人に欠かせない充電式インパクトドライバーの当社フラグシップモデルである。新開発モーター採用により、クラストップの打撃力と最小、最軽量を実現。さらにゲルグリップとサイドボタンを採用し、作業者の疲労軽減に配慮した。

Ar：リョービ（株）
Pr：（株）KEN OKUYAMA DESIGN＋リョービ（株）住建機器本部 商品部
Dr：（株）KEN OKUYAMA DESIGN＋リョービ（株）住建機器本部 技術部
D ：（株）KEN OKUYAMA DESIGN＋リョービ（株）住建機器本部 技術部 デザイングループ

17G080724

18V充電丸のこ

PJ-CS53CDP

18V Rechargeable Circular Saw
PJ-CS53CDP
Ar: MAX CO., LTD.

新開発したワンタッチで脱着可能なダストボックスにより、通常の丸のこ、防塵丸のこを1台で兼用することができる。また、グリップ部分に凹みを設けることにより、持った際の機械のねじれ方向の動きを抑え、軽い力でグリップを保持することを可能とした。さらに、窓開口など本体を持ち上げて作業をおこなう際の、本体の安定性を向上させた。

Ar：マックス（株）
Pr：マックス（株）
Dr：マックス（株）開発本部 デザイン室
D ：マックス（株）開発本部 デザイン室 田淵宏輝、堀田悟史

17G080725

鉄筋結束機

RB-440T

Rebar Tying Tool
RB-440T
Ar: MAX CO., LTD.

連続作業可能なコードレス鉄筋結束機。新機構の2本のワイヤで結束する「ツインタイア機構」、余分なワイヤが機械内に引き戻される「引き戻し機構」、ワイヤ先端を折り曲げる「先端折り曲げ機構」を搭載することで、結束スピードの向上と結束力の強化、1結束あたりのコストダウン、使用範囲の拡大を実現し作業効率のさらなる向上を可能とした。

Ar：マックス(株)
Pr：マックス(株)
Dr：マックス(株) 開発本部 デザイン室
D ：マックス(株) 開発本部 デザイン室 服部壮雄

17G080726

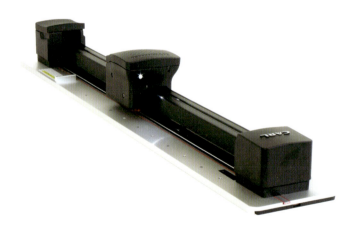

裁断機

エクストリマー

Trimmer
XTRIMMER
Ar: CARL MFG. CO., LTD.

従来のギロチン式裁断機やカッターでは厚く重ねて切っていると紙がズレてしまう。本製品は限りなく真直線に切るロータリートリマー。紙や革、スチレンボードなどの工業用の分厚い素材を精度よく真直線に正確に切りたいという要求を満足させた。

Ar：カール事務器(株)
Pr：カール事務器(株) 玉山隆三
Dr：カール事務器(株) 福永康二
D ：カール事務器(株)

17G080727

物流容器

TLコンパレッターF#540

Logistics Container
TL CONPALLETER F#540
Ar: SANKO Co., Ltd.

金属製ボックスに代わるオールプラスチック製の大型折畳み容器。プラスチックの特徴である軽さに加え、金属製の課題である錆の発生がなく衛生的である。容器は折畳み式なので省スペースでの保管が可能。特殊超強化ポリプロピレンを採用しており、優れた剛性と耐熱性により、工業界から食品業界まで幅広い用途で使用できる。

Ar：三甲（株）
Pr：三甲（株）商品設計部 岩原邦彦
Dr：三甲（株）商品設計部 宮田和彦
D ：三甲（株）商品設計部 隅田晃雄

17G080728

樹脂連結ドーリー

PD-427-3SN／3SG

Plastic Connecting Dolly
PD-427-3SN / 3SG
Ar: NANSIN CO., LTD.

積載物のズレ落ち防止として、位置調整可能な折りたたみ式位置決めガイドを搭載し、縦横連結やスタッキング性、ボルトレスロックによる軽量化に加え、操作性までも向上させた次世代の樹脂連結ドーリー。積み重ね時はキャスターの向きを合わせることなく、上から乗せるだけでしっかりしたスタッキングが可能である。

Ar：（株）ナンシン
Pr：齋藤彰則
Dr：技術部開発設計課
D ：技術部開発設計課

17G080729

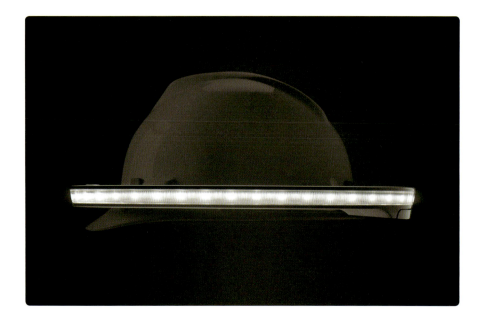

Personal Safety and Task Light for Construction

Halo

Personal Safety and Task Light for Construction
Halo
Ar: Pensar Development

ヘルメットに取り付けられる作業用ライト。見通しの悪い場所で作業する建設作業員は、自動車のドライバーや建設機械のオペレーターから見えにくいが、本製品を装着すれば、自分が周囲を見渡せるだけでなく、相手に自分の存在を知らせることができる。400メートル以上離れたところからも見え、作業現場だけでなく視界の周辺まで照らしてくれる。

Ar：Pensar Development
Pr：John Manthey, Max Baker, ILLUMAGEAR
Dr：Alex Diener, Creative Director, Pensar Development
D ：Pensar Design and Engineering Team

17G080730

Service Tool Bag

Cody Service Tool Bag

Service Tool Bag
Cody Service Tool Bag
Ar: COWAY

水ろ過器、空気清浄機、電子ビデ、軟水器などの製品と、その保守サービスを提供する企業が、サービス担当者用に開発したバッグ。ツールやキット、フィルターなど必要な備品をすべて収納して運べる。業務効率を向上させ、サービススペシャリストとしての自尊心を高めると同時に、同社のサービスを通じて顧客にブランド体験を提供するのが目的である。

Ar：COWAY
Pr：COWAY Design Lab.
Dr：COWAY Design Lab.
D ：COWAY Design Lab.

17G080731

安全靴

プレミアムコンフォート
PRMシリーズ

Protective Footwear
Premium Comfort PRM Series
Ar: MIDORI ANZEN CO., LTD.

安全靴のJIS規格に適合する革製安全靴である。

Ar：ミドリ安全（株）
D：ミドリ安全（株）フットウエア統括部 商品企画グループ 田崎智也／研究開発グループ 天野浩昭

17G080732

屋根作業用靴

屋根やくん#03

Shoes for Roof Work
yaneyakun#03
Ar: Marugo Company Inc.

危険な作業でありさまざまな機能が求められる、屋根での作業に特化した靴。どのような体勢でもグリップが効く靴底構造で、高温になる夏の屋根から保護する断熱材を内蔵した。また、急勾配でかかとが脱げる危険を防ぐベルトを装着。特殊な用途の靴であるからこそ、そこに生まれる唯一無二の機能美を追い求めた。

Ar：（株）丸五
Pr：（株）丸五 FW営業部 林将人
Dr：（株）丸五 FW商品管理部 企画グループ 為房純一
D：（株）丸五 FW商品管理部 企画グループ 為房純一

17G080733

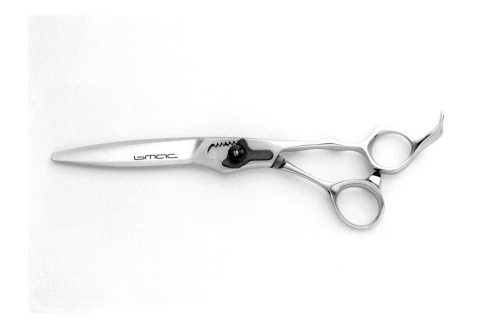

理美容鋏

GeneX（ジェネックス）シリーズ

Haircut Scissors
GeneX series
Ar: mac co., ltd.

特徴的なギア構造による引き切りの作用で、髪の毛を切る力を従来品よりも約25パーセント減らし、ユーザーの疲労を軽減した。例えば、包丁は前後に少しずらして切った方がよく切れるように、切るためのきっかけを作るように刃先が動作する。ハンドル部も、自然なフィット感にこだわり、立体的な形状にした。

Ar:（株）マック
Pr:（株）マック 代表取締役社長 藤田正健
Dr:（株）マック 代表取締役社長 藤田正健
D :（株）マック 代表取締役社長 藤田正健

17G080734

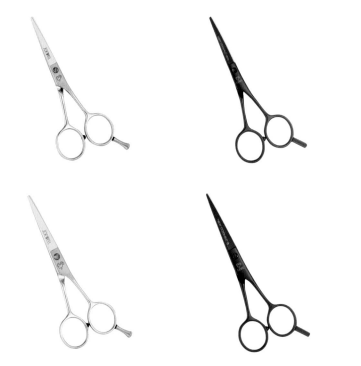

はさみ

ジョーウェル クラッシックシリーズ、ジョーウェル ニューコバルトシリーズ

Scissors
Joewell Classic Series, Joewell New Cobalt Series
Ar: Tokosha Co. LTD.

精密なカットをおこなうブラントカットに適したはさみ。この技法は1963年に提案され現代のヘアカットの基本となっている。柄の細いデザインは髪の毛を数本カットする微かな切断の感触を的確に指に伝えることができるため、別素材のブラックコバルトは数本ずつ髪を切ってゆくニューヨークドライカットのユーザーにも絶大な人気がある。

Ar:（株）東光舎
Pr:（株）東光舎 会長 井上弘
Dr:（株）東光舎 会長 井上弘
D :（株）東光舎 会長 井上弘

17G080735

理容カミソリ

火匠 Barbering razor
carbon folding & straight

Barbering Razor
KASHO Barbering razor carbon folding & straight
Ar: Kai corporation

カーボンファイバーを使用した耐衝撃、耐摩耗、耐熱、耐薬品性に優れたハンドルの欧米市場向け理容カミソリ。ハンドルの重心バランスを取るためにアルミスペーサーを採用している。

Ar：貝印（株）
Pr：Jack Igarashi, KAI USA ltd.
Dr：Naoki Kikuchi, Tony Nakamura, KAI USA ltd. + Toku Ishizaki, Universal Razor Industries, LLC
D：貝印（株）商品本部 デザイン室 大塚淳＋（株）貝印刃物開発センター カミソリ開発 松木史郎

17G080736

業務用モップ

3M™ 水が出るモップツール

Commercial Mop
3M™ Solution Dispensing Mop Tool
Ar: 3M Japan Limited

人手不足の課題を抱える飲食店や交差感染対策が必要な医療機関において、効率的かつ衛生的に床のモップ拭きができるようにデザインした業務用清掃ツールである。手元のボタンで水や薬液を床に吐出できることに加え、専用のディスポ式モップシートと併用することで、使用後のモップ洗浄が不要となり、作業時間短縮と衛生管理の向上を実現する。

Ar：スリーエムジャパン（株）
Pr：スリーエムジャパン（株）コマーシャルケア事業部 岩井宏通
Dr：スリーエムジャパン（株）コマーシャルケア事業部 境秀泰
D：スリーエムジャパン（株）コーポレート・デザイン部 淺野覚文

17G080737

工事用充電LEDマルチ投光器

Panasonic 工事用充電LED マルチ投光器 EZ37C3

Cordless LED Multi-floodlight
Panasonic Cordless LED Multi-floodlight EZ37C3
Ar: Panasonic Corporation

一台で多様なシーンにマルチに応えるワークライト。照らし方自在な2面フレキシブルライトと作業場所に応じて明るさ切り替えができる1500ルーメンの大光量を兼ね備える。これ一台で使用シーンに合わせて思い通りに作業空間を照らすことができる。プロ工事者が作業に合わせて複数のワークライトを選ぶ手間や用意する煩わしさを軽減した。

Ar：パナソニック（株）
Pr：パナソニック（株）エコソリューションズ社 エナジーシステム事業部 パワー機器ビジネスユニット 小笠原卓
Dr：パナソニック（株）エコソリューションズ社 デザインセンター 足田功雄
D：パナソニック（株）エコソリューションズ社 デザインセンター 小原和晃、窪野和磨

17G080738

専用脚立

ジャガー［JAGシリーズ］

Stepladder
JAGUAR [JAG series]
Ar: ALINCO INCORPORATED

脚立は折り畳み機能を備えるため、開閉時、持ち運び時、車両運搬時といった場面で雑音が生じ、使用者や周囲の人間にストレスを与えるのが当たり前になっている。本製品は使用者が安心して使える構造的な安全性に加え、音のストレスという脚立の当たり前をなくすべく静穏性を高めた、人に優しい脚立である。

Ar：アルインコ（株）
Pr：アルインコ（株）
Dr：アルインコ（株）住宅機器事業部 第二営業部
D：クライフデザイン 島田忠之

17G080739

トータルステーション
トータルステーション GMシリーズ

Total Station
Total Station GM series
Ar: TOPCON CORPORATION

測量や土木に幅広く使用されるエントリータイプの測量機である。2016年リリースのモータードライブトータルステーションGTシリーズのマニュアルタイプの姉妹機。高級機で採用の高性能測距機能を搭載、従来機と比べさらなる小型・軽量化も実現した。多機能通信モジュールで、使用状況の把握やソフトウエアの更新が当社独自の通信サービスでおこなえる。

Ar：(株)トプコン
Pr：(株)トプコン 技術本部 熊谷薫
D ：(株)トプコン 技術本部 設計支援部 デザイン課 石井光男

17G080740

クランプ電力計
AC クランプパワーメータ CM3286／CM3286-01

Clamp Power Meter
AC CLAMP POWER METER CM3286 / CM3286-01
Ar: HIOKI E.E. CORPORATION

ハンディサイズの電力計。多彩な測定機能をコンパクトにまとめ、盗電チェック機能を備えている点を特徴とする。盗電は、電力の不正使用であるばかりでなく、大規模停電、火災、感電死亡事故などの社会的損失の原因であり、世界各国で大きな問題になっている。この製品は、公正、安全で信頼性の高い電力インフラの構築に貢献する。

Ar：日置電機(株)
D ：日置電機(株) CM3286、CM3286-01開発チーム／技術10課デザイングループ

17G080741

483

AC非接触電圧プローブ

AC非接触電圧プローブ SP3000、AC電圧プローブ SP9001

Non-contact AC Voltage Probe
NON-CONTACT AC VOLTAGE PROBE SP3000,
AC VOLTAGE PROBE SP9001
Ar: HIOKI E.E. CORPORATION

電圧波形を観測するためのプローブ。当社が世界で初めて実用化した金属非接触の計測技術と、入り組んだ狭い箇所でも測定しやすい小型形状が特徴である。近年、自動車などに代表される多くの機器がセンサーを備え、電気信号で制御されている。本プローブは、それらの機器の健康診断をする技術者に、機器を保守、改良するための情報を提供する。

Ar：日置電機（株）
D：日置電機（株）SP3000、SP9001開発チーム／技術10課デザイングループ

17G080742

測定機器

検針機能付きTSリークチェッカー TSLC-SV2000型

Measuring Instrument
TS Leak checker with meter reading function
TSLC-SV2000
Ar: Toshiba Infrastructure Systems & Solutions ＋ TSS TOKYO WATER ＋ Nihon Water Solution

水道メーターの上に置くだけで検針と水道管路点検が自動でできる、検針員が使用する測定機器。自動化による検針業務負担軽減と、検針員と専門員の連携性強化を実現することで、各ステークホルダーが強みを活かし、協力しながら社会を支えることのできる理想的な社会基盤の構築をめざした。

Ar：（株）東芝＋東芝インフラシステムズ（株）＋東京水道サービス（株）＋（株）日本ウォーターソリューション
Pr：東芝インフラシステムズ（株）水・環境システム事業部 吉野浩史
Dr：（株）東芝 デザインセンター 倉田雅章
D：（株）東芝 デザインセンター 鶴見慎吾

17G080743

表面反射アナライザー
RA-532H

Surface Reflectance Analyzer
RA-532H
Ar: Canon Inc.

塗装面や光沢紙などの表面反射状態を評価する4つの指標「光沢度、曇り度、写像性、BRDF」を1つで同時に測定できる、ハンディサイズの測定器である。多様な測定現場に対応した操作性と堅牢性、快適なハンドリングを追求したコンパクト・ハンディデザイン。4つの指標を色分けで表現し、測定時の視認性も重視したグラフィカルユーザーインターフェースデザインを実現した。

Ar：キヤノン（株）
Pr：キヤノン（株）常務執行役員 光学機器事業本部長 武石洋明
Dr：キヤノン（株）総合デザインセンター 所長 石川慶文
D ：キヤノン（株）総合デザインセンター 関根哲也（PD）、齋田正幸（UI）

17G080744

分光測色計
コニカミノルタ CM-M6

Spectrophotometer
KONICA MINOLTA CM-M6
Ar: KONICA MINOLTA, INC.

自動車の生産現場で外装色測定をおこなうためのマルチアングル分光測色計。ボディやバンパーなどの曲面でも高い精度で安定した測定ができる6角度測定ダブルパス光学系を新開発した。本体は小型、軽量でハンドリングしやすいデザインとし、測定結果をひとめで確認できる操作画面や色管理SWとのスムーズな連携により顧客の総合的なUXの向上を達成している。

Ar：コニカミノルタ（株）
Pr：コニカミノルタ（株）産業光学システム事業本部 センシング事業部 開発部 第1開発グループ 山口亘／販売部 販売企画グループ 田中遵
Dr：コニカミノルタ（株）ヒューマンエクスペリエンスデザインセンター 平賀明子、河村透
D ：コニカミノルタ（株）ヒューマンエクスペリエンスデザインセンター 吉田英史、池田祐介、田中真季

17G080745

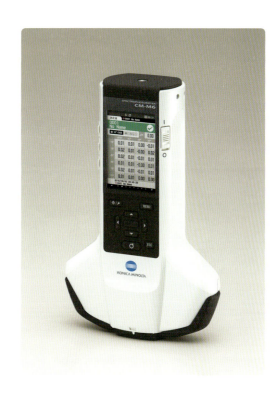

RGB レーザ測定器

RGBレーザ照度計 TM6102、 RGBレーザ輝度計 TM6103、 光パワーメータ TM6104

RGB Laser Measuring Instruments
RGB LASER ILLUMINANCE METER TM6102,
RGB LASER LUMINANCE METER TM6103,
OPTICAL POWER METER TM6104
Ar: HIOKI E.E. CORPORATION

RGBレーザ専用の光測定器。レーザ光は非常に狭いスペクトルを持つため、色と明るさを評価する際、従来の光測定器では正確に測れない場合があった。そこで、レーザ光の重心波長と光パワーを同時に測定する分離重心波長方式を発明した。本測定器はその測定方式の採用によって、レーザ光の色と明るさを正確に測ることができる。

Ar：日置電機（株）
D ：日置電機（株） TM6102、TM6103、TM6104 開発チーム／技術10課 デザイングループ

17G080746

Creaform Optical CMM Solution

MetraSCAN 3D／ HandyPROBE Next／ C-Track

Creaform Optical CMM Solution
MetraSCAN 3D / HandyPROBE Next / C-Track
Ar: Creaform Inc. / Ametek

携帯式の産業用3D形状計測ソリューション。製造元は同ソリューションに加え、アプリケーションソフトウェア・プラットフォームや形状計測サービスの開発、製造、販売を手がける。持ち運びできる本製品により、製造現場での品質管理が容易になるため、製造業や生産マネージャーの業務の柔軟性や効率が大幅に向上する。

Ar：Creaform Inc. / Ametek
Pr：Creaform Inc.
Dr：Marco St-Pierre
D ：Francois Lessard, Nicolas Lebrun

17G080747

波形測定器

スコープコーダ DL350

Waveform Measuring Instrument
Scope Corder DL350
Ar: Yokogawa Test & Measurement Corporation

プラグインモジュール形式で電圧、温度、ひずみ、周波数、車載バスデータなど多種多様な物理量の同時測定を実現する波形測定器である。上位機種相当の解析機能も備え、高速測定用の「スコープモード」と長時間記録用の「メモリーレコーダモード」の2モードにより多彩な測定シーンに適した機能と誰でも簡単に使用できる操作性を実現した。

Ar：横河計測（株）
Pr：横河計測（株）第1技術部 内田出
Dr：横河電機（株）マーケティング本部 MI&インダストリアルデザインセンター デザイン企画室 高野直人
D ：横河電機（株）マーケティング本部 MI&インダストリアルデザインセンター デザイン企画室 高野礼子、田端啓希

17G080748

自動車試験装置・操作計測システム

MEIDACS Ⅱ

Measurement Control System,
Automotive Test Systems
MEIDACS Ⅱ
Ar: MEIDENSHA CORPORATION

自動車の排出ガス、燃費や耐久性の評価などをテストベンチ上で試験する自動車試験装置の操作計測システムである。フロントアクセスメンテナンス構造を統一コンセプトとした。従来必要であった壁と装置背面間のメンテナンススペースを不要とし省スペース化を実現。同じ施設でも従来より広い作業スペースの実現により、実験時の快適性の向上を図った。

Ar：（株）明電舎
Pr：（株）明電舎 動力計測システム工場 開発実験部 開発研究課 招行正
Dr：（株）明電舎 動力計測システム工場 開発実験部 開発研究課 兄玉安紀彦
D ：（株）明電舎 営業企画グループ デザイン課 岡崎伸夫、信田博章

17G080749

自在軸継手

サカイ精密バネ軸継手
LAD-12C／LAS-12C

Flexible Shaft Coupling
Sakai Disk-type Coupling LAD-12C / LAS-12C
Ar: Sakai Manufacturing Co., Ltd.

本製品はロボットなど自動精密位置決め機器に使用されるサーボモータなど駆動系の軸と、ボールねじなど機械系の軸との間に取り付ける軸継手である。この2軸間で発生する芯ずれを板ばねにより吸収し、駆動系の回転角制御とトルクを正確かつ確実に機械系に伝達する。また、2方向から締める独自のボルトクランプにより精度の高い軸締結ができる。

Ar：(株)酒井製作所
Pr：(株)酒井製作所 代表取締役 酒井隆行
Dr：(株)酒井製作所 設計課 技術顧問 奥山雅徳
D ：(株)酒井製作所 設計課 技術顧問 奥山雅徳

17G080750

リニアガイド

エクスレール

Linear Guide
EXRAIL
Ar: NIPPON BEARING CO., LTD.

おもに工作機械を用途として開発されたリニアガイドである。最大の特徴は転動体に通常のローラーではなくニードルローラーを用いていることで、それにより高剛性、高運動精度、高減衰性を実現している。これらの性能は高性能な工作機械において大変重要な要素となる。

Ar：日本ベアリング(株)
Pr：日本ベアリング(株) 山﨑亨
Dr：(株)日経社 コミュニケーションプランニング局プランニング2部 百瀬和之
D ：(株)ブレーン 渡辺弘明、山本真彦

17G080751

Electric Gripper
XEG-Series

Electric Gripper
XEG-Series
Ar: HIWIN Technologies Corp.

人工知能ロボットハンドを搭載した2爪タイプの電動グリッパ。用途はオートメーション、医療、消費者家電、半導体、食品産業と幅広い。電子部品やラバー材、ガラス材、シェル構造物などの変形、破損しやすい部品の把持だけでなく、部品の計測や認識、仕分け作業を同時にできる。スマートで環境配慮型、省エネ特性や安定・静音性に優れている。

Ar：HIWIN Technologies Corp.
Pr：HIWIN Technologies Corp.
Dr：End-Effectors Group, HIWIN Technologies Corp.
D ：Jonus Liu, HIWIN Technologies Corp.

17G080752

グリッパ
プロマノ NTSシリーズ

Gripper
PROMANO NTSseries
Ar: KITAGAWA IRON WORKS Co., Ltd.

本品はロボットの手や指に相当する部分のグリッパである。爪が本体から飛び出さない構造とすることで異物の混入を防ぐとともに、可動部分の面圧を下げることで高耐久、高精度を実現している。本体の外周が大きくなったにもかかわらず、軽量、薄型となっていることも特徴のひとつである。さらに、鮮やかな青色により視覚的にも軽量感を演出している。

Ar：(株)北川鉄工所
Dr：(株)北川鉄工所 開発本部 大塚誠
D ：(株)北川鉄工所 開発本部 藤井秀治

17G080753

リニヤエンコーダ

リニヤスケール
ABS AT1100シリーズ

Linear Encoder
Linear Scale ABS AT1100 series
Ar: Mitutoyo Corporation

本品は、工作機械や半導体製造装置などに組み込んで直線移動機構の変位検出、位置制御に使用する。独自の検出原理「電磁誘導式」を用いた新センサーによる耐油性、耐汚性向上に加え、枠断面形状一新で堅固な防水構造を実現し、油の内部侵入による検出エラーが起きにくく、組み込む装置の安定稼働に貢献。また、計測機にふさわしい高品質なデザインを採用している。

Ar：(株)ミツトヨ
Pr：(株)ミツトヨ 宇都宮事業所 商品設計部 部長 大坪聖一
Dr：(株)ミツトヨ 研究開発本部 工業デザイン課 課長 大谷茂
D ：(株)ミツトヨ 研究開発本部 工業デザイン課

17G080754

マスフローコントローラ

小型デジタルマスフロー
コントローラ

Mass Flow Controller
Small sized digital mass flow controller
Ar: Azbil Corporation

電子機器をはじめさまざまな工業製品の生産工程で使用されるガスの流量を高精度に制御するコントローラである。当社が独自開発したマイクロフローセンサーの高い応答性、制御性に加えてデジタル通信機能を充実させ、かつ大幅な小型化を実現した。製造装置の小型化および製造工程のトータルコスト削減に貢献している。

Ar：アズビル(株)
Pr：アズビル(株) 新川宏一郎
Dr：アズビル(株) 原田賢吾
D ：アズビル(株) 松田順一＋(株)オープンハウス

17G080755

デジタルパネルメータ

小型デジタルメータリレー
AM-215B

Digital Panel Meter
Digital Meter Relay AM-215B
Ar: Watanabe Electric Industry Co., Ltd

当社登録商標「デジパネ」の最小シリーズの直流電圧・電流計新製品である。パネルカットは、1/32DINサイズで表示部面積は24ミリ（H）×48ミリ（W）と非常に小さな警報機能付き表示器。制御盤や監視盤の多点表示や各種センサーの小型警報付き表示器アンプとして応用利用される。

Ar：渡辺電機工業（株）
Pr：渡辺電機工業（株）技術本部 品田弘之
Dr：渡辺電機工業（株）技術本部 高松裕幸
D ：渡辺電機工業（株）技術本部 八巻徳章、木村哲平

17G080756

エネルギーデータ収集・コントローラ

F-MPC Webユニット

Energy Data Collection / Controller
F-MPC Web Unit
Ar: Fuji Electric Co., Ltd. +
Fuji Electric FA Components & Systems Co., Ltd.

本製品は、電力、現場機器、機械装置、オフィス機器などのエネルギーデータを収集し、制御盤の中にコンパクトに配置することが可能なコントローラである。1台あたり最大1,000点の情報をLAN経由でいつでも見ることができ、エネルギーデータを監視することで省エネを支援する。

Ar：富士電機（株）＋富士電機機器制御（株）
Pr：富士電機（株）
Dr：富士電機（株）社長室 デザイン部
D ：富士電機（株）社長室 デザイン部

17G080757

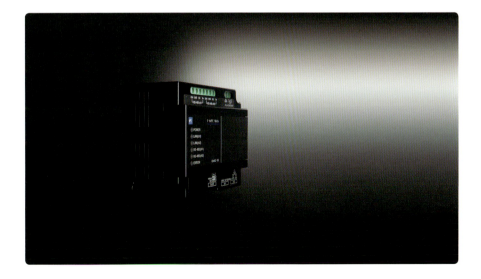

エネルギーデータ収集・コントローラ
グリーンターミナル2

Energy Data Collection / Controller
GreenTerminal 2
Ar: Fuji Electric Co., Ltd. + Fuji IT Co., Ltd.

本製品は、電力、現場機器、機械装置、オフィス機器などのエネルギーデータを収集し、制御盤の中にコンパクトに配置することが可能なコントローラである。1台あたり最大512点の情報をLAN経由でいつでも見ることができ、エネルギーデータを監視することで省エネを支援する。追加ソフト不要で、設定後すぐに監視が始められる。

Ar：富士電機（株）＋富士アイティ（株）
Pr：富士電機（株）
Dr：富士電機（株）社長室 デザイン部
D ：富士電機（株）社長室 デザイン部

17G080758

温度調節計
PXFシリーズ

Digital Temperature Controller
PXF Series
Ar: Fuji Electric Co., Ltd.

本製品は、工場などの生産設備・機械に組み込まれ温度制御をおこない、求められる機能を凝縮した次世代の温度調節計である。処理速度と入力精度を従来品より高め、きめ細かな制御を実現し、生産・加工品質向上に貢献する。広視野角、高コントラストの液晶パネルを搭載、測定値表示には白色を採用し、見やすく可視性の高い表示を実現した。

Ar：富士電機（株）
Pr：富士電機（株）
Dr：富士電機（株）社長室 デザイン部
D ：富士電機（株）社長室 デザイン部

17G080759

IoT／M2Mコントローラ
FiTSAΣ B4

IoT / M2M Controller
FiTSAΣ B4
Ar: Fuji Electric Co., Ltd. ＋ Fuji IT Co., Ltd.

本製品は、機器とクラウドをつなぐIoT／M2Mのキーコンポーネントで「つなぐ・集める・ためる・創りだす」をコンセプトにしたエッジコントローラである。制御盤の中にコンパクトに配置可能で、さまざまなフィールド機器のインターフェースに対応し、現場データの収集、蓄積、データ加工ができる。

Ar：富士電機（株）＋富士アイティ（株）
Pr：富士電機（株）
Dr：富士電機（株）社長室 デザイン部
D ：富士電機（株）社長室 デザイン部

17G080760

マシンオートメーションコントローラ
NX1Pシリーズ

Machine Automation Controller
NX1P series
Ar: OMRON Corporation

当社マシンオートメーションコントローラーSysmac NJ/NXシリーズのエントリーモデルである。今後の生産革新に欠かせない、情報化のためのネットワークと、高機能モーション制御を小型かつワンパッケージで商品化。また、機能だけではなく、プッシュインPlus端子台など使い勝手や作業性向上も追求した。

Ar：オムロン（株）
Pr：オムロン（株）インダストリアルオートメーションビジネスカンパニー 商品事業本部 コントローラ事業部 鈴木紀昭
Dr：オムロン（株）インダストリアルオートメーションビジネスカンパニー デザイングループ 名田平太
D ：オムロン（株）名田平太＋（株）モビールデザイン 奥野博嗣

17G080761

493

耐環境型通信ゲートウェイ

三菱通信ゲートウェイ
XS-5シリーズ

Environment-resistant Communication Gateway
Mitsubishi Communication gateway XS-5 series
Ar: MITSUBISHI ELECTRIC CORPORATION

防水防塵構造を持ちプラント、工場やビル設備室などさまざまなシーンで利用可能な業務用IoT通信ゲートウェイ装置。遠隔監視、故障予知、遠隔モニタリング、複数拠点の統合管理などIoTソリューションの構築を簡単、安全に実現する。既存の設備や機器のプロトコルを本機で変換し、セキュリティ機能によりクラウドに簡単、安全につなぐことができる。

Ar：三菱電機（株）
Pr：三菱電機（株）コミュニケーションネットワーク製作所 清水桂一
Dr：三菱電機（株）デザイン研究所 相川真実
D ：三菱電機（株）デザイン研究所 小倉利文

17G080762

産業用PC

産業用ボックス型PC

Industrial PC
Industrial Box PC
Ar: OMRON Corporation

従来商品からの継承性と市場要求からくる新規性を融合させ、デザインと機能を両立させながら、当社のアイデンティティを表現。PCテクノロジーが産業用分野においても充分に信頼できるものであることを市場に印象付ける洗練されたデザインを実現した。緻密なデザインと高い信頼性を追求したPCテクノロジーで社会に貢献していく。

Ar：オムロン（株）
Pr：オムロン（株）インダストリアルオートメーションビジネスカンパニー 商品事業本部 コントローラ事業部 コントローラPMG 夏井敏樹
Dr：Michel Min, OMRON EUROPE B.V.
D ：Casper Van Dijike, Jeremy Wirkus, Bas Groenendaal, OMRON MANUFACTURING OF THE NETHERLANDS B.V.

17G080763

工業用電子ミシン

PLK-J6040R（Jシリーズ）

Industrial Sewing Machines
PLK-J6040R (J Series)
Ar: MITSUBISHI ELECTRIC CORPORATION

本シリーズは、世界最高レベルの縫製能力と機能を備えた工業用電子ミシンである。厚薄硬柔の生地や異素材どうしの縫製ができ、デザイン性が求められるハンドバッグ、信頼性が求められるエアバッグやシートベルトなど多様な製品分野で使用される。新構造の採用により生地を押える時間と力を自在に調整可能とし、縫製品質を格段に向上させた。

Ar：三菱電機（株）
Pr：名菱テクニカ（株）縫製システム部 吉田俊介
Dr：名菱テクニカ（株）縫製システム部 濱田信明
D：名菱テクニカ（株）縫製システム部 上野東一、古川和納、福島太一、谷川晋＋三菱電機（株）名古屋製作所 近藤厚志

17G080764

Cutsheet Production Printer

Oce VarioPrint 6330 Series

Cutsheet Production Printer
Oce VarioPrint 6330 Series
Ar: Oce, A Canon Company

独自のジェミニ技術によるなめらかな高品位両面印刷を実現した、革新的な高性能デジタル印刷機。印刷時間の大幅短縮に加え、消費電力40パーセントカットを達成した。

Ar：Oce, A Canon Company
Pr：Oce, A Canon Company
Dr：Carlijn Compen
D：Frank Willems, Jeroen Heuvelmans, Ruben hekkens, Andre Fangueiro, Arjen Wind, Oce Design Team

17G080766

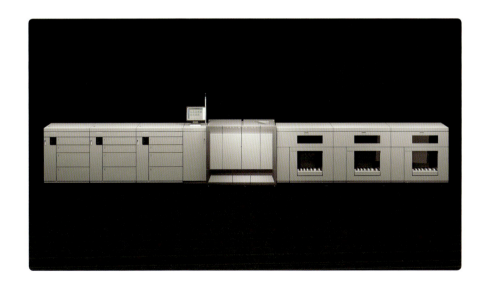

Web Fed Digital Printer

Oce Prostream 1000

Web Fed Digital Printer
Oce Prostream 1000
Ar: Oce, A Canon Company

グラフィックアート向けの革新的なデジタル印刷機。本製品の印刷プロセスとインクで、かつてない高品位の高速印刷を実現した。これまでオフセット印刷でしか採算性が合わないとされてきた雑誌やフルカラーマニュアルなど、さまざまな印刷用途にデジタル印刷で対応できる。

Ar：Oce, A Canon Company
Pr：Oce, A Canon Company
Dr：Carlijn Compen
D ：Frank Willems, Jeroen Heuvelmans, Ruben hekkens, Andre Fangueiro, Arjen Wind, Oce Design Team

17G080767

ワイヤ放電加工機

MV-Rシリーズ

Wire-cut Electrical Discharge Machining
MV-R Series
Ar: MITSUBISHI ELECTRIC CORPORATION

金型の製作や難加工材の切断に使用されるワイヤ放電加工機である。新型制御装置D-CUBESを搭載し、機能と性能の進化に加え操作性を向上した。回転とチルト機構を備えた19インチ大画面タッチスクリーンは、使用者に最適な操作環境を提供する。手元操作箱は薄型で持ちやすく、背面のLED照明で加工槽を照らすなど現場の作業性を追求した。

Ar：三菱電機（株）
Pr：三菱電機（株）名古屋製作所 佐藤清侍
Dr：三菱電機（株）デザイン研究所 岩本秀人
D ：三菱電機（株）デザイン研究所 塚本直也、水主悠樹

17G080768

プレス機械
ダイレクトサーボフォーマ
DSF-N1-Aシリーズ

Press Machine
Direct Servo Former DSF-N1-A Series
Ar: AIDA ENGINEERING, LTD.

自動車産業をはじめ製造業になくてはならないプレス機械だが、加工時の音や振動のためその工場は3K職場といわれてきた。しかし、当社が世界に先駆けて商品化したサーボプレスの登場により現場は大きく変わりつつある。本シリーズは、優れた成形性、明るくスマートなデザイン、見やすい画面表示を備え、働きやすい環境づくりに貢献している。

Ar：アイダエンジニアリング（株）
Pr：（有）ファインド 代表 染川光示
Dr：アイダエンジニアリング（株）取締役常務執行役員 鈴木利彦
D ：有賀デザインスタジオ

17G080769

産業用ロボット
MOTOMAN-HC10

Industrial Robot
MOTOMAN-HC10
Ar: YASKAWA ELECTRIC CORPORATION

人と同じ空間で協働して作業することを目的として、人や物と接触すると力を検知して停止するなど、安全機能が強化されたロボットである。また、手や指の挟み込みが起こりにくいアーム構造や、専門知識がなくてもロボットを簡単に操作できるダイレクトティーチング機能など、従来の産業用ロボットにないデザインと機能を備えている。

Ar：（株）安川電機
Pr：（株）安川電機 ロボット事業部 ロボット技術部 技術部長 岡久学
Dr：（株）安川電機 ロボット事業部 ロボット技術部 開発技術部 マニプレータ技術第2課 野上和義
D ：（株）安川電機 技術部 技術企画部 工業意匠デザイン担当課長 永満健吾／ロボット事業部 ロボット技術部 開発技術部 マニプレータ技術第2課 松尾哲平

17G080770

497

ソーラーパネル清掃ロボット

Mirai Type 1

Solar Cleaning Robot
Mirai Type 1
Ar: Miraikikai, Inc.

中東・インドなどの乾燥地域（砂漠）にある大規模太陽光発電所向けソーラーパネル清掃ロボット。水を使わずソーラーパネルに降り積もった砂塵を回転ブラシとファンで吹き飛ばし、水を使う清掃と同等のレベルまで発電能力を回復できる。パネルにレールを敷設しなくても内蔵のセンサーとAIを用いて、ロボットが複数のパネルを乗り越えながら走行して自動で清掃する。

Ar：(株)未来機械
Pr：(株)未来機械 代表取締役社長 三宅徹
Dr：佐藤立体設計室 佐藤圭多
D ：佐藤立体設計室 佐藤圭多

17G080771

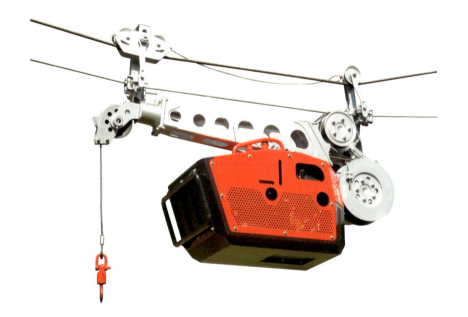

自走式搬器

自走式搬器［BCR-130B］

Self-Propelled Carriage
Self-Propelled Carriage [BCR-130B]
Ar: Iwafuji Industrial Co., Ltd.

材木の切り出し場と集積場の間に架設されたワイヤ上を、遠隔操作により自走し、ウインチで材木を吊り下げて運搬する。エンジン水平保持機構や左右からの材木引き寄せができる首振り自在滑車を装備し、自動停止機能により省力化を達成した。また丸みを基調としたエンジンカバーは枝葉の侵入と火災を防止する。これらの機能を魅力あるデザインにまとめた。

Ar：イワフジ工業(株)
Pr：イワフジ工業(株) 取締役 川崎智資
Dr：イワフジ工業(株) 執行役員 開発部 有吉実
D ：イワフジ工業(株) 開発部設計課第1設計係 専任係長 中嶋慎吾

17G080772

太陽光利用型植物工場
ベジー

Sunlight Type Plant Factory
Veggie
Ar: Green River Holdings.INC

移動可能で小規模から始められる小型の太陽光利用型植物工場である。農業を始めたい人、まず経験を積みたい人も導入しやすい仕様になっており、場所も選ばないためリスクを抑えた農業を開始することができる。

Ar：グリーンリバーホールディングス（株）
Pr：グリーンリバーホールディングス（株）代表取締役 長瀬勝義

17G080773

包装用パッケージ
直進くん

Package Film
chokushinkun
Ar: MARUTO SANGYO CO., LTD

プラスチックフイルムを使った食品などの袋がまっすぐ開かずに中身をこぼしたり、手を汚したりすることがある。この製品は手で袋をまっすぐに切ることができる加工を施してあり、消費者の不満を解決する。

Ar：丸東産業（株）
Dr：丸東産業（株）

17G080774

包装用パッケージ
吸湿フィルム（吸湿くん）

Package Film
Moisture Absorption Films / kyushitu kun
Ar: MARUTO SANGYO CO., LTD

食品などを包装する際に、内容物の湿気を吸収するためには、乾燥剤を同封する必要がある。この製品はフィルムと乾燥剤を一体化した高機能フィルムである。

Ar：丸東産業（株）
Dr：丸東産業（株）

17G080775

梱包資材
フィルム固定式ダンボールパット「SHOWRAP」

Packing Materials
SHOWRAP
Ar: TAIYO SHIGYO CO., LTD.

ダンボールとフィルムの特性を活かした魅せる、守る、人にやさしく、地球にやさしい次世代のパッケージ。大切な商品を簡単に固定し、魅力的に演出する。送り手側の梱包作業のしやすさに加えて、受け取り側の商品の取り出しやすさ、廃棄のしやすさまで考えた、おもてなしの梱包サービスである。

Ar：大洋紙業（株）
Pr：大洋紙業（株）専務取締役 森實昭博

17G080776

樹脂
高意匠性ポリカーボネート樹脂

Resin
High Design Quality Polycarbonate Resin
Ar: Mitsubishi Engineering-Plastics Corporation

ポリカーボネート樹脂の透明性と高い靭性を活かし、ゴールド、シルバー、ブロンズ、アルマイト、メッキ調などの美麗な色を表現しながら割れにくい工業製品の提供ができるようになった。また蓄光や偏光透明系調色により多彩な光演出も可能で、切り子柄や繊維柄などのデザイン柄との相性もよく、新しいデザインの創造がより可能である。

Ar：三菱エンジニアリングプラスチックス（株）
Pr：三菱エンジニアリングプラスチックス（株）第1事業本部 マーケティング部 森本精次
Dr：三菱エンジニアリングプラスチックス（株）第1事業本部 技術部 材料開発グループ 西林豊

17G080777

軽量繊維強化プラスチック素材
PPFRP

Light Weight Fiber-reinforced Plastics
PPFRP
Ar: Panasonic Corporation

従来にない軽く強靭な素材をめざし独自開発した、軽量樹脂糸で構成された繊維強化プラスチック素材。この素材を採用した紙パック掃除機は従来の半分となる本体重量2キロまでの軽量化を達成。女性や高齢者の利用者が多く、この掃除機の利便性向上に寄与するものとなった。

Ar：パナソニック（株）
Pr：パナソニック（株）アプライアンス社 ランドリー・クリーナー事業部 安平宣夫
Dr：パナソニック（株）アプライアンス社 デザインセンター 岡部健作
D：パナソニック（株）アプライアンス社 デザインセンター 永田尚／生産技術本部 成形技術開発センター 峯英生／ランドリークリーナー事業部 クリーナー技術部 仲本博司、羽田野剛、堀部勇

17G080778

天井材

かるてん®

Ceiling Material
Kal-ten®
Ar: TEIJIN FRONTIER CO., LTD.

この製品は1平方メートルあたり700グラムという非常に軽量な天井材である。色や柄も多様で耐震天井、軽量天井などさまざまなタイプの天井に対応できる。万が一崩落した場合にも、超軽量のため周囲へのダメージは最小かつ復旧も容易である。これまでに、病院、工場、オフィス、体育館、空港など、さまざまな空間の天井への導入実績がある。

Ar：帝人フロンティア(株)
Pr：帝人フロンティア(株) 産業資材第二部門 ノンウーブンソリューション部 かるてん課 内田俊一
Dr：帝人フロンティア(株) 産業資材第二部門 ノンウーブンソリューション部 かるてん課 内田俊一
D ：帝人フロンティア(株) 産業資材第二部門 ノンウーブンソリューション部 かるてん課 内田俊一

17G080779

複層ビニル床タイル

ロイヤルストーン・モア ルミナス

Solid Vinyl Tile
ROYAL STONE MORE / LUMINOUS
Ar: TOLI Corporation

ビニルタイル床材の新しい加飾方法を開発し今までにない意匠を実現した。従来品は困難だった輝きと立体感を備えながらも表面は平滑に仕上げたため、汚れにくく清掃性や耐久性にも優れる。価格は同じながらも、この新しい加飾方法を駆使して、日本伝統の職人技である切子硝子から着想した輝きと奥行きに富む世界を、厚み3ミリの床材の内側に閉じ込めた。

Ar：東リ(株)
Pr：東リ(株) 事業本部長 天野宏文
Dr：東リ(株) プロダクトデザイングループ 澤田茂
D ：東リ(株) プロダクトデザイングループ 佐藤麻理恵

17G080780

鋼管
断層用鋼管

Steel Pipe
SPF (Steel pipe for crossing faults)
Ar: JFE engineering corpration

水道管を断層のズレに対応させた製品である。断層を横断している水道管は、断層のズレに対応できないと漏水に至る。本製品は、水道管を曲がるストロー状に加工することで、曲がって断層のズレを吸収する。この製品を断層の影響範囲に設置することで、地震後も通水機能を維持し、災害時のライフラインとして重要な役割を発揮する。

Ar：JFEエンジニアリング（株）
Pr：神戸市水道局
Dr：JFEエンジニアリング（株）環境本部アクア事業部パイプライン技術部
D ：JFEエンジニアリング（株）環境本部アクア事業部パイプライン技術部 長谷川延広

17G080781

農地モニタリングデバイス
KAKAXI

Remote Monitoring Device with Camera
KAKAXI
Ar: KAKAXI Inc.

食べ物の生産過程を消費者に届ける農業IoTデバイスである。食べ物が綺麗に洗浄され梱包された状態しか見たことのない消費者と、作付けから収穫までの過程を共有することで食物への理解を深め、農業の価値向上をめざす。また温度や湿度などのセンサーを内蔵し生産者がデータに基づいてより精密な農業をおこなうことも可能である。

Ar：KAKAXI Inc.
Pr：KAKAXI Inc. 大塚泰造
Dr：（株）FORMULA 西野充浩＋（株）MIRA 松井健＋KAKAXI Inc. 片桐敏
D ：東京大学大学院農学生命科学研究科特任研究員 西岡一洋＋（株）アタ 白川徹

17G080782

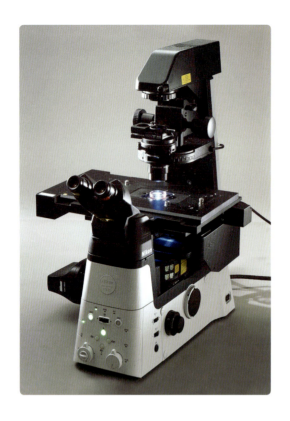

研究用倒立顕微鏡

ECLIPSE Ti2 ／ Ti2 Control

Inverted Research Microscope
ECLIPSE Ti2 / Ti2 Control
Ar: NIKON CORPORATION

生物学、医学、薬学分野で使用する倒立顕微鏡のフラッグシップモデルである。かつてない25ミリの広視野により、大型CMOSカメラセンサーの能力を最大限に利用した大量データの高速取得が可能。また、多彩なアクセサリーとの高速連携により、複雑な多次元画像を効率よく取得できる。

Ar：（株）ニコン
Pr：（株）ニコン
Dr：（株）ニコン ヘルスケア事業部
D：（株）ニコン 映像事業部 デザイン部 渡邉純人、岸上仁美、松田俊一

17G080783

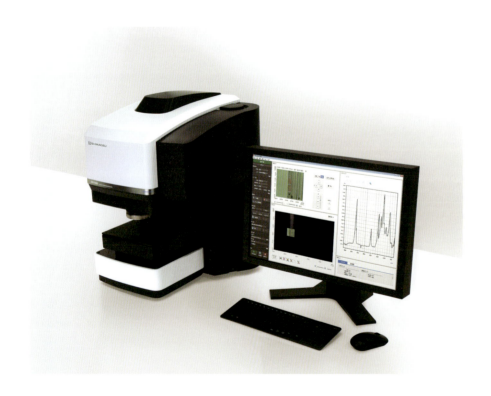

赤外顕微鏡

自動不良解析システム 赤外顕微鏡 AIM-9000

Infrared Microscope
Automatic failure Analysis System Infrared Microscope
AIM-9000
Ar: SHIMADZU CORPORATION

赤外顕微鏡は医薬品の錠剤に付着した異物や、接触不良の原因となる電子基板の汚れの同定といった不良解析をおもな用途としている。本装置では不良解析を見る、測る、わかるの3つのステップに切り分け、各ステップにおいて分析作業者をサポートする機能を提供することで、多くの知識や経験を必要とせず、簡単かつ高精度の分析結果を提供する。

Ar：（株）島津製作所
Pr：（株）島津製作所 総合デザインセンターデザインユニット 大隅太郎
Dr：（株）島津製作所 総合デザインセンターデザインユニット 井原薫
D：（株）島津製作所 総合デザインセンターデザインユニット 長谷部臣哉、昇美沙、平間朋洋／スペクトロビジネスユニット 福田久人、馬路健／技術部 原田和華、青位祐輔＋（株）島津エンジニアリング 野田佳孝

17G080785

粘度チェッカー

ビスコウエーブ

Viscometer
Visco Wave
Ar: Tokyo Gas Engineering Solutions Corporation

本製品は密封した容器内の液体を装置に入れて数秒間振動させるだけで液体の粘性を計測することができる。塗料や液状食品の濃度管理、エンジンオイルや調理油の劣化など、液体の粘性を計測しなければならないシーンにおいて、計測のたびに機器を洗浄する必要がなく、極めて簡便かつ短時間に粘性をチェックすることができる画期的な製品である。

Ar：東京ガスエンジニアリングソリューションズ（株）
Pr：東京ガスエンジニアリングソリューションズ（株）安部健
Dr：平田智彦
D ：（合同）平田智彦プロデュースの川島優デザイン事務所 川島優

17G080786

ポータブルガス濃度測定装置

CGT-7100／NOA-7100

Transportable Gas Analyzer
CGT-7100 / NOA-7100
Ar: SHIMADZU CORPORATION

CGT-7100はCO/CO₂/CH₄（一酸化炭素、二酸化炭素、メタン）、NOA-7100はNOx（窒素酸化物）を測定する可搬型のガス測定装置である。火力発電所や研究機関などで使用されており、焼却炉などの燃焼排ガスの測定や燃料電池などの試験研究用途に用いられる。

Ar：（株）島津製作所
Pr：（株）島津製作所 総合デザインセンター 大隅太郎
Dr：（株）島津製作所 総合デザインセンター デザインユニット 井原薫
D ：（株）島津製作所 総合デザインセンター 川合潤、竹川諒／分析計測事業部 環境ビジネスユニット 田辺亮、大八木周生／品質保証部 望月俊介＋（株）KYOSOテクノロジ 伊藤真二

17G080787

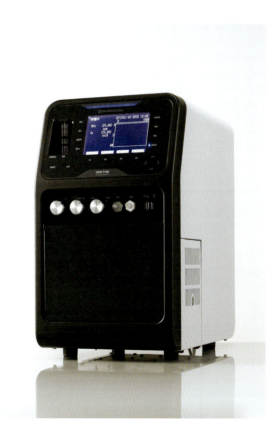

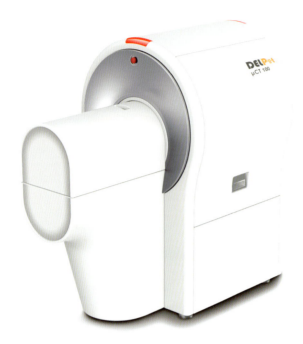

小型CT（コンピュータ断層撮影）装置
DELPet μCT 100

Compact CT (computed tomography) Device
DELPet micro-CT 100
Ar: Delta Electronics (Japan) , Inc.

小型動物のCT撮影と一般X線撮影により生体高解像度画像撮影が可能な前臨床試験用画像研究装置である。撮影速度は業界最速、生体に対し最小限の負荷で撮影が可能。洗練されたコンパクトデザインにより設置が容易で、インテリジェントなユーザーインターフェースにより、研究者に簡単で、素早く必要な画像情報を提供できる。

Ar：デルタ電子（株）
Pr：台達電子工業股份有限公司 MPBG 製造シニアマネージャー 蔡丞昌
Dr：台達電子工業股份有限公司 MPBG シニア 李致賢
D ：台達電子工業股份有限公司 MPBG 商品企画・管理シニアエンジニア 陳思妤

17G080788

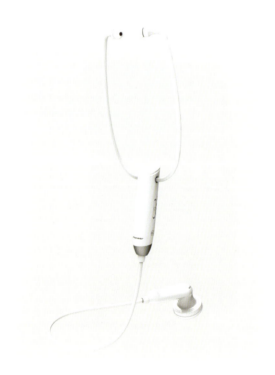

電子聴診器
パイオニア 電子聴診器
U10シリーズ

Electronic Stethoscope
Pioneer Electronic stethoscope U10 series
Ar: PIONEER CORPORATION ＋
HIROSHIMA UNIVERSITY

音響機器メーカーとして培ってきた技術やノウハウを活かした高音質設計により、ピュアで正確な生体音の聴診を可能にした電子聴診器。従来の聴診器では聞き取りにくい小さな音でも、音づくりと音響増幅機能により、聴診しやすくなった。パソコンやタブレットとワイヤレス接続し専用アプリケーションで聴診音データの記録管理もできる。

Ar：パイオニア（株）＋広島大学
Pr：パイオニア（株）医療・健康部 林稔
Dr：パイオニア（株）デザイン部 第2デザイン部 PD2課 宮坂峰輝／HCD推進課 永田英記＋広島大学 救急医学集中治療医学 貞森琢磨、大下慎一郎、山賀聡之、儀賀普嗣
D ：パイオニア（株）デザイン部 第2デザイン部 PD2課 大橋聡、宮本真帆

17G080789

医用電子血圧計

エレマーノ2

Medical Electronic Sphygmomanometer
Elemano2
Ar: TERUMO Corporation

医療従事者に10年以上にわたり定着している医用電子血圧計。表示部と送気球が一体化したユニークなフォルムは携帯性がよく、幅広い場所での使用に適している。腕帯はダブルカフ方式が採用されており、止血用の大きなバッグとセンシング用のミニバッグで構成されている。

Ar：テルモ（株）
Pr：テルモ（株）ホスピタルカンパニー　ホスピタルシステム事業 DM・ヘルスケアグループ 星野正紀
Dr：テルモ（株）デザイン企画室 上野正吾、ホスピタルカンパニーME開発部 栗尾勝
D ：テルモ（株）デザイン企画室 桂英毅、鈴木達彦／ホスピタルカンパニーME開発部 築田克美、中村拓朗、細谷有加里＋（株）エー・アンド・デイ 開発・技術センター 横山優、木村誠人、宮城成宏

17G080790

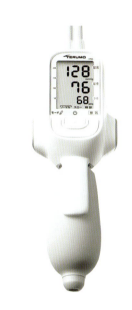

テレメトリー式脳波計

EEGヘッドセット AE-120A

Telemetry Type Electroencephalograph
EEG headset AE-120A
Ar: NIHON KOHDEN CORPORATION

近年、救急救命や集中治療の現場において意識障害患者への脳波測定の必要性が指摘されているが、電極装着の大変さや脳波測定に熟練した医療従事者の不足が課題となっている。本製品は、電極を付けて患者の頭部にかぶせるだけで脳波を測定でき、データを無線で脳波計に送信するので、脳波測定に不慣れな医療従事者でも簡単かつ迅速に脳波を測定できる。

Ar：日本光電工業（株）
Pr：日本光電工業（株）医療機器事業本部 第三技術部 部長 馬瀬隆造
Dr：日本光電工業（株）技術戦略本部 デザインセンタ 部長 有光隆也
D ：日本光電工業（株）技術戦略本部 デザインセンタ デザイン二課 興津寧

17G080791

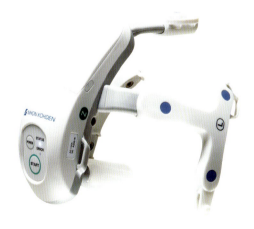

507

溶解移注針付きプレフィルドシリンジ
セーフテクトプレフィルドシリンジ

Transfer Needle with Pre-filled Syringe
SAFETECT pre-filled syringe
Ar: NIPRO CORPORATION

本製品はバイアル製剤と注射用水を簡単に混合し、人体へ薬液を投与することができるものでありながら、バイアル製剤と連結しない限り人体への投与ができない工夫がされている。そのため、注射用水のまま人体へ投与されるリスクがなく、医療従事者にも、患者にとってもメリットの高い薬液投与システムである。

Ar：ニプロ（株）
Pr：ニプロ（株）医薬事業部 医療システム開発部 取締役 岩佐昌暢
Dr：ニプロ（株）医薬事業部 医療システム開発部 村井慶久／企画開発技術事業部 総合研究所 第四研究開発部 本田稔／応用技術研究室 森田友恵
D：ニプロ（株）企画開発技術事業部 総合研究所 第四研究開発部 久保朋彦

17G080792

医療用医薬品
トルツ皮下注80mg
オートインジェクター

Prescription Drugs
Ar: Eli Lilly Japan K.K.

思うように指が動かない患者でも安心して注射ができるよう*に考慮された注射器である。特殊素材の採用と、軽くひねるだけで取り外せるキャップの設計など、細部にわたり工夫が凝らされている。*2017年10月時点において、日本での自己注射は認められていない。

Ar：日本イーライリリー（株）
D：チャド・マクブライド グローバルR＆Dオペレーションズ イーライリリー

17G080793

医療用ナイフ
KAI BTB グラフトナイフ

Medical Knife
KAI BTB GRAFT KNIFE
Ar: kai industries co., ltd.

2枚の平行するブレードにより、前十字靭帯損傷手術にて靭帯再建時のグラフト（移植組織）となる骨辺付膝蓋腱を切離するための器具。患者の体格に合わせて製品サイズ（ブレード同士の間隔）を選択し使用する。

Ar：カイ インダストリーズ（株）
Pr：（株）貝印刃物開発センター 医療器開発 遠藤昌宏、長谷部和幸＋カイ インダストリーズ（株）医療器事業本部 飴本秀敏
Dr：貝印（株）商品本部 デザイン室 大塚淳
D ：貝印（株）商品本部 デザイン室 落合章吾

17G080794

マイクロ鑷子
マイクロ鑷子（KN）31-1110

Micro-forceps
Micro-Forceps (KN) 31-1110
Ar: Kanazawa University + Charmant Inc.

医療のあらゆる手術において、鑷子（せっし）を使っての組織をつまむ、はがすという高精度な動作には経験と鍛練による高度な技術が要求される。この箸型鑷子は慣れ親しんだ箸と同じ動作でおこなえる機能および形状にすることで、従来の鑷子に比べその親和性から最初からストレスなく精度ある手技を可能とさせる。

Ar：金沢大学＋（株）シャルマン
Pr：（株）シャルマン 執行役員 メディカル事業部長 刀根誠
Dr：金沢大学 脳神経外科 教授 医学博士 中田光俊、助教授 医学博士 木下雅史
D ：（株）シャルマン メディカル事業部 マイスター 仲村保幸

17G080795

509

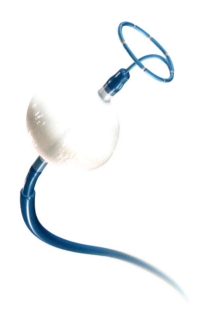

アブレーションカテーテル
Arctic Front Advance™
冷凍アブレーションカテーテル

Ablation Catheter
Arctic Front Advance™ Cardiac CryoAblation Catheter
Ar: Medtronic Japan Co., Ltd.

このカテーテルは心房細動という不整脈の治療に用いられる医療機器である。カテーテルと呼ばれる細長い管の先端に小さなバルーンが付いたデザインが特徴。そのバルーン内に亜酸化窒素ガスを注入し、バルーンに触れた組織を冷却して治療をおこなう。

Ar：日本メドトロニック（株）
Pr：メドトロニック
Dr：メドトロニック
D ：メドトロニック

17G080796

中心循環系塞栓除去用カテーテル
フィルトラップⅡ

Embolic Protection Device
FILTRAPⅡ
Ar: NIPRO CORPORATION

血管狭窄部の治療時に末梢塞栓のリスクとなる異物をフィルターでキャッチし回収するカテーテルセットである。フィルターは柔軟に血管にフィットする形状記憶合金と、生体に優しいポリウレタン製の膜で構成されている。血管に負担をかけずに確実に異物をキャッチし、さらに操作を簡易にすることで患者と術者双方に優しいデバイスをめざした。

Ar：ニプロ（株）
Pr：ニプロ（株）バスキュラー事業部 販売促進部／企画開発事業部 総合研究所 第五研究開発部
Dr：ニプロ（株）バスキュラー事業部 販売促進部 古田統彦、田中秀樹／企画開発事業部 総合研究所 第五研究開発部 宮川克也
D ：ニプロ（株）企画開発事業部 総合研究所 第五研究開発部 松本美沙、中村友則、伊藤俊太郎／応用技術研究室 森田友恵

17G080797

Suture Device
Annular Stapler

Suture Device
Annular Stapler
Ar: Shenzhen ARTOP Design Co., Ltd.

ハイエンド医療機器として初めて、狭いスペースでの椎間板ヘルニア手術の縫合や糸結びに対応できるコンパクトな医療機器。繊維輪の回復のための縫合と切断箇所の修復が片手でできる。経験を積んだ整形外科医によって設計され、世界でも最先端の独自機能を搭載している。

Ar：Shenzhen ARTOP Design Co., Ltd.
Pr：2020 (Beijing) Medical Technology Co., Ltd.
Dr：Shenzhen ARTOP Design Co., Ltd.
D ：Lanyong Luo, Lu Qiu

17G080798

単回使用軟性腎盂尿管鏡
リソビュー
単回使用デジタルフレキシブル
ウレテロレノスコープ

Single-use Flexible Ureteroscope
LithoVue Single-Use Digital Flexible Ureteroscope
Ar: Boston Scientific Japan K.K.

尿管や腎盂の観察、治療をおこなうための画像を提供する国内初の単回使用の軟性腎盂尿管鏡である。従来品では、使用ごとに洗浄、滅菌作業が必要となり病院スタッフに負担が多くかかっていた。この製品は、従来の問題点への解決策を提案し、常に新品性能で感染リスクを回避した安心・安全な手術を実現する。

Ar：ボストン・サイエンティフィック ジャパン（株）
Pr：スジャット・スクサンカー
Dr：クリストファー・オスキン
D ：ブライアン・マクリーン

17G080799

HD 3CMOS カメラヘッド

OLYMPUS
CH-S200-XZ-EA／EB

HD 3CMOS Camera Head
OLYMPUS CH-S200-XZ-EA／EB
Ar: Olympus Corporation

本製品は内視鏡外科手術において、おもに内視鏡や周辺機器と組み合わせて体内の映像をモニター上に映し出す目的で使用するカメラヘッドである。医療従事者のニーズに応えるフルHD画質や観察方法の幅を広げるIR（赤外光）観察にも対応。従来製品よりも小型軽量化を実現し、一般外科だけではなく耳鼻科、整形外科などの幅広い診療科での操作性を向上した。

Ar：オリンパス（株）
Pr：オリンパス（株）取締役専務執行役員 医療事業統括役員 田口晶弘
Dr：オリンパス（株）デザインセンター長 高橋純
D ：オリンパス（株）デザインセンター 長田礼佑

17G080800

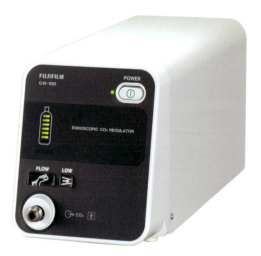

内視鏡用炭酸ガス送気装置

GW-100

Electronic Video Endoscopy System
GW-100 (Endoscopic CO₂ Regulator)
Ar: FUJIFILM Corporation

内視鏡観察時に管腔を拡張し視野を確保するための炭酸ガス送気装置。生体吸収性に優れる炭酸ガスを使用することで、管腔の速やかな収縮による患者の苦痛軽減や検査効率の向上が期待される。内視鏡システム（LL/VP-7000）と統一感を持ち、患者に威圧感を与えない清潔感ある筐体と、情報を集約した表示部を特徴とするコンポーネント型周辺機器である。

Ar：富士フイルム（株）
Pr：富士フイルム（株）メディカルシステム事業部
Dr：富士フイルム（株）デザインセンター長 堀切和久
D ：富士フイルム（株）デザインセンター デザインマネージャー 吉田浩二、田中邦彦

17G080801

外科手術用内視鏡システムセンター

VISERA ELITE II ビデオシステムセンター OLYMPUS OTV-S300

Laparoscopy System Center
VISERA ELITE II Video System Center
OLYMPUS OTV-S300
Ar: Olympus Corporation

内視鏡外科手術をおこなうためのビデオシステムセンター。4台で構成されていた従来システムに対して、本製品ではワンボックス化することで体積、重量を半減させた。3D観察への対応、タッチパネルの採用とユーザーインターフェースの見直しによる直感的な操作の実現により、医療従事者の業務効率向上と負担軽減のサポートをする。

Ar：オリンパス（株）
Pr：オリンパス（株）取締役専務執行役員 医療事業統括役員 田口晶弘
Dr：オリンパス（株）デザインセンター長 高橋純
D ：オリンパス（株）デザインセンター 下林弘治、菅谷幸太、和爾由紀

17G080802

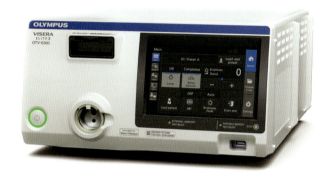

電子内視鏡システム

LL-7000（光源装置）、VP-7000（プロセッサー）、EC-L600MP7（レーザー専用シリーズ）（電子内視鏡）

Electronic Video Endoscopy System
LL-7000 (Laser Light Source), VP-7000 (Processor),
EC-L600MP7 (Electronic Video Endoscope)
Ar: FUJIFILM Corporation

消化器の検査・診断用電子内視鏡システム。2種類のレーザー光の発光強度比を変えることで4つの観察タイプが選べる。患者に威圧感を与えない清潔感ある筐体に情報と操作ボタンを集約させた表示部が特徴的なデザインの光源装置とプロセッサー、および使用者の手の大小にかかわらず操作できるよう配慮した形状の電子内視鏡で構成される。

Ar：富士フイルム（株）
Pr：富士フイルム（株）メディカルシステム事業部
Dr：富士フイルム（株）デザインセンター長 堀切和久
D ：富士フイルム（株）デザインセンター デザインマネージャー 吉田浩二、田中邦彦

17G080803

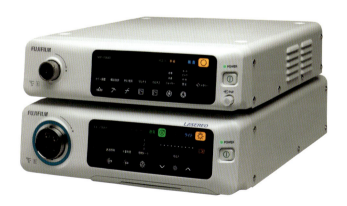

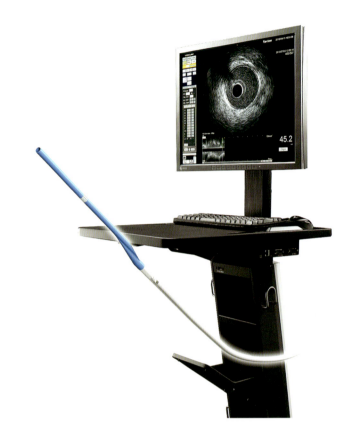

血管内超音波検査システム

アルタビュー、ビジキューブ

Intravascular Ultrasound System
AltaView, VISICUBE
Ar: TERUMO Corporation

血管内の様子を超音波で観察する血管内超音波検査（IVUS）に用いる機器（脳血管を除く）。心臓に栄養を送る血管である冠動脈の閉塞や狭窄の発生時には、バルーンカテーテルやステントで血管を拡張する治療が施されるが、この際に血管内超音波検査をして狭窄箇所の様子を詳しく観察でき、病変にあった治療法や医療機器を選択できる。

Ar：テルモ（株）
Pr：テルモ（株）心臓血管カンパニー TIS事業 鮫島光
Dr：テルモ（株）TIS事業 三宅祥平、平田和也／TIS開発 丸山智司／デザイン企画室 上野正吾／TIS開発フェロー 矢上弘之
D：テルモ（株）TIS開発 山本圭一郎、大田徹、坂口雄紀、三觜健太、杉原総一郎、加藤奈保子、纐纈智仁、ロディヤンギブランスンタヌ／デザイン室 桂英毅＋上田日本無線（株）清水元工、服部秀夫、瀬下岳志、坂井希世志

17G080804

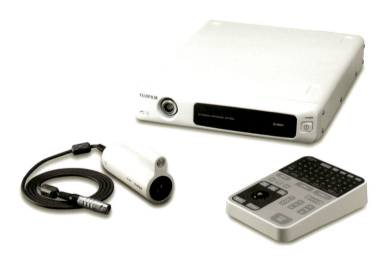

超音波観測装置

SP-900（本体）、
CP-900（コントロールパッド）、
RS-900（スキャナ）

Ultrasonic Probe System
SP-900 (Ultrasonic Processor), CP-900 (Control Pad), RS-900 (Scanner)
Ar: FUJIFILM Corporation

電子内視鏡システムと組み合わせて使用する超音波観測装置。超音波送受信プローブを内視鏡の鉗子口から挿入することで高解像度画像による超音波観測ができる。内視鏡システム（LL/VP-7000）と統一感のある、患者に威圧感を与えない筐体と情報を集約した表示部による特徴的なデザインの本体、コントロールパッド、スキャナで構成される。

Ar：富士フイルム（株）
Pr：富士フイルム（株）メディカルシステム事業部
Dr：富士フイルム（株）デザインセンター長 堀切和久
D：富士フイルム（株）デザインセンター デザインマネージャー 吉田浩二、田中邦彦

17G080805

循環器用超音波画像診断装置

ポラリス マルチモダリティ
ガイダンス システム

Cardiovascular Ultrasound Imaging System
Polaris Multi-Modality Guidance System
Ar: Boston Scientific Japan K.K.

本製品はIVUS（血管内超音波診断システム）と呼ばれており、心筋梗塞や狭心症の治療において、血管内で超音波を送受信して反射波を分析することにより、血管内にどのくらい脂質が溜まっているかなど病変の状態を直接観察できる診断装置である。医療従事者が短い時間で正確に冠動脈病変の情報を知ることが、患者への的確な治療につながる。

Ar：ボストン・サイエンティフィック ジャパン（株）
Pr：内木祐介
Dr：佐々木力
D ：近藤淳也

17G080806

Ultrasound System

SonoSite S Ⅱ

Ultrasound System
SonoSite S Ⅱ
Ar: Fujifilm SonoSite

医師が持ち運びできるポイントオブケア超音波診断装置。短期的な対応を必要とする重症患者に対し、救急治療を施す必要がある環境下で使うことを想定している。すべてがデジタルで作動するアーキテクチャと新技術のトランスデューサを採用、正確な診断や緊急時対応の時間を短縮する。

Ar：Fujifilm SonoSite
Pr：Fujifilm SonoSite
Dr：Craig Chamberlain, Director, Experience Design, Fujifilm SonoSite, Inc.
D ：Ben Dekock, Evan McCormack, Industrial Design, Fujifilm SonoSite, Inc. + David Wykes, Industrial Design, Pope Wainright & Wykes, Inc.

17G080807

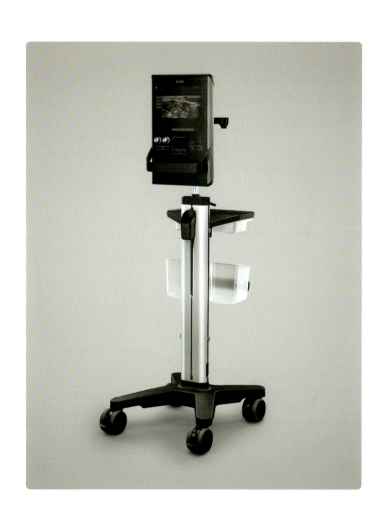

ワイヤレスデジタルラジオグラフィシステム

AeroDRファイン

Wireless Digital Radiography System
AeroDR fine
Ar: KONICA MINOLTA, INC.

この製品は、X線撮影において画素サイズ100マイクロメートルを実現し世界最高レベルの解像度を達成した。従来モデルより低ノイズで、新画像処理エンジン「REALISM」により診断精度の向上に寄与する。衝撃性能と防水性能をより強化しつつ、パネル裏面全周のくぼみにより把持性を大幅に向上することで、使用後の疲労感、落下の不安を軽減している。

Ar：コニカミノルタ（株）
Pr：コニカミノルタ（株）ヘルスケア事業本部 ヘルスケア事業部 商品化推進部 青柳繁、斉藤智子／開発統括部 糠信武志、高木達也
Dr：コニカミノルタ（株）ヒューマンエクスペリエンスデザインセンター 平賀明子、南原二郎
D ：コニカミノルタ（株）ヒューマンエクスペリエンスデザインセンター 浅井知成、大嶋孝典、三井整、宮﨑寛久

17G080808

デジタルラジオグラフィ

CXDI-710C Wireless／410C Wireless／810C Wireless

Digital Radiography
CXDI-710C Wireless / 410C Wireless / 810C Wireless
Ar: Canon Inc.

医療現場での取り回し性の向上と患者への負担軽減を追求した業界最軽量（※2017年5月現在 半切サイズ）のX線デジタル撮影装置。カーボンモノコック構造により軽量化と堅牢性を実現し、裏面四辺の深い手掛け部によって操作性を向上させた。本体外周に丸みを持たせ、体とベッドとの間への挿入を容易にし体への負担も軽減した。

Ar：キヤノン（株）
Pr：キヤノン（株）メディカル事業本部 医療機器事業部長 増子佳幸
Dr：キヤノン（株）総合デザインセンター 所長 石川慶文
D ：キヤノン（株）総合デザインセンター 竹内信博（PD）、野口高宏、久野芳揮（UD）

17G080809

医療用トレーニングモデル

先天性心疾患手術手技
トレーニング3Dモデル

Medical Training Model
Congenital heart disease surgery training 3D-model
Ar: crossEffect, Inc.

生まれつきの心臓病である先天性心疾患の外科手術トレーニングを目的とした超軟質精密3Dモデルである。患者CTスキャンデータを制作し、素材には本物の心臓に極めて近似した、ShoreA硬度約0度という超軟質ウレタンを使用した。それによって、卓上で切開、吻合といった実践さながらの先天性心疾患外科手術トレーニングを可能とした世界初の製品である。

Ar:（株）クロスエフェクト
Pr:（株）クロスメディカル 専務取締役 畑中克宣
Dr:京都府立医科大学 小児医療センター 小児心臓血管外科 病院教授 診療部長 山岸正明
D :（株）クロスエフェクト メディカルプロジェクトチーム マーケティング 石田寿人／3Dデザイン 大江和義／キャスティングリーダー 北村恵彦

17G080810

分注装置

IDS-CLAS 2800

Front-end Sample Processor
IDS-CLAS 2800
Ar: IDS CO., Ltd.

病院などで患者から採血された検体の血液検査ラインでの前処理を自動的におこない、血液分析装置に搬入する装置である。多機能化と省スペースパッケージにより検体の高速処理、検体取り違えや汚染防止などの機能を備える。工程が見やすい窓や表示、各部の適切なレイアウトによる操作性、シンプルなフォルムとカラーリングで快適な作業環境を提供する。

Ar:（株）アイディエス
Pr:井上和雄
Dr:伊藤有市
D :（有）アオキデザイン 青木重光、成島渉

17G080814

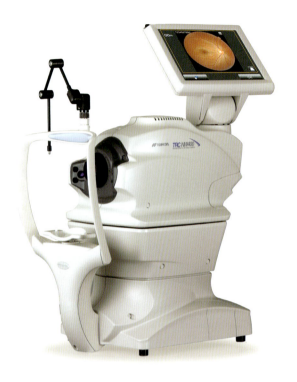

無散瞳眼底カメラ

無散瞳眼底カメラ TRC-NW400

Non-Mydriatic Retinal Camera
Non-Mydriatic Retinal Camera TRC-NW400
Ar: TOPCON CORPORATION

フルオート撮影機能を搭載した無散瞳眼底カメラは、熟練のオペレーターでなくても低光量で高画質な眼底画像を簡単に撮影可能。モニターの角度と向きを自在に調整できるタッチパネルモニターは設置場所を選ばず、被検者への声掛けや開瞼を容易におこなえるので信頼して使うことができる。

Ar：(株)トプコン
Pr：(株)トプコン 技術本部 福間康文
Dr：(株)トプコン 技術本部 アイケア開発技術部 岡田浩昭
D ：(株)トプコン 技術本部 設計支援部 デザイン課 山岡正司、岡田裕行

17G080815

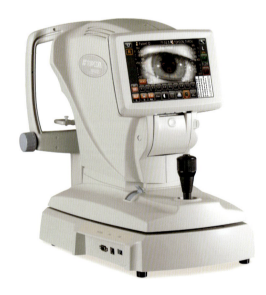

オートケラトレフラクトメータ

オートケラトレフラクトメータ KR-800S

Auto Kerato-refractometer
Auto Kerato-Refractometer KR-800S
Ar: TOPCON CORPORATION

屈折測定や角膜形状を他覚測定する機能に加え、被検者自身が応答する自覚検査が簡易的におこなえる機能を搭載した機器である。視力測定や黄斑変性症などのためのチャート、白内障用の簡易グレアテスト、現状と矯正後を比較する透過球面モードなどを搭載し、診断の前検査時において、診断に必要な情報をより多く、より効率的に取得することが可能である。

Ar：(株)トプコン
Pr：(株)トプコン 技術本部 福間康文
Dr：(株)トプコン 技術本部 アイケア開発技術部 岡田浩昭
D ：(株)トプコン 技術本部 設計支援部 デザイン課 山岡正司、岡田裕行

17G080816

歯科用CT・パノラマ複合機
エクセラ MF/NF
Digital Dental Panoramic Device
X-ERA MF/NF
Ar: THE YOSHIDA DENTAL MFG. CO., LTD

sharp：きれい、smooth：簡単、support：やさしいを製品コンセプトとした、普及価格帯でありながら高画質なパノラマ画像および3D画像を簡単な操作で得られる、デジタル式歯科用パノラマ・断層撮影X線診断装置である。0.2ミリの管球焦点とDirect C-MOSセンサー、そして独自の画像構築技術により、ぼけが少なくシャープな画像が取得できる。

Ar：(株)吉田製作所
Pr：(株)吉田製作所 マーケティング本部 デザインセンター 部長 深澤太郎／画像診断機器事業部 事業部長 佐伯政博、部長 友江剛
Dr：(株)吉田製作所 マーケティング本部 デザインセンター 課長 根本忠明／画像診断機器事業部 次長 我妻孝則
D ：(株)吉田製作所 マーケティング本部 デザインセンター／画像診断機器事業部 係長 吉田周平、係長補佐 髙橋信生

17G080818

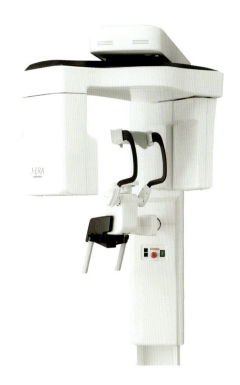

渦流浴装置
ワールプール
Whirlpool Bath
Whirlpool
Ar: SAKAI Medical Co., Ltd

温水による温熱作用と噴流によるマッサージ効果により、痛みの緩和や筋のリラクゼーションを促すリハビリ用の医療機器。水の特性である自在に形を変える性質や高い熱伝導率を活かして大きな治療効果を生み出す。さらに患者、医療スタッフ双方の心理的、身体的負担も軽減した、次世代のリハビリテーションツールである。

Ar：酒井医療(株)
Pr：酒井医療(株)商品企画部 竹内康人、部長 阿部真幸
Dr：酒井医療(株)開発部 部長 蒔田和弘
D ：酒井医療(株)開発部 田中謙次、高山恵弘、日比野泰幸、亀田英利

17G080819

519

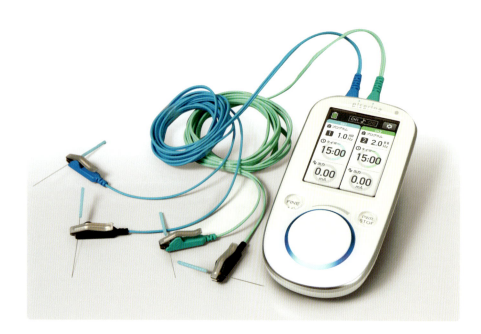

鍼電極低周波治療器

picorina

Electro Acupuncture Stimulator
picorina
Ar: ITO CO., LTD. + SEIRIN CORPORATION

鍼治療を目的とした電気刺激装置である。ハンドヘルドタイプのため患部を観察、触診しながらノールック＆ワンハンドで出力操作ができる。往診でも持ち運びが便利。鍼通電刺激による急激な体感変化を防止するために微細出力調整機能も搭載する。細い鍼を確実に挟むだけでなく、オートクレーブ処理も可能なクリップも一から開発、デザインした。

Ar：伊藤超短波（株）＋セイリン（株）
Pr：セイリン（株）開発部 部長 中野亮一
Dr：セイリン（株）開発部 次長 久保田憲＋伊藤超短波（株）開発部 次長 田中昇
D：（有）アオキデザイン 青木重光、新関将潤＋（株）ホロンクリエイト 高橋克実、松本真司＋セイリン（株）開発部 関戸正史＋伊藤超短波（株）佐々木誠

17G080820

ナースライト

ルナケア

Nurse Light
LUNA CARE
Ar: Okamura Corporation

病院で夜間に入院患者の巡視をおこなう際に使用する照明。有機ELパネルの面発光はまぶしさを感じず就寝中の患者に負担がかからないやさしい光である。顔色確認などが必要なときは光の色を通常の電球色から白色に切り替えることが可能。また点滴速度を調整する際に時計代わりに目安として使える「光る秒針機能」などを搭載している。

Ar：（株）岡村製作所
Pr：（株）岡村製作所 ヘルスケア事業本部ヘルスケア製品部 内山佳幸
D：（株）スリーディ・スパイス勝俣事務所 勝俣建

17G080822

医療用チェアー

ココット

Chair / Stool
cocotte
Ar: KOKUYO Co., Ltd.

インテリア性の高いコンパクト作業用イス。作業空間で邪魔にならないよう、脚の大きさは幅490ミリとコンパクトさと移動性に配慮した。背座のシェルには動かしやすい手がかりがあり、汚れを拭きとりやすいよう凹凸の少ないデザインにしている。脚は白色の脚羽根が抱える課題を解決すべく防汚性に優れたコーティングを表面に施した。

Ar：コクヨ（株）
D：コクヨ（株）ファニチャー事業部 ものづくり本部 チェアVT 奥一夫／1Mプロジェクト 浅野健太

17G080823

ナースカート

メディワークカート-エス

Nurse Cart
Medi Work Cart-S
Ar: ITOKI CORPORATION

状況に応じた多様な業務に対応できるように、方向性を選ばない全周ハンドルを備えた独自のナースカートである。使い勝手を考え、トレイ内の収納物を取り出しやすいように周囲からアクセスしやすい取り付け構造とした。本体はコンパクトに抑えながらも、トレイの容量は最大限確保することにより、必要となる多量な物をトレイ内に収納できる。

Ar：（株）イトーキ
Pr：（株）イトーキ 大澤塁
D：（株）シィクリエイティブ

17G080824

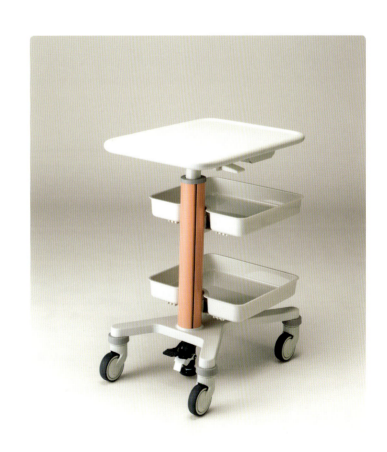

救急カート

サカセ ハーモプラス システム 救急カート

Emergency Cart
SAKASE HARMO + SYSTEM Emergency Cart
Ar: SAKASE CHEMICAL CO., LTD.

緊急を要する患者の第1処置に必要な医薬品や医療材料などを直ちに効率よく収納、搬送ができる、機能性と利便性、デザイン性を兼ね備えた救急カートである。フルカバーされた大型の名札により、内容物の視認性と安全性が高められている。また、麻酔薬や劇薬、毒薬の収納には引き出しに施錠をして、封印具により補充点検や期限管理ができる。

Ar：サカセ化学工業（株）
Pr：サカセ化学工業（株）代表取締役社長 酒井哲夫
Dr：サカセ化学工業（株）企画開発本部 開発部 橋本崇
D ：サカセ化学工業（株）企画開発本部 開発部 橋本崇

17G080825

画像診断用ワークステーション

インタープリート

Height Adjustable Workstation for Radiology
Interpret
Ar: Okamura Corporation

長時間の画像診断をおこなう放射線科医の健康に配慮して、業務に立ち姿勢を取り入れた働き方を提案するワークステーション。モニターを見ることに特化したワンパッケージの昇降デスクで電子化が急速に進む病院において、モニター使用環境を向上させた。

Ar：（株）岡村製作所
Pr：（株）岡村製作所 ヘルスケア事業本部ヘルスケア製品部　小倉裕生
D ：（株）岡村製作所 デザイン本部製品デザイン部 榊原義弥

17G080826

医療施設用搬送カートおよび作業テーブル

サカセ ハーモプラス システム プレミアム ナーシングカート ナーシングテーブル

For Medical Facilities Cart and Table
SAKASE HARMO + SYSTEM Premium Nursing Cart and Nursing Table
Ar: SAKASE CHEMICAL CO., LTD.

医療用キャビネットとトータルシステムとして運用することで医療業務の効率化に貢献する、機能性と利便性、インテリア性を兼ね備えた看護業務用機器である。看護スタッフの業務内容や用途、体格に応じた高さに天板を昇降させることが可能。また、互換性のあるトレーと連動させて、看護業務の負担を軽減することができる。

Ar：サカセ化学工業（株）
Pr：サカセ化学工業（株）代表取締役社長 酒井哲夫
Dr：サカセ化学工業（株）企画開発本部 開発部 橋本崇
D：（株）ハーズ実験デザイン研究所 代表取締役 村田智明

17G080827

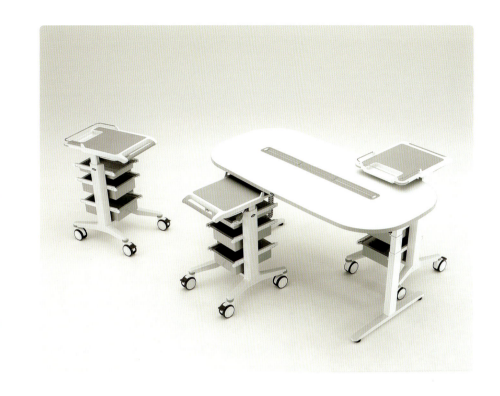

点滴スタンド

メディスタンド

Drip Stand
Medi Stand
Ar: ITOKI CORPORATION

現場リサーチによると看護師が点滴スタンドにおいて最も気にするポイントは安全性である。本製品はS字型に支柱を偏心させることでリングトップの中央フックに大型輸液パックをかけても安定性を損ねることなく操作できる。縦持ち、横持ち双方に対応することでさまざまな患者に寄り添うとともに、鞄などを固定できるフックによって利便性にも配慮した。

Ar：（株）イトーキ
Pr：（株）イトーキ 山下徹也
Dr：（株）シィクリエイティブ
D：（株）シィクリエイティブ

17G080828

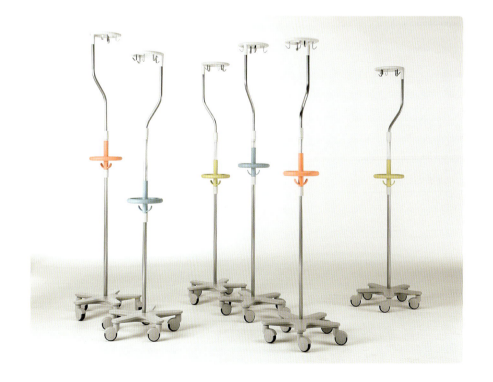

523

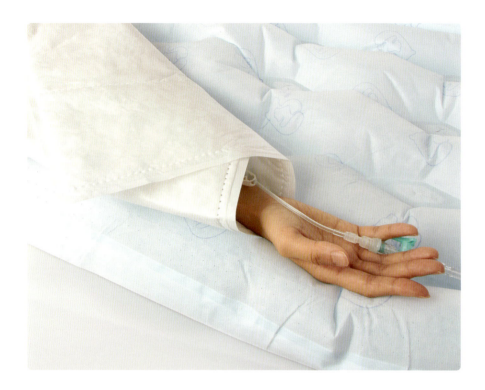

医療用患者保温ブランケット
3M™ かけるだけであったかい 保温ブランケット

Disposable Blanket for Hospitals
3M™ Passive Warming Blanket
Ar: 3M Japan Limited

手術患者の体表面からの熱放散を抑え、患者の体格、各術式に合うようミシン目を入れた軽量でコンパクトな使い捨て保温ブランケットである。素材には独自の高機能中綿素材が用いられており、手術室で用いられるコットン製品などの課題を改善し患者の体温管理の質向上につながる。

Ar：スリーエムジャパン（株）
Pr：スリーエムジャパン（株）感染管理製品事業部 寺田彩子、星勝之
Dr：スリーエムジャパン（株）事業開発部 三好直人
D：スリーエムジャパン（株）感染管理製品技術部 天井朋美、須藤恭子／コーポレートデザイン部 鈴木陽

17G080829

9

店舗・公共プロダクト
Store / Public Product

本ユニットでは、商業・公共施設の領域で使用される文房具から家具、機器・設備・建材など、多岐にわたる製品が対象となる。2017年度は時代に即した価値観を提供する製品、課題解決への取り組みがあった。

「学ぶ」「働く」に関わる文房具類は、PCなどのデジタル機器をほぼ誰もが使用している現況において、新しい視点や新たな「紙の価値」を提供しているものを評価した。変わらず要求されている従来製品についても、デザイン性・機能性を判断・評価している。働き方・学び方の改革が続くなか、椅子やテーブルなど身体と関わる家具は、多様性のあるもの、想定される使用シーンに焦点を当てたものなど、ユーザーを捉えた選択肢が豊富にあり、中間クラスの価格帯の製品においても高いクオリティーであった。空間を構成する間仕切りは、可動タイプや造作工事のいらない設置システム、既存間仕切を活用した減災建材など充実度が高かった。

人材不足・人件費削減の観点から、セルフ型レジの開発が活発であったが、かたち・使い勝手において評価が集まらず、残念な結果であった。スポーツ・ヘルスケア製品にも状況を捉えたデザインが求められた。公共施設のプロダクトや家具、建材においては、機能としての堅牢さとメンテナンス性に着目し、評価した。意匠性とともにメンテナンスに着目し性能を上げた内装材は、使用範囲と活用の場が広がることが期待される。

コンパクトな製紙工場をオフィス内に設けることで、情報保護とエネルギー・コスト削減を先進技術によって合理化した機器は、見せる・見られるオフィス空間のデザイン性も考慮していた。環境と人に調和する次のスタンダードを創造する姿勢を評価した。

土木関連では、従来製品に防草工法を採り入れ、費用軽減に効果をもたらす製品や、マンホールの突起形状による利点の開発など、関係者もスムーズに理解できる、現行品のアップデートによるソリューションが見られた。

国産材によるものづくりを商業・公共施設で提案することは、国内資源の活用、CO_2排出削減など、環境の問題への関心を都市から地方まで提示することを可能にした。また木質素材を使用することで、居心地の良い空間を実現し、提供する側・使う側の環境問題への意識向上にも繋がる。内部のみ木質素材を取り入れた洗練されたサッシも現れている。

社会の中で使用されるモノのデザインには、環境や他者に対する配慮と調和、安全性に無関心ではいられない。社会貢献を考える姿勢が製品に表れてきている。

五十嵐久枝

カッターナイフ

オルファカッター
メタルハイパーPRO L型／AL型

Cutter Knife
OLFA CUTTER MODEL "MXP-L" / "MXP-AL"
Ar: OLFA CORPORATION

X（エックス）デザイン・ハイパーシリーズの大型カッターナイフ。強度にこだわり、アルミダイキャストボディ、全面焼き入れ加工したステンレスホルダー、一体圧造成形のネジなどを採用。さらに、エラストマのラバーグリップや従来のサイズ感を実現することで、持ちやすさも両立した。L型はネジロック式、AL型はオートロック式である。

Ar：オルファ（株）
Pr：オルファ（株）商品企画本部 製品開発グループ
Dr：オルファ（株）商品企画本部 製品開発グループ
D ：オルファ（株）商品企画本部 製品開発グループ

17G090831

裁断機

スライドカッター ハンブンコ

Rotary Paper Trimmer
Rotary Paper Trimmer PK-811 / 813
Ar: plus corporation

紙を半分の位置で簡単に裁断できるガイド「Wゲージ」を搭載した裁断機。紙の位置合わせの煩わしさを解消した。また、刃がぶれにくく真っすぐに切れるように、刃をハンドルの真下に配置。力が直接伝わり刃が傾きにくくなった。さらに刃を受けるカッターマットを逆三角形にすることで、本体との隙間がゼロになりカッターマットが左右にずれない。

Ar：プラス（株）
Pr：プラス（株）ステーショナリーカンパニー マーケティング本部 福井美弥子
Dr：プラス（株）ステーショナリーカンパニー マーケティング本部 今井哲也
D ：（株）ヒューマンコード・ジャパン 堀江勇人＋プラス（株）ステーショナリーカンパニー R&D本部 安井亮

17G090832

2穴パンチ
CHIFFONEL（シフォネル）DP-12

Hole Punch
CHIFFONEL DP-12
Ar: MAX CO., LTD.

気持ちよく永く使ってもらえるコンパクトなパンチである。指紋などの汚れが付きにくい、さらさらとした表面質感の塗装を採用。カラーも、軽快に使える明るくニュアンスのあるパールの4色展開とした。効率的に穴あけ作業ができるよう、使用しないときに邪魔にならない斜めに引き出す位置合わせゲージ付きで、素材は丈夫な金属製を採用した。

Ar：マックス（株）
Pr：マックス（株）
Dr：マックス（株）開発本部 デザイン室
D ：マックス（株）開発本部 デザイン室 青沼成美

17G090833

電子卓上計算機
カラフル電卓

Electronic Calculator
Colorful Calculator
Ar: CASIO COMPUTER CO., LTD.

数字が見やすい大型液晶と操作しやすい大型キーを搭載し、「税計算機能」や早打ちに対応した「キーロールオーバー機能」を備えたカラフル電卓シリーズ。多彩なカラーバリエーションとサイズ展開により用途や趣向にあった最適な1台を選ぶことができる。パッケージも含めてトータルデザインすることで店頭での存在感にも配慮した。

Ar：カシオ計算機（株）
Pr：カシオ計算機（株）デザインセンター センター長 井戸透記
Dr：カシオ計算機（株）デザインセンター プロダクトデザイン部 部長 大木優次、室長 坂口和人／コミュニケーションデザイン部 部長 長山洋介、室長 奈良勝弘
D ：カシオ計算機（株）デザインセンター プロダクトデザイン部 宮原章宏、倉渕雄一、和田擁／コミュニケーションデザイン部 村田史奈、山口友一

17G090834

Nums

Luckey

Nums
Luckey
Ar: Beijing Luckey Technology Co., Ltd.

極薄ガラスと専用ソフトウェアを組み合わせて、タッチパッドの常識を覆した製品。テンキー入力がしにくいという、当たり前すぎて見落とされてきたノートパソコンの問題を解決し、簡単なジェスチャーであらゆる機能に素早くアクセスできる。外付けテンキーより材料コストが少なく、入力速度は2.3倍向上、指の動きも66パーセント軽減される。

Ar：Beijing Luckey Technology Co., Ltd.
Pr：Gong Huachao
Dr：Gong Huachao
D ：Gong Huachao

17G090835

レーザーポインター

レーザーポインター for PC 〈GREEN〉（ペンタイプ・長時間）

Laser Pointer
LASER POINTER
Ar: KOKUYO Co., Ltd.

従来品の約10倍となる連続使用約60時間の長時間グリーンレーザーポインター。電池残量が少なくなると緑色から赤色に変化する電池交換時期表示LEDをペンタイプのレーザーポインターで初めて搭載し電池寿命の不満と電池切れの不安を解消した。

Ar：コクヨ（株）
Pr：コクヨ（株）
Dr：コクヨ（株）ステーショナリー事業本部 商品本部 示す整えるVU 池田敦志
D ：ワイエスデザイン 前川淳＋コクヨ（株）ステーショナリー事業本部 商品本部 示す整えるVU 池田敦志

17G090836

ウェアラブルモーション解析デバイス
LEOMO TYPE-R

Wearable Motion Analysis Tool
LEOMO TYPE-R
Ar: LEOMO, Inc.

アスリート・コーチ向けのモーション解析を使った次世代のウェアラブル技術である。

Ar：リオモインク
Pr：孫泰蔵
Dr：加地邦彦
D：谷山示、保坂浩紀、マヤ・アンダーソン

17G090837

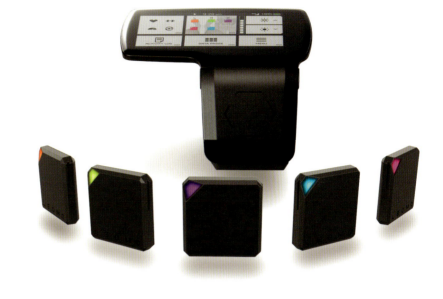

水性塗料
BELAY

Water Based Paint
BELAY
Ar: WASHIN CHEMICAL INDUSTRY CO., LTD

インテリアや什器などの表面を保護する、塗ってはがせる水性塗料である。木、樹脂、タイル、石など幅広い部位に塗ることができ、表面をキズや汚れから守ってキレイを永く保つ。ホテルやレストラン、そのほかのショップや店舗からDIYまで、さまざまなシーンで活用してもらえる。

Ar：和信化学工業（株）
Pr：和信化学工業（株）代表取締役 長谷川光
Dr：（株）cosmos 代表 内田喜基
D：（株）cosmos 代表 内田喜基（パッケージ・ロゴデザイン）

17G090838

POSターミナル

M-9000

POS Terminal
M-9000
Ar: TOSHIBA TEC CORPORATION

おもに食品スーパーの決済カウンターで商品登録や在庫確認などの管理業務をおこなう端末。大量の商品を扱う食品スーパーの店舗形態や業務に特化した形状と機器レイアウトにより、初心者アルバイトからベテラン店員まで迷うことのない操作性を実現した。さまざまな店舗形態や会計シーンに合わせてフレキシブルに変更できる機器構成を可能としたPOSターミナルである。

Ar：東芝テック（株）
Pr：東芝テック（株）リテール・ソリューション事業本部 商品・マーケティング統括部 量販ソリューション商品部 風間浩明
Dr：東芝テック（株）商品・技術戦略企画部 デザイン室 佐藤繁
D：東芝テック（株）商品・技術戦略企画部 デザイン室 小野泰弘

17G090839

POSターミナル

QT-20 T／H

POS Terminal
QT-20 T/H
Ar: TOSHIBA TEC CORPORATION

飲食店や衣料品店で会計時に使用されるPOS端末である。多様化する店舗に合わせて、設置面積の小さいQT-20T（縦型）と、カウンタへの組み込みがしやすいQT-20H（平置き型）の2タイプを用意。QT-20Tは、本体お客様側を店舗によって差し替え可能なパネル構成としており、店舗のブランド表現スペースとして活用することができる。

Ar：東芝テック（株）
Pr：東芝テック（株）リテール・ソリューション事業本部 商品・マーケティング統括部 専門ソリューション商品部 飲食システムソリューション 川村元信
Dr：東芝テック（株）商品・技術戦略企画部 デザイン室 佐藤繁
D：東芝テック（株）商品・技術戦略企画部 デザイン室 小西正太

17G090840

自動販売機およびスマートフォンアプリ

イノベーション自販機・acure pass〈アキュアパス〉

Vending Machine and Smartphone App
Innovation Vending Machine and Smartphone App [acure pass]
Ar: JR East Water Business Co., Ltd

アプリで購入した商品を駅のイノベーション自販機で受け取れる新しいプラットフォーム。イノベーション自販機にアプリに表示されたQRコードをかざすと、購入した商品を受け取ることができる。商品の購入はもちろん、ドリンクプレゼントやまとめ買い、商品レビューなど、さまざまなことができる。

Ar:（株）JR東日本ウォータービジネス
Pr:（株）JR東日本ウォータービジネス イノベーション自販機プロジェクトチーム 飯島俊介、川口典比古、小出智巳、小室塁、堀口祐貴、関根隆文
Dr:チームラボ（株）
D:（株）ウォーターデザイン 坂井直樹（筐体プロデュース）＋西村拓紀デザイン（株）西村拓紀（筐体デザイン）＋チームラボ（株）（アプリ、サイネージ）

17G090841

組立式通電型什器

Transightモジュラーシステム

A Knocked Down Modular Units Conduct Electricity
Transight Modular System
Ar: DesignArc Co., Ltd.

業界初のPSE（電気用品安全法）適合の組立式通電型の可変什器システムである。モジュール化された最小限のパーツ群、簡単に着脱可能な独自ジョイント機構、フレーム内蔵型100V通電で構成。組立分解に特殊な工具や訓練は不要で、組み替えの自由度と容易さが特徴となっている。商業、公共、住まいなどの空間創造に異業種とプロではない人の参入参画を促す。

Ar:（株）デザインアーク
Pr:（株）デザインアーク トランサイトプロジェクト 執行役員 経営企画本部長 山崎洋一
Dr:（株）デザインアーク トランサイトプロジェクト 常務取締役 営業本部長 嶋田二郎
D:（株）デザインアーク トランサイトプロジェクト＋余合ホーム＆モビリティ（株）宮田裕也、毛受章貴＋amadana（株）矢崎貴大

17G090842

パーラーチェア
MD-2900シリーズ

Parlor Chair
MD-2900series
Ar: QUALI CO., LTD.

パチンコやパチスロなどアミューズメント空間で快適な座り心地を長時間維持できるよう椅子の本質を追求した遊戯用チェア。動作解析、体圧分散測定などの結果を基とし、人間工学に照らして生み出された形状に、伸縮性に富むメッシュ素材と業界初の異硬度クッションを合わせた。新たなレベルの快適性をリーズナブルな価格で提供する。

Ar：(株)クオリ
Pr：(株)クオリ 取締役専務・営業本部長 田村裕正
Dr：(株)クオリ 商品企画部 デザイナー 佐藤尚己
D ：(株)クオリ 商品企画部 デザイナー 佐藤尚己

17G090843

スタッキングチェア
X60

Stacking Chair
X60
Ar: AICHI CO., LTD.

集会やミーティングスペースで使用されるシンプルで美しいスタッキングチェア。ハーフパイプにプレス成型されたシートフレームにエラストマーシートを一体的にデザインした。落ち着いたエラストマーのマットな質感とスチールフレームのコンビネーションが美しく印象的なデザインポイントになっている。

Ar：愛知(株)
Pr：愛知(株)
Dr：愛知(株) 執行役員 経営企画室 研究開発統括部 部長 熊澤工
D ：愛知(株) 執行役員 経営企画室 研究開発統括部 部長 熊澤工

17G090844

ベンチ
T・SPECアクリルベンチ

Bench
TSPEC Acrylic bench
Ar: T SPEC Inc.

景観を損なわない透明アクリル製ベンチである。

Ar：(株)T・SPEC
Pr：(株)日建設計＋(株)ジェイアール東日本建築設計事務所
Dr：(株)T・SPEC 代表取締役 髙橋保央
D ：(有)寶角デザイン 代表取締役 寶角光伸

17G090845

Public Tree Pool Seats of Recycled Concrete
SHAYUAN2

Public Tree Pool Seats of Recycled Concrete
SHAYUAN2
Ar: Chengdu Shayuan Industrial Design Co., Ltd.

エコデザインの観点から、建設廃材を再利用することで使用価値を高めた再生コンクリート製の樹木対応型ベンチ。U型のモジュールを金属製の継ぎ手でつなげて輪の形にすると、ベンチになるだけでなく樹木も保護できる。またつなぎ方により、どんな場所にもなじむ。カーブした形がコンクリートの視覚的な冷たさや厳しさをやわらげる。

Ar：Chengdu Shayuan Industrial Design Co., Ltd.
Pr：Huangtao, Product design div. Chengdu Shayuan Industrial Design Co., Ltd.
Dr：Huangtao, Product design div. Chengdu Shayuan Industrial Design Co., Ltd.
D ：Hangtao, HanNuan, ZhuMingming, YueXin, LiuGuona, WeiGuangchao, WangFeng, LuoXin, HeLishuang.

17G090846

遊具

HOUSE

Play Equipment
HOUSE
Ar: JAKUETSU Co., LTD

屋根、窓、ベンチのシンプルな要素で構成されたFRP製のハウス遊具である。内も外も磨き上げられた壁面は、構造を保つギリギリの厚みでできており、フレームの丸みは独特の柔らかい印象を与える。また、囲われながらも開放的な空間となっているため、子供達は滞在するだけでなく、この遊具を通り抜け中へ外へと活動的に動き出す。

Ar:（株）ジャクエツ環境事業
Pr:（株）ジャクエツ環境事業 環境開発課
Dr:（有）ナオトフカサワデザイン
D ：深澤直人

17G090847

遊具

TAWARA

Play Equipment
TAWARA
Ar: JAKUETSU Co., LTD

1人乗り用のFRP製スイング遊具である。幼児が抱きついたり、またがるのにちょうど良いサイズでできており、体重移動で前後にスイングするように揺れ、ふわっとした独特な浮遊感を体験することができる。また、取っ手と足掛けのみの抽象的なデザインは、見立て遊びなど子供たちの創造力を掻き立てる。

Ar:（株）ジャクエツ環境事業
Pr:（株）ジャクエツ環境事業 環境開発課
Dr:（有）ナオトフカサワデザイン
D ：深澤直人

17G090848

自動火災報知設備・発信機

フラット発信機

Manual Call Points
Flat type manual call points
Ar: HOCHIKI CORPORATION

デザイン性の高い建物や施設にもマッチする、新しい火災報知機(発信機)。発信機自体を発光させるというアイデアにより、業界最小でありながら明るく大きな発光面積を確保し、どこからでもそこにあるとわかる。そして従来にない透明感のある筐体により、高い意匠性も実現した。

Ar：ホーチキ(株)
Pr：ホーチキ(株)
Dr：ホーチキ(株) 開発研究所 システム開発部 池田賢治
D ：ホーチキ(株) 開発研究所 機構設計課 持田賢二

17G090849

ガス系消火設備・放出表示灯

ガス系消火設備・透過型充満表示灯
[LuxCi(ルクシィ)MMIシリーズ]

Discharge Indicator for Fire Extinguishing System
Discharge Indicator for Gaseous Fire Extinguishing System; LuxCi, model MMI series
Ar: Koatsu Co., Ltd.

ガス系消火設備の構成機器で、火災が発生し、同設備が作動した後、危険な室内への立入禁止を表示する。小型化した白い本体と透明な表示板で構成。有事以外では存在感を抑えた、周囲の景観にも自然ととけ込むデザインである。表示板を2枚重ね、1枚目の表示は日本語、2枚目は英語のように交互表示する「多言語対応」を可能とした。

Ar：(株)コーアツ
Pr：(株)コーアツ 営業企画室長 谷本逸哉
Dr：(株)コーアツ 総務グループリーダー 河岸敏広
D ：(株)コーアツ 伊丹工場 生産グループ 生産設計第1チームリーダー 藤井丈士／技術部門 開発グループ 開発第2チームリーダー 畑中広和

17G090850

512色LED発車標

ML4ULP316W／216W／GL4HP216WT

512 Color LED Departure Display
ML4ULP316W / 216W / GL4HP216WT
Ar: SHIN-YOSHA CORPORATION

本製品は、種別、発車時刻、行先、両数、番線、遅れなどの列車案内情報をわかりやすく、的確に列車利用者へ提供するサインである。改札、コンコース、ホームなど利用者の動線ポイントに設置し、目的の列車までスムーズに誘導する。視認性、可読性が高い表示、省電力、長寿命という環境への配慮から512色LEDを開発した。

Ar：(株)新陽社
Pr：東日本旅客鉄道(株)長野支社
Dr：(株)新陽社
D ：(株)新陽社 松渕泰典

17G090851

セキュリティゲート

ランドゲート

Security Gate
Land gate
Ar: Kumahira Co., Ltd.

乗り越えを防ぐ高さのあるフラップとIP55の防塵・防水性能を備え、厳格なセキュリティを半屋外の過酷な環境で実現するセキュリティゲートである。存在を主張しないスクエアなボディと木立の樹木をイメージしたフラップにより、工場や研究所、物流倉庫などの敷地内ランドスケープに調和。利用者はスムーズな動作と心地よい通行音により快適に通行できる。

Ar：(株)熊平製作所
Pr：(株)熊平製作所 常務取締役 川中基至
Dr：(株)熊平製作所 製品開発部 久留原拓司
D ：(株)熊平製作所 製品開発部 河口大悟／開発管理部 松本一孝、高橋遼

17G090852

セキュリティゲート

モバイルゲート

Security Gate
Mobile gate
Ar: Kumahira Co., Ltd.

期間限定で開催されるイベントに特化し、半屋外に仮設で設置できる防水型セキュリティゲート。コンパクトなボディと運搬用キャスター、仮設用ベースにより、設置や撤去を容易にした。認証部は非接触カードとQRコードを併用し、さまざまなチケットシステムに対応。軽快な上向きウェッジシェイプスタイルが、イベント会場に快適なセキュリティを提供する。

Ar：（株）熊平製作所
Pr：（株）熊平製作所 常務取締役 川中基至
Dr：（株）熊平製作所 製品開発部 久留原拓司
D ：（株）熊平製作所 製品開発部 高杉建次／開発管理部 松本一孝

17G090853

セキュリティゲート

セキュリティゲート
TAG-13000シリーズ

Security Gate
Security Gate-TAG-13000 Series-
Ar: TAKAMISAWA CYBERNETICS CO., LTD.

利用者を優しく迎え入れるたたずまいと厳格なセキュリティ機能の両立をめざした。ガラス素材を基調とした入場側の透明度の高さや開放感を重視した非対称デザインはエントランス空間にとけ込み、利用者へ圧迫感を与えない。発光表示による誘導、扉開閉の最適制御、低騒音モータの採用などにより、上質なゲート通過体験を実現した。

Ar：（株）高見沢サイバネティックス
D ：（株）Caro 山口英文

17G090854

537

トイレブース

アルサス アレリオ トイレブース

Toilet Booth
ALSUS ALERIO Toilet Booth
Ar: Sellers Corporation

アルミの軽く、強く、美しいといった特性を活かし、レスト空間に必要な耐久性とメンテナンス性を備えている。意匠性が求められる表面は、アルミの素地を活かした印刷仕上げのアレリオ、耐久性が必要なエッジ材は耐摩耗性や耐キズ性に優れたステンレス箔をアルミ成型品に施したアルサスを採用している。

Ar：（株）セラーズ
Pr：代表取締役社長 齋藤高士
Dr：代表取締役社長 齋藤高士
D：齋藤洋平、福原光雄、川口孝司、田中明

17G090855

プラネタリウム投映機

インフィニウム ∑

Planetarium
Infinium Sigma
Ar: KONICA MINOLTA, INC.

静寂な漆黒の夜空に浮かぶ恒星の美しさを追求した光学式プラネタリウム。超高輝度LED光源を使用した新設計の32分割投映レンズの採用により、実際の夜空を眺めているような点に近いリアルな恒星像を実現した。32面体の構成を活かした投映レンズカバーと23個のブライトスターレンズ開口部が斬新で印象的なアピアランスと高い光学性能の演出に寄与している。

Ar：コニカミノルタ（株）
Pr：コニカミノルタ（株）産業光学システム事業本部 大谷健一、塩津望、梅田英伸
Dr：コニカミノルタ（株）ヒューマンエクスペリエンスデザインセンター 平賀明子、久保田玲央奈、瀧村量、河村透
D：コニカミノルタ（株）ヒューマンエクスペリエンスデザインセンター 西世古旬、大江原容子

17G090856

照明器具

Panasonic 導光パネルシリーズ
Float Light

Lighting Equipment
Panasonic Float Light series
Ar: Panasonic Corporation

導光技術により配光を持った面光源とすることで、LEDの眩しさを抑えながら明るさ感と必要照度を両立する革新的な建築一体型照明シリーズ。間接照明と機能照明を同時に実現した。設置するだけで、造作や複雑な照明設計がなくとも質の高い建築照明が可能。連結部における光の連続性、建築部材的な素材感やディテールを追求したノイズレスデザインである。

Ar：パナソニック（株）
Pr：パナソニック（株）エコソリューションズ社 ライティング事業部 ライティング機器ビジネスユニット 丸山英治
Dr：パナソニック（株）エコソリューションズ社 デザインセンター 大室俊郎
D ：パナソニック（株）エコソリューションズ社 デザインセンター 田中稔

17G090857

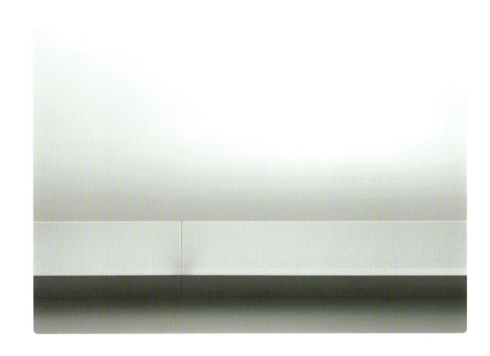

パニーニグリラー

スピーデライト

Panini Griller
SpeeDelight
Ar: Electrolux Japan

高速パニーニグリラーである本製品は、直接、赤外線、マイクロウェーブの3カ所からの加熱により、通常のホットサンド機の3倍の速さで食材の内外を均一に加熱する。上部ヒーターの高さを自動で調節する機能もあり、フレックスで短時間でおいしく、かつ見た目もよいホットサンドができる。電子レンジ機能もありピザやラザニアなどを温めることも可能。

Ar：エレクトロラックス・ジャパン（株）
Pr：エレクトロラックス・ジャパン（株）
Dr：エレクトロラックス・プロフェッショナル 日本韓国地域代表 浅井伸宏
D ：エレクトロラックス・プロフェッショナル

17G090858

539

業務用冷蔵庫
インバータ制御自動スライド扉 冷蔵庫

Commercial Refrigerator
Refrigerator with Auto-slide Door
Ar: DAIWA INDUSTRIES LTD.

従来の業務用冷蔵庫の扉にスライド開閉機構を採用することで、狭い場所でも開閉でき、スペースの有効活用を実現した。業界で初めて自動開閉機構を搭載し、タッチセンサーに触れるだけで自動開閉するためハンドルを握る必要がなく衛生的。さらに両手が塞がった状態でも肘などでタッチすれば開閉でき、荷物を一旦置く作業が不要になり使い勝手も向上した。

Ar：大和冷機工業（株）
Pr：設計開発部 業冷庫設計課
Dr：設計開発部 業冷庫設計課
D ：設計開発部 業冷庫設計課

17G090859

ブラストチラー
QXC-012SFLV2

Blast Chiller
QXC-012SFLV2
Ar: FUKUSHIMA INDUSTRIES CORP

加熱調理品の粗熱取りや急速冷却・凍結が可能で、菌の増殖を防止、安全性を確保しつつ熱による食品劣化を抑え、料理のおいしさや品質を保つ。庫内を自動で洗浄から乾燥までおこなう機能を備え、庫外は汚れの付きにくいクリアコーティング仕様。オールステンレスかつ、フラット基調で纏められたデザインは衛生管理を求められる多様な厨房に自然にとけ込む。

Ar：福島工業（株）
Pr：福島工業（株）本間陸
Dr：福島工業（株）新名猛、岡本泰明、岸本和也
D ：（株）GK京都 田村基

17G090860

つり銭機

硬貨つり銭機 RT-R03、
紙幣つり銭機 RAD-R03

Cash Recycler
Coin Recycler RT-R03, Banknote Recycler RAD-R03
Ar: GLORY LTD.

POSレジと連動し、代金のつり銭を自動的に出金させる製品。業界トップクラスのコンパクトボディを実現するとともに、さまざまな店舗環境になじむシンプルでミニマルなデザインにすることで、快適で美しいオペレーション空間を提供する。また、従来よりもつり銭の出金スピードを向上させ、スピーディなオペレーションを可能にした。

Ar：グローリー（株）
Pr：グローリー（株）
Dr：開発本部 第三開発統括部 設計一部 岩田泰治
D ：開発本部 デザイン部 岩上尚樹

17G090861

ガーメントプリントシステム

RICOH Ri 100／Rh 100／
Design Software

Garment Print System
RICOH Ri 100 / Rh 100 / Design Software
Ar: Ricoh Company, Ltd.

Tシャツやトートバッグなどの衣料品に直接プリントできるコンパクトな業務用インクジェットプリントシステム。小規模店舗にも置ける圧倒的な小ささと、タブレットで自由に絵柄をデザインできる専用アプリで、その場でデザイン×その場でプリント＝その場で着られるという衣料品プリントのライブ体験を実現した。

Ar：（株）リコー
Pr：（株）リコー CIP開発本部 IP開発センター 赤谷桂一、相澤裕、宮田剛
Dr：（株）リコー 知的財産本部 総合デザインセンター 堀口滋、鈴木裕児、星村隆史
D ：（株）リコー 知的財産本部 総合デザインセンター 中鉢耕平、池之上智子、皆川佳久、栗田正博、株本正昭、谷内大弐

17G090862

541

高天井用LEDセンサーライト

高天井用LEDセンサーライト
HB-700

LED HighBay Luminaire
LED HighBay Luminaire HB-700
Ar: IQ JAPAN CO., LTD

工場や倉庫などの高天井専用のLEDセンサーライト。商品・資材保管場所は人がいないことに注目し、照明が必要なときだけセンサーで自動点灯することで、常時点灯と比較して圧倒的な省エネを実現する。ランプ配置を4分割したデザインとそれぞれ外側に10度ずつ3段階の角度変更ができることが特徴。これにより中角から広角の配光が選択できる。

Ar：アイキュージャパン（株）
Pr：ケント・チェン
Dr：ケビン・チェン
D ：ジュリアス・リム

17G090863

19インチラック

FSシリーズ コアネットワークタイプ

19-inch Rack
FS Series Core Network-Type Rack
Ar: NITTO KOGYO CORPORATION +
Panduit Corp. Japan Branch

2社が持つノウハウや技術の統合により開発された革新的データセンター向けソリューション。データセンターネットワークの核として求められる運用性、適用性、効率性を高い次元で実現する本製品は、データセンター物理インフラストラクチャーを最適化へ導く。

Ar：日東工業（株）＋パンドウイットコーポレーション日本支社
Pr：日東工業（株）機材開発部 部長 原達也＋パンドウイットコーポレーション日本支社 高山秋久
Dr：日東工業（株）機材開発部 課長 高津祐司＋パンドウイットコーポレーション日本支社 剱持良太
D ：日東工業（株）IT機材技術課 鶴見洋一／機材開発部 片山友広／商品企画部 名古屋マーケティンググループ 鈴木満＋パンドウイットコーポレーション日本支社 宮坂直人

17G090864

顔認証ゲート端末

Panasonic
出入国管理向け顔認証ゲート端末

Border Control Gate Using Facial Verification
Panasonic border control gate using facial verification
Ar: Panasonic Corporation

本製品は、日本人が海外旅行などで出帰国する際、本機で認識した顔画像と本人のパスポートの顔画像とを照合、瞬時に同一人物であることを確認・審査する機能を核とする端末。初心者でも直感的に使える操作性や設置空間に応じて変更可能な構成などに徹底してこだわることで、円滑かつ厳格な審査を実現する次世代の自動化ゲートである。

Ar：パナソニック（株）
Pr：パナソニック（株）コネクティッドソリューションズ社 イノベーションセンター 江坂忠晴
Dr：パナソニック（株）コネクティッドソリューションズ社 デザインセンター 第1デザイン部 松本宏之
D：パナソニック（株）コネクティッドソリューションズ社 デザインセンター 第1デザイン部 松本宏之、堀木敏生

17G090865

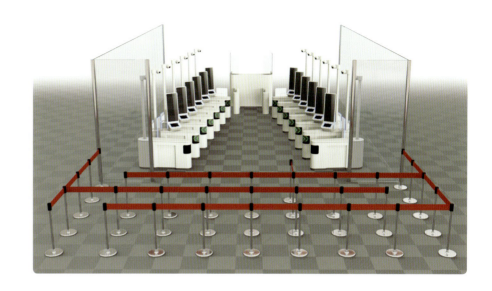

Optical Cable Identifier

INNO fiber hunter 2
Optical Cable Identifier

Optical Cable Identifier
INNO fiber hunter 2 Optical Cable Identifier
Ar: INNO Instrument Inc.

打撃や衝撃によるシグナルを視聴覚シグナルに変換して、目的のケーブルを見つけるための光ケーブルトラッカー。通信機械室で光ケーブルと本製品を接続してから、作業員がマンホールを開けてケーブルを軽く叩く。目的とするケーブルであれば、打撃を検知したことがディスプレイに表示される。結果はグラフィックと音声で知らせることができる。

Ar：INNO Instrument Inc.
Pr：INNO Instrument inc.
Dr：Yangri ZHAO, General manager
D：Yangri ZHAO, Jian XU, Yingpeng, SUN Design team

17G090866

543

LED Display Screen

M-Pro

LED Display Screen
M-Pro
Ar：LKK Design Shenzhen Co., Ltd. + Shenzhen Dicolor Optoelectronics Co., Ltd.

レンタル向けステージ用スクリーンモジュール。簡素で効率的、スマートなステージスクリーンで、保守運用のコストを削減しユーザー体験を向上させる。

Ar：LKK Design Shenzhen Co., Ltd. + Shenzhen Dicolor Optoelectronics Co., Ltd.
Pr：Shenzhen Dicolor Optoelectronics Co., Ltd.
Dr：Li Yichao
D：Cai Jinbiao Shi, Weizhi Zhang Guole, Lu Hongyao Wang, Gang Tian Hao

17G090867

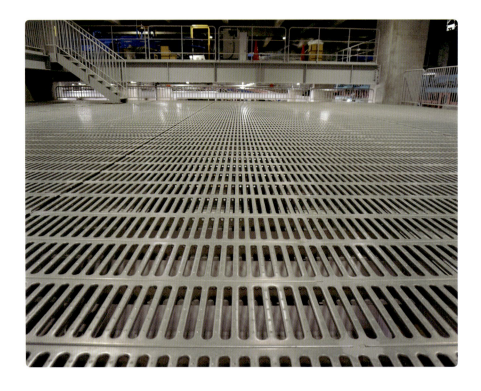

鋼製床材

ハーディグレーチングフロアー フルフラットタイプ

Steel Flooring
Hardy Grating Floor Full flat type
Ar：Sanshin Metal Working Co., Ltd.

本製品は、建築物の点検歩廊や中二階の床などに使用するフロアー材とその取付金具。建築梁の上にフロアー材を敷き、専用の取付金具をフロアー上から固定できるので、取付工事に足場を必要としない。また取付金具がフロアー表面から突出しないため、作業者が金具につまずくことを防ぎ安全であるとともに、意匠性にも考慮した製品である。

Ar：三進金属工業（株）
Pr：三進金属工業（株）代表取締役専務 新井宏幸
Dr：三進金属工業（株）開発部 藤原明彦
D ：三進金属工業（株）開発部 藤原明彦

17G090868

マンホール蓋
テーパーダイア

Manhole Cover
Taper DIA
Ar: NIPPON TELEGRAPH AND TELEPHONE CORPORATION

おもに路上に設置するマンホール用の鉄蓋で、車両の通行などによる摩耗により表面模様の形状が変化することによって、取り替え時期をひとめで判定できる。砂など摩耗を促進する物質を蓋の外に排出する模様の大きさ、配置を特徴としている。

Ar：日本電信電話（株）
Pr：出口大志
Dr：西本和弘
D：足利翔

17G090869

燃料電池
100kW 純水素燃料電池システム

Fuel Cell
100kW Pure Hydrogen Fuel Cell System
Ar: Toshiba Corporation ＋ Toshiba Energy Systems & Solutions Corporation

水素と酸素の化学反応により高効率に電気と熱を生み出すシステムである。静穏性に優れCO_2を排出しないため、分散型エネルギーとして日常の生活シーンに入り込み、人とエネルギーインフラの共存を実現。環境と調和し明るい未来を象徴するその姿は、水素エネルギーへの関心や需要を喚起し水素社会実現を推進する。

Ar：（株）東芝＋東芝エネルギーシステムズ（株）
Pr：東芝エネルギーシステムズ（株）次世代エネルギー事業開発プロジェクトチーム プロジェクトマネージャー 大田裕之
Dr：（株）東芝 デザインセンター 乙葉茂
D ：（株）東芝 デザインセンター 大向真哉

17G090871

545

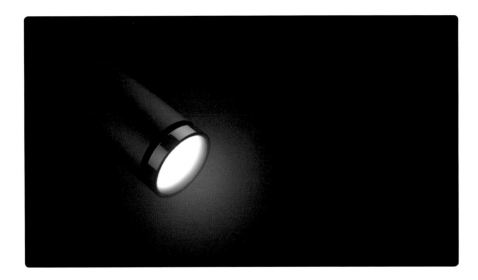

Retail / Hospitality Accent Light

Philips StyleState

Retail / Hospitality Accent Light
Philips StyleState
Ar: Philips Lighting

非常にコンパクトで、どこでも取り付け簡単な小売・サービス店舗向け照明。豊富な取り付け用付属品と組み合わせることにより、レール式の可動照明や壁面照明、埋め込み、フロアライトとして使うことができる。必要に応じて、付属品を思い通りにカスタマイズすることも可能である。

Ar：Philips Lighting
Pr：Philips Lighting
Dr：Philips Lighting Design
D ：Philips Lighting Design Team

17G090872

Intelligent Lighting

QUBIC Intelligent lighting system

Intelligent Lighting
QUBIC Intelligent lighting system
Ar: DIAODIAO (Beijing) Technology Co., ltd.

キャンドルライト、かがり火、夜明けの光、日中の太陽光など、あらゆる自然光を模した白色照明。活動、読書、集中、リラックスに役立つ。色を選んで好みの照明を無限に作り出し、さらにリズムやテンポに合わせた照明パターンも可能。操作用のボタンとつまみはZigBeeとWi-Fiに対応しており、テーマや効果、色、輝度をワイヤレスで調整できる。

Ar：DIAODIAO (Beijing) Technology Co., ltd.
Pr：DIAODIAO (Beijing) Technology Co., ltd
Dr：Li Hao
D ：Li Hao, Zhao Yiyang, Yang Bo, Wang Fei, Chen Chuan

17G090873

Chair
T40 (Around) Series

Chair
T40 (Around) Series
Ar: SIDIZ, Inc.

シンプルで汎用性の高い作業用椅子のシリーズ。人間工学に基づいた弾力性のあるカーブした背もたれとエッグシェル構造で、構造強度の高いシートが特徴。プラットフォームと入れ替え可能なモジュールの組み合わせにより、さまざまな椅子を作ることができ、消費者の多様なニーズに応える。オフィスや会議室、住宅など、場所や用途を選ばない。

Ar：SIDIZ, Inc.
Pr：SIDIZ, Inc.
Dr：Sanghyeon Kim
D ：Jaeyoung Kim, Jaeryong Won, Jookyung Jung

17G090874

Portable Chair
Fungus (CH0022／M13)

Portable Chair
Fungus (CH0022／M13)
Ar: SIDIZ, Inc.

創造性にあふれた健全なオフィス環境を追求するポータブルチェア。碁石の形を模したシート部分はクッション性に優れ、使いやすい回転椅子となっている。下部がなめらかな曲線デザインなので、座ると独特の斜めの動きが感じらる。従来のスツールにはない座り心地が独創的なアイデアを生み出してくれる。

Ar：SIDIZ, Inc.
Pr：SIDIZ, Inc.
Dr：Sanghyeon Kim
D ：SIDIZ R & D center, Claudio Bellini

17G090875

照明器具

Panasonic 美術館・博物館向け
個別調光機能付LED高演色
スポットライト NNQ32083Wほか

Lighting Equipment
Panasonic LED Spotlight NNQ32083W LE1
Ar: Panasonic Corporation

美術館や博物館の展示替えにおいて、運搬や収納、調光のしやすさを具現化した高演色スポットライト。スリムボディで運搬性、収納性を向上。大きな調光ダイヤルは、あらゆる角度から手探りで操作でき、ストローク幅も大きく、明るさの微調整がしやすい。灯具、電源、調光ダイヤルを1つのシリンダー形状にまとめ、すっきりした展示計画を実現した。

Ar：パナソニック(株)
Pr：パナソニック(株)エコソリューションズ社 ライティング事業部 ライティング機器ビジネスユニット 丸山英治
Dr：パナソニック(株)エコソリューションズ社 デザインセンター 大室俊朗
D ：パナソニック(株)エコソリューションズ社 デザインセンター 發田隆治、大槻成加

17G090876

スチールパーティション

減災建材 高耐震間仕切G、
制震間仕切X

Steel Partition
High Aseismic Performance Partition G,
Seismic Performance Partition X
Ar: ITOKI CORPORATION

地震災害時のリスク軽減を目的に減災建材は内装建材の分野で製品展開をおこなっている。大地震時の地震力を柳のように受け流し、標準製品の5倍以上の変位に追従できる高耐震間仕切Gと、天井・間仕切共の倒壊リスクを軽減し、シェルターのように安全性を高める制震間仕切Xで、潜在リスクに応じた減災手段を提案する。

Ar：(株)イトーキ
Pr：(株)イトーキ 我妻俊彦
Dr：(株)イトーキ 内田隆博、中西義明
D ：(株)イトーキ 松山仙治、川井達樹

17G090878

椅子

へーゼル

Chair
Hazel
Ar: UCHIDA YOKO CO., LTD.

1枚の紙に2カ所の切り込みを入れて折り曲げるという、可能な限りシンプルな方法でシェルを作ろうと考えられたコンセプト・デザインと、幅広いバリエーションを持つ木製チェア。さまざまな人々が積極的にディスカッションをおこなう環境をフレキシブルに構築できるほか、教育機関でのアクティブ・ラーニングやラーニングコモンズにも適している。

Ar：（株）内田洋行
Pr：（株）内田洋行 営業本部 営業統括グループ オフィス商品企画部 企画課 猿田有光
Dr：（株）内田洋行 営業本部 営業統括グループ オフィス商品企画部 プロダクトデザイン課 中村香代子
D ：（株）藤森泰司アトリエ 藤森泰司

17G090879

テーブル

マインズ

Table
MINDS
Ar: UCHIDA YOKO CO., LTD.

アイデンティティ、座り心地、バリエーションに優れた本製品は、明確かつすぐに認識できるデザインの会議用テーブルシステムである。象徴的なツインスポーク形態の脚は、軽やかで透明性がありながら、非常に安定した構造を備えている。大人数のフォーマルな会議から、少人数の会議まで、さまざまな異なるシーンを提供できる。

Ar：（株）内田洋行
Pr：（株）内田洋行 営業本部 営業統括グループ オフィス商品企画部 企画課 本間茂樹
Dr：（株）内田洋行 営業本部 営業統括グループ オフィス商品企画部 プロダクトデザイン課 齊藤治宣
D ：ウド・シル

17G090880

事務用回転椅子

コンテッサ セコンダ

Office Chair
Contessa seconda
Ar: Okamura Corporation

2003年発売のコンテッサの流麗なフレームラインは継承しつつ、現代の働き方に合わせて今求められている要素を実現し、世界クラスの強度と品質を両立した。座ったままの自然な姿勢で、日常使う基本的な調整が簡単に行えるよう、アームレストの先端に操作レバーを配置。メッシュフレームは、座る人の体の動きにやわらかく追従する。

Ar：(株)岡村製作所
Pr：(株)岡村製作所 マーケティング本部オフィス製品部 高橋卓也
D ：イタルデザイン・ジウジアーロ社 マッシモ ポレッリ

17G090881

事務用回転椅子

フルーエント

Office Chair
Fluent
Ar: Okamura Corporation

複雑な調節機能は付けずに基本構造体を工夫することで、これまでにないフィット感を追求した。背のメッシュ張りを3次元形状で実現し、小柄な人から大柄な人まで腰まわりをしっかりとサポート。座面のウレタンクッション下にある樹脂シェルにスリットを入れ、さらにブリッジ状の突出した形状にすることで、座った瞬間の衝撃を吸収する。

Ar：(株)岡村製作所
Pr：(株)岡村製作所 マーケティング本部オフィス製品部 高橋卓也
D ：(株)岡村製作所 デザイン本部製品デザイン部 戸塚新平

17G090882

マルチパーパスシーティング

エモルト

Multi Purpose Seating
emolto
Ar: Okamura Corporation

膝裏にストレスを感じさせない座面前方のフレームレス構造と、ファブリックの下に弾性に富んだメッシュ素材を使用することで、包み込まれるような柔らかな座り心地を実現した。一筆書きのように、すっきりとしたサイドビューが象徴する余計なものをそぎ落とした、スマートでしなやかなスタイリングがそこに座る人の感性をも刺激する。

Ar:（株）岡村製作所
Pr:（株）岡村製作所 マーケティング本部オフィス製品部 中島千尋、高橋卓也
D :KAWAKAMI DESIGN ROOM 川上元美

17G090883

会議用テーブル

Flipt（フリプト）-L／Y

Meeting Table
Flipt-L / Y
Ar: AICHI CO., LTD.

教育・研修施設で使用する天板回転式収納テーブルである。新規開発のシンプルなフレーム構造は快適性を高めると同時に脚タイプなどの機能選択が可能。会議、講義形態からグループ・ディスカッションなどのアクティブラーニング形態にも手早く安全に展開でき、近代建築と調和したシンプルなデザインは豊かで創造性の高い空間づくりをサポートする。

Ar:愛知（株）
Pr:愛知（株）
Dr:愛知（株）
D :愛知（株）経営企画室 研究開発統括部 デザイン開発G 課長代理 髙橋大

17G090884

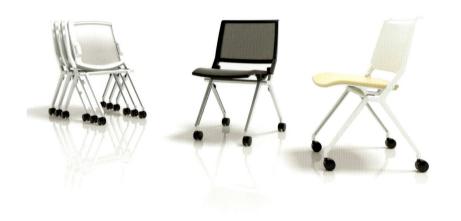

ネスティングチェア

TIPO（ティーポ）-NST

Nesting Chair
TIPO-NST
Ar: AICHI CO., LTD.

会議室やコモンスペースなどで使われる、水平に重ねることができるネスティングチェア。新たに座クッション仕様を追加した。本製品の特徴であるシンプルで美しく構成されたシートとアルミフレームのスタイリングを継承しつつ、公共空間で求められるリビングライクなテイストを加えた。

Ar:愛知（株）
Pr:愛知（株）
Dr:愛知（株）執行役員 経営企画室 研究開発統括部 部長 熊澤工
D :愛知（株）執行役員 経営企画室 研究開発統括部 部長 熊澤工

17G090885

オフィスファニチャーシリーズ

デイズオフィス

Office Furniture Series
DAYS OFFICE
Ar: KOKUYO Co., Ltd.

ライフスタイルとワークスタイルの境目があいまいになる中で、オフィスらしさより自分らしさを大切にしたい。抜け感のある緩やかな空間が、人を集め気づきや発見を生み、仲間とのコミュニケーションをつくる。働く人の多様性に応える居心地の良い空間を、設置していくだけで、誰でも簡単に実現することができる家具である。

Ar:コクヨ（株）
Pr:コクヨ（株）ファニチャー事業本部ものづくり本部 天野高光
Dr:コクヨ（株）ファニチャー事業本部ものづくり本部 荒川真伍
D :コクヨ（株）ファニチャー事業本部ものづくり本部 加藤善雅、林友彦、霧﨑健太郎、加納隆芳、加賀大喜、黒尾智也／スペースソリューション事業部 野島耕平、佐藤航／経営企画室クリエイティブセンター 鹿野喜司

17G090886

テーブル、収納棚、ベンチ

木とくらす

Table, Storage, Bench
Living with trees
Ar: UCHIDA YOKO Co., Ltd. +
Ryohin Keikaku Co., Ltd.

感じ良い働く場を実現する家具。割れる、反る、傷つきやすいなど杉の欠点を補うことが、杉が持つ魅力を損なうことになると考え、大きな加工をすることなく、杉の魅力を最大限発揮できる製品を心がけた。働く場において、人が集まり、新しい発想が生まれ、健康的な空間を生み出す。

Ar：(株)内田洋行＋(株)良品計画
Pr：(株)内田洋行 営業本部 営業統括グループ オフィス商品企画部 企画課 寺田幸弘＋(株)良品計画 販売部 販売オペレーション課 インテリアアドバイザーマネージャー 林高平
Dr：パワープレイス(株)リレーションデザインセンター インタラクションデザイン部 若杉浩一＋(株)内田洋行 営業本部 営業統括グループ オフィス商品企画部 企画課 寺田幸弘
D：パワープレイス(株)若杉浩一＋(株)良品計画 生活雑貨部 企画デザイン室 小山裕介＋(株)内田洋行 営業本部 営業統括グループ オフィス商品企画部 秋田美紀、山田聖士、中村香代子、田中康介

17G090888

オフィス用パーティション

ストライプル

Partition
stripel
Ar: KOKUYO Co., Ltd.

コミュニケーションや自然採光を断絶せず、緩やかな境界をつくるルーバースクリーン。オフィス内のミーティングスペースやラウンジなど、多様な用途の空間を豊かな採光や開放感で演出する。

Ar：コクヨ(株)
D：商品開発部 加藤善雅、長谷川徹／革新センター 加納隆芳

17G090889

スライディングウォール

プランナーウォール・シフト

Sliding Wall
planner wall shift
Ar: KOKUYO Co., Ltd.

空間だけでなく、気分までもつなげる・しきることで新たなワークスタイルを提案するスライディングウォールである。ガラスパネルタイプは開放感を保ちつつ優れた遮音性により、空間を仕切ることができる。

Ar：コクヨ（株）
D：コクヨ（株）ファニチャー事業本部 エンジニアリング事業部 播磨修二、日下篤／革新センター 大木一毅／1Mプロジェクト 木下洋二郎、浅野健太

17G090890

間仕切

プランナーウォール・レイズ

Steel Partition
planner wall rays
Ar: KOKUYO Co., Ltd.

最小限のガラスフレームと透明度の高いガラスジョイントで、ガラスの存在感を極力消した軽やかな空間を実現。45.1dB/500Hzの高い遮音性能がある。

Ar：コクヨ（株）
Dr：コクヨ（株）ファニチャー事業本部エンジニアリング事業部 大東宏次
D：コクヨ（株）ファニチャー事業本部 エンジニアリング事業部 龍共平、播磨修二／ものづくり本部 中村翔、磯崎直樹

17G090891

内装材

フロテックス

Interior Design Materials
Flotex
Ar: Sangetsu Corporation

繊維床材の歩行感と塩ビ床材の優れたメンテナンス性を併せ持つ新しい床材である。一般の繊維床材は製法上、一定密度以上の糸を打ち込めないのに対し、この製品は静電気と接着剤を利用した超高密度なパイル構造により、汚れが奥まで入り込みにくい。塩ビ床材と比較してメンテナンス性に劣るカーペット、カーペットタイルの悩みを解決した。

Ar:（株）サンゲツ
Pr：インテリア事業本部 床材事業部 次長 長谷川重之／商品開発課 青木繁
Dr：インテリア事業本部 床材事業部 商品開発課 鈴木康高
D ：インテリア事業本部 床材事業部 商品開発課 風間大樹

17G090892

壁紙

黒板壁紙 Blackboard

Wallpaper
Blackboard
Ar: Sangetsu Corporation

黒板のようにチョークで絵を描いたり、文字を書いたりできる壁紙。フィルム汚れ防止や抗菌、表面強化などの機能もあり、手入れしやすく、室内を美しく保つことができるため、子供たちの自由な行動を制限する必要がない。一般家庭での使用のほか、文教施設やオフィス、店舗など幅広く活用できる。

Ar:（株）サンゲツ
Pr：インテリア事業本部 壁装事業部 作本明彦
Dr：SUPPOSE DESIGN OFFICE Co., Ltd.
D ：インテリア事業本部 壁装事業部 商品開発課 小椋淑恵

17G090893

在室検知センサー・スイッチ

**在室検知センサー・スイッチ
Cシリーズ**

Occupancy Sensor & Switch
Occupancy Sensor & Switch C series
Ar: OPTEX CO., LTD.

光や押す力で発電するエナジーハーベスト技術を搭載したワイヤレス在室検知センサー・スイッチは、配線や電池交換を不要とした機器。これにより、フリーレイアウト、メンテナンスフリーを実現した。オフィスやホテルなどで人の在室をセンシングし、人がいる場所のみでの照明点灯や空調稼働の制御が可能になるため省エネルギーに有効である。

Ar：オプテックス（株）
Pr：オプテックス（株）デザインプロジェクト 青山真也、鵜飼享、大塚暁子、近藤崇、島田博史、下地健太、辻久美穂、林康博
Dr：オプテックス（株）杉本匡史
D ：オプテックス（株）松田敬＋（株）ziba tokyo 兵藤岳郎、川島優

17G090894

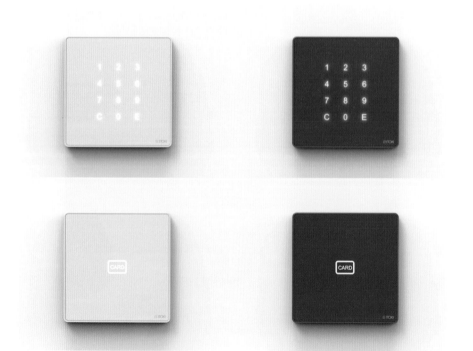

入退室管理非接触ICカードリーダ

セキュレクティ

Contactless IC Card Reader
Seculecti
Ar: ITOKI CORPORATION

オフィスなどの出入口で、入退室を管理する非接触ICカードリーダ。カードや指をかざしている状態でも認証結果の○×が見やすいデザインにこだわった商品である。エントランスなどの空間に違和感なくとけ込むよう厚さ8ミリの薄型設計とし、テンキーもフラットの極力シンプルなデザインで、認証結果の○×は必要なときのみ浮かび上がる仕様になっている。

Ar：（株）イトーキ
Pr：（株）イトーキ 山根知子
Dr：（株）イトーキ 大澤幸一
D ：（株）イトーキ 江連晴洋

17G090895

Guest Room Control Systerm

MindCon

Guest Room Control Systerm
MindCon
Ar: Honeywell

4、5つ星ホテルや高級マンション向けの客室管理システム。メインコントローラ、拡張I/Oモジュール、減光モジュール、サーモスタット、中央管理ソフトウェアシステムで構成される。

Ar：Honeywell
Pr：Honeywell
Dr：Honeywell HUE Studio
D ：Li Haitao, Wu Jianglin, Wang Chenghao, Lin Erica, Li Xuedong

17G090896

サッシ

MLシリーズ

Window Sash
MLseries
Ar: LIXIL Corporation

本シリーズは、従来一般的だったフレーム同士の継ぎ目や凹凸を可能な限り隠ぺいして、フラットでノイズレスとし、非居住非木造建築物を中心にさまざまな用途、シーンに利用できるシンプルで飽きのこないデザインを実現した商品である。美しさだけでなく求められる性能、機能も兼ね備えている。

Ar：(株) LIXIL
Pr：(株) LIXIL LHTJ 店装・SR事業部
Dr：(株) LIXIL LHTJ 店装・SR事業部 店装商品開発部
D ：(株) LIXIL HOUSING TECHNOLOGYデザインセンター

17G090898

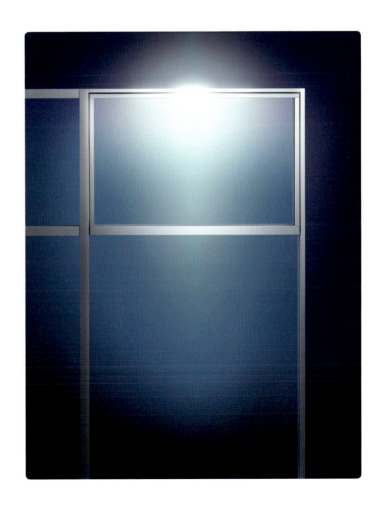

ビルエントランス向けアルミサッシ

SYSTEMA31e（システマ31イー）

Window System for Entrance-facade
SYSTEMA31e
Ar: YKK AP Inc.

ビルエントランスの出入口や窓を組み合わせても、同じ見付寸法の外観意匠を実現することができるアルミサッシである。外部の目地意匠によりフレームにシャープさを与え、内部は縦部材を絞り込むことでスリムに見せ開放感を創出した。用途やイメージに合わせ、室内側を木質化する木化粧仕様も設定。開口部に温かみと優しさを与え、快適なエントランス空間造りに貢献する。

Ar：YKK AP（株）
Pr：YKK AP（株）
Dr：YKK AP（株）
D ：YKK AP（株）

17G090899

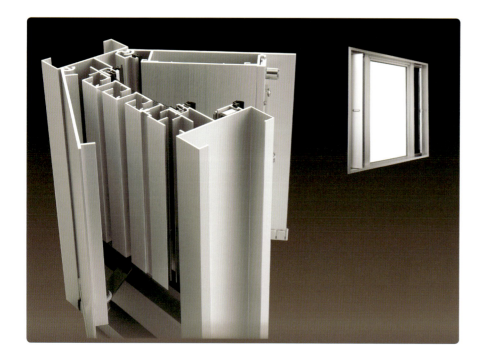

ビル用 アルミサッシ

EXIMA31 サイドパス

Aluminum Sash for Building
EXIMA31 Side pass
Ar: YKK AP Inc.

窓の連結部に設置する機能部材である。開放することで新鮮な空気を取り込むことができ、防犯性や落下に配慮した安心の製品寸法により高い眺望性とコンパクトでフラットな意匠性を実現した。RV仕様は開放時でも99.99パーセント雨水進入を防ぐことができ、内蔵網戸により季節や天気を問わず室内の空気環境を整えることが可能。

Ar：YKK AP（株）
Pr：YKK AP（株）
Dr：YKK AP（株）
D ：YKK AP（株）

17G090900

上下ユニット給排水接続システム
ユメオアシス

Water Supply and Drainage Connection System
YUME OASIS
Ar: TAKARA BELMONT corporation

床下配管からの給湯接続を可能とし、さまざまな場を水まわり空間に変えることを可能とした空間設備機器。ヘアサロンのスタイリングブースなどで、顧客を移動させることなくシャンプーやヘッドスパなどのサービスを提供できる。非使用時はフラットな床として存在、内装用のフロア材で天面を仕上げることが可能である。

Ar：タカラベルモント（株）
Pr：理美容戦略・企画立案室
Dr：奥崎則雅
D ：高田知明、難波克年、永露雅一、安藤正美

17G090901

グレーチング

セーフティーウォーカー
ライナーデザイン

Grating
Safety Walker Liner Design
Ar: OKAGRATE CO., LTD.

排水路内への排水を促すための路面設置のほか、地下街などからの換気をする開口部用の蓋として利用されているグレーチング。表面を幾何学的な模様の特殊鋼板で覆うことで今までのグレーチングの見た目の概念を一新。表面に穴をあけることで従来品の持つ機能は損なうことなく鋼板の滑り止め効果とデザイン性で従来品以上の特性を持たせた製品である。

Ar：（株）オカグレート
Pr：（株）オカグレート 岡島伸幸
Dr：（株）オカグレート 岡島伸幸
D ：（株）オカグレート 岡島伸幸

17G090902

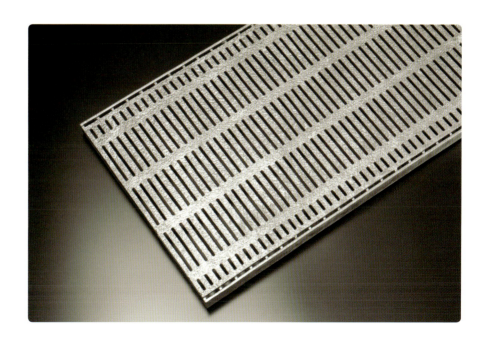

10

住宅（戸建・共同住宅、小規模集合住宅）
Housing (Housing, Small Apartment House)

今まで住空間ということで一つの審査ユニットだった住宅と集合住宅が、今年から二つのユニットに分けられることになった。私は住宅や小規模の集合住宅の方の審査に関わらせて頂いた。ハウスメーカーの住宅、工務店の設計施工の住宅、設計事務所が設計した住宅デヴェロッパーの企画したもの、それらを構成する部品など、色んな分野からの応募があった。それぞれに成立背景が違うものを一様に審査するのは難しい。それぞれの分野の中で、応募された作品が人の暮らしや社会をより良くするためのデザインとして一歩抜きん出ているものなのかどうかを考えながら審査した。

ベスト100に選ばれたのは、「竜美丘コートビレジ」「KUGENUMA TORICOT」という2つの賃貸住宅、そして「無印良品の小屋」「住箱」という小さな小屋だ。賃貸住宅の方はどちらも、ただ単に住宅として機能するだけでなく、コミュニティーを作る仕組み作りにまで発展出来ているところを評価した。特に竜美丘コートビレジは、郊外の賃貸住宅における駐車場のあり方を変えるところから始まって、1階のそこここに人がたまりたくなるような場を実現させている。実際に週末のマルシェなども活発に行われ、プロジェクトとして成功しているようである。建築という物を通して、地域の人と人が出会い、絆を育むという事づくりが成功している点が素晴らしい。集合住宅のあり方を一歩前進させている作品として評価した。

無印良品の小屋は最小限の寝るだけのスペースの小屋である。豊かな自然の中に置く事で、別荘とテントの中間的な存在として機能する事が目論まれている。「住箱」は持ち運ぶことも想定した小屋である。どちらも気軽なセカンドハウスを持つという新たな価値観を世の中に提示出来ているところを評価した。「山根木材のちいさな家」は、実際に暮らすことが出来る最小限の小屋であった。ミニマルな住空間が複数受賞したところに時代性を感じる。

手塚由比

住宅

一世紀住宅コンセプトモデル

House
1st century housing concept model
Ar: First century residence Co., Ltd.

色が黒い地域材の魚沼材のウィークポイントを逆手に取り、ヴィンテージ感あふれる住まいを提案。魚沼材の普及も目的とし、量産ができるように企画住宅とした。購入金額も抑えながらZEH基準もクリア。環境に地域に必要とされる住宅商品をめざした。

Ar：(株)一世紀住宅
Pr：代表取締役社長 石倉茂雄
Dr：代表取締役専務 石田伸一
D ：代表取締役専務 石田伸一

17G100903

住宅

ハレニワの家

A House
HARENIWA HOUSE
Ar: S & G HOUSING

京都で分譲住宅販売をおこなう当社の住宅モデル。従来の画一された分譲住宅と異なる地域性と明確な個性をもった商品をめざして設計開発をおこなった。自然豊かな環境を感じる心地よい住まいをコンセプトに、庭とデッキテラスを連続的につないだ構成と自然素材のマテリアルで、群になった際に京都の緑豊かな環境に映える景観を作り出す。

Ar：(株)S&Gハウジング
Pr：(株)S&Gハウジング 後藤道生
Dr：(株)エイトブランディングデザイン 西澤明洋
D ：A.C.E. 波多野一級建築士事務所 波多野崇

17G100904

住宅
THE SKELETON HOUSE

House
THE SKELETON HOUSE
Ar. ENJOYWORKS Co., Ltd.

まちの優良なストックになる箱、家をジブンゴト化する仕掛けをコンセプトにした住宅・住まいのつくり方。スケルトンは住みつなげる高性能な箱とし、インフィルは住まい手が自分で考え自分で家づくりをする。その両面から家を考えていくことが、家への、そしてまちへの愛着へとつながっていくのである。

Ar：(株)エンジョイワークス
Pr：(株)エンジョイワークス 代表取締役 福田和則
Dr：(株)エンジョイワークス 事業企画部 濱口智明
D：(株)エンジョイワークス 事業企画部 濱口智明／建築設計部 門田岳人

17G100905

住宅
銀杏並木

House
ichou-namiki
Ar: creator home

家族のライフスタイルを中心に、自然・地域性を生活の中にどのように取り込むかを表現した家である。福井の高温多湿な土地柄に合う、光と風を積極的に取り入れ四季の移ろいを感じながら自然と寄り添う暮らしができる間取り。ZEH対応で、創エネや省エネという観点からも自然を配慮し、今後の住宅における地域の暮らしと自然の関わり方がテーマである。

Ar：クリ英ター永和(株)
Pr：クリ英ター永和(株)
Dr：クリ英ター永和(株)
D：永和住宅(株) 木村次郎

1/G100906

分譲住宅

富山市愛宕町の住宅
―共働き世帯のための2つの住まい―

House for Installment Sale
Houses in Atago Town, Toyama City -Two houses for dual-income households-
Ar: SHOEI Sangyo Co., Ltd. + landsat-inc.

富山市中心部に建つ2棟の分譲住宅である。それぞれテレワーカー（在宅勤務）とオンサイトワーカー（職場勤務）の共働き世帯が住まうことを想定した計画となっている。スキップフロアにより、上下階のつながりが変化に富む空間構成となった。家族のつながりを認識でき、仕事と子育てを両立できる住居は、全体が立体ワンルームのような住まいである。

Ar：正栄産業（株）＋（有）ランドサット
Pr：正栄産業（株）代表取締役 森藤正浩
Dr：（有）ランドサット 代表取締役 安田利宏
D ：（有）ランドサット 代表取締役 安田利宏

17G100907

戸建住宅

J・アーバン 港北

House
J urban Kouhoku
Ar: SUMITOMO REALITY & DEVELOPMENT CO., LTD.

外観は2階建てでありながら内部は6層もの多層階に広がるこの家は、空間のつくり方に徹底的に挑戦した商品である。敷地面積や建物に高さの制限がある住宅でも、室内に足を踏み入れればまるで四次元ポケットのような広がりが感じられる空間づくりを提案。動線にもこだわり、縦に広がる住宅でも日々の生活の移動も楽しくスムーズにおこなえるよう工夫した。

Ar：住友不動産（株）
Pr：住友不動産（株）製品企画室長 和泉沢忠晴
Dr：住友不動産（株）製品企画室 今井康博、赤坂英司
D ：住友不動産（株）製品企画室長 和泉沢忠晴＋Style-J 上甲千恵

17G100908

分譲住宅

リフレ新白岡
コミュニティガーデン街区

Detached Houses for Sale
The Community Garden Block in Shiraoka Newtown
Ar: SOHGOH REAL ESTATE ＋ RFA

都市プランナー 石原舜介 東京工業大学名誉教授の指導のもと計画され、1987年に入居が開始された白岡ニュータウンの一画に建つ5棟の分譲住宅である。それぞれの住宅を庭に対して積極的に開き、それぞれの庭は互いに連続させたコミュニティ・ガーデンとしての機能を持つ街区が提案された。開かれた住宅の構えはSE構法によって実現された。

Ar：総合地所＋アール・エフ・エー
Pr：総合地所 藤嶋進
Dr：藤村龍至
D ：RFA 藤村龍至、武智大祐、小笠原一穂＋石川初＋NCN 渡邉淑実＋ツキライティングオフィス 吉楽広敦

17G100909

住宅展示場

家族みんなが楽しく参加する
家事スタイル「共家事（ともかじ）」
を提案する【浜田山展示場】

Display Home
A new lifestyle design, "TOMOKAJI"
[Display Home in Hamadayama Housing Messe]
Ar: TAISEI HOUSING CORPORATION

女性スタッフから生まれた、女性が暮らしやすい数々のアイデアを展示する住宅展示場。家族みんなが楽しんで家事に参加する共家事（ともかじ）という生活スタイルを、間取りの工夫や空間のつながり方で提案している。家族や子供とふれあう時間を増やし、家事や子育てがしやすい豊かな暮らしを、女性視点で提案している住宅モデルである。

Ar：大成建設ハウジング（株）
Pr：大成建設ハウジング（株）営業本部長 橘田修司
Dr：大成建設ハウジング（株）技術本部設計管理部長 増田正樹
D ：大成建設ハウジング（株）技術本部設計管理部商品企画グループリーダー 渡辺和之

17G100910

565

戸建住宅

PREMIUM GranWood
（プレミアム グランウッド）芦屋の家

House
PREMIUM GranWood "House in Asiya"
Ar: DAIWA HOUSE INDUSTRY CO., LTD.

心地よい空気感のデザインを主題とした住宅である。躯体は当社の木造自由設計住宅のプラットフォームを用いた。内外の床・壁・天井面を光と陰影の投影スクリーンとして構成し、空間の立体感を強調。自然光の移ろいや照明光の質で空気感をデザインした。これにより、人や物が美しく見える、この土地ならではの住空間を実現した。

Ar：大和ハウス工業（株）
Pr：大和ハウス工業（株）
Dr：大和ハウス工業（株）
D ：大和ハウス工業（株）住宅事業推進部 商品開発部 野口豊樹、古賀博隆

17G100911

分譲住宅

川越町プロジェクト

Houses for Installment Sale
Kawagoe Town Project
Ar: Toyo Jisho Co., Ltd. ＋ TOYO Industry Co., Ltd. ＋ landsat-inc.

三重県川越町の田園地帯に建つ4区画の建売住宅である。計画地周辺の詳細なリサーチ結果を反映した、従来の建売住宅にとらわれない住宅が建設された。各住戸は街並みとしての統一感を持たせながら、異なった特徴を持つ住宅となっている。特殊な平面構成が形態化された住居と周辺の田園風景との対比は、移りゆく街並みを凝縮したものとなっている。

Ar：東洋地所（株）＋東洋インダストリー（株）＋（有）ランドサット
Pr：東洋地所（株）代表取締役 中林英男＋東洋インダストリー（株）代表取締役 土井畑公昭
Dr：（有）ランドサット 代表取締役 安田利宏
D ：（有）ランドサット 代表取締役 安田利宏

17G100912

工業化住宅

エスパシオ Mezzo

Industrialized House
Espacio Mezzo
Ar: Toyota Housing Corporation

2005年に発売した都市型コートハウスの進化形。都心回帰・地価高騰、空き家問題、サスティナブル化、ゼロエネルギー化、超高齢化、女性の社会進出など、発売後の社会変化に対応すべく、従来コンセプトに「狭小化する都市住宅問題」「ライフステージ対応可変」「ZEH」を新たなテーマとして加え進化した都市型住宅を提案。

Ar：トヨタホーム（株）
Pr：トヨタホーム（株）商品開発部 エスパシオチーフエンジニア 藤田重夫
Dr：トヨタホーム（株）商品開発部 商品企画室 エスパシオG
D ：トヨタホーム（株）商品開発部 商品企画室 エスパシオG

17G100913

戸建住宅

カサート プレミアム

Custom-built Detached Housing
CASART PREMIUM
Ar: PanaHome Corporation

無駄を削ぎ落としたノイズレスな外観デザインや室内空間を実現するとともに、特に「空気の質」を極めた当社のフラッグシップ住宅である。パナソニックグループの最新技術による空調システム「エアロハス」の採用や、その技術により実現する快適性をアップさせた吹き抜け空間やスキップフロア型階段を提案し、新たなくらしの価値を提供する。

Ar：パナホーム（株）
Pr：パナホーム（株）戸建住宅事業部
Dr：パナホーム（株）戸建住宅事業部
D ：パナホーム（株）戸建住宅事業部

17G100914

住宅

若里の家

Housing
House in Wakasato
Ar: forestcorporation

信州ライフを思い切り愉しむ人の住処として、土間サロンとウッドデッキを中心に据えた住宅である。ソトとナカの中間領域となるあいまい空間が、家全体と庭すべてをリビングのように近しい空間にする。暮らしは「住宅」という器に収め、家族団らんは「リビング」と名付けた一部屋であるべきという固定観念を覆す、新しい住まいの在り方である。

Ar:（株）フォレストコーポレーション
Pr:（株）フォレストコーポレーション 代表取締役社長 小澤仁
Dr:（株）フォレストコーポレーション プランナー 小川貴司
D ：（株）フォレストコーポレーション プランナー 小川貴司

17G100915

住宅

アラウンド ザ スカイ

House
AROUND THE SKY
Ar: PRINCIPAL HOME Co., Ltd. + Shin Takamatsu Architect & Associates Co., Ltd.

京町家の坪庭のように、古来、日本人は住居の中に庭を配し、空を囲みながらの生活に親しんできた。この古き良き住まい方に学び、空の庭「スカイコート」を囲みながら空と語り合いつつ暮らすための住まいである。リビングからダイニング、ブリッジまで、空を巡るめくるめく展開は、まるで回遊式庭園のような空間体験である。

Ar:（株）プリンシパルホーム＋（株）高松伸建築設計事務所
Pr:（株）プリンシパルホーム 代表取締役 玉井圭
Dr:（株）高松伸建築設計事務所 代表取締役 高松伸
D ：（株）高松伸建築設計事務所 代表取締役 高松伸

17G100916

工業化住宅
URBANCENTURY

System-build Home
URBANCENTURY
Ar: Misawa Homes Co., Ltd

都市とつながり、都市とともに成長する中層住宅である。地域とのコミュニティ形成、多層化における世代間交流の促進、災害への備え、都市・自然との関わり方に対して、軒下空間やさまざまな形態のバルコニーなどのエレメントを活用することで、住まいとしての快適性やプライバシーを確保しながら、都市とのつながりを追求した住宅である。

Ar：ミサワホーム（株）
Pr：ミサワホーム（株）商品開発部
Dr：ミサワホーム（株）商品開発部
D：ミサワホーム（株）商品開発部

17G100917

工業化住宅
CENTURY primore（プリモア）

System-build Home
CENTURY primore
Ar: Misawa Homes Co., Ltd

当社の創立50周年記念商品であるこの住宅は、新構法によりZEH基準を標準化し、耐震基準を満たしつつ「高断熱と開放性」と「高耐震と大空間」を両立した。余裕ある性能数値の躯体をもつことで、スパン5.4メートル×高さ3メートルの壁全面開口の南北に抜ける大空間を造り、「住み続ける可変性」「環境を取り込む暮らし」「開かれた住まい方」を提案した住宅である。

Ar：ミサワホーム（株）
Pr：ミサワホーム（株）商品開発部
Dr：ミサワホーム（株）商品開発部
D：ミサワホーム（株）商品開発部

17G100918

住宅商品

ピロティの家

House
Pilotis House
Ar: ROYAL HOUSE Corporation

暮らしをソトにも広げられればもっと暮らしも豊かになる。この住宅は自然や社会活動など、ソトを取り込めるように内と外をつなぐ曖昧な空間のピロティを設けた。四季を楽しめる贅沢な空間として、また、料理代行サービスなど利用増加が見込まれるさまざまな出張サービスを受けるとき、ピロティは安心で便利なサポート空間として活用できる。

Ar：ロイヤルハウス（株）
Pr：森田勉
Dr：齋藤陽久
D：齋藤陽久

17G100919

分譲住宅

優游居-大原野-

Houses for Installment Sale
YouYouKyo in Oharano
Ar: LiV Co., Ltd + landsat-inc.

「夫婦2人の大人の住まい」というコンセプトの企画住宅（2015年度グッドデザイン賞受賞）の分譲住宅版である。敷地大半を占める市街化調整区域と北側斜線で制限された容積に、必要最小限の空間をシンプルにデザイン。広い土間や薪ストーブなど、ゆとりを楽しむ要素を住居に取り入れ、豊かな自然を生活の一部として楽しめる住宅である。

Ar：（株）リヴ＋（有）ランドサット
Pr：（株）リヴ 代表取締役 波夛野賢
Dr：（有）ランドサット 代表取締役 安田利宏
D ：（有）ランドサット 代表取締役 安田利宏

17G100920

戸建てリノベーション
HOWS Renovation
「武蔵小金井の家」

Detached House Renovation
HOWS Renovation "Musasikoganei HOUSE"
Ar: ReBITA Inc.

築36年の戸建住宅をリノベーションし販売したプロジェクトである。リノベーションにおいては、既存状態の時点で課題のあった安全性・遵法性を確保。室内は間仕切りを最小限に抑え、既存の柱と梁を手がかりに、柱・鴨居・敷居を新規に加えることで、住まい手が建具の追加や設置箇所の変更で自由に間取りを変えられる住まいを実現した。

Ar：(株)リビタ
Pr：(株)リビタ 田中亜沙美
Dr：(株)リビタ 野本有紀子
D ：キャンプデザイン(株) 藤田雄介

17G100921

戸建てリノベーション
HOWS Renovation
「しらとり台の家」

Detached House Renovation
HOWS Renovation "Shiratoridai HOUSE"
Ar: ReBITA Inc.

築28年の木造一戸建てをリノベーションし販売したプロジェクトである。既存建物は在来工法の和風注文住宅であった。リノベーションにおいては既存建物をできる限り活かしつつ、住まい手を限定せず自由な暮らしを叶えることをめざした。土間や縁側など、古来の民家にあった要素と現代のライフスタイルをつなげ、「新たな和」の建築を表現している。

Ar：(株)リビタ
Pr：(株)リビタ 田中亜沙美
Dr：(株)リビタ 宇都宮惇
D ：納谷建築設計事務所 納谷学、納谷新

17G100922

住宅

nestle house

House
nestle house
Ar: POLUS-TEC Co., Ltd.

地域を活かし、継承される家族をテーマに、今ある資産や資源を活かし、それを継承していくことで祖父母世代から孫世代までが空間や時間を共有し、寄り添う住まいを計画した。時代の変化による世代間の時間軸をプロットし、多様なライフスタイルを持つ現代において、同居でも別居でもない新たな選択肢のひとつとして添居を提案する。

Ar：ポラテック（株）ポウハウス
Pr：森田昭廣
Dr：増田浩之
D ：大湖正之

17G100923

住宅

Aisle

House
Aisle
Ar: architecture atelier akio takatsuka

狭小地に建つ3階建て住宅。敷地は南北に細長く、そのまま一直線に伸びる道路に面しているので、この道を家の中まで引き込もうと考えた。間口3.7メートル、高さ3メートルの鉄骨門型フレームを奥まで配列し3層積みとした。内部は構造フレームが現れ、床壁天井をすべて木で仕上げた。この鉄骨真壁造は、なじみある小空間の連続と、都市に開くダイナミックな経験を醸成した。

Ar：aaat 高塚章夫建築設計事務所
Pr：高塚章夫建築設計事務所 高塚章夫
Dr：aaat 高塚章夫建築設計事務所 高塚章夫
D ：aaat 高塚章夫建築設計事務所 高塚章夫

17G100924

戸建住宅
TERMINAL

House
TERMINAL
Ar: APOLLO Architects & Associates

ファッション、カルチャーの中心部南青山の裏路地にある閑静な住宅街に位置するこの建築は上階が建主専用の住宅、下階を建物設計者のアトリエとし、建主は住宅の機能のみならず、本空間に集う人々の交流に重点を置いている。同じエッセンスの人々が集う創造的な空間を併設したこの計画には、これからの都市生活のヒントが数多く詰まっている。

Ar:（株）APOLLO一級建築士事務所
Pr:（株）APOLLO一級建築士事務所 黒崎敏
Dr:（株）APOLLO一級建築士事務所 黒崎敏
D :（株）APOLLO一級建築士事務所 黒崎敏

17G100925

週末居宅
2つの門型フレーム組み上げに依る
カントリーハウス

A Weekend House
A House Expressing The Roof in The Country Setting
Ar: Jun Watanabe & Associates

ニューヨーク在住の音楽家夫妻の休暇を楽しむためのセカンドハウス。吉備路の田園地帯に平屋建築が凛としてたたずむ。「あるべきようは」を求め、テクトニックなデザイン追求をおこなっている。2つの門型フレームは、寛ぎと和みを狙った本件に建築的クライマックスをもたらし、リビングルームの情景づくりの要諦と化している。

Ar:（株）JWA建築・都市設計
Pr:（株）JWA建築・都市設計、渡辺純
Dr:（株）JWA建築・都市設計、渡辺純
D :（株）JWA建築・都市設計、渡辺純

17G100926

住宅

光の十字廊

House
Cross corridor of the light
Ar: SN Design Architects Co., Ltd. + KEY STONE + Yoshiyasu construction company

吹田市内に建つ小住宅の計画である。プライバシーや防犯性能を担保しながらも明るく開放的な住まいをめざした。2層の箱を4つに分割、箱の間へ十字形の隙間を持たせた構成としている。4つの箱はすべて光の十字廊に面し内側へ開くことで明るく開放的でありながら外側への開口を最小限に留められ防犯性、プライバシーに配慮することが可能となった。

Ar：(株) SN Design Architects+(株)キーストン+ヨシヤス建設(株)
Pr：(株) SN Design Architects 佐野剛史
Dr：(株) SN Design Architects 佐野剛史
D ：(株) SN Design Architects 佐野剛史

17G100927

住宅

House I

House
House I
Ar: Asai Architects, LTD. + MIURA KOUMUTEN Co., LTD. + ARUP

世田谷区の密集住宅地に建つ夫婦と子供2人のための住宅。2つのボリュームのあいだに、上部にデッキテラス兼用の日よけの木製ルーバーのあるトップライトを架けて内部空間とすることで、閉じすぎず、開放しすぎずという心地よさの釣り合いを追求している。斜め配置による隣地との隙間の植栽は、林の中のような内部空間を生み出している。

Ar：(株)浅井アーキテクツ一級建築士事務所+(株)三浦工務店+オーヴ・アラップ・アンド・パートナーズ・ジャパン・リミテッド
D ：(株)浅井アーキテクツ一級建築士事務所 浅井正憲、浅井百合+オーヴ・アラップ・アンド・パートナーズ・ジャパン・リミテッド 徳淵正毅

17G100928

住宅

2階建て断面の家

House
SECTION HOUSE
Ar: Advance Architects Co., Ltd.

旗竿地にある住宅。専用通路は内外部から楽しめる庭と駐車場、1階主室は天井高4.5メートルの吹き抜け大空間と各壁面の上部に採光・通風・眺望・プライバシーを考慮した窓を分散配置し旗竿地特有の問題を解決。大空間エネルギー負荷については外皮性能を向上しZEH認定として光熱費ゼロを達成した。豊かな大空間のある2階建て断面の家が完成した。

Ar：アドヴァンスアーキテクツ（株）
Pr：アドヴァンスアーキテクツ（株）
Dr：アドヴァンスアーキテクツ（株）
D：アドヴァンスアーキテクツ（株）三木雅之

17G100929

住宅

格子庭の家

House
House of grid garden
Ar: atelier lx architecture design office

築20年の鉄骨3階建ての住宅のリノベーションである。生活スタイルの変化、住まい方の変化、年齢を重ねたクライアントのため、周辺環境をふまえて、外装、内装を全面的にリノベーションした。縦横の桧の格子を組むことによって、半外部空間を柔らかく包み込み、内部空間をも優しく包み込む空間としている。

Ar：アトリエ ルクス 一級建築士事務所
Pr：アトリエ ルクス 一級建築士事務所 宇佐見寛
Dr：アトリエ ルクス 一級建築士事務所 宇佐見寛
D：アトリエ ルクス 一級建築士事務所 宇佐見寛

17G100930

住宅

おおきなかさの下で

House
Under umbrella House
Ar: atelier lx architecture design office

それぞれの居室、所要室を分節し、独立をさせ、外部を挿入することによって内部空間を外部と、外部空間を内部と共有することが可能になる。また空間的に奥行きが出て、より広がりのある空間となる。

Ar：アトリエ ルクス 一級建築士事務所
Pr：アトリエ ルクス 一級建築士事務所 宇佐見寛
Dr：アトリエ ルクス 一級建築士事務所 宇佐見寛
D ：アトリエ ルクス 一級建築士事務所 宇佐見寛

17G100931

住宅

重ね切妻の家

House
House of triangle of roof
Ar: atelier lx architecture design office

2方向道路に囲まれ、開けた閑静な住宅地に建つ家。この場所は岐阜県の伊吹山のいぶきおろしという天候の影響を受けるため、その中庭空間をおおらかな切妻で覆うことによって天候を気にしないでくつろげる第二のリビング空間を創り出した。

Ar：アトリエ ルクス 一級建築士事務所
Pr：アトリエ ルクス 一級建築士事務所 宇佐見寛
Dr：アトリエ ルクス 一級建築士事務所 宇佐見寛
D ：アトリエ ルクス 一級建築士事務所 宇佐見寛

17G100932

古民家再生
代官屋敷の古民家再生

Renovating an Old Good House
Renovating a magistrate's office and house
Ar: IMURA Co., Ltd.,

築200年以上の元代官屋敷を次世代に住み継ぐための古民家再生事業。力強い架構などが残る古民家だが、何度も改修を経る間に構造が歪み、安全で快適な暮らしを送ることができない建物となっていた。そこで、構造躯体のみを残しすべて解体し、抜本的な改修工事をおこなった結果、安全性を確保し、古材と新しい木材が調和する木質感あふれる快適な居住空間が完成した。

Ar：(株)イムラ
Pr：(株)イムラ 代表取締役社長 井村義嗣
Dr：(株)イムラ 代表取締役社長 井村義嗣
D：(株)イムラ リノベーション部

17G100933

住宅
小高町の家
（横浜のオフグリッドハウス）

House
HOUSE IN ODAKACHOU
(off grid house in Yokohama)
Ar: abanba Inc.

電力網に接続しない、オフグリッドハウスとして計画した。アウトドアの延長にある場所に対して、建築や設備がそれを補っていくという考え方で設計。窓を開けたり、薪をくべたり、打ち水をしたり、明かりを必要な場所にもってくる。そうした人の手が介在することで、エネルギーを循環させ、快適な環境を作り出していく家である。

Ar：(株)エイバンバ
Pr：熊谷玄
Dr：栄港建設 岡田雅人、長谷川健二、重信智之
D：(株)エイバンバ 番場俊宏、番場絵里香、坂田旭

17G100934

住宅

蔵前の小さな家

House
small house in Kuramae
Ar: KAWAKUBO TOMOYASU ARCHITECTS

間口3.3メートル、奥行9メートルの10坪ほどの細長い敷地に建つ小さな住宅。屋上に設置したハイサイド窓から採光しつつ、明るい階段スペースを上下に行き来しながら、効率良く軽快に暮らせるよう計画した。住宅の内部空間を最大限に確保すべく、構造や材料にも検討を重ねたこの住宅は、以前からここに在るかのように古い街になじんでいる。

Ar：(有)川久保智康建築設計事務所
Pr：(有)川久保智康建築設計事務所 川久保智康
Dr：(有)川久保智康建築設計事務所 川久保智康
D ：(有)川久保智康建築設計事務所 川久保智康

17G100935

住宅

洗足池の家／MONOLITH

Residence
HOUSE IN SENZOKU-IKE / MONOLITH
Ar: Kidosaki Architects Studio

敷地は大田区洗足池近くの閑静な住宅地である。使用素材の精査・整理により、この建築は石・コンクリート、鋼板、ガラスの3つの要素で構築した。外装には溶融亜鉛メッキリン酸処理を施した鋼板、床には黒御影石を組み合わせることで、均衡のとれた端正なファサードに対して変化に富んだ表情を与え、そのたたずまいに深みと品位をもたらしている。

Ar：城戸崎建築研究室
Pr：城戸崎建築研究室
Dr：城戸崎建築研究室
D ：城戸崎建築研究室

17G100936

住宅のエクステンション
ゲート／バーン／ヤード

Extension of Housing
Gate / Barn / Yard
Ar: Tatsuo Kawanishi / Kyoto Prefectural University

築25年の既存木造住宅の前庭に、門、車庫、屋上テラスなどの機能を持つ空間を透過性のあるエクステンションとして設計し、併せてアプローチと庭を再編して統合。増築部分は道路からの騒音を遮蔽するバッファとしても機能する。新しい空間と旧い空間が重なることで時間を継承する景観を創出するとともに、空間と音のコントラストを表現した。

Ar：京都府立大学大学院 河西研究室
Pr：柿原浩明
Dr：河西立雄
D ：河西立雄

17G100937

住宅
3層高床式の家

House
Triple stilts house
Ar: Keiyo Real Estate and Development + Archidance

建築を専門としない「ふつうの人」へいかに建築的アプローチができるかという命題に対し、身体表現を通して空間や経験を共有しようと試みた。斜面地に対応した地下駐車場を基盤としたこの住宅は豊富な半屋外空間と吹き抜けを擁した3層高床式の家となった。非言語的なコミュニケーションによって生まれたこの空間は持続可能性への挑戦でもある。

Ar：京葉エステート（株）＋Archidance
Pr：京葉エステート（株）
Dr：Archidance
D ：高橋京平

17G100938

ゼロエネルギー準備住宅

ひのすみか@ZERH

Zero Energy Ready Home
hinosumika (living with the sun) @ZERH
Ar: Kobayashi Kensetsu Co., Ltd

日本は2020年までに標準的な新築住宅でZEH（ネット・ゼロ・エネルギー・ハウス）の実現を推進しているが、快適性や自由度が失われやすく、目標にはほど遠い現状がある。そこでZERH（ゼロエネルギー準備住宅）にすることで、近い将来実現するであろう再生エネルギーの革新的技術を取り入れやすくし、容易にZEH化できるようにした。

Ar：(株)小林建設
Pr：小林伸吾

17G100939

個人住宅

空からのメッセージ

Residence
Message from the sky
Ar: SATOH Hirotaka Architects Inc. ＋
Tokyo net worth Ltd. ＋ HONMA Construction

刻一刻とうつろう空の表情が無限に広がる住宅。あるときは見事な模様を創りだし、あるときは海底のような色彩を帯び、その時々の空のメッセージが増幅され顕在化する。トップライトとミラーにより空を反復させ、そこに動線を配することで、どこにいても抽象化された空を感じることができる。

Ar：(株)佐藤宏尚建築デザイン事務所 ＋(株)Tokyo net worth＋本間建設(株)
Pr：(株)佐藤宏尚建築デザイン事務所 佐藤宏尚
Dr：(株)佐藤宏尚建築デザイン事務所 佐藤宏尚
D：(株)佐藤宏尚建築デザイン事務所 佐藤宏尚、池田達彦

17G100940

まちなみ共生型分譲住宅

表情を愉しむ

Symbiotic Housing Development Project
Joyable Townscape
Ar: SANEI ARCHITECTURE PLANNING CO., LTD.

横浜市戸塚区の自然豊かで趣がある閑静な住宅地に建つ全4棟の分譲型住宅である。周りとの調和を図るため、周辺にとけ込むような外構計画をおこなうことで地域と交わり、新しいコミュニティにおける象徴的な場をつくった。また、区画ごとの条件に合ったプランニングを提案することで、多様なライフスタイルを提供している。

Ar：(株)三栄建築設計
Pr：(株)三栄建築設計 デザイン研究開発室 並木昭久、山口東洋彦、山田麻子
Dr：(株)三栄建築設計 横浜支店 楳地昭宏、青木海人
D ：(株)三栄建築設計 横浜支店 加藤正義、桑原寛子、鈴木優大

17G100941

住宅

シラス洞窟の家

House
SHIRASU CAVE HOUSE
Ar: Takachiho Shirasu Corp.

洞窟の中にいると不思議と感じる大地に抱かれるような、精神的な安定や安らぎ。長い歴史の中で人類の記憶に留まることとなったその癒やしの感覚を、マグマから生まれた100%自然素材のシラス建材を使うことによって現代の住宅空間に実現させた住宅である。

Ar：高千穂シラス(株)
Pr：高千穂シラス(株) 代表取締役社長 新留昌泰
Dr：高千穂シラス(株) 鶴村敬
D ：高千穂シラス(株) 代表取締役社長 新留昌泰

17G100942

住宅

矢板・焼杉の家

House
Yakisugi house
Ar: NAKAYAMA ARCHITECTS

建主は東京からの移住者で、この地に建てる意味を大切にしたいと考えていた。南側からは広大な田畑が望める自然豊かな鋭角三角形の地形を活かし、気候・風土に合った家をめざした。内外共に地元産の八溝杉を使用し、自然の空気をそのまま感じられる内部空間となっている。建物も住まい手もその地を愛し、根ざしていくような住まいを提案した。

Ar：(株)中山大輔建築設計事務所
Pr：(株)中山大輔建築設計事務所 中山大輔
Dr：(株)中山大輔建築設計事務所 中山大輔
D ：(株)中山大輔建築設計事務所 中山大輔

17G100943

個人住宅

西伊豆の家

House
Nishiizu house
Ar: PLUSdesign Architects

敷地は駿河湾に面し、海や富士山などの遠景とともに、近くの森や敷地内にも魅力的な自然がある。より季節感を感じられるよう、自生植物を囲むように建物をL型に配置した。自然との接点が増え、室内から見える建物のもう一辺も風景の一部となり、建物が建つことで生まれた自然との新たな秩序が、自然の美しさを一層際立たせている。

Ar：プラスデザイン一級建築士事務所
D ：プラスデザイン一級建築士事務所 萱沼宏記

17G100944

熊取の住宅
5m×20mに建つ住宅

Kumatori House
House built in 5m×20m
Ar: FREEDOM ARCHITECTS DESIGN

立体的に造られた現代の町屋空間。登り梁によるシンプルな架構の下に、プライベート性の強い部屋を5つの箱に納めて配置。箱の位置関係を操作することで、隙間から建物を端まで見通す非住宅的なスケールの内部空間を創り出した。建物長手方向一列にトップライトを設置し、外部を屋内のスケールに引き寄せることで周辺環境との関係を強めている。

Ar：フリーダムアーキテクツデザイン（株）
Pr：北野慶
Dr：北野慶
D ：北野慶

17G100945

ひかり
アーケードに建つ住宅

Hikari
House built in arcade
Ar: FREEDOM ARCHITECTS DESIGN

アーケードを持つ商店街の中の住宅。南面にアーケードがあるため光の取り入れ方が難しい立地条件であった。建物の中心にトップライトと吹き抜けのある玄関を配置することで、明るく開放的な内部空間を実現した。アーケードに面するファサードは、内部空間との対比効果を狙い極力シンプルなデザインとし、商店街の新たなシンボルとなった。

Ar：フリーダムアーキテクツデザイン（株）
Pr：稲垣誠
Dr：稲垣誠
D ：稲垣誠

17G100946

住宅

5層のワンルーム住居

House
One-room Residence of 5 Layers
Ar: MATSUYAMA ARCHITECT AND ASSOCIATES

計画地は崖地という立地条件から未開発のまま取り残されていた土地である。この場所に備わっている環境を壊すことなく自然なたたずまいができないかを模索した。崖地に従って導かれた5段の床に機能を持たせ、全体は段状のワンルーム空間で構成されている。家族という複合体と個人という単体がつかず離れずの関係で共存できる暮らしを可能としている。

Ar：(株)松山建築設計室
Pr：(株)松山建築設計室
D ：(株)松山建築設計室

17G100947

個人住宅

大きなテラスの小さな家

Independent Residence
Little House with a Big Terrace
Ar: Takuro Yamamoto Architects

建築面積の半分近くをテラスとし、大きな屋外空間を介して採光や通風を得ることで開放感のある生活空間を作り出そうと考えた。1階と2階の間には天井の低い収納階を挿入して3階建ての制限内で床面積を増加させており、これによって上階のレベルが半階分押し上げられ、日照が向上するとともに近隣との視線の干渉が起こりにくくなっている。

Ar：山本卓郎建築設計事務所
D ：山本卓郎建築設計事務所 山本卓郎

17G100948

個人住宅
渡鹿の家
House
TOROKU HOUSE
Ar: Logic Co., Ltd

創業間もなくノウハウ確立のために施工した挑戦的住宅。納まりにこだわるルールは25項目に及び、限られた予算で高品質なデザインを作り出すルールはデザインガイドラインとしてまとめられた。これが社内外の共通認識や価値判断となることで、施工を重ねるごとに知識や解決策は蓄積され昇華し、今では年間100組の家族に高品質な住まいを提供している。

Ar：（株）ロジック
Pr：（株）ロジック 代表取締役 吉安孝幸
Dr：（株）ロジック
D ：（株）ロジック デザインチーム

17G100949

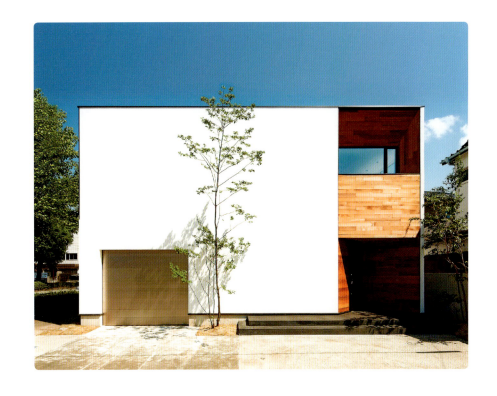

集合住宅
二重窓の集合住宅
Flat
the flat of a double layered window
Ar: MARU. architecture

昼夜を問わず車が走る大通りに建つ集合住宅。通りから住環境を守ると同時に、街環境にも寄与する建築を考え、雁行する住戸の外壁の外に、大きな壁をもう一枚設けた。住戸の窓と大きな壁に開けた孔がずれて車を視覚的に遮断し、住環境を守るとともに、大きな壁は吸音性のある左官で仕上げ、わずかに街環境を整えている。

Ar：MARU. architecture
Pr：（株）M&Hアセットマネジメント 代表取締役 磯邉宏樹
Dr：（株）M&Hアセットマネジメント ディレクター 細田周児
D ：MARU. architecture 高野洋平、森田祥子

17G100953

集合住宅（長屋）

GURURI

Terrace House
GURURI
Ar: San-ei Co., Ltd. + Zakouji shoten Co., Ltd. + Hiroyuki Ito Architects

空の広い、長閑な住宅街における9戸の長屋の計画である。この計画では、外壁はもちろん、アプローチや庇、カウンターなどが建物をめぐり、居住者はその大きなものをともに用いる。室が建物の一部であり、建物が環境の一部であるという、当然の事実の確認が、個々の生活に、小さな領域に留まらないつながりや広がりを与えると考えている。

Ar：(有)サンエイ＋座光寺商店(株)＋伊藤博之建築設計事務所
Pr：(有)サンエイ 代表取締役 遠藤勇司
Dr：座光寺商店(株) 代表取締役 座光寺伸幸
D：伊藤博之建築設計事務所 伊藤博之

17G100954

集合住宅

サクラノキテラス

Apartment House
Sakuranoki-Terrace
Ar: SHIMADA HOUSE Inc. + SHIMADA Asset Partners Inc. + Hiroyuki Ito Architects

細い道路の突き当たりにある敷地で、既存の桜を残し、その下のテラス（広場）を囲むように建物を配置した。各住戸のすべての部屋から、高さによって様相を変える樹木を見ることができる。この計画において、桜は観賞対象であるだけでなく、視線や日差しを制御し、その下に場所をつくるものであるため、建築の一部という以上に、その骨格となっている。

Ar：シマダハウス(株)＋シマダアセットパートナーズ(株)＋伊藤博之建築設計事務所
Pr：シマダハウス(株) 代表取締役社長 島田成年
Dr：シマダアセットパートナーズ(株) 専務取締役 佐藤悌章＋シマダハウス(株) デザイン室 傅均
D：伊藤博之建築設計事務所 伊藤博之

17G100955

集合住宅
Hal Halle

Housing Complex
Hal Halle
Ar: Hugo Kohno Architect Associates +
Urtec Co., Ltd.

住宅街に建つ木造3階建ての共同住宅。自立したエネルギーシステム（OFF GRID）と空の光がつくる生活空間の構築。住まい手がエネルギーと生活の場を共有し、コミュニティを形成。構造と生活のサポート機能を集約した2つのコアが、住空間の全周を巡る横連窓を実現。開放性と全方位からの採光を獲得し、その上下のリブが日射と視線をコントロールする。

Ar：河野有悟建築計画室＋（株）ウルテック
Pr：アーキテクツ・スタジオ・ジャパン（株）松坂亮一
Dr：河野有悟建築計画室 河野有悟
D：河野有悟建築計画室 河野有悟、白川健

17G100956

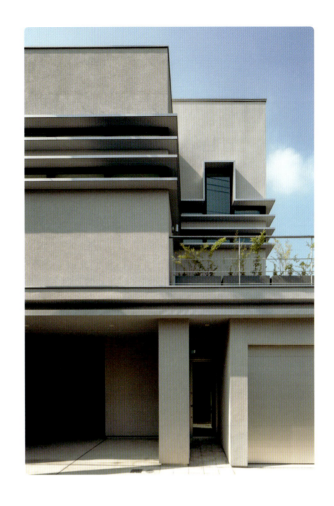

集合住宅
RUSSET ALLEY

Housing Complex
RUSSET ALLEY
Ar: Hugo Kohno Architect Associates +
Uchiumi Satoshi ArchitecturalDesign + Urtec Co., Ltd.

閑静な住宅街に建つオーナー住戸と3戸の賃貸住戸からなるメゾネット形式の長屋。不定形敷地に沿ったコの字型のボリュームの中央に敷地内通路を引き込み、閉じた5つの棟が通路に対して互い違いに添えられている。連棟の間の開口や深い懐が陰影を生み出し、ともに住む人々の雰囲気が路地空間ににじわりと滲み出る「余韻でつながる連棟式住戸」の計画である。

Ar：河野有悟建築計画室＋内海聡建築設計事務所＋（株）ウルテック
Pr：アーキテクツ・スタジオ・ジャパン（株）松坂亮一
Dr：河野有悟建築計画室 河野有悟
D：河野有悟建築計画室 河野有悟＋内海聡建築設計事務所 内海聡

17G100957

集合住宅

リベルダージュ

Apartment House
Liberdade
Ar: Yoshitomikosan Inc.

単身者や共働き夫婦を想定した集合住宅である。本建物は地下1階、地上3階、全5棟の分棟形式で小さな街のようになっている。各戸はメゾネットやハーフメゾネットによる構成となっており、多様な空間や使い方を住み手に提供している。空間の高さに変化をもたらす要素であるアンダートランクは大きな収納量を生み、賃貸住戸に付加価値を与える。

Ar：(株)吉富興産
Pr：(株)吉富興産一級建築士事務所 澤口直樹
Dr：(株)吉富興産一級建築士事務所 澤口直樹
D ：(株)吉富興産一級建築士事務所 澤口直樹

17G100958

長屋

FARE 代々木上原

Row House
FARE YOYOGIUEHARA
Ar: Ascot Corp. + Shinichi Ogawa & Associates / urbanist architect

この建物は住宅地に建つ地上3階建てRC造の長屋である。細い通路の突き当たりに、四方を建物に覆われた白いボリュームの建物が姿を現す。建物は1ユニット（2戸）を5つ並べることで、計10戸からなる長屋を構成している。室内の天井高を高くすることで、建物に覆われていながらも、住人が開放的で豊かな生活を営む空間をつくりだしている。

Ar：(株)アスコット＋(株)小川晋一都市建築設計事務所
Pr：(株)アスコット 代表取締役 加賀谷愼二
Dr：(株)アスコット 取締役 濱崎拓実／企画開発部 前田朋広
D ：(株)小川晋一都市建築設計事務所 小川晋一、塚田哲也、荒井正彦、小川健成

17G100959

CLTを活用した木造3階建ての集合住宅
TIMBERED TERRACE

Wooden Three-storey Apartment Utilizing CLT
TIMBERED TERRACE
Ar: Kajitani kensetsu + SALHAUS

杉CLT（直交集成材）パネルを床、壁に使用した木造3階建て集合住宅。木造の弱点と思われていた遮音、耐火性能をCLTの活用で克服し、質感や断熱性能といった木の良さを生かしてある。また、CLT建築に起こりがちな単純で画一な平面ではなく、各住戸がすべて別タイプとなる自由な平面計画を実現。普及とデザインの両方を具現化した、次世代のCLT建築である。

Ar：(株)梶谷建設＋(株)SALHAUS
D：(株)SALHAUS 日野雅司、栃澤麻利、安原幹

17G100960

コーポラティブハウス
BOTA三宿

Cooperativehouse
BOTA MISHUKU
Ar: COPLUS CO., LTD.

コーポラティブ方式による10世帯の自由設計型集合住宅。住宅密集地という環境条件に則して植栽計画、躯体形状、中間領域を平立両面から一つひとつデザインした。建物と一体化した植栽群、斜の視点を意識したファサードデザインにより、時間の経過と視点の変化が楽しめるリズミカルで印象的な表情をつくりだしている。

Ar：(株)コプラス
Pr：(株)コプラス 大澤慎一、柴原究、長嶋雅幸
Dr：(株)コプラス 大豆生田亘、西澤俊太郎
D：(株)コプラス 大豆生田亘、西澤俊太郎＋(株)S&T ファイブステージ設計事務所 菅野勉、田中将浩＋渡辺淳一建築設計事務所 渡辺淳一＋Verve一級建築士事務所 信太裕＋YARD

17G100961

集合住宅

風光舎

Condominium
FUKOSHA
Ar: PRISMIC + SUEP.

日照条件が悪化している都市環境の中で、少ない自然エネルギーを最大限利用するように最適化された集合住宅である。光と風の2つのパラメーターを最適化するよう、2916パターンの環境シミュレーションの中から出された最適解。周辺建物や隣り合うユニットの影響も考慮した結果、建物の立面がねじれ、太陽の方向に向いた有機的な建築デザインとした。

Ar：(株)プリズミック＋(株)SUEP.
Pr：(株)プリズミック 早川佳希、木村映美
Dr：(株)SUEP. 代表取締役 末光弘和、代表取締役 末光陽子
D ：(株)SUEP. 代表取締役 末光弘和、代表取締役 末光陽子、永瀬智基

17G100962

集合住宅(長屋)

クアンド

Apartment Building
QUANDO
Ar: blue studio Co., Ltd.

木造住宅密集地域における賃貸住宅の役割を地域住人間のコミュニケーションを誘発する装置ととらえ、長屋住人のみならず周辺住人との間に偶発的な対話を生じさせる日本建築的な「曖昧な境界」のデザインを随所に取り入れている。

Ar：(株)ブルースタジオ
Pr：(株)ブルースタジオ 大島芳彦
Dr：(株)ブルースタジオ 岩田啓治
D ：(株)ブルースタジオ 薬師寺将、谷田恭平＋(株)宮田構造設計事務所 宮田雄二郎、加藤千博＋杉下デザイン室 杉下城司＋アンドスクリプト 三戸美奈子＋(株)ガイアフィールド 遠藤陽一、山口明文、青山慎

17G100963

集合住宅
緑が丘のコーポラティブハウス

Apartment
Cooperative House in Midorigaoka
Ar: Hitoshi Wakamatsu architect and associates

緑が丘の「緑の丘」／建築の構成がつくる風景として、ランドスケープ的、都市的な展開の中で、緑の記憶を継承し時間を感じさせるものでありたいと考えた。建物全体は、小さな単位の箱を積み上げることで「緑の丘のような建築」とし、すべての住戸には庭やテラスがあり共有の中庭に向かって生活の広がりが感じられる自然豊かな住環境をつくった。

Ar：(株)若松均建築設計事務所
Pr：(株)アーキネット
Dr：若松均建築設計事務所
D：若松均建築設計事務所 若松均、横木真(元所員)、
片岡篤史、清水真由美

17G100964

集合住宅
西参道テラス

Apartment
Nishisando terrace
Ar: MOTOKI ISHIKAWA ARCHITECT AND ASSOCIATES INC

大ぶりな集合住宅の立ち並ぶ環境における、スケールを抑えた3階建て戸建住宅を4棟連ねた分棟長屋形式の集合住宅。矩形平面と入り組んだ立体構成により、平面プランを転回させる簡素な操作で共有部からの動線や各戸間の視線をコントロールし、緑豊かな共有部と空間に広がりをもたらす専有庭を設け、戸建住宅と遜色ない暮らしを求めた。

Ar：(株)石川素樹建築設計事務所
Pr：(株)石川素樹建築設計事務所 代表取締役 石川素樹
Dr：(株)石川素樹建築設計事務所 代表取締役 石川素樹
D：(株)石川素樹建築設計事務所 代表取締役 石川素樹

17G100965

災害公営住宅

矢吹町中町第二災害公営住宅

Public Restruction Housing
PUBLIC RESTRUCTION HOUSING IN
NAKAMACHI 2-YABUKI
Ar: HIDEKI IWAHORI + AKO NAGAO +
FUKUSHIMA PREFECTURE YABUKI-MACHI

東日本大震災で被災した福島県矢吹町の災害公営住宅。南北に抜ける筒状空間の「通間」とその南側に作られたダブルスキンを居室化した「縁にわ」が、住人のコミュニケーションを促し、日射制御や自然通風を可能にする。視線、光、風、熱といった環境総体をつくり上げる要素の調整ができる仕掛けを単純なシステムにまとめた生活の背景となる建築である。

Ar：岩堀未来建築設計事務所＋長尾亜子建築設計事務所＋福島県矢吹町
Dr：岩堀未来建築設計事務所＋長尾亜子建築設計事務所
D：岩堀未来、長尾亜子

17G100966

災害公営住宅、店舗、集会所

八日町236

Public Restoration Housing, Shop, Community Space
yokamachi236
Ar: Youkamachi Housing Corporation +
LLC Sumai Machidukuri Design Works

東日本大震災で被災した気仙沼市中心市街地の八日町地区では、まとまった市有地がないことから、地域住民による建設組合が民地に復興住宅を建設した。11戸の住戸は災害公営住宅として市が買い取り、1階には高齢者の暮らしを支えるカフェ、地域に開かれたコミュニティスペースを配置し、街並みに調和したコンパクトな地域の拠点をデザインした。

Ar：八日町地区共同住宅建設組合＋LLC住まい・まちづくりデザインワークス
Pr：八日町地区共同住宅建設組合
Dr：早稲田大学都市・地域研究所 阿部俊彦、岡田昭人
D：LLC住まい・まちづくりデザインワークス 津久井誠人、阿部俊彦、吉川晃司

17G100967

コンバージョンが可能な木造3階建て共同住宅

リアーブ コウシ SI（エスアイ）

Three-storied Wooden House with Conversions
ReUrb KOUSHI si
Ar: SEIWA CORPORATION

賃貸住宅の消費期限は短く、空室増加や家賃下落を理由に家賃保証期間を待たずに建て替えるケースが多い。良質なストック賃貸をつくるためには性能の向上と、時代のニーズと設備の進化への対応が挙げられる。スケルトン・インフィルを進化させ、従来の2×4工法で難しかった間取り・用途の変更、将来の面積変更も含めたコンバージョンを可能にした。

Ar：生和コーポレーション（株）
Pr：生和コーポレーション（株）常務 黒田英之
Dr：生和コーポレーション（株）企画商品開発部 三好義典、営業企画部 大坂正弘
D：生和コーポレーション（株）荻野谷和秀、金戸圭、舘田香奈子

17G100968

長屋＋戸建住宅

西賀茂の家

Row House + Detached House
Nishigamo House
Ar: Residence Ota Ltd + Flat Agency Ltd + Satoshi Nakata Architectural Design Office

京都市北区西賀茂のアパートの建て替えに際し、自然豊かなこの地域に合ったライフスタイルを提案する賃貸住宅を計画。経年変化で味わいの出る自然素材を使用し、互いの庭を借景とし実際の面積以上の広がりを感じられる設計とした。画一的な条件で住まいを選ぶのではなく、ビジョンに共感する人が集うことを期待している。

Ar：（有）レジデンス太田＋（株）フラットエージェンシー＋中田哲建築設計事務所
D：中田哲建築設計事務所 中田哲＋好日舎 中田貴子

17G100969

集合住宅

薫木荘

Apartment Building
Kunbokuso
Ar: Love Architecture Inc

オーナーである建築木材卸売メーカーと不動産業、建築家による三位一体のチームによる計画。賃貸需要が見込まれ、比較的安価な都心部の路地状敷地での2軒の集合住宅である。難易度の高い計画になったが、路地状敷地の魅力と木材の可能性を引き出すことで、メーカー、不動産、設計、施工まで一体となった成功のかたちを示したいと考えた。

Ar：(有)ラブアーキテクチャー一級建築士事務所
Pr：座光寺商店(株) 座光寺伸幸
Dr：(有)ラブアーキテクチャー一級建築士事務所 浅利幸男
D ：(有)ラブアーキテクチャー一級建築士事務所 浅利幸男

17G100970

集合住宅(長屋)

SUVACO HANEDA E、SUVACO HANEDA W

Terrace House
SUVACO HANEDA E, SUVACO HANEDA W
Ar: Shimada Asset Partners Corporation + DEW STUDIO

住宅から延びる細い敷地で道路に接する旗竿地を2つ組み合わせ、豊かなアプローチと中庭を囲む、2階建てと3階建ての双子のような14戸の長屋を計画した。中庭や隣地境界に面した窓周りにベンチや小上がりなどを設け、緩やかにエリア分けされた空間によって、ワンルームだがもうひとつの居場所があるように感じられる。このプラスαの空間が張り出し表情のある外観をつくっている。

Ar：シマダアセットパートナーズ(株)＋DEW STUDIO
Pr：シマダアセットパートナーズ(株) 代表取締役 島田成年
Dr：シマダアセットパートナーズ(株) 建築事業部 苙戸裕美
D ：DEW STUDIO 小高ちひろ、久保田敬亮

17G100971

シェアハウス
LT城西2

Shared House
LT Josai 2
Ar: Kazuki Moroe Architects + Suzuki Takama Architects + hashigotaka architect office / ladderup architects CO., LTD. + Maeda Corporation

隣接既存棟と同じ施主による21人のためのシェアハウス。場所性を意識した個室の雁行配置や既存棟と共有の中庭、周囲に分散した小さな庭など、個人の生活が街と接点を持ち外部空間をもシェアの領域とする。個室と共用部だけではない、多様な活動を受け止める中間的な領域を屋内外で展開し、パブリックとプライベートを内包することで街に開く。

Ar：諸江一紀建築設計事務所＋鈴木崇真建築設計事務所＋(株)ハシゴタカ建築設計事務所・ladderup architects＋(株)前田工務店
D：諸江一紀建築設計事務所 諸江一紀＋鈴木崇真建築設計事務所 鈴木崇真

17G100972

改修による旧社員寮のシェアハウスへの再生
起業家シェアハウスFespa京都

Renovation of Company Dormitory to Sharehouse
Sharehouse "Fespa Kyoto" for entrepreneurs
Ar: LiV Co., Ltd + Irodori Factory, K. K + landsat-inc.

築50年の旧社員寮をシェアハウスへ再生した事例。立地の悪さや既存建物の使い勝手の悪さも、起業家のためのコンセプト型シェアハウスに再生することで、ともに魅力へと変化している。未活用の社会資産活用と人材育成の側面も持った本事業は、社会的に大変意義深いプロジェクトである。

Ar：(株)リヴ＋(株)彩ファクトリー＋(有)ランドサット
Pr：(株)リヴ 代表取締役 波夛野賢＋(株)彩ファクトリー 代表取締役 内野匡裕
Dr：(有)ランドサット 代表取締役 安田利宏
D：(有)ランドサット 代表取締役 安田利宏

17G100973

住宅

ビレッタ

House
VILLETA
Ar: TAIKO HOUSING CORE Inc.

定期借地権を利用することで広い共有庭を設け、その庭を介して住民同士がボーダレスにつながる空間設計をおこなった住宅。家から共有庭へとつながり開かれた街づくりをおこなうことで自然と住戸間のコミュニティが生まれる街づくりである。多様化するライフスタイルに寄り添う、今までにない新しい分譲住宅の形にチャレンジした。

Ar：(株)タイコーハウジングコア
Pr：(株)タイコーアーキテクト 代表取締役 羽柴仁九郎
D ：(株)タイコーアーキテクト 設計部 山村恭代＋(株)タイコーハウジングコア 設計部 中瀬由子

17G100974

住宅

アーケードハウス

House
Arcade House
Ar: tamtam DESIGN co., Ltd

衰退の進む商店街の2階を住宅として再生。店舗だった2階の大開口をそのまま活かし、施主の生まれ育った愛着あるアーケードの景色をリビングに取り入れ、家族の心のよりどころとすると同時に、衰退し暗くなったアーケードにも灯りを漏らすことで両者の新しい共存関係ができ上がる。汎用性が高く地方の社会問題を解決するデザインである。

Ar：(株)タムタムデザイン 一級建築士事務所
Pr：田村晟一朗
Dr：田村晟一朗
D ：田村晟一朗

17G100975

事務所併用住宅
minamityouHOUZ

Office Combination Housing
minamityouHOUZ
Ar: LIVEARC Co., Ltd.

地方の市街地への棲み方を問う事務所併用住宅である。1・2階の建物内外に、街に地域に開放するオープンスペースを設けた。そして、1〜3階を、外部の吹き抜け空間「ヴォイド」によって、緩やかに街につなげていくことができる。地域に開放するオープンスペースには、学生や地域の人々が集い、スタッフとともに活発な交流が生まれている。

Ar:（株）ライブ環境建築設計
Pr:片山康浩
D:（株）ライブ環境建築設計 片山康浩

17G100976

規格住宅
山根木材のちいさな家

Standardized House
chiisanaie
Ar: Yamane Holdings + Saburo Sugita Architects + LINE NOTES + sasimonokagu takahashi

「small is beautiful」をコンセプトに、小さくて美しい暮らしを提案する12坪平屋建ての規格住宅。広島県産材を使い、日々の生活を楽しみながら、ゆっくりと創造的に暮らすことのできる住宅を設計した。450万円という価格設定で、これまでの「家」の概念を変えながら、新たな需要の創造や、次なる暮らし方の発見をめざしている。

Ar:ヤマネホールディングス（株）+（株）杉田三郎建築設計事務所＋（株）ライナーノーツ＋さしものかぐたかはし
Pr:ヤマネホールディングス（株）山根誠一郎
Dr:ヤマネホールディングス（株）岡田宏隆
D:（株）杉田三郎建築設計事務所／広島工業大学 杉田宗＋（株）LINER NOTES 中山慎介＋さしものかぐたかはし 高橋雄二

17G100977

Stage

Beatrix Design

Stage
Beatrix Design
Ar: Beatrix Design

夜のとばりが下り、月の光がコンクリートを固めてダイヤモンド型にカットしたバーを照らす。天井を低めにしたリビングルームに座る男は、手にしたコーヒーカップを置き、木目のフローリングを横切って鋳鉄で作ったフランス窓の前に立つ。

Ar：Beatrix Design
Pr：Beatrix Design
Dr：Beatrix Design
D ：Nomas Chen, Angelo Cho, Irene Haung

17G100979

Pier.18

Beatrix Design

Pier.18
Beatrix Design
Ar: Beatrix Design

本住宅は世界中からの船が出入りする基隆港に面した立地で、背後に山の斜面が迫っている。築40年以上の古い建物が、歴史の染み込んだコンクリートの壁、古い電線や配管を魅せる形で生き続けている。

Ar：Beatrix Design
Pr：Beatrix Design
Dr：Beatrix Design
D ：Nomas Chen, Angelo Cho, Layla Lin

17G100980

Residential

Multi-function with Balance

Residential
Multi-function with Balance
Ar: FU-GE Design Integration Co., Ltd.

スペースに制約のある住宅の設計を成功さ
せる鍵はバランスであり、雰囲気に重点を置
き、デザインの本質的な要素のみに集中する
ことも欠かせない。従来より小型住宅のス
ペース利用では中2階が用いられるが、本住
宅では3.6メートルおよび4.2メートルという
2種類の天井高を設けることで、視覚と空間
の両面でほかとは異なる体験を創り出した。

Ar：FU-GE Design Integration Co., Ltd.
Pr：FU-GE Design Integration Co., Ltd.
Dr：Ling-Fang Huang
D ：Ling-Fang Huang

17G100981

House

House TS

House
House TS
Ar: hiiarchitects co., ltd.

台北の淡水区の山に囲まれた高台に立地す
る住宅。築100年のレンガ造りの住宅をリノ
ベートした家には、ユニークなテイストの小家
族が住む。オーナーの個性を反映した住宅と
いう要望に応えた。風光明媚な淡水の山々、
そして地元の赤錆色の土に着想を得た。

Ar：hiiarchitects co., ltd.
Pr：Wang Yang-En, Huang Kao-Chuang, Hu
Jin-Yuan, hiiarchitects co., ltd.
Dr：Wang Yang-En, Huang Kao-Chuang, Hu
Jin-Yuan, hiiarchitects co., ltd.
D ：Wang Yang-En, Huang Kao-Chuang, Hu
Jin-Yuan, hiiarchitects co., ltd.

17G100982

The W Space

Wotancraft

The W Space
Wotancraft
Ar: One Work Design Limited

レザーデザインに特化した2008年創業の工房。ブランド精神に沿って出店した旗艦店の店内は、30平方フィートのスペースが商品展示エリアとオフィスエリアで構成される。両者が複合された設計という希望があったことから、ストア・イン・ストアの構想が生まれた。店内にはコーヒーバーが入っている。

Ar：One Work Design Limited
Pr：One Work Design Limited + Wotancraft
Dr：One Work Design Limited + Wotancraft
D ：Pi-Yu Yuan, Cheng-Shing Wang, Feng-Hsiang Chang, One Work Design Limited

17G100983

Free Space

Micro / Free Space

Free Space
Micro / Free Space
Ar: One Work Design Limited

単身者用の小型住宅の設計プロジェクト。小さな家での一人暮らしのニーズに対応することが設計の目的だった。スペースの制約に合わせて浴室やキッチン、階段を特別に設計。太陽光が入り、屋外の緑が見える設計となった。2階はさまざまなニーズに応じてスペースを自由に調整できるコンパートメント形式にした。

Ar：One Work Design Limited
Pr：One Work Design Limited + Wotancraft
Dr：One Work Design Limited + Wotancraft
D ：Pi-Yu Yuan, Cheng-Shing Wang, Feng-Hsiang Chang, One Work Design Limited

17G100984

Residential Building

Four Seasons. Taida

Residential Building
Four Seasons. Taida
Ar: Tang Sung Real Estate Development Co., Ltd.

現代人の目から伝統的な精神を模索し実践した、国立台湾大学にある住居ビル。都市空間に建てられたこのビルは、自然の中の隠れ家のような感覚をつくり上げることに成功している。金属製のパネルなどを用いて外界とのコントラストと調和が両立する空間を生み出し、建物の精神的な基盤に東洋の魅力や特性を吹き込んだ。

Ar：Tang Sung Real Estate Development Co., Ltd.
Pr：Tang Sung Real Estate Development Co., Ltd.
Dr：Liao Kuo-Chih, Tang Sung Real Estate Development Co., Ltd. + Cheng Shao Cheng-Tao, Z-Work Design Co., Ltd.
D ：Fu Ting-Fong, Cheng Chih-Jen, Wu Chun-Hua, Lin Po-Jui, Lu Chung-Hao, Tang Sung Real Estate Development Co., Ltd.

17G100985

Residential Building

Four Seasons. Taida

Residential Building
Four Seasons. Taida
Ar: Tang Sung Real Estate Development Co., Ltd.

現代人の目から伝統的な精神を模索し実践した、国立台湾大学にある住居ビル。都市空間に建てられたこのビルは、自然の中の隠れ家のような感覚をつくり上げることに成功している。金属製のパネルなどを用いて外界とのコントラストと調和を両立する空間を生み出し、建物の精神的な基盤に東洋の魅力や特性を吹き込んだ。

Ar：Tang Sung Real Estate Development Co., Ltd.
Pr：Tang Sung Real Estate Development Co., Ltd.
Dr：Liao Kuo-Chih, Tang Sung Real Estate Development Co., Ltd. + Hsieh Wen-Chih, Chen Yi-Wen, Protocol Design Research Office
D ：Fu Ting-Fong, Cheng Chih-Jen, Hsu Chun-Jen, Chen Ching-Liang, Tang Sung Real Estate Development Co., Ltd. + Hu Yung-Fu, Hu Yung Fu Architect & Associates

17G100986

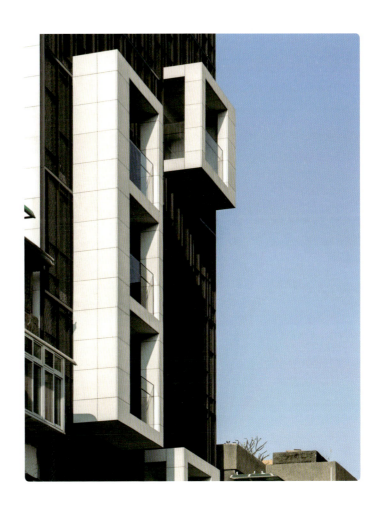

軽度知的障がい者グループホーム

峠のグループホーム

Group Home for Intellectually Disabled People
Group Home on Hill Pass
Ar: NPO Hana + SOGO Architecture & Urban Design

峠に沿った北側斜面地に建つ軽度知的障がい者のグループホーム。地形に埋め込まれるようにして建てられている。擁壁をそのまま立ち上げたコンクリートの外壁に、木の梁を掛けて床を構成した建築。目線の高さよりわずかに高い位置に設けた大きな窓が、プライバシーを確保しつつ街と居住者を常につなぐ。

Ar：NPO法人はな＋SOGO建築設計
Pr：SOGO建築設計 十河彰、十河麻美
Dr：SOGO建築設計 十河彰、十河麻美
D ：SOGO建築設計 十河彰、十河麻美

17G100987

介護付き有料老人ホーム

ガーデンテラス尾山台

Elderly Housing with Nursing Care
GARDEN TERRACE OYAMADAI
Ar: SHIMADA ASSET PARTNERS Co., Ltd.

尾山台の閑静な住宅街に、周辺環境と共存していくことができる高齢者の住まいを計画した。1階の地域交流スペースは、入居者だけでなく近隣住民に開放可能であり、2階から上階は北側の緑地や丘陵地に広がる住宅街の眺望など、外部環境を積極的に取り込む計画としている。

Ar：シマダアセットパートナーズ（株）
Pr：シマダアセットパートナーズ（株）代表取締役 島田成年
Dr：シマダリビングパートナーズ（株）代表取締役 三田武
D ：シマダアセットパートナーズ（株）副部長 須藤潤

17G100988

養護老人ホーム
きぬがさ

Nursing Home for the Elderly
KINUGASA
Ar: Shoji Ikuma Architects Office

少ない支援員数で、特別養護老人ホームより介護度の低い人が入居する老朽化した50床と80床の2カ所の養護老人ホームを全室個室として統合再編した。少人数地域分散型高齢者施設が促進される近年、集約型のメリットを活かしたケアと居住環境の充実をめざし、中庭や吹き抜けが適度な分割と連続をつくり、画期的なユニットケアを実現した。

Ar：伊熊昌治建築設計事務所
Pr：(社福)グロー
Dr：伊熊昌治建築設計事務所 伊熊昌治、高木恭子
D：伊熊昌治建築設計事務所 伊熊昌治、高木恭子＋能勢建築構造研究所 横田友行、松島洋介＋知久設備計画研究所 知久昭夫、木村義博、椋尾誠一＋京都造形芸術大学教授 佐々木葉二

17G100989

学生寮
大正大学15号館 地域構想研究所

Student Dormitory
Taisho University Building #15 Institute of Regional Development
Ar: Taisho University + Obayashi Corporation

キャンパスに対峙する、大通り沿いに建つ大学研究所を併設した学生寮である。1フロア8名の学生が、リビングなどをシェアしながら共同生活を送っていく。大学施設としての品格を保つ端正な外観に加え、リビングと寝室の間に収納棚の空間を設け、各々を緩やかにつなげたことが特徴である。

Ar：大正大学＋(株)大林組
Pr：大正大学 専務理事 柏木正博
Dr：(株)大林組 設計本部 安藤雅敏
D：(株)大林組 設計本部 堤裕二、奥田真里子

17G100990

間取り可変システム

UGOCLO（ウゴクロ）

Variable System for Layout
UGOCLO
Ar: HASEKO Corporation ＋ foris

背中合わせに配置した2組の可動収納ユニットをそれぞれ平行移動させることで、ユニット両側の居室空間とその間の収納空間の広さが自由に変更できる、マンション用の新しい間取り可変システムである。居住者自身で簡単にユニットを移動でき、大掛かりなリフォームをせずに、ライフスタイルの変化や間取りの変更に柔軟に対応できる。

Ar：(株)長谷工コーポレーション＋(株)フォリス
Pr：(株)長谷工コーポレーション 技術推進部門常務執行役員 定永好史
Dr：(株)長谷工コーポレーション 技術推進部門技術開発室 青山勝、井上雅之＋(株)フォリス 商品企画部 高木康裕、長岡哲二
D：(株)長谷工コーポレーション 技術推進部門商品企画室 高瀬有二、渡沼千晶／エンジニアリング事業部デザイン室 倉持美香、毛利俊彦／エンジニアリング事業部第2設備設計室 大橋渉

17G100991

木質住宅構法

センチュリーモノコック

Wooden House Construction
CENTURY MONOCOQUE
Ar: Misawa Homes Co., Ltd

住宅の断熱性と開放性の両立をめざした構法。現在、ZEH（ネット・ゼロ・エネルギー・ハウス）への対応は急務であるが、外皮性能優先による基準値の最低限まで絞られた開口部、過度な空調依存といった閉鎖性は本来の住宅の快適性にそぐわない。新開発の木質パネルにより高断熱と大開口の両立、高耐震と大空間の両立、最高基準の健康・快適性を実現した。

Ar：ミサワホーム(株)
Pr：ミサワホーム(株) 商品開発本部
Dr：ミサワホーム(株) 商品開発本部
D：ミサワホーム(株) 商品開発本部

17G100992

梁受金物

2L型 TCW-33

Joist Hanger
2L mold TCW-33
Ar: SANEI ARCHITECTURE PLANNING CO., LTD.

木造の金物工法普及の一方、従来の在来軸組と比較して、価格面のデメリットを改善し、さらに耐震性、施工性の向上を図った新たな金物である。鉄の持っている性能を最大限活かし、いかに性能を落とさず軽量化とコストダウンを実現できるか鉄鋼メーカーの技術研究部門と共同開発をおこなった。

Ar：(株)三栄建築設計
Pr：(株)三栄建築設計 デザイン研究開発室 並木昭久、山口東洋彦、山田麻子＋(株)タツミ
Dr：(株)タツミ 田所洋介＋(株)三栄建築設計 商品管理室 福原圭介

17G100993

スケルトンインフィルの構造と間仕切壁

SI間仕切壁

Structure on Skeleton / Infill and Partition Wall
SI partition
Ar: Sumitomo Forestry Co., Ltd.

取り付け・取り外しが容易な、スケルトンインフィルを考慮した非耐力間仕切り壁。あらかじめ間仕切り壁の配置が自由になる独自の構造計画とすることで、間取り変更時に再度構造計算をする必要がなく、短期間かつローコストでのリフォームが可能となる。住まい手や住まい方が変わっても常に最適な暮らしができる、進化したスケルトンインフィルの木造住宅を実現する。

Ar：住友林業(株)
Pr：住友林業(株) 技術商品開発部
Dr：住友林業(株) 技術商品開発部
D ：住友林業(株) 技術商品開発部

17G100994

照明計画ガイドライン

野村不動産×コイズミ照明
「街並み照明計画」の取り組み

Lighting Plan Guidelines
"City Streets Lighting Project," a joint effort between
Nomura Real Estate and Koizumi Lighting
Ar: Nomura Real Estate Development Co., Ltd.

当社の分譲戸建ブランド「プラウドシーズン」で展開する、街並みの景観に配慮する屋外照明のガイドライン。夜の街並みという視点で豊かな夜の景観をつくることが目的。街全体で考える照明設計プロセス、光のディテール検証、自動点灯制御の導入などにより、美しさと安心・安全が両立し、住民が共感・維持しやすい夜の景観を実現した。

Ar：野村不動産（株）
Pr：野村不動産（株）住宅事業本部 戸建事業部 青木秀友
Dr：コイズミ照明（株）LCR東京 建築環境照明デザイン室 折居直純、熱田友加里
D：野村不動産（株）住宅事業本部 戸建事業部 吉井浩介、永田佐津紀、中里和佳

17G100995

11

住宅（中～大規模集合住宅）
Housing（Middle or Large Apartment House）

住宅の中でも、大規模な集合住宅や面的開発の戸建住宅が中心のユニット11の作品は、その特性からいって、単体のデザインや性能への評価に加えて、それが周辺環境に対して大きな影響力をもち、その影響力が長時間にわたるという観点からも評価されるべきものであろう。選出された作品を振り返ってみると、そうした周辺環境への配慮、時間を取り込んだスタンスが建築のデザインの中に息づいているものが多かったように思う。言い換えれば、建築単体の「もの」としてのデザインのクオリティとプログラムや取り組みの実態といった「こと」が、ともにそろった作品が結果的に選出されるに至った、といえるだろう。

2017年のユニット11の応募作品を概観すると、そのファサードなどの外観のデザインに傾注したもの、まちづくりなどソフト面を計画に取り込んだもの、それに加えて、間取りの可変性や改修の可能性を広げるような作品に大別される。大規模な集合住宅でも住戸の間取りへの提案が多くなったのは、居住単位の多様化やライフスタイルの多様化に対応したものとして注目に値する。しかし、既成の住戸プランの連続が大半を占めているのも現実である。単身居住者の増加、しかも高齢の単身居住者の増加などを考慮すれば、プログラムと連動したさらなる提案が望まれるし、集合住宅というジャンルはそれに応えうる可能性をもっていると思う。高齢者施設、一般のマンション、戸建て住宅、といったビルディングタイプにとらわれない発想から新たなデザインが創出されることを期待したい。

また、環境に対する取り組みは単に技術的なアプローチにとどまらず、生活のスタイル、コミュニティとともに環境共生が組み込まれた作品が出てきた。これは、環境共生が広義なものとして展開している証左として、多いに評価できるし、成熟した日本社会のデザインとして発信できるジャンルといえよう。

篠原聡子

集合住宅

亀戸の集合住宅

Housing Complex
Kameido Housing Complex
Ar: GS Development Co., Ltd. +
Uchino Kensetsu Co., Ltd. + AIUEO STUDIO +
ITO TAKASHI

大通りより少し入り込んだ現地に足を運んでみると、混在して建ち並ぶ建物によって閉鎖的なイメージがあり、閑散とした公園には賑わいがなくどちらかというと暗い印象を持った。この計画により公園と街が一体となり活気を呼び戻す、根本的な街並みの改善をめざした。道、公園に対してどのように対峙し向き合うかが本計画の課題であった。

Ar:（株）GSディベロップメント＋内野建設（株）＋AIUEO STUDIO（株）＋ito.＋伊藤教司建築設計事務所
Pr:（株）GSディベロップメント 德山真樹＋内野建設（株）矢野文雄
Dr:（株）GSディベロップメント 大嶋譲二＋内野建設（株）黒田哲治、松原太
D：AIUEO STUDIO（株）佐々木純也＋ito.＋伊藤教司建築設計事務所 伊藤教司

17G110996

集合住宅

レクシード両国駅前

Residential
REXCEED RYOGOKUEKIMAE
Ar: J-REX CORPORATION

JR両国駅から徒歩3分。辻の賑わいがある三方道路の角地に建つ集合住宅。各道路は景観や趣きの異なる街に面した立地であることから、それぞれの面に合わせた3つの構えをデザインした。特に東面は都市と住宅スペースを取り持つ配慮としてバルコニー形状を互い違いにし、外観デザインにリズム感を与えるとともに生活空間をより楽しむ計画とした。

Ar:ジェイレックス・コーポレーション（株）
Pr:ジェイレックス・コーポレーション（株）代表取締役 春田英樹
Dr:ジェイレックス・コーポレーション（株）鈴木政保
D：ジェイレックス・コーポレーション（株）不動産開発部

17G110997

分譲マンション

クレヴィア田端

Condominium
CREVIA TABATA
Ar: itochu property development, ltd., + SANSHINJYUKEN, LTD.

北区田端にある総戸数33戸の分譲マンション。特徴は、東京ガスの社内シンクタンク都市生活研究所と共同設計した間取り「のぞみプラン」だ。同研究所による綿密な生活調査をもとに、家族のライフステージごとに適した間取りを複数提案。現代家族の物理的・行動的ニーズを具現化した住空間の提案をおこなった。

Ar：伊藤忠都市開発（株）＋三信住建（株）
Pr：伊藤忠都市開発（株）小澤孝朗、室井俊希＋東京ガス（株）黒澤健
Dr：伊藤忠都市開発（株）室井理美
D：（株）三輪設計 菊地大輔

17G110998

分譲マンション

ピアース初台センティア

Residence
PIASHATSUDAISENTIA
Ar: MORIMOTO Co., LTD.

都市インフラによる弊害、すなわち国道と高速道路の騒音が住宅地域に及ぼすデメリットに向けた対応策を、建築デザインに積極的に盛り込むことで、居住者だけではなく周辺住民にとっても意義のある開発となることをめざした。

Ar：（株）モリモト
Pr：（株）モリモト 代表取締役社長 森本浩義
Dr：（株）モリモト 不動産企画部 大橋眞、前田徳生
D：（株）フレグライン建築設計 代表取締役 福田馨

17G110999

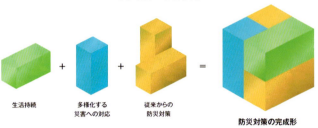

集合住宅における新防災システム

ライオンズの新しい防災対策
『SONA-L SYSTEM』

As Usual and Protection Against Disasters
As usual and protection against any kind of disasters of LIONS "SONA-L SYSTEM"
Ar: Daikyo Incorporated

当社は従来から数々の防災対策を施してきたが、建物に損傷がなくてもライフラインの途絶により自宅での生活持続が困難になるケースは多い。また近年多発している集中豪雨などの多様化する災害への対応は充分でない。そこであらゆる災害が起きても自宅で生活持続できるシステムを構築し、集合住宅における防災対策の完成形をめざした。

Ar：(株)大京
Pr：(株)大京 中山雄生、大浦武、前畑薫、小田島隆行、内田麻衣子
Dr：(株)大京 中山雄生、大浦武、前畑薫、小田島隆行、内田麻衣子
D ：(株)大京 中山雄生、大浦武、前畑薫、小田島隆行、内田麻衣子

17G111000

集合住宅

イニシアクラウド渋谷笹塚

Condominium
INITIA CLOUD Shibuya Sasazuka
Ar: COSMOS INITIA Co., Ltd.

場の用途と動線を住まい手がデザインする住まいを提案する。動線、領域、間仕切りの質感を自在にし、「場」へのアクセス、居場所、空間の関係性を選択し、住まい手が定義づけできるようにした。住まいの自在性を高めることで、多様な居心地を生み出し、暮らしながら住まいを思考することを期待している。

Ar：(株)コスモスイニシア
Pr：(株)コスモスイニシア
Dr：(株)コスモスイニシア＋デザインオフィスnendo
D ：デザインオフィスnendo＋横堀建築設計事務所＋(有)ケイ・ワークス＋(株)いろ葉Design 大武一伯

17G111001

集合住宅
イニシア葛西／ポケットベース

Condominium
INITIA Kasai / POCKET BASE
Ar: COSMOS INITIA Co., Ltd. + mihadesign. inc

住空間において、行為の誘因と関係性の拡張を図った集合住宅。生活の中のさまざまな行為を重ね合わせることによって住空間の中に1.5層の空間を生み出し、気配の感じ方、距離感のとらえ方、滞在のカタチの選択により、住まい手の住空間における居心地が多様化していくことを期待している。

Ar：(株)コスモスイニシア＋(株)ミハデザイン一級建築士事務所
Pr：(株)コスモスイニシア
Dr：(株)コスモスイニシア
D：(株)ミハデザイン一級建築士事務所＋(株)K＆T一級建築士事務所＋(株)いろ葉Design 大武一伯

17G111002

集合住宅
Court Modelia akasaka 895

Condominium
Court Modelia akasaka 895
Ar: KOMURA AGENCY CO., LTD. +
yuki CONSTRUCTION CO,. LTD.

都市建築文化の新しい価値を創るために既存躯体を山止めとして使用し、通常では使われない地下2階まで居住空間に活用した集合住宅。坂傾斜を利用し、10メートル以下の高さ（建築基準法上）以内で地下2階地上4階の集合住宅に再構築した。道路面の地下住居は2.5層のスキップフロアで、3メートルのドライエリアによって奥まで外光を採り入れている。

Ar：(株)コムラエージェンシー＋幸建設(株)
Pr：(株)コムラエージェンシー 代表取締役 小村峰之
Dr：(株)コムラエージェンシー 代表取締役 小村峰之
D：(有)谷内田章夫ワークショップ 谷内田章夫

17G111003

マンション

ZOOM 芝浦

Condominium
ZOOM SHIBAURA
Ar: Toshin Partners co., Ltd.

全住居を天井の高い空間とロフトのある立体居住とした集合住宅。限られたボリュームの中で特殊な断面計画を採用した。すべて奥まで見渡せるプランのため、専有面積のすべてを感じることができる。2階から7階は1層と1.5層を交互に組み合わせたスタジオユニット、8・9階は1.5層のフルフラット、10・11階は2住戸分の広さの1.5フルフラットとした。

Ar：(株)トーシンパートナーズ
Pr：(株)トーシンパートナーズ 千代谷直之
Dr：(株)トーシンパートナーズ 開発事業本部 加藤寛
D ：(有)谷内田章夫ワークショプ 谷内田章夫

17G111004

店舗・共同賃貸住宅

コートモデリア表参道／
コートモデリア表参道アネックス

Residential with Retail
Court Modelia OMOTESANDO /
Court Modelia OMOTESANDO ANNEX
Ar: Modelia Company Limited + SHUKOU KENSETSU Company Limited

表参道ヒルズの裏手の閑静な住宅街にある小さな行き止まり路地「alley」に面した2棟の賃貸集合住宅。2棟はalleyとともにデザインコードを共有しながらひとつの集合体となるように構成されている。alleyから続く大階段やブリッジによって緩やかに街とつながり、alleyは2棟の建築と合わせて都市的領域となり、街と住居の間の緩衝体となっている。

Ar：(株)モデリア＋秀光建設(株)
Pr：(株)モデリア 代表取締役 郷内秀峰
Dr：(株)モデリア 代表取締役 郷内秀峰
D ：木下道郎ワークショップ 木下道郎

17G111005

集合住宅

ラ・アトレレジデンス蟻ヶ崎台

Residence
L'ATTRAIT RESIDENCE ARIGASAKIDAI
Ar: L'attrait Co., Ltd.

晴天率の高い長野県松本市の南東斜面の低層住宅地という立地特性を活かし、屋上全面に太陽光パネルを敷設、光熱費実質0円のゼロエネルギーハウスを実現した分譲集合住宅である。さわやかな中庭には燕が飛び交い、小鳥のさえずりや虫の音が聞こえる。人の世界と自然とがバランス良く調和する、そんな永く住み続ける住まいをめざした。

Ar:（株）ラ・アトレ
Pr:（株）ラ・アトレ
Dr:（株）ラ・アトレ＋（株）SKM設計計画事務所＋（株）ケプラー都市建築設計
D:（株）SKM設計計画事務所 柴田知彦、市川奨、阿部弘樹＋（株）ケプラー都市建築設計 加藤兼雄、熊谷新春

17G111006

ワンルームマンション

ラグディア高輪

Studio Apartment
LUXUDEAR TAKANAWA
Ar: SATOH Hirotaka Architects + INVALANCE + DAIOH-SHINYO Construction

ワンルームマンションの新しいカタチ。水廻りを住戸間に挿入し、外廊下とバルコニーの両方からの採光によって、明るく開放的な空間を実現した。採光は外廊下のガラスブロックから取り入れ、室内のプライバシーは確保される。バルコニー側は梁型をなくして、天井の高さまであるハイサッシから空を見上げられるような開放感を創り出した。

Ar:（株）佐藤宏尚建築デザイン事務所＋（株）インヴァランス＋大旺新洋（株）
Pr:（株）インヴァランス 代表取締役 小暮学
Dr:（株）インヴァランス 開発事業部 米田剛／開発事業部 建築設計課 都平康弘
D:（株）佐藤宏尚建築デザイン事務所 佐藤宏尚、野口雅広、池田達彦

17G111007

613

賃貸集合住宅

プラウドフラット中落合

Rental Apartments
PROUD FLAT NAKAOCHIAI
Ar: NOMURA REAL ESTATE
DEVELOPMENT CO., LTD. +
NOBORU USHIGOME ARCHITECTURE OFFICE

西武新宿線中井駅からの商店街に位置する37戸の賃貸共同住宅。下町的要素を持つ準工業地域と住居系地域が混在するエリアに位置する。事業の制約の中で細やかな建築的配慮により、賃貸住宅であっても豊かさや快適性を感じられる専有、共用空間を実現した。また近隣への配慮により、人・場・街に受け入れられる住まいを意図した。

Ar：野村不動産（株）＋牛込昇建築設計事務所
Pr：野村不動産（株）都市開発事業本部 賃貸住宅・ホテル事業部 塚崎敏英
Dr：野村不動産（株）都市開発事業本部 建築部 船木義和、望月康行、高木理菜
D：牛込昇建築設計事務所 牛込昇＋工新建設（株）一級建築士事務所

17G111008

集合住宅

ファインシティ横浜江ヶ崎ルネ

Apartment Building
fine city yokohama egasaki renai
Ar: KEIHAN REAL ESTATE CO., LTD.

IMAGINE TERRACEとは、住まう人が想像し住まいに求めたコトを実現するモノづくりの挑戦。求められたコトを叶えるための配置計画、その結果生まれるコトを演出する舞台。賛同してくれた企業とのコラボは将来にわたりコトを持続可能にする。ここは338家族がコミュニティという花を咲かせ、感動や喜びをシェアできる舞台。

Ar：京阪電鉄不動産（株）
Pr：京阪電鉄不動産（株）＋総合地所（株）＋（株）長谷エコーポレーション
Dr：京阪電鉄不動産（株）＋総合地所（株）＋（株）長谷エコーポレーション
D：（株）長谷エコーポレーション 佐渡和夫

17G111009

集合住宅
ファインシティ甲子園

Apartment Building
fine city co-shien
Ar: KEIHAN REAL ESTATE CO., LTD.

50年を超える団地の再生事業としてスタートした本物件で追求したものは、従前のコミュニティをいかに未来につなげるかである。エリアマネジメントによる持続可能なコミュニティ形成を促す拠点をマンション共用部に配し、居住者のみならず地域住民が世代を超えた交流を通じ、この地域に住んでいるからこその出会いが生まれる場所をめざした。

Ar：京阪電鉄不動産（株）
Pr：京阪電鉄不動産（株）
Dr：（株）長谷エコーポレーション エンジニアリング事業部 大石高久＋HITOTOWA INC. 荒昌史、葛西優香
D ：（株）長谷エコーポレーション エンジニアリング事業部 第3設計室 中川慎介／デザイン室 湯口享

17G111010

集合住宅
ローレルコート西葛西

Apartment
Laurel court NISHIKASAI
Ar: KINTETSU REAL ESTATE Co., LTD.

家に帰り着いたときの安堵感にこだわりプランニングした。木箱のようなエントランスは、帰ってきた瞬間から視覚的な温もりと安堵感を醸成。木調マテリアルが続く共用廊下を設け、家の玄関に着く頃には安らぎで満たされるよう設計した。そこに流れる時間の速度を変え、気持ちを緩めるスローアーキテクチャーという考え方が根底にある住まいとした。

Ar：近鉄不動産（株）
Pr：近鉄不動産（株）首都圏事業本部 専務取締役本部長 田中孝昭
Dr：近鉄不動産（株）首都圏事業本部 部長 迫田拓夫、課長 今井幹太、福田隆博、岩下善己／部長 西尾信洋、課長 三村卓也、徳間伸好／部長 岡本行展、課長 北村富彦、小野瑞恵
D ：ベイシスデザイン事務所 佐藤基

17G111011

集合住宅

ジオ高槻ミューズレジス

Condominium
GEO TAKATSUKI MUSE RESICE
Ar: Hankyu Realty Co., Ltd.

JR高槻駅北東地区都市開発事業（MUSE たかつき）の最終プロジェクトとして位置づけられた複合型集合住宅。歩行者用デッキや、地域に開かれた緑豊かな外部空間の整備など、周辺地域と調和しながら駅前にふさわしい新たな街並みを形成するとともに、少子高齢化社会を背景に、安心して永く住み続けられる住まいづくりを実現した。

Ar：阪急不動産(株)
Pr：阪急不動産(株) マンション事業推進部 小津敏弘、山村昌央、長江麻衣子
Dr：(株)竹中工務店 大阪本店 設計部 立本良
D ：(株)竹中工務店 大阪本店 設計部 榎本弘美、清水正憲、酒井道助

17G111012

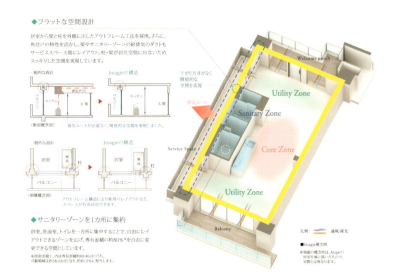

集合住宅

パークホームズ赤羽西
～間取り変更プラン「Imagie（イマジエ）」～

Condominium
PARK HOMES AKABANE-NISHI
Room Arrangement Plan "Imagie"
Ar: Mitsui Fudosan Residential Co., Ltd.

ライフスタイルの多様化、変化する家族構成、マンションへの永住志向など多岐にわたる要望に応えるために開発した究極の間取り変更プラン。日常生活を続けながら、手軽に間取り変更をおこなう新しい住まい方を提案したものである。

Ar：三井不動産レジデンシャル(株)
Pr：三井不動産レジデンシャル(株) 都市開発二部長 小林幹彦
Dr：三井不動産レジデンシャル(株) 都市開発二部 岡部淳郎／千葉支店 事業室 長戸早紀子

17G111013

集合住宅

ザ・パークハウス 市谷甲良町

Condominium
The Parkhouse Ichigaya koracho
Ar: MITSUBISHI JISHO RESIDENCE CO., LTD.

自然を感じる開放的な暮らしと、地域の住環境向上をテーマに、不規則に配置したバルコニーや庇が、伸びやかに広がる広葉樹と折り重なり調和する有機的建築である。都心を忘れさせる親緑性と住戸の独立性ある暮らしを提供するとともに、建物に立面的な軽やかさをもたらし周辺環境への圧迫感を軽減し、歴史をまとう甲良町の風景にとけ込む建物を実現した。

Ar：三菱地所レジデンス(株)
Pr：三菱地所レジデンス(株) 第二計画部長 榛葉章良
Dr：三菱地所レジデンス(株) 第二計画部 計画第三グループ長 岩田毅彦、島田豪志／商品企画部 第一商品設計室第二グループ 矢部悠人
D ：(株)SUEP. 代表取締役 末光弘和、代表取締役 末光陽子＋(株)アーキフォルム 代表取締役 寺川一郎、建築設計室 室長 渡辺功

17G111014

集合住宅

ザ・パークハウス 東陽町レジデンス

Condominium
The Parkhouse Toyotyo Residence
Ar: MITSUBISHI JISHO RESIDENCE CO., LTD.

現在販売されているマンションのほとんどは、立地、価格がメイン指標であり、その商品構成はどの階層にも対応する田の字型3LDKプランに集約されている。本物件は、変化する住まいをユーザーとともに考え、家族のこれからに対応する解を導き今後のマンション市場に影響を与えるきっかけを生んだ。この流れが業界に浸透することを期待している。

Ar：三菱地所レジデンス(株)
Pr：三菱地所レジデンス(株) 第一計画部長 平川清士
Dr：三菱地所レジデンス(株) 第一計画部グループ長 鴨志田武
D ：三菱地所レジデンス(株) 橋田萌、堀込沙也加、山田直子、渡辺尚子、大沢翔太＋(株)メックecoライフ 平生進一、三輪弘美、宮脇優子

17G111015

集合住宅

ザ・パークハウス グラン 南青山

Condominium
The Parkhouse Gran Minamiaoyama
Ar: MITSUBISHI JISHO RESIDENCE CO., LTD. +
MITSUBISHI LOGISTICS CORPORATION

表参道駅から徒歩4分、ハイブランドが建ち並ぶエリアに建つ総戸数101戸の物件である。南青山にあるべきマンションを追求し、街並みとの連続性に配慮。ランダムに配置したマリオンや天然石によって青山に息づく美意識を表現した外観や、街に開かれた植栽計画、街と調和した照明計画など、一過性のものではなく、長く愛され住み継がれる邸宅を創造した。

Ar：三菱地所レジデンス（株）＋三菱倉庫（株）
Pr：三菱地所レジデンス（株）第二計画部長 榛葉章良
Dr：三菱地所レジデンス（株）第二計画部 計画第四グループ長 石原稔久、商品企画部 第一商品設計室 第二グループ長 森島大登
D ：アーキサイトメビウス（株）代表取締役 今井敦＋東急建設（株）建築本部 建築設計部 次長 野村俊哉

17G111016

共同住宅

BIG FRONT ひろしま

Condominium
Big Front Hiroshima
Ar: SUMITOMO REALITY & DEVELOPMENT CO., LTD.

人口減少と高齢化が進む車社会の地方都市において、誰もが受けられる医療と福祉の確保は命題である。本計画では利便性の高い広島駅前にパーク＆ライドによる車社会と電車利用の接合点を生み出し、医療や福祉などの公益施設を集約。今後の地方創生につながる多用途な重層コンパクトシティのモデルケースと考えている。

Ar：住友不動産（株）
Pr：住友不動産（株）取締役 住宅分譲事業本部長 青木斗益＋（株）アール・アイ・エー 取締役 大阪支社長 奥村雅一
Dr：（株）アール・アイ・エー 設計部設計室長 川岡功侍
D ：（株）アール・アイ・エー 設計部長 中尾武史

17G111017

共同住宅

ガーデンヒルズ四ツ谷 迎賓の森

Condominium
Garden Hills Yotsuya Geihin no Mori
Ar: SUMITOMO REALITY & DEVELOPMENT CO., LTD.

由緒ある赤坂御用地に隣接し、都心にありながら眼下には緑が広がる稀有な敷地にたたずむ集合住宅である。都市と自然との境界に位置しており、L型のプライベートバルコニーで内部と連続したプライベート空間を創出。さらに建物中央部には五感に訴えるデザインとした中庭を設け、住まう人々を中庭に誘いコミュニティの形成にも寄与している。

Ar：住友不動産（株）
Pr：住友不動産（株）製品企画室長 和泉沢忠晴
Dr：住友不動産（株）製品企画室 今井康博
D ：住友不動産（株）製品企画室長 和泉沢忠晴

17G111018

共同住宅

シティテラス平井

Condominium
City Terrace Hirai
Ar: SUMITOMO REALITY & DEVELOPMENT CO., LTD.

一般的な共同住宅のエントランスは屋内をいかに広く豪華にするかを競ってきた。本物件では既成概念にとらわれることなく、心地よい外部空間を設け、住民と地域が集えるようデザインした。開放感と安心感を両立させ、コミュニケーションを守り立てることに成功している。これにより集合住宅のプランニングを新たに進化させた。

Ar：住友不動産（株）
Pr：住友不動産（株）製品企画室長 和泉沢忠晴
Dr：住友不動産（株）製品企画室 三澤慶介、赤坂英司
D ：住友不動産（株）製品企画室長 和泉沢忠晴

17G111019

共同住宅

シティテラス品川イースト

Condominium
City Terrace Shinagawa East
Ar: SUMITOMO REALITY & DEVELOPMENT CO., LTD.

天王洲ウォーターフロント周辺は古い港湾工場街が隣接するエリア。そこに地域価値向上をめざして生活の中心を水辺とする、リビングと一体化したテラスバルコニーを計画。併せて以前対岸に開発した建物のデッキを継承し、全長100メートルのプライベートデッキをコミュニティの核として創出した。生活の営みが水辺の風景に彩りを添えている。

Ar：住友不動産（株）
Pr：住友不動産（株）製品企画室長 和泉沢忠晴
Dr：住友不動産（株）製品企画室 今井康博
D ：住友不動産（株）製品企画室長 和泉沢忠晴

17G111020

集合住宅

プラネソシエ神戸元町

Housing Complex
PLANE SOCIE KOBE MOTOMACHI
Ar: OBAYASHI-SHINSEIWA REAL ESTATE CO., LTD.

歴史的建築物の外壁2面が保存された敷地内に店舗付き集合住宅を建築し、敷地全体の再生を図った計画である。保存壁との対比と対話による外観デザインが新たな都市景観を創出し、保存壁と集合住宅の間に生み出された空間は多様な人々が行き交うことで人と街との新たな関係を創生し、歴史的都市遺産の保存・継承と共存・融合を図っている。

Ar：大林新星和不動産（株）
Pr：大林新星和不動産（株）賃貸事業第二部 栄雅祥、栗本靖子、長谷川仁
Dr：大林新星和不動産（株）施設管理部 香椎英樹、五町善雄、森野寛史
D ：（株）IAO竹田設計 山口隆幸、原口晴之、佐山義明

17G111021

集合住宅

プレミスト白金台

Condominium
PREMIST SHIROKANEDAI
Ar: DAIWA HOUSE INDUSTRY CO., LTD.

現代の職人の斬新な手仕事が随所にちりばめられた本建物は、未来へと「技をつなぐ」ことを期待している。階段のアルミ鋳物の格子や積層タイル、バルコニーの植栽ユニットや手摺りは、ここにそびえていたエノキの大木の面影を生かす「育つ外観」としてデザインした。周りのドライな都市空間の中で本ファサードは街並みに一幅の潤いを与えている。

Ar：大和ハウス工業（株）
Pr：大和ハウス工業（株）東京本店マンション事業部 事業部長 松岡康成
Dr：大和ハウス工業（株）東京本店マンション事業部 企画建設部 主任 長井行徳
D ：デザイン・ファーム（合同）一級建築士事務所 代表 向井裕、宮澤俊一＋（株）スタイレックス 江馬優子、岩田龍治

17G111022

集合住宅

ブランズシティ久が原

Condominium
BRANZ CITY KUGAHARA
Ar: Tokyu Land Corporation

従前鬱蒼とした雑木林であった計画地を、街に開かれた場所に姿を変えながら、計画地の歴史や特性を紐解き、周辺地域・環境とのつながりを紡ぎ継承するため、この地の自然の恵みをできる限り活かす。めざしたのは自然との親和性。既存樹木などの再生・活用のほか、豊富な敷地外の緑と敷地内の緑をつなぎ合わせ、地域に和やかに開かれるレジデンスとした。

Ar：東急不動産（株）
Pr：東急不動産（株）首都圏住宅事業本部 マンション開発第二部 グループリーダー 岡本亮直
Dr：東急不動産（株）首都圏住宅事業本部 マンション開発第二部 谷口真耶、森長寛
D ：（株）デザインネットワークス 代表取締役 金子信行

17G111023

集合住宅

ブランズシティ天神橋筋六丁目

Condominium
BRANZ CITY TENJIMBASHISUJI 6-CHOME
Ar: Tokyu Land Corporation +
KINTETSU REAL ESTATE Co., Ltd. +
Jr West Real Estate & Development Company

この開発に携わった3社は人、街、暮らしを見つめてきたが、今回、その培ってきた空間創造のノウハウを結集させ共同開発したのがこの集合住宅である。開発面積10,000平方メートル超の広大な敷地を活かし、スタディルームやライブラリー、キッズルームなど多彩な共用施設を、四季折々の植栽計画を施した中庭の周りに計画的に配置することで、住民同士が自然と交流を図れる動線を演出した。

Ar：東急不動産（株）＋近鉄不動産（株）＋JR西日本不動産開発（株）
Pr：東急不動産（株）住宅事業ユニット関西住宅事業本部開発部 長沢浩之＋近鉄不動産（株）マンション事業部 大石浩一＋JR西日本不動産開発（株）事業推進部 田中康規
Dr：東急不動産（株）住宅事業ユニット関西住宅事業本部開発部 益山太一＋近鉄不動産（株）マンション事業部 植田政宏＋JR西日本不動産開発（株）事業企画課 森田祥裕
D：（株）長谷エコーポレーション 大阪エンジニアリング事業部 中川慎介

17G111024

集合住宅

プレイスヴィラ喜多見

Condominium
PLACE VILLA KITAMI
Ar: Tokyu Land Corporation +
MITSUBISHI JISHO RESIDENCE CO., LTD. +
Odakyu RealEstate Co., Ltd.

小田急線喜多見駅から徒歩7分の閑静な住宅街に開発された総戸数139戸の集合住宅。周辺住民は条例に基づく敷地6％相当の提供公園ではなく既存樹を活かした緑道の整備を要望。行政も条例を柔軟に運用し、事業者、周辺住民、行政それぞれの思いを実現する敷地12％相当の自主管理歩道が誕生した。

Ar：東急不動産（株）＋三菱地所レジデンス（株）＋小田急不動産（株）
Pr：東急不動産（株）住宅事業ユニット 首都圏住宅事業本部 マンション開発第二部 武田敬＋三菱地所レジデンス（株）第二計画部 榛葉章良＋小田急不動産（株）住宅事業本部 商品計画部 徳永一之
Dr：東急不動産（株）住宅事業ユニット 首都圏住宅事業本部 マンション開発第二部 芳山明秀＋三菱地所レジデンス（株）第二計画部 菅野裕治＋小田急不動産（株）住宅事業本部 商品計画部 講殿正
D：（株）ウイ・アンド・エフ・ヴィジョン 石倉雅俊＋不二建設（株）木村忠義＋（株）三輪設計 中川浩一郎

17G111025

集合住宅
BAYZ TOWER & GARDEN

Condominium
BAYZ TOWER & GARDEN
Ar: Tokyo Tatemono Co., Ltd. +
Mitsui Fudosan Residential Co., Ltd. +
MITSUBISHI JISHO RESIDENCE CO., LTD. +
Tokyu Land Corporation
Sumitomo Realty & Development Co., Ltd. +
Nomura Real Estate Development Co., Ltd. +
TEPCO Power Grid,Incorporated (TEPCO Power Grid)

都心回帰の進む現代において、新たな街の価値を共有する、超高層集合住宅。地震に対する安全性と住戸の開放性向上を両立するため、日本初の免制震複合システムを採用。隣接地へ敷地を越えて連続する開放的なランドスケープデザインを実現。住民参加イベントの継続的実施を通じ、世代を超えたコミュニティが持続する街をめざしている。

Ar：東京建物（株）＋三井不動産レジデンシャル（株）＋三菱地所レジデンス（株）＋東急不動産（株）＋住友不動産（株）＋野村不動産（株）＋東京電力パワーグリッド（株）
Pr：東京建物（株）執行役員住宅事業部長 菊池隆
Dr：清水建設（株）設計本部 集合住宅・社寺設計部 齋藤宏一
D：光井純＆アソシエーツ建築設計事務所 代表 光井純＋（株）手塚建築研究所 手塚貴晴、手塚由比、東京都市大学手塚研究室＋（株）愛植物設計 設計計画部 山野秀規

17G111026

集合住宅
プラウド千代田淡路町

Condominium
PROUD CHIYODA-AWAJICHO
Ar: Nomura Real Estate Development Co., Ltd.

多様なライフスタイルを送る単身、ディンクス、シニアなどの都心居住者に対し、1LDK〜3LDKまでの幅広いプランバリエーションと、凸凹の平面形状による豊かな空間構成をベースとし、キッチンの長さや仕様などを含む多様な専有部の無償セレクトを用意。標準の暮らしを規定せず、暮らしに合わせた住まいを選ぶ自由をデザインした。

Ar：野村不動産（株）
Pr：野村不動産（株）住宅事業本部 守島洋、吉村敦
Dr：野村不動産（株）住宅事業本部 山口貴志、大木健人
D：（株）エーエーアンドサン一級建築士事務所 杉山寛紀＋西山建築デザイン事務所 西山広朗

17G111027

集合住宅

プラウドシティ加賀学園通り

Condominium
PROUDCITY KAGA GAKUEN-DORI
Ar: Nomura Real Estate Development Co., Ltd.

板橋区加賀の集合住宅。この地名は加賀藩前田家の下屋敷があったことに由来する。地域に慕われた地にふさわしい住宅として、居住者だけでなく地域住民にも愛されることが重要と考え、両者が触れ合う空間（敷地境界）に着目。双方の視点で計画し、境界に二面性を持たせ、居住者のセキュリティと、地域に対しての物理的・視覚的な開放をかなえた。

Ar：野村不動産（株）
Pr：野村不動産（株）住宅事業本部 事業推進一部 守島洋
Dr：野村不動産（株）住宅事業本部 マンション建替事業部 山田岳人／事業推進一部 山下りえ
D ：(株)坂倉建築研究所 大木健逸、吉村将次、菊地智大

17G111028

集合住宅

プラウドシティ阿佐ヶ谷

Condominium
PROUD CITY ASAGAYA
Ar: Nomura Real Estate Development Co., Ltd.

1958年竣工の阿佐ヶ谷住宅を住民提案型の地区計画を用い、全員同意の等価交換建替事業により、「プラウドシティ阿佐ヶ谷」としてエリア一体開発の建て替えを実施。阿佐ヶ谷住宅で大切にされていた地域に開かれた拡がりを継承し、緑のネットワークと通り抜け通路のランドスケープによって集合住宅の価値が地域の価値となるよう計画した。

Ar：野村不動産（株）
Pr：野村不動産（株）マンション建替推進部 岩田晋＋（株）安藤・間 都市開発部 伊澤英志
Dr：野村不動産（株）マンション建替推進部 目黒朝樹、山田岳人／事業推進二部 望月朗＋（株）安藤・間 都市開発部 飯島慶貢
D：デザイン：(株)ミサワアソシエイツ 三沢亮一、寺岡哲平＋設計：(株)INA新建築研究所 本松邦廣、白澤一郎、村石好央、林崎和夫、近沢可大＋プレイスメディア 吉田新、吉澤眞太郎＋岩井達弥

17G111029

集合住宅（賃貸住宅）
BELL TREE 御幸通

Housing Complex (Rental House)
BELL TREE Goko-dori
Ar: DaiwaSenpakuTochi Corporation + landsat-inc.

神戸市三宮に位置する鉄骨造9階建ての集合住宅である。計画前のリサーチに基づき、事務所や店舗にも対応可能なフレキシブルな住戸計画とした。入居者は住居利用とオフィス使用が半々であり、多様な人々が入居している。1階にはラウンジが設けられさまざまな交流の場となっている。外観はシャープさと温もりが共存した開放的なデザインとした。

Ar：大和船舶土地（株）＋（有）ランドサット
Pr：大和船舶土地 代表取締役 鈴木祐一
Dr：（有）ランドサット 代表取締役 安田利宏
D ：（有）ランドサット 代表取締役 安田利宏

17G111030

歴史的環境に建つ公営住宅
富田林市営若松第3住宅

Public Housing
Wakamatsu third housing
Ar: Archivi Architects & Associates

大阪府富田林市域のほぼ中央部、近鉄富田林駅の東部300メートルエリアに位置する市営住宅団地。周辺には重要伝統的建築物群保存地区の富田林寺内町があり、歴史的環境に恵まれた地域の北東玄関口に位置している。本計画は歴史的コンテクストを読み込むことで、地域に開かれた公営住宅をめざすものである。

Ar：（株）アルキービ総合計画事務所
Pr：富田林市 まちづくり政策部 住宅政策課
Dr：（株）アルキービ総合計画事務所 代表 久保清一
D ：（株）アルキービ総合計画事務所 代表 久保清一

17G111031

漆喰と木の室

漆喰と木の室

Shikkui To Ki No Muro
shikkui to ki no muro
Ar: KOOOBOOO

日本伝統の素材である漆喰を壁天井に、無垢の木材を床に用いて、賃貸用中古マンションを設計者自らリノベーションするプロジェクト。福岡を中心に現在まで計37室を手がけ、すべてを入居に導いている。劇的な空間操作ではなく、素材への共感を軸に、中古空間に普遍的な価値を付与している。空室、空家に対する密かに劇的な継続的ストック改修方法である。

Ar：設計＋制作／建築巧房
Pr：高木正三郎
Dr：高木正三郎
D：高木正三郎

17G111032

一棟丸ごとリノベーション分譲マンション

ウッドヴィル麻布

Renovated Condominium Apartment
WOODVILLE AZABU
Ar: NTT Urban Development Corporation + ReBITA INC.

昭和63年築の外国人向け賃貸マンションを一棟リノベーションし、分譲マンションへ再生した。平均住戸面積200平方メートル超の、日本の趣が感じられるデザインなどの魅力があったが、老朽化したスラブ下配管などの問題を抱えていた。既存建物の優れた点の継承と、新築に匹敵する性能の付加により、入居者がいながらのストック再生の先進事例となることをめざした。

Ar：NTT都市開発（株）＋（株）リビタ
Pr：NTT都市開発（株）常務取締役 住宅事業本部長 北村明義＋（株）リビタ 代表取締役 都村智史
Dr：NTT都市開発（株）住宅事業本部 分譲事業部 西部周志、永山正樹、吉川圭司、戸張遥＋（株）リビタ 一棟事業本部 三浦隆博、長瀬徳之、横手貴彦、相澤佳代子、藤岡寛基、田村有理江、木村文
D：（株）南條設計室＋横堀建築設計事務所＋（株）桝井淳介デザインスタジオ＋（株）ライティング プランナーズ アソシエーツ

17G111033

団地リノベーション

ニコイチ

Housing Renovation
2ko1
Ar: Osaka Prefectural Housing Corporation

堺市南区の泉北ニュータウンでは、現在、人口減少や高齢化、また団地の空家増加が問題となっている。そこで隣り合う45平方メートルの2住戸をひとつにつなぎ合わせ、既存の間取りから大きく形を変えた90平方メートルの間取りプランに改修することで、ほかにない新しい価値を創出し、団地での暮らしを再評価してもらいたいと考えた。

Ar：大阪府住宅供給公社
Pr：大阪府住宅供給公社 団地再生課 再生グループ 長 川原光憲
Dr：大阪府住宅供給公社 団地再生課 再生グループ 田中陽三、大井理恵、則藤真梨子、梅野紗希、宮北祐輝
D：(株)星田逸郎空間都市研究所 代表 星田逸郎＋(株)OHArchitecture 代表 堀井達也、奥田晃輔＋京智健建築設計事務所 代表 京智健

17G111034

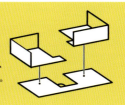

戸建て分譲住宅

ローズプレイス瀬田唐橋分譲住宅
そらにわプロジェクト：「共用庭から始まるコミュニティづくり」

Housing Development
Soraniwa Project 'community forming by activities at the common garden.'
Ar: Keihan Real Estate Co., Ltd. +
Soraniwa Management Association

戸建住宅に住む38家族が共有する庭「そらにわ」で、運営組合を組織し取り組むコミュニティづくり。「そらにわ」での体験や維持管理活動、既存コミュニティとの交流を通じ、自然を大切にする気持ちと住民同士や地域とのコミュニケーションを育むことをめざし、2016年活動を開始。分譲住宅は現在も販売中だが、2017年9月末時点で22家族が活動に参加している。

Ar：京阪電鉄不動産(株)＋そらにわ運営組合
Pr：京阪電鉄不動産(株)戸建事業部
Dr：京阪電鉄不動産(株)事業推進部＋京阪園芸(株)
D：(株)現代ランドスケープ

17G111035

地域環境配慮型戸建開発

ジョイナス新宮 和（なごみ）

Environmental Detached Development
Joynus Shingu nagomi
Ar: Kyushu Yaesu Co., Ltd.

計画地は、国の重要文化財である横大路家住宅（古民家）に近接し、古民家が多く存在した趣ある風景は新宮町の歴史的町並みとなっている。当プロジェクトでは歴史的景観を守る建築と景観ルールを作り、現代に蘇る（新）民家と周辺の指標となる住宅群を完成させた。旧来の街並みや周辺環境に融和する環境を整えた新しい古民家街づくりのプロジェクトである。

Ar：九州八重洲（株）
Pr：中島久雄
Dr：田代宣裕＋（株）HIRAMEKI 重松剛
D：田代宣裕、末次健一、森口裕也、馬場沙也加、尾崎千華、古賀優志＋木下緑化建設（株）石橋正範

17G111036

戸建分譲住宅地の街づくり

オオソラモ野田みずき

Residential Township Development
Oosoramo nodamizuki
Ar: Takusho-Kaihatsu Co., Ltd.

194世帯の住民が集える戸建住宅地の街づくり。まず街の骨格である道路や緑地、広場の位置や形状を丁寧に検討し、街の中央には全長210メートルの緑地帯を配置した。街全体の中心となる集会所や、水生生物と触れ合うビオトープも設け、街全体で選択性のあるコミュニティの在り方を検討。人々が暮らす場所を意識し、当たり前の宅地開発へ一石を投じる街を実現した。

Ar：（株）拓匠開発
Pr：（株）拓匠開発
Dr：（株）拓匠開発＋（株）シロアナ
D：（株）拓匠開発＋（株）ウイン＋（株）西建築設計事務所

17G111039

都市再生
センティックデザイン

Urban Regeneration
Sentiq Design
Ar: Asahi Kasei Fudousan Residence Corporation

「人と人、人と街を紡ぐ事業から生まれるのが分譲マンションATLAS」。その街やそこに暮らす人々のかけがえのない価値を感じとり、その街に適したデザインを採用している。画一的なデザイン様式ではなく、プロジェクト一つひとつに対してデザインの方法を変えているのが特徴である。

Ar：旭化成不動産レジデンス（株）
Pr：旭化成不動産レジデンス（株）開発営業本部 谷澤光洋
Dr：旭化成不動産レジデンス（株）開発営業本部 吉井久孝、黒河内美穂＋（株）リスキーブランド Martin Hansson、日原優
D ：旭化成不動産レジデンス（株）開発営業本部 辻松章太、泉田真一、林亮介、永岡広太郎、和田悠、その他

17G111040

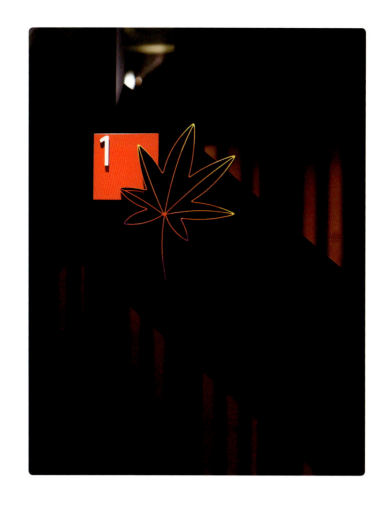

ニュータウン
白岡ニュータウン

Newtown
Shiraoka Newtown
Ar: SOHGOH REAL ESTATE

1987年より入居が始まった、1300戸からなるニュータウンである。開発にあたっては都市プランナー石原舜介が関わり、南北軸を中心とした街区割りなどのインフラがデザインされた。石原の助言をもとに30年以上かけてゆっくりと開発が進められた結果、若い世代の住民が継続的に流入し、高水準の価格が維持される住宅地が生まれた。

Ar：総合地所
Pr：総合地所
Dr：総合地所
D ：総合地所

17G111041

集合住宅のエントランス改修

芦屋浜団地エントランス改修

Entrance Redesign for the Housing Complex
Entrance redesign for the Ashiyahama housing complex
Ar: TAKAO ENDO ARCHITECT OFFICE +
Urban Renaissance Agency West Japan Branch Office

70年代の工業化住宅のモデルプロジェクトであった芦屋浜団地の工業化工法へのオマージュとして改修をおこなった。エントランスの共用機能を一体的にデザインし、船舶用工業化製品のアルミパネルを主体にしたグラフィカルな現代的表現を加えた。また、ユニットで空間を構成するという新しい手法を団地再生に取り入れ、利便性の向上とともに団地の新たな価値創造をめざした。

Ar：(株)遠藤剛生建築設計事務所＋(独法)都市再生機構 西日本支社
Pr：(独法)都市再生機構 西日本支社 支社長 西村志郎
Dr：(独法)都市再生機構 西日本支社 技術監理部 佐藤勝紀
D ：(株)遠藤剛生建築設計事務所 遠藤剛生、河野浩

17G111043

12

産業公共建築、建設工法
Commercial / Public Architecture, Construction Method

ユニット12では、インテリアから建築、そして土木までの広範な領域を扱う。したがって、ダムや橋梁も入るため、おそらくグッドデザイン賞でも最大規模の作品も含まれる。もっとも、インテリアや土木の応募数はそれほど多いわけではなく（今後もっと増えてよいだろう）、全体の内訳は建築作品が中心となる。近年、使い方やソフト面での興味深い試みも増えているが、それは他のユニットで審査の対象になりうるため、基本的にはモノとしての建築そのもののデザインがすぐれているかどうかを重視した。その際、ただなんとなく空間の雰囲気が良いだけでは、グッドデザイン賞では物足りないと考え、エッジのある特徴を持ちながらも、それを全体的なデザインに融合したものを評価している。以下、ベスト100となった受賞作を中心にポイントを述べておく。例えば、「太田市美術館・図書館」や「Good Job! Center KASHIBA」は、既存の方法論の洗練ではなく、これまでにない空間の形式を創造しており、発明的なデザインである。「三角港キャノピー」は、プロダクトとしての完成度が高く、構造と素材から導く美しい造形と周辺環境とのマッチが高く評価された。「福山市本通・船町商店街アーケード改修プロジェクト」、「天理駅前広場コフフン」、「OM TERRACE」や「まちなか交流広場 ステージえんがわ」などは、現在の地方都市が共有する問題にとりくむ。コフフンは意表をつくシンプルなデザインによって都市のイメージを変えるほどのアクティビティを刺激し、アーケード改修は地元の建築家ならではの、手厚い関わりで実現したプロジェクトだが、同じ問題を抱えた他の地域でも参考になる事例だろう。「also Soup Stock Tokyo」は、単体で閉じることなく、地域に貢献する試みをデザインによって増幅した。「陸前高田市立高田東中学校」や「山元町立山下第二小学校」は、東日本大震災の後、ついに仮設住宅ではなく、復興建築としてデザインの力を発揮することができた重要な作品である。また素材という観点では、「小松精練ファブリック・ラボラトリー」や、「大光電機株式会社 技術研究所」は、自社製品を用いた施設だが、いずれも新しい建築の要素を魅力的に組み込んでいた。

受賞作を振り返ると、特殊解のように見えながらも、さまざまに展開しうる汎用性をもち、より良い未来を切り開く空間のデザインが、より高い評価を獲得したと言えるだろう。

五十嵐太郎

吊橋

三島スカイウォーク

Suspension Bridge
MISHIMA SKYWALK
Ar: FUJIKO Co., Ltd.

すべてを民間資本で実現した観光用吊橋。富士山や駿河湾などの絶景を一望でき、人道吊橋としては日本一の長さ400メートルを誇る。大吊橋をきっかけに三島へ観光客を誘致することで地域の活性化に貢献したいという企業理念のもと建設。スリルを味わえるよう適度に揺れる設計としているほか、景色を堪能できるよう視野の拡大を図る工夫を施している。

Ar：(株)フジコー
Pr：(株)フジコー 代表取締役 宮澤俊二
Dr：大村建築設計事務所 大村正弘
D ：(株)フジコー＋(株)長大

17G121045

ダム

津軽ダム

Dam
Tsugaru Dam
Ar: MLIT / Tohoku Regional Bureau + TOKEN C. E. E. Consultants Co., Ltd. + EAU Ltd.

世界自然遺産白神山地の玄関口に位置する多目的の重力式コンクリートダムである。一貫した検討体制・デザイン思想のもと、白神の自然と人が出会う優しい新風景づくりをめざして、堤体や関連諸施設のトータルデザイン、ビューポイントや動線配置などにより、ダムと白神山地の織り成す風景を楽しめる空間を創出した。

Ar：国土交通省 東北地方整備局 岩木川ダム統合管理事務所＋(株)東京建設コンサルタント＋(株)イー・エー・ユー
Pr：国土交通省 東北地方整備局 津軽ダム工事事務所、津軽ダム景観検討委員会
Dr：篠原修
D ：(株)東京建設コンサルタント 井上大介＋(株)イー・エー・ユー 西山健一、田中毅

17G121046

換気塔

高速神奈川7号横浜北線 新横浜換気塔・馬場換気塔・子安台換気塔

Ventilation Tower
Ventilation Tower of the Yokohama North Line
Ar: Metropolitan Expressway Company Limited

高速神奈川7号横浜北線（北線）は、首都高横羽線と大黒線の生麦JCTから第三京浜の横浜港北JCTをつなぐ約8.2キロの道路である。その区間の約7割を占める横浜北トンネルは3カ所の換気塔を有しそのデザインは、北線トータルデザインコンセプト「URBAN ∞ NATURE（次世代都市空間と自然の調和）」の理念を基軸に景観創出型換気塔としてデザインを実現した。

Ar：首都高速道路（株）
Pr：首都高速道路（株）神奈川建設局長 寺山徹
Dr：横浜環状線 景観アドバイザー会議 国吉直行、杉山和雄、鈴木智恵子、吉田愼悟
D：首都高速道路（株）藤井健司、前田尚孝、須坂広治、田中智隆、岡田貴司、小野寺晋治、中野裕晶＋（株）オリエンタルコンサルタンツ 宮内和則、太田啓介、金野拓朗＋（株）日総建 勝山真、豊島裕樹、直井端樹＋（株）石本建築事務所 松永裕一、村田輝彦

17G121047

駅・複合型温泉施設

西武秩父駅・西武秩父駅前温泉 祭の湯

Station + Complex Facility
Seibu-Chichibu Station + Matsuri No Yu
Hot Spring area at Seibu-Chichibu Station
Ar: SEIBU RAILWAY Co., Ltd. +
SEIBU RECREATION Co., Ltd. +
SEIBU CONSTRUCTION Co., Ltd. +
SEIBU Landscape Co., Ltd.

既存駅舎のリニューアルと、駅直結の複合型温泉施設の新築からなるプロジェクトである。駅は地元産の杉材や提灯といった秩父ならではの素材を装飾に使用し、秩父エリアの多様な魅力を発信している。一方温泉は秩父夜祭に代表される秩父名物の祭をコンセプトにしており、夜祭で使用される屋台を建物全体で表現している。

Ar：西武鉄道（株）＋西武レクリエーション（株）＋西武建設（株）＋西武造園（株）
Pr：西武鉄道（株）＋西武レクリエーション（株）
D：西武建設（株）村上英郎、大原朋子、澤田明彦、宮寺隆司＋西武造園（株）髙橋尚史＋（株）乃村工藝社 加藤利仁、妙中将隆

17G121049

駅施設

東急池上線戸越銀座駅

Station
Togoshi-Ginza Station
Ar: TOKYU CORPORATION + atelier unison Inc.

約90年の間地域住民に親しまれてきた駅のリニューアルである。既存上家の方杖架構を継承しつつ、現代的な新しい構法へと展開、木質材料による屋根・壁面一体フォルムで、軌道とホーム上の空間をやわらかく包み込んでいる。地域産木材である多摩産のスギとヒノキを多用し、木の肌合いやあたたかさが感じられるホーム空間を実現している。

Ar：東京急行電鉄（株）＋（株）アトリエユニゾン
Pr：東京急行電鉄（株）
Dr：（株）アトリエユニゾン 鈴木靖、奥村政樹
D：（株）アトリエユニゾン 鈴木靖、奥村政樹＋（株）ホルツストラ 稲山正弘＋樅建築事務所 田尾玄秀

17G121050

駅前広場、高架下自由通路、LRT軌道

富山駅南口駅前広場・西口交通広場・南北自由通路・東西自由通路・LRT軌道及びホーム

Station Plaza, Underpass Passage, LRT Railway
Toyama station plaza, North-South / East-West underpass passage, LRT railway and platforms
Ar: PACIFIC CONSULTANTS +
GK Sekkei Incorporated + URA Architects & Engineerings

富山市の玄関として南口駅前広場、新幹線高架下の南北・東西自由通路およびLRT軌道やホームなどの整備をおこなった。新幹線や鉄道、LRT、バス、タクシー、自転車、徒歩といったさまざまな交通の乗り換えがわかりやすくスムーズにおこなえる機能性を確保しながら、心地よく待ち時間をすごせ、にぎわいのある風景が根付く空間として整備した。

Ar：パシフィックコンサルタンツ（株）＋（株）GK設計＋（株）浦建築研究所
Pr：神田昌幸＋内藤廣建築設計事務所 内藤廣
Dr：小野寺康都市設計事務所 小野寺康＋日本交通計画協会 山内勝弘＋PCKK 西上律治、横山静観＋GK 門脇宏治
D：PCKK 田井賢、手塚勝、上出竜司＋GK 上田孝明＋富山大、横山天心＋浦建築研究所 浦淳＋ASA 鈴木啓＋ぼんぼり 角舘正英＋SEG 島津勝弘＋富山ガラス工房 野田雄一、名田谷隆平＋Cozy 尾崎永治

17G121051

路面電車停留場

札幌市路面電車停留場
（狸小路停留場、西4丁目停留場（内回り））

Streetcar Stop
SAPPORO streetcar stop
(tanuki-koji, nishi-yon-chome)
Ar: city of SAPPORO +
ORIENTAL CONSULTANTS CO., LTD. +
ney & partners japan

都心の賑わいの軸である駅前通におけるループ化に合わせ、都心の魅力を高める新たな回遊性や賑わいを創出するため、商店街の近くに新設された路面電車の停留場。車両が歩道側を走行するサイドリザベーション方式を採用、歩道と一体感を持たせたデザインとし、利用者がスムーズに導かれ街並みや風景にとけ込む、開放的で透明感のあるものとした。

Ar：札幌市＋（株）オリエンタルコンサルタンツ＋（株）ネイ＆パートナーズジャパン
Pr：札幌市
Dr：（株）オリエンタルコンサルタンツ 太田啓介
D ：（株）ネイ＆パートナーズジャパン 渡邉竜一＋NEY & PARTNERS Laurent NEY

17G121052

世界遺産区域内における広場整備

富士山本宮浅間大社・神田川ふれあい広場

Redesign of Public Square in World Heritage Area
Fujisan Hongu Sengen Taisha /
Kandagawa Fureai Square
Ar: Studio SR Ltd + Fujisekkei Co., Ltd

世界文化遺産・富士山の構成資産である富士山本宮浅間大社の境内広場の改修。湧水を引き込んだ親水池と芝生の築山というシンプルな空間構成によって、人々が自然と富士山に向き合い、富士宮の暮らしを支える水の恵みを感じられる空間を創出した。場所の記憶を継承しつつ、夜間は樹木のライトアップにより門前町らしい色気を醸し出している。

Ar：（株）設計領域＋富士設計（株）
Pr：富士宮市 佐野克己、芦澤通恭、城内佐知夫、石原勇季、落合紀彦
Dr：日本大学理工学部 准教授 阿部貴弘
D ：（株）設計領域 吉谷崇、新堀大祐＋富士設計（株）渡邉一弘

17G121056

駐車場

名古屋市営金城ふ頭駐車場

Parking
Kinjo Pier Parking
Ar: TAKENAKA CORPORATION + Nagoya City

金城ふ頭エリア再開発に伴う地域の集約駐車場の計画。1棟5,000台と国内最大級の自走式駐車場のため、車に対しては1時間あたり2,700台以上の入出庫車両処理をはじめ機能性を徹底追求し、人に対しては快適性と安全性を実現させた。各施設を結ぶゲートとなる建物に緑や季節を編み込み、縦糸と横糸を重層的に重なり合わせた奥行きあるファサードとして設えた。

Ar：（株）竹中工務店＋名古屋市
D：竹中工務店設計部 長谷川寛、上河内浩、太田匠哉＋STGK inc.（ランドスケープ）＋ナツメトモミチ（グラフィック）

17G121057

遊園地のエントランスショップ

八木山ゲートテラス

Entrance Shop for Amusement Park
Yagiyama Gate terrace
Ar: AL architects + Shoko Fukuya Lab.,
Tohoku Institute of Technology + Eightree

住宅地に面した遊園地である八木山ベニーランドのエントランスショップ。新しいゲートを、周囲の地形を延長し、誰でも自由に出入りできるテラスとして設計した。空色のテラスは、チケット売場の屋根であるだけではなく、遊園地の雰囲気を感じ場外の人たちと入場者たちのコミュニケーションを可能にする立体的な広場となっている。

Ar：（株）AL建築設計事務所＋東北工業大学工学部建築学科福屋粧子研究室＋（株）エイトリー
Pr：八木山ベニーランド
Dr：東北工業大学工学部建築学科福屋粧子研究室
D：（株）AL建築設計事務所 小島善文、堀井義博、福屋粧子

17G121058

球場改修
横浜スタジアム
『コミュニティボールパーク』化構想

Stadium Renovation
YOKOHAMA STADIUM COMMUNITY
BALLPARK PROJECT
Ar: YOKOHAMA DeNA BAYSTARS BASEBALL CLUB, INC.

さまざまなコミュニティが野球をきっかけに集う。また、集まった人たちが野球をきっかけにコミュニケーションを育む。そんな、地域のランドマークになりたいというコンセプトに基づき、スタジアムをコミュニティ空間と再定義した。ハードの改修・ソフトの運用変更をおこなうことで、球場だけでなくまちの賑わいづくりにつなげたプロジェクトである。

Ar：(株)横浜DeNAベイスターズ
Pr：(株)横浜DeNAベイスターズ 経営・IT戦略部
Dr：(株)横浜スタジアム 業務管理部
D ：オンデザイン・パートナーズ＋清水建設

17G121059

スポーツ練習施設
新豊洲Brilliaランニングスタジアム

Sports Facilities
Shin-toyosu Brillia Running Stadium
Ar: Tokyo Tatemono Co., Ltd. +
TAIYO KOGYO CORPORATION +
Tokyo Gas Site Development Co., Ltd. +
Environmental Protection Architectural Institute

誰もがスポーツやアートを楽しむことができる、新しいスタイルのスポーツ練習施設である。高機能フッ素樹脂ETFEフイルムのエアフレームとユニット化した国産集成材で全長108メートル、半径8.1メートルのトンネル状の大空間を構成。全天候型60メートル陸上トラックに、競技用義足の研究施設を併設するかたわら、ランニングをテーマとした地域コミュニティを形成する機能などを備える。

Ar：東京建物(株)＋太陽工業(株)＋東京ガス用地開発(株)＋(有)E.P.A 環境変換装置建築研究所
Pr：東京建物(株)＋東京ガス用地開発(株)
Dr：太陽工業(株) マク・ライティング・オフィス 名波紳二
D ：(有)E. P. A 環境変換装置建築研究所 武松幸治

17G121060

店舗・厩舎

東京クラシック
森のクラブハウス・馬主クラブ

Shop / Stable
TOKYO CLASSIC FOREST CLUBHOUSE /
HORSE OWNERS' CLUB STABLE
Ar: FURUYA DESIGN ARCHITECT OFFICE

森のクラブハウスは既存の植林グリッドと樹径にならい、4メートルグリッド300ミリ角コンクリート柱により構成。内部の木製コアが各コーナーの機能を決定づける。厩舎は東南向きで、旧来のヨーロッパ式厩舎を採択。6メートルの2×4材梁で屋根を持ち出し雨に濡れないトラクターヤードを実現した。植え込まれた芝生は断熱およびゴルフ場との風景の連続を意図している。

Ar：古谷デザイン建築設計事務所
Pr：東京クラシッククラブ
Dr：(株)枻出版社 猪田昌明、船越令子
D：古谷デザイン建築設計事務所 古谷俊一、秋真人、豊島香代子、宮脇久恵

17G121061

建築物

豊永郷民俗資料館

Architectural Structure
Toyonagago Museum of Folklore
Ar: Toyonagago folklore materials preservation society
+ Ageta and Associates

この建築のコンセプトは、人と自然、道具と技である。人は自然からの恵みを得るために道具と技を発展させてきた。民俗資料館はモノの背景にあるものを示す地であり、そこには人と技が内包されている。建築も同様である。その背景にある職人たちの育んできた道具と技の関わりを感じてもらうために建築そのものを展示と考えた。

Ar：(特非)豊永郷民俗資料保存会＋(株)上田建築事務所
Pr：(特非)豊永郷民俗資料保存会 釣井龍秀
D：(株)上田建築事務所 上田嘉世

17G121063

Transmission-field Tandem
Interior Design

Transmission-field Tandem
Interior Design
Ar: CHU-studio

北京中心部の道沿いに建つ酒廠・国際芸術園。大型の金属パネルで作られた格子壁のあちこちに、ワインの木箱が整然とはめ込まれているため、パネル背後の古い建物に太陽光が差し込み、凹凸のある質感を見せている。同館はロシア構造主義建築による工場跡で、ワインを製造していた中国の老舗ブランド、ドラゴンシールの歴史が凝縮されている。

Ar：CHU-studio
Pr：CHU-studio
Dr：Alfie Shao
D ：Alfie Shao, Tzu-Hsi Shao, Yung-Hsin Yang

17G121064

2016 Taipei Public Housing Exhibition
Interior Design

2016 Taipei Public Housing Exhibition
Interior Design
Ar: CHU-studio

市民の意識が高まり、公正な生活はすべての人々が関心を示すテーマとなった。公営住宅に関するこの展示は、都市と市民が相互に意思疎通できる場となっている。

Ar：CHU-studio
Pr：CHU-studio
Dr：Alfie Shao
D ：Alfie Shao, Hsuan Yen, Szu-Wen Wang

17G121065

Showcase Installation Art

FUTURE MUSEUM: The Missing Part

Showcase Installation Art
FUTURE MUSEUM: The Missing Part
Ar: BOTANIPLAN VON LICHT

地球の環境変化により近い将来滅びるおそれのある絶滅危惧種が生息する環境13種類を復元した作品。100年後には美しい自然を、模造の美術品の中でしか鑑賞できないかもしれない。この作品は自然環境がガラスの向こうに展示されるものに成り果てる将来を、見る人に暗示している。

Ar: BOTANIPLAN VON LICHT
Pr: BOTANIPLAN VON LICHT
Dr: LEECHI
D : LEECHI

17G121066

図書館・ギャラリー

市立米沢図書館・よねざわ市民ギャラリー

Library & Gallery
Yonezawa City Library & Yonezawa City Art Gallery
Ar: YAMASHITASEKKEI INC.

文化の力を中心市街地の活性化へ活かす試み。豪雪地帯の小スケールの中心市街地という敷地特性を与条件へ取り込み、街の広場という特性を持つ新たな図書館の在り方を同心円状に配列した壁柱と階段状の断面構成の中に結実させた。壁柱の外側を100ミリ厚の木パネルで包みこみ、雪景色の中でも明るく暖かい広場のような図書館を実現した。

Ar:(株)山下設計
Dr:安田俊也
D :安田俊也、赤澤大介

17G121067

公共施設・飲食店

まちなか交流広場
ステージえんがわ

Public Facility / Restaurant
Stage Engawa
Ar: TEZUKA ARCHITECTS

新潟県三条市の北三条駅前にある、建物の半分以上が軒下という開かれた公共施設。通りに沿った長い屋根の下の空間は、行き交う人が気軽に自由に出入りし、使い、集うことができる。この自由な空間では、毎月さまざまなイベントや活動がおこなわれており、ここに来ればなにかがある、誰かに出会える、そんな町の拠点になっている。

Ar：手塚建築研究所
D：手塚建築研究所 手塚貴晴＋手塚由比

17G121068

移動劇場

月灯りの移動劇場

Mobile Theater
Theater in the moon light
Ar: Theater in the moon light + STANDS ARCHITECTS
+ Meijo Univ. + Fujio structure D. O.

本劇場は、誰もが身近に芸術に触れて楽しめる舞台作品を届けるためのオリジナル移動劇場である。日本全国の農村部や医療施設、小学校など劇場がない場所の校庭などに設置して、全国巡回公演を実現する。自転車の車輪と中軸のようなホイール＋スポーク構造で劇場の舞台と幕が形成される。

Ar：月灯りの移動劇場＋STANDS ARCHITECTS＋名城大学 生田京子研究室＋藤尾建築構造設計事務所
Pr：月灯りの移動劇場 代表 浅井信好
Dr：月灯りの移動劇場 代表 浅井信好
D：スタンズアーキテクツ 代表 横関浩＋名城大学 生田京子研究室 代表 生田京子＋藤尾建築構造設計事務所 代表 藤尾篤

17G121069

641

集会場

女神の森セントラルガーデン

Assembly Hall
Megaminomori Central Garden
Ar: AOB KEIOH GROUP +
TAKENAKA CORPORATION

「風土の魅力を感じられる、体験としての建築」をコンセプトにした、八ヶ岳と南アルプスの山間にたたずむ森の中の集会場である。貸館として地域内外の人々に開放する一方、建築主の自社利用として各地の関係者を集めた研修にも使われる。建物を用途ごとに分節し、外部空間を取り込んだシークエンスでつなぎ合わせることで、この土地の豊かな風土を新たな森の体験として創出する。

Ar:（株）AOB慧央グループ＋（株）竹中工務店
Pr:（株）AOB慧央グループ
Dr:（株）竹中工務店 茶谷明男、永井久夫＋（株）アサヒファシリティズ 山下哲雄
D :（有）永山祐子建築設計 永山祐子、山岸大助、鈴木俊祐＋（株）竹中工務店 伊藤宏樹、大石卓人、伊藤周平

17G121070

Book Drive Program

Housearch

Book Drive Program
Housearch
Ar: Collaboration Platform Media Limited +
Alvison international corp.

交流の促進や資源のシェア、優れた建築設計の発掘や網羅などをおこなうべく始動した、図書回収・交換プログラム。台湾や日本、中国などとの図書交換プログラムにより、さまざまな言語で書かれた実務関連の書籍を多数蓄積。その後、Webサイトやアプリ、SNS経由でのオンライン貸し出しを提供。小規模な図書館の設立も進めている。

Ar：Collaboration Platform Media Limited +
Alvison international corp.
Pr：Chuang Chia-Chun, Frances Wang
Dr：Hsu Chun-Hsiung
D：Lee Pan-Lung, Tsai Shu-Tian, Wu Chia-Jung, Ko Pei-Chieh, Lin Jeong-Ting

17G121071

Spiral Arches
daydreamers design

Spiral Arches
daydreamers design
Ar: daydreamers design

アラブ首長国連邦シャールジャ首長国の文化情報省が2016年に同国で開催したイスラム・アートフェスティバルにおいて、主要なインスタレーション用に設計された仮設展示場。アーチの役割や歴史的価値に着想を得た旅を形作り、古代の馬蹄形アーチから現代の放物線アーチまで、イスラム建築のアーチの進化の過程をたどることができる。

Ar：daydreamers design
Pr：daydreamers design
Dr：Siu Kwok Kin Stanley, Principal, daydreamers design
D ：Chan Pui Hong Aden, Architecture Director / Chung Chiu Shan Tidus, Architectural Designer, daydreamers design

17G121072

ごみ処理施設
武蔵野クリーンセンター

Waste Incineration Plant
MUSASHINO CLEAN CENTER
Ar: EBARA Environmental Plant ＋ Musashino City ＋ KAJIMA ＋ TOSHIHIRO MIZUTANI ARCHITECTS

施設デザインは市民参加の議論により低炭素社会を実現するための施設として、地域に開き周辺のまちづくりへと展開していくことを目標とした。通常は閉じている工場内を見える化し、自由に入れる見学者コース、イベントのできるオープンスペースを整備し、市民がごみの問題に向き合える先駆的な拠点となった。

Ar：荏原環境プラント（株）＋武蔵野市＋鹿島建設（株）＋水谷俊博建築設計事務所
Pr：武蔵野市 環境部クリーンセンター 木村浩、三浦伸夫、関彩奈、神谷淳一、千葉剛
Dr：武蔵野市 環境部クリーンセンター 木村浩＋武蔵野大学建築デザイン学科 水谷俊博
D ：荏原環境プラント（株）塚本輝彰＋KAJIMA DESIGN 早舩雅之、福永太郎＋水谷俊博建築設計事務所 水谷俊博、水谷玲子、平田悠＋武蔵野大学水谷俊博研究室

17G121073

Community Green Station

Hong Kong East Community Green Station

Community Green Station
Hong Kong East Community Green Station
Ar: Architectural Services Department

「仮設ごみ収集所の設置を通じて地域によい影響をもたらすにはどうすればよいか」という課題に対し、単なるごみ収集ポイントだけではなく、近隣の住宅地にプラスとなる資産を提供しようとしたもの。コミュニティとしての感覚を具現化する緑の憩いの場をつくり、景観を美化。空き地に活力を吹き込み、都市における公共広場をめざす。

Ar: Architectural Services Department
Pr: Architectural Services Department, The Government of the Hong Kong Special Administrative Region
Dr: Alice Yeung, Chief Architect
D : Thomas Wan Senior Architect, Edward Wong, Project Architect

17G121074

（株）琉球銀行 具志川支店

まちと人々を繋げる支店銀行

Bank of the Ryukyus Limited GushikawaBranch
A bank branch that connects the city with its people
Ar: ATELIER KADOGUCHI

再開発が進む区画整理地内に計画した銀行の支店である。開放的なロビー空間で利用者に長時間くつろげる場を提供し、ロビー越しにまちの風景を視線へ取り込み快適なオフィス環境をめざした。建物で分断しないよう地域に大きく開き、地域の人々が自然と集うまちのリビングとしての銀行になるよう設計した。

Ar:（有）アトリエ・門口
Pr:（株）琉球銀行
Dr: 門口安則
D : 門口安則

17G121075

信用金庫
高岡信用金庫本店

Credit Union
Head office of TAKAOKA shinkin bank
Ar: SHIMIZU CORPORATION

富山県高岡市の産業を支え、ともに発展してきた信用金庫の本店である。重要伝統的建造物群保存地区に指定された街並みの中に調和した建築であり、かつて北陸のウォール街と呼ばれた本格的金融建築群の形態を現代の技術によって新たに創造した。街の価値を顕在化し、発展させる新たなシンボルとしての意義を持った建築である。

Ar：清水建設（株）
Pr：清水建設（株）北陸支店設計部 堀部孝一／設計本部 プロジェクト計画部 坂井和秀
Dr：清水建設（株）設計本部 プロジェクト計画部 及川直哉
D：清水建設（株）設計本部 プロジェクト計画部 及川直哉、池田賢介

17G121076

大学施設
近畿大学 ACADEMIC THEATER

University
KINDAI UNIVERSITY ACADEMIC THEATER
Ar: KINDAI UNIVERSITY + NTT FACILITIES

オフィス、ホール、教室、アメニティ、閲覧室を一体的に整備した。周辺環境に呼応する4つの建築を配置し、その建築間に帯状空間をクロスさせた群体としてのデザインである。「散策性／街性」により学術風景は偶発的、自然発生的、同時多発的、祝祭的にあふれ文理の垣根が取り払われる。これは新たな大学の在り方を問う取り組みである。

Ar：近畿大学＋（株）NTTファシリティーズ
Pr：畠山文聡
Dr：畠山文聡
D：畠山文聡、岡俊徳、伊藤裕也

17G121077

中学・高等学校

栄光学園創立70周年事業 新校舎

Junior and Senior High School
Eiko Gakuen 70th Anniversary Project
Ar: Eiko Gakuen +
Nihon Sekkei・Taisei Corporation Design JV

鎌倉の緑豊かな丘の上に立つこの学園は国内有数の進学校でありながら、運動場にも恵まれスポーツも盛んな校風をもつ。築後50年を経た鉄筋コンクリート造3階建て旧校舎を建て替え、コンクリートと木造のハイブリッド構造2階建てとした新校舎は、建物各部が大地に近く校庭に面して広く開放され、屋内外の活動が密に絡み合う場となる。

Ar：栄光学園＋(株)日本設計・大成建設(株) 設計共同企業体
Pr：栄光学園 学校長 望月伸一郎＋隈研吾 (監修者)
Dr：(株)日本設計 崎山茂
D：(株)日本設計・大成建設(株)一級建築士事務所設計共同企業体 岩村雅人、赤瀬川仁、村井一、吉田秀樹、吉岡紘介、奥石秀人、矢崎裕信、村岡拓見、中川崇、間室健一、島村高平、坂口裕美

17G121078

校舎

港区立小中一貫校 白金の丘学園

School Building
Sirokane-no-oka-Gakuen
Ar: NIKKEN SEKKEI LTD

近隣の小学校2校と中学校1校を統合した小中一貫教育校の新築校舎である。既存の登校ルートである朝日坂を継承し、外部から内部へと貫入する大階段を学校の軸として配置し、上層階へとさまざまなシーンが展開する構成となっている。移動を誘発すべく曲面の多用やリボン状の外部バルコニーは、サーキットのような構成を生み出した。

Ar：(株)日建設計
D：(株)日建設計 設計部 岩崎克也、勝矢武之、田辺裕美、頭井秀和

17G121080

小学校
山元町立山下第二小学校

Elementary School
Yamamoto-cho Yamashita-daini Elementary School
Ar: AXS Satow Inc. +（C）SUEP.

東日本大震災の復興の地で新しいコミュニティづくりの核となる視点を重視し計画された小学校である。1階は外部に面したピロティから中庭の集いが見えることで地域活動の活発化を図った。2階は田の字型の普通教室ユニットとし、中央の鋼管柱とそこから放射状に架け渡された木梁により、教室ユニットを柔らかく包み込む傘状構造体を提案した。

Ar：（株）佐藤総合計画+（株）SUEP.
Dr：（株）佐藤総合計画 八木真爾
D：（株）佐藤総合計画 谷口直英、長井厚+（株）SUEP. 末光弘和、末光陽子、加藤隼輝

17G121081

Primary School
Kai Tak Primary School

Primary School
Kai Tak Primary School
Ar: Architectural Services Department

学校において、児童と教員を遊び場やその他のスペースへと誘い、交流を促すことをコンセプトとしたプロジェクト。8階建ての圧迫感のある校舎と地上の運動場という、香港では典型的な学校のイメージを打ち破り、4階建ての校舎の2階中央にバスケットボールコートを配置。中心になる場をつくると同時に、スペースと活動をも生み出した。

Ar：Architectural Services Department
Pr：Architectural Services Department, The Government of the Hong Kong Special Administrative Region
Dr：Alice Yeung, Chief Architect
D：Thomas Wan, Senior Architect, Tuesday Li, Project Architect

17G121082

647

認定こども園

KM Kindergarten and Nursery

Kindergarten and Nursery
KM Kindergarten and Nursery
Ar: HIBINOSEKKEI + Youji no Shiro

大阪の南部にある保育園の改築事例である。本計画において2つのテーマを設定。1つ目は、計画地が大変せまいので子供達の運動不足を日常活動の中で解消すること、2つ目は子供達に地域を学び知ってもらうため、古くから栄えていた地域産業である織物の要素を取り込むことである。

Ar：(株)日比野設計＋幼児の城
Pr：(株)日比野設計＋幼児の城 日比野拓
Dr：(株)日比野設計＋幼児の城 日比野拓
D ：(株)日比野設計＋幼児の城 佐々木真理、小西正人

17G121083

保育園

中目黒どろんこ保育園

Nursery School
Nakameguro doronko nursery school
Ar: Social Welfare Corporation Doronkokai + UNIP DESIGN, Inc

本園は区立保育園の老朽化に伴い、新たに民営化して建て替えたものである。敷地は閑静な住宅地に位置し、対面には潤沢な緑地帯が広がる良好な環境にあった。そこで地域に開かれた保育の場を実現するために、前面道路側一面に子育ての相談や、近隣の誰もが利用できる地域のカフェを設け、地域とともにある保育環境の実現をめざしている。

Ar：(社福)どろんこ会＋ユニップデザイン(株)
Pr：(社福)どろんこ会 理事長 安永愛香
Dr：ユニップデザイン(株) 代表取締役 房前寿明
D ：ユニップデザイン(株) 房前寿明＋小池宏明

17G121084

保育園
ATM Nursery

Nursery
ATM Nursery
Ar: HIBINOSEKKEI + Youji no Shiro

豊中市と吹田市にまたがるニュータウンの一角にある消防署跡地に立つ保育園の計画である。かつては団地を中心にさまざまなコミュニティが形成され地域が発展してきたが、長い間に少しずつ衰退してきている。この歴史ある団地の特徴を再解釈し、地域コミュニティの中心の場となってつながりを感じられる保育園になるよう計画した。

Ar:（株）日比野設計＋幼児の城
Pr:（株）日比野設計＋幼児の城 日比野拓
Dr:（株）日比野設計＋幼児の城 日比野拓
D :（株）日比野設計＋幼児の城 門間直樹、青木貴宏

17G121085

保育園
あまねの杜保育園

Nursery School
AMANENOMORI NURSERY SCHOOL
Ar: AISAKA ARCHITECTS' ATELIER + NANSEIKAI

160名の園児が自然とともにのびのび遊べ、同時にすべての保護者や保育士が安心できる保育園。屋上のある2階建ての立体的園舎に、中庭と外端の木々をつなぐようにデッキ、スロープ、階段やブリッジを巡らせた。子供が走り回れ、大人の目が届きやすく緊急時も逃げやすい回遊動線とし、それを外から台形の堅牢な壁と屋根で覆う、楽しさを強さで守る構成とした。

Ar:相坂研介設計アトリエ＋（社福）南生会
Pr:（社福）南生会
D :相坂研介

17G121086

幼保連携型認定こども園

のしろこども園

Certified Children Center
Noshiro Kodomo-en
Ar: Yoshitake Fukushikai Corporation +
Nakae Architects Inc.

石川県小松市に開園した幼保連携型認定こども園。切妻が枝分かれするような大屋根と、それに応じた勾配天井の下、廊下の所々に三叉路を設け変化に富んだ空間を実現した。ネットなどの屋内遊具、さまざまな園庭と多彩な植栽、オリジナルの塔状遊具など、内外の空間全体が園児の感性や創造性を育むことを意図したデザインとなっている。

Ar:（社福）吉竹福祉会＋（株）ナカエ・アーキテクツ
Pr:（社福）吉竹福祉会 長戸英明
Dr:（社福）吉竹福祉会 長戸康英
D :（株）ナカエ・アーキテクツ 中永勇司

17G121087

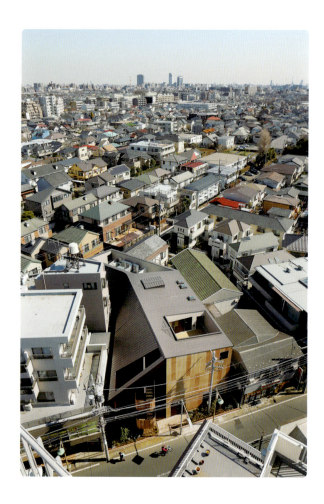

保育園

大空と大地のなーさりぃ
下井草駅前園

Nursery
Ozora to Daichi no nursery Shimoigusa
Ar: Kids Corporation inc. + KINO architects +
CHIHIRO KENSETSU Co., Ltd.

東京都内の高密度な住宅街にある3階建ての保育園。高密度な街の不整形な土地という条件のもとで、いかに子供たちに心地よい居場所をつくりだすか。近隣住民が子供の存在をポジティブにとらえることができる、ほどよい距離感をいかにつくりだすか。この2点が計画のポイントであり、これらを実現するために街と空に開かれたホワイエを設けた。

Ar:（株）キッズコーポレーション＋KINO architects
＋千広建設（株）
Pr:（株）キッズコーポレーション 大塚雅一、香取正樹
Dr:KINO architects 木下昌大
D :KINO architects 木下昌大、石黒大輔、山崎雅嗣、藤本直憲

17G121088

診療所

新柏クリニック

Clinic
Shinkashiwa Clinic
Ar: Nakazatokai Medical Corporation,
Shinkashiwa Clinic + TAKENAKA CORPORATION

豊かな地下水を透析水とする人工透析120床の診療所。南側の緑地を景観として取り込み、森林浴のできるクリニックをテーマに木造木質化した開放性の高い新しい透析空間をめざした。耐火集成材の門型フレームが連続する透析室は木の香りに包まれ、内外連続したヒノキ天井や照明、空調の工夫により患者の視点での快適性を追求した。

Ar:医療法人社団中郷会 新柏クリニック＋(株)竹中工務店
Pr:医療法人社団中郷会 新柏クリニック 理事長 木村敬太
Dr:(株)竹中工務店 設計部 菅原努
D :(株)竹中工務店 設計部 吉岡有美、石本明子

17G121089

障がい者福祉施設

熱海ふれあい作業所

A Welfare Facility for the Disabled
Atami Fureai -Employment support for people with disabilities center-
Ar: Atami Fureai + MNoKa Architects +
Miyata Structural Engineers Co., Ltd

築16年のメーカープレハブ造の障がい者施設の改修である。食を中心に現場事務所のような施設を展望カフェのように再構築している。箱型に水平方向や垂直方向に大きな開口部を設け、吹き抜けは引き算の手法による耐震化、窓は周囲の立体的な風景を取り込んでいる。日本全国のプレハブ箱もの施設に対し、汎用性のある事例となることを期待する。

Ar:NPO法人 熱海ふれあい作業所＋MNoKa Architects＋(株)宮田構造設計事務所
Pr:NPO法人 熱海ふれあい作業所 荻沢洋子
Dr:MNoKa Architects 牧野宏一
D :MNoKa Architects 牧野宏一＋宮田構造設計事務所 宮田雄二郎

17G121091

グローカルな複合施設

THANK／知立の寺子屋

Cafe & Afterschool
THANK / Chiryu Afterschool
Ar: FUJI MACHINE MFG. CO., LTD. +
MOUNT FUJI ARCHITECTS STUDIO

産業用ロボット分野でグローバルに事業展開する地元企業による、下校後の児童を預かるアフタースクールと地域の母親を中心に集いの場となるシェアキッチン付きカフェからなる地域貢献施設。自然科学のグローバルな普遍性と土地のローカルな歴史性、その両者を引き受け接続するデザインを求めた。

Ar：富士機械製造（株）＋（株）マウントフジアーキテクツスタジオ一級建築士事務所
D：MOUNT FUJI ARCHITECTS STUDIO 原田真宏、原田麻魚

17G121092

礼拝施設

手紙処と手紙標

Worship Facility
Tegami-Dokoro and Tegami-Shirube
Ar: Tegamidera Shodaiji

手紙処とは、霊園内にある手紙を書くための場所であり、手紙標とは、手紙を書くためのこころの準備を与えてくれるサインデザインである。ここでいう手紙とは故人に向けて書く手紙のこと。さまざまな祈りや想いが行き交う霊園の中に、手紙を書くことを通じて、故人とゆっくりと向かい合いこころを交わせる場所をつくった。

Ar：手紙寺 證大寺
Pr：手紙処をつくる会 井上城治、溝邊貴彦、田村和彦、船井隆作、押尾章治、廣村正彰、三井浩、森口純一、吉田一求、中村一行、尾川佳代、伊東克明

17G121093

永代墓
長徳寺永代墓「ハクラ」

Grave
Chotoku-ji HAKURA
Ar: Chotoku-ji + Yoshihara Photo Studio + Yokomizo lab

新潟県新発田市の真宗大谷派松霊山長徳寺の境内につくられた永代墓。境内の中心部に位置する白勢家の墓碑と駐車場の間にできた細長い隙間を計画地とした。永代墓は参拝室、納骨室、安置室の3室で構成され、境内に開いた参拝室は細長く先のすぼまった形状をしており、モニュメンタルな形態の墓とは異なる無限遠の弔いの空間をつくり出している。

Ar：真宗大谷派 松霊山 長徳寺＋吉原写真館＋東京藝術大学美術学部建築科ヨコミゾマコト研究室
Dr：吉原悠博
D：ヨコミゾマコト、坂東幸輔、冨永美保、小林良平、小林明澄、原田健介、田坂創一、杉山由香

17G121094

火葬場
多治見市火葬場
華立やすらぎの杜

Crematorium
Tajimi city crematorium HANADATEYASURAGINOMORI
Ar: Tajimi city + KUME SEKKEI Co., Ltd.

岐阜県多治見市の新しい火葬場と斎場。敷地の背景にある里山の緑や山々のなめらかな形状になじむ3次元曲面の屋根で構成される。計画上必要な調整池を修景として取り込む扇形の平面形状とし、お別れや収骨を個別でおこなえるお別れ室の設置など、会葬者にとって癒やしの場でありながら、遺族のプライバシーの確保を重視した施設である。

Ar：多治見市＋(株)久米設計
Pr：多治見市
Dr：(株)久米設計 設計本部 上田克行
D：(株)久米設計 設計本部 上田克行、海老原靖子、平田駿

17G121095

653

超高層ビル

あべのハルカス

Supertall Building
ABENO HARUKAS
Ar: KINTETSU REAL ESTATE Co., LTD.

百貨店、展望台、美術館、保育園、ホテル、オフィスなどで構成される地上60階、延床面積30.6万平方メートル、高さ300メートルの超高層複合建築である。大阪阿部野橋駅の直上に集積した多様な都市活動は、阿倍野の街と鉄道沿線を活性化し、梅田や難波と異なる個性を持つ第3極として、大阪の都市構造を再編し多様性を創出している。

Ar：近鉄不動産（株）
Pr：近鉄不動産（株）アセット事業本部 ハルカス運営部 執行役員 中之坊健介
Dr：近鉄不動産（株）アセット事業本部 ハルカス運営部 執行役員 中之坊健介
D ：建築：（株）竹中工務店 原田哲夫、橋岡佳令、松田知也、合田靖、米津正臣／外装：原田哲夫、米津正臣＋ペリ クラーク ペリ アーキテクツ シーザーペリ、フレッドクラーク、光井純

17G121096

複合業務ビル／下水処理施設

品川シーズンテラス

Complex Building + Sewerage Treatment Plant
Shinagawa Season Terrace
Ar: NTT Urban Development Corporation +
TAISEI CORPORATION + Hulic Co.,Ltd. +
Tokyo Urban Development Co.,Ltd

品川駅北東の芝浦水再生センター上部利用のプロジェクト。官民連携による都市計画で土木と建築の融合による新しいまちづくり手法により、土木インフラの更新、新拠点となる業務商業ビル建設、広場整備を実現。光と風と水という自然要素が豊かな立地をとらえ、最高水準の環境性能の達成と環境要素の魅力そのものを生かすデザインをテーマとした。

Ar：NTT都市開発（株）＋大成建設（株）＋ヒューリック（株）＋東京都市開発（株）
Pr：東京都下水道局＋NTT都市開発（株）＋大成建設（株）＋ヒューリック（株）＋東京都市開発（株）
Dr：（株）NTTファシリティーズ 横田和伸＋大成建設（株）井深誠＋NTT都市開発（株）坂上智之
D ：（株）NTTファシリティーズ 萩原多聞＋大成建設（株）峰村雄一、佐々木康成＋NTT都市開発（株）長岡公一

17G121097

オフィス
大手町フィナンシャルシティ グランキューブ

Office Building
Otemachi Financial City Grand Cube
Ar: Mitsubishi Jisho Sekkei Inc.

国際ビジネス拠点として大手町地区再生をめざす、大手町連鎖型都市再生プロジェクトの第3次事業。3.11の教訓を踏まえて、電力と水の自立システムの構築などこれまでにない高度な防災都市づくりに取り組んだ。また、ハイパーブロック化により隣接する敷地と一体となった空間整備をおこない、周囲とネットワーク化された歩行者環境を創出した。

Ar:（株）三菱地所設計
Pr:（株）三菱地所 代表取締役執行役社長 吉田淳一
Dr:（株）三菱地所設計 国府田道夫＋（株）NTTファシリティーズエンジニアリング＆コンストラクション事業本部 松原和彦
D:（株）三菱地所設計 建築設計三部 松田貢治、海野宏樹＋（株）NTTファシリティーズグリーンITビルビジネス本部 榎木靖倫／エンジニアリング＆コンストラクション事業本部設計部門 三谷健太郎

17G121098

市街地再開発事業
京橋エドグラン
（京橋二丁目西地区第一種市街地再開発事業）

Urban Redevelopment Project
KYOBASHI EDOGRAND
Ar: NIPPON TOCHI-TATEMONO Co., Ltd.

権利者とデベロッパー、設計会社をはじめとした専門家の共創により約15年間かけて完成させた地域再生プロジェクト。保存、再生した歴史的建築物棟と新築した再開発棟からなる複合施設であり、竣工後もタウンマネジメントで街を育む。超高層オフィスの直下にダイナミックな半屋外のオープンスペースを創出し、歴史と未来の交差点を体現する。

Ar:日本土地建物（株）
Pr:京橋二丁目西地区市街地再開発組合 理事長 北原敬三＋日本土地建物（株）代表取締役社長 平松哲郎
Dr:日本土地建物（株）都市開発事業部長 永藤厚志＋再開発組合事務局長 髙橋勝巳＋（株）日建設計 執行役員 黒澤俊彦
D:（株）日建設計 執行役員 木村雅一／設計部 設計長 三上槇司、主管 伊東宏和

17G121099

655

商業施設

東急プラザ銀座

Commercial Building
TOKYU PLAZA GINZA
Ar: Tokyu Land Corporation + NIKKEN SEKKEI LTD

銀座の数寄屋橋交差点に面した敷地に立つ延べ面積約5万平方メートルの大型商業施設。光の器という建築コンセプトの下、江戸切子をモチーフにしたガラスのファサードが特徴である。施設内の6階には「KIRIKO LOUNGE」、屋上階には「KIRIKO TERRACE」などのパブリックスペースを設け、買い物客がゆっくりと憩える環境を設えている。

Ar：東急不動産（株）＋（株）日建設計
Pr：東急不動産（株）銀座プロジェクト推進部（当時）青木太郎、青木貴弘、小玉潤、小山伸一 ほか10名
D：（株）日建設計 設計部 中本太郎、坂本隆之、畑野了＋（株）インフィクス 間宮吉彦、石丸耕平

17G121100

Sitatte Sapporo

sitatte sapporo
札幌フコク生命越山ビル

Sitatte Sapporo
sitatte sapporo Sapporo Fukokuseimei Koshiyama Building
Ar: Fukoku Mutual Life Insurance Company + Koshiyama Buildings + Shimizu Corporation

通りの賑わいを建物に引き込み、地下空間「チカホ」と地上をつなぐ街路「ステップガーデン」を建物内に展開する。建物中央に地下から地上2階まで階段状につながる街路は、人の移動、居場所、またイベント会場となる。また「チカホ」に建物側のデザインを拡張し、街と建物をつなぐことで、新しい公共歩行空間のあり方、新しい街のインフラを提示した。

Ar：富国生命保険相互会社＋（有）越山ビルディングズ＋清水建設（株）一級建築士事務所
Pr：富国生命保険相互会社＋（有）越山ビルディングズ
Dr：清水建設（株）一級建築士事務所 糀谷正和、西村健
D：フィールドフォー・デザインオフィス 志村美治、井筒英理子＋ライトデザイン 東海林弘靖、今井美紀

17G121101

商業施設

石内ペノン

Shopping Complex
Ishiuchi Pennon
Ar: CAPD, Inc.

食べる、暮らす、学ぶことを中心に展開する複合商業施設である。食や美容、インテリアなど生活にまつわる店やポップアップショップ、イベント、教室など五感を刺激し創造力や豊かな心を育むことをテーマとした。

Ar：(株)CAPD
Pr：(株)イワキ 河内正晴
Dr：(株)CAPD 門内一生
D：設計：(株)CAPD 門内一生・小原弘和、常信大、増井和哉＋構造：Q & Architecture＋外構：和想デザイン＋プロモーション：ハイフンデザインワークス

17G121102

日本旅館

星のや東京

Japanese Inn
HOSHINOYA Tokyo
Ar: Mitsubishi Jisho Sekkei Inc. +
AZUMA ARCHITECT & ASSOCIATES

東京の中心、大手町に日本旅館をつくるプロジェクト。都市再生特別地区の適用を受け、国際水準の宿泊施設としての位置づけをもつ。その回答として、日本独自の旅館を現代に適応進化させた形で提案した。オフィス街の日常に対して非日常をつくり、新しい風景をつくるとともに、宿泊施設の形態としてのRYOKANを日本から発信する。

Ar：(株)三菱地所設計＋東 環境・建築研究所
Pr：星野リゾート
Dr：(株)三菱地所設計 清水聡＋東 環境・建築研究所 東利恵
D：(株)三菱地所設計 清水聡、石田雅大、宿利隆＋東 環境・建築研究所 東利恵

17G121103

Hostel

Baguni Hostel

Hostel
Baguni Hostel
Ar: Baguni Hostel

すべてがソウルに一極集中する韓国の中で、中小規模の自治体である順天市におけるグローバルな視点を生かし、観光の傾向の変化に応え、デザイナーズホステルの価値を意味のある形で伝えるもの。ハード面の建築設計だけでなく、ブランド確立からスタイル構築、サービス企画まで一貫した視野のもと設計を意図した。

Ar：Baguni Hostel
Pr：Im Kwang Pil, Baguni Hostel + Noh Kyung Rok, Park Jung Hyun, Lee Sang Muk, Z_Lab
Dr：Noh Kyung Rok, Park Jung Hyun, Lee Sang Muk, Z_Lab
D ：Noh Kyung Rok, Park Jung Hyun, Lee Sang Muk, Nam Mi Kyeong, Z_Lab, LeeU Architecture, Gladworks, Row Design, Kaare Klint Furniture, rareraw.

17G121104

ホテル

ホテルカンラ京都

Hotel
HOTEL KANRA KYOTO
Ar: UDS Ltd

継承と革新をデザインコンセプトに、教育施設として使われていた建物を39室の客室と3つの飲食施設、ショップ、スパを併せ持つホテルへとコンバージョンしている。既存建物を活かした細長いマチヤスタイルの客室が特徴。ショップには金継工房を併設し職人技を間近で体感することができる。

Ar：UDS（株）
Pr：UDS（株）中原典人
Dr：UDS（株）中原典人、黒田哲二
D ：UDS（株）中原典人、小林綾子、友口理央、湯川ちひろ

17G121105

ホテル
ホテル アンテルーム 京都

Hotel
HOTEL ANTEROOM KYOTO
Ar: UDS Ltd

京都の今を表現するアート＆カルチャーが集まる場所をコンセプトに2011年にオープンしたホテルの増床計画。著名アーティストが客室をディレクションしたコンセプトルームや滞在をしながら作品制作をするアトリエを新設、「365日アートフェア」と題し、若手アーティストの発表の場づくりなど新しい取り組みを仕掛けた。

Ar：UDS(株)
Pr：UDS(株) COMPATH 中原典人
Dr：UDS(株) COMPATH 杤尾直也／ホテルマネジメント事業部 上田聖子
D ：UDS(株) COMPATH 中原典人、杤尾直也、小山美佐樹

17G121106

Hostel
HIIHUB CO,. LTD.

Hostel
HIIHUB CO,. LTD.
Ar: hiiarchitects co., ltd.

台湾・台南にあるホステル。リノベートを機会に、名称もマルチコネクタである「ハブ」を使った名前に変更し、生活、仕事、旅行などさまざまな用途に使える開かれた枠組みを表現。それぞれ名前の付いた5つのゾーンが作られ、それぞれの活動や機会が台南の活力と触れあうことが期待される。そこから街のあらゆる創造力や実用性がフィードバックされるだろう。

Ar：hiiarchitects co., ltd.
Pr：hiiarchitects co., ltd. + HIIHUB CO,. LTD.
Dr：Hu Jin-Yuan, hiiarchitects co., ltd.
D ：Hu Jin-Yuan, Huang Kao-Chuang, Lai Ping-Chuan, Wei Chia- Heng, Wu Po-Kuan, hiiarchitects co., ltd. + HIIHUB CO,. LTD. + Lee Ming, Block Studio, CIS design

17G121107

Light Hotel

Gold-inn Hotel

Light Hotel
Gold-inn Hotel
Ar: HAD INTERIOR DESIGN CO., LTD

ホテルの設計において、自然なシンプルさや飾り気や気取りのない美観に根ざして、公共スペースの配置をおこなった。むき出しの3Dレンガ壁面、表面を加工しないザラザラしたコンクリート、工業用の椅子、歴史を重ねた骨組みなど、建材自体がストーリーを語りかけてくる。自由な芸術創作と似た、スペース設計の経験を楽しむことができる。

Ar：HAD INTERIOR DESIGN CO., LTD
Pr：Chiung-Ho Su
Dr：Chiung-Ho Su
D ：Chiung-Ho Su

17G121108

ライブホール（スタンディング主体）

ゼップ 大阪 ベイサイド

Live Music Live Hall (Standing)
Zepp Osaka Bayside
Ar: Zepp Hall Network Inc. + KAJIMA CORPORATION

大阪湾際のスーパー堤防に立つ、スタンディング主体の都心型ライブホール。2,800人がジャンプしても振動抑制する特殊基礎方式を採用した。またVIP席、アーティスト交流スペース、海の見えるテラス付き楽屋を導入するなど、さまざまな進化の仕掛けを備える。玄関にそびえる大波を模した壁面は建築を強く印象付け、野外イベントスペースとして賑わいをもたらしている。

Ar：(株)Zeppホールネットワーク＋鹿島建設(株)
Pr：(株)Zeppホールネットワーク 新名宏一郎
Dr：鹿島建設(株)関西支店一級建築士事務所 前垣篤志
D ：鹿島建設(株)関西支店一級建築士事務所 塚田豊男

17G121109

Cinema
WUHAN INSUN INTERNATIONAL CINEPLEX

Cinema
WUHAN INSUN INTERNATIONAL CINEPLEX
Ar: One Plus Partnership Limited

伝統的なフィルム編集をデザインのモチーフにした映画館。いたるところに吊るされた多数の照明ボックスは、4種類のメタルメッシュに光が差し込み、光と影の相互作用が照明効果を高める。一部の照明ボックスに書かれた漢字は、映画館内の各エリアを抽象的に案内する。ノスタルジックな照明は昔の照明を模しており、時の流れを表現している。

Ar：One Plus Partnership Limited
Pr：Ajax Law & Virginia Lung
Dr：Ajax Law & Virginia Lung
D ：Ajax Law & Virginia Lung

17G121110

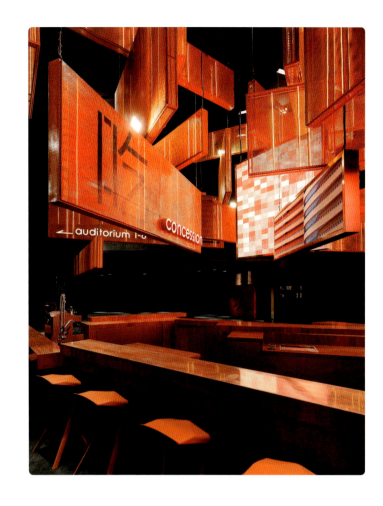

街とつながる"場"としての飲食店

also Soup Stock Tokyo

The Restaurant that Connect with Town
also Soup Stock Tokyo
Ar: Smiles Co., Ltd

Soup Stock Tokyoの新業態レストランで1棟独立型の建築である。老舗と新しい店舗、細い路地裏と美しい石畳などが混在する自由が丘の界隈性や特性を生かし、オーナー、テナント、デザイナーが一体でシーンを描き実現させた。生活者が自分の店や街と思える場を作り、それに共感する人々が集うという、飲食店の置かれた状況へ一石を投じる店舗。

Ar：(株)スマイルズ
Pr：(株)スマイルズ クリエイティブ本部 本部長 野崎亙
Dr：(株)スマイルズ クリエイティブ本部 本部長 野崎亙
D ：永山祐子建築設計

17G121111

飲食店

からすや食堂

Restaurant
Karasuya
Ar: Karasuya + Yoshihiro Kurita, Architect & Associates

東日本大震災の津波を受けて全壊したこの食堂は、福島県いわき市久之浜町にて長年運営してきた老舗食堂である。震災から6年の年月を経てかつて営業していた町内にて本設となった。設計には地域性と公共性を意識し、地場の木を使った店内には震災ギャラリーが設けられ地域や復興支援者達の憩いの場となっている。

Ar：からすや食堂＋（株）栗田祥弘建築都市研究所
Pr：遠藤義康
D：栗田祥弘

17G121113

農家食堂

むらかみ食堂

Farmers Restaurant
Murakami Shokudo
Ar: Mizuki ito Architects

のどかな田園風景と食と農を次世代の子供たちにつなぐことを目的とした、地元で収穫されたお米を中心に農産物を提供する農家食堂である。おいしい風景を感じながら食事を楽しむことができる、自然なたたずまいのおいしい建築を考えた。この食堂において人と農業をつなぐことで、持続可能な地域文化を創造する。

Ar：伊藤瑞貴建築設計事務所
Pr：村上浩一
Dr：村上浩一
D：伊藤瑞貴建築設計事務所 代表 伊藤瑞貴

17G121114

和カフェ

豆皿茶屋

Japanese Cafe
Mamezara Chaya
Ar: conscious

金沢城公園を訪れる人へのくつろぎの場として、鶴の丸休憩館が完成した。その中にこの茶屋がある。城内の橋爪門と五十間長屋を一望でき、石川県の名産品を豆皿に少しずつ盛り付けたお茶のセットが楽しめる。美しい公園の景観になじむように、過度なデザインを避けたくつろぎ茶屋空間を意識してデザインした。

Ar：コンシャス
Pr：(株)メープルハウス 鍋島盛雄
D：豆皿茶屋内装デザイン：コンシャス 江原まゆみ、伊藤ゆりか＋施設建築設計：(株)五井建築研究所 代表取締役 西川英治＋照明計画：(株)モデュレックス

17G121115

VVG Play Play

VVG

VVG Play Play
VVG
Ar: VVG INC.

有機的な洞窟の形に着想を得た台中国立歌劇院の設計。すべての感覚が活性化して、調和し統合されているような空間づくりをめざした。当社の19年にわたるライフスタイル分野での実績を生かし、文具店や飲食店、フードトラック、書店、バーなど6店舗が舞台の一幕を構成するような空間をプロデュースした。

Ar：VVG INC.
Pr：Grace Wang
Dr：Grace Wang
D ：Grace Wang

17G121116

Hotpot Restaurant

HaiDiLao Hotpot restaurant

Hotpot Restaurant
HaiDiLao Hotpot restaurant
Ar: Vermilion Zhou Design Group

火鍋チェーンの「海底撈火鍋」は料理だけでなく、独自のサービススタイルでも定評があり、中国の飲食店市場に大きな影響を与えている。もともとのブランドイメージは赤、辛い、スパイシーというものだが、今度は火鍋の新しい楽しみ方を提案したい。本デザインでは「海底撈」に新たなアイデンティティをもたらそうとしている。

Ar：Vermilion Zhou Design Group
Pr：Sichuan Haidilao Catering Co., LTD
Dr：Kuang Ming (Ray) Chou, Garvin Hung, Vera Chu
D：Stephanie Hung, Mavis Huang, Boyuan Ling

17G121118

木造コンビニエンスストア

ローソン ビナガーデンズ店

Wooden Convenience Store
LAWSON ViNA GARDENS
Ar: Sumitomo Mitsui Construction Co., Ltd. + SUMITOMO FORESTRY CO., LTD.

小田急線海老名駅前の大規模開発事業におけるコンビニエンスストア。最先端の技術で開発される新しい街「ViNA GARDENS」で働き暮らす人々は、高層建築や新素材に囲まれて過ごす時間が多くなる。そんな環境の中、誰もが利用するコンビニエンスストア空間を、耐火建築のハードルをクリアして憩える温かみのある木造で実現したものである。

Ar：三井住友建設（株）＋住友林業（株）
Pr：三井住友建設（株）事業開発推進本部 企画推進部 眞鍋耕次
Dr：三井住友建設（株）建築本部 第二設計ディビジョン ディビジョンリーダー 杉山光宏、アーキテクト 奥村幸弘
D：住友林業（株）木化営業部 エグゼクティブマネージャー 不破隆浩

17G121119

工房兼店舗

ANA青島ファクトリー

Workshop & Store
ANA Aoshima Factory
Ar: ANA WING FELLOWS VIE OJI CO., LTD. +
BOHEMIAN DESIGN

地方における障がい者雇用の促進をめざすANAウィングフェローズ・ヴイ王子が障がいがあってもなくても安心して働くことのできる職場環境の実現のため、歴史と自然に恵まれた宮崎市青島の「こどものくに」内のボートハウスをリニューアル。「紙と木を生かした製品を宮崎から世界へ」をコンセプトに名刺、賞状やモデルプレーンなどの製造をおこなう。

Ar：ANAウィングフェローズ・ヴイ王子（株）＋ボヘミアンデザイン
Pr：ANAウィングフェローズ・ヴイ王子（株）代表取締役社長 遠藤達哉
D：ボヘミアンデザイン 神矢正次

17G121120

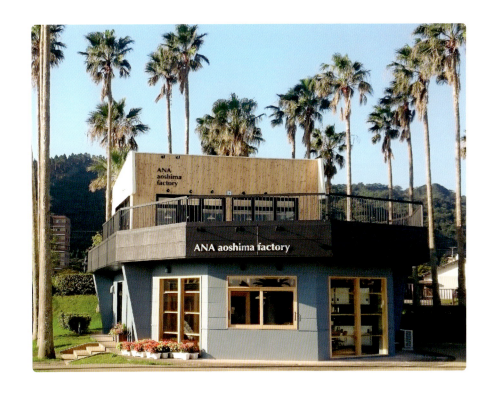

商業＋住宅

New York Corner 161

Commercial Facility + House
New York Corner 161
Ar: KEY OPERATION INC. / ARCHITECTS +
Ikkaku Planing Limited Liability Company

都立大学駅近くの緑道に面する複合用途ビルの計画。建物の1階から3階は商業施設、4・5階は集合住宅となっている。異なる機能をひとつの建物にとりまとめるために、外壁はレンガと左官の仕上げを組み合わせたファサードを提案した。緑道から3階のバルコニーに連続する動線をウッドデッキで仕上げることで、緑道が連続する空間をつくろうとした。

Ar：（株）キー・オペレーション＋（合同）一鶴プランニング
D：小山光＋キーオペレーション 一級建築士事務所

17G121121

Flagship Store

Feliix

Flagship Store
Feliix
Ar: DESIGN APARTMENT

空間計画では、高さを出すこと、空間に流動性を与えることを重視した。そのために間仕切りを重ね、動線の利用や体験に基づいたエリア分けをした。間仕切りが何層にも重なることで、空間全体の軸が変化し、元の平面的なスペースに三次元の奥行きを持たせることができた。

Ar: DESIGN APARTMENT
Pr: Chung-han Tang
Dr: Chung-han Tang
D : Chung-han Tang, Yung-chieh Tseng

17G121122

店舗内装設計

大きな社長室

Office
ANSEIMACHI BASE
Ar: Logic Co., Ltd

住宅会社でありながら、それに縛られないマルチな活動をする当社の社長にとって、会社の社長室ではさまざまな人とつながるには物足りない。会社の業務の場ではなくつながりを生み出す場として、築70年の建物を大きな社長室へと変貌させた。ここに集まる人々がさまざまな目的を持って気兼ねなく活動できる場は、これからの街の重心となっていく。

Ar：(株)ロジック
Pr：(株)ロジック 代表取締役 吉安孝幸
Dr：(株)ロジック
D ：(株)ロジック デザインチーム

17G121123

Cafe, Art Installation

Happier Lab / Paper Space

Cafe, Art Installation
Happier Lab / Paper Space
Ar: JC Architecture

時代を超えてコミュニティの定義を広げる地域プロジェクト。カフェテリアを訪れる人に、その中心にあるペーパーリールに何かを加えてもらう。古い羊皮紙のようなリールが古文書館のような雰囲気を演出し、何層にも重なり合うデザイン体験から新たなカルチャーが発信される。単なる展示を超え、幸せのメッセージが人々に浸透していく空間である。

Ar：JC Architecture
Pr：Johnny Chiu
Dr：Johnny Chiu
D ：Johnny Chiu, Nora Wang, Maria Isabel Lima

17G121124

オフィス

UNIQLO CITY TOKYO

Office
UNIQLO CITY TOKYO
Ar: FAST RETAILING CO., LTD.

ファーストリテイリングとユニクロの新グローバルヘッドクォーター兼クリエイティブワークスペースとして構築された。約5,000坪の巨大なワンフロアで構成され、世界中から集まる社員がリアルタイムにつながり、フラットな組織で超高速・同時に連動して動く新しい働き方を実現。クリエイティビティ発揮のため、ダイナミックな執務スペースとさまざまな共用設備を有する。

Ar：（株）ファーストリテイリング
Pr：（株）ファーストリテイリング 代表取締役会長兼社長 柳井正
Dr：（株）ファーストリテイリング プレジデントオブグローバルクリエイティブ ジョンCジェイ
D ：アライド・ワークス・アーキテクチャー 代表 ブラッド・クロエフィル

17G121125

事務所

竹中工務店 福山営業所

Office
Takenaka Corporation Fukuyama Business Office
Ar: TAKENAKA CORPORATION

もの創りの基幹産業が集積する広島県東部を管轄する当社の建て替えである。ピロティや立体路地のような屋外階段などのオープンな中間領域を積極的に設け、軽やかに街並みや地域に開かれつながるこれからの営業拠点創りをおこなった。また抑制された表現や素材により、簡素ながら豊かで確からしい建築を意図した。

Ar：(株)竹中工務店
Dr：(株)竹中工務店 設計部 門谷和雄
D ：(株)竹中工務店 設計部 柿本忠則、高橋賢

17G121126

狭小敷地での超ミニマムオフィスビル

サンヨーフーズ茅場町本社ビル

The Super Minimum HQ Office Building
SANYO FOODS KAYABACHO BUILDING
Ar: SHIMIZU CORPORATION

狭小敷地を最大限に活用した超ミニマムオフィス本社ビルである。地区計画による高さ制限の緩和を利用し、建物高さ30メートルを実現。トイレを1フロアに集約し、各階の執務空間を有効に活用。無駄を極力省いたシンプル&モダンなデザインとした。

Ar：清水建設(株)
Pr：(株)サンヨーフーズ
Dr：清水建設(株) 設計本部 生産・研究施設設計部 清水俊尚
D ：清水建設(株) 設計本部 清水俊尚、元木智也、佐々木聡、瀧上柾、菅裕之

17G121127

音響スタジオ
グロービジョン 九段スタジオ

Sound Recording Studio
Glovision Kudan Studio
Ar: Glovision Inc. + OBAYASHI CORPORATION
ARCHITECTS & ENGINEERS + ATELIER G & B CORP.

緑濃い都心の狭小地に立つ、アニメや映画吹き替え版など人の声を収録、編集する音響スタジオ。音響スタジオを高密度に実装するための空間デザインを追求することで、これまでスタジオの立地に向かないとされた都心の狭小地に、良好なアクセスと周辺環境を最大限に活かしたこれまでにない音響スタジオが実現した。

Ar：グロービジョン（株）＋（株）大林組一級建築士事務所＋（株）アトリエ・ジーアンドビー
Pr：グロービジョン（株）取締役 水浦直文
Dr：（株）大林組一級建築士事務所 本郷雅紀
D ：（株）大林組一級建築士事務所 本郷雅紀＋（株）アトリエ・ジーアンドビー 関整一、吉岡あずさ

17G121128

研究施設
大光電機株式会社 技術研究所

Research Institute
DAIKO Technical Research Institute
Ar: OBAYASHI CORPORATION

照明メーカーの新たな開発拠点となる光をテーマとした研究施設である。自然光と人工光の所作やたたずまいを追求し、多様な光が振る舞う独創的な空間を実現した。建築に照明が付加するのではなく、一体化することで、建築と照明の間にある境界が消えたデザインをめざした。建築と照明が追求した光の在り方がここにある。

Ar：（株）大林組
Pr：（株）大林組 建築事業部設計部 高橋洋
Dr：（株）大林組 建築事業部設計部 東井嘉信
D ：（株）大林組 建築事業部設計部 西森史裕＋大光電機（株）TACT大阪デザイン課 安東克幸、川中祐介

17G121129

研究所

清水建設技術研究所
先端地震防災研究棟

Laboratory
ADVANCED EARTHQUAKE ENGENEERING
LABORATORY
INSTITUTE OF TECHNOROGY,
SHIMIZU CORPORATION
Ar: SHIMIZU CORPORATION

先端地震防災研究棟は、これまで起きた世界中の地震を再現可能な大型振動台と、長周期地震の揺れを再現可能な大振幅振動台の、2つの振動台を収容する実験施設である。振動台を建物前面のビオトープに面して並列配置しガラススクリーンで仕切ることで、内部の実験エリアと外部の緑地が一体となった空間を実現している。

Ar：清水建設（株）
Pr：清水建設（株）設計本部 神作和生
Dr：清水建設（株）設計本部 伊藤智樹
D：清水建設（株）設計本部 大橋一智

17G121130

ショールーム

OREC green lab 長野

Showroom
OREC green lab Nagano
Ar: OREC CO., LTD.

乗用草刈機を主力商品とする農業機械メーカーである当社のショールーム。会社のブランドコンセプトと製品をアピールすると同時に、地域の農業生産者とのコミュニケーションの場となることをめざした。草とともに生きるをコンセプトに、自然の力を活かした緑豊かな社会の実現をめざす会社のブランドイメージを体現するようなショールームとした。

Ar：（株）オーレック
Pr：（株）オーレック 今村健二
Dr：永島ブランディングファーム 永島隆一＋エイトブランディングデザイン 西澤明洋、加藤七実＋創造系不動産 高橋寿太郎、近藤以久恵
D：木下昌大

17G121131

建築物

小松精練 ファブリック・ラボラトリー
[fa-bo（ファーボ）]

Building
KOMATSU SEIREN FABRIC LABORATORY [fa-bo]
Ar: KOMATSU SEIREN Co., Ltd.

自社で開発した熱可塑性炭素繊維複合材料であるカボコーマ・ストランドロッドを用いて、世界初の耐震補強に挑戦、当社の旧本社棟の改築をおこなった。エコ建材である超微多孔セラミックス基盤、グリーンビズをはじめ、繊維＋建築の未来を提案し、ファブリック・ラボラトリー、fa-bo（ファーボ）として生まれ変わった。

Ar：小松精練（株）
Pr：小松精練（株）
D：隈研吾建築都市設計事務所

17G121132

自動車部品工場

Daiwa Kasei (Thailand) Co., Ltd. Prachinburi Factory

Automotive Parts Factory
Daiwa Kasei (Thailand) Co., Ltd. Prachinburi Factory
Ar: Daiwa Kasei Industry Co., Ltd. +
M ARCHI Co., Ltd. + TAKENAKA CORPORATION

バンコク北東140キロのプラチンブリ県に位置する、自動車部品工場の東南アジア新拠点である。南国環境での快適な執務空間と省エネに貢献するGRC水平ルーバー、歩車分離と生産物流の自由度を確保する配置計画、V型立体トラスの架構デザインと設備計画の統合によるフレキシブルな生産施設の創出、外壁ユニット化工法への取り組みが特徴。

Ar：大和化成工業（株）＋（株）エムアーキ＋（株）竹中工務店
Pr：大和化成工業（株）取締役社長 小島洋一郎
Dr：（株）エムアーキ 代表取締役 宮原亮
D：（株）エムアーキ 代表取締役 宮原亮＋（株）竹中工務店 西岡浩是、尾上聰＋タイ竹中インターナショナル 斉藤拓海

17G121133

自動車用内外装部品製造工場

九州小島株式会社 磯光工場

Automotive Interior and Exterior Products Plant
KYUSHU KOJIMA CO., LTD, ISOMITSU PLANT
Ar: KYUSHU KOJIMA CO., LTD. + NIPPON STEEL & SUMIKIN ENGINEERING CO., LTD.

本施設は、トヨタ自動車九州が生産する、世界65カ国で展開する高級自動車レクサス向けに特化したコンソール等樹脂成形部品製造工場である。安全・安心をキーワードに、動線の整流化やリフトレス化、徹底した歩車分離に加え、自然エネルギーの有効活用、省エネ省資源化設備システムの導入など、人と環境に優しい施設づくりを追求している。

Ar:九州小島(株)+新日鉄住金エンジニアリング(株)
Pr:九州小島(株)取締役社長 小島洋一郎
Dr:新日鉄住金エンジニアリング(株)建築・鋼構造事業部長 村上信行
D :新日鉄住金エンジニアリング(株)平井理基、瀬尾勝則、大塚崇之、酒井快典、葛生貴博、本間進太郎、道場友紀、戸塚太

17G121134

実験研究室のリノベーション

ラボラトリー Hi2

Renovation of the Laboratories
Laboratory Hi2
Ar: archichi office + Isobe lab, The University of Tokyo

今回の設計では実験研究室の肝となる局所排気装置から設計に着手。労働基準監督署への手続きも含め視認性90パーセント以上の排気装置を実現した。照明は光天井を採用。光天井内に排気ダクトや空調設備を設計し、動線的にも光環境的にもシームレスにつなぐことが実現できた実験研究室である。

Ar:(株)建築築事務所+東京大学大学院理学系研究科物理有機化学磯部研究室
Pr:東京大学大学院理学系研究科教授 磯部寛之
Dr:(株)建築築事務所 望月公紀、市川竜吾
D :(株)建築築事務所 望月公紀、市川竜吾

17G121135

創業者記念館

立石一真 創業記念館

Founder Memorial Museum
Kazuma Tateishi Memorial Museum
Ar: Dentsu Live Inc.

オムロン創業者立石一真が愛し、40余年にわたり家族と会社を育み、社名に名を遺した京都御室鳴滝の自宅住居と庭園を修復保存、新展示施設を加え、創業精神と企業理念を来訪者が体験的に理解する記念館として整備した。事実と彼の著述のみで構成した展示の中を来訪者が回遊することで一真の人生を追体験する構成となっている。

Ar：(株)電通ライブ
Pr：(株)電通ライブ スペース＆ビジュアルデザインルーム 松本陽一
Dr：(株)電通ライブ スペース＆ビジュアルデザインルーム 松本陽一、西澤嘉一、永友貴之
D：(株)電通ライブ スペース＆ビジュアルデザインルーム 松本陽一、西澤嘉一＋(株)UDA 山口勝之、加茂洋

17G121136

13

メディア、パッケージ

Media, Package

今の時代の「時代を写す鏡」は何なのか? 3年間グッドデザイン賞の審査に携わった
私としては、また、ものづくりに携わる一人の人間として、審査はまさに時代を読み取る
ものであり、受賞対象を世に出す責任を感じながら、2017年も慎重に審査委員の方々
と一つ一つ応募作品を見させていただいた。「ものは大量消費されるものであるべき
か?」「今までの伝統を守るべきか?」など様々な議論が起こる中、今年の作品を審査
したが、今年の傾向として「愛着を持ってものを道具として使う」という観点が非常に強
く見えたと思う。特に我々のユニットでは、パッケージでは環境に優しく、長く使える、
今の時代にあるべきデザインが色濃く出たのと、コンテンツに関しては、単純にコン
テンツの中身だけではなく、そのコンテンツが展開される場所や作り上げられる経緯
など今まであまり前に出てこなかった因子が強く、すべてのバランスが良い作品が数多
くエントリーされていた。今の時代は、比較的テクノロジーがふんだんに使われたも
のに注目が行きがちであるが、信念や哲学、ものに対する思いも含めた取り組みも数多
く読み取ることができたと思う。
個人的に印象に残っているのは「INDUSTRIAL JP」。町工場が今までのイメージとは
全く違うトーンで描かれる映像で、中小企業が多い日本のものづくり産業を、これまで
とは違う切り口でPRすることが出来るコンテンツとして非常に良くできた仕組みだと
思った。もう一つは、「さんち〜工芸と探訪〜」。地道に足を使って見出した工芸品を最
終的には自社ECサイトで販売をすることで、工芸の火を絶やさないようにする中川政
七商店の試みだ。これは本来当たり前のことだが、今の時代の人々から見えている視
野の狭さを指摘された試みであった。
コンテンツもパッケージも道具であり、それがどこからどのようにやってきて、私達を
どこに連れて行ってくれるのか。突出したデザインやテクノロジーだけではなく、本当
の意味でのもののあり方がもう一度見直されるべき時代に入ったと感じた。

齋藤精一

化粧品

ホワイティシモ

Cosmetics
WHITISSIMO
Ar: POLA INC.

毎日をていねいに積み重ね、いつだって心地よく過ごしたい。自分らしさを大切に、現代をしなやかに生きる女性たちへ。本製品は、シンプルな上質さや使い心地のよさ、肌へのやさしさ、五感に接するすべてをcomfortでみたす。肌とこころを包み込む、心地よい幸せを。

Ar：(株)ポーラ
Pr：松井孝
Dr：渡辺有史
D ：神山カリン舞、重田くるみ

17G131137

化粧品

リサージ スキンメインテナイザー

Cosmetics
LISSAGE Skinmaintenizer
Ar: Kanebo Cosmetics

化粧水、乳液のうるおいを1本にした化粧液。自分に合う1本が見つけられるように、6種をラインアップ。なりたいキレイ（保湿・美白）と感触や肌コンディションに合わせてぴったりの1本が選べる。トリガーを採用することで、定量吐出できる同じようなディスペンサー機構と比較して、約4分の1の力で使うことができるユニバーサルデザインとなっている。

Ar：(株)カネボウ化粧品
Pr：(株)カネボウ化粧品 荻野智子
Dr：(株)サムライ 佐藤可士和
D ：(株)サムライ 佐藤可士和、石川耕

17G131138

Skin Care (Bottle Design)

Skin care (Bottle design)

Skin Care (Bottle Design)
Skin care (Bottle design)
Ar: INNO Instrument Inc.

底部を押すとクリームが中から絞り出される構造のスキンケア化粧品のボトル。真空加圧の原理を利用し、注射器のように液が押し出される仕組みとなっている。

Ar：INNO Instrument Inc.
Pr：Blingkiss Pty Ltd
Dr：Felix Quan
D ：Yangri ZHAO ＋ Jian XU ＋ Qingyun YUAN.

17G131139

スキンケア商品

uruoi

Skincare Products
uruoi
Ar: Denka Company Limited

自社開発のヒアルロン酸を高配合したスキンケア商品である潤（うるおい）のリブランディング・プロジェクト。創業100周年で導入したV. I.（ビジュアル・アイデンティティ）の流れに沿って、化学メーカーらしからぬデザインをコンセプトに、当社のV. I.を手がけたデザイナーにリブランディングを依頼。彼らの世界感を反映したデザインに仕上がった。

Ar：デンカ（株）
Pr：後藤哲也
Dr：山下恵美
D ：グルーヴィジョンズ

17G131140

Handmade Soaps

LOVE & BLIND

Handmade Soaps
LOVE & BLIND
Ar: SPARKLY IDENTITY DESIGN

台湾の視覚障害者協会が、視覚障害者の社会参加を促す文化・教育運動や福祉運動の推進のために作った。

Ar: SPARKLY IDENTITY DESIGN
Pr: Hui-Chiu Wang, SPARKLY IDENTITY DESIGN
Dr: Chun-Chieh Chang, SPARKLY IDENTITY DESIGN
D : Chun-Chieh Chang, Shang-Cheng Yang

17G131141

オーラルケアプロダクト

オーラルピース

Oralcare Products
ORALPEACE
Ar: Trife Inc

口腔内トラブル原因菌への優れた殺菌効果がありながら、飲み込んでも安全な特許製剤ネオナイシン配合の口腔ケア製品。国内だけでも9兆円を超える高齢者介護コストを引き下げるとともに、全国の障害者が事業に携わり仕事を創出する取り組み、また製品を通じた支え合う社会をデザイン。日本発のグローバルソーシャルブランドとして世界展開している。

Ar: (株)トライフ
Pr: (株)トライフ CEO 手島大輔
Dr: (株)トライフ COO 植田グナセカラ貴子
D : STUDIO 峯崎ノリテル

17G131142

漢方の販売スタイル／デザイン〈健康食品〉

タイケイドウヤクホ

New Sales Style and Design for "Kampo"
TAIKEIDO YAKUHO
Ar: TAIKEIDO Co., Ltd. + Mostdesign Inc. +
Sekine Kirizaiten

漢方に対してはさまざまな既成概念があり、消費者と漢方との間には距離がある。漢方がもつ本来の素晴らしさに触れてもらうため、本商品は既成概念を誘発する漢方らしさを取り払い、時代にフィットする販売スタイルと広い世代をターゲットとしたビジュアルコミュニケーション、ブランドサービスにより、人と漢方の新たな接点を創出している。

Ar：(株)大慶堂＋(株)モストデザイン＋関根桐材店
Pr：(株)大慶堂 取締役 岡正純＋Mostdesign Inc. 荻野親之
Dr：Mostdesign Inc. 荻野親之
D ：Mostdesign Inc. 荻野親之

17G131143

殺虫剤

ゴキファイタープロ

Insecticide
GOKIFIGHTER PRO
Ar: FUMAKILLA LIMITED

置くだけでゴキブリが1年いなくなる。エサを食べたゴキブリにも、そのゴキブリのフンを食べたゴキブリにも、さらにその仲間のフンを食べたゴキブリにも…連鎖効果で3度効き巣ごと退治する。メスの持つ卵にも大型ゴキブリや抵抗性ゴキブリにも効く。あちこち置ける4タイプの容器は狭い場所にも置けるコンパクトサイズの殺虫剤である。

Ar：フマキラー(株)
Pr：山﨑聡
Dr：山里圭
D ：クラウドデザイン三浦秀彦＋(株)ハル・アド

17G131144

679

殺虫剤

ハチ・アブバズーカジェット

Insecticide
HACHIABU Bazooka jet
Ar: FUMAKILLA LIMITED

危険なハチの動きを止めて速攻退治。動きを止める新成分を配合した。高濃度に配合した速効殺虫成分に、羽ばたき停止成分と行動停止成分をプラス。動きをすばやく止めて暴れる隙を与えず、しっかり駆除する。最大12メートルまで届く超強力バズーカ噴射。持続殺虫成分が巣に戻ってきたハチや新たに羽化したハチにも効果を発揮し、巣作りも防ぐことができる。

Ar：フマキラー（株）
Pr：山崎聡
Dr：山里圭
D ：クラウドデザイン三浦秀彦＋（株）ハル・アド

17G131145

熱絞り紙成形容器

まゆ玉型 容器

Heat Molded Press Container
Cocoon-shaped package
Ar: Ipax Iketani Co., Ltd

1枚の平らな板紙を金型で熱しながら成形。さまざまな商品を入れる容器パッケージとして利用できる。

Ar：アイパックス イケタニ（株）
Pr：アイパックス イケタニ（株）金指恵司
Dr：蔵前産業（株）大原康弘
D ：アイパックス イケタニ（株）稲葉光弘

17G131146

桃
シェアフルーツ

Peach
Share Fruits
Ar: Datesuimitsuen co ltd

もっと気軽に果物を身近な友人にプレゼントできるよう、少数の果物が1個ずつ切り離せて、そのままギフトパッケージとなる。1つは自分用に、残りの2つは仲の良い友人と分け合ったり、友人と共同で購入したり、使い方を考えながらおいしさを複数の人と共有できる、新しいカタチのフルーツギフトである。

Ar：(有)伊達水蜜園
Pr：佐藤佑樹
D：河野愛、工藤陽介

17G131147

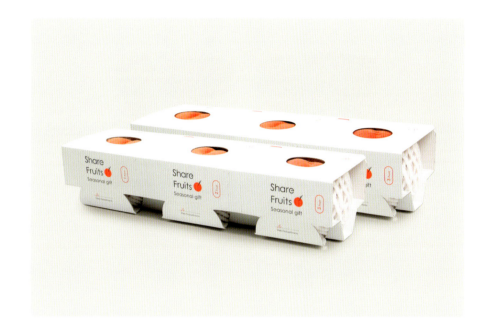

とうもろこしのパッケージ
飛騨おっぱらコーン

Package of Corn
HIDA-OPPARA-CORN
Ar: Hisamura Farm

無農薬で育てられた国産の高品質なとうもろこしのパッケージである。段ボールの中面を飛騨の自然図鑑のようにデザインし、このとうもろこしがどんな環境で育ったのかを丁寧に説明。外面を極力シンプルにデザインすることで、段ボールを開いたときの驚きの演出にもなっている。

Ar：ひさむら農園
Pr：久村崇規
Dr：新志康介
D：小島梢

17G131148

海苔

讃岐高松 ちはま 味のり・焼のり

Seaweed
Sanuki Takamatsu Chihama's Ajinori and Yakinori
Ar: Hiroto Nagai, atooshi

1年で最もおいしい収穫時期の1番摘みと2番摘みのみを使用。瀬戸内海の旨味が広がる、パリッとしたのりである。最もおいしく育ったのりということを、タイポグラフィックで堂々表現。2つ揃うと読めるのりのりは、海苔・乗り（うま味・気分が乗っていること）を表現している。

Ar：アトオシ 永井弘人
Pr：（株）tao. 久保月
Dr：アトオシ 永井弘人
D ：アトオシ 永井弘人

17G131149

鰹だし商品ブランド

やいづ善八 やきつべのだし

Bonito Dashi Products Brand
YAIZU ZEMPACHI YAKITSUBENODASHI
Ar: Maruhachi Muramatsu, Inc.

貴重な水産資源を無駄にせず、鰹のうま味も逃さない、独自の堅魚煎汁製法（かたうおいろりせいほう）で作った鰹だし。化学調味料はもちろん食塩も無添加。調理する素材それぞれの味を引き立てられるよう、特徴の異なる荒節タイプと枯節タイプを用意した。焼津から世界へ、これからのだしの文化を広めてゆくことをめざしている。

Ar：（株）マルハチ村松
Pr：（株）マルハチ村松 市場創造部
Dr：（株）Crown Clown
D ：アートディレクター 相澤千晶

17G131150

梅干し
備え梅

Pickled Plum
sonae-ume
Ar: BambooCut. co

うれしい備災品をめざした梅干しの商品である。職人が熟練の技で作る梅干しを1粒ずつ個包装し、お守りのように巾着袋で包んだ。震災時、72時間は物資が行き渡らない。そんなときに梅干しの塩分とクエン酸が体をサポート。熊本大地震時に子供の唾液が出なくなり感染症になった事例からこの商品が生まれた。

Ar：(株)バンブーカット
Pr：BambooCut 竹内順平
Dr：kitada design 北田進吾
D ：kitada design 北田進吾

17G131151

お魚離乳食材定期配送サービス
mogcook

Baby Food Ingredient Delivery Service
mogcook
Ar: dgreen Co., Ltd.

家事に育児に忙しいママやパパのための、お魚離乳食材通販サービス。手間と時間がかかりがちな離乳食作りが少しでも楽になるように、時短調理できるよう加工した三重県産の旬の魚を、管理栄養士監修のレシピや子育てのヒントなどを紹介する付録とともに、三重県紀北町より毎月配送する。

Ar：(株)ディーグリーン
Pr：(株)ディーグリーン
Dr：(株)ディーグリーン
D ：(株)ディーグリーン

17G131152

683

きしめん

手延べきしめん

Kishimen (Flat-shaped Udon Noodle)
Hand-extending Kishimen (flat-shaped udon noodle)
Ar: Peace Graphics ＋ Tatsumimenten Co., ltd.

きしめんは東海地方でよく食べられる平麺だが手延べ製法のものは珍しい。手延べ製法とは練った生地を繰り返し延ばし棒に掛けて乾燥させる製法。パッケージはその乾燥風景をモチーフにデザイン。包装は紙、竹、ゴムと素朴な素材だが高級感がある。このパッケージは麺の製法を端的に表現することで伝統文化を残すこともめざしている。

Ar：ピースグラフィックス＋(有)たつみ麺店
Pr：愛知県美術館 拝戸雅彦＋あいちトリエンナーレ実行委員会事務局 市川真、細川宏貴、六條桃子
Dr：ピースグラフィックス アートディレクター 平井秀和＋(有)たつみ麺店 神本剛
D：ピースグラフィックス 平井秀和、瀬川真矢

17G131153

パスタ

完全栄養パスタ BASE PASTA

Pasta
BASE PASTA
Ar: BASE FOOD, inc.

小麦の全粒粉、もち米粉、チアシード、グレープシードオイル、海藻類、ビタミンなど、10種類以上の栄養豊富な食品から作られた、世界初の完全栄養パスタ(特許申請中)である。糖質、塩分やカロリーを抑えながら、1食で1日に必要な3分の1の栄養素を摂取できることが、最大の特徴。

Ar：ベースフード(株)
Pr：ベースフード(株) 代表取締役社長 橋本舜
D：加二谷宗真

17G131154

介護食

ハレの日のやわらか京料理

Nursing Food
Soft capital dish of an event
Ar: Tatsuuma corporation Co., Ltd.

この製品の特長は、京都の本物の素材にこだわり、今までのペースト方式とともに凍結含浸法を取り込んでソフト介護食を開発したことである。この本物の素材と本物の京料理にこだわった製品を提供することにより、見た目、味わい、香りなど五感で味わう食事ができる。

Ar：（株）辰馬コーポレーション
Pr：辰馬雅子
Dr：辰馬雅子
D：辰馬雅子

17G131155

非常食および非常用具

もしものおまもり

Emargency Foods and Emargency Supplies
Moshimo no Omamori
Ar: Specified Nonprofit Corporation Choshi Ga Yokunaru Club

もしもの災害時、親の迎えが来るまでに子供が健康で衛生的に過ごすための非常食および非常用品のパッケージである。

Ar：NPO法人ちょうしがよくなるくらぶ
Pr：千葉科学大学 危機管理学部 木村栄宏ゼミ 銚子市地域雇用創造協議会 ふるさとプロデュース
Dr：永井裕明、瀬戸忠保、佐久間快枝、宮内沙織
D：遠藤美穂、山本竜也、柏木美月＋東京造形大学造形学部グラフィックデザイン学科 永井裕明ゼミ

17G131156

オーガニック日本茶・抹茶パウダー

Nodoka

Organic Japanese Tea Powder
Nodoka
Ar: Nodoka

日本茶をまるごと食べることができるオーガニック日本茶、抹茶パウダーである。安心安全を追求し、無農薬有機栽培で育てられた100パーセント国産茶葉をぜいたくにまるごとパウダーにした。粉状なので飲んで楽しむだけでなく溶いて料理に使ったりお菓子に入れたり、自由な発想で楽しみ方は無限大。

Ar：Nodoka
Pr：Suil Hong
Dr：Suil Hong
D ：Charles Deluvio

17G131157

Mullet Roe (Karasumi) Specialty

Tzukuan One Bite Mullet Roe Gift box

Mullet Roe (Karasumi) Specialty
Tzukuan One Bite Mullet Roe Gift box
Ar: Bosin design

台湾の漁師がボラの卵巣を塩漬けして天日干ししたカラスミ。手間ひまをかけた一品で、台湾の水産珍味の中でも最も高価格帯の名産である。梓官区漁会の本製品は、カラスミを食べやすい一口サイズに切り、1つずつ包装してカラスミの形のペーパーギフトボックスに入れたもの。まさにカラスミそのものという印象を与えるデザイン。

Ar：Bosin design
Pr：TZUKUAN FISHERIES ASSOCIATION
Dr：Wu Chun Chung
D ：Wu Chun Chung, Feng Hsuan Jung

17G131158

JELLY Package
ROOBO

JELLY Package
ROOBO
Ar: Intelligent Steward Co., Ltd

商用のスマートロボットのパッケージで、繭のようなユニボディが特徴。安全な発泡ポリプロピレン（EPP）を素材に用い、超軽量だが、振動や圧力に対する耐性に優れ、100パーセント再生利用・再利用が可能。製品をまるごと包み込むデザインなので、輸送中の全周囲の衝撃から保護する。

Ar：Intelligent Steward Co., Ltd
Pr：Intelligent Steward Co., Ltd
Dr：Feizi Ye, Senior Design Director, ROOBO Design Center, Intelligent Steward Co., Ltd
D ：Feizi Ye, Yong Zheng, Jiang Hu

17G131159

ケーキ／クリスマスケーキ
まっしろDECO

Cake / Christmas Cake
MASSHIRO DECO
Ar: ENJIN Inc.

自分の想像力や創造力で世界にひとつのクリスマスケーキが作れるセルフデコレーションケーキ。クリスマスケーキに、家族や友達と一緒にアイデアを膨らませてデコレーションを楽しむ体験という価値を付加した。SNSへのシェア欲をかきたてることで、商品自体が自走する仕組みもデザインしている。

Ar：(株) ENJIN
Pr：(株) セブン-イレブン・ジャパン
Dr：(株) ENJIN 西川聖一、川田拓人、安保里香、川合良幸＋(株) ジェイアール東日本企画 岡田裕、若松数、朝井智也
D ：(株) ENJIN 川田拓人

17G131160

チョコレート

将棋デショコラ

Chocolate
Shogi de Chocolat
Ar: Isshindo Honpo Co., Ltd.

日本人であれば誰もが一度は手にしたことがある将棋の駒を精巧に原寸大で再現したチョコレート。実際の駒と同様、王将、飛車、角行、金将、銀将、桂馬、香車、歩兵の8種類を1セットとして商品化した。また日本将棋連盟の推薦品となっており、パッケージの中には将棋の歴史やルールを日本語と英語で解説したパンフレットを同梱している。

Ar：一心堂本舗（株）
Pr：一心堂本舗（株）戸村憲人
Dr：一心堂本舗（株）戸村憲人
D ：Frame 石川竜太

17G131161

和菓子

PONTE シリーズ

Wagashi
ponte series
Ar: Nagatoya Honten Co., Ltd.

和菓子の新たなシーン創造をコンセプトとした、伝統和菓子のリデザインシリーズ。伝統菓子の歴史や技術は継承しながら伝統和菓子の新たな価値を見出し、福島の食を未来志向にイメージアップした。創業170年、会津の老舗だからこその視点で、昔と今、福島と世界をつなぐ新たな挑戦、PONTE（架け橋）シリーズである。

Ar：（株）長門屋本店
Pr：（株）長門屋本店
Dr：（株）長門屋本店
D ：（株）長門屋本店

17G131163

日本酒

三好

Japanese Sake
MIYOSHI
Ar: OUWN inc.

約30年ぶりに復活した酒蔵からこの商品が誕生。商品の名は復活に取り組む蔵元子息の自らの名を冠したとともに、酒造りに重要な三の数字をかけ、漢字で表現。重要な三とは、原料となる麹、米、水の三、売手、買手、世間の三のことを指している。また、この漢字の三を英数字の1を横向きに3つ並ばせることで調和を表した。

Ar：OUWN（株）
Pr：三好隆太郎
Dr：村上文隆
D：石黒篤史 OUWN inc.

17G131164

日本酒

二代目 二才の醸

Sake
Second generation nisainokamosi
Ar: TAKARAYAMA Sake Brewing Co., Ltd.

日本酒の銘柄をほかの蔵に引き継ぐという前代未聞のプロジェクトである。埼玉県の石井酒造から新潟県の当社に引き継ぐというプロジェクトに関わることができるのは二十代のみ。青二才の青をあえて入れないことにより、若者でありながらも、堂々と酒作りに挑戦していくという姿勢を示している。

Ar：宝山酒造（株）
D：梨本早紀

17G131165

清涼飲料水

「カルピスウォーター」
ホワイトボトル

Soft Drink
"CALPIS WATER" WHITE BOTTLE
Ar: ASAHI SOFT DRINKS CO., LTD.

本商品は、1991年にカルピス独自の爽やかなおいしさをそのまま楽しめる飲料として誕生した。2017年、やさしさ、白さ、爽やかさを表現する新しいPETボトルとパッケージデザインを開発。本商品ならではの白い液色を際立たせるフォルムに加えて、持ちやすさを追求した。

Ar：アサヒ飲料（株）
Pr：アサヒ飲料（株）マーケティング本部 マーケティング二部 谷聡子
Dr：アサヒ飲料（株）マーケティング本部 宣伝部 野村典子、飯島優
D ：（株）デザインフィーチャー 白井伸之、垣本幸治＋（株）ブラビス・インターナショナル 渡辺禎人、岩濱周平＋アサヒ飲料（株）研究開発本部 技術研究所 石川将人、伊藤悠太

17G131166

清涼飲料水

全包装資材に植物由来原料を
使用した「三ツ矢サイダー」

Soft Drink
"MITSUYA CIDER" with plant-based raw materials for all of packaging materials
Ar: ASAHI SOFT DRINKS CO., LTD.

本商品は、PETボトル商品において業界で初めてボトル・キャップ・ラベルの全包装資材に植物由来原料を使用しており、品質を見極めバイオマス度を極限まで高めている。また、二酸化炭素の排出量を従来商品比で約24パーセント削減している。地球温暖化防止、持続可能な社会につながる環境にやさしい商品である。

Ar：アサヒ飲料（株）
Pr：アサヒ飲料（株）マーケティング本部 マーケティング一部 水上典彦、川上隆之
Dr：アサヒ飲料（株）研究開発本部 技術研究所 長谷川和大、磯忍
D ：アサヒ飲料（株）研究開発本部 技術研究所 本多隆一

17G131167

飲料パッケージ

キリン 生茶

Packaging Designs for Bottles
KIRIN Namacha
Ar: Kirin Beverage Company, Limited

いつも持ち歩きたくなるグリーンボトル。現代の生活シーンに合うモダンなデザインは、日常を少し上質にし緑茶のある豊かなライフスタイルを創造する。緑茶の嗜好感を体現するため、ワインボトルをモチーフにしガラス瓶のようなフォルムと質感を再現。深い緑色は、緑茶葉が持つうまみがギュッと詰まったようなおいしさを表現している。

Ar：キリンビバレッジ(株)
Pr：(株)ドラフト 宮田識
Dr：石岡怜子デザインオフィス 石岡怜子
D ：石岡怜子デザインオフィス 石岡怜子＋(株)ドラフト 福澤卓馬

17G131168

飲料パッケージ

キリン 生茶デカフェ

Packaging Designs for Bottles
KIRIN Namacha Decaf
Ar: Kirin Beverage Company, Limited

どんなシーンでも緑茶を楽しんでもらいたい。本商品は妊産婦やカフェインを控えたいと思っている人も緑茶が楽しめる。2016年にリニューアルした本ブランドの洗練されたイメージを継承し、デザインを一新。透け感のある白いボトルに緑色のロゴで、まろやかでスッキリとした味わいも感じさせる。

Ar：キリンビバレッジ(株)
Pr：(株)ドラフト 宮田識
Dr：石岡怜子デザインオフィス 石岡怜子
D ：石岡怜子デザインオフィス 石岡怜子＋(株)ドラフト 福澤卓馬

17G131169

Powder Enzyme
JIAN ZI LE

Powder Enzyme
JIAN ZI LE
Ar: KUMU DESIGN BRAND / Shenzhen Green Song Design consultantCo. Ltd.

2016年より中国と台湾で展開するブランド。環境に配慮した工場づくりを重視するメーカーは消費者に人気を博し、口コミでも評判が広がりつつある。

Ar:KUMU DESIGN BRAND / Shenzhen Green Song Design consultantCo. Ltd.
Pr:KUMU Tong yanan, Yu Guang
Dr:KUMU Tong yanan, Yu Guang
D :KUMU Tong yanan, Yu Guang

17G131170

革を「素材」×「仕上げ」で選べる仕組み
100 BASIC ／ 100 BASIC BOOK

Leather Swatch Website / Leather Swatch Book
100 BASIC / 100 BASIC BOOK
Ar: Sanyo Leather Co., Ltd

専門知識がなくてもヌメ革の違いを理解し、簡単に購入できるようにするため、創業106年の姫路のタンナーである当社が提供する革見本帳のWebサイトである。素材を横軸、仕上げを縦軸に、100種がグラデーションになるよう配置したわかりやすいデザインでMAKER'S LEATHER.というスローガンを実践している。

Ar:（株）山陽
Pr:宮内賢治、川見航太、内島来
Dr:宮内賢治、川見航太、内島来、小俣卓充、高橋真希
D :宮内賢治、塩田和也、柳澤友己、川見航太

17G131171

ブランディング

伊勢 ゑびや

Branding
ISE Ebiya
Ar: 6D-K co., Ltd.

伊勢神宮は日本人特有の土産文化の発祥といわれている。創業100年を超えるこの店が、より伊勢を象徴する店となるためのブランディングである。店舗名と伊勢の地に由来するさまざまなアイテムをピクト化しアイテムに展開した。ピクトはこのブランドが100年先も使えるように、現代的な手法と日本に古くから伝わるグラデーションの表現を融合させて制作した。

Ar：(株)6D-K
Pr：(株)中川政七商店 吉岡聖貴
Dr：(株)6D-K 木住野彰悟＋(株)メソッド 山田遊
D：(株)6D-K 木住野彰悟、榊美帆

17G131172

企業ブランディング

湖池屋リブランディング・企業ロゴ

Corporate Branding
KOIKE-YA Inc. Rebranding / A company logo
Ar: KOIKE-YA Inc. ＋ DENTSU INC.

コーポレートブランド統合を機に、ロゴマークやスローガンを一新。新生を象徴するフラッグシップ商品を発売した。素材も製法も一切の妥協なく、理想のおいしさを追求したこの商品を世の中に送り出すため、ありがちなプレミアムチップスとは一線を画すパッケージとネーミングを開発。老舗のプライドが直観的に伝わるデザインになった。

Ar：(株)湖池屋＋(株)電通
Pr：(株)湖池屋 代表取締役社長 佐藤章
Dr：(株)湖池屋 マーケティング本部 マーケティング部＋(株)電通アドギア＋(株)電通
D：(株)電通＋(株)ジェ・シー・スパーク

17G131173

693

グラス

DNA GLASS

Glass
DNA GLASS
Ar: DENTSU INC. + Suntory Holdings Limited.

ビールの味わい方を形成する遺伝子に着目し、唾液から採取、分析した遺伝子情報にもとづいて独自のグラスデザインアルゴリズムを構築。一人ひとりに最適なビールを実現するグラスを開発した。このプロジェクトによって、人類の数だけのビールの楽しみ方を実現できる。通常のビールグラスの機能や効能を拡張した先進的な取り組みである。

Ar:（株）電通＋サントリーホールディングス（株）
Pr:（株）電通＋サントリーホールディングス（株）岡ゆかり、谷口彩香
Dr:（株）電通 川野康之（ECD）、小野総一（CD）、大坪亮、池田一彦、北尾昌大、奥村誠浩、松吉臣之介、山脇卓朗、仲澤南（PL）、太田祐美子、佐藤日登美（CW）
D：（株）マウント イム・ジョンホ（AD）、梅津岳城（TD）、長谷川弘佳、吉田結（De）、吉田耕（PM）＋小宮山洋デザイン事務所 小宮山洋（Product Designer）

17G131175

Brand Reengineering (Visual Identity)

SECRETEA

Brand Reengineering (Visual Identity)
SECRETEA
Ar: ANGLE visual integration

素晴らしい自然環境で生産された台湾・舞鶴産のプレミアム蜜香紅茶のパッケージ。SECRETEAというブランド名だが、持続可能性について一切隠し事はなく、透明性の高い契約農業方式で、自然の茶畑を直接管理している。茶葉を化学物質から守るために自然農法を採用し、殺虫剤や抗菌性物質、除草剤、化学肥料は一切使用していない。

Ar：ANGLE visual integration
Pr：ANGLE visual integration
Dr：HSIEH PEI-CHENG
D ：CHOU YU-WEI

17G131176

BeanQ Ⅵ
ROOBO

BeanQ Ⅵ
ROOBO
Ar: Intelligent Steward Co., Ltd

3〜10歳の子供向けスマートロボット。「さやえんどうファミリー」をコンセプトに、対象層や機能特性、工業デザイン、ブランド定義を考慮し、鮮やかな色彩とかわいらしいデザイン言語を採用した。擬人化された表現で元気なキャラクターを演出し、各キャラクターの個性やスキルを明確化している。子供がロボットについて学び、体験できる製品。

Ar：Intelligent Steward Co., Ltd
Pr：Intelligent Steward Co., Ltd
Dr：Feizi Ye, Senior Design Director, ROOBO Design Center, Intelligent Steward Co., Ltd
D ：Feizi Ye, Tingting Xue, Shengwen Long

17G131177

Corporate Identity and Branding
PRORIL PUMPS

Corporate Identity and Branding
PRORIL PUMPS
Ar: Process Brand Evolution

OEM生産を土台に、自社ブランドで世界展開するようになったポンプメーカー。新たなブランドアイデンティティと英語の新社名を、ブランドコミュニケーションを通じて確立し、動的でプロフェッショナルなブランドイメージづくりをおこなった。ブランドのデザインコンセプトはポンプ揚水により水が湧き上がる理論をベースにしている。

Ar：Process Brand Evolution
Pr：Proril Pumps Corporation, Process Brand Evolution (Taiwan)
Dr：Xinhong Yeh (Brand Design) , Peggy Chen (Brand Consultant)
D ：Xinhong Yeh

17G131178

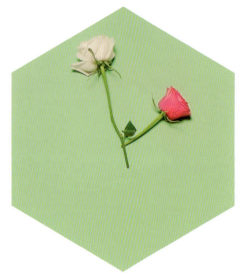

動画コンテンツ

HITOTOKI CLOCK

Movie
HITOTOKI CLOCK
Ar: KING JIM CO., LTD.

HITOTOKIは、当社の文房具ブランド。身近なものに一手間加えることで、一分一秒、かけがえのない時間を過ごしてほしいというメッセージを体現した、24時間ワンカットの動画である。1分ごとに異なる時計の針を、1,440パターンの小道具の組み合わせで表現。公式サイトでは、アクセス時刻に合わせて再生される24時間動画も公開している。

Ar:(株)キングジム
Pr:(株)キングジム
Dr:(株)キングジム HITOTOKIチーム＋上田歩輝＋(株)電通 小川祐人、宮下良介、ショウブンニ、片貝朋康
D:(株)電通 坂川南、岩穴真依＋Drill 村木みちる、藤曲旦子＋STRIPES 遠藤耕太、松丸康之、成田将史、久保田太啓＋CEKAI 窪田慎、三上太朗＋VZDN 古川元一、白倉美希＋LOPS 長尾実由紀

17G131179

Be The HERO

Be The HERO

Be The HERO
Be The HERO
Ar: Tokyo Metropolitan Government.

見る人すべてに障害者スポーツのスポーツとしての魅力、アスリートの躍動を伝えるため、アスリート、漫画家、ミュージシャン、声優がそれぞれの力を持ち寄って制作された障害者スポーツ普及啓発映像である。

Ar:東京都
Pr:(株)博報堂 東京2020推進室 石井淳、中田博也＋(株)スコップ 真田武幸＋(株)ロボット 第1プロデュース部 紙谷崇之
Dr:(株)オレンジ・アンド・パートナーズ 林潤一郎、新田あずさ＋(株)ロボット 清水康彦、紙谷崇之
D:(株)オレンジ・アンド・パートナーズ 林潤一郎＋KICKS 片平長義＋(株)キッチンシンク 小林洋介

17G131180

VRモーションライド

8K:VRライド

VR Motion Ride
8K: VR Ride
Ar: NHK Enterprises ＋ NHK Media Technology ＋ RecoChoku ＋ WONDER VISION TECHNO LABORATORY

幅5.2×高さ3.4メートルのドーム型ワイドスクリーンに8K映像を投射し、電動6軸モーションベースと5.1chサラウンドを組み合わせ、バーチャルトラベルを体感できるVRシステムである。2名同時に体験可能で、ヘッドマウントディスプレイを装着せずに、視野いっぱいに広がる没入感とダイナミックな移動感により、驚きや感動の体験を共有できる。

Ar：NHKエンタープライズ＋NHKメディアテクノロジー＋レコチョク・ラボ＋WONDER VISION TECHNO LABORATORY
Pr：NHKエンタープライズ 福原哲哉＋NHKメディアテクノロジー 和田浩二＋レコチョク・ラボ 河村剛志＋RamAir. LLC 田村吾郎
Dr：NHKエンタープライズ 田邊浩介＋NHKメディアテクノロジー 関正俊＋レコチョク・ラボ 平山鉄兵＋RamAir. LLC 田村吾郎
D ：NHKエンタープライズ＋NHKメディアテクノロジー＋レコチョク・ラボ＋WONDER VISION TECHNO LABORATORY

17G131181

ウェブサイト

過去の教訓を未来につなぐ
災害カレンダー

Website
Disaster Calendar
Ar: Yahoo Japan Corporation

これまで起こった国内外の災害について、当時の写真や新聞紙面など、あらゆる資料をまとめたウェブサイトである。各団体や専門家、被災体験者から情報を集めており、災害がこの国に住む人々にとって身近なものであるということを可視化し、災害の脅威を知り、日々の備えにつながることを狙いにしている。

Ar：ヤフー（株）
Pr：ヤフー（株）瀬川浩司、田中真司
Dr：ヤフー（株）橋本奈緒子、大坪謙太郎
D ：ヤフー（株）小野高志、梶谷匡佑、清水勇貴

17G131182

コーポレートサイト［日本航空（株）］

日本航空（株）

Corporate Website for Japan Airlines Co., Ltd.
Japan Airlines Co., Ltd.
Ar: FOURDIGIT DESIGN Inc.

ユーザーが魅力を感じるコンテンツたることを前提条件に、情報構造の整理から企画・ビジュアル・ライティングの見直し、スチールや動画の撮影を実施。ビジュアルコミュニケーションの原点に帰り、旧態依然としたリニューアルではなく、日本航空という企業をより深く理解したくなる設計思想のもと、サイトを構築している。

Ar：（株）フォーデジットデザイン
Pr：末成武大
Dr：稲葉航、荒井則行、福本憲之介
D：竹田和幸、石川奈津美、関口京子、小杉敏輝

17G131183

アニメーション

当代 熈代勝覧

Animation
MODERN Kidai shoran
Ar: DENTSU INC. + GRV co., ltd

江戸時代に現代の日本橋の人たちがタイムスリップ？！本作品は江戸時代の日本橋が描かれた熈代勝覧絵巻を現代版として新たに作り直したデジタルアニメーションである。「日本橋 熈代祭」期間中に福徳の森特設サイネージなどにて放映。結果、このアニメーションは日本橋に関わる多くの人の心を掴み、そして、日本橋の新たなシンボルとなった。

Ar：（株）電通＋（有）ジー・アール・ヴイ
Pr：日本橋文化交流フェスティバル実行委員会 事務局 三井不動産（株）坂本彩
Dr：（株）電通 作田賢一、矢島貴直、赤木洋、土屋貴弘、平塚健太郎、中村渓
D：グルーヴィジョンズ

17G131184

デジタルクライミング
WONDERWALL

Digital Climbing
WONDERWALL
Ar: AQUARING Inc.

クライミングウォールにプロジェクションマッピングとセンサーを組み合わせて、既存のクライミングにはない楽しみ方を体験できるスポーツコンテンツである。ウォール内で動いた面をカラーリングして面積の広さを競う1on1対戦や、会場BGMの曲調とクライマーの動きをウォールにビジュアライズするVJパフォーマンスなど、さまざまなモードがある。

Ar：（株）アクアリング
Pr：（株）アクアリング 茂森仙直
Dr：アクアリング 佐藤直樹
D ：（株）アクアリング 佐藤直樹、中川裕基、可児亘、影近政通

17G131185

プラネタリウム
コニカミノルタプラネタリウム
"満天"in Sunshine City

Planetarium
Konica Minolta Planetarium "Manten"
Ar: KONICA MINOLTA, INC.

都会のまぶしさや喧騒で麻痺してしまった感覚を、暗闇と静寂の中でリセットし、本来自分の中にある繊細で大切な感覚を取り戻してほしい。そのために、雲に乗ったり大地に寝転んで満天の星に包まれる特別な経験と、漆黒の中での幾つかの出来事をデザインした。人々が心の感度を上げて自分自身の存在を改めて感じる場所である。

Ar：コニカミノルタ（株）
Pr：コニカミノルタ（株）産業光学システム事業本部 北畠一範、大谷健一
Dr：コニカミノルタ（株）ヒューマンエクスペリエンスデザインセンター 平賀明子、久保田玲央奈
D ：コニカミノルタ（株）ヒューマンエクスペリエンスデザインセンター 大江原容子、西世古旬

17G131186

体験型インスタレーションおよびウェブサイト

ハナノナ

Interactive Installation and Website
hananona
Ar: CIT + Surface & Architecture + K. Kunoh +
T. Akagawa + Tanoshim + TOKYO STUDIO + mokha

人工知能が大量の花の写真を深層学習することによって得た花の分類能力を可視化する体験型作品。写真、絵画、絵本など抽象度の異なる花が描かれた本を撮影すると、花の種類を判定し、どの花と近いと判断したのか、視覚的に表示する。またWebバージョンは、スマートフォンなどからも利用できる。

Ar：千葉工業大学＋(株)Surface & Architecture＋久納鏡子＋赤川智洋＋タノシム＋東京スタデオ＋mokha
Pr：千葉工業大学 人工知能・ソフトウェア技術研究センター 副所長 竹内彰一
Dr：(株)Surface & Architecture 岡村祐介、岩田壮史＋久納鏡子
D：(株)Surface & Architecture 岩田壮史、牧野智哉

17G131187

大規模プロジェクションシステム

三愛ドリームセンター
プロジェクションシステム

Large-scale Projection System
San-ai Dream Center projection system
Ar: Ricoh Company, Ltd.

銀座のランドマークである三愛ドリームセンターの外観や内観を大きく変えることなく、80台の超短焦点プロジェクターを設置することで、窓40面の大規模マルチスクリーンプロジェクションシステムを実現。また、非投影時は今までの景観を保持できるように、投影時のみスクリーンとなる液晶シャッターフィルムを採用した。

Ar：(株)リコー
Pr：(株)リコー SV事業本部 岩崎謙二、稲垣優
Dr：(株)リコー 知的財産本部 総合デザインセンター 星村隆史、谷内大弐
D：(株)リコー 江原幹典、並木友和、細井信宏、石川雅朗、橋間章子、寺本孝宏、水梨亮介、阪井大介

17G131188

プレゼンテーション

日立の人工知能
「Hitachi AI Technology ／ H」の
プレゼンテーション

Presentation
presentation of "Hitachi AI Technology / H"
Ar: Dentsu Live Inc.

広く認知してもらい、このAIの強みを発見してもらうという課題に対し、AIが人の役に立つものとして誰もが親しみを持って理解できるようなプレゼンテーション手法を考えた。オブジェ、映像、AIで稼働するロボットの実機デモ、目にも楽しい演奏装置をストーリーとして構成し、日立のAIが切り開く可能性を提示した。

Ar:（株）電通ライブ
Pr:（株）電通 中川眞規、新井優子＋（株）電通ライブ 浦橋信一郎、西牟田悠、鈴木綾香
Dr:（株）電通ライブ 常岡陽平、高畑憲介＋（株）ロボット 有本順、下野篤史＋新井風愉
D :（株）電通ライブ 西牟田悠、鈴木綾香＋（株）TASKO 木村匡孝＋（有）SUI 斉藤貴教

17G131189

Concept Store

Gonna

Concept Store
Gonna
Ar: Cizoo&Co.

「これから始める・起こる」という意味の"GONNA"を店名に取り入れた。これまでの人生の旅の後に「始まる」新たな旅、そしてこれからの人生に「起こる」わくわくするような出来事。このオープンで楽しい空間では、おいしい食べ物や旅行に関する書籍を提供し、あらゆる人に新たな旅を「始める」ことを提案する。

Ar：Cizoo&Co.
Pr：Chih-Ling Wang, Creative Director
Dr：Tzu-Chia Tzeng, Art Director
D ：Wan-Yu Liu, Hsin-Yi Pan, Shi-Wen Huang

17G131190

観光イベント

天空の楽園
日本一の星空ナイトツアー

Tourism Event
Night tour to heaven in the sky.
The most magnificent stargazing in Japan.
Ar: Star Village Achi Customer Attracting Promotion Conference

4月中旬から10月中旬にかけて開催されるイベント。全長2,500メートル、所要時間約15分のゴンドラで標高1,400メートル地点まで暗闇を進み、街の光が届かない山頂で満天の星を観ることができる。

Ar：スタービレッジ阿智誘客促進協議会
Pr：スタービレッジ阿智誘客促進協議会 白澤裕次
Dr：スタービレッジ阿智誘客促進協議会 松下仁

17G131192

ごミュ印帖で広がる文化の発信プロジェクト

ごミュ印帖

Gomyuin-cho PR Project
Gomyuin-cho (Book for collection of Museum stamp)
Ar: Kanazawa City ＋ Hotchkiss inc.

美術館を訪ねるときに持ち歩き、文化に触れたしるしとして各館のオリジナルスタンプを集めるための、ミュージアムのご朱印帖。文学、哲学、音楽、歴史などさまざまなジャンルの美術館が散らばり、まち全体が美術館のような金沢に何度でも行きたくなるようなきっかけをつくった。

Ar：金沢市＋(株)Hotchkiss
Pr：金沢市＋(株)Hotchkiss＋岩本歩弓
Dr：金沢市＋(株)Hotchkiss＋岩本歩弓
D ：(株)Hotchkiss 久松陽一、尾崎友則

17G131193

演能

ダリ能

Traditional Performing Art
DALI-NOH
Ar: DENTSU INC. + Dentsu Live Inc.

2016年9月に東京で開催された「ダリ展」の成功を祈願して上演された、サルバドールダリをシテ（主人公）とする新作能である。650年以上の歴史を持ち世界最古の演劇と言われている能。その本質価値はそのままに、能を構成するさまざまな要素で現代のテクノロジーを用い、高度なレベルでの伝統美と現代の表現との融合に成功した。

Ar：(株)電通+(株)電通ライブ
Pr：(株)電通 米山敬太、村上史郎（プロジェクト）＋(株)電通ライブ 竹林正雄、関口真一郎（イベント）
Dr：(株)電通 村上史郎（プロジェクト）＋銕仙会 清水寛二（演能）＋大槻精機 大町亮介（能面製造）＋ライゾマティクス 齋藤精一（演出映像）
D：銕仙会 清水寛二（演能）＋びわゆみこ（能面造形デザイン）＋大槻精機 安永雅史、萱山邦彦、大町俊介（能面製造）＋ライゾマティクス 石井達哉（演出映像）

17G131194

Up To 3742

TOP OF THE RIDGE

Up To 3742
TOP OF THE RIDGE
Ar: InFormat Design Curating

サムスンの台湾での初展示。VR録画を組み合わせて3,000メートル級の「山岳地帯の生活」を再現し、台湾市場への定着をめざした。本プロジェクトでは、さまざまな分野から募った人材が、同社のスマート機材を持って中央山脈に登った。それにより、サムスンのプロ意識と注目度の向上だけでなく、台湾の山々の美観を展示場に運び込むことに成功している。

Ar：InFormat Design Curating
Pr：Samsung Electronics Taiwan Co., LTD
Dr：InFormat Design Curating
D：Yao-Pang Wang, Ying-Ying Weng, Che-Wei Chang, Jue-Ning Chen, Jui-Ling Chen, Li-Ching Liu, Hao Zhuang, Shi-Ching Yang, Tzu-Lin Liu, Doris Hu

17G131195

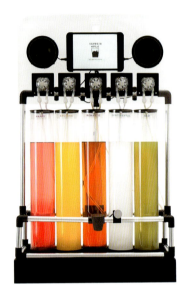

音楽を味覚化する装置
SQUEEZE MUSIC

Equipment for Tasting Music
SQUEEZE MUSIC
Ar: NOMURA Co., Ltd. NOMLAB +
Ginger Design Studio + monopo

音楽の味覚化を可能にするジュークボックス型プロダクト。音楽を再生しながら、再生中の音楽のムードをリアルタイムに分析し、曲の展開に合わせてさまざまな味のドリンクがミックスされていく。これまで視聴覚が中心であった音楽体験に音楽を味わうという新たな体験をデザインした。

Ar:(株)乃村工藝社 NOMLAB＋Ginger Design Studio+monopo
Pr:(株)乃村工藝社 NOMLAB 後藤映則
Dr:Gogyo プランニング クドウナオヤ、眞貝維摩、松永美春(アートディレクション)、岡田隼(エンジニアリング)
D :Ginger Design Studio 星野泰漢、横尾俊輔、暮橋昌宏

17G131196

新素材による協業システム
冬単衣プロジェクト

Cooperative System with New Materials
"FUYU HITOE" PROJECT
Ar: SHARP CORPORATION + ISHII SHUZOU + Makuake, Inc.

テクノロジー企業の研究開発から生まれた蓄熱技術、伝統的な蔵元の革新、クラウドファンディングという新しいマーケティング手法がコラボレーション。新しい「適温」の日本酒を生み出した。

Ar:シャープ(株)＋石井酒造(株)＋(株)マクアケ
Pr:シャープ(株) 研究開発事業本部 テキオンラボ 西橋雅子＋石井酒造(株) 代表取締役社長 石井誠＋(株)マクアケ 取締役 木内文昭
Dr:シャープ(株) ブランディングデザイン本部 佐藤啓一郎＋(株)マクアケ 北原成憲
D :エレファントデザイン(株) 枡本洋典＋(株)アローグラフ 坂本学＋(株)マクアケ 佐藤啓

17G131198

書籍、カード

その方らしさに寄りそった
環境づくりの手掛かり
Benesse Method 01

Book, Card
A Pattern Language Shaping a Desirable Environment
for the Elderly / Benesse Method 01
Ar: Benesse Style Care Co., Ltd.

当社が20年におよぶ介護事業の経験を基に、高齢者ホームの環境づくりに関する実践知の言語化を図った書籍とカードである。

Ar：（株）ベネッセスタイルケア
Pr：（株）ベネッセスタイルケア 代表取締役 滝山真也
Dr：（株）ベネッセスタイルケア 開発基盤本部 米須正明／スペースデザイン部 加藤イオ
D ：（株）ベネッセスタイルケア 開発基盤本部 米須正明／スペースデザイン部 加藤イオ

17G131199

本・雑誌

車イス・足腰が不安な方の
じゃらんバリアフリー旅

Books and Magazines
Barrier-free travel book
Ar: RECRUIT LIFESTYLE CO., LTD.

足腰に不安を抱えている人の91.7パーセントは旅行したいが、その約半数があきらめている。原因の1つに現地の情報不足がある。そんな人も安心して旅行に出かけられるよう、家にいながら宿の下見ができるVRスコープをつけた旅行ガイドブックを発行した。現地に行ったかのように情報を得られるので旅行前に不安を解消できる。

Ar：（株）リクルートライフスタイル
Pr：（株）リクルートライフスタイル 企画統括室 編集統括部 大橋菜央／ネットビジネス本部 CRMグループ 宮内純枝
Dr：（株）リクルートライフスタイル 企画統括室 編集統括部 コンテンツマーケティンググループ 山田華子、清水千科
D ：Better Days 大久保裕文

17G131200

705

筑紫書体シリーズ

筑紫書体シリーズ

Tsukushi Font Family
Tsukushi Font Family
Ar: Fontworks Inc.

当社を代表するフラッグシップフォント。金属活字の滲みを再現しながら細部に施した斬新なデザインは、郷愁感と同時に、強烈なインパクトを与え心をつかむ。どんな媒体にも緊張感と華やかさを演出してくれる稀有な書体で、書籍など紙媒体はもちろん、デジタルコンテンツへも広く使用されている。

Ar：フォントワークス（株）
Pr：フォントワークス（株）企画推進部 書体デザインディレクター 藤田重信
Dr：フォントワークス（株）企画推進部 書体デザインディレクター 藤田重信
D ：フォントワークス（株）企画推進部 書体デザインディレクター 藤田重信

17G131201

Character Design

REEJI Shanghai Face Type

Character Design
REEJI Shanghai Face Type
Ar: Shanghai Ruixian Creative Design Co., Ltd.

漢字フォントの基準に従い、9,000文字以上を集めた新フォント。それぞれの文字が芸術作品といえ、例えば「海」という漢字は、上海の沿岸線を表現しており、墨で書いたような筆致は歴史の風化を表している。

Ar：Shanghai Ruixian Creative Design Co., Ltd.
Pr：FANG XIN
Dr：YANG WEI
D ：REEJI STUDIO

17G131202

Our Green Report on Corporate Social
Responsiblity

O'right

Our Green Report on Corporate Social Responsiblity
O'right
Ar: Our Green Report on Corporate Social Responsibility

2006年より持続可能性への取り組みに着手した企業のCSR報告書。取り組みの体験は報告書内で公表され、それを通じて環境問題への意識向上を図り、一般の人々に環境に配慮したライフスタイルの実践を働きかける。3巻からなる報告書のパッケージは100パーセント再生プラスチックでできており、カバーは竹材、また手作業による装丁を採用した。

Ar：Our Green Report on Corporate Social Responsibility
Pr：Fan ting chen, Lai ming yu, Yang chin an
Dr：Ko wang ping, Liu shiue chiau
D ：Lai ming yu

17G131203

地元ごはんプロジェクト

新聞

Let's Eat Jimoto Gohan
newspaper
Ar: Kyoto shimbun COM Co. Ltd.

新聞離れが止まらない。そして、新聞は古い、堅いという印象が根強い。130年以上の歴史を持つ地元密着メディアの新聞は、その誤ったイメージを払拭し、地域コミュニティとのつながりを強いものにする必要があった。そのために新聞を購読しない人にも新聞を手に取ってもらって、読者たちの話題になるような仕組みをつくることにした。

Ar：(株)京都新聞COM
Pr：三浦隆弘
Dr：清水瑛美
D ：小島梢

17G131204

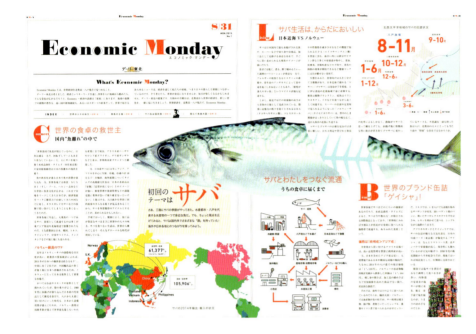

新聞特別刷り

Economic Monday

Newspaper Special Issue
Economic Monday
Ar: Daily Tohoku + Hotchkiss inc.

『デーリー東北』は創刊70周年を機に紙面を刷新。さらに毎月第1月曜日には本紙のラッピング紙面として、この新聞を創刊した。世界経済を、地域視点でをテーマに、八戸の産業や文化と世界経済がどのようにつながっているかを取材、編集、グラフィカルな紙面デザインでほかにはない新聞をつくった。

Ar：デーリー東北新聞社＋（株）Hotchkiss
D：宇井百合子＋デーリー東北新聞社

17G131205

14

一般・公共向けソフト、システム、サービス

BtoC / Public Software, System and Service

ユニット14は、一般や公共向けのソフト・システム・サービスを扱う分野であり、「コトのデザイン」とも言える新しいデザイン分野である。2017年はこの分野から7件ものベスト100が選出された。年々関心が高まり、デザインの質の向上が見られる分野である。しかし応募作品は多種多様で新しい分野のサービスも多く、評価は大変困難であった。議論の末に評価の視点は、現代社会に関する深い洞察、人の暮らしの重視、社会的意義、未来を切り開く可能性、細部の作り込みなどに集約された。

「日経ビジュアルデータ」は、膨大なデータを理解するデータジャーナリズムの分野で視覚化技術を応用した新時代のサービスである。「みえる電話」や、「しゃべり描き UI」は、聴覚障がいや言葉の壁などのコミュニケーションのバリアを解消するサービスであり、ユニバーサルデザインやインクルーシブデザインの成果と言ってもよいのではないか。「プリモトイズ キュベット プレイセット」や「ボーカロイド教育版と関連教材を用いた新しい『創作／歌づくり』」は、プログラミングの素養や音楽教育を支援するシステムであり、教育現場への深い洞察がデザインの背景にある。「さがデザイン」は、行政組織の革新であり、政策立案にデザイナーを巻き込むために新たに県庁内に設けられた仕組みである。更なる発展を期待したい。「日本経済新聞 電子版アプリ／紙面ビューアーアプリ」は、デジタルに特化したニュースの提示法と紙の新聞の提示法を両立した新聞体験で、利用者視点や操作性が評価された。

この他にも多数の優れた作品が選出された。これからもこの領域への多数の応募を期待したい。サービスの評価は難しいが、異分野の人が見ても利用価値が伝わる審査情報の登録を望みたい。

岡本 誠

誰もが関心事のニュースを自動で入手できる

ニューススイート

The Only News App You Need
News Suite
Ar: Sony Network Communications Inc.

このアプリの「For You」機能は、高度な知識がなくても誰もが自分の関心事のニュースを収集できる機能である。利用者が一般のニュースを読むほど、AIがパーソナルニュースを推薦する。さらにスマホのワクを越え、さまざまな機器で視聴した映像、音楽、書籍コンテンツの情報から、そのコンテンツに関するニュースを推薦する。

Ar：ソニーネットワークコミュニケーションズ(株)
Pr：ソニーネットワークコミュニケーションズ(株)
Dr：メディア＆アドプラットフォーム事業室
D ：ソニー(株) クリエイティブセンター

17G141206

モバイルアプリ

みんなのシール

Mobile App
minna no seal
Ar: Cosmo Media Service Co., Ltd.

日々スマートフォンで撮影する写真をSNSでシェアして終わりじゃもったいない！そんなデジタル写真にカタチを与えるアプリ。いつでもどこでも、今までできそうでできなかった、さまざまな形をした世界でたったひとつのシールを作ることができる。アプリから注文して最短で翌日には直接届けられる。

Ar：(有)コスモメディアサービス
Pr：(有)コスモメディアサービス 代表取締役 澤田真一
Dr：(株)エンタップ 代表取締役 松岡利昌

17G141209

アプリケーション
otototone（オトトトン）

Application
otototone
Ar: Stitch Co., Ltd. + Peace Inc.

世界にあふれる音に興味を持たせて気づきを与え、音に対する意識を変えるアプリ。録音した音の構成要素からキャラクターを生成したり、BGMとミックスし音楽として楽しめるように再構築することができる。このアプリで身の周りに存在している音を意識的にとらえるようになり、環境音を楽しむ感性を養い創造性を拡張する。

Ar：（株）ステッチ＋（株）ピース
Pr：（株）ステッチ 佐藤匡史、三冨敬太＋（株）ピース 柿澤祐樹
Dr：（株）ステッチ 中島健、竹山聖＋（株）ピース 櫻井弘幸、達富聖仁
D ：長谷川晋平、後関智康、和泉諒

17G141210

アプリケーション
グリコード

Application
GLICODE
Ar: Ezaki Glico Company, Limited + DENTSU INC. + DENTSU TEC INC. + Google ZOO + BIRDMAN INC. + coconoe inc. + ROBOT COMMUNICATIONS INC. + WONDROUS inc.

子供達が親しみを持つお菓子を使ってプログラミングを学ぶアプリケーションである。ポッキー、ビスコ、アーモンドピークといったグリコのお菓子を並べてスマートフォンのカメラで撮影すると、画像認識技術によりお菓子一つひとつがプログラミングのコードへ変換される。プログラミングにおける基本的な考え方を学ぶことができる。

Ar：江崎グリコ（株）＋（株）電通＋（株）電通テック＋Google Zoo＋（株）BIRDMAN＋（株）ココノヱ＋（株）ロボット＋（株）ワンダラス
Pr：江崎グリコ（株）広告部 玉井博久＋（株）電通テック ブランドエンゲージメントセンター 工藤成
Dr：（株）電通 4CRP 佐々木康晴／CDC 小池宏史
D ：（株）ココノヱ 宗佳広＋（株）電通 CDC 相楽賢太郎

17G141211

スマートフォンアプリ

ゆびつむぎ

A Mobile Application Software
MAGIC CANVAS
Ar: Xtone Ltd.

幼児期の子供と親のコミュニケーションを育むことを目的としたタッチ絵遊びアプリである。海、森、湖などのテーマがあり、子供が画面を指でタッチするだけで、たくさんの動物や植物が登場する。また、さまざまな植物や動物たちに触れることで、画面の中の物語が広がり親子の会話を豊かにし、子供たちの想像力を育む。

Ar:(株)エクストーン
Pr:(株)エクストーン 桂信
Dr:(株)エクストーン 藤川尚裕、松本貞行、磯村梓
D :(株)エクストーン 加藤菜月、原崇

17G141212

銀行アプリ

銀行スマートフォンアプリ

Bank App
Jibun Bank App
Ar: Jibun Bank Corporation

お金の流れを可視化する「タイムライン」。入出金などをビジュアライズする「サマリー」。全国のセブン-イレブンのATMから入出金できる「スマホATM」。それらによって実現するのはお金の自分ごと化である。お金の出入りだけでなく、流れを主役に生まれる新たなコミュニケーションと体験をデザインした。

Ar:(株)じぶん銀行
Pr:meet & meet 小川晋作+(株)電通 生嶋友樹
Dr:(株)スピードグラフィックス スズキスムース+(株)電通 松浦夏樹+ノースショア(株) 細川勝+(株)フォーデジットデザイン 稲井祐太郎
D :(株)スピードグラフィックス スズキスムース+佐怒賀万里子+5 & UP Inc. 岡村浩志

17G141213

Webアプリケーション

ポケットセラピスト—カラダと
ココロの痛みの健康相談サービス

Web Application
Pocket Therapist -Health consultation service for
pain of body and heart
Ar: BackTech Inc.

国家資格を保有する専門家にチャットでの健康相談を通して、二人三脚で腰痛などの痛みを改善までサポートするサービスである。当社はカラダだけでなくココロにもフォーカスを当てた独自のノウハウをもとに、オンラインを通じた腰痛対策サービスを提供している。

Ar：（株）バックテック
Pr：（株）バックテック 福谷直人
Dr：（株）バックテック 酒井紀明、金丸隆之
D ：YURI 平田昌大、平田綾子

17G141214

スマートフォンアプリケーション

FUJITSU
ヘルスケアソリューション
HOPE LifeMark-コンシェルジュ

Mobile App
HOPE LifeMark-Concierge
Ar: FUJITSU DESIGN LIMITED

病院システムと連携した通院サポートアプリ。専用端末を持つことなくスマートフォンにアプリを入れるだけで通院における各場面で患者をサポートする。来院時には病院の入り口を通るだけで自動で再来受付ができ、受付機に並ぶ必要がない。診察順が近づくとスマートフォンに通知が届くため待合室以外でも安心して待つことができる。

Ar：富士通デザイン（株）
Pr：富士通（株）森田嘉昭、辻元洋典、柳晶子、道家直之、日野里美、佐久間詩織
Dr：富士通デザイン（株）辻垣幸子
D ：富士通デザイン（株）金子一英、木内美菜子

17G141215

713

スマートフォン向けアプリ

頭痛ーる

App for iOS / Android Smartphone
Zutool
Ar: Pocke Corporation

気象病と呼ばれる気圧の変動が起こす頭痛などの痛みに注目した、気象予報士考案の体調管理アプリである。痛みが起こりやすい日時を気圧予報に基づく気圧グラフで確認することで、予定の変更や体調管理、薬の服用のタイミングを確認することができる。また、自身の症状を記録することで気圧変化と痛みが出る傾向を把握することができる。

Ar：(株)ポッケ
Pr：廣瀬周一
Dr：飯山隆茂
D ：安中朋哉

17G141216

スマートフォンアプリ

amehare〈アメハレ〉

Mobile App
amehare
Ar: discovery inc.

まいにち使うものだから、もっと見やすく便利にをテーマとしたスマートフォン用天気予報アプリである。従来のマス媒体中心に培われた天気予報表現の慣習にとらわれず、スマートフォンというパーソナルなメディアに合わせ生活者目線で厳選した情報を、色やグラフで視覚化した直感的なデザインで提供する。

Ar：(株)ディスカバリー
Pr：(株)ディスカバリー 黒野剛、阿部紳司
Dr：(株)ディスカバリー 黒野剛
D ：(株)ディスカバリー 黒野剛

17G141218

母子健康手帳アプリ
母子健康手帳アプリ
Maternal & Child Health Handbook (MCHH) App
Maternal & Child Health Handbook (MCHH) App
Ar: NPO Himawari ＋ NTT DOCOMO, INC. ＋ Hakuhodo DY media partners

妊娠、出産、赤ちゃんの成長を正しく学ぶアプリ。妊娠週数、月齢や赤ちゃんの成長に合わせたコンテンツが毎日届き、住んでいる自治体や病院から子育てに必要な情報も届く。各種健診や予防接種記録など、紙の母子健康手帳の記録をすべてクラウドに保管。紙の母子健康手帳と一緒に使ってほしいアプリである。

Ar：NPO法人ひまわりの会＋（株）NTTドコモ＋（株）博報堂DYメディアパートナーズ
Pr：（株）NTTドコモ 西口孝広、磯野友紀、森山恵美、大瀧幸作、高添美礼＋博報堂DYメディアパートナーズ 実吉賢二郎、丸山安曇
Dr：（株）NTTドコモ 山本和明、吉村香織＋博報堂DYメディアパートナーズ 丸山安曇＋博報堂アイスタジオ 高島祥子、巻木豪志
D：博報堂アイスタジオ 二口航平＋A. C. O ボウスキル ジェイムズ、川北奈津、吉岡利紘、小山敬介、満尾有亮

17G141220

保育施設向けアプリ
キッズダイアリー
Kindergarten Software
KidsDiary
Ar: KidsDiary, Inc.

先生の業務と園のマネジメントの大幅な効率化をめざしたサービスおよびアプリである。各園のセミオーダーデザインで対応でき、現在の日本の幼児教育のさまざまな問題を今までになかった斬新な機能とユーザーインターフェース／ユーザーエクスペリエンス（UI/UX）で組み合わせたサービスで解決する。利用者が感覚だけで操作ができるUI/UXに特化し、新たなワークスタイルをデザインして進化し続けている。

Ar：キッズダイアリー（株）
Pr：スタンリーン イエンハオ
Dr：齊藤浩太
D：スタンリーン イエンハオ

17G141221

715

BeanQ OS
ROOBO

BeanQ OS
ROOBO
Ar: Intelligent Steward Co., Ltd

3〜10歳の子供向けスマートロボット。美しく鮮やかな色彩、丸くかわいらしいデザイン言語、シンプルで楽しいアニメ効果、多彩な操作モードを採り入れ、子供が遊びながら言語や数学、空間認識能力、習慣、感情表現、自発性を強化、向上できるようにした。擬人化された表現を通じて、ロボットと関係を結び信頼を深めることができる。

Ar：Intelligent Steward Co., Ltd
Pr：Intelligent Steward Co., Ltd
Dr：Feizi Ye, Senior Design Director, ROOBO Design Center, Intelligent Steward Co., Ltd
D ：Feizi Ye, Tingting Xue, Jian Sun, Xue Mei, Fan Li

17G141222

サイエンス教育ツール
ゲノミックエクスプローラー

Science Education Tool
GENOMIC EXPLORER
Ar: AWAKENS, Inc.

ヒトゲノム（全遺伝情報）のビジュアライゼーションツールおよび超網羅的データベースを搭載したウェブサービスである。ゲノム（A、T、G、Cのデジタルデータ）を見える化し、どこに、どんな情報が刻まれているかが直感的にわかる。また、世界中の論文データベースをキュレーションした結果、得られる最新のゲノム傾向情報をレポートする。

Ar：AWAKENS, Inc.
Pr：AWAKENS, Inc. 高野誠大
Dr：AWAKENS, Inc. 松田祐太
D ：3onkey Design グラフィックデザイナー 池村周子

17G141223

まなびのマーケット

ストアカ

A Community Marketplace for Teaching and Learning
Street Academy
Ar: Street Academy Inc.

教えたい人と学びたい人をウェブ上でマッチングする日本最大級のまなびのマーケットである。教えたい人が気軽に教室やワークショップを開催し、学びたい人が自由に参加することができる。スキルのシェアリングエコノミーを通じて社会人の学びの選択肢を増やし、自由に生きる人を増やすことをめざした。

Ar：ストリートアカデミー（株）
Dr：ストリートアカデミー（株）代表取締役　藤本崇
D ：ストリートアカデミー（株）リードデザイナー　リー・コーリー

17G141224

キッズリー保育者ケア

キッズリー保育者ケア

Kidsly Hoikusha Care
kidsly hoikusha care
Ar: Recruit Marketing Partners Co., Ltd.

保育園や幼稚園で働く保育者が、日々笑顔で活き活きと働くためのコンディション診断サービスである。保育者一人ひとりの大切にしている仕事の価値観や仕事上の不安要素を明らかにし、保育者が自分らしく働き続けることができるよう、また周囲と一緒に働きやすい環境をつくっていけるようサポートする。

Ar：（株）リクルートマーケティングパートナーズ
Pr：森脇潤一、木本裕子
Dr：木本裕子、蔦木竜馬
D ：ワウデザイン（株）＋ガリレオスコープ（株）

17G141225

レビューツール

Brushup

Review Tool
Brushup
Ar: Brushup Inc.

インターネット上で校正や赤入れができるレビューサービスである。イラスト、動画、Officeドキュメントなどさまざまなデータ形式に対応している。レビュー機能は、イラストだけではなく動画にも手描きで指摘や修正指示を出せる。やりとりやレビュー、制作物の管理など、制作以外で必要な機能を1つにまとめた。

Ar：(株)Brushup
Pr：水谷好孝
Dr：下田祥嗣
D ：長野真行

17G141226

マーケティングツール

KOBIT

Marketing Tools
KOBIT
Ar: Creator's NEXT. inc

今、クリエイティブ業界で課題になっている残業の削減を達成するためにできること。それを考えた結果、新しい働き方をデザインする必要性があることに気づいた。残業をしている人は本来しなくてもいい仕事をしていることがある。残業を減らすための人と機械の新しい関係を、夜寝ている間に働く「靴屋と小人」になぞらえて表現した。

Ar：(株)クリエイターズネクスト
Pr：窪田望
Dr：梅津雄一、安達健太、滝田潤
D ：志水一美

17G141227

インターネットサービス
Collet

Internet Service
Collet
Ar: Collet

映像制作を支援するためのインターネットツール。映像制作業務をより効率的におこなうことができるようになる「制作管理ツール」と、当サービスが抱える3,000名以上のクリエイターへ動画制作の依頼をすることができる「ジョブボード」という2つの機能を搭載している。

Ar:Collet
Pr:Crevo(株) 代表取締役 柴田憲佑
Dr:Crevo(株) プロダクト開発グループ ゼネラルマネージャー 中村晃之
D :Crevo(株) 高橋アレクサンダー、関根慧

17G141228

Webサービス
AI Travel

Web Service
AI Travel
Ar: AI Travel inc.

無駄な時間とコストの多い出張手配業務の課題をデザインとテクノロジーの力で解決するWebサービス。出張の要件を入力するだけで最適なホテル、飛行機、新幹線を調べ、ユーザーは1タップで予約を完了することができる。また、総務、経理がリアルタイムに一元管理でき、分析および改善施策の立案、実行もAIがサポートする。

Ar:(株)AIトラベル
Pr:(株)AIトラベル CEO & UXD 藤原由翼
Dr:(株)AIトラベル CEO & UXD 藤原由翼
D :(株)AIトラベル CEO & UXD 藤原由翼

17G141229

路線図Webサービス

駅すぱあと路線図

Railway Maps
Ekispert Railway Maps
Ar: VAL LABORATORY CORPORATION.

国内初のAPIでプログラマブルに操作が可能な路線図サービスである。おもな特長として日本全国が1枚につながった国内初のWeb鉄道路線図、APIで路線や駅、レイヤーの操作が可能、スマホに最適化されたパフォーマンスとクオリティが挙げられる。

Ar：(株)ヴァル研究所
Pr：篠原徳隆
Dr：島村城治
D ：今尾恵介＋(株)東京地図研究社

17G141230

Webサービス

おまかせ賃貸

Web Service
Omakase Chintai
Ar: At Home Co., Ltd.

気に入った不動産店のスタッフにリクエストをして、物件を提案してもらうサービス。ユーザーと不動産店スタッフは、専用画面を通じてさらなる希望を伝えたり、ネット非公開の物件を提案したりすることが可能である。自ら能動的に探すしかなかったユーザーの物件検索行動に、提案を受ける（おまかせする）という受動的なスタイルを新たに加えた。

Ar：アットホーム(株)
Pr：アットホーム(株) 生駒徹
Dr：アットホーム(株) 北島明美＋(株)ソフィアソリューションズ 木村康之
D ：(株)ソフィアソリューションズ 荻野潤

17G141231

Webサイト
オーダーメイド自転車
簡単製作購入Webサイト

Website
Website for Custom Made Bicycle
Ar: Cocci Inc.

誰もが簡単にいつでもどこでも直感的に自転車をデザインし購入することができるWebサイト。デザインした自転車をそのまま購入できる。実際の自転車とWebの違いがないように色味、質感など忠実にWebに再現した。またモノトーンを基調とすることで自転車のシンプルさを際立たせ、注文者のデザインが映えるようなデザインに仕上げた。

Ar：(株)コッチ
Pr：(株)コッチ CEO 勝俣俊二
Dr：(株)コッチ CEO 勝俣俊二
D ：渡邊啓太

17G141232

家族向け見守りスマートフォンサービス
トーンファミリー

Parental Control Service for Smartphone
TONE family
Ar: TONE mobile Inc.

子供などが利用するスマホに対し、見守りをコンセプトに、保護者によるアプリ利用状況の管理や、現在地、移動状況の確認など行動把握を可能にし、家族の緩やかかつ安心なつながりを提供する。家族の生活環境に合わせて、コミュニケーションをとりながら柔軟なコントロールができる。

Ar：トーンモバイル(株)
Pr：トーンモバイル(株) 代表取締役社長CEO 石田宏樹
Dr：トーンモバイル(株) 商品企画本部 本部長 三沢徳章
D ：トーンモバイル(株) プロダクトデザインチーム

17G141233

スマート見守りサービス

みんなで、みまもる。
これからの見守りサービス。
otta

Smart Monitoring Service (Mimamori Service)
Everybody Can be the monitoring spot,
Smart Monitoring Service "otta"
Ar: otta INC.

子供の位置情報をスマートフォンなどで手軽に確認できる見守りサービスである。学校や公園、通学路の地域商店といった固定検知ポイントと、アプリをインストールしたスマートフォンを持つ見守り人によって、街全体に効率よく見守りネットワークをつくる。見守り端末を持つ子供の行動履歴を記録し必要に応じて通知をおこなう。

Ar：(株) otta
Pr：(株) otta 山本文和
Dr：(株) otta 山本文和
D：(株) otta 山本文和＋(株) TANT 原田元輝

17G141234

zhongxun.life

zhongxun.life

zhongxun.life
zhongxun.life
Ar: zhongxun.life

中国の行方不明児の捜索を支援するボトムアップ型の社会監視プラットフォーム。ソーシャルインテリジェンスと機械学習を組み合わせ、人身売買の被害に遭っているかもしれない子供について通報するプラットフォームを構築している。中国で人気のSNSとの連携を通じたユーザーフィードバックから学習することで、継続的に精度を向上させる。

Ar：zhongxun.life
Pr：zhongxun.life
Dr：Guo Hang ＋ Lu Haiyun ＋ Zhongxun.life ＋ SAP
D：Guo Hang ＋ Lu Haiyun ＋ Zhongxun.life ＋ SAP

17G141235

Webサービス

カタロクー

Web Service
KATALOKooo
Ar: monkey bread Inc.

ブランドサイトであると同時に、売る側も買う側も利便性の高いウェブショップとしての機能を持ち、ブランディングとビジネスを両立させる新しいカタチのカタログ。作家やブランドの創作活動をサポートし、誰かにとっての特別な何かへとつなぐことを目的にした、良質なハイブリッド型ウェブサービスである。

Ar：（株）モンキーブレッド
Pr：（株）モンキーブレッド 代表取締役 翠川裕美
Dr：minsak
D ：（株）マウントポジション 西岡祐弥、佐々木　、濱田章吾、三石浩久、今北舞、大谷朝美、川村唯

17G141236

北海道のお土産サービス

旬を届ける。
TABEGORO（タベゴロー）

Hokkaido Souvenir Service
"TABEGORO"
Ar: IMPROVIDE Co., Ltd.

農産物や海産物の旬の味を土産として購入できるサービス。鮮度の問題や荷物になるなど、農・海産物を持って帰ることは難しいが、本商品を店舗で購入して自宅に戻ってから配送手配をすることで産地から採れたてを直送する。旅行途中で配送コーナーから発送するのではなく、旅の思い出話とともに手渡しできる旬が特徴である。

Ar：（株）インプロバイド
Pr：小林元
Dr：池端宏介
D ：石塚雄一郎

17G141237

両親が喜ぶカレンダーの便り

レター

Calendar Production Service
Letter
Ar: ROLLCAKE Inc.

両親や親戚など親しい人たちに対して、近況を写真とメッセージで簡単に毎月のカレンダー形式で伝えることができるサービスである。カレンダー形式なので途切れることなく気軽に送り続けられるのが特徴。写真を軸にしたコミュニケーションによって、生活を温かみがあり豊かなものにすることをめざしている。

Ar：ROLLCAKE（株）
Pr：ROLLCAKE（株）石田忠司
Dr：ROLLCAKE（株）伊野亘輝
D：ROLLCAKE（株）伊野亘輝

17G141238

ロボアドバイザー

THEO［テオ］

Robo Advisor
THEO
Ar: MONEY DESIGN Co., Ltd.

難しいと考えられがちな資産運用という金融サービスをぐっと身近なものにした。スマホやパソコンから5つの質問に答えるだけで、一人ひとりに合った資産運用とメンテナンスをおこなっていく。スタート金額はわずか1万円。コストも年間1パーセントの運用報酬だけ。資産運用の次の形を提案する。

Ar：（株）お金のデザイン
Pr：（株）お金のデザイン CMO 馬場康次
Dr：（株）お金のデザイン プロダクトマネージャー 梶田岳志
D：（株）お金のデザイン UI/UXデザイナー 山下あか理

17G141239

アプリケーションソフトウェア

Auto MeasureEyes

Application Software
Auto MeasureEyes
Ar: NIKON CORPORATION

画像測定機を操作して対象物の寸法などを測定したり、自動測定をプログラミング、レポート作成をおこなうコントロールソフトウェアである。従来のソフトウェアでは複雑な設定や指示を必要としたが、すぐに理解できる、測定に集中できる、悩ませない、設定不要など、やさしいユーザーインターフェースにより誰でも簡単に使える画像測定機を実現した。

Ar:（株）ニコン
Pr:（株）ニコン 産業機器事業部 開発部 第三開発課 窪田純一
Dr:（株）ニコン 産業機器事業部 開発部 第三開発課 村上源
D :（株）ニコン 映像事業部 デザイン部 有馬由桂

17G141240

トイプラットフォーム

toio

Toy Platform
toio
Ar: Sony Corporation

創意工夫と遊び心をはぐくむエンタテインメントを提供し続ける現実世界のトイプラットフォーム。シンプルなキューブ型ロボットに、レゴや紙工作など自作のおもちゃを自由に取りつけて遊ぶことができる。

Ar:ソニー（株）
Pr:ソニー（株）新規事業創出部 TA事業準備室 田中章愛
Dr:ソニー（株）新規事業創出部 TA事業準備室 中山哲法（製品開発）＋（株）ソニーコンピュータサイエンス研究所 Alexis Andre（コンセプト）
D :ソニー（株）クリエイティブセンター 森澤有人（プロダクトデザイン）、令川紗季（コミュニケーションデザイン）、永原潤一（UI&サウンドデザイン）

17G141243

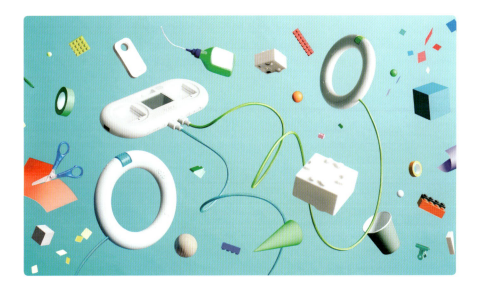

725

廃材を商品にして販売するチャリティ企画

リメンバープロジェクト

Spiritual Recycling
RE: MEMBER Project
Ar: PIA Corporation

国立競技場などの歴史的価値が高く多くの人々の思い出が詰まった施設の廃材をメモリアルグッズとして再生し販売するプロジェクト。収益の一部またはすべてを社会貢献の原資とする新しい形のリサイクルシステムである。

Ar：ぴあ（株）
Pr：ぴあ（株）コンテンツ・プロデュース本部 ライブ・クリエイティブ事業局第二ライブ・クリエイティブグループ 米村修治
D：ドリルデザインほか

17G141244

マンション共用部のライブラリー

住民と成長する
ライブラリーシステム
—プラウドシティ大田六郷

A Library in Common Area of Condominium
A library in the common area of
the condominium-PROUD CITY OTA ROKUGO
Ar: Nomura Real Estate Development +
BOOKOFFONLINE Corp. +
BOOKOFF CORPORATION Ltd.

居住者とともに成長するライブラリーをマンション内でのコミュニケーションを促すコンテンツとして導入した。中古書籍を約3分の2組み合わせることで、ここでは7,000冊の蔵書が実現した。定期的に本を入れ替え、また買い取りにより新たな本を購入するというサスティナブルなシステムを構築、社会的なリユースを促進する。

Ar：野村不動産（株）＋ブックオフオンライン（株）＋ブックオフコーポレーション（株）
Pr：野村不動産（株）住宅事業本部 東伸明
Dr：ブックオフオンライン（株）マーケティング部 志村亨
D：ブックオフコーポレーション（株）青山ブックセンター 須藤夕香、米山淳一

17G141245

人流分析装置
人流可視化ソリューション
Human Flow Analysis Device
Human Flow Visualization Solution
Ar: Hitachi, Ltd.

プライバシーを保護しつつ、リアルな混雑状況の把握を可能とするシステムである。カメラ映像を自動的に解析し、人の動きに対応した人型アイコン画像を生成することで混雑状況を可視化する。本システムは東急電鉄の「駅視-vision」に採用され、2016年10月から一般ユーザー向けのサービスとして提供されている。

Ar：(株)日立製作所
Pr：(株)日立製作所 交通情報システム本部 本部長 黒川幸市郎
Dr：(株)日立製作所 研究開発グループ プロジェクトマネージャー 額賀信尾／交通情報システム本部 担当部長 浅山朝美
D ：(株)日立製作所 研究開発グループ 飯田都、松原大輔、峯元長、土肥真梨子

17G141246

通常ラッシュ時

運行異常時

学生服オーダーメイド生産システム
オートファクトリーシステム
Order Made Schooluniform Production System
auto factory system
Ar: kowa Iryo Co., Ltd

3Dボディスキャナーで全身寸法を0.5秒で計測し、個人の要望や体型にジャストフィットしたオーダーメイド学生服を製造するシステムである。

Ar：光和衣料(株)
Pr：光和衣料(株) 代表取締役社長 伴英一郎
Dr：光和衣料(株) 生産部品質担当 関充
D ：光和衣料(株) 生産部品質担当 関充

17G141247

リユース活用型クラウドファンディング

リユー ファンディング

Reuse Cloud Funding
reU funding
Ar: Yahoo Japan Corporation

使わなくなったモノを売ったり、まだ使えるモノを買ったりすることで生まれたお金で、共感したプロジェクトを応援できるリユース活用型クラウドファンディングサービス。リユースすることで持続可能な循環型社会づくりに貢献しながら、プロジェクト実行者の夢や未来を応援できる三方よしの新しい社会的な取り組みである。

Ar：ヤフー（株）
Pr：ヤフー（株）萱畑洋平
Dr：ヤフー（株）萱畑洋平、小林恭兵、池田亮太、柏直紀、小西志乃、小笠原緑＋電通 新！ソーシャルデザインエンジン 並河進、横森祐治、江畑潤
D ：ヤフー（株）萱畑洋平、泉さくら

17G141248

医療保険

あるく保険

Medical Insurance
Aruku Hoken
Ar: Tokio Marine & Nichido Life Insurance Co., Ltd

医療保険の保障を提供することに加え、加入者自身の健康増進の取り組みをサポートする新しいコンセプトの商品である。加入者にウェアラブル端末を貸与し専用アプリと接続することで、計測された歩数に応じて保険料の一部をキャッシュバックする業界初の医療保険である。

Ar：東京海上日動あんしん生命保険（株）
Pr：東京海上日動あんしん生命保険（株）

17G141249

まちづくり制度

ベビーボックスプロジェクト

Community Planning System
BabyBoxProject
Ar: NPOaLku

行政、企業、民間、市民の共創による地方創生の新しいソリューション型のプロジェクト。まち全体で地域に生まれる赤ちゃんと子育て世代に向けて企画から製品を創り贈る取り組み。シビックプライドを高め、地域課題解決のきっかけの箱となる。

Ar：(特非) aLku
Pr：(有) 本田屋本店 本田勝之助
Dr：(一社) WAO 生駒芳子
D：東京藝術大学大学院美術研究科デザイン専攻 海老根佳世

17G141250

Smartphone

LG G6 GUI

Smartphone
LG G6 GUI
Ar: LG Electronics, Inc.

LG G6のグラフィカル・ユーザインターフェスモデル。洗練された形状とほかのスマートフォンと差別化されたアスペクト比18：9のディスプレイで、没入感の高いユーザー体験を提供する。

Ar：LG Electronics, Inc.
Pr：Junghoon Lee
Dr：Mijun Yoo
D：Kunho Lee, Jisoon Park, Younghoon Kim, Hana Jeong, Eunbin Kim

17G141252

729

Smart Phone

LG G6 Camera GUI

Smart Phone
LG G6 Camera GUI
Ar: LG Electronics, Inc.

LG G6 UXのグラフィカル・ユーザインターフェスモデル。アスペクト比18:9のディスプレイ、操作簡単なカメラ機能のディスプレイ表示、機能描写が直感的にわかるアイコンを通じて豊かなユーザー体験を提供する。重要な機能はディスプレイ内に表示され、アイコンは写真撮影の邪魔をせずに情報を提供できるよう配置が工夫されている。

Ar: LG Electronics, Inc.
Pr: Mijun Yoo
Dr: Jiyoung Chun
D : Hana Jeong, Juhee Chang

17G141253

Smart Phone GUI

LG V34 (Isai Beat) GUI

Smart Phone GUI
LG V34 (Isai Beat) GUI
Ar: LG Electronics, Inc.

バング＆オルフセンとのコラボモデルによるグラフィックユーザーインターフェース。オーディオ品質が極めて高く、オリジナルの壁紙付き。また独自の壁紙機能で、ユーザーが自分だけの壁紙を作ることができる。製品に一体感をもたらすデフォルトの壁紙が洗練度を高め、追加設定なしで使える高品質のDDTテーマは選ぶ喜びを与えてくれる。

Ar: LG Electronics, Inc.
Pr: Mijun Yoo
Dr: Byoungnam Lee, Huimoon Choi
D : Taeryung Rhee

17G141254

Smartphone

Galaxy S8, S8+ Bixby

Smartphone
Galaxy S8, S8+ Bixby
Ar: Samsung Electronics Co., Ltd.

音声AIアシスタントのBixbyであらゆる機能を思い通りに使用でき、ユーザーの利便性が向上。話しかけるだけで迅速に操作を支援してくれる。また、ユーザーが希望する機能の起動プロセスを把握し、スマートフォンの使用パターンを学習することにより、ユーザーが意図する正しい機能を提供してくれる。

Ar：Samsung Electronics Co., Ltd.
Pr：Youn-Sup Kim, Manager / Saerom Lee, Associate Global Product Planning Group, Mobile Communications Business Samsung Electronics
Dr：Hyun Yeul Lee, Vice President / Jeong Hyo Kim, Principal Designer, UX Design Group 1, Mobile Communications Business Samsung Electronics
D：Yusic Kim, Senior Designer / Hanjun Ku, Principle Designer, UX Design Group 3 / JungHwa Shim, Senior Designer, UX Design Group 1 / Nari Choi, Senior Designer / Jaeho Ko, Designer, UX Design Group 2, Mobile Communications Business Samsung Electronics

17G141255

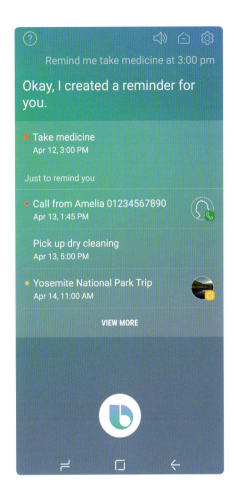

APP Interface of Mi Water Purifier
（Under Counter）

MIJIA

APP Interface of Mi Water Purifier (Under Counter)
MIJIA
Ar: Xiaomi Inc.

ユーザーはアプリのインターフェースに表示される色やアニメ効果で浄水の前後に希望の水質条件を設定できる。

Ar：Xiaomi Inc.
Pr：Xiaomi Inc.
Dr：Ren Tian
D：Xie Yan

17G141256

MI Undersink Water Purifier

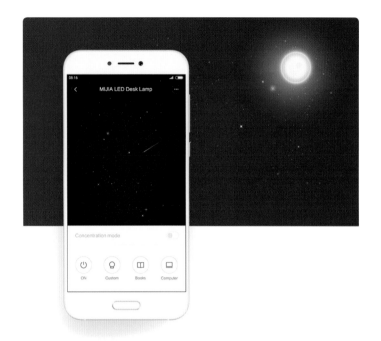

APP Interface of MI LED Desk Lamp

MIJIA

APP Interface of MI LED Desk Lamp
MIJIA
Ar: Xiaomi Inc.

シンプルさこそが究極の複雑性である。本製品はミニマルな設計で、より美しい外観とユーザーの操作性向上をめざしている。

Ar：Xiaomi Inc.
Pr：Xiaomi Inc.
Dr：Ren Tian
D ：Xie Yan

17G141257

15

業務用ソフト、システム、サービス、取り組み
BtoB Software, System and Service

20世紀型システムから個別最適化へ。ビジネス環境は大きく変化し、従来の仕組みに乗っているだけでは期待したビジネスの結果は得られない。商品や作業フロー、情報やサービスが本来あるべき関係で流れるよう、案件にとって最適化した仕組みを開発することで、突出した成果を生み出す時代だ。特に課題が浮き彫りとなっている業界では、根本的な解決に向けた新しい試みが次々と実行されている。

ユニット15の応募数は、昨年度に比べて大幅に増加した。これは実質的な取り組みの裾野が広がったことによるものだろう。2017年にとりわけ目覚ましい提案があった分野は、農業と医療関連だ。どちらも大改革が期待される分野だが、これまでデザイン的アプローチが介入しにくかった。ユニット15における上位受賞の優れた事案では、それぞれの業界が持つ本質的問題に取り組んだ解決が、鮮やかなアイデアによって事業化されている。

仕組みのデザインプロセスは、人や社会に与える価値の創出を目標にして、解決すべき問題の本質は何かを、丁寧に見出すことから始まり、抽出した複数の問題要素の弱みを補完する構造的なアイデアを設計する。つまり問題要素同士を結びつけて Win-Win の関係を生み出すには、核となる戦略のアイデアが必要だ。さらに、Win-Win の関係が淀むことなく継続的に循環するための運用案や伝達表現を詳細設計する。そこに参加する人々の心の充足が達成できれば、解決を生む仕組みとして成立するのであり、クリエイティブなデザインが施されたことになる。

その際1つの鍵となるのは、適正な技術の採用だ。技術が弱みを強みに変える触媒となるのだ。優れた事業開発では、技術を巧みに用いてビジネスを裏打ちしている。その反対に人が行っていたことを技術に置き換えるだけの取り組みは、デザイン的アプローチとはいえない。アイデアによって生まれる価値を活かす思考と工夫が、デザイン的アプローチである。ビジネスがデザインされることによって、社会と個人の生活を変える活力が生まれる。この分野のデザインへの期待は今後も益々高まるだろう。

廣田尚子

ベビーシッターシェアリング

キッズライン

Babysitter Sharing
KIDSLINE
Ar: KIDSLINE Inc.

安心安全、1時間1,000円からという低価格で24時間スマホからベビーシッターを即日予約できるシェアリングサービス。面接し、審査したシッターが現在900名近く登録されている。利用者全員の口コミや友達が使ったシッターなども確認できるため、安心で便利にベビーシック を探す仕組みを叶えた。

Ar：(株)キッズライン
Pr：(株)キッズライン 代表取締役 経沢香保子
Dr：(株)キッズライン サービスディレクター 藤井聖子、久富有里加、榊和花、ベアナウスカス好栄／テクニカルディレクター 舩木俊介、野上徹、森田利春
D：(株)キッズライン グラフィックデザイン 成田奈穂

17G151258

働き方改革を促進する場の力

場のダイバーシティ

The Power of Place to Innovate Work-style
Diversity of the place enables to choose their workplace, depending on each employee's situation.
Ar: FUJITSU LIMITED ＋ KOKUYO Co., Ltd.

富士通川崎工場本館12Fは、元々社員食堂と共用会議室フロアとして利用されてきた。リニューアルでフロア全体を、働く多様性を受け入れる場として、従業員の満足度向上と働き方の意識改革を目的とし計画された。食事はもとより、サテライトオフィスF3rdなど、従業員や出張者、顧客も利用できるさまざまなビジネスシーンを想定した複合計画とした。

Ar：富士通(株)＋コクヨ(株)
Pr：富士通(株) 人事本部労政部ライフサポート企画部 高野恭子／総務・リスクマネジメント本部ファシリティマネジメント統括部 赤松光哉
Dr：コクヨ(株) スペースソリューション事業部クリエイティブデザイン部 市瀬貴生
D：コクヨ(株) スペースソリューション事業部クリエイティブデザイン部 三田明仁

17G151259

無人受付システム

モアレセプション

Reception System
moreReception
Ar: FUJI SOFT INCORPORATED

企業の担当者を内線電話やメールで簡単に呼び出せる無人受付システムである。ICT（情報通信技術）で実現できるおもてなしと受付業務の効率化をコンセプトに、来訪者を待たせないシンプルでスピーディな受付を実現した。従来の受付の課題である記帳の煩わしさや待ち時間などを解決し、本来のあるべき受付としてのおもてなしを提供する。

Ar：富士ソフト（株）
Pr：松浦直樹
Dr：永瀬佳代子、濤岡美穂子
D：佐藤摩耶

17G151261

多拠点型シェアオフィスによる働き方変革

ワークスタイリングプロジェクト

Multiple Shared Office for Incorprated Company
WORKSTYLINGPROJECT
Ar: Mitsui Fudosan Co., Ltd.

日本のオフィスワーカーの働き方を変えるためのプロジェクト。日本全国30カ所にシェアオフィスを開設。契約企業の社員はスマートフォンを通じて入退室管理や会議室予約、検索が可能となる。組織と協調しながら社員一人ひとりが自分に合った働き方を実現し、組織自体の生産性向上を実現していくという働き方変革の実行的プロジェクトである。

Ar：三井不動産（株）
Pr：三井不動産（株）ビル本部 法人営業統括二部 WORKSTYLINGグループ 川路武
Dr：（株）GO PR/CreativeDirector 三浦崇宏
D：（株）日建設計 NIKKEN ACTIVITY DESIGN lab 後藤崇夫、宮澤圭吾、梅中美緒＋三井デザインテック 三浦圭太、児玉あゆみ、横川順子

17G151262

創立100周年記念事業プロジェクト

NSK創立100周年記念事業
プロジェクト
SENSE OF MOTION

The Centennial Projects
The NSK Centennial Projects SENSE OF MOTION
Ar: NSK Ltd. + SPIRAL / Wacoal Art Center

企業ビジョン浸透のコミュニケーション・デザイン。創立100周年を機に策定したNSKビジョン2026「あたらしい動きをつくる。」を具現化した。アーティストを登用した展覧会とフォーラム、ダンサーや劇作家らと共同で制作した体操、工場案内、社食など、社内外で評判形成、誇り醸成に寄与。社員のモチベーションにリーチしたゆさぶりのデザインである。

Ar：日本精工（株）＋スパイラル／（株）ワコールアートセンター
Pr：柴牟田伸子
Dr：スパイラル／（株）ワコールアートセンター　シニアプランナー松田朋春、キュレーター加藤育子
D：菊地敦己（アートディレクション）、シアタープロダクツ（制服）、井手茂太＋蓮沼執太（体操）、柴幸男（工場案内劇）、中山晴奈（社食）、エマニュエル・ムホー（会場構成）＋ライゾマティクスリサーチほか

17G151263

社内事業化制度

METEO

In-house Startup System
METEO
Ar: Recruit Communications Co., Ltd.

在籍する1,000人が持つ経験、知識、スキルを掛け合わせ、従業員の意志で新規事業を生み出す仕組み。コンセプトは史上最低の参加ハードル。アイデア投稿や仲間検索ができる「METEO WEB」、仲間とブレストできる「アイデアcafe」、アイデアを整理できる「METEO NOTE」。エントリーは1枚のA4シートで完了する。全員で未来を創りだす制度である。

Ar：（株）リクルートコミュニケーションズ
Pr：（株）リクルートコミュニケーションズ 経営企画室 佐藤麻里緒、宮田十詩子
Dr：（株）リクルートコミュニケーションズ マーケティング局 長浜孝広、渡邊洋治郎
D ：（株）NORTH 石見俊太郎＋GOB Incubation Partners（株）滝本悠

17G151264

案内業務支援サービス

車いすご利用のお客さま
ご案内業務支援システム

Assistance System
Guidance for Customer Support System
Ar: SEIBU RAILWAY Co., Ltd. + Hitachi, Ltd.

乗客をサポートする駅係員の業務をICT（情報通信技術）で支援するサービス。車いす利用客の鉄道利用の増加に伴い、限られた人員の中で案内業務のサービス品質を向上させることが急務であった。鉄道ダイヤと連動した簡単な入力で情報を共有できるシステムを開発し、業務の効率化を実現するとともに乗客へのサービス品質向上につなげた。

Ar：西武鉄道（株）＋（株）日立製作所
Pr：西武鉄道（株）運輸部お客さまサービス課 山本徳之＋（株）日立製作所 安間弥人
Dr：西武鉄道（株）運輸部お客さまサービス課 高橋勝也、西田知宏、堀口弘恵＋（株）日立製作所 長谷川敬祐、剱重志保＋（株）日立ケーイーシステムズ 坂本義彦＋（株）日立システムズ 大西勲
D：（株）日立製作所 吉本尚義、福丸諒、吉治季恵＋（株）日立ケーイーシステムズ 江田信敏＋（株）日立システムズ 益居宏

17G151265

複合機用アプリケーション

Accessibility App

Application for MFP
Accessibility App
Ar: Ricoh Company, Ltd.

複合機に追加インストールする視覚に障がいのある利用者向けのアプリケーション。コピー、ファクス、スキャナー、プリンターの基本的な機能をスマートデバイスで慣れた読み上げ機能や簡潔さとアプリケーション間で一貫性のあるレイアウトなど、見やすく押し間違えのないボタンにより健常者と同等に活用することができる。

Ar：（株）リコー
Pr：Ricoh Europe PLC Solution Development Centre-Europe 平川剛広＋（株）リコー HS開発センター 谷崎友哉
Dr：Ricoh Europe PLC European Design Department 宗像孝
D：Ricoh Europe PLC European Design Department Bob Spikman＋（株）リコー 知的財産本部 総合デザインセンター 福丸幸子

17G151266

温室内環境モニタリングサービス
プランテクト

Horticulture Environmental Monitoring Service
Plantect
Ar: Bosch Corporation

おもに中小規模農家向けの温室内環境モニタリングIoTサービスである。環境モニタリングに加えて、予測機能により病害感染リスクを防ぎ、生産性向上や健康な作物の栽培を支援する。小型のハードウエアは、オーガニックで未来的なスタイリングに統一。専用アプリケーションは、シンプルな画面と柔軟なナビゲーションで導入、運用しやすさを実現した。

Ar：ボッシュ（株）
Dr：ボッシュ（株）RBJP/PJ-FJS 山本雅康
D：TEAMS DESIGN Vincent Hasenmayer Kay Zass（ハードウエア）＋読売広告社 内田光紀（アプリUI）＋FOURDIGIT DESIGN Inc. 矢部一樹、渡部聡

17G151269

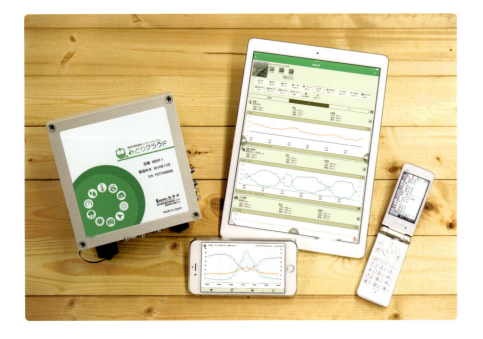

圃場環境モニタリングサービス
みどりクラウド

Field Environmental Monitoring Service
Midori Cloud
Ar: SERAKU CO., LTD.

自動的に畑の環境を計測、記録し、そのデータを離れた所からいつでも確認することができるサービス。全国の生産者の声をもとに必要な機能に絞り込むことで、誰でも簡単に利用可能なサービスを実現した。

Ar：（株）セラク
Pr：持田宏平
Dr：持田宏平
D：五十嵐哲平

17G151270

観光施設
三島スカイウォーク

Tourist Facilities
MISHIMA SKYWALK
Ar: FUJIKO Co., Ltd.

日本最長400メートルの人道吊橋を主とした観光施設。富士山や駿河湾の絶景が一望できる箱根西麓に観光施設をつくることで、三島に観光客を集め、地域活性化の一翼を担いたいという想いのもと建設した。観光用の長大吊橋であることと、立案から設計、施工、運営まですべてを100パーセント民間資本で実現していることが全国に例を見ない事業である。

Ar:（株）フジコー
Pr:（株）フジコー 代表取締役 宮澤俊二

17G151273

町家宿泊
庵町家ステイ

Accommodation
Iori Machiya Stay
Ar: Iori Machiya Stay Co.

京都のまちから減りゆく町家を、暮らすように旅するLiving Like a Localをコンセプトに宿泊施設として提供する。歴史を重ねた町家の美しい表情を見つけ出し、現代の住まい手が求める快適な工夫を加え、住まう形にこだわり京町家を改修、再生した。本物の町家ステイが楽しめる。

Ar:（株）庵町家ステイ
Pr: 三浦充博

17G151274

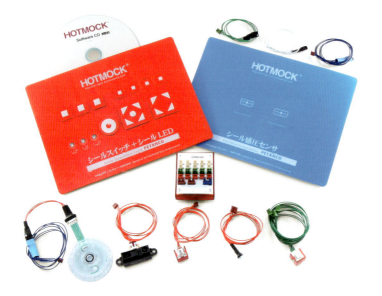

プロトタイピングツールキット

HOTMOCK

Prototyping Tool Kit
HOTMOCK
Ar: HOLON CREATE Inc.

UI/UXデザインのためのプロトタイピングツール。パソコンに接続すれば、電子工作やプログラミングの知識がなくてもスイッチやセンサーを使用した画面の遷移、使い勝手などを手早く簡単に検証できる。開発の上流工程で早期にユーザー体験の検証が可能になることで製品開発に関わるあらゆる人と気付きを共有でき、製品の質の向上の一助になるツールである。

Ar：(株)ホロンクリエイト
Pr：(株)ホロンクリエイト
Dr：(株)ホロンクリエイト
D ：(株)ホロンクリエイト

17G151275

オンライン完結型融資サービス

レンディ

Online Lending Service
LENDY
Ar: Credit Engine, Inc.

中小事業者向けのオンライン事業融資サービス。クラウド会計ソフト、決済サービス、POSレジなど、ユーザーが利用しているオンラインサービスのデータ連携をおこなうことで、事業の情報を自動的に収集、機械学習のアルゴリズムを利用した解析により自動で審査をおこない、ユーザーが借り入れ可能な金額を算出する。

Ar：(株)クレジットエンジン
Pr：内山誓一郎
Dr：向山裕介
D ：向山裕介

17G151276

投資信託

朝日ライフ SRI 社会貢献ファンド
（愛称：あすのはね）

Investment Trust
ASAHI LIFE SOCIALLY RESPONSIBLE INVESTMENT FUND
Ar: ASAHI LIFE ASSET MANAGEMENT CO., LTD

日本で先駆的にSRI投資に着目し、ビジネスを通じて社会に貢献する国内上場企業の株式に投資して、中長期的に企業とともに成長する投資信託である。また、収益の一部を社会的課題に取り組む団体に毎年寄付することで、多角的な社会貢献を果たし、投資信託商品を通じたより良き社会創造をめざしている。

Ar：朝日ライフ アセットマネジメント（株）
Pr：朝日ライフ アセットマネジメント（株）
Dr：朝日ライフ アセットマネジメント（株）
D ：朝日ライフ アセットマネジメント（株）

17G151277

決済端末（クレジットカード・電子マネー）

Airペイ

Payment Terminal
Air PAY
Ar: RECRUIT LIFESTYLE CO., LTD. ＋ RECRUIT PAYMENT CO., LTD.

クレジットカード、電子マネー、Apple Payが1端末で決済できるモバイル決済業界初のサービスである。売上規模にかかわらず月額固定費0円、業界最安水準の決済手数料でさまざまな支払方法にカンタンに対応できる。

Ar：(株)リクルートライフスタイル＋(株)リクルートペイメント
Pr：(株)リクルートライフスタイル 塩原一慶
Dr：(株)リクルートライフスタイル 石川綾
D ：(株)リクルートライフスタイル 塩原一慶

17G151278

理想的な住宅取引の仕組み

住宅ファイル制度

How the Ideal Housing Transactions Work
Housing filing system.
Ar: Kinki Real Estate Activation Council

売り手のこだわりと買い手の安心をつなぐ住宅取引の仕組みである。理想的な住宅の品質、維持管理の状態、適正価格について、各専門家が現地調査のうえ取りまとめた住宅ファイル報告書（仕様書）を基に取り引きをおこなう。住宅取引の形、専門家が協働する形、国民を幸せにする形を内包する社会インフラでもある。

Ar：近畿不動産活性化協議会
Pr：会長 阪井一仁、副会長 三本皓三、西川和孝
Dr：実行委員長 村木康弘
D：実行委員 難波啓祐、印南和行、吉岡和潔、吉田哲也、堀上琢治、三尾順一、橋本嘉太、荻野重人、八木場正寛、龍優、永松秀昭、安田彰、目黒經敏、矢野裕章

17G151279

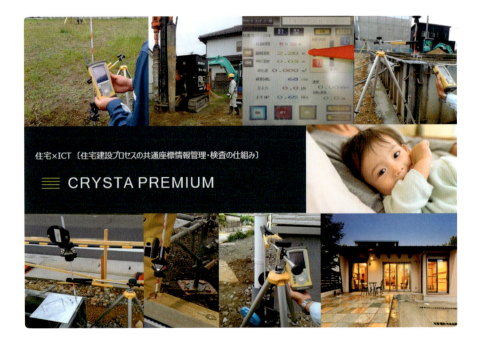

住宅建設プロセスの共通座標情報管理・検査

住宅×ICT

Check of a House Building Process
Housing division information and communication technology
Ar: E-pilenetwork llp + Emachuwoodbase Corporation + Chiyodakiden Corporation

現在の建物建設プロセスは施工段階で設置位置が共有化されず強度的、美観的、数値的不具合が生じている。そこで、ズレの原因となる人的管理の限界点にフォーカスした。このシステムでは、測量機を住宅ICT機器と位置付け、共通座標管理と検査方法を住宅に導入することで建物建設プロセスに加え、建物維持プロセスに新しい価値を提供する。

Ar：E-パイルネットワーク有限責任事業組合＋江間忠ウッドベース（株）＋千代田機電（株）
Pr：E-パイルネットワーク有限責任事業組合 代表理事 杉浦謙一
Dr：千代田機電（株）工事部次長 鳥竹一大＋江間忠ウッドベース（株）取締役社長 中野喜隆
D ：EPN LLP 事務局長 前川敦宏

17G151280

地域産業の協働モデル

天竜材を使用した木製杭による地盤改良工法

Cooperation of Local Industries
Tenryu wooden pile,
making local businesses profitable and cooperative
Ar: Kowa Housing co., Ltd.

天竜の小径材は燃料用途しかなく山の経済を切迫する。一方遠州は地盤が弱く地盤改良率は高いが支持層が深く改良工法は限られる。そこで地元企業が集まり天竜の未活用材で住宅用木製杭を開発した。地下水脈の多い遠州に適しており、価格も2割安を実現。圧入するため騒音はなく将来の撤去も容易である。地元企業が製造や施工を担い、地域の問題解決や暮らしを守る。

Ar：幸和ハウジング（株）
Pr：幸和ハウジング（株）代表取締役 淺岡則彦
Dr：幸和ハウジング（株）＋（株）フジイチ＋兼松サステック（株）
D ：開発プロジェクトチーム 伊藤直弥、柴田久美子

17G151281

建築現場の作業工程の効率化

在来木造建築業界の未来を変える建築体制イノベーション

Improvement of Construction Process
Construction system innovation that changes
the future of conventional wooden construction
Ar: AQURA HOME CO., Ltd.

大工の不足や、労働環境の改善など建築業界が抱える課題を解決し、ユーザーに品質の良い住宅を適正価格で提供するための作業工程効率化の仕組みである。親方大工をサポートする大工サポートチームと、プレ加工と最適物流のジャストイン配送システムを組み合わせ、大工の作業効率向上と負担軽減、十分な品質検査時間の確保を実現した。

Ar：（株）アキュラホーム
Pr：（株）アキュラホーム 代表取締役社長 宮沢俊哉
Dr：（株）アキュラホーム 常務執行役員 伊藤圭子
D ：（株）アキュラホーム 建築推進部 部長 加古一彦、山田飛鳥

17G151282

地域工務店支援の取り組み

「住宅型情報発信拠点」を活用した地域工務店支援の取組み〜「テクノストラクチャーの家」豊洲

Supporting Local Builders
Housing Showroom Toyosu, Techno-Structure houses
Ar: Panasonic Corporation

工務店に技術の普及と啓蒙を促すことを目的に、体感、理解できる住宅型情報発信拠点を広く開放する。本拠点であるテクノストラクチャーの家は、ZEH（ネット・ゼロ・エネルギー・ハウス）、高耐震性住宅を具現化。優良住宅の普及を担う人材の育成や運営支援をおこなう仕組みとして今後の全国展開を見据え、中小工務店の継続的な支援を通じて健全な国内住宅市場の持続発展に貢献していく。

Ar：パナソニック（株）
Pr：パナソニックESテクノストラクチャー（株）社長 松本雄太郎
Dr：パナソニックESテクノストラクチャー（株）中杉聡
D ：パナソニックESテクノストラクチャー（株）早樋努、多田貴好、加藤正章

17G151283

工場建設トータルサービスブランド

脱3K工場建設ファクトリア

Construction of Factories
Factoria
Ar: TAKAYA Co., Ltd.

デザイン、コスト、機能のバランスがとれた快適な作業環境の実現と、工場建設のブランディングをおこなう工場建設のトータルサービスブランドである。従来の工場のイメージである3K（キツイ・汚い・危険）を脱却し、3C（Cool・Comfortable・Communication）の工場を建設することで業績のあがる工場をつくる。

Ar：（株）タカヤ
Pr：（株）タカヤ ファクトリアチーム コーポレートプランニング室
Dr：（株）タカヤ ファクトリアチーム コーポレートプランニング室
D ：（株）タカヤ ファクトリアチーム コーポレートプランニング室

17G151284

地域拠点としての新たな工務店のかたち

イロハーブ

New Style House Builder for the Modern Residents
iroherb
Ar: NEST HOUSE Co. Ltd

工務店敷地内にレストラン、インテリアショップなどを併設した複合商業施設である。通常、工務店には家を建てるという具体的な目的がない限り足を運ぶことはないが、暮らしの一部として何となく来てもらえる場所になることが必要と考えた。キーワードとして医・食・住・遊・創を導き出し、さまざまな暮らしの一部を提供している。

Ar：(株)ネストハウス
Pr：(株)ネストハウス 代表取締役社長 石川明
Dr：(株)ネストハウス 常務取締役 石川貴大
D ：(株)ネストハウス 常務取締役 石川貴大

17G151285

住宅用無背割れ檜材の安定供給システム

JUJO檜

A Supply System of Leyland-cypress for Housing
JUJO HINOKI
Ar: JUTAKUJOHOKAN CO., LTD

一般的に住宅用無垢柱には含水率20パーセント以下の柱が使用されているが、環境や状況により含水率20パーセントでも反りや割れを生じる場合がある。そこで製材所と協働で、反りや割れが生じにくい含水率15パーセント以下の無垢檜無背割れ柱を開発し、工程にトレーサビリティを担保することで、安心安全な資材を安定的に供給する仕組みを実現した。

Ar：住宅情報館(株)
Pr：住宅情報館(株)
Dr：住宅情報館(株) 営業企画本部 商品企画部
D ：住宅情報館(株) 営業企画本部 商品企画部

17G151286

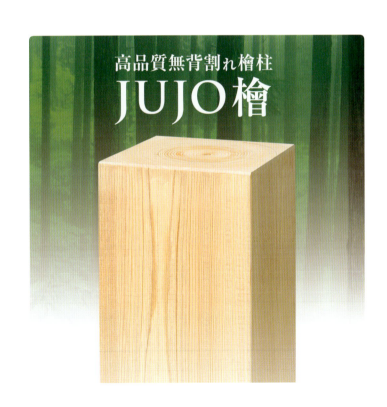

空気の価値化とマンションブランド構築戦略

住戸ごとにクリーン・快適・省エネな室内空気環境を提供する
「新マンションエアロテック」

Adding Value to Air and Branding Condominiums
New Condominium Aerotech Technology,
providing a clean, pleasant and
energy-saving environment.
Ar: MEC eco LIFE + MITSUBISHI JISHO RESIDENCE + MITSUBISHI ESTATE HOME

戸建住宅用に確立された全館空調システムであるエアロテック技術を、従来導入が困難だったマンションにも適応させた。立地と価格だけで決まっていたマンションブランドに空気環境という新基準を提示し体験すると真の価値を理解してもらえる。空気の価値化という、ユーザーおよびマンションデベロッパー業界にとっての新しい価値をもたらした。

Ar：(株)メックecoライフ＋三菱地所レジデンス(株)＋三菱地所ホーム(株)
Pr：(株)メックecoライフ 専務取締役 日野永
Dr：(株)メックecoライフ 取締役 子安誠＋三菱地所レジデンス(株)商品企画部長 榎並秀夫＋三菱地所ホーム(株)常務執行役員 中島秀敏
D：(株)メックecoライフ 子安誠＋三菱地所レジデンス(株)商品企画部 石川博明＋三菱地所ホーム(株)商品開発部 村上剛志＋(株)バウ・フィジックデザインラボ 二瓶士門

17G151287

集合住宅建築過程における取り組み

異業種間共同開発で実現した
集合住宅向けPC
(プレキャスト・コンクリート)工法の
シリーズ化

Residential Estate Construction Initiatives
Establishment of a Precast Concrete Construction Method for Residential Estates
Ar: MITSUBISHI JISHO RESIDENCE CO., LTD. + KIUCHI construction Co., Ltd

消費者の、高品質に、早く、安くという住宅へのニーズに応えるべくデベロッパー、ゼネコンの垣根を越えて協働開発したビジネスモデル。従来高層や大規模の建築でしか事業化できなかったPC工法を、コンクリート製造型枠を1つの建築工事で使い終えるのではなく継続的に運用することで、中低層住宅でもコストメリットを実現した。

Ar：三菱地所レジデンス(株)＋木内建設(株)
Pr：三菱地所レジデンス(株)執行役員 クオリティ業務部長 日野永＋木内建設(株)取締役副社長 堀江保仁
Dr：三菱地所レジデンス(株)商品企画部長 榎並秀夫＋木内建設(株)首都圏地区本部 設計室 設計部長 柏木紳二郎
D：三菱地所レジデンス(株)商品企画部 松本竜＋木内建設(株)首都圏地区本部 設計室 副課長 江口理

17G151288

もっとあったらいいな住まいのアイディア

マンション内郵便ポスト

Home Ideas that Satisfy Needs
Outgoing mailboxes inside condominiums
Ar: Takara Leben Co., Ltd.

現代社会において住まいをもっと快適に使いやすくするために、一般の人々の日常の中にある素直な気持ちや気分などを集め、当社が実現可能なものを選出し製品化していく取り組み。これからの住宅のあり方に、専門家ではない住まい手の視点を取り入れ、優れたアイディアを発表する機会を創出、製品化して自社マンションに実装している。

Ar：(株)タカラレーベン
Pr：(株)タカラレーベン 取締役 執行役員 営業統括グループ 統括部長 髙荒美香
Dr：(株)タカラレーベン 取締役 執行役員 営業統括グループ 統括部長 髙荒美香
D ：(株)タカラレーベン LEBEN LABO 事務局

17G151289

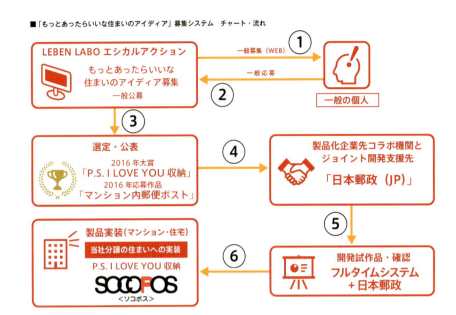

人事向けクラウドサービス

HRMOS（ハーモス）

Cloud Services for Human Resources
HRMOS
Ar: BizReach, Inc.

本シリーズの第1弾、HRMOS採用管理は、画面上で要素が積み重なる3次元構造を採用し、ユーザーは従来のパンくずリストがなくてもWebサイト内の現在地を直感的に把握できる。人事担当者の作業効率最大化のため、次に何をすべきかがわかるレイアウトに整理しており、作業のためではなく課題の発見と解決のためのプラットフォームである。

Ar：(株)ビズリーチ
Pr：(株)ビズリーチ 取締役 竹内真
Dr：(株)ビズリーチ ハーモス事業部 永田信、古野了大、園田剛史、織田一智
D ：(株)ビズリーチ ハーモス事業部 LU CHIA LIN、庄鈞瓏、熊谷慶人

17G151290

ネイルチップ

オープンネイル

Nail Tips
OpenNail
Ar: Toshiba Corporation +
Toshiba Digital Solutions Corporation

OpenNailは3Dプリント技術で一人ひとりにカスタムフィットしたネイルチップを提供するプラットフォームである。3D出力したネイルチップをネイリストが加飾後、1カ月でポストに届ける。初回に自分のデータを登録した後は、好きなデザインを気軽にネットで購入できる。仕事や育児に忙しい女性にも、爪先のお洒落を諦めないライフスタイルを提供する。

Ar：(株)東芝＋東芝デジタルソリューションズ(株)
Pr：(株)東芝 技術統括部 千木良康子
Dr：(株)東芝 デザインセンター 山川水輝
D：(株)東芝 デザインセンター 寺岡佳子

17G151291

税務申告ソフト

申告freee

Tax Return Software
Tax Return freee
Ar: freee Inc.

日本初の、会計から税務まで一気通貫の会計事務所向けクラウド税務ソフト。既に提供している会計ソフトである会計freeeで決算書を作成しておくと、税務申告ソフトである本ソフトに必要な数字が転記され、会計事務所の事務作業を飛躍的に効率化させることができる。

Ar：freee(株)
Pr：freee(株) プロダクトマネージャー 高木悟
Dr：freee(株) ソフトウェアエンジニア 泉祐一郎
D：freee(株) デザイナー 春田雅貴

17G151292

経費精算サービス

Staple（ステイプル）

Expense Management Service
Staple
Ar: Crowd Cast, Ltd.

ビジネスを強くする21世紀型クラウド経費精算。スマホや交通系ICカードを使った経費申請、承認、経理処理をクラウドで一元管理し、手間を10分の1に削減できる。今までの紙や表計算ソフトをベースにしたシステムとは違い、エンドユーザーファーストのモバイル、AIに最適化したプロダクトデザインにより、個人と中小企業における働き方改革を推進する。

Ar：クラウドキャスト（株）
Pr：代表取締役 星川高志
Dr：開発マネージャー 小池平理
D ：星川高志、小池平理

17G151293

歯科用プレゼンテーションソフト

HiVisual

Dental Presentation Software
HiVisual
Ar: NHOSA Corporation.

歯科医師やスタッフが、患者に対して症状の説明や、治療方針、治療計画をわかりやすく伝えるためのプレゼンテーションソフト。院内に導入されている電子カルテや、歯科用レントゲンソフト、デジタルカメラなどと連携し、取り込んだ画像や映像の加工、編集だけでなく、豊富なテンプレートを用いた患者提供用文書の作成がおこなえる。

Ar：（株）ノーザ
Pr：（株）ノーザ 取締役社長 中澤治
Dr：（株）ノーザ 技術開発本部 次長 下津健司
D ：（株）ノーザ 営業本部／営業推進グループ 課長 田永真悟

17G151294

センサー ネットワーク ユニット
N-Smartシリーズ

Sensor Network Unit
N-Smart Series
Ar: OMRON Corporation

装置の制御情報と状態情報を同期することで、製造現場の生産性を革新する、本質的なIoT化プラットフォーム。世の中のあらゆるセンサーとつなぐことができ（アナログ入力）、センサーのデータを使いやすく（分析しやすく）整えて同期する。小型軽量のため製造装置に後付けしやすく制御判定出力が可能である。

Ar：オムロン（株）
Pr：オムロン（株）インダストリアルオートメーションビジネスカンパニー 商品事業本部 センサ事業部 ファイバスマートPMG 山川健太、村木志高
Dr：オムロン（株）インダストリアルオートメーションビジネスカンパニー 商品事業本部 センサ事業部 第1開発部 第2開発課 尾崎公洋、権藤清彦
D：オムロン（株）インダストリアルオートメーションビジネスカンパニー デザイングループ 中野超

17G151295

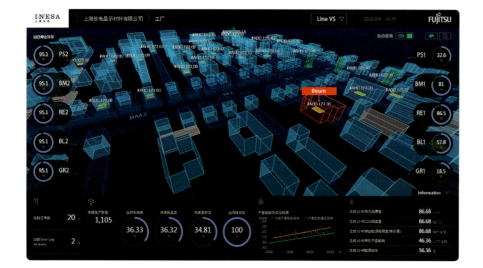

工場最適化ソリューション
Intelligent Dashboard

Factory Optimization Solution
Intelligent Dashboard
Ar: FUJITSU LIMITED + FUJITSU DESIGN LIMITED

今まで別々に管理されてきた工場内のビッグデータを一元的に集約、リアルタイムに把握し、生産性向上や経営改善につなげるシステム。日本メーカーが培ったどのような状況で何を見るべきかというナレッジ提供とビジュアライズを掛け合わせることで、中国の工場は改善につながる一連の気づき、判断、対策を素早く、独力で実践できる。

Ar：富士通（株）＋富士通デザイン（株）
Pr：富士通（株）及川洋光
Dr：富士通（株）平野彰一＋富士通デザイン（株）湯浅基
D：富士通デザイン（株）湯浅基＋（有）カイデザイン 田中泉、小川俊二、渡辺紀之、後藤裕介

17G151296

産業用ディスプレイ インターフェース

産業用タッチパネルディスプレイ インターフェース

Industrial Display Interface
Industrial Touch Panel Display Interface
Ar: Fuji Electric Co., Ltd.

産業用タッチパネルディスプレイのインターフェースデザイン。インターフェースを表示部、操作部、ベースフォーマットの要素に分け、それぞれに表示方法、操作方法を決め、モジュール化した。モジュール化によりさまざまなタッチパネルや製品群に統一した表示と操作性を展開することが可能となっている。

Ar：富士電機（株）
Pr：富士電機（株）
Dr：富士電機（株）社長室 デザイン部
D：富士電機（株）社長室 デザイン部

17G151297

遠隔モニタリングシステム

LABOSPECT mobile

Remote Monitoring System
LABOSPECT mobile
Ar: Hitachi High-Technologies Corporation

生化学自動分析装置の状態をモバイル端末から把握できるサービス。複数装置の状態をまとめて確認したり、アラームの詳細を見て装置にすぐ駆けつけるべきか判断できるため、技師が検査室を歩き回る必要がなくなる。本サービスを検査室に取り入れることで、装置に気を取られることなく、安心して検査業務に集中することが可能となる。

Ar：（株）日立ハイテクノロジーズ
Pr：（株）日立ハイテクノロジーズ 科学・医用システム事業統括本部 高木由充
Dr：（株）日立製作所 研究開発グループ 社会イノベーション協創センタ 能田弘行
D：（株）日立製作所 研究開発グループ 社会イノベーション協創センタ 牛尾奈緒子

17G151298

クラウド型電子カルテ

HealtheeOneクラウド

Cloud-based Electronic Health Record System
HealtheeOne Cloud
Ar: HealtheeOne Inc.

日本初の在宅診療に特化したタブレット型クラウド電子カルテである。東日本大震災後も医療資源不足に悩む福島県いわき市で、持続的な地域包括ケアを実現するため、一般診療所（クリニック）の生産性向上に資するサービスを提供している。将来的には、医療資源が不足する国内、海外の各地域への展開をめざしている。

Ar：（株）HealtheeOne
Pr：（株）HealtheeOne 小柳正和、瀬川泰正
Dr：（株）HealtheeOne 瀬川泰正、功刀さゆり
D ：馬渡陽明、細田純平

17G151299

医療情報システム

MINCADI

Medical Information System
MINCADI
Ar: A-Line Co. Ltd.

画像検査担当者らのナレッジ（知識・経験）を医療施設の垣根を越えて世界中で共有できる画期的な医療施設向けの情報システム。本システムは、医療施設から画像検査情報を収集し、画像検査に関する実態情報から即実践したい（模範したい）撮影情報までを、施設の枠を越えて世界中の利用者に提供する。

Ar：（株）A-Line
Pr：（株）A-Line＋京都医療科学大学 石垣陸太＋（株）A-Line 田伏誠
Dr：（株）A-Line＋京都医療科学大学 石垣陸太＋京都医療科学大学 田畑慶人
D ：（株）A-Line＋京都医療科学大学 石垣陸太＋京都医療科学大学 森正人

17G151300

画像診断用ワークステーション

シナプス

Medical Imaging and Information Management System
SYNAPSE
Ar: FUJIFILM Corporation

医療画像の管理閲覧をおこなうサーバーとビューアのシステムで、メインユーザーは放射線科の読影医である。表示スピードの速さ、医療画像に特化した操作性と見やすさ、99.99パーセントの安定稼働で効率的に画像診断できる環境を提供している。今回、画像を用いた遠隔相談ができるチャット機能を加え、さらなる診断精度向上をめざした。

Ar：富士フイルム（株）
Pr：富士フイルム（株）メディカル事業部
Dr：富士フイルム（株）デザインセンター長 堀切和久
D：富士フイルム（株）デザインセンター 根之木靖世

17G151302

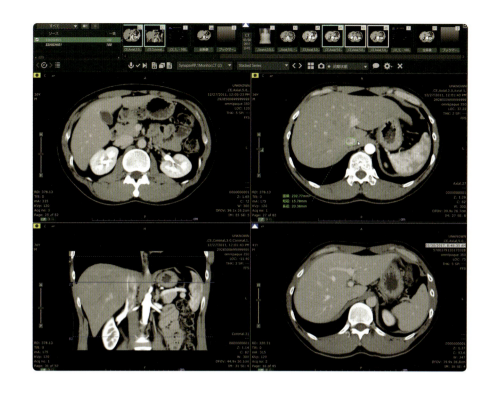

ケアサポートソリューション

ケアサポートソリューション

Care Support Solution
Care Support Solution
Ar: KONICA MINOLTA, INC.

介護スタッフが持つスマートフォンでケア記録を入力したり、バイタル情報をスピーディに共有する介護施設用ICTプラットフォームである。部屋に設置したセンサーが入居者の起床や離床、転倒、転落といった駆けつけが必要な行動を検知すると、スタッフのスマートフォンへその状況を映像で通知してプロアクティブな予防行動を促す。

Ar：コニカミノルタ（株）
Pr：コニカミノルタ（株）QOLソリューション事業部 尾越武司＋コニカミノルタジャパン（株）新規事業統括部 三浦雅範
Dr：コニカミノルタ（株）ヒューマンエクスペリエンスデザインセンター 平賀明子、久保田玲央奈、南原二郎、川島秀一
D：コニカミノルタ（株）ヒューマンエクスペリエンスデザインセンター 大嶋孝典、明坂木肖、田中真季、野村朗子＋新田通子

17G151303

ベッドサイドケア情報統合システム

スマートベッドシステム™

Integrated Bedside-care System
Smart Bed System
Ar: PARAMOUNT BED CO., LTD.

独自のセンサーにより、体に何も装着することなくベッド上に寝ている状態のままで、心拍数や呼吸数、睡眠、覚醒などの状態を連続測定、検知し、スタッフステーションや電子カルテなどに情報をつなげるシステムである。

Ar：パラマウントベッド（株）
Pr：パラマウントベッド（株）IBSソリューション開発部
Dr：パラマウントベッド（株）IBSソリューション開発部
D ：パラマウントベッド（株）IBSソリューション開発部

17G151304

すこやくトーク

すこやくトーク

Sukoyaku-talk
Sukoyaku-talk
Ar: Recruit Holdings Co., Ltd.

薬局と患者にWeb上のコミュニケーションの場を提供することで患者の日々の健康をサポートする。薬局は患者から服薬、健康相談を受けたり、また薬局からは健康情報を発信するなど双方向にやりとりが可能である。患者は医療用医薬品や市販薬、サプリメントも写真で手軽に登録でき、薬剤師は服薬状況を閲覧して適切なアドバイスができる。

Ar：（株）リクルートホールディングス
Pr：（株）リクルートホールディングス 次世代事業開発室 西沢眞璃奈
Dr：（株）リクルートホールディングス 次世代事業開発室 西沢眞璃奈、小宮孝二
D ：（株）ニジボックス 栃尾行美＋（株）リクルートコミュニケーションズ 小林淳、渡邉洋治郎＋（株）たき工房 平野真弓、大原葵

17G151305

POSシステム

ビオンリー

POS System
Bionly
Ar: Arise Inc.

美容サロン向けに特化した新しいPOSシステム。施術、施術カルテの記録、販売、会計、分析、顧客情報の管理などの業務効率化、作業精度の向上はもとより、美しいデザインや美容特化製品ならではの独自でユニークな自動化機能により、顧客はもちろん、サロンに従事するスタッフや経営者などさまざまな側面で役立つ。

Ar：(株)アライズ
Pr：小池正行
Dr：関根聡

17G151306

Web分析サービス

AIアナリスト

Web Analysis Service
AI analyst
Ar: WACUL INC.

Webサイト分析の人工知能である。人間に集計困難な大量のデータを短時間で分析、知識や経験が必要なWebサイトの改善方針の提案まで自動でおこなう。従来のWebデータ解析サービスがデータをためるだけなのに対し、データを使いアクション方針を出すことで、ビジネス上の意思決定がもっと簡単におこなわれる世界を実現する。

Ar：(株)WACUL
Pr：(株)WACUL 代表取締役CEO 大津裕史
Dr：(株)WACUL 取締役CTO 包直也
D ：(株)WACUL UXデザイナ 三重野俊平

17G151307

クラウドサービス（PaaS）

FUJITSU Cloud Service K5 シェアリングビジネス基盤

Cloud Service (PaaS)
FUJITSU Cloud Service K5 Sharing Business Platform
Ar: FUJITSU DESIGN LIMITED

このサービスは、近年新たなビジネスモデルとして登場したシェアリングエコノミーのビジネスを始める事業者のためのアプリケーション開発支援プラットフォームである。シェアリングビジネスに必要な共通機能のAPIと画面テンプレートを提供しており、それらを組み合わせることで迅速にアプリケーションを開発できる。

Ar：富士通デザイン（株）
Pr：富士通（株）デジタルビジネスプラットフォーム事業本部 太田雅浩
Dr：富士通（株）デジタルビジネスプラットフォーム事業本部 ビジネスプラットフォームサービス統括部 小宅昭樹、松本安英＋富士通デザイン（株）サービス&プラットフォーム・デザイングループ 稲垣潤
D：富士通（株）堀部貴之、栃折泰史、秦早穂子、野上賢二、藤野佑＋富士通デザイン（株）青島寛太、飯嶋亮平＋富士通アプリコ（株）竹内裕和

17G151308

クラウド型エネルギー分析ツール

GODAクラウド／SatToolクラウド

Cloud-based Energy Analysis Tool
GODA Cloud / SatTool Cloud
Ar: Panasonic Corporation +
Takasago Thermal Engineering Co., Ltd.

ビル施設のエネルギー使用量や空調設備などの運転データを分析し、より効率的な省エネ運用への改善を図るためのソフトウェアである。ビル施設のCO_2排出量削減に貢献し、運転データはクラウド上に保存。高度なエコチューニングスキルを有する専門家が都度現場に赴かずとも、現場運用者と分析内容を共有し、運用改善が実践可能で、人材不足も補う。

Ar：パナソニック（株）＋高砂熱学工業（株）
Pr：パナソニック（株）エコソリューションズ社 マーケティング本部 電材営業統括部 電材・法人営業企画部 エネルギーソリューション部＋高砂熱学工業（株）事業革新本部FM・PM事業推進部カスタマーセンター
Dr：パナソニック（株）エコソリューションズ社 マーケティング本部 栗尾孝＋高砂熱学工業（株）事業革新本部FM・PM事業推進部 村上俊博
D：パナソニック（株）エコソリューションズ社 技術本部 イノベーションセンター 天野昌幸＋高砂熱学工業（株）事業革新本部FM・PM事業推進部カスタマーセンター 落合弘文

17G151309

オープンデータポータル

UDAP-Universal Data
Application Platform
（オープンデータポータル
構築パッケージ）

Open Data Portal
UDAP-Universal Data Application Platform
(Open data portal construction package)
Ar：ANNAI Inc

自治体などがもつデータを簡単にオープンデータとして登録、公開できるシステム。CSVなどのファイルを登録すれば表やグラフで表示したり、位置情報をもつデータなら地図上でデータを見たりするなど、多彩なプレビュー機能を持っている。LODやSPARQLへの変換機能も備えている。

Ar：ANNAI（株）
Pr：ANNAI（株）代表取締役 紀野恵、COO 太田垣恭子
Dr：ANNAI（株）CTO 青山義万、今匡太郎
D ：ANNAI（株）代表取締役 紀野恵、COO 太田垣恭子、CTO 青山義万、今匡太郎

17G151310

希望、ふくらむ トラムトレイン

希望、ふくらむ トラムトレイン

Tram Train Service by Ki-bo and Fukuram
Tram Train Service by Ki-bo and Fukuram
Ar: Echizen-Railway co., ltd

自動車に依存した地方都市構造の問題点が、中心市街地の衰退といった形で顕在化している。これらの課題を解決し、コンパクトで持続可能な都市をつくるため、郊外から都市中心部へのアクセス向上をめざした事業である。ki-boとfukuramというLRV（ライトレール車両）の導入などのハード整備に加え、利用者視点のソフト改善、デザインも合わせておこなっている。

Ar：えちぜん鉄道（株）
Pr：えちぜん鉄道（株）＋福井鉄道（株）＋福井県＋福井市
Dr：えちぜん鉄道（株）
D ：Good Morning 三田村敦、真田悦子、清水万智

17G151311

侵入防止システム

シカ踏切

Entry-avoidance System
Shika Fumikiri-Level Crossing System Preventing Deer Collision Accidents
Ar: Kyosan Electric Mfg. Co., LTD

鹿と列車の接触を防止するシステム。侵入防止ネットを使用し、鹿の線路への侵入経路（獣道）を限定の上、超音波により鹿の線路侵入を制御する。超音波の発信は列車運行がある時間帯とし、その間の鹿の線路侵入を抑止。逆に列車運行がない時間帯は超音波の発信を止めることで、鹿は自由に線路へ侵入し安全に横断することができる。

Ar：(株)京三製作所
Pr：近畿日本鉄道(株) 匹田雄史、齋藤達司
Dr：(株)京三製作所 伊藤正樹
D ：(株)モハラテクニカ 根岸弘行＋(株)京三製作所 宮澤弘孝

17G151312

津波監視用海洋レーダー

レーダーによる津波監視支援技術

HF-OSR (High Frequency Ocean Surface Radar) Technologies Supporting Tsunami Radar Monitoring
Ar: MITSUBISHI ELECTRIC CORPORATION

当社が開発した津波監視用海洋レーダーは、従来は沖合20キロが限界だった津波監視を最遠50キロで実現した。世界初の津波監視支援技術であるこのシステムの特徴は、陸上に設置したレーダーで海表面の流速を観測し、津波に特有の海面の動きを抽出して見える化するとともに、観測データから津波予測（到来時間、波高）ができることである。

Ar：三菱電機(株)
Pr：三菱電機(株)通信機製作所 三島哲生
Dr：三菱電機(株)通信機製作所 有岡俊彦
D ：三菱電機(株)通信機製作所 小柳智之、磯野泰三／情報技術総合研究所 山田哲太郎、亀田洋志／先端技術総合研究所 石川博章／デザイン研究所 関野修佑

17G151313

防災システム

レスキューウェブマップ

Disaster Prevention System
Rescure Web MAP
Ar: TAKUMI R & D INC. + RescureNow inc.

多種多様な危機管理情報（30カテゴリー102項目）を地図上にリアルタイムに反映。全国の事業所など、ユーザーが任意の拠点情報を登録しておくことで、配信される危機管理情報をトリガーとして、広域災害時に影響が懸念される拠点抽出が瞬時におこなえるなど、現実的な災害対応を支援でき、初動対応時のユーザーの負荷軽減に大きく貢献する。

Ar:（株）匠技研＋（株）レスキューナウ
Pr:（株）匠技研 代表取締役社長 田渕大介
Dr:（株）匠技研 技術部 デザイン課 課長 宮村承一
D :（株）匠技研 技術部 デザイン課 山口康史

17G151314

人工衛星

CE-SAT- I

Artificial Satellite
CE-SAT-I
Ar: CANON ELECTRONICS INC.

当社が開発、製造した外寸500×500×850ミリ、重さ約65キロの小型地球観測衛星である。衛星内部に直径40センチ、焦点距離3720ミリのカセグレン望遠鏡およびCANON EOS 5D markⅢカメラによる画像処理システムを搭載しており、6×4キロのフレームサイズで、地上500キロの軌道上から90cmGSDの地上分解能画像を取得できる。

Ar : キヤノン電子（株）
Pr : キヤノン電子（株）代表取締役社長 酒巻久
Dr : キヤノン電子（株）未来技術研究所 所長 佐藤積利／衛星システム研究所 所長 酒匂信匡
D : CE-SATプロジェクトチーム

17G151315

Pineapple Paper

Pineapple Paper

Pineapple Paper
Pineapple Paper
Ar: Sunpineapple

この製品のデザインの出発点は廃棄物ゼロ。生物学的循環の中で、自然に従い土に還す。そのためには無害な天然素材を用いて、廃棄物を再生加工しそれを提供する。

Ar：Sunpineapple
Pr：Sunpineapple
Dr：CHENG HUI LING
D ：CHENG HUI LING

17G151316

16

一般・公共向け取り組み
BtoC / Public Project

ユニット16が主に対象とするのは、社会課題や環境課題を創造的に解決支援する「ソーシャルデザイン」の領域と言える。2017年の応募を俯瞰すると、取り組む課題自体の多様化もさることながら、課題に対するアプローチの多様性も高まってきていると感じた。一つには、地域や世界が抱える社会課題が加速的に多様化し、深化してきていることがあげられる。地域が慢性的に抱える問題や国際協調が必要なグローバルな問題もあるが、日本が国際社会に遅れをとっている教育やジェンダーの問題、組織と個人の関係性の問題など、これまで眠っていた課題が表に噴出してきたとも言える。それらの課題に、クリエイティブなマインドで取り組むチャレンジも必然的に増えてきているのだ。
もう一つの理由は、対象とする社会課題の段階によってデザインが効くポイントが異なる点にある。審査委員会では社会課題を「人々の気づきを促し、意識を変える段階」「課題解決に向けた具体的な活動を促す段階」「課題が解決した状態を定着させるため、継続性のある仕組みをつくる段階」の3段階にわけ、それぞれの段階に対応した適切なデザインが考えられているかを議論した。気づきの段階であれば、認知を高めるだけでなく、課題に対する心理的障壁を効果的に払拭するコミュニケーションデザインになっている。活動の段階であれば、参加性が高くなる工夫があり、行動を促すモノやコトのデザインに新規性や話題性がある。仕組みづくりの段階であれば、ビジネスモデルや組織体制、活動スキームに実績や将来性がある、といった点で優れた取り組みが評価された。もちろんこれは審査の視点のひとつであり、応募者が思い描く「社会、世界、未来」に込められたビジョンやストーリー、取り組みの歴史、起点となった動機や社会への姿勢に感銘を受けた活動も多くあった。特に「個」の想いから始まったことが人々の良心に響き、全国に広がっていった活動もあって、その原点となった活動が応募されて賞を贈ることができたのは、審査委員みながグッドデザイン賞の意義を再確認することにもつながり、素直に喜びあえたことだった。
社会を良くしようというグッドプロジェクトはいくらでもあるが、それがグッドデザインと呼べるか、というと、そういうわけではない。グッドデザインとグッドプロジェクトの違いは、あえて一言で言えば、どれだけ他者とのつながりを深く想像しながら活動をしているかに尽きるのではないか。他者と自分たちとの関係を築こうとする想いや工夫のなかに、デザインという行為は自然に立ち上がってくるからだ。プロのデザイナーが関わっていなくても、「ここには優れたデザインがある」と感じるプロジェクトが共通してもっているのは他者への想像の深さなのだと思う。とりわけ「取り組みのデザイン」には目でみてわかる「カタチ」のデザインが明確に存在しないことが多く、審査側の想像力も問われる。あらためて、このことを深く考えさせられた審査だった。

上田壮一

中高生向けイノベーション教育プログラム

Mono-Coto Innovation

Innovation Program for Middle / High School Students
Mono-Coto Innovation
Ar: Curio School Inc.

中高生×企業×デザイン思考による「アイデアをカタチにして競い合う、創造力の甲子園」と題した新共創プラットフォームである。企業が抱えるリアルな課題に中高生がデザイン思考を活用してアイデアを考案。企業との長期にわたる共創プロセスを経て、考案アイデアをカタチにしていく体験を通し、イノベーション創出に挑む本格プログラムとなっている。

Ar：(株) Curio School
Pr：西山恵太
Dr：染谷優作

17G161318

つばめいくプロジェクト

つばめいくプロジェクト

Tsubamake Project
Tsubamake project
Ar: Tsubame City

中高生と燕市の間に、ともに情報発信を続ける関係性をつくり、受け継いでいくプロジェクトである。中高生の感性を貴重な資源と位置づけ、中高生は今の感性での見え方を提供し、燕市はクリエイターによる企画やデザインなどのスキルを提供する。それを学生自体がカリキュラムを構築し、自ら実践するという方法で進行する。

Ar：燕市
Pr：(株) MGNET 代表取締役 武田修美
Dr：燕市
D ：ツムジグラフィカ 代表 高橋トオル

17G161319

キャリア教育プログラム

クエストエデュケーション

Career Design Program
QUEST EDUCATION
Ar: Educa & Quest Inc.

2005年から提供を開始した、生徒の主体性を育むことを目的としたアクティブ・ラーニング型の教育カリキュラム。学校の授業として1年間生徒が取り組む。教室の中で現実社会と連動し、生徒自ら感じ考え表現する。探求のゴールとしてクエストカップ全国大会を開催し、社会に向けて取り組みを発表、承認する場も用意している。

Ar:（株）教育と探求社
Pr:（株）教育と探求社 代表取締役社長 宮地勘司、一橋大学名誉教授 米倉誠一郎
Dr:（株）教育と探求社 代表取締役社長 宮地勘司、取締役 山田義博
D:（株）教育と探求社 取締役 山田義博＋アートを提供してくれた80名のクリエイターたち

17G161320

美術普及・振興プログラム

旅するムサビプロジェクト

Program on Prevalence and Promotion of Art
TABISURU-MUSABI Project
Ar: Musashino Art University (MAU)

全国各地の小中学校で、美術に関する授業を実施する学生の自主的な活動。小中学校からの依頼に対し、学生がチームを組み、企画立案、依頼者とのやりとりから実施まで、すべて学生自身がおこなう。またプロジェクト実施の際は、地域の大学生や作家ともコラボレーションしながら、さまざまな活動に取り組んでいる。

Ar:武蔵野美術大学
Pr:武蔵野美術大学 共通デザイン・教職課程 教授 二澤一夫

17G161321

人材育成プログラム

グローバルな学び・成長を実現する
社会課題解決型宇宙人材
育成プログラム

Human Resource Development Program
Global Human Resource Development Program
Designed to Solve Social Issues using Space
Applications
Ar: Keio Univ. + The Univ. of Tokyo +
Tokyo Univ. of Marine Sci. and Tech.

宇宙応用を用いて社会課題解決のためにデザインされたグローバル人材育成プログラムである。

Ar：慶應義塾大学大学院 システムデザイン・マネジメント研究科＋東京大学 空間情報科学研究センター＋東京海洋大学 海洋工学部
Pr：東京大学 空間情報科学研究センター 教授 柴崎亮介
Dr：慶應義塾大学大学院 システムデザイン・マネジメント研究科 准教授 神武直彦
D：慶應義塾大学大学院 システムデザイン・マネジメント研究科 准教授 神武直彦＋東京海洋大学 海洋工学部 准教授 久保信明

17G161322

マンガ作品の推薦リスト

これも学習マンガだ！
〜世界発見プロジェクト〜

Recommended Reading List of Manga
Manga Edutainment!
Ar: The Nippon Foundation

学びにつながるマンガを選び、発表する事業。いわゆる学習漫画ではない娯楽マンガから選書をおこなっている。独特のリアリティに没入するうちに、自然と新しい価値観や世界観に触れている。そんな知的好奇心が広がるような体験を通して学びの入り口へと読者を誘う珠玉の作品たちを、ウェブサイトや全国の図書館などで公開している。

Ar：(公財)日本財団
Pr：(公財)日本財団 ソーシャルイノベーション推進チーム
Dr：これも学習マンガだ！選書委員会 委員長 里中満智子＋(公財)日本財団 ソーシャルイノベーション推進チーム 栗田萌希＋レインボーバード(合同) 代表社員 山内康裕
D：レインボーバード(合同) 代表社員 山内康裕、プランナー 岩崎由美、福田真紀子、鈴木史恵＋グラフィックデザイナー 奥田奈保子 (ロゴ＆グラフィック ※一部展開除く)

17G161323

絵本を通じた職業教育推進
タツミのえほん部

Profession Development through Picture Books
Tatsumi Picture Book Club
Ar: TATSUMI PLANNING Co., Ltd.

建設業界の人材不足。この問題を根本的に解消するには、短期的な労働力の確保だけでなく長期的な視野で日本のものづくりの魅力を発信することが必要と考え、子供に向けオリジナル絵本を制作し地域の保育園や幼稚園に寄贈している。普段の遊びのなかで自然にものづくりの楽しさや職人の仕事の魅力に触れる機会を増やすための取り組みである。

Ar：(株)タツミプランニング
Pr：米山茂
Dr：松浦慎子
D ：タツミのえほん部

17G161324

スミセイアフタースクールプロジェクト
スミセイアフタースクール
プロジェクト

Sumisei Afterschool Project
SUMISEI AFTERSCHOOL PROJECT
Ar: SUMITOMO LIFE INSURANCE COMPANY +
NPO AFTERSCHOOL

学童保育などを子供たちにとってより楽しく成長できる場所とするために、公募により全国各地で出張プログラムを無償実施。また、その地域で放課後を支える仕組みが構築され、拡がっていくように、地域の協力者や行政関係者などを招いた勉強会も同時開催する。ホームページでは、プログラム動画の配信や、ペーパークラフト類の提供などをおこなっている。

Ar：住友生命保険相互会社＋(特非)放課後NPOアフタースクール
Pr：住友生命保険相互会社
Dr：(特非) 放課後NPOアフタースクール 織畑研＋住友生命保険相互会社 ブランドコミュニケーション部 藤本宏樹、松本大成
D ：(特非)放課後NPOアフタースクール 押塚岳大＋住友生命保険相互会社 ブランドコミュニケーション部 須之内たか美

17G161325

人材育成プロジェクト
ローカル鉄道・地域づくり大学

Human Resource Development Project
Local Line Community College
Ar: Hitachinaka Seaside Railway Co., Ltd. + flag Co., Ltd. + intertext inc.

官民の力を結集し、廃線の危機から黒字化間近まで復活を遂げたひたちなか海浜鉄道。その成功の秘訣である、優れたノウハウとアイデアを持つ鉄道経営者、献身的な市民による支援活動、公共交通に明確なビジョンを持つ行政による三位一体の地域経営を体系化し、全国のローカル鉄道とそれを抱える地域の課題を解決することをめざしている。

Ar：ひたちなか海浜鉄道（株）＋（株）フラッグ＋（株）インターテクスト
Pr：ひたちなか海浜鉄道（株）代表取締役社長 吉田千秋
Dr：（株）フラッグ 代表取締役 久保浩章
D：（株）インターテクスト 代表取締役 海野裕

17G161326

小学校におけるコミュニティデザインの取り組み
東松島市立宮野森小学校

Approach of Community Design in Elementary School
Miyanomori Elementary School
Ar: Miyagi University

東日本大震災で被災した子供たちに希望を与えるため、公立小学校の再建に取り組んだ。地域プランナーが中心となって、構想・計画・設計に携わり、地域のさまざまなステークホルダーとの意見交換を図りながら、敷地選定から基本計画、コミュニティデザインに至る総合的なディレクションおよびデザインをおこなった。

Ar：宮城大学
Pr：東松島市教育委員会
Dr：宮城大学事業構想学群長 風見正三
D：風見正三、風見正三研究室 永山克男、近藤卓、相田茉美、佐藤加奈絵、児玉治彦、山田智彦、長澤悟、シーラカンスK&H 工藤和美、堀場弘、菅野龍、佐藤淳建築構造事務所、盛総合設計 ほか

17G161327

パラスポーツデジタル体験

車椅子型VRレーサー
「CYBER WHEEL」
〈サイバーウィル〉

Para Sports Digital Experience Machine
The wheelchair type VR racer CYBER WHEEL
Ar: 1-10HOLDINGS. inc.

パラスポーツを体験できる機会を多く作るために、最新テクノロジーでエンターテインメント化したCYBER SPORTSの第1弾は車椅子ロードレースをVRで体験できる装置。レースで使用される車椅子を未来型にデザインした。ハンドリムを回すことによって、ヘッドマウントディスプレイ内の2100年の東京をテーマにしたステージを進んでいく。

Ar：(株)ワン・トゥー・テン・ホールディングス
Pr：(株)ワン・トゥー・テン・ホールディングス＋(株)スポーツイズグッド sports and legacy Div 住本宜子
Dr：(株)ワン・トゥー・テン・ホールディングス 澤邊芳明(CD)＋(株)ワン・トゥー・テン・デザイン 北島ハリー(TD)／古山善将(ENG)／引地耕太(AD・Dir)／鈴木雄太(PM)
D：(株)ワン・トゥー・テンデザイン CGデザイナー 白井慧、川村崇、清水雄大、モーションデザイナー 小林諒、デザイナー 吉岡謙＋TOW

17G161328

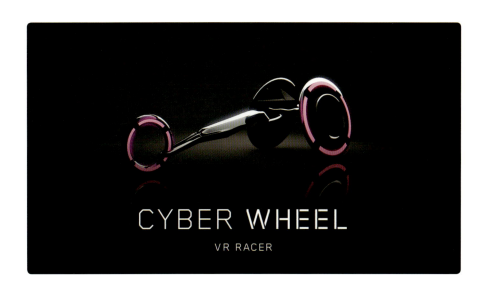

「人機一体」の新スポーツ創造プロジェクト

超人スポーツプロジェクト

Sports Creation with Machine-human Integrated Tech
Superhuman Sports Project
Ar: Superhuman Sports Society

ポップカルチャーや人間拡張工学により、体・年齢・障碍などのさまざまな壁を超えた超人(Superhuman)同士が競い合う人機一体の新たなスポーツを創造するプロジェクト。技術開発やスポーツのルールデザインのみならず、プレイヤーやコミュニティを育成し、スポーツ分野そのものを新しい時代に即した形へと拡張することを目標とする。

Ar：(一社)超人スポーツ協会
Pr：東京大学 先端科学技術研究センター教授 博士(工学)稲見昌彦＋慶應義塾大学大学院 メディアデザイン研究科教授 博士(政策メディア)中村伊知哉＋東京大学 情報学環 教授 理学博士 暦本純一
Dr：慶應義塾大学大学院 メディアデザイン研究科 准教授 博士(情報理工学)南澤孝太
D：安藤良一、折笠舞、超人スポーツクリエイターの皆様(http://superhuman-sports.org/sports/)

17G161329

摂食嚥下機能に関する啓発プログラム

くちビルディング選手権

Health Promotion
Kuchi-building Championship
Ar: Good Neighbors Company

日本人の死因第三位となっている誤嚥性肺炎の予防を啓発するため、誰もが使っている口まわりの筋肉に着目し、噛む力、飲み込む力、呼吸する力などを使った競技を開発。子供からお年寄りまでが気軽に参加でき、あそびを通して楽しく自然に医療リテラシーを学べる、摂食嚥下機能のトレーニングプログラムとして全国で開催している。

Ar:（一社）グッドネイバーズカンパニー
Pr:（一社）グッドネイバーズカンパニー 清水愛子
Dr:（一社）グッドネイバーズカンパニー 吉永恵里

17G161330

メンタルヘルスに関する啓発イベント

向き合うと、変わりはじめる写真展

Education of Mental Health Diseases
Face to Face
Ar: Otsuka Pharmaceutical Co., Ltd. +
TOPPAN PRINTING CO., LTD. +
SILVER RIBBON JAPAN

精神疾患の回復には周囲の理解やコミュニケーションが重要であることを伝える写真展。病気から回復した人たちの写真を等身大で出力し、アイトラッキング技術を搭載したディスプレイをセット。目の前の椅子に座ると、病気の頃の物語が現れ、それを読むとセンサーが検知して先に進み、最後には笑顔とともに回復までの経緯が現れる。

Ar:大塚製薬（株）＋凸版印刷（株）＋（特非）シルバーリボンジャパン
Pr:大塚製薬（株）メディカル・アフェアーズ部 岩崎真子＋凸版印刷（株）第5営業本部第4部1課 野田啓介
Dr:凸版印刷（株）ビジネスイノベーション推進本部第2部 保田卓也＋（特非）シルバーリボンジャパン 関茂樹
D :凸版印刷（株）ビジネスイノベーション推進本部第2部 保田卓也／先端表現技術開発本部次世代店頭開発部 大野森太郎

17G161331

防災マニュアル

外国人向け 地震 防災マニュアル

Disaster Survival Manual
BUNKYO GAKUIN UNIVERSITY
Earthquake Disaster Survival Manual
Ar: BUNKYO GAKUIN UNIVERSITY

訪日・在留外国人専用に作成した地震への対応マニュアル。日本人には常識でもそれを理解していない外国人が、地震発生後最初の5分間に必要なことをわかりやすくインフォグラフィックでまとめた。避難や情報入手などについて、外国人を災害弱者としないためのノウハウを凝縮。宿泊先や公共機関などで配布されている。

Ar：文京学院大学
Pr：文京学院大学広報委員会
Dr：総合企画室
D ：倉嶋正彦、前島直紀

17G161332

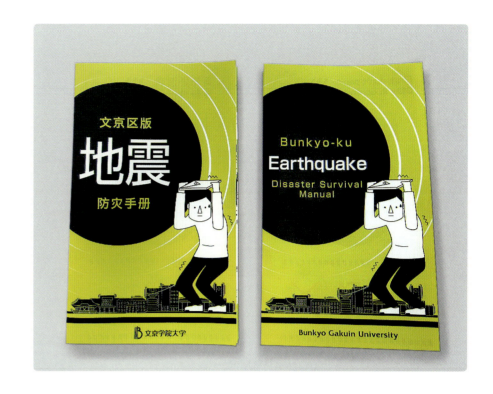

スラム発・ライフスタイルブランド

フィームー・クロントイ

Lifestyle Brand promoted in a Slum
FEEMUE KLONG TOEY
Ar: Sikkha Asia Foundation +
Shanti Volunteer Association

バンコクにあるタイで最も大きいクロントイ・スラムのネガティブなイメージを、デザインの力で改善するライフスタイルブランド。日本のデザイナーがスラムで暮らし、その日常から着想したデザインを通じて、地域がより住民の生きやすいものとなることをめざす。スラムにある縫製所の女性や内職をする住人たちが制作する。

Ar：シーカー・アジア財団＋公益社団法人シャンティ国際ボランティア会
Pr：シーカー・アジア財団 事務局次長 ナリラット・タンジャルンバムルンスック
Dr：FUJI TATE P (ノジタテベ)
D ：FUJI TATE P (フジタテベ)

17G161333

美術館

はじまりの美術館

Art Center
Hajimari Art Center
Ar: Social Welfare Corporation Asaka Aiikuen

福島県猪苗代町で築約130年の酒蔵を改修した小さな美術館。コンセプトは「『人の表現が持つ力』や『人のつながりから生まれる豊かさ』を大切に考える、誰もが集える場所」である。企画テーマに基づき多様な作家の作品を展示している。地域の人が集う寄り合いを定期的に開催するなど、人々が出会い、ゆるやかにつながる場にもなっている。

Ar:（社福）安積愛育園
Pr:（社福）安積愛育園 理事長 佐久間啓
Dr:（社福）安積愛育園 品川寿仁、岡部兼芳＋医療法人安積保養園 二宮瑠衣子＋（有）無有建築工房 竹原義二＋（株）studio-L 山崎亮 ほか
D：はじまりの美術館 岡部兼芳、小林竜也、大政愛、関根詩織＋（有）無有建築工房 玉井淳＋（株）studio-L 西上ありさ、出野紀子＋ストアハウス 大和田雄樹＋千葉真利＋恋水康俊＋寄り合いメンバー ほか

17G161334

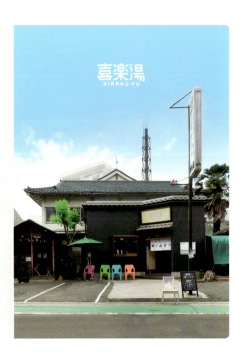

銭湯メディアと銭湯コミュニティ

東京銭湯

Sento Media & Sento Community
TOKYOSENTO
Ar: Tokyosento Inc.

若年層をターゲットに、銭湯業界の活性化を目的にした取り組み。若者層に銭湯を周知し新規顧客をつくるウェブメディア「東京銭湯 ―TOKYO SENTO―」の運営と、銭湯から始めるコミュニティ「喜楽湯」の運営をし、銭湯の社会的価値を高め、銭湯が本来もっていたコミュニティを実現している。

Ar:（株）東京銭湯
Pr:日野祥太郎
Dr:日野祥太郎
D：日野祥太郎

17G161336

カフェ公民館
ブルーファームカフェ

Cafe Public Space
BLUEFARM CAFE
Ar: BLUEFARM inc.

八百屋とデザイン事務所を融合したカフェ公民館。八百屋は東京のレストランやホテルと取り引きがあり、デザイン事務所は行政や東京の食や農業をキーとした一流企業との取り引きをしながら、東北の食を世界に発信している。また、カフェ公民館は東北農業のブランド価値向上のための開発窓口として機能している。

Ar：ブルーファーム(株)
Pr：早坂正年
Dr：高橋雄一郎
D ：高橋雄一郎

17G161337

地場産木材と地場技術による地域づくり
すみた・木いくプロジェクト

Regional Development by Local Timber & Technology
SUMITA WOOD WORKS PROJECT
Ar: Sumita Town ＋ NAGUMO DESIGN ＋
SUMITA WOOD WORKS project

住田町は岩手県気仙郡の美しい地。そこに昔ながらの自然との営みがあり、優しい人々が暮らしている。その価値を守るためには強い意志と自信が必要である。地域の価値をきちんと見直し、共有し、素材や技術を丁寧に使いこなしていくこと、それこそが地域のアイデンティティとなり、生業や風景と一体となった未来に向かうこれからのデザインである。

Ar：住田町＋ナグモデザイン事務所＋すみた・木いくプロジェクト
Pr：住田町長 神田謙一
Dr：住田町 企画財政課 課長 横澤則子
D ：ナグモデザイン事務所 代表 南雲勝志

17G161338

771

リヤカーゴ プロジェクト

リヤカーゴ

Reacargo Project
Reacargo
Ar: Non Profit Organization Community developmen project iD Onomichi

オリジナルリヤカー屋台による移動式マーケット。町のいろんな公共空間に出没して、瞬間的にパブリックライフの現場に変え、賑わいを創出する。尾道に古くからある魚の行商スタイル「晩よりさん」をモチーフに、交流性、低コスト、機動性を重視しながら全体のマーケットが町の景観になじむようなデザインになっている。

Ar：(特非)まちづくりプロジェクトiD尾道
Pr：村上博郁
Dr：村上博郁
D ：村上博郁

17G161340

公園

南池袋公園

Park
Minami-Ikebukuro Park
Ar: Toshima Ward + Local Unioin of
Minami-Ikebukuro Park + Landscape Plus Ltd.

南池袋公園は、2015年完成の豊島区新庁舎に続く官民協働プロジェクトである。災害時は炊き出し支援を、日常時は賑わいの核となるカフェレストランを併設し、売上の一部を公園の運営に使える仕組みを考案。地元住民の参加による持続可能な公園経営をおこなう組織「南池袋公園をよくする会」を立ち上げ、公共資産の新たな運営手法を実践している。

Ar：豊島区＋南池袋公園をよくする会＋(株)ランドスケープ・プラス
Pr：(株)ランドスケープ・プラス 代表取締役 平賀達也
D ：(株)ランドスケープ・プラス 代表取締役 平賀達也、チーフデザイナー 小林亮太

17G161341

まちづくり

松之山温泉景観整備計画

Community Design
Matsunoyama Townscape Design
Ar: Ashida Architect & Associates Co., Ltd. + Matsunoyamaonsen LLC + 4CYCLE Inc.

歴史ある温泉街で地元の温泉組合を中心にさまざまな専門家とデザイナーが結集し、温泉という資源をかつてない方法でまちづくりにつなげている。中心となるのは、温泉街の景観整備である。敵であった雪をこの地域の宝物ととらえ直し、温泉をエネルギー、土木、建築、食にまでつなげて、豪雪地帯の温泉街でしか生まれない風景と文化をつくり出している。

Ar:（株）蘆田暢人建築設計事務所＋松之山温泉（合同）まんま＋（株）4CYCLE
D：（株）蘆田暢人建築設計事務所＋（株）ENERGY MEET 蘆田暢人＋（株）4CYCLE フジノケン

17G161342

まちやど

シーナと一平

Machiyado
sheena and ippei
Ar: sheena town Co., ltd. + blue studio Co., Ltd.

空家だった店舗併用住宅を改修して生まれたコミュニティカフェを併設する「まちやど」。風呂は銭湯、食事はそば屋、朝食は総菜屋に豆腐屋と、商店街全体をひとつの宿ととらえ、まちに存在する日常の生活文化そのものを滞在の価値として届ける宿泊施設である。ミシンを置いた1階カフェは地域住人の交流拠点となる。

Ar:（株）シーナタウン＋（株）ブルースタジオ
Pr:（株）シーナタウン 大島芳彦
Dr:（株）シーナタウン 日神山晃一
D :（株）ブルースタジオ 大島芳彦、平宅正人＋日神山内装 東京セクション 日神山晃一

17G161344

宅配ボックス実証実験

「宅配便の再配達がない」
まちをつくろうプロジェクト

Delivery Locker Demonstration Experiment
Project to create communities with no redelivery
Ar: Panasonic Corporation ＋ Awara-shi, Fukui

宅配便の再配達削減をめざした官民連携プロジェクト。共働き率日本一の福井県あわら市が進める「働く世帯応援プロジェクト」にパナソニックが参画。共働き世帯に宅配ボックスを提供し再配達抑制効果を検証した。結果、再配達率が49％から8％に激減するなど絶大な効果が認められた上、多くのメディアで紹介され再配達問題の認知拡大に貢献した。

Ar：パナソニック（株）＋福井県あわら市
Pr：パナソニック（株）エコソリューションズ社 ハウジングシステム事業部 外廻りシステムビジネスユニット 高松郁夫＋福井県あわら市 市長 橋本達也
Dr：パナソニック（株）エコソリューションズ社 宣伝・広報部 西森靖記
D ：パナソニック（株）エコソリューションズ社 宣伝・広報部 加藤裕希、神谷崇

17G161345

商店街

沼垂テラス商店街

Shopping Street
Nuttari Terrace Street
Ar: Terrace Office Co., Ltd

元は青果市場だった長屋の建物を改装し、2015年に誕生した商店街である。古い長屋の外観はそのままに、店舗の内装は各々がリノベーションし、個性的な店舗が連なっている。歴史ある町に、新たなモノ、ヒト、空間を演出する、古くて新しいをコンセプトとした。商店街には、惣菜のほか、工房やオリジナル雑貨の店が並ぶ。

Ar：（株）テラスオフィス
Pr：（株）テラスオフィス 代表取締役 田村寛、専務取締役 高岡はつえ
Dr：（株）テラスオフィス 代表取締役 田村寛、専務取締役 高岡はつえ
D ：（株）テラスオフィス 代表取締役 田村寛、専務取締役 高岡はつえ

17G161346

未来の家電研究プロジェクト

京都の職人集団「GO ON」と
パナソニックデザインとの
未来の家電研究プロジェクト

Project
[GO ON] X Panasonic Design project
Ar: Panasonic Corporation

京都の伝統工芸クリエイティブユニット「GO ON」とパナソニックデザインとのコラボレーションによる、未来の家電とクラフトの在り方を探求した研究開発活動。日本の伝統工芸の持つ美意識やモノづくりの原点を探り、その素材や技巧と当社のテクノロジーとを融合させ、人々の記憶や五感に響く未来の豊かな暮らしの提案に取り組んだ。

Ar：パナソニック（株）
Pr：パナソニック（株）アプライアンス社 デザインセンター 臼井重雄
Dr：パナソニック（株）アプライアンス社 デザインセンター 脇田郁子
D ：パナソニック（株）アプライアンス社 デザインセンター 泉雅和、岡部健作、中川仁、中村実

17G161348

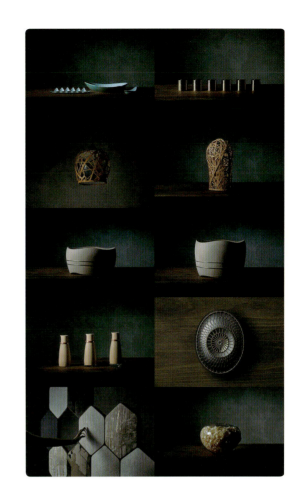

工藝と庭を巡る人の輪づくり

工房からの風

Creating a Circle of People Craft and Garden
Koubou Karano Kaze -craft in action
Ar: The Japan Wool Textile Co., Ltd

展覧会会場「ニッケ鎮守の杜」が運営する新人工藝作家の登竜門である野外工藝展「工房からの風」の開催。工藝と庭というものづくりを両輪とした活動を2001年から継続。工藝作家の発掘と育成、作家同士の出展年度を超えた交流の機会の創出と、地域の人々とおこなう庭作りを通して、人の輪が重層的に育まれる場と仕組みを構築、実践している。

Ar：日本毛織（株）
Pr：日本毛織（株）代表取締役社長 富田一弥／常務取締役 萩原修／執行役員 木村雅一／総務法務広報室長 國枝康雄＋ニッケ・タウンパートナーズ（株）代表取締役社長 阪本正一／統括部長 清水泉
Dr：日本毛織（株）ニッケ鎮守の杜プロジェクト ディレクター 稲垣早苗
D ：日本毛織（株）ニッケ鎮守の杜プロジェクト 稲垣早苗、宇佐美智子

17G161349

宿泊施設

ベッドアンドクラフト

Accommodations
BED AND CRAFT
Ar: YAMAHIDE MOKUZAI INC.

日本屈指の木彫刻の町として知られる富山県南砺市井波地域で始まった「宿泊しながら、職人に弟子入りできる宿」をコンセプトにした新しいスタイルの宿泊施設である。古民家を改修したゲストハウスに宿泊しながら、町に点在する工房に通い、職人から直接手ほどきが受けられるクラフトのワークショップを体験できるのが特徴。

Ar:（株）山秀木材
Pr:（株）山秀木材 山田孝、山田由理枝
Dr:（株）コラレアルチザンジャパン 山川智嗣
D：トモヤマカワデザイン 山川智嗣、山川さつき＋木彫刻家 田中孝明＋漆芸家 田中早苗＋仏師 石原良定

17G161350

シェア型複合ホテル

THE SHARE HOTELS HATCHi 金沢

Shared Style Complex Hotel
THE SHARE HOTELS HATCHi Kanazawa
Ar: ReBITA Inc.

金沢市中心部に建つ築49年の古ビルを、ドミトリーを含む多様な客室と街に開かれたシェアスペースからなる複合ホテルへコンバージョンした。館内に配されたシェアキッチンやポップアップスペース、屋台カートなどを北陸の地域プレイヤーにシェアし、各地の魅力を伝えるイベントを展開。金沢から北陸各地へ旅行者を送客する拠点となることをめざす。

Ar:（株）リビタ
Pr:（株）リビタ 北島優
Dr:（株）リビタ 北島優、小野司
D：（株）リビタ 小野司＋（株）プランニングファクトリー蔵 松田正明＋omomma 大原大次郎＋（有）E.N.N. 小津誠一、吉川正美＋（株）ポイント 長岡勉＋（有）シリウスライティングオフィス 戸恒浩人

17G161351

住宅
KOTT

Housing
KOTT
Ar: Moritoie Co., Ltd.

単なる住宅提供に終わるのではなく、森や都市、地域や暮らしの持続につながる大きな循環を創り、地域の木材を使い、地域に根ざした職人が、その地域の家を造る。このシンプルな循環を日本の多くの地域で実現することで、日本の森と都市の関係を再構築し、より持続的で豊かな社会づくりをめざすプロジェクト。

Ar：(株)日本の森と家
Pr：(株)日本の森と家 玉木克弥
Dr：辻野ユタカ、竹本吉輝
D：(株)日本の森と家 柳田英樹

17G161353

アジア都市の多様な「住まい方」の啓蒙活動
HDB Homes of Singapore

Promoting Life Diversity in Asian Urban Housing
HDB Homes of Singapore
Ar: MY REAL VISION ＋ Keyakismos
(Tamae Iwasaki, Eitaro Ogawa) ＋ Tomohisa Miyauchi

建国50周年を迎えたシンガポール。国民の約8割が住む公営住宅計118軒を3年間1軒ずつ訪問し、住人とコミュニティとの対話をおこない、写真集の作成を通して人々の都市生活を再考し啓蒙したプロジェクト。多種多様な民族と宗教、家族構成を背景に、質素ながらも豊かな営みと住まい方があり、社会的に調和のとれた人々の生活と住環境があった。

Ar：(株)マイリアルビジョン＋Keyakismos 岩崎玉江、小川栄太郎＋宮内智久
Pr：Keyakismos 岩崎玉江、小川栄太郎＋宮内智久
D：奔保彰良

17G161354

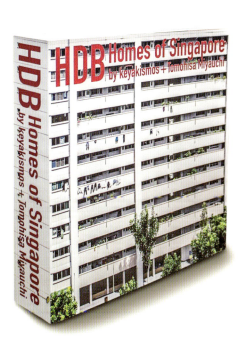

マンションデベロッパーだからできる地方活性化への貢献。
全国のマンション入居者と地方をつなぐ仕組み。

地方活性化への取り組み

レーベンクラフト

Regional Revitalization Initiatives
LEBEN CRAFT
Ar: Takara Leben Co., Ltd.

当社がマンションを供給した地方の特産品を、マンション入居者がスマホ用のマンションコンシェルジュアプリから購入できる仕組みである。都心のマンションに住む人と地方をつなぎ、地方活性化へ貢献する。都心部の開発だけでなく地方都市再生事業をおこなっている当社ならではの取り組みである。

Ar：(株)タカラレーベン
Pr：(株)タカラレーベン 商品企画部 商品企画課
Dr：(株)タカラレーベン 綱島星子
D ：(株)タカラレーベン 鈴木宏明

17G161355

能楽堂

山本能楽堂

Noh Theater
Yamamoto Noh Theater
Ar: Public interest foundation Yamamoto Noh Theater

大阪最古の文化財の能楽堂として90年の歴史を持ち、子供から大人まで、外国人も含めあらゆる人を対象とした独自の能の普及、啓発活動を展開している。上方伝統芸能の情報発信基地の役割を担い、大阪の文化振興や街づくりに寄与している。海外公演による国際文化交流につとめ、ブルガリア人との共同制作の能アプリは世界で3万人が利用する。

Ar：(公財)山本能楽堂
Pr：(公財)山本能楽堂 代表理事 山本章弘
Dr：(公財)山本能楽堂 事務局長 山本佳誌枝
D ：(有)デコラティブモードナンバースリー 代表 服部滋樹

17G161356

神社から広がる地域再生

安産子育ての宮「山名八幡宮」
地域の再生

Regional Revitalization from Shinto Shrines
Regional revitalization and Yamana Shrine, a shrine to pray for easy delivery and children's health
Ar: yamana hatiman-shrine

840年の歴史を持つ山名八幡宮では、安産・子育ての宮として、安産・子育てと地域の社会問題を解決する取り組みをおこなっている。境内には、子育ての孤立化や悩みを緩和する親子カフェをはじめ、天然酵母のパン屋、公園、グローバル教育スクール、放課後などのデイサービス、6次産業工房を併設、神社からの地域再生をめざしている。

Ar：山名八幡宮
Pr：山名八幡宮 神職 高井俊一郎
Dr：(株)アソボット 取締役 近藤ナオ＋(株)メソッド 代表 山田遊＋NPO法人国際比較文化研究所＋(一社)コトハバ＋(合同)みなみやはた＋箕輪恒＋(株)ひねもす＋日東電化工業(株)
D：EDING:POST 代表 加藤智啓＋永山祐子建築設計 代表 永山祐子＋飯山千里建築設計事務所 代表 飯山千里＋みやび建築 代表 市村雅人＋山口和也

17G161357

複合施設

シラハマ校舎

Composite Facilitiy
SHIRAHAMA KOUSHA
Ar: WOULD + AWA DESIGN STUDIO

千葉県南房総市白浜町にある廃校の木造校舎を改修し完成したオフィス、宿泊所、カフェ＆バー、クラインガルテンの複合施設。移住者である事業主と建築家、既存住民の工務店、設備業者などが協働し実現した。南房総の豊かな自然と農文化を下地として、既存住民と移住者のネットワークの構築、地域と都市の資本のマッチング、研究機関の地域交流を支援する。

Ar：(合同) WOULD＋一級建築士事務所あわデザインスタジオ
Pr：(合同) WOULD 多田朋和
Dr：一級建築士事務所あわデザインスタジオ 岸田一輝
D：一級建築士事務所あわデザインスタジオ 安藤亮介

17G161358

アートプロジェクト

○o（マルオ）の食卓

Art Project
Table of MARUO
Ar: Craft One Co., Ltd. +
Kumamoto Art and Culture Promotion Foundation

平成28年熊本地震で多くの家庭の器が割れたことをきっかけに、熊本市現代美術館で実施されたアートプロジェクト。天草在住の若手陶芸家である丸尾3兄弟が、来場者に自作の器を無料配布する代わりに各自の食卓の写真を撮って送ってもらい、エピソードとともに展示した。地震後の世界を生きる人々の食卓の風景は多くの人々の心を打った。

Ar：クラフト・ワン（株）+（公財）熊本市美術文化振興財団
Pr：熊本市現代美術館 教育事業班 坂本顕子
Dr：丸尾焼 金澤佑哉、金澤宏紀、金澤尚宜＋熊本市現代美術館 教育事業班 坂本顕子
D：丸尾焼 金澤佑哉、金澤宏紀、金澤尚宜＋日比野克彦＋石井克昌＋錦戸俊康＋長島裕介＋平井印房＋丸尾女子＋プロジェクトに参加してくださったすべての皆さん

17G161360

のれんプロジェクト

のれんプロジェクト

Noren Project
NOREN project
Ar: LifeWork

熊本の仮設住宅に、全国のつくり手さんが作ったのれんを届ける仕組みが特徴的な遠距離参加型の復興支援プロジェクトである。素材である白布は、避難所でプライバシー確保の間仕切りとして使われていた布を再利用。これまで300人を超える人がプロジェクトに参加。のれんとともに、被災地に届くことのなかった小さな想いや声も届けている。

Ar：LifeWork
Pr：LifeWork コミュニティデザイナー 内海慎一
Dr：NORENお届け隊 徳永真希、片山由梨、江田まき
D：フミデザイン 上原史寛＋MARK DESIGN 劉文紀、松原史典＋全国各地のNORENつくり手さん

17G161361

阿蘇神社復興支援
動画による熊本地震復興支援

Aso Shrine Restoration Project
Supporting Kumamoto Earthquake Recovery
by Making Short Videos
Ar: Aso Shrine Restoration Volunteers

2016年4月に発生した熊本地震により熊本県阿蘇市にある重要指定文化財の阿蘇神社が倒壊。阿蘇神社復興支援ボランティアが現状を伝えるべく神社や地域の人々を撮影して動画配信サイトYouTubeで動画を配信し、広告費が団体を通して被災地に貢献される取り組みである。大手映像機材メーカーも参加し新しい被災地復興の形を世の中に提案している。

Ar：阿蘇神社復興支援ボランティア
Pr：阿蘇神社復興支援ボランティア 中島昌彦
Dr：阿蘇神社復興支援ボランティア 中島昌彦
D：阿蘇神社復興支援ボランティア 中島昌彦

17G161363

災害復興支援
KASEI
（九州建築学生仮設住宅環境改善）
project

Disaster Recovery Support
KASEI (Kyushu Architecture Student Support
for Environmental Improvement) project
Ar: KASEI

このプロジェクトは、2016年4月に発生した熊本地震の被災地に建設された仮設住宅地の環境改善をおこなうボランティア活動である。メンバーがそれぞれの担当仮設住宅団地で居住者や自治体と話し合いを重ねながら、ものづくりとことづくりの両面から環境改善をおこなっている。

Ar：KASEI
Pr：末廣香織
D：九州山口の大学を中心とした建築系学生と教員

17G161364

米

求人米「あととりむすこ」

Rice
Recruiting Rice : ATOTORIMUSUKO
Ar: KUROHONE OISHI OKOME WO TSUKURU KAI + KIDS VALLEY + Dentsu Inc.

近年農家の後継者探しは大きな課題になっている。事実、農家の平均年齢は67歳で、29歳以下の農家は3パーセントもいない。そこで、後継者を見つけるための取り組みとして、農家の一番の広告となるおいしい作物と農業体験をセットにした。購入者対象の農業体験には、あととり候補300人以上が参加した。

Ar:黒保根おいしいお米をつくる会＋NPO法人キッズバレイ＋(株)電通
Pr:(株)電通 梅田悟司
Dr:(株)電通 中川諒、河瀬太樹
D:(株)電通 河瀬太樹、中川諒、高橋慧至＋NPO法人キッズバレイ 矢野健太

17G161365

レストラン／イベントスペース

もうひとつのdaidokoro

Restaurant / Event Space
Mouhitotsu no daidokoro
Ar: Oishii Nippon Inc, Mouhitotsu no daidokoro

昼間は有機無農薬の野菜で作る惣菜のレストラン。夜は、食への関心の高い人が集うイベントスペースとして運営。料理教室のみならず、フードロスや残していきたい日本の食文化や器の窯元による生産現場の紹介など、多種多様な切り口で食について学ぶ講座を開催、参加者の新たな交流の場となる新業態のレストランである。

Ar:(株)おいしいにっぽん もうひとつのdaidokoro
Pr:H3 FOOD DESIGN 菊池博文
Dr:オフィスルタン 丹沢恭子
D:サンキューデザイン 杉浦秀幸

17G161366

野外レストラン
DINING OUT（ダイニングアウト）

Outdoor Restaurant
DINING OUT
Ar: ONESTORY, inc

食を通じて地域に残された自然、文化、歴史、地産物などを再発掘、再編集し、世の中に効果的に発信するための新しい地域の表現フォーマット。この取り組みはその地域の自治体をはじめ地元有志との共同作業で創り上げられ、このプロセスを通した地元の人材育成と継続的なその地域経済の活性化に寄与している。

Ar：(株) ONESTORY
Pr：大類知樹
Dr：榛葉都
D：大類知樹

17G161367

住民参加型の食べられる景観づくり
「EDIBLE WAY ―食べられる道」プロジェクト

Community Participatory Edible Landscaping
EDIBLE WAY Project
Ar: Isami KINOSHITA Spatial Planning laboratory, Chiba University + Takasho Co., Ltd.

沿道の民地側スペースに、揃いのフェルトプランターを置き、住民たちが野菜を育て食べられる景観をつくる。人と緑、人と人とをつなぐ、食べられる道（＝way）であり、食べられる景観を展開する方法（＝way）である。収穫物は、各家の食卓のほか、持ち寄ってともに食べる。ゆるやかなつながりづくりから予防的セーフティネットワーク構築をめざす。

Ar：千葉大学大学院園芸学研究科木下勇地域計画学研究室 コミュニティスタディグループ＋(株)タカショー
Pr：千葉大学大学院園芸学研究科 教授 木下勇
Dr：千葉大学大学院園芸学研究科木下勇地域計画学研究室 博士後期課程 江口亜維子
D：千葉大学大学院園芸学研究科木下勇地域計画学研究室 江口亜維子、江花達也、チョウ・カンテイ、エルミロヴァ・マリア、阿部健一、曹翊、陸麗穎、アキン・エシン

17G161369

バイオラボ

BioClub Shibuya

Bio Lab
BioClub Shibuya
Ar: Loftwork + YOSHINO FURUICHI ARCHITCTS

市場の急拡大が見込まれているものの、未知の部分から敬遠されがちであるバイオテクノロジーについて、オープンバイオラボの運用やコミュニティ活動を通して理解の促進やビジネス機会の創出をめざすコミュニティである。活動1年でメンバーは600人に増え、海外の機関やアーティストとのコラボレーションなど実績も生まれている。

Ar：ロフトワーク＋古市淑乃建築設計事務所
Pr：Georg Tremmel＋ロフトワーク 林千晶、諏訪光洋＋早稲田大学先進理工学部 岩崎秀雄（アドバイザー）
Dr：Loftwork 小原和也、石塚千晃
D：古市淑乃建築設計事務所 古市淑乃

17G161370

Social Design, Service Design

Resident-Participation Safe Village Renovation Project

Social Design, Service Design
Resident-Participation Safe Village Renovation Project
Ar: Daegu Gyeongbuk Design Center

設計を通じて治安を改善し、生活利便性の向上をめざす住民参加型のプロジェクト。古い施設をリノベートして住民の交流の場に変え、地域のブランド構築や口承伝承を推進する。2014年にひとつの地区で始められ、現在では大邱広域市全体に拡大。犯罪率が20パーセント低下し、住民の満足度が90パーセントを超えるなど、優れた成果を上げている。

Ar：Daegu Gyeongbuk Design Center
Pr：Daegu Gyeongbuk Design Center
Dr：Daegu Gyeongbuk Design Center
D ：Daegu Gyeongbuk Design Center

17G161373

Upcycle, Design

The Nanugi

Upcycle, Design
The Nanugi
Ar：Daegu Gyeongbuk Design Center

2011年に繊維くずを使って新しい価値を創造するプロジェクトとして始動した、大邱慶北デザインセンターのアップサイクリングブランド。大邱は長年にわたり繊維、ファッション産業の中心地である。現在は企業から寄贈された余り布を使ってバッグやポーチなどを製造、販売し、それによって環境汚染を低減させ、雇用も創出している。

Ar：Daegu Gyeongbuk Design Center
Pr：Daegu Gyeongbuk Design Center
Dr：Daegu Gyeongbuk Design Center
D ：Daegu Gyeongbuk Design Center

17G161374

Stratagems in Architecture Hong Kong in Venice

STRATAGEMS IN ARCHITECTURE HONG KONG IN VENICE-"the 15th Venice Biennale International Architecture Exhibition" HK Exhibition & HK Response Exhibition

Stratagems in Architecture Hong Kong in Venice
STRATAGEMS IN ARCHITECTURE HONG KONG IN VENICE-"the 15th Venice Biennale International Architecture Exhibition" HK Exhibition & HK Response Exhibition
Ar: SIU Kwok Kin Stanley

香港は万能で強靭な都市として知られるが、日常生活では硬直性や融通の欠如が見受けられる。キュレーターの蕭氏は、この展示でパラダイムシフトや個人的、社会的挑戦を紹介。ベネチアと香港でのシンポジウムや展覧会、ワークショップなどを通じて交流をおこない、香港の現実について紹介した。

Ar：SIU Kwok Kin Stanley
Pr：SIU Kwok Kin Stanley, Chief Curator, VB2016 Hong Kong Exhibition
Dr：SIU Kwok Kin Stanley, Chief Curator, VB2016 Hong Kong Exhibition
D ：CHAN Pui Hong Aden, Architecture Director of daydreamers design

17G161375

Architecture Exhibition and Events for Community

10-Most-Liked Hong Kong Architecture

Architecture Exhibition and Events for Community
10-Most-Liked Hong Kong Architecture
Ar: HONG KONG ARCHITECTURE CENTRE

香港建築センターが進める、香港の建築物に対する意識向上プロジェクトである。「最も愛される香港の建築物トップ10」に関する人気投票や展示、見学ツアー、講演、地域ワークショップ、学生アンバサダープログラム、出版物、デジタルゲーム、授賞式などを実施。本プロジェクトは、台北と香港国際空港ターミナルなどから展示の委託を受けた。

Ar : HONG KONG ARCHITECTURE CENTRE
Pr : Raymond Fung, Corrin Chan
Dr : Tony Ip, Kevin Li, Tony Lam, Fanny Ang, Stephen Ip, Fung Siu Man, Joe Lui
D : Humphrey Wong, Sunny Wong, Allen Poon, Man Wong, Chan Yiu Hung, Laura Cozijnsen, Joshua Lau

17G161376

Community Development Art Project

PLAY To CHANGE

Community Development Art Project
PLAY To CHANGE
Ar: Oi! (Oil Street Art Space)

香港政府の娯楽文化サービス局が推進する文化協会であるOi!が、地域の建築家らと進める実験的なコミュニティプロジェクト。場の創造とパートナーシップ(P)、学びと傾聴(L)、芸術、建築、行動と評価(A)、あなた(Y)を示す「PLAY精神」にもとづいて、対話や遊び心のある形での社会問題解決をめざす。

Ar : Oi! (Oil Street Art Space)
Pr : Oi! (Oil Street Art Space)
Dr : Oi! (Oil Street Art Space) + Hong Kong Architecture Center
D : Oi! (Oil Street Art Space) + The Hong Kong Institute of Architects + Hong Kong Architecture Center

17G161377

海外とのデザイン賞連携
Award Program Collaboration

グッドデザイン賞は、日本のデザインの対外的なプレゼンスの向上を図るとともに、デザインを通じて各国の産業育成やブランド構築などに貢献するため、アジア圏を中心とする海外との事業連携を進めています。各地域のデザイン関係機関との協業と相互互恵関係に基づきながら、デザイン賞の運営、展示会の開催、ビジネス見本市への参加、人材教育などを実施しています。
デザイン賞については、長年にわたるグッドデザイン賞の運営で培ったデザイン評価とプロモーションの方法論を、各国の新しいデザイン賞の創設と運営に活かすとともに、グッドデザイン賞への参加を通じて日本市場への受賞対象の紹介にも務めています。

Alliances between the Good Design Award and other design programs in Asia and elsewhere enhance Japanese design presence abroad while contributing to industrial development and brand-building through design in these countries. Working with local design organizations in mutually beneficial partnerships, we have jointly managed design award programs, in addition to organizing exhibitions, attending trade shows, and holding educational events.
To establish and manage new local award programs, we apply proven methods of design evaluation and promotion, and, through the Good Design Award program, we introduce the award winners to the Japanese market.

デザインエクセレンス賞
タイの産業競争力の強化とブランド力の向上をおもな目的に開催され、タイのデザイ
ナーが手がけた製品と、海外企業とデザイナーによってタイの企業向けにデザインされた
製品が対象となります。
（主催：タイ王国商務省 貿易振興局）

インディアデザインマーク
インドの産業育成と生活水準の向上を目的に開催され、インド国内で生産・もしくはデザ
インがおこなわれたか、インドで販売されるかのいずれか2件の要件を満たす製品が対象
となります。
（主催：インドデザインカウンシル）

シンガポール グッドデザインマーク
シンガポールのデザイン政策に基づく国家的デザイン賞として2014年度から開始され
ました。
（主催：デザインシンガポールカウンシル）

デザイン・トルコ
トルコ製品のナショナルブランド構築の一環として2008年に開始され、2016年に制度
改革を実施。トルコ人もしくはトルコ在住の企業・デザイナーによるデザイン、トルコで
商標登録されている製品などが対象となります。
（主催：トルコ経済省、トルコインダストリアルデザイナーソサエティ、トルコ輸出業者議会）

これら各賞の実施にあたって、グッドデザイン賞は審査委員の派遣、日本での審査の実施、
日本向けの広報などをおこないました。

Bottle Top Dispenser

Microlit Ultimus

試薬や化学物質を安全かつ正確にボトルから直接注ぐためのディスペンサー。非常に強い酸や有害化学物質もこの器具で注入することが可能。独自の二重の注入口付きで、劇薬を使った後のすすぎ洗いも器具をボトルから取り外さずにできる。また充填や希釈も可能で、その際も器具をボトルから取り外す必要はない。革新的なバルブシステムと二重注入口技術を採用した初のディスペンサーである。

Ar：Microlit
Pr：Ajay Jain
Dr：Atul Jain
D ：Atul Jain

17I001378

Foldable Jute Bag

Jute Bags

ジュート素材の折りたたみエコバッグ。コレクション名のVYAはサンスクリット語で「覆うもの」を意味する。これは緑の大地を守り、母なる自然を救う上で理想的なカバーでもある。本製品は、有害物質の使用を拒絶し、自然繊維を使うことで自然を保護しようというメッセージを発信する。

Ar：National Institute of Design
Pr：Innovation Centre for Natural Fibre, National Institute of Design + National Jute Board, Ministry of Textiles
Dr：Pradyumansinh Jhala, Head, ICNF, NID + Arvind Kumar, Secretary, NJB
D ：Prof. Shimul Mehta Vyas, Principal Designer, LAD and Activity Chairperson (Outreach) Abhilasha Jhalani, Designer, M.Des. LAD, NID

17I001379

Wash Basin Mixer

Linea

水回り機器の高級メーカーJaquarによる独自の形状と機能を持つ蛇口。なめらかで幾何学的なライン、クロム仕上げの光を放つ筐体はミニマルデザインの賜物である。

Ar：Jaquar and Company Pvt. Ltd.
Pr：Jaquar and Company Pvt. Ltd.
Dr：Parichay Mehra
D ：Parichay Mehra

17I001380

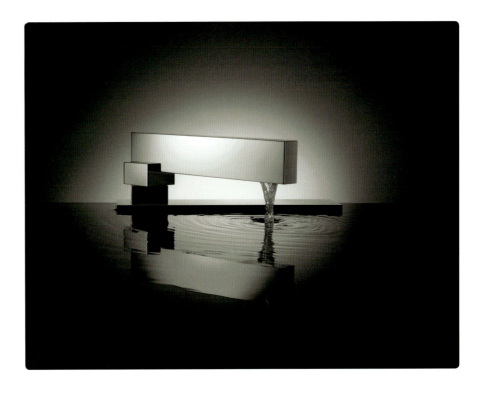

Casserole

Microwow Casserole

インド初の保温鍋で、電子レンジ（蓋を取る必要あり）や食洗機にも対応。インド国内では富裕層向けのプレミアム帯の製品、また輸出向け製品。電子レンジでの温め直しも簡単。

Ar：Hamilton Housewares Pvt. Ltd.
Pr：Rajesh Gandhi
Dr：Ajay Vaghani
D ：Hamilton Housewares In-house Design Team

17I001381

Smartphone Based Diagnostic Device

INITO

ラボラトリーが手のひらサイズになった画期的な検査機器。自分の体を詳しく知り、分子レベルまでデータ追跡できるヘルストラッカー。スマートで持ち運びしやすく、手頃な価格。スマートフォンと連動して、コレステロールや感染、排卵、糖尿など30種類以上の血液、尿、唾液を使った検査がこれ一台でできる。本製品をスマートフォンに接続し、サンプルを浸せば数分で結果がわかる。健康目標の達成をサポートする存在となる。

Ar：SAMPLYTICS TECHNOLOGIES
Pr：Aayush Rai, Varun AV
Dr：Chandrashekhar Nadgouda
D ：Chandrashekhar Nadgouda, Gautam Sharma

17I001382

Multi-function Smart Air Mask

AIRMOTION LABORATORIES

着用のしやすさや利便性を考えて開発されたマスク。革新的な多機能スマートモジュールが清浄な空気を送り込むため呼吸がしやすく、交換式のPM2.5フィルターは長く利用できるため経済的である。

Ar：AIRMOTION LABORATORIES PTE LTD ＋ Leonard Tan Bahroocha ＋ Bibi Ho
Pr：AIRMOTION LABORATORIES
Dr：BIBI HO
D ：LEONARD TAN BAHROOCHA

17S001383

Access System for Disabled

REHBER
(Engelsiz Erisim ve Yasam Sistemleri)

バリアフリーの車いす用階段昇降機。ボタン一押しで可動し、少し待つだけで必要な高さに達する。障害のある人もそうでない人にとってもアクセスを支援する現代的なソリューションであり、安全で使いやすく、低コストである。製品は移動可能な構造で、どこでも使用できる。システム自体は単純なため故障の可能性は低く、維持管理も最小限で済む。世界中の誰にとっても使いやすいデザインとなった。

Ar：Engelsiz Erisim ve Yasam Sistemleri Sanayi, Ticaret Limited Sirketi
Pr：Engelsiz Erisim ve Yasam Sistemleri Sanayi, Ticaret Limited Sirketi
Dr：Ataman Ozdemir
D ：Ataman Ozdemir

17TR01384

Serel Luvi Urinal & Separator

Serel Sanitary Factory

水流を工夫した、視点の異なる男性用トイレ。掃除がしやすく使いやすいという利点がある。従来の便器とは異なる貯留構造で洗浄水が表面全体に行き渡り、掃除が簡単である。

Ar：Serel Sanitary Factory
Pr：Serel Sanitary Factory
Dr：Zafer Dogan
D ：Aldonat Sunar, Ali Yildiz, Didem Durmaz, Metin Murat Elbeyli

17TR01385

Amphora Turkish Tea Glass

karaca

口縁部が凹んでおり、茶の熱が手に伝わりにくく持ちやすいチャイグラス。水の波のように広がるソーサーの形は、海底深く沈むアンフォラ陶器の伝説を表現した。このソーサーの凹みにより、45度に傾けてもお茶の入ったグラスが倒れない。過去を現在に引き寄せるユニークなデザインである。

Ar：KARACA
Pr：KARACA
Dr：Ahmet Toplu
D ：Ahmet Toplu

17TR01386

GOM Stool

Hari Ora

かご細工に着想を得たデザイン。各ピースのパターンをかみ合わせてスツールに仕上げる。

Ar：Unique Space Co., Ltd.
Pr：Nutdanai Siribongkot
Dr：Chayanin Sakdikul
D ：Chayanin Sakdikul (Product Design, Concept Design) / Nutdnai Siribongkot (Product Design, Product Detail)

17T001387

Exhibition

Humour Business

この展覧会は、予想を裏切り、予期せぬ感性で遊ぶ試みであり、ユーモアがどのように機能するかを体感できる。

Ar：Pink Blue Black & Orange
Pr：Pink Blue Black & Orange
Dr：Siam Attariya
D ：Paputh Nim, Exhibition Designer / Nipitpol Phurichboonsub, Teerapat Lowsuwannawong, Graphic Designer / Craftsmanship, DuckUnit, Interactive

17T001388

Exhibition & Visual Communication Design

Designing Energytopia

エネルギーをテーマにした小規模な展示会とウェブサイトでの展示。エネルギー利用削減や意識啓発運動よりも、日常生活に省エネを採り入れるほうが現実的であるため、エネルギーパラダイムを転換し、ユーザーのニーズや生活様式に適合する新しいサービスやイノベーションのユーザー知見に基づく創造に道を開く上で、デザイン思考の知識体系は重要な役割を持つ。

Ar：Pink Blue Black & Orange
Pr：Pink Blue Black & Orange
Dr：Siam Attariya
D ：Teerapat Lowsuwannawong, Paputh Nim, Tassayawan Chamkrajang, Pongpat Klibchan, Chonlathit Sriponwong (Art Direction and Illustrations) / Parellel P, (Exhibition Production) / Faculty, Maqe, (Website)

17T001389

795

Brand Identity

Thai League

タイリーグで2017/18年シーズン以降に使用される新しい視覚的アイデンティティの立ち上げ。タイリーグ社との提携で、タイの伝統的なシンボルである象、「T」の文字、サッカーを組み合わせたモダンなロゴを考案した。印刷やデジタル、放送用フォーマットに柔軟に使える視覚的アイデンティティをめざした。

Ar：Farmgroup
Pr：Vorathit Kruavanichkit
Dr：Vorathit Kruavanichkit
D：Vorathit Kruavanichkit, John Bowles, Sumpatha Jadee, Irin Chitman

17T001390

Brand Identity & Package Design

Yugen

ブランドの一貫したベースを示すロゴ。香りに合わせた色彩設計としたことで、ロゴは簡素、誠実、楽観といったブランド性を強化することにより、ブランド資産の維持に一役買っている。ブランドコミュニケーションにおいて最も重要なのが色彩である。色は雰囲気や感情を表現する上で最も基本的かつ強力なツール。原材料やそれぞれの香水が表す感情に基づいて選ばれている。各香水をポジティブかつ色彩豊かに表現できた。

Ar：Farmgroup
Pr：Vorathit Kruavanichkit
Dr：Vorathit Kruavanichkit
D：Vorathit Kruavanichkit, John Bowles, Pei Ying Tang, Kanyaputt Vatchara

17T001391

Font

MartiniThai Neue Slab

アルファベットの感性を採り入れたフォントファミリー。タイ文字にはアルファベットと似た形の文字が多いこともあり、このフォントは次世代フォントとも見なせる。現代的なグラフィックデザインやブランド構築という目的もある。

Ar：Studio Craftsmanship Company Limited
Pr：Deltatype, type foundry, a subsidiary of Studio Craftsmanship
Dr：Kwanchai Akkarathammagul
D ：Kwanchai Akkarathammagul

17T001392

Glass Tiles

Loft

リサイクルガラスを原料としたモザイクガラスタイル。独特な魅力を湛えるロフトのコンセプトの源である工業的なスタイルで提案されている。リサイクルガラスを使用する手法のため、各タイルが異なる色調パターンとなっている。

Ar：IMEX INTERNATIONAL CO., LTD.
Pr：Suratwadee Sintoomarl
Dr：Thaneth Pornpipatpaisan
D ：Suratwadee Sintoomarl, Satharat Chanrueang

17T001393

Extruded Ceramic Tiles

Ombra Tiles

商品名はイタリア語で「陰」の意。3Dデザインにより、照明の角度に応じて陰影パターンが変わる。時刻が変わるにつれ、このタイルを使った壁面は模様を変える。さらに「ひとつの形ですべてを表すデザイン」というコンセプトの下、ほかの素材を組み合わせると無数のデザインを作ることができる。デザインには自然照明を要素のひとつとして採り入れることが可能である。

Ar：Kenzai Ceramics Industries Co., Ltd
Pr：Likhit Piennak
Dr：Nalinee Tantiwatpanich
D ：Chanat Tantiwatpanich

17T001394

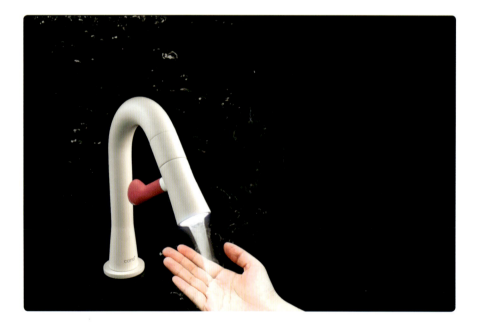

Single Lever Faucet

Soft Paddle Faucet

高齢者層に目立つ全体的な身体機能の変化に適応するために設計されたソフト蛇口。蛇口の先のライトと柔らかい質感のハンドルは労働災害の防止になり、手の甲で簡単に操作できるため力もいらない。蛇口部分は左右に動き、洗面ボール内で自由に90度まで位置を変えることが可能。鮮やかな色彩で高齢者にも視認が容易。ハンドルの色も、蛇口のボディと洗面ボールのプレーンな白との対比がはっきりしている。

Ar：The Siam Sanitary Fitting Co., Ltd.
Pr：Siam sanitary fittings
Dr：Somnuk Kamolsevikul
D ：Nattha Arjariya

17T001395

Washing Machine

TOSHIBA WASHING MACHINE MODEL AW-DUG1700WT

人々への配慮と本質的な美という東芝のコンセプトに基づき、消費者の声に応えて設計された新製品。独自の構造に加え、洗練や現代性、ユーザーに配慮した操作性の高さを重視したデザイン。外観は耐久性と信頼性を表し、キャビネット部分はインテリアデザインと上品に調和するよう設計。内部は余計な曲線をなくし、洗濯物を入れやすいように配慮。蓋には強化ガラスを使い、開閉時の衝撃を緩和するようデザインした。

Ar：TOSHIBA CONSUMER PRODUCTS (THAILAND) CO., LTD.
Pr：Norachai Koykaewpring, President, General planning / Akihiko Ishii, Vice president, Washing Machine Division
Dr：Tatsuya Saito, Senior Manager / Jammaree Jongkautrakul, Deputy of Senior Manager, Washing Machine Design Engineering Department
D：Chakkaphop Ketsuwan, Senior Chief Specialist, W/M Design Engineering / Rattarong Palsiri, Manager, W/M Products Development / Fumio Morita, Design Center, Toshiba Corporation

17T001396

Tableware

PINTO

職場で昼食を取るユーザー向けのランチボックス。そのため、現代的なスタイルで、日常的な使用に適切な素材を選択。3段になっており、別のおかずを分けて入れたり、家族や友人と分け合って食べることもできる。

Ar：CHANCHAI BORIBOON
Pr：THANITA YOTHAWONG
Dr：NATTHAPOL WANNAPORN
D：CHANCHAI BORIBOON CHAVANAPOL NAUMSAWAD

17T001397

799

Five Panel Cap

Five Panel Cap

リサイクル生地や古布で作ったキャップ。5枚の異なる布をパッチワーク技法で縫い合わせてあり、世界大戦後の人々が布切れを縫って大きな毛布を作っていたことに着想を得た。古布をそのまま利用するので本製品は一つひとつが異なり、生産個数も限られている。

Ar：Madmatter
Pr：Patanin Ngamkitcharoenlap
Dr：Tanisara Poenateetai

17T001398

Creative Box

Z BOX COLLECTION

4サイズ展開で、ユーザーが生活に合わせて自由自在に使えるボックスシリーズ。本製品のキャッチフレーズは「創造的に使おう！」。ユーザーは自分だけの使い方を試行錯誤し、デザインを楽しむことができる。

Ar：labrador co., ltd
Pr：Anek Kulthaveesup
Dr：Anek Kulthaveesup
D ：Anek Kulthaveesup, Sarita Yuthakasemson

17T001399

Portable Toilet Kit

WC PLUS＋

革新性あふれる携帯トイレパックのセット。年齢・性別を問わず便利に使えるため、ドライブなども安心。長時間の旅行が不安な人や非衛生な公衆トイレの問題に対応する。この製品で旅が簡単で快適になることをめざした。

Ar：WC PLUS＋
Pr：SUTINEE KITTIPATTRAKUL
Dr：NARIS BUAPIPATWONG
D ：SUTINEE KITTIPATTRAKUL

17T001400

Electric Diffuser

Limited Edition WISH Aroma Diffuser

デザインと機能を兼ねそろえ、香りの芸術と五感の洗練を味わえるアロマディフューザーの逸品。精巧なデザインに加え、2時間オフタイマーや2種類のミストモードといった内蔵機能で、ユーザーの好みに合わせてピュアエッセンシャルオイルの効能を楽しむことができる。使いやすく、長持ち、環境にも配慮した自然のアロマディフューザーは、多くの癒やし効果を得られるとあって、家庭用として理想的な選択肢。化学物質は一切使用していない。

Ar：PANPURI
D ：Jean-Marc Gady

17T001401

Rice Soap

Thai Rice Soap

スキンケアだけでなく、米作文化が表す友好と調和というタイ米が持つ価値をパッケージに表現したタイの米石鹸。4種類の石鹸はまとめてKRA-TIB（餅米を入れる編みかご）風のパッケージに入れることができる。石鹸は米をかたどった素敵な形状で、ギフトやタイのお土産にぴったりである。

Ar：Cosmos and Harmony Co., Ltd.
Pr：Arunee Kamsrakaew
Di：Arunee Kamsrakaew
D：Arunee Kamsrakaew, Sudarat Khamchu, Panrapee Saleekit

17T001402

Food

Teng

新しい商品ライン開発のため、旧パッケージからのリニューアルモデル。従来の独自性あふれるデザインに、商品の一部を見せる要素がうまく融合している。

Ar：ARN Creative Studio
Pr：ARN Creative Studio
Dr：Puntit Dinakara
D ：Kittaya Nanthakwang

17T001403

Packaging

Penta Flat Pack

ペンダントライトをそのまま輸送する際の、場所を取る上に壊れやすいといった問題を解決した。このデザインはDIYのコンセプトで、パッケージで梱包サイズを小さくし、照明の組み立てを支援するパッケージとした。新しいパッケージで83パーセントの省スペースを実現。

Ar：Bangkokpack Co., Ltd.
Pr：Sirichai YAEMVATHITHONG
Dr：Patra KHUNAWAT
D ：Ratanaporn AMPHIJIT

17T001404

Interior Fragrance Packaging Collection

VUUDH Qing Packaging Collection

中国の筆洗のパターンを模した香炉・香合のセット。古代中国では筆は知の哲学や美術を生み出すものだった。本製品では、筆洗の装飾モチーフや彫刻を簡素化し、縞模様を図式化した。つやのあるメタル製の蓋には、丸い波形模様を型押しした。ボトル部分は乳白色のガラス製。繊細で簡素、そして現代的なアジア芸術の文化を表現した製品である。

Ar：HARNN GLOBAL CO., LTD
Pr：Vudhichai Harnphanich
Dr：Kachornsak Khemsansopon
D ：Suchaya Chuchart

17T001405

803

Laundry Detergent

Pipper standard Laundry Detergent

単純で使い勝手がよい衣料用洗濯洗剤である。自然由来の製品であることを明確に示し安全に使用できる印象を与え、魅力的で親しみやすいパッケージとした。素材には高密度ポリエチレン（HDPE）の再生プラスチックを使い、生分解性の洗剤と合わせた。

Ar：Equator Pure Nature Co., Ltd.
Pr：Equator Pure Nature Co., Ltd.
Ur：Peter N. Wainman
D ：Bhatara Chirdchuen

17T001406

グッドデザイン・ロングライフデザイン賞
グッドデザイン・ロングライフデザイン賞は1980年（昭和55年）に創設されました。この賞は、単に「長く残っている」ことを讃えるのではなく、ユーザーから長い間にわたって積極的に支持され、生活の質を築き今後も存在し続けていくであろう、社会におけるスタンダードを担いうるデザインを讃えることを目的としています。そして同時に、よいものを長く使い続けることの意義を問いかける賞として、毎年新たな「スタンダードであり続けるデザイン」を見出し、社会に伝えています。この賞は、現在も生産と販売が続いている商品などで、下記のいずれかの条件を満たすものが受賞対象となります。モデルチェンジによる形状やイメージの変更が生じた場合も、ブランドとしての高い一貫性と定評が維持されていれば受賞対象となります。

・発売以来10年以上継続して提供されユーザーからの支持を得ている商品など
・グッドデザイン賞を10年以上前に受賞した商品など

Good Design Long Life Design Award
Long Life Design Award introduced in 1980. The award celebrates product design that has not merely survived this long but that has earned strong public support, setting a standard in society that may last well into the future. For an award that also invites us to consider the significance of continuing to use good products over a long period, we find current examples of design that represent an enduring standard and promote them accordingly.
Currently available products that meet one of the following criteria are eligible for the award. Products that maintain a highly consistent brand image and solid reputation are considered, even if they have changed in image or appearance over time.

• Popular products on the market for a decade or more
• Products that received a Good Design Award at least a decade ago

---

変化の激しい時代の中にあっても、長年愛され使い続けられているデザインがあります。懐かしさや習慣性だけでただ生き残っているのではなく、いまもなお必要とされ、私たちの暮らしを形づくる優れたデザインにはどんな力があるのでしょうか。それは新しい技術とアイデアで、暮らしの要求を真摯に捉えた結果として今では当たり前のようにあるのですが、生まれた時はきっと驚くほど革新的であったのでしょう。それ以前には無かった価値や使い方を提示し、新しい暮らし方をつくりあげて日常の景色を変えてきたのかもしれません。時代を超えて支持されるデザインは、誰もの心にある普遍的な美しさを備えているから、いつまでも私たちの心を捉えて離すことがないのでしょう。
グッドデザイン・ロングライフデザイン賞は、長い年月を経ても淘汰されることなく今もなお支持されているこれらのデザインを、現代の営みの中で改めて見つめ直し、これからのデザインと暮らしの質を高めることを目指しています。
2017年のロングライフデザイン賞では、私たちの暮らしに欠かせない、そしてこれからも欠かしたくないデザインを見出すことができました。私たちを取り巻く環境は大きく変容していますが、それらの心地よい使い勝手や、人間味の感じられる豊かさは変わらず、デザインが日々の暮らしの手触りを伝えてくれるものであると改めて気づかせてくれました。また作り手にとっての象徴とでも言うべき主軸となる製品が多く見られたことで、メーカーにとってブランドとはやはり製品そのもので構築されるのではないかと考えさせられました。それに加えて、昨年と同様に、かたちのないサービスや取り組みなどにロングライフデザイン賞の領域が拡大していくことへの予感もあります。
これからも新しく生まれるデザインとロングライフデザインとが両輪となって、私たちの未来を描く力になっていくことを期待しています。

柴田文江

グッドデザイン・ロングライフデザイン賞

帽子
学童通学交通安全帽子

Hat
Children's traffic safety hat
Ar : HAYASHI YAOKICHI CO.,LTD.

1954 —

小学生が通学時にかぶる黄色のメトロ帽子。交通安全のため、遠くからも目立つ黄色で作られている。毎日かぶるので手洗いができ、硬めのツバで丈夫な造りにしてある。内側にはあごゴムがあり、ネームが付いている。1960年の国民安全の日の制定以降、全国の小学校に広まり、デザインを変えずに57年以上学童の身を守ってきた。親子を超えて祖父母の代から続く、愛され続けている黄色の帽子である。

審査委員の評価 小学生の子供たちが黄色い帽子をかぶって歩く姿は、もはや日本の原風景になっている。この帽子は本格的なモータリゼーションの発達に伴う交通事故の増加への対応策として、全国に広まった。遠くや暗いところでも注意を喚起する役割を担ったこの帽子が、60年近くの長きにわたり、多くの子供たちを事故から守ってきたといえる。

Ar : 林八百吉（株）
Pr : 林八百吉（株）
Dr : 松井朱美

17L000001

グッドデザイン・ロングライフデザイン賞

ゴム長靴
ウロコ印白底付大長（白ウロコ）

Rubber Boots
White-soled Long Rubber Boots by Ito Uroko (siro-uroko)
Ar : Limited company Ito Uroko

1953 —

天然のゴム樹液を原料にしたゴム長靴。市場でプロが使用するため耐久性を重視し、丈夫で柔らかく履きやすい。明るい黄土色の底周り、白い刻印のロゴマーク、胴部分はツヤ消しの黒でシンプルなツートーンのデザイン。昔からある真っ黒いゴム長のクラシカル感をそのままに、甲の後ろ側まで続く白底と、逆三角形の大きなロゴが個性となっている。足元がすらりと見えるよう前丈と後丈に傾斜をつけ、ヒール高さは約3センチ、胴部分のゴムやロゴマークは一つひとつ手貼りで仕上げた。

審査委員の評価　市場で鍛えられたプロ仕様の長靴。耐久性、履きやすさ、柔らかさなど、市場の要望を満たすために1953年頃に作られたという、まさにロングライフなデザインである。底部の黄土色と白いロゴが独特の持ち味を出している。発売当時は黒一色の長靴の世界にあってツートーンのデザインとプロ仕様の機能性が支持され、築地市場をはじめ多くのリピーターが生まれた。

Ar：(有)伊藤ウロコ
Pr：伊藤嘉奈子
D ：(有)伊藤ウロコ　伊藤千代次、伊藤幸太郎、伊藤嘉奈子

17L000002

グッドデザイン・ロングライフデザイン賞

携帯用カイロ
ホカロン

Portable Hand Warmer
HOKARON
Ar: LOTTE CO., LTD.

1978 —

1978年の発売以来、40年間にわたり販売されている携帯用カイロの代名詞的な商品。火を使わず、原材料の化学反応による発熱で温める携帯用カイロである。利用者のニーズに合わせて、各種サイズや部位別対応商品などをラインアップしている。

審査委員の評価 長年愛されているパッケージデザインもさることながら、携帯性と価格、さらに安全で手軽に使える商品性が高く評価された。用途に応じて大きさを展開したり、発熱の方法を改良したり、外観には現れない品質向上の努力も実感できる。寒い時期の作業やレジャーを快適にする、今となっては、なくてはならない携帯用カイロのパイオニアである。

Ar：（株）ロッテ
Pr：（株）ロッテ マーケティング統括部
Dr：（株）ロッテ マーケティング統括部

17L000003

グッドデザイン・ロングライフデザイン賞

トート・バッグ
ボート・アンド・トート・バッグ

Tote Bag
Boat and Tote Bag
Ar : L.L.Bean International

1944 —

1944年、氷を運ぶために作られたバッグを原型とするトートバッグ。シンプルなデザインは当時のままで、現在も同じ厚手の24オンスキャンバス地を使用し、米国・メイン州の自社工場で一つひとつ手作りしている。オーバーラップ部分は丈夫なナイロン糸のダブル・ステッチで補強されているため、重い荷物もしっかりとサポートする。ボトム部分は布を2重にしてさらに丈夫にしてある。

審査委員の評価　トートバッグと聞いて誰もが思い浮かべるのがこの形である。バッグ市場にはあらゆるタイプのトートバッグが提案されているが、機能性を第一に考案された本製品は、時を経てもなおトートバッグの基本形となっている。実用性を大事にしながらファッションの分野でこのバッグを定着させたのが、アメリカのこのアウトドアブランドであることにも納得がいく。

Ar : エル・エル・ビーン インターナショナル
Pr : L.L.Bean

17L000004

グッドデザイン・ロングライフデザイン賞

ラベリアマイクロホンシリーズ
ECM-88／77／66／55／44／166

Lavalier Microphone Series
ECM-88 / 77 / 66 / 55 / 44 / 166 series
Ar：Sony Corporation

1969 —

装着しても目立たず、音声を明瞭に収音することができ、取材、収録、放送局、映像制作、シアター、イベントなど、多くの場面で使用されているマイクのシリーズ。1969年に初めてECM-50を発売して以来、常に現場の声を反映させながら小型・高音質・高い信頼性を追求し続け、現在のラインアップに到達した。

審査委員の評価 1960年代のカラーテレビの普及にともない生み出された、通称ピンマイクと呼ばれるマイクである。その後、部品を変えても音響特性は変えられないという現場の厳しいニーズに応え続け、現在も放送局におけるスタンダードとして使用されている。B to Bの製品であり、一見地味ではあるが、日々テレビから流れる番組を下支えする大きな力になっている。

Ar：ソニー（株）
Pr：ソニー（株）
Dr：Sony Design
D ：Sony Design

17L000005

グッドデザイン・ロングライフデザイン賞

レンズ付きフィルム
写ルンです

Film with Lens
UTSURUNDESU
Ar：FUJIFILM Corporation

1986 —

「フィルムにレンズを付ける」という逆転の発想で、当時の常識を覆した画期的な製品。カメラ同様の機能を持ち、徹底的にシンプルな撮影機構を採用することで部品点数を減らし、高額だったカメラに対し低価格を実現した。フィルムを装填する必要がなく、誰でも簡単にきれいな写真が撮れ、本体を写真店や現像所に持ち込めば写真プリントされる。

審査委員の評価　簡単にプリント写真が撮れるという市場を30年にわたって創り続けた点が画期的である。高額だったカメラに代わり、フィルムにレンズを付けるという逆転の発想でヒットした。フィルムの紙箱から発想されたデザインは、まさにコンセプトを表現したパッケージといえる。今また現代の若者に使われ始めた、まさにロングライフな逸品である。

Ar：富士フイルム（株）
Pr：富士フイルム（株）イメージング事業部
Dr：富士フイルム（株）デザインセンター長 堀切和久
D ：富士フイルム（株）デザインセンター

17L000006

グッドデザイン・ロングライフデザイン賞

アウトドア用シングルバーナー
スポーツスター®

Single Burner for Camping
Sportster®
Ar: Coleman Japan Co., Ltd.

1976 —

ホワイトガソリンを燃料とし、気圧や気温などの気象条件に関係なく、安定した高火力を保つ調理用一口コンロ。コールマンが調理用ストーブを本国・アメリカで初めて発売したのは1920年代。本製品はコールマン日本支社が開設された1976年から若干のモデルチェンジをおこなったのみで、販売が続けられている定番モデルである。

審査委員の評価 本製品は気圧や気温に左右されることなく、安定した強い火力を保てる信頼性がユーザーに支持されており、屋外で使用するバーナーのアイコンとしての認知度も高い。質実剛健、機能的なこのスタイルは、便利に使う日常の道具とは一線を画し、道具として使いこなす楽しみがあり、キャンプやアウトドアでの活動時に気分を高揚させてくれる。

Ar：コールマン ジャパン（株）
Pr：ザ・コールマン・カンパニー Inc.
Dr：ザ・コールマン・カンパニー Inc.
D ：ザ・コールマン・カンパニー Inc.

17L000007

グッドデザイン・ロングライフデザイン賞

電波修正機能付き掛時計

セイコー パワーデザインプロジェクト スタンダード
アナログ掛時計

Wall Clock
SEIKO POWER DESIGN PROJECT STANDARD WALL CLOCK
Ar: SEIKO CLOCK INC.

2007 —

「スタンダード」をテーマにしたワークショップ形式のプロジェクトで発表されたものを、セイコーウオッチ（株）、セイコーエプソン（株）、セイコークロック（株）が2007年に製品化した時計。歪みのない真円の縁に、読みやすさを追求した肉盛り印刷の棒略字。針の付け根にボリューム感を持たせることで、中心から自然にピントが合い、瞬時に時刻が読み取れる。視認性を追求しながら堅い印象にならないよう、各所にわずかな丸みを持たせた。時刻修正が不要な電波修正機能付き。

審査委員の評価 2007年から作られている時計だが、それ以前からあったような、誰ものイメージの中にある「掛け時計」が現れたように思える。ミニマムでありながら柔らかな印象もあり、日常で完全な背景になる一方、精緻で信頼感のある強いこだわりも醸している。掛け時計の中心軸を示すプロダクトだと感じられる。

Ar：セイコークロック（株）
Pr：セイコークロック（株）
D ：神谷佳孝

17L000008

グッドデザイン・ロングライフデザイン賞

フラワーベース、花器

ホルムガード

Flower Vase
Holmegaard
Ar：scope Co.,Ltd.

2007 —

気持ちのよいスッキリとしたデザインながら、どこか個性的で新鮮さも感じられる花器。デンマークの機能美とミニマリズムを顕著に反映した製品である。

審査委員の評価 底面の径と上面の径を普通のフラワーベースと逆にすることで、美しいフォルムと少ない花でも美しく活けられるという機能性が生み出されている。一時生産中止となったが、日本のセレクトショップの依頼により再生産がおこなわれ、定番として復活した。日本人の目利きと製品への愛情がロングライフを生んだというストーリーも興味深い。

Ar：(有)スコープ
D ：ルイーズ・キャンベル

17L000009

グッドデザイン・ロングライフデザイン賞

万年筆
キャップレス

Fountain Pen
capless
Ar: PILOT CORPORATION

1998 —

利便性を追求し、ノックでペン先を出すことができる万年筆。独自開発のシャッター機構が内蔵されており、携帯時はペン先を密閉収納し、インキの漏れやペン先の乾燥を防止する。クリップは通常用途に加え、筆記時における万年筆の正しい持ち位置を示す役割も併せ持つ。

審査委員の評価 万年筆は欧米の有名メーカーのものにこだわる消費者が多い中、日本ならではの発想の機能性とデザインで、世界をあっと言わせた製品である。万年筆を懐から取り出して書き始めるまでの一連の動作自体をより現代的に変えたのも、この製品の革新性といえる。ペン先を密閉収納するシャッター機構は、航空工学や鉄道工学の分野をも連想させるデザインだ。

Ar：（株）パイロットコーポレーション
Pr：（株）パイロットコーポレーション
Dr：（株）パイロットコーポレーション
D ：（株）パイロットコーポレーション

17L000010

グッドデザイン・ロングライフデザイン賞

水性ペン

プラマン

Water Based Ink Pen
Pulaman
Ar：PENTEL CO., LTD.

1979 —

万年筆の書き味を樹脂のペン先で実現した水性ペン。ペン先が筆圧に応じてたわむので、筆跡に強弱がつけられ、微妙なニュアンスが表現できる。また、樹脂のペン先が筆記時の振動を吸収するため、サラサラとした心地良い書き味が得られる。樹脂により可能となった独自のインキ供給方法により、使用開始から終わりまで安定した筆記ができる。

審査委員の評価　万年筆で書くという独特の行為を樹脂製のペン先で実現し、その筆致を一挙にカジュアルな世界に持ち込んだ。デザインはシンプルで、38年前の価格で現在も発売されており、プラマンの書き味のとりこになったファンは多い。時と場所を選ばない書き味とデザインは、ロングライフデザインと呼ぶにふさわしい。なくなっては困る商品のひとつである。

Ar：ぺんてる（株）
Pr：ぺんてる（株）
D ：ぺんてる（株）

17L000011

グッドデザイン・ロングライフデザイン賞

カッターナイフ

エヌティーカッター プロ AD-2P

Cutter Knife
NT Cutter PRO AD-2P
Ar : NT Incorporated

1988 —

刃先30度のAD型刃の繊細作業用カッターナイフ。刃を裏返してセットすれば左利きの人も使える、左右両用のユニバーサル設計。切断作業中に刃がすべり出るのを防止するオートロック機能がある。高級ステンレスホルダーで、A型刃も使用できる。

審査委員の評価　30度という鋭角と、カッターの刃を最低限カバーするようなミニマルなデザインにより、適切な力を刃先にかけて繊細な作業をすることが可能になった。発売からすでに30年経つが、古さをまったく感じさせないのは、道具としての完成度が高いからだろう。デザイナーの仕事場にはなくてはならないアイテムとして、プロフェッショナルの仕事を支え続けている。

Ar：エヌティー（株）
Pr：エヌティー（株）開発研究室
Dr：エヌティー（株）開発研究室
D ：エヌティー（株）開発研究室

17L000012

グッドデザイン・ロングライフデザイン賞

神戸ノート

関西ノート B5 学習帳

Note
Kansai Note Workbook B5 size
Ar：Kansai-Note K.K.

1952 —

発売から50年以上の歴史を持つ小学校用の学習帳。神戸の風景の写真やデッサンを表紙にデザインしている。学習指導要領の改訂に沿った形で品種を整えてきた結果、現在は21種類の学習帳を揃えて販売している。

審査委員の評価　正式名称は「関西ノート B5学習帳」だが、販売地域の神戸では1952年の発売以来、「神戸ノート」の愛称で呼ばれている。まだ物資の少なかった当時、小学校で舶来の高級ノートを使う児童と、わら半紙を使う児童に分かれてきたため、その格差をなくす高級で低価格のノートとして開発された。使った児童が大人になり、また自分の子供にと受け継いできた歴史に脱帽する。

Ar：関西ノート（株）
Pr：大河敏彦

17L000013

グッドデザイン・ロングライフデザイン賞

MPバインダー

バインダーMP

| Mp Binder
| BINDER MP
| Ar：KOKUYO Co., Ltd.

1954 —

表紙・背部とも総布貼りで、背に金属製の名差しが取り付けてある。とじ具は2段階に開く構造で、平らに開いて記帳・閲覧しやすい。また多穴式なので、綴じている紙が破れにくい。表紙は中芯に丈夫な板紙を使用し、表面は布貼り、周囲を金属製の覆輪で覆った耐久性に優れた構造である。

審査委員の評価　日々使われるものは時とともに改良が加えられ、進化するのが常であるが、このMPバインダーの仕様は発売時からほぼ変わっておらず、その機能と構造が当時から確立されたものであったことがわかる。そしてデザインをむやみに変更しなかったこと自体が、その機能性の完成度の高さをものがたり、消費者に信頼感と安心感を与えている。

Ar：コクヨ(株)
Pr：コクヨ(株)
Dr：コクヨ(株)
D ：コクヨ(株)

17L000014

グッドデザイン・ロングライフデザイン賞

フォント

イワタUDフォント

Font
IWATA UNIVERSAL DESIGN FONT
Ar: IWATA CORPORATION

2006 —

加齢による老眼や白内障、弱視でも「見やすい」という特徴を持つフォント。視認性と判読性の高い「イワタUDゴシック」と「イワタUD丸ゴシック」、視認性と可読性を両立させた「イワタUD明朝」、新聞の扁平デザインに特化した「イワタUD新聞明朝」がある。使用目的とその効果を明確にした、ユニバーサルデザイン視点のフォントである。

審査委員の評価　文字に新しい視点を与え、カテゴリーを創出させたという意味で、大きな意味を持つフォント。高齢者や視覚障害者が普段の生活を不足なく過ごせるかという当時の課題意識は、近年ますます重みを増している。新聞やパッケージの表示、ATMなど、さまざまな場面で使われており、ユニバーサルフォントのもたらす価値を、われわれも知らず知らずのうちに享受している。

Ar：(株)イワタ
Pr：橋本和夫
Dr：橋本和夫
D ：橋本和夫

17L000015

グッドデザイン・ロングライフデザイン賞

チューインガム
キシリトールガム

Chewing Gum
XYLITOL
Ar: LOTTE CO., LTD.

1997 —

嗜好性の高いガムのカテゴリーにおいて、機能性・効能性という新しいジャンルを確立し、ガムのイメージを大きく変化させた商品。虫歯の原因にならない甘味料のキシリトールを配合した。さらに、再石灰化を促し歯を丈夫で健康に保つ効果と安全性が認められ、特定保健用食品の表示認可を取得している。

審査委員の評価　ガムで虫歯を予防することができると一般に知らしめたのは、この商品だった。今でこそオーラルケアの重要性が認知され、子供たちの虫歯の数も激減したが、思い返すとこのガムが発したメッセージは大きかった。歯のモチーフと爽快感のあるグリーンのパッケージは、虫歯予防の意識を誘発し、圧倒的な存在感を今も放っている。

Ar：(株)ロッテ
Pr：(株)ロッテ マーケティング統括部
Dr：(株)博報堂 第9営業局第4アカウントチーム
D ：(株)佐藤卓デザイン事務所 佐藤卓

17L000016

グッドデザイン・ロングライフデザイン賞

一般用医薬品（鎮咳去痰薬）
固形浅田飴

Antitussives and Expectorants
Kokei Asadaame
Ar：Asadaame Co., Ltd.

1926 —

1926年に発売された咳やたん、のどの痛みに効く鎮咳去痰薬。キキョウ、トコン、マオウ、ニンジンという4種類の生薬を配合し、糖衣を施した舐め心地のよいシュガーレスのドロップ剤である。クール、ニッキ、パッションの3つの味があり、苦味が苦手でも服用しやすい。「良薬にして口に甘し」な薬である。

審査委員の評価　1粒ずつ取り出せるケースは清潔感があり、携帯性もよくユニークだ。いつでもどこでも使いやすい家庭薬としてのたたずまいは今もなお親しまれている。時代に合わせてシュガーレスにするなど、コンセプトをずらさない改良がなされていることにロングライフ商品としての力強さを感じる。粒の形・大きさや舐め心地も絶妙で、これからもお世話になりたい商品である。

Ar：（株）浅田飴
Pr：（株）浅田飴
Dr：（株）浅田飴
D ：（株）浅田飴

17L000017

グッドデザイン・ロングライフデザイン賞

マヨネーズ

キユーピー マヨネーズ

Mayonnaise
KEWPIE MAYONNAISE
Ar: Kewpie Corporation

1925 —

キユーピーは1925年に日本で初めてマヨネーズの製造・販売を始めた。本製品はコクとうまみがある卵黄タイプのマヨネーズで、戦後の食の洋風化を追い風に、食卓に新たなメニューを広めながら今日まで歩み続けてきた。今では家庭に欠かせない調味料のひとつとして、広く日本の食卓に根付くまでに成長している。

審査委員の評価　1925年に発売され、このデザインになったのは1958年だという。赤い編み目とキユーピーマーク、ポリ容器と赤いキャップが、卵黄タイプのコクと安全な印象を親しみやすく伝えている。今では家庭用マヨネーズの市場は500億円だそうで、まさに市場を創ってきたデザインである。中のポリ容器にエンボス以外の印刷をしていないのも秀逸である。

Ar：キユーピー（株）
D ：ライトパブリシティ

17L000018

グッドデザイン・ロングライフデザイン賞

ディスペンパック

ディスペンパック

Dispen Pak
DISPEN PAK
Ar : DISPEN PAK JAPAN CO.INC

1987 —

アメリカで考案されたアイデアを日本の技術で開発、改良して商品化したパッケージである。「開封しやすく片手で簡単に中身を出せる」「中身に直接触れないので衛生的で手も汚れない」「一定の量を絞り出すことができる」「異なる内容物を同時に出すことができる」といった特徴がある。

審査委員の評価　片手で手を汚すことなくパッケージを破り、中のものを適量、必要な場所に取り出すといういくつもの動作を、文字通りワンタッチでエレガントにおこなえる優れものだ。しかも複雑な構造ではなく、容器に蓋をかぶせただけのシンプルな仕様、そして2種類の味にも同時に対応する機能と構造は、日本ならではの匠の発想といえる。

Ar：(株)ディスペンパックジャパン
Pr：(株)ディスペンパックジャパン

17L000019

グッドデザイン・ロングライフデザイン賞

食器

Iittala Teema

Tableware
Iittala Teema
Ar : Fiskars Asia Pacific Limited

1952—

形状、サイズ、色を多種多様に組み合わせ、幅広い用途で使うことのできるコレクション。北欧デザイン思考のエッセンスを取り入れた器はそれぞれ、丸、正方形、長方形という3つのシンプルな形状から派生する。機能性と耐久性を備え、洗練されたたたずまいの本シリーズは、日常使いの食器として全種類がオーブン、冷凍、食洗器、電子レンジに対応している。イッタラを代表する人気デザイナーの1人、カイ・フランクによるデザイン。

審査委員の評価 ジオメトリックな形状のシンプルな器。美しいだけでなくどんなシーンにも合わせやすく、しかも丈夫である。スタッキングができ、手持ちの食器との相性もよいので、重ねて使うなど工夫次第で多様なスタイルが楽しめる。現代の暮らしの中にあってもいまだにモダンであり、世代を問わず愛され続けている。まさに日用品のお手本のようなデザインだといえる。

Ar : Fiskars Asia Pacific Limited
Pr : Fiskars
D : Kaj Franck

17L000020

グッドデザイン・ロングライフデザイン賞

電気ケトル

ラッセルホブス カフェケトル7410JP

Electric Kettle
Russell Hobbs Cafe Kettle 7410JP
Ar: Oishi and Associates Limited

2005 —

本体下部から伸びる注ぎ口は先端に向けて徐々に細くなり、少量のお湯を繊細に注ぐときも、また勢いよくお湯を注ぐときも、湯量を調整しやすい。ハンドルは手にフィットするオリジナルの形状。注ぎ口の下方にはケトルを支える突起が備わり、持ちやすいように配慮されている。沸騰後、自動的に電源が切れる自動電源オフ機能や、空焚き防止機能も搭載されている。シンプルな機能でクラシカルなデザインの電気ケトルである。

審査委員の評価 コーヒーポットの形態からもたらされる機能とたたずまいを備えている。無理に新しい形態を作らなかったところが、スタンダードな定番として暮らしになじみ、支持され続けているポイントだろう。家庭だけでなくコーヒーやお茶の専門店、ホテルなどでも使用されているが、それは機能とデザインのバランスがとれていることの証である。

Ar：（株）大石アンドアソシエイツ
Pr：大石聖
Dr：大石聖
D ：大石聖、中村秀生

17L000021

グッドデザイン・ロングライフデザイン賞

ポップアップトースター

ラッセルホブス クラシックトースター13766JP

Pop-up Toaster
Russell Hobbs Classic Toaster 13766JP
Ar：Oishi and Associates Limited

2000 —

引き出し式のオーブントースターと異なり、パンと熱源の距離が近いポップアップ式トースターは、パンの両側に熱を当て、中の水分を閉じ込めたまま短時間で焼き上げることができる。そのため表面はカリッと、中はもっちりとした食感のトーストになる。メタリックなボディでどんなキッチンにもなじむこのモデルは、1980年代から現在までスタイルを変えずレトロな雰囲気を保っている。日本をはじめ世界37カ国以上で販売され、1995年時点ですでに100万台の販売実績があった。

審査委員の評価　利便性と汎用性偏重の近年の家電の中で、今また単一機能の製品が見直されている。それは効率だけでなく、心を満たすこだわりの道具としての家電が求められているからだろう。トースターは朝のひとときに香ばしい匂いをもたらし、幸せな時間を演出する大事な道具である。そう考えると、このレトロで温かなデザインのトースターが長く支持されていることに納得がいく。

Ar：（株）大石アンドアソシエイツ
Pr：（株）大石アンドアソシエイツ
D ：ラッセルホブス デザインチーム

17L000022

グッドデザイン・ロングライフデザイン賞

座椅子

座イス S-5046

Legless Chair
Zaisu S-5046
Ar: TENDO CO.,LTD.

1963 —

1963年に生まれた座椅子。低コストであることに加え、機能性とデザインの美しさから多くの旅館や一般家庭で愛用されてきた。日本を代表する椅子として、フィラデルフィア美術館のパーマネントコレクションにも選定されている。

審査委員の評価 藤森健次氏によりデザインされた代表的な座椅子で、曲木の技術によってすっきりとしたフォルムが生まれ、今では畳間の定番家具となっている。座面の穴は軽量化と座布団が座椅子からずれないようにするための工夫である。軽量でスタッキングもでき、業務用から家庭用まで広く使われている。

Ar：(株)天童木工
D ：藤森健次

17L000023

グッドデザイン・ロングライフデザイン賞

第一種原動機付自転車（3輪）

ジャイロキャノピー／ジャイロX

Motorcycle
GYRO CANOPY / GYRO X
Ar：Honda Motorcycle Japan Co.,Ltd.

1990 —

1990年、国内量産車で唯一のフロントスクリーンとルーフを装備した屋根付三輪スクーターとして発売された。以来、宅配ビジネスや出張修理サービスなど、多様なビジネスで使用されるようになった。ワゴンタイプのトランク部は雨や埃などの影響を受けにくく、また広告面積が広いといった特徴があった。2008年からはデッキタイプのみの販売となったが、スムーズで扱いやすく燃費に優れたエンジンや、取り回しの良い車体が、引き続きビジネス用として受け入れられている。

審査委員の評価　コンパクトな形であるがゆえに、身体により近いところでものを運ぶための道具といえる。二輪車と異なり自立することから、運転者の相棒であるようにも感じられる。小型で機能性が高いことは日本の道具の特徴だが、このデザインがいかにも日本的なのは、そうした人と道具との関係性にあるのかもしれない。気取らずしっかりと機能を果たすデザインは、どことなく優しい。

Ar：（株）ホンダモーターサイクルジャパン
Pr：本田技研工業（株）
Dr：（株）本田技術研究所　二輪R＆Dセンター
D ：（株）本田技術研究所　二輪R＆Dセンター

17L000024

グッドデザイン・ロングライフデザイン賞

歩行者天国

中央通り（銀座地区）歩行者天国

Pedestrian Street
Chuo-dori (Ginza district) Pedestrian Paradise
Ar: Ginza Street Association + Tsukiji Police Station

1970 —

1970年から40年以上の間、毎週末と休日に車道を歩行者に開放し、同時にショッピングストリートとしての銀座を安全・快適に散策できる仕組みを、銀座通連合会と築地警察署が業務分担と官民共同により構築し継続されていることが、最大の特徴である。「歩行者天国（ホコテン）」という言葉は銀座地区の魅力を伝えるイメージとともに定着した。

審査委員の評価　モノではなくコトをロングライフに選定するには、審査委員の間で慎重な議論があった。しかし普段は車両が占有する場所を人々が歩き憩う場所にという価値転換を実に鮮やかに、また暮らしの中に浸透させた希有な事例であることから、賞とした。混乱なく時間通り正確に運用されているが、警察や関係者の努力はもちろんのこと、協力する日本人一人ひとりのメンタリティーやマナーによるところも大きいのではないか。

Ar：（一社）銀座通連合会＋警視庁築地警察署
Pr：（一社）銀座通連合会＋警視庁築地警察署

17L000025

2017年度 グッドデザイン賞 審査委員
Judges of the Good Design Award 2017

グッドデザイン賞の審査委員会は、デザインや建築分野の実業者、研究者、マーケティング関係者、経営者、ジャーナリストなどにより編成されています。さらに、グッドデザイン賞が現地審査を実施している台湾・韓国・香港と、事業連携を実施しているタイ・インド・シンガポール・トルコのデザイン関係者が委員会に参加しています。

Good Design Award jury members work in design, architecture, and related fields, with some being involved in research, marketing, management, or journalism. Juries also consist from Taiwan, Korea, Hong Kong, whose perspective is appreciated in screenings in Japan and overseas. Other members also served on juries for the Design Excellence Award, India Design Mark, SG Mark, and Design Turkey.

審査委員長
Chairman

永井一史　Kazufumi Nagai
クリエイティブディレクター　Creative Director
(株)HAKUHODO DESIGN 代表取締役社長／
多摩美術大学 教授

審査副委員長
Vice Chairman

柴田文江　Fumie Shibata
プロダクトデザイナー　Product Designer
(有)デザインスタジオエス 代表／武蔵野美術大学 教授

青木俊介　Shunsuke Aoki
ロボットクリエイター　Robot Creator
ユカイ工学(株) 代表

青山和浩　Kazuhiro Aoyama
システム工学研究者(工学博士)　System Engineering Researcher
東京大学大学院 教授

朝倉重徳　Shigenori Asakura
インダストリアルデザイナー　Industrial Designer
(株)GKインダストリアルデザイン 代表取締役社長

浅子佳英　Yoshihide Asako
建築家／デザイナー　Architect / Designer
タカバンスタジオ 代表

安次富 隆　Takashi Ashitomi
プロダクトデザイナー　Product Designer
(有)ザートデザイン 取締役社長

安東陽子　Yoko Ando
テキスタイルデザイナー・コーディネーター　Textile Coordinator and Designer
安東陽子デザイン 代表

五十嵐太郎　Taro Igarashi
建築評論家　Architectural Critic
東北大学 教授

五十嵐久枝　Hisae Igarashi
インテリアデザイナー　Interior Designer
(有)イガラシデザインスタジオ 代表

池田美奈子 Minako Ikeda
編集者 Editor
九州大学 准教授

石戸奈々子 Nanako Ishido
デジタルえほん作家 Digital Ehon Artist
NPO法人CANVAS 理事長／（株）デジタルえほん 代表／慶應義塾大学 准教授

伊藤香織 Kaori Ito
都市研究者 Urbanism Researcher
東京理科大学 教授

岩佐十良 Toru Iwasa
クリエイティブディレクター Creative Director
（株）自遊人 代表取締役

上田壮一 Soichi Ueda
クリエイティブディレクター Creative Director
一般社団法人Think the Earth 理事

内田まほろ Maholo Uchida
キュレーター Curator
日本科学未来館 展示企画開発課長

緒方壽人 Hisato Ogata
デザインエンジニア Design Engineer
takram design engineering クリエイティブディレクター

岡本 誠 Makoto Okamoto
インタラクションデザイン研究者 Interaction Design Researcher
公立はこだて未来大学 研究科長・教授

片岡 哲 Tetsu Kataoka
プロダクトデザイナー　Product Designer
KATAOKA DESIGN STUDIO 代表

加藤麻樹 Macky Kato
人間工学研究者　Ergonomics Researcher
早稲田大学 准教授

鹿野 護 Mamoru Kano
アートディレクター　Art Director
WOW 取締役／宮城大学 教授

川上典李子 Noriko Kawakami
ジャーナリスト　Journalist
21_21 DESIGN SIGHT アソシエイトディレクター

木住野彰悟 Shogo Kishino
アートディレクター／グラフィックデザイナー　Art Director / Graphic Designer
6D-K co.,Ltd. 代表／東京工芸大学芸術学部デザイン学科 准教授

倉本 仁 Jin Kuramoto
プロダクトデザイナー　Product Designer
JIN KURAMOTO STUDIO 代表取締役

小林 茂 Shigeru Kobayashi
イノベーションマネジメント研究者　Innovation Management Researcher
情報科学芸術大学院大学(IAMAS) 教授

小林幹也 Mikiya Kobayashi
デザイナー／クリエイティブディレクター　Designer / Creative Director
(株)小林幹也スタジオ 代表取締役

齋藤精一　Seiichi Saito
クリエイティブ／テクニカルディレクター　Creative / Technical Director
(株)ライゾマティクス　代表取締役社長

齋藤峰明　Mineaki Saito
実業家　Businessman
シーナリーインターナショナル　代表

重野 貴　Takashi Shigeno
プロダクトデザイナー　Product Designer
(株)シィクリエイティブ　取締役

篠原聡子　Satoko Shinohara
建築家　Architect
日本女子大学　教授

菅原義治　Yoshiharu Sugawara
デザイナー　Designer
(株)GKデザイン機構　取締役

鈴木啓太　Keita Suzuki
プロダクトデザイナー　Product Designer
PRODUCT DESIGN CENTER　代表取締役

鈴野浩一　Koichi Suzuno
建築家　Architect
(株)トラフ建築設計事務所　代表取締役

田子 學　Manabu Tago
アートディレクター／デザイナー　Art Director / Designer
(株)エムテド　代表取締役

玉井美由紀　Miyuki Tamai
CMFデザイナー　CMF Designer
(株)FEEL GOOD CREATION 代表取締役

千葉 学　Manabu Chiba
建築家　Architect
東京大学大学院 教授／東京大学副学長

手塚由比　Yui Tezuka
建築家　Architect
(株)手塚建築研究所 代表

手槌りか　Ricca Tezuchi
プロダクトデザイナー　Product Designer
プロペラデザイン 代表

遠山正道　Masamichi Toyama
実業家　Businessman
(株)スマイルズ 代表取締役

栃澤麻利　Mari Tochizawa
建築家　Architect
(株)SALHAUS

ドミニク・チェン　Dominique Chen
情報学研究者　Information Studies Researcher
早稲田大学 准教授

仲 俊治　Toshiharu Naka
建築家　Architect
(株)仲建築設計スタジオ 代表取締役

中坊壮介 Sosuke Nakabo
プロダクトデザイナー Product Designer
Sosuke Nakabo Design Office

ナカムラケンタ Kenta Nakamura
実業家／編集者 Businessman / Editor
（株）シゴトヒト 代表取締役

並河 進 Susumu Namikawa
クリエイティブディレクター Creative Director
（株）電通デジタル 執行役員 共同チーフクリエーティブオフィサー

西田 司 Osamu Nishida
建築家 Architect
オンデザイン 代表

橋田規子 Noriko Hashida
プロダクトデザイナー Product Designer
芝浦工業大学 教授

羽藤英二 Eiji Hato
都市工学研究者 Urban Research Engineer
東京大学大学院 教授

林 千晶 Chiaki Hayashi
プロジェクトマネージャー Project Manager
（株）ロフトワーク 代表取締役

林 信行 Nobuyuki Hayashi
ジャーナリスト／コンサルタント Journalist / Consultant

原 研哉　Kenya Hara
デザイナー　Designer
(株)日本デザインセンター　代表取締役 社長

原田祐馬　Yuma Harada
アートディレクター／デザイナー　Art Director / Designer
UMA / design farm　代表

廣田尚子　Naoko Hirota
デザインディレクター　Design Director
(有)ヒロタデザインスタジオ　マネージングディレクター

深津貴之　Takayuki Fukatsu
インタラクション・デザイナー　Interaction Designer
THE GUILD CEO

福光松太郎　Matsutaro Fukumitsu
実業家　Businessman
(株)福光屋　代表取締役社長

藤崎圭一郎　Keiichiro Fujisaki
デザイン評論家／編集者　Design Critique / Editor
東京藝術大学　教授

藤森泰司　Taiji Fujimori
家具デザイナー　Furniture Designer
(株)藤森泰司アトリエ　代表取締役

寶角光伸　Mitsunobu Hozumi
プロダクトデザイナー　Product Designer
(有)寶角デザイン　代表取締役

星野裕司 Yuji Hoshino
土木デザイナー Engineer Architect
熊本大学 准教授

松本博子 Hiroko Matsumoto
プロダクトデザイナー Product Designer
女子美術大学 教授 専攻主任

松山剛己 Tsuyoshi Matsuyama
経営者 Corporate Manager
(株)マークスアンドウェブ 代表取締役社長

水口克夫 Katsuo Mizuguchi
アートディレクター Art Director
(株)Hotchkiss 代表取締役社長

みやけかずしげ Kazushige Miyake
デザイナー Designer
ミヤケデザイン 代表

宮崎光弘 Mitsuhiro Miyazaki
アートディレクター Art Director
(株)アクシス 取締役

村上 存 Tamotsu Murakami
設計工学研究者 Design Engineering Researcher
東京大学大学院 教授

森口将之 Masayuki Moriguchi
モビリティジャーナリスト Mobility Journalist
(株)モビリシティ 代表取締役

安田幸一　Koichi Yasuda
建築家　Architect
東京工業大学大学院 教授

柳原照弘　Teruhiro Yanagihara
デザイナー　Designer
(株)アイソレーションユニット 代表取締役

山崎 亮　Ryo Yamazaki
コミュニティデザイナー　Community Designer
(株)studio-L 代表取締役

山本秀夫　Hideo Yamamoto
プロダクトデザイナー　Product Designer
(有)オッティモ 代表取締役

吉田龍太郎　Ryutaro Yoshida
インテリアプロダクトプロデューサー　Interior Product Producer
Time & Style (株)プレステージ ジャパン 代表取締役

渡辺弘明　Hiroaki Watanabe
インダストリアルデザイナー　Industrial Designer
(株)プレーン 代表取締役

Aaron Nieh
グラフィックデザイナー　Graphic Designer
Aaron Nieh Workshop Principal / Art Dierctor

Andrew Pang
プロダクトデザイナー　Product Designer
Design Business Chamber Singapore

Byung-wook Chin
インダストリアルデザイナー　Industrial Designer
Hansung University 教授

Carl Liu
インダストリアルデザイナー　Industrial Designer
Niu Technologies Inc. VP

Gary Chang
建築・インテリアデザイナー　Architectural and Interior Designer
EDGE Design Institute Ltd. Managing Director

Hrridaysh Deshpande
デザイン教育者／コンサルタント　Design Educator / Consultant

Huiming Tong
インダストリアルデザイナー　Industrial Designer
Guangzhou Academy of Fine Arts Professor

Juhyun Eune
メディアデザイナー　Media Designer
Seoul National University Professor / Vice Dean

Jung-Ya Hsieh
発明家　Inventor
SquareX, GIXIA Group, THAT Inventions Co. Chairman

Puvanai Dardarananda
インダストリアルデザイナー　Industrial Designer
Chulalongkorn University, Assist Professor / Head of Industrial Design Department

Sertaç Ersayın
インダストリアルデザイナー　Industrial Designer
INDUSTRIAL DESIGNERS ASSOCIATION OF TURKEY 会長

Shu-Chang Kung
建築家／インテリアデザイナー　Architect / Interior Designer
Chinese Society of Interior Designers (CSID) Chairman

2017年度 グッドデザイン賞 事業経緯

Good Design Award 2017 Project Outline

2017年度グッドデザイン賞 開催要綱

グッドデザイン賞制度

公益財団法人日本デザイン振興会が主催するグッドデザイン賞は、豊かさと持続可能性に満ちた生活と産業そして社会の実現を目指し、グッドデザイン賞の理念に基づいた公正な審査を行い、賞賛すべき優れたデザインを選び広く推奨する制度です。この制度は1957年に誕生した通商産業省による「グッドデザイン商品選定制度」を前身としたものです。

グッドデザイン賞の理念

グッドデザイン賞では常に我々が向き合うべき根源的なテーマとして5つの言葉を「グッドデザイン賞の理念」として掲げています。

- 人間（HUMANITY）—————— もの・ことづくりを導く創発力
- 本質（HONESTY）—————— 現代社会に対する洞察力
- 創造（INNOVATION）—————— 未来を切り開く構想力
- 魅力（ESTHETICS）—————— 豊かな生活文化を想起させる想像力
- 倫理（ETHICS）—————— 社会・環境をかたちづくる思考力

これらを一つの文章にすると、「人間のために、高い倫理性を踏まえ、ものごとの本質を見据えたうえで、魅力的な創造活動をおこなうこと」となります。追求される豊かさの質が如何に変化するにせよ、この思想は普遍です。そしてこの言葉は、グッドデザイン賞の規範でもあり、グッドデザイン賞が掲げる「グッドデザイン」の定義でもあります。

グッドデザイン賞制度の活動

グッドデザイン賞制度は、以下の活動から構成されます。
応募されたデザインの中から優れたデザインである「グッドデザイン賞」を選ぶ活動。
「グッドデザイン賞」を発表し顕彰する活動。
「グッドデザイン賞」受賞者とともに社会へと訴求していく活動。
「グッドデザイン賞」の成果を通じて、国際社会の発展に寄与する活動。

主催ならびに後援

主催：公益財団法人日本デザイン振興会
後援：経済産業省／中小企業庁／東京都／日本商工会議所／
　　　日本貿易振興機構（JETRO）／国際機関日本アセアンセンター／
　　　日本放送協会／日本経済新聞社／読売新聞社

国際連携

グッドデザイン賞は、以下のデザイン賞と制度連携を結んでいます。
- タイ王国商務省主催「デザインエクセレンスアワード」
- インドデザインカウンシル主催「インディアデザインマーク」
- シンガポールデザイン商工会議所主催「シンガポールグッドデザインマーク」

またグッドデザイン賞は、以下の国際団体との連携と協力のもとに行われます。
- イタリアインダストリアルデザイン協会
  （Associazione per il Disegno Industriale / ADI）
- 台湾中衛発展中心
  （Corporate Synergy Development Center, Taiwan / CSD）
- ディー・アンド・エーディー（D&AD）
- デザイン＆クラフツカウンシル・アイルランド
  （Design & Crafts Council Ireland / DCCI）
- フィリピンデザインセンター（Design Center of the Philippines / DCP）
- デザインシンガポールカウンシル（Design Singapore Council / DSG）

- グッドデザイン・オーストラリア（GOOD DESIGN Australia）
- 香港デザインセンター（Hong Kong Design Centre / HKDC）
- トルコインダストリアルデザイナー協会
  （Industrial Designers Society of Turkey / ETMK）
- 台湾工業技術研究院（Industrial Technology Research Institute / ITRI）
- 国際デザイン協議会（International Council of Design / ico-D）
- 国際インテリアデザイナー団体協議会
  （International Federation of Interior Architects/Designers / IFI）
- 韓国インダストリアル・デザイナー協会
  （Korea Association of Industrial Designers / KAID）
- 韓国デザイン振興院（Korea Institute of Design Promotion / KIDP）
- 台湾金属工業発展研究センター
  （Metal Industries Research & Development Centre / MIRDC）
- ソウルデザイン財団（Seoul Design Foundation / SDF）
- 台湾デザインセンター（Taiwan Design Center / TDC）
- 国際美術・デザイン・メディア大学連合
  （The International Association of Universities and Colleges of Art, Design and Media / CUMULUS）
- スイスエンジニア建築家協会
  （The Swiss Society of Engineers and Architects / SIA）
- 世界デザイン機構 (World Design Organization / WDO)

グッドデザイン賞の構成

全ての審査対象の中から、くらしや産業や社会の質を向上させる優れたデザインと認められる対象については「グッドデザイン賞」を贈呈します。
さらに、グッドデザイン賞を受賞した対象（以下「受賞対象」）の中で、くらしや産業や社会をさらに推し進め、未来を示唆する優れたデザインについては「グッドデザイン金賞」等を贈呈します。

グッドデザイン賞への応募

グッドデザイン賞は、応募者からの応募に基づき実施されます。応募の受付期間は、2017年4月5日から5月31日までとします。
応募期間および応募方法等の詳細については「グッドデザイン賞応募要領」に定めます。

審査委員会

主催者は、グッドデザイン賞の趣旨を理解し豊富なデザイン経験等を有する有識者からなるグッドデザイン賞審査委員会を設置し、審査を託します。
審査委員会はすべての賞を確定する権限を有します。
2017年度グッドデザイン賞審査委員会は、永井一史審査委員長、柴田文江審査副委員長がこれを統括し、審査を実施します。
審査委員会の役割等については、「グッドデザイン賞審査要領」に定めます。

「グッドデザイン賞」の審査

「グッドデザイン賞」の審査は、応募者から提示された情報をもとに行う「一次審査」と、審査対象の現品等をもとに行う「二次審査」によって実施します。
グッドデザイン賞審査委員は、それぞれの審査対象について、別途定める「審査の視点」に基づきグッドデザイン賞の理念に掲げる「人間性を基調とした豊かで持続可能性に満ちた社会の発展に寄与するもの」を「グッドデザイン賞」として選びます。
審査の詳細については、「グッドデザイン賞審査要領」に定めます。

「グッドデザイン金賞・特別賞」の審査

主催者は、グッドデザイン賞の審査後に「グッドデザイン金賞・特別賞審査会」を開催し、「グッドデザイン金賞」および「グッドデザイン特別賞」の審査、「グッドデザイン大賞候補」の選出を実施します。グッドデザイン金賞・特別賞審査会の審査委員はグッドデザイン賞の理念に照らし考察し、今年度のグッドデザイン・ベスト100の中から明日の生活と産業そして社会を拓きうるデザインを「グッドデザイン金賞」に選びます。特別賞およびグッドデザイン大賞候補については、金賞と同様の審査手続きを経て、それぞれの趣旨に相応しいものを選びます。
審査の詳細については、「グッドデザイン賞審査要領」に定めます。

「グッドデザイン賞」等の発表

主催者は、2017年度の「グッドデザイン賞」および「グッドデザイン・ベスト100」、「グッドデザイン大賞候補」を2017年10月4日に発表します。主催者はプレスリリースを発信するとともに、グッドデザイン賞のウェブサイトを通じて受賞結果を公開します。受賞者は、この発表日をもって受賞結果を公表することができます。またこの日より、受賞の証である「Gマーク」を使用することができます。

「グッドデザイン金賞・特別賞」の発表

主催者は、2017年度の「グッドデザイン金賞」および「グッドデザイン特別賞」を2017年11月1日に発表します。主催者はプレスリリースを発信するとともに、グッドデザイン賞のウェブサイトを通じて受賞結果を公開します。受賞者は、この発表日をもって受賞結果を公表することができます。

「グッドデザイン大賞」の選出

「グッドデザイン大賞」は、グッドデザイン大賞候補を対象にグッドデザイン賞審査委員、グッドデザイン賞受賞者等の投票を経て、最も得票数の多い対象をグッドデザイン大賞として選出します。
選出の詳細については「グッドデザイン大賞選出規則」に定めます。

グッドデザイン賞受賞展
「グッドデザインエキシビション2017」の開催

主催者は、全てのグッドデザイン賞受賞対象を広く社会に向けて紹介するグッドデザイン賞受賞展「グッドデザインエキシビション2017」を、2017年11月1日から11月5日にかけて開催します。全ての受賞者は、この展示会に受賞対象を出展することとします。
受賞展の詳細については、「グッドデザイン賞受賞展開催要領」に定めます。

グッドデザイン賞の表彰

主催者は、全てのグッドデザイン賞受賞者に表彰状を贈呈します。
発表の詳細、応募者への通知等については、「グッドデザイン賞応募要領」に定めます。

グッドデザイン賞受賞年鑑の発刊

主催者は、今年度のグッドデザイン賞受賞対象全てを収録した受賞年鑑「GOOD DESIGN AWARD 2017」を、2018年3月に発刊します。

グッドデザイン賞の広報活動

主催者は受賞対象を通じて生活者、産業界へデザインへの理解を深める広報活動や、受賞対象の販路拡大等を支援する活動を幅広く展開します。また国際的な連携を通じて、各国各地域のデザインの向上を図る活動に取り組みます。

「Gマーク」の使用

グッドデザイン賞受賞対象は、受賞の証である商標「Gマーク」を使用して広報活動や販売促進活動を展開することができます。
詳細については「Gマーク使用要領」に定めます。

グッドデザイン賞にかかる費用

応募者は「グッドデザイン賞応募要領」、「グッドデザイン賞受賞展開催要領」(9月上旬公開予定)、および「Gマーク使用要領」に定める費用を負担します。
ただし、2011年の東日本大震災からの復興を支援する目的で、岩手県・宮城県・福島県に本社を置く応募者からの応募については、本項に定めるすべての費用を免除します。
費用の詳細については、それぞれの要領に定めます。

情報の公開

主催者は、グッドデザイン賞の応募者から提供された情報のうち予め指定する情報を、グッドデザイン賞の広報のために使用することがあります。また審査終了後、全ての受賞対象について「優れている理由」を公開します。主催者と審査委員会は、受賞に至らなかった対象を含め、個別の審査内容に関する情報の開示請求には対応しません。
詳細については「グッドデザイン賞応募要領」に定めます。

応募対象情報の守秘義務

主催者および審査委員、展示等業務の関係者は、応募対象についての非公開情報や審査等を通じて得られた秘密情報について守秘義務を負います。

応募者の責任に帰する事項

グッドデザイン賞の応募対象に関する意匠権等の知的財産権、品質、性能、安全性等の要件、およびその販売、施工等に関して生じた問題の責任については、応募者が負うものとし、主催者はその一切の責任を負いません。
グッドデザイン賞への応募により、応募者、受賞者あるいはその他の第三者の間で生じた紛争については、主催者はその一切の責任を負いません。

受賞の取り消し

「グッドデザイン賞」および「グッドデザイン金賞」等の受賞対象について、下記のような事実が判明した場合、主催者はその受賞を取り消すことができます。
受賞対象が、その機能的欠陥等から社会的に著しい損害を与えた場合。
受賞対象が、他者の意匠権等の知的財産権を侵害していると公に認められた場合。
応募者が、「グッドデザイン賞応募要領」「グッドデザイン賞受賞展開催要領」(9月上旬公開予定)および「Gマーク使用要領」に定められた規則に違反した場合。

本項は2017年3月15日時点の内容に準じ、一部表記を簡略化しています。

2017年度 グッドデザイン・ロングライフデザイン賞 開催要領

趣旨と目的

ロングライフデザイン賞は、長年にわたり作り手と使い手、社会との対話の中で醸成され、暮らしや社会の礎となり、未来においてもその役割を担い続けてほしいデザインを選び、顕彰します。

また、それらのデザインを、生まれた時点から現在、そしてこれからを見据えて検証することで、デザインの役割や意義を明らかにし、日本が築きあげてきたデザイン資産を社会全体で共有する機会を提供します。

名称・表彰主体

名　　称　グッドデザイン・ロングライフデザイン賞
表彰主体　公益財団法人 日本デザイン振興会 会長

対象となるデザイン

広く使用者や生活者から支持を得ている商品やサービスで、審査がおこなわれる時点で10年以上継続的に提供され、またそれ以降も継続して提供されると想定できるもの。

審査

1）審査委員会

主催者は「ロングライフデザイン賞」の趣旨に基づく審査を実施し、その目的を達成するため、「ロングライフデザイン賞審査委員会（以下「審査委員会」）を設置します。

審査委員会は、その商品やサービスのユーザーから推薦された対象となるデザインについて、ロングライフデザイン賞の理念を尊重し審査を行い、審査委員の合議によって受賞対象を確定します。

審査委員会は全ての受賞対象について、その受賞理由を明らかにします。主催者はこれらの情報をグッドデザイン賞のウェブサイトなどを通じて公開します。

2）審査委員

主催者は、ロングライフデザイン賞の趣旨と目的を理解する有識者にロングライフデザイン賞審査委員を委嘱します。2017年度の審査委員は以下の通りです。

審査委員長および審査委員の委嘱期間は委嘱開始日から2018年3月31日までとします。

● 審査委員長
柴田文江（有限会社デザインスタジオエス 代表）

● 審査委員
齋藤峰明（シーナリーインターナショナル 代表）
永井一史（株式会社 HAKUHODO DESIGN 代表取締役社長）
福光松太郎（株式会社福光屋 代表取締役社長）

3）審査の視点

ロングライフデザイン賞の審査では、審査対象のデザインが「暮らしや社会の礎」として社会に支持され続け、今後も生活を豊かにし続けるものであるかどうかに重きをおいて審査します。

今日のグッドデザイン賞の「審査の視点」に加えて、以下の「ロングライフデザイン賞の審査の視点」に立って検討を行いながら、そのデザインのクオリティと可能性等を総合的に判断し、受賞対象を選びます。

- ・革新性 ―――― 新たな概念や価値をもたらしたか
- ・信頼性 ―――― 人々から根強く支持され、信頼されているか
- ・普遍性 ―――― スタンダードとしてあり続けているか
- ・先導性 ―――― 次世代のモデルとなりうるか

選考のプロセス

ロングライフデザイン賞の選考は、以下に則って行われます。
具体的な期間および日程は別途公開します。

1）推薦

主催者は、ロングライフデザイン賞の推薦フォームを、グッドデザイン賞ウェブサイトに開設します。ロングライフデザイン賞にふさわしいと思われるデザインのユーザーは、推薦フォームよりそのデザインを推薦します。

2）審査委員会による選考と審査対象の確定

推薦された対象について、審査委員会は賞の趣旨と上述の審査の視点に基づいて選考を行い、ロングライフデザイン賞の審査対象を確定します。

3）応募者の確定

主催者は、審査対象に確定したデザインの事業主体者（製造者、提供者）にロングライフデザイン賞への応募を勧誘します。

応募に同意した企業は「応募確認書」を提出し、主催者が求める審査対象に関する情報（以下「審査情報」という）を提供します。

4）審査

主催者は、ロングライフデザイン賞審査会を「GOOD DESIGN Marunouchi」で開催します。応募者は、審査会場への審査対象の搬入出を行います。

審査委員会は、前述の審査の視点等に則り、推薦者からの推薦理由と、審査情報および審査対象の現品によって、ロングライフデザイン賞の審査を実施し、受賞対象を決定します。

審査会場は、一定期間一般に公開されます。また公開期間中は、応募対象への「推薦コメント」を広く一般より募集します。

受賞発表と広報およびプロモーションのプロセス

ロングライフデザイン賞の選考は、以下に則って行われます。
具体的な期間および日程は別途公開します。

1）受賞発表と表彰

受賞が決定した応募者を受賞者と呼びます。

主催者は2017年度グッドデザイン賞の発表と同時に、ロングライフデザイン賞の受賞対象を発表します。また、別途、グランドハイアット東京で開催する2017年度グッドデザイン賞受賞祝賀会において、受賞者に表彰状とトロフィーを贈呈します。

2）受賞対象の展示

主催者は、グッドデザイン賞受賞展「グッドデザインエキシビション2017」において受賞対象を展示します。

3）受賞プロモーション

受賞者は、受賞発表以降、受賞対象についてロングライフデザイン賞受賞の証である専用の商標「Gマーク」を無料で使用し、受賞対象のプロモーションを実施できます。

主催者は、受賞者の協力に基づき、受賞対象の展示や販売などを通じ、様々な機会を活用し、受賞プロモーションを実施します。

４）シンポジウムの開催
主催者は、受賞者の協力に基づき、審査を通して得られた知見など、受賞対象のデザインの意義をレポートにまとめ、公開します。併せて、その内容を一般に共有する機会として、一般公開型のシンポジウムを開催します。

５）年鑑の発行
主催者は、ロングライフデザイン賞受賞対象を含めた、2017年度の全受賞対象を掲載する受賞年鑑「GOOD DESIGN AWARD 2017」を制作、発行します。

受賞者の義務と権利

受賞者は、以下の権利と義務を有するものとします。

● 権利
ロングライフデザイン賞受賞の証である専用の商標「Gマーク」の無料使用
使用にあたっては「Gマーク使用要領」を準用してください。

● 義務
審査情報の提供、受賞対象に関する情報や画像情報等の提供
審査会場および受賞展示会場への現品の展示および搬入出
主催者が実施する受賞プロモーションへの協力

費用

審査料、受賞展出展料、受賞年鑑掲載料およびGマーク使用料は全て無料です。
審査会場や受賞展での展示、受賞プロモーションやシンポジウムの実施に関しては実費が必要となる場合があります。

その他の重要事項

１）情報の公開
主催者は、審査情報のうち予め指定する情報を、グッドデザイン賞の広報のために使用します。

２）応募者の責任に帰する事項
応募対象に関する意匠権等の知的財産権、品質、性能、安全性等の要件、およびその販売、施工等に関して生じた問題の責任については、応募者が負うものとし、主催者はその一切の責任を負いません。
応募によって、応募者、受賞者あるいはその他の第三者の間で生じた紛争については、主催者はその一切の責任を負いません。

３）受賞の取り消し
受賞対象について、下記のような事実が判明した場合、主催者はその受賞を取り消すことができます。
受賞対象が、その機能的欠陥等から社会的に著しい損害を与えた場合。
受賞対象が、他者の意匠権等の知的財産権を侵害していると公に認められた場合。
応募者が、「ロングライフデザイン賞開催要領」および「Gマーク使用要領」に定められた規則に違反した場合。

本項は2017年4月5日時点の内容に準じ、一部表記を簡略化しています。

年間スケジュール

2017.4.5

グッドデザイン賞開催要綱等の公開
グッドデザイン賞のウェブサイトで実施概要を公表しました。

ロングライフデザイン賞開催要領の公開
グッドデザイン・ロングライフデザイン賞の実施概要を公表しました。

4.5−5.31

グッドデザイン賞応募受付期間
グッドデザイン賞のウェブサイトを通じて応募を受け付けました。

4.5−6.7

ロングライフデザイン賞推薦受付期間
グッドデザイン賞のウェブサイトを通じて、グッドデザイン・ロングライフデザイン賞への商品のユーザーおよびデザイナー、企業などからの推薦を受け付けました。

6.8−6.28

一次審査期間
応募された対象を複数の審査ユニットに分けて一次審査をおこないました。

6.16

ロングライフデザイン賞審査対象の決定
グッドデザイン・ロングライフデザイン賞審査委員により、推薦されたデザインの中から審査対象を決定しました。

6.29

一次審査結果通知

7.7−9.5

二次審査期間
二次審査会、国内外での現地審査、応募者等の要望に基づく審査などを実施しました。

8.1−8.3

二次審査会
一次審査を通過した対象について、現品やパネル等の資料を用いた二次審査を実施しました。応募者が任意で参加する対話型審査、未発表対象審査およびプレゼンテーション審査を実施しました。各ユニットのグッドデザイン・ベスト100候補について、審査委員長、審査副委員長、ユニットリーダー、フォーカス・イシュー・ディレクターにより確認をおこないました。

8.3−9.3

「ロングライフデザイン賞ノミネートデザイン」展
（会場：GOOD DESIGN Marunouchi）

8.8−8.9

韓国二次審査会
韓国デザイン振興院の協力により韓国から応募された対象について二次審査会を実施しました

8.10−8.12

香港二次審査会
香港デザインセンターの協力により香港および中国から応募された対象の一部について二次審査会を実施しました。

8.16−8.18

台湾二次審査会
台湾デザインセンターの協力により台湾から応募された対象について二次審査会を実施しました。

これらの現地審査会では、審査期間中に応募者との対話型審査を任意で実施したほか、グッドデザイン・ベスト100候補を選びました。

8.23

グッドデザイン賞確定会およびグッドデザイン・ベスト100選考会
審査委員長、審査副委員長、ユニットリーダーにより、二次審査結果の確定をおこないました。さらにフォーカス・イシュー・ディレクターを加えた合議で、各ユニットから推薦された対象よりグッドデザイン・ベスト100を決定しました。

8.24

特別賞審査会
審査委員長、審査副委員長、ユニットリーダー、フォーカス・イシュー・ディレクターの合議により、グッドデザイン大賞候補、グッドデザイン金賞、グッドデザイン特別賞を選出しました。

8.30

ロングライフデザイン賞審査会
グッドデザイン・ロングライフデザイン賞の審査を現品やパネル等の資料を用いておこない、結果を確定しました。

9.6

二次審査結果通知
グッドデザイン賞、グッドデザイン・ベスト100、グッドデザイン・ロングライフデザイン賞の内定結果を応募者に通知しました。

10.4

受賞発表
グッドデザイン賞、グッドデザイン・ベスト100、グッドデザイン大賞候補、グッドデザイン・ロングライフデザイン賞を発表しました。

10.4–10.27

「私の選んだ一品2017」展
(会場:東京ミッドタウン・デザインハブ)

10.4–10.28

「みんなで選ぶグッドデザイン大賞」展
(会場:GOOD DESIGN Marunouchi)

10.4–10.28

グッドデザイン大賞候補への一般投票実施
GOOD DESIGN Marunouchiでの「みんなで選ぶグッドデザイン大賞」展会場で、大賞候補に対する来場者による投票を受け付けました。

11.1–11.5

受賞展「GOOD DESIGN EXHIBITION 2017」
(会場:東京ミッドタウン)
全受賞デザインを紹介する展示で会期中20万人以上が来場しました。

11.1

グッドデザイン賞表彰式、グッドデザイン大賞選出、グッドデザイン大賞・金賞・特別賞発表
グランドハイアット東京にてグッドデザイン賞の表彰式を開催しました。この会場でグッドデザイン大賞候補者による最終プレゼンテーションを開催し、審査委員と受賞者による投票を実施、「みんなで選ぶグッドデザイン大賞」展来場者の投票結果を合わせてグッドデザイン大賞の選出をおこないました。
さらにグッドデザイン大賞、金賞、特別賞を発表しました。

12.7

グッドデザイン特別賞贈賞式
特別賞受賞者および省庁関係者を招き、国際文化会館にて表彰式を開催しました。

2018.3

受賞年鑑「GOOD DESIGN AWARD 2017」発刊

賞の構成と決定の経緯

賞の種類

グッドデザイン賞	すべての審査対象の中で、優れたデザインとして認められるもの
グッドデザイン大賞 （内閣総理大臣賞）	すべてのグッドデザイン賞受賞対象の中で、最も優れたデザインと認めるもの
グッドデザイン金賞 （経済産業大臣賞）	すべてのグッドデザイン賞受賞対象の中で、特に優れたデザインと認めるもの
グッドデザイン特別賞／未来づくり （経済産業省商務・サービス審議官賞）	すべてのグッドデザイン賞受賞対象の中で、新たなビジネスまたは 新産業の創出に寄与する先端的で優れたデザインとして特に認めるもの
グッドデザイン特別賞／ものづくり （中小企業庁長官賞）	全国の中小企業のグッドデザイン賞受賞対象の中で、製造業または 情報・サービス業のデザインとして特に優れていると認めるもの
グッドデザイン特別賞／地域づくり （日本商工会議所会頭賞）	すべてのグッドデザイン賞受賞対象の中で、地域経済の活性化により、 わが国経済の発展に特に寄与すると認めるもの
グッドデザイン特別賞／復興デザイン （日本デザイン振興会会長賞）	すべてのグッドデザイン賞受賞対象の中で、東日本大震災および熊本地震の復興に対して 寄与するとして特に認めるもの
グッドデザイン・ロングライフデザイン賞 （日本デザイン振興会会長賞）	長年にわたり製造販売供給され、支持されているデザインとして特に優れていると認めるもの

グッドデザイン賞の決定

2017年度グッドデザイン賞は、国内外の企業やデザイナーなどから応募されたデザインに対して、分野・領域に則した全16の審査ユニットを編成して、それぞれの担当審査委員が中心となって審査をおこない決定されました。審査は一次審査（書類審査）、二次審査（現品および代替品による審査）で構成され、二次審査では審査対象により任意で、対話型審査、プレゼンテーション（ヒアリング）審査、現地審査などが実施されています。

グッドデザイン賞の審査理念

人間（HUMANITY）	もの・ことづくりへの創発力
本質（HONESTY）	現代社会への洞察力
創造（INNOVATION）	未来を切り開く構想力
魅力（ESTHETICS）	豊かな生活文化への想像力
倫理（ETHICS）	社会・環境への思考力

審査の視点

人間的視点
使いやすさ・分かりやすさ・親切さなど、ユーザーに対してしかるべき配慮がおこなわれているか
安全・安心・環境・身体的弱者など、信頼性を確保するための様々な配慮がおこなわれているか
ユーザーから共感を得るデザインであるか
魅力を有し、ユーザーの創造性を誘発するデザインであるか

産業的視点
新技術・新素材などを利用または創意工夫によりたくみに課題を解決しているか
的確な技術・方法・品質で合理的に設計・計画されているか
新産業、新ビジネスの創出に貢献しているか

社会的視点
新しい作法、ライフスタイル、コミュニケーションなど、新たな文化の創出に貢献しているか
持続可能な社会の実現に対して貢献しているか
新たな手法、概念、様式など、社会に対して新たな価値を提案しているか

時間的視点
過去の文脈や蓄積を活かし、新たな価値を提案しているか
中・長期的な観点から持続可能性の高い提案がおこなわれているか
時代に即した改善を継続しているか

グッドデザイン・ベスト100の決定

審査ユニットごとに特に優れているとして挙げられた対象に対して、審査委員長、審査副委員長、各審査ユニットのリーダー、フォーカス・イシュー・ディレクターによる協議を実施して、グッドデザイン・ベスト100となる100件を選出しました。この100件からグッドデザイン大賞候補、グッドデザイン 金賞、グッドデザイン特別賞が選出されました。

グッドデザイン金賞、グッドデザイン特別賞の決定

グッドデザイン金賞、グッドデザイン特別賞（未来づくり、ものづくり、地域づくり、復興デザイン）は、審査委員長、審査副委員長、ユニットリーダー、フォーカス・イシュー・ディレクターの協議により、グッドデザイン・ベスト100の中から決定されました。

グッドデザイン大賞の決定

グッドデザイン大賞は、その年を象徴する「デザイン・オブ・ザ・イヤー」に相当します。グッドデザイン賞審査委員会、今年度受賞者、展示来場者からの投票で決定され、より社会に開かれたシンボルとしての賞に位置づけられています。
2017年度はグッドデザイン・ベスト100の中から、審査委員長、審査副委員長、ユニットリーダー、フォーカス・イシュー・ディレクターによる合議を経て大賞候補7件が選出されました。これらの候補に対して、審査委員、受賞者、「みんなで選ぶグッドデザイン大賞」展来場者の投票により、合計で最多得票数を得た1件がグッドデザイン大賞に決定しました。なお投票の実施に際して、11月1日に候補7者によるプレゼンテーションを実施しました。
さらに、審査プロセスと、投票参加者数の差異に起因する非均衡などを鑑み、票の比率を受賞展来場者：受賞者：審査委員＝1：5：100と規定しています。

グッドデザイン・ロングライフデザイン賞の決定

長年にわたり生活者からの高い支持を得ているデザインを対象に、デザインのユーザーやメーカー、デザイナーから推薦を募り、ロングライフデザイン賞審査委員が現品審査（一部対象は代替品審査）を実施して決定しました。

震災復興支援を目的とした特例措置

東日本大震災からの復興を支援するため、特例措置として2011年度から東北3県（岩手県、宮城県、福島県）に本社（個人事業士の場合はおもな拠点）を置く事業者からの応募については、応募要領に定めるすべての費用を免除しています。2017年度にこの措置の対象となった受賞件数は27件です。
すべてのグッドデザイン賞受賞対象の中から、復興支援に取り組むデザインとしてその意義が特に高く評価された5件に、日本デザイン振興会会長賞としてグッドデザイン特別賞（復興デザイン）を贈賞しています。

大賞投票結果（2017年11月1日実施）

● 第1回投票

1位
2,927票
リードレスペースメーカ［Micra™ 経カテーテルペーシングシステム］
日本メドトロニック（株）

2位
2,774票
カジュアル管楽器［Venova］
ヤマハ（株）

3位
2,295票
中学校［陸前高田市立高田東中学校］
（株）SALHAUS

4位
1,497票
生産者支援プラットフォーム［SEND（センド）］
プラネット・テーブル（株）

5位
1,444票
スマートプロダクト［Xperia Touch］
ソニー（株）＋ソニーモバイルコミュニケーションズ（株）

6位
1,442票
クルーズトレイン［TRAIN SUITE 四季島］
東日本旅客鉄道（株）

7位
686票
漢字ドリル［うんこ漢字ドリル］
（株）文響社

● 第2回投票
（第1回投票の結果、上位2点の得票差が全得票数の5%未満のため、上位2点を対象に実施）

1位
710票
カジュアル管楽器［Venova］

2位
598票
リードレスペースメーカ［Micra™ 経カテーテルペーシングシステム］

2017年度グッドデザイン特別賞
Good Design Special Awards 2017

グッドデザイン大賞 Good Design Grand Award	Venova ヤマハ(株)	Venova YAMAHA CORPORATION	018
	Panasonic 補聴器　WH-R47／R45／R43 パナソニック(株)	Panasonic Hearing aids WH-R47／R45／R43 Panasonic Corporation	022
	うんこ漢字ドリル (株)文響社	Unko Kanji Drill Bunkyosha Co., Ltd.	026
	＆(安堵) 手紙寺 證大寺	＆ (Ando) Tegami-dera Shodaiji	034
	フィーノ 東洋佐々木ガラス(株)	FINO TOYO-SASAKI GLASS CO.,Ltd.	037
	Smartmi Full DC Inverter Air-Conditioner SMARTMI Limited	Smartmi Full DC Inverter Air-Conditioner SMARTMI Limited	040
	MDR-1000X ソニー(株)＋ソニービデオ＆サウンドプロダクツ(株)	MDR-1000X Sony Corporation + Sony Video & Sound Products Inc.	041
グッドデザイン金賞 Good Design Gold Award	ブラビア® A1シリーズ ソニー(株)＋ソニービジュアルプロダクツ(株)	BRAVIA® A1 Series Sony Corporation + Sony Visual Products Inc.	042
	Xperia Touch ソニー(株)＋ソニーモバイルコミュニケーションズ(株)	Xperia Touch Sony Corporation + Sony Mobile Communications Inc.	044
	TRAIN SUITE 四季島 東日本旅客鉄道(株)	TRAIN SUITE SHIKI-SHIMA EAST JAPAN RAILWAY COMPANY	056
	Tesla Model X テスラ モータース ジャパン	Tesla Model X Tesla Motors Japan	060
	日野プロフィア 日野自動車(株)	HINO PROFIA Hino Motors, Ltd.	064
	超解像蛍光顕微鏡 シスメックス(株)	Super-resolution fluorescence microscope Sysmex Corporation	068
	Micra™ 経カテーテルペーシングシステム 日本メドトロニック(株)	Micra™ Transcatheter Pacing System Medtronic Japan Co., Ltd.	069

	PaperLab A-8000 セイコーエプソン(株)	PaperLab A-8000 SEIKO EPSON CORPORATION	076
	福山市本通・船町商店街アーケード改修 プロジェクト −とおり町 Street Garden − UID＋福山本通商店街振興組合＋福山本通船町 商店街振興組合＋NPOわくわく街家研究所＋ 福山市＋福山商工会議所＋大和建設(株)＋中国 電力(株)＋鹿島道路(株)＋(株)松誠園緑地建設＋ (株)マツダ金属製作所	FUKUYAMA CITY HONDORI / FUNAMACHI STREET ARCADE RENOVATION PROJECT -TORI-CHO STREET GARDEN- UID + Fukuyama Hondori Shopping Street Promotion Association + Fukuyama Hondori Funamachi Shopping Street Promotion Association + NPO Wakuwaku Gaiya Laboratory + Fukuyama City + Fukuyama Chamber of Commerce and Industry + DAIWA CONSTRUCTION CO.,LTD. + The Chugoku Electric Power Company. Incorporated + KAJIMAROAD CO.,LTD. + SHOSEIEN RYOKUCHIKENSETSU CO.,LTD. + MATSUDA MFG. CO.,LTD.	088
グッドデザイン金賞 Good Design Gold Award	陸前高田市立高田東中学校 株式会社 SALHAUS	Takata-higashi junior high school SALHAUS	091
	INDUSTRIAL JP (株)由紀精密＋(株)電通＋ (株)電通クリエーティブ X ＋DELTRO INC.	INDUSTRIAL JP YUKI Precision Co., Ltd. + Dentsu inc. + Dentsu Creative X inc. + DELTRO INC.	097
	日経ビジュアルデータ (株)日本経済新聞社	Nikkei Visual Data Nikkei Inc.	098
	SEND (センド) プラネット・テーブル(株)	SEND Planet Table Inc.	109
	Panasonic 高精細ワイドディスプレイ ミラーレスモニターシステム パナソニック(株)	Panasonic High definition wide display mirrorless monitor system Panasonic Corporation	061
	Smart Parking Peasy (株) NTTドコモ	Smart Parking Peasy NTT DOCOMO, INC.	067
	ホールガーメント® (株)島精機製作所	WHOLEGARMENT SHIMA SEIKI MFG., LTD.	066
グッドデザイン特別賞 [未来づくり] Design for the Future	ボーカロイド教育版と関連教材を用いた 新しい「創作／歌づくり」 ヤマハ(株)	New Song Creation method for Elementary / Middle schools with "VOCALOID for Education" and Worksheets YAMAHA CORPORATION	100
	ショートタイムワーク制度 ソフトバンク(株)	Short Working Hours Program SoftBank Corp.	105
	ユニバーサル外来 社会医療法人財団菫仙会 恵寿総合病院	Universal Outpatient Department Keiju Medical Center (Keiju Healthcare System)	104

	テープノフセン ヤマト (株)	Tape'n'Fusen YAMATO CO., LTD.	025
	タフギアフックノズル (株) タカギ	Tough gear hook nozzle TAKAGI CO., LTD.	028
	倉敷製蠟　CARD CANDLE ペガサスキャンドル(株)＋(株)イヤマデザイン	KURASHIKI SEIRO CARD CANDLE Pegasus Candle Co., Ltd. + iyamadesign inc.	033
	バルミューダ ザ・ゴハン バルミューダ(株)	BALMUDA The Gohan BALMUDA Inc.	036
	バーミキュラ ライスポット 愛知ドビー(株)	VERMICULAR RICEPOT Aichi Dobby Ltd.	038
グッドデザイン特別賞 [ものづくり] Design of Production Development	UCWシリーズ (株)寺田電機製作所	UCW series TERADA ELECTRIC WORKS Co., Ltd.	054
	LIMEX (ライメックス)名刺 (株) TBM	LIMEX Business card TBM Co., Ltd.	072
	ModuleX 60 (株) モデュレックス	ModuleX 60 ModuleX. Inc	074
	Minimal –Bean to Bar Chocolate – (ミニマル) (株) Bace	Minimal -Bean to Bar Chocolate- Bace, Inc.	093
	さんち〜工芸と探訪〜 (株)中川政七商店	SUNCHI Explore Japan through regional crafts Nakagawa Masashichi Shoten Co., Ltd.	095
	こいくれない NKアグリ(株)	KOIKURENAI NK Agri Co., Ltd	106
	B`s・行善寺 (社福)佛子園＋(株)五井建築研究所	B`s gyozenji Bussien Social Welfare Organization + GOI Architecture & associates	113
グッドデザイン特別賞 [地域づくり] Design for Community Development	暮らしの保健室 NPO法人白十字在宅ボランティアの会	Kurashi-no-Hokenshitu NPO Hakujuji homecare volunteer team	114
	函館西部地区バル街 函館西部地区バル街実行委員会	bar-gai (Hakodate Western District) Hakodate Western District Bar-gai Executive Committee	119
	御船町東小坂仮設団地 ボランタリー・アーキテクツ・ネットワーク＋熊本大学 田中智之 研究室＋慶應義塾大学 SFC 坂茂研究室	Mifune Town Temporary Housing in Kumamoto Voluntary Architects' Network + Tanaka Lab., Kumamoto Univ + Ban Lab., Keio Univ SFC	083
	「ちょうどこの高さ」 ヤフー(株)	"IT WAS THIS HIGH" Yahoo Japan Corporation	094
グッドデザイン特別賞 [復興デザイン] Desaster Recovery Design	ゆりあげ港朝市 ゆりあげ港朝市協同組合＋針生承一建築研究所＋ セルコホーム(株)＋閖上復興支援研究者チーム	Yuriage Wharf Morning Market Yuriage Wharf Morning Market COOP + Shoichi Haryu Architect & Associates + SELCO HOME + Team of Researchers for Yuriage Reconstruction	112
	熊本城 組み建て募金 サクラパックス(株)	Kumitate-Donation for Kumamoto Castle Sakurapaxx Inc.	116
	ブルーシードバッグ (一社) BRIDGE KUMAMOTO	BLUE SEED BAG BRIDGE KUMAMOTO	117

2017年度 グッドデザイン賞 受賞者インデックス

Company Index

本年度グッドデザイン賞の受賞者を索引形式でご紹介します。
英数字9桁は受賞番号、（　）内の数字は受賞対象の掲載ページです。

0-9

11Architecture Co., Ltd	17G010064 (P153)

A-Z

Acer Inc.	17G040301 (P269)、17G050395 (P316)、17G050402 (P319)、17G050403 (P320)、17G050404 (P320)、17G050413 (P325)、17G050464 (P348)、17G050465 (P349)
ADATA Technology Co., Ltd.	17G050497 (P364)
Aetheris Technology (Shanghai) Co., LTD.	17G020118 (P180)
Airmotion Laboratories+Kilo	17G010027 (P135)
AIRMOTION LABORATORIES PTE LTD + Leonard Tan Bahroocha + Bibi Ho	17S001383 (P792)
AMobile Intelligent Corp.	17G050323 (P282)
ANGLE visual integration	17G131176 (P694)
Architectural Services Department	17G121074 (P644)、17G121082 (P647)
ARN Creative Studio	17T001403 (P802)
Asustek Computer Inc.	17G050354 (P296)、17G050355 (P297)、17G050384 (P310)、17G050385 (P311)、17G050386 (P311)、17G050405 (P321)、17G050406 (P321)、17G050407 (P322)、17G050408 (P322)、17G050409 (P323)、17G050410 (P323)、17G050414 (P325)、17G050417 (P327)、17G050418 (P327)、17G050420 (P328)
AUG Hangzhou Industrial Design Co., Ltd	17G020142 (P192)
Baguni Hostel	17G121104 (P658)
Bangkokpack Co., Ltd.	17T001404 (P803)
Beatrix Design	17G100979 (P598)、17G100980 (P598)
Beijing Fnji Interior Design Co. Ltd.	17G030190 (P216)
Beijing Luckey Technology Co., Ltd.	17G090835 (P528)
Beijing NIU Technology Co., Ltd .	17G070675 (P451)
Beijing Xiaomi Electronics Co., Ltd	17G050348 (P293)
Beijing Xiaomi Mobile Software Co., Ltd	17G050373 (P305)
BenQ Corporation	17G050359 (P299)、17G050366 (P302)、17G060508 (P372)
Bianco Asia Limited	17G040263 (P252)、17G040264 (P253)
Bosin design	17G131158 (P686)
BOTANIPLAN VON LICHT	17G121066 (P640)
BRP inc.	17G070682 (P454)
CHANCHAI BORIBOON	17T001397 (P799)
Chengdu Shayuan Industrial Design Co., Ltd.	17G090846 (P533)
CHU-studio	17G121064 (P639)、17G121065 (P639)
Ciang Shih Magnet Int'l Co., Ltd	17G010055 (P149)
Cizoo&Co.	17G131190 (P701)
cloudandco	17G020154 (P197)
Collaboration Platform Media Limited + Alvison international corp.	17G121071 (P642)
Cosmos and Harmony Co., Ltd.	17T001402 (P802)
COWAY	17G040243 (P242)、17G040244 (P243)、17G040245 (P243)、17G040246 (P244)、17G080731 (P478)

CRAZYBABY Inc.	17G050320 (P281)
Creaform Inc. / Ametek	17G080747 (P486)
Daegu Gyeongbuk Design Center	17G161373 (P784)、17G161374 (P785)
Dainese S.p.A.	17G020081 (P163)、17G070676 (P451)、17G070677 (P452)
Darfon Innovation Corp.	17G070689 (P458)、17G070690 (P458)
daydreamers design	17G121072 (P643)
DAYOU WINIA Co., Ltd.	17G040277 (P258)、17G040297 (P267)
Delta Electronics, Inc.	17G050502 (P366)
DESIGN APARTMENT	17G121122 (P666)
DIAODIAO (Beijing) Technology Co., ltd.	17G090873 (P546)
DongbuDaewoo Electronics	17G040270 (P255)、17G040283 (P261)、17G050349 (P294)
Dot incorporation	17G010016 (P24)
ECOVACS ROBOTICS CO., LTD	17G040292 (P265)
Engelsiz Erisim ve Yasam Sistemleri Sanayi, Ticaret Limited Sirketi	17TR01384 (P793)
Equator Pure Nature Co., Ltd.	17T001406 (P804)
Evoko Unlimited AB	17G050503 (P367)
Experience Design Group, Dell Inc.	17G050332 (P286)、17G050356 (P297)、17G050396 (P316)、17G050411 (P324)、17G050412 (P324)
Farmgroup	17T001390 (P796)、17T001391 (P796)
Fiskars Asia Pacific Limited	17L000020 (P827)
FU-GE Design Integration Co., Ltd.	17G100981 (P599)
Fujifilm SonoSite	17G080807 (P515)
GARMIN corporation	17G020087 (P166)、17G070693 (P460)
GoPro	17G020104 (P174)、17G050456 (P345)、17G050457 (P345)
GreenTec Enterprise Limited + Greentec	17G040230 (P236)
Grohe AG	17G060562 (P398)、17G060563 (P399)、17G060564 (P399)
GuangZhou Living Together Furniture Co., Ltd.	17G060541 (P388)
Guangzhou Mrz Creative Culture Co., Ltd	17G030194 (P218)
Guangzhou Zens Houseware Co., ltd	17G040222 (P232)
GWOWO Technology Co. Ltd.	17G050458 (P346)
HAD INTERIOR DESIGN CO., LTD	17G121108 (P660)
Hamee+Hamee Korea	17G070666 (P447)
Hamilton Housewares Pvt. Ltd.	17I001381 (P791)
HappinessKey Co., Ltd.	17G040220 (P231)
HAPPY ISLAND TECH CO., LTD	17G060337 (P284)
HARNN GLOBAL CO., LTD	17T001405 (P803)
hiiarchitects co., ltd.	17G100982 (P599)、17G121107 (P659)
HIWIN Technologies Corp	17G080752 (P489)
HOMI Creations Ltd	17G010022 (P133)
HON HAI PRECISION IND.CO., LTD	17G070664 (P446)
Honeywell	17G040248 (P245)、17G090896 (P557)
Honeywell Design Team	17G070711 (P468)

HONG KONG ARCHITECTURE CENTRE	17G161376 (P786)
Huami	17G020143 (P192)
Huawei Technologies Co., Ltd.	17G050478 (P355)
Hytera Communications Corporation Limited	17G050468 (P350)
iloom	17G060547 (P391)、17G060553 (P394)
IMEX INTERNATIONAL CO., LTD.	17T001393 (P797)
inDare Design Strategy Ltd.	17G030171 (P207)
Industrial Technology Research Institute	17G030164 (P204)
InFormat Design Curating	17G161372 (P120)、17G131195 (P703)
INNO Instrument Inc.	17G090866 (P543)、17G131139 (P677)
Intelligent Steward Co., Ltd	17G050328 (P284)、17G050472 (P352)、17G131159 (P687)、17G131177 (P695)、17G141222 (P716)
iXensor Co., Ltd.	17G020150 (P195)
Jaquar and Company Pvt. Ltd.	17I001380 (P791)
JC Architecture	17G121124 (P667)
KARACA	17TR01386 (P794)
Kenzai Ceramics Industries Co., Ltd	17T001394 (P798)
King's Flair Development Ltd.	17G040232 (P237)
KORIN Co.,Ltd. (US & China)	17G010034 (P139)
kumhotire	17G070660 (P444)
KUMU DESIGN BRAND / Shenzhen Green Song Design consultantCo. Ltd.	17G131170 (P692)
L&L Luce&Light	17G060507 (P371)
LAAB	17G121117 (P93)
labrador co., ltd	17T001399 (P800)
LG Electronics, Inc.	17G050342 (P43)、17G040298 (P268)、17G050341 (P291)、17G050347 (P293)、17G050357 (P298)、17G050358 (P298)、17G050362 (P300)、17G050381 (P309)、17G050398 (P317)、17G141252 (P729)、17G141253 (P730)、17G141254 (P730)
Life & Living International Limited	17G040221 (P231)
Livin Life Inc.	17G060588 (P411)
LKK Design Shenzhen Co., Ltd.＋ Shenzhen Dicolor Optoelectronics Co., Ltd.	17G090867 (P544)
Madmatter	17T001398 (P800)
Makeblock Co., Ltd.	17G010076 (P159)
Makeblock Co., Ltd. ＋ IU＋ Design Studio	17G010074 (P158)
MANGOSLAB Co., Ltd.	17G010063 (P153)
Matrix Industries	17G050376 (P307)
MEDELI	17G020101 (P172)
MERCURIES AISA LTD.	17G040255 (P248)
MICCUDO MULTIMEDIA CO., LTD	17G010056 (P149)
Microlit	17I001378 (P790)
Motorola Solutions	17G050324 (P283)
National Institute of Design	17I001379 (P790)

NEXEN TIRE Corporation	17G070656 (P442)
no.30	17G030177 (P210)
Nusharp inc.	17G080722 (P474)
Oce, A Canon Company	17G050491 (P361)、17G080766 (P495)、17G080767 (P496)
Oi! (Oil Street Art Space)	17G161377 (P786)
One Plus Partnership Limited	17G121110 (P661)
One Work Design Limited	17G100983 (P600)、17G100984 (P600)
Our Green Report on Corporate Social Responsibility	17G131203 (P707)
PANPURI	17T001401 (P801)
Pegatron Corporation	17G050422 (P329)
Pensar Development	17G080730 (P478)
Philips	17G040259 (P250)、17G040260 (P251)
Philips Lighting	17G060509 (P372)、17G090872 (P546)
Pigeon (Shanghai) CO., LTD	17G030159 (P202)、17G040302 (P270)
Pink Blue Black & Orange	17T001388 (P795)、17T001389 (P795)
Plan b	17G161371 (P118)
Power Vision Robot Corporation	17G050467 (P350)
PQI / Power Quotient International Co., Ltd.	17G050501 (P366)
Process Brand Evolution	17G131178 (P695)
Promise Technology, Inc.	17G050495 (P363)
SAIC Motor	17G070645 (P437)
Salonmates Industrial Co., Ltd.＋Wan-Yii Studio Ltd.＋ Besmed Health Business Corp.	17G020125 (P183)
SAMPLYTICS TECHNOLOGIES	17I001382 (P792)
Samsung Electronics Co., Ltd.	17G050377 (P45)、17G050378 (P307)、17G050379 (P308)、17G050380 (P308)、17G050393 (P315)、17G050466 (P349)、17G141255 (P731)
Serel Sanitary Factory	17TR01385 (P793)
Shanghai BeanLab Technology Co., Ltd.	17G010075 (P158)
Shanghai KACO Industrial Co., Ltd.	17G010039 (P141)
Shanghai Li Yu Cultural Creative & Design Services Co., Ltd.	17G010018 (P131)
Shanghai Mobvoi Information Technology Company Limited	17G050475 (P353)
Shanghai Ruixian Creative Design Co., Ltd.	17G131202 (P706)
SHENG TAI BRASSWARE CO., LTD	17G060576 (P405)
Shenzhen Arashi Vision Company Limited	17G050461 (P347)
Shenzhen ARTOP Design Co., Ltd.	17G080798 (P511)
ShenZhen ChuangWei-RGB Electornics Co., Ltd.	17G050343 (P291)
Shenzhen Dizan Technology Co., Ltd	17G010053 (P148)
Shenzhen Ge Wai Design Management Co., Ltd.	17G050470 (P351)
SHENZHEN HOLATEK Co., LTD	17G050363 (P301)
Shenzhen moonwk Culture Techology Co., Ltd	17G010066 (P154)
Shenzhen ND Industrial Design Co., Ltd	17G020156 (P198)
Shenzhen Runhetianze City Stereo-ecologicl Technology Co., Ltd	17G030175 (P209)

Shenzhen Skyworth Digital Technology Co., Ltd+ Innozen Product Design Co., Ltd	17G050335 (P288)
Shenzhen Voxtech Co., Ltd	17G050321 (P281)
Shigan Technology	17G020094 (P169)
SIDIZ, Inc.	17G090874 (P547)、17G090875 (P547)
SIU Kwok Kin Stanley	17G161375 (P785)
SK magic	17G040242 (P242)、17G040300 (P269)
Smartisan Technology Co., Ltd.	17G050387 (P312)
SMARTMI Limited	17G040296 (P40)
SPARKLY IDENTITY DESIGN	17G131141 (P678)
Square industrial design Co., Ltd+ An Hui artisan creator technology Co., Ltd	17G040312 (P275)
Studio Craftsmanship Company Limited	17T001392 (P797)
Sunpineapple	17G151316 (P760)
Supersoco Intelligent Technology (Shanghai) Co., Ltd.	17G070673 (P450)
SYSMAX Industry Co., Ltd.	17G020085 (P165)
Tang Sung Real Estate Development Co., Ltd.	17G100985 (P601)、17G100986 (P601)
Tapole Co., Ltd	17G010005 (P125)
TATUNG Co.	17G040262 (P252)
TEAM GROUP INC.	17G050421 (P329)
Teawith Essentials Association (Beijing) Co., Ltd.	17G040249 (P245)
teenage engineering	17G020092 (P168)
Tektos Ecosystems Limited	17G010036 (P140)
The Siam Sanitary Fitting Co., Ltd.	17T001395 (P798)
TIMAS TITAN CO., LTD.	17G040215 (P228)、17G040216 (P229)
TODOT DESIGN	17G010017 (P130)
TOSHIBA CONSUMER PRODUCTS (THAILAND) CO., LTD.	17T001396 (P799)
TOUCHBEAUTY BEAUTY & HEALTH (SHENZHEN) CO., LTD	17G020140 (P191)
Transcend Information, Inc.	17G050498 (P364)
TYSON BIORESEARCH, INC.	17G020141 (P191)
Unique Space Co., Ltd.	17G060551 (P393)、17T001387 (P794)
Vermilion Zhou Design Group	17G121118 (P664)
VVG INC.	17G121116 (P663)
WC PLUS+	17T001400 (P801)
WELT Corporation	17G010024 (P134)
Whaley Technology Corporation	17G050365 (P302)
WINIX	17G040299 (P268)
WuXi QingHeXiaoBei Technology Co., Ltd	17G020120 (P181)
Xiaomi Communications Co., Ltd	17G050388 (P312)
Xiaomi Inc.	17G070674 (P62)、17G020086 (P165)、17G050364 (P301)、17G141256 (P731)、 17G141257 (P732)
YANG HOUSE	17G010035 (P139)

Zeng Hsing Industrial CO., LTD	17G040306（P272）
zhongxun.life	17G141235（P722）
ZINUS Inc	17G060552（P393）

ア

RT.ワークス（株）	17G070697（P462）
アイキュージャパン（株）	17G090863（P542）
相坂研介設計アトリエ＋（社福）南生会	17G121086（P649）
アイジー工業（株）	17G060619（P425）
アイシン精機（株）	17G070665（P447）
アイダエンジニアリング（株）	17G080769（P497）
愛知（株）	17G090844（P532）、17G090884（P551）、17G090885（P552）
愛知ドビー（株）	17G040266（P38）
（株）アイディエス	17G080814（P517）
アイパックス イケタニ（株）	17G131146（P680）
アイリスオーヤマ（株）	17G060505（P370）
AWAKENS, Inc.	17G141223（P716）
（株）アキュラホーム	17G151282（P743）
アクア（株）＋ハイアールアジア R&D（株）	17G040278（P259）
（株）アクアリング	17G131185（P699）
（株）浅井アーキテクツ一級建築士事務所＋（株）三浦工務店＋ オーヴ・アラップ・アンド・パートナーズ・ジャパン・リミテッド	17G100928（P574）
（社福）安積愛育園	17G161334（P770）
（株）浅田飴	17L000017（P824）
（株）あさひ	17G070687（P457）、17G070688（P457）
アサヒ飲料（株）	17G131166（P690）、17G131167（P690）
旭化成不動産レジデンス（株）	17G111040（P629）
旭硝子（株）	17G060614（P423）
旭金属工業（株）	17G080718（P472）、17G080719（P472）
朝日ライフ アセットマネジメント（株）	17G151277（P741）
（株）蘆田暢人建築設計事務所＋松之山温泉（合同）まんま＋（株）4CYCLE	17G161342（P773）
（株）アシックス	17G020080（P27）
（株）アスコット＋（株）小川晋一都市建築設計事務所	17G100959（P588）
ASTRUCT	17G010020（P132）、17G010021（P132）
アズビル（株）	17G080755（P490）
阿蘇神社復興支援ボランティア	17G161363（P781）
愛宕自動車工業（株）	17G070710（P168）
NPO法人熱海ふれあい作業所＋MNoKa Architects＋（株）宮田構造設計事務所	17G121091（P651）
アットホーム（株）	17G141231（P720）
アトオシ 永井弘人	17G131149（P682）
アドヴァンスアーキテクツ（株）	17G100929（P575）
（有）アトリエ・門口	17G121075（P644）

アトリエルクス一級建築士事務所	17G100930（P575）、17G100931（P576）、17G100932（P576）
アポットジャパン（株）	17G020153（P197）
（株）APOLLO一級建築士事務所	17G100925（P573）
アマゾンジャパン（合同）	17G070712（P65）
（株）アライズ	17G151306（P755）
アルインコ（株）	17G080739（P482）
（株）アルキービ総合計画事務所	17G111031（P625）
（特非）aLku	17G141250（P729）
（株）AL建築設計事務所＋東北工業大学工学部建築学科福屋粧子研究室＋ （株）エイトリー	17G121058（P636）
アルスコーポレーション（株）	17G020113（P178）
ANNAI（株）	17G151310（P757）
（株）アンビエンテック	17G060511（P373）
一級建築士事務所アンブレ・アーキテクツ	17G100978（P81）

イ

E-パイルネットワーク有限責任事業組合＋江間忠ウッドベース（株）＋ 千代田機電（株）	17G151280（P742）
（株）イエロー	17G030182（P212）
（株）庵町家ステイ	17G151274（P739）
伊熊昌治建築設計事務所	17G100989（P603）
（株）石川素樹建築設計事務所	17G100965（P591）
一菱金属（株）	17G040234（P238）
一心堂本舗（株）	17G131161（P688）
（株）一世紀住宅	17G100903（P562）
（株）イトーキ	17G090887（P77）、17G080824（P521）、17G080828（P523）、17G090878（P548）、 17G090895（P556）
（有）伊藤ウロコ	17L000002（P809）
伊藤忠都市開発（株）＋三信住建（株）	17G110998（P609）
伊藤超短波（株）＋セイリン（株）	17G080820（P520）
伊藤瑞貴建築設計事務所	17G121114（P662）
イノシタデザイン	17G040226（P234）
（株）イムラ	17G100933（P577）
（株）磐城高箸	17G030195（P218）
（株）イワタ	17G060555（P395）、17L000015（P822）
イワフジ工業（株）	17G080772（P498）
岩堀未来建築設計事務所＋長尾亜子建築設計事務所＋福島県矢吹町	17G100966（P592）
（株）インターセントラル	17G040310（P274）、17G040311（P274）
（株）インプロバイド	17G141237（P723）

ウ

（株）ヴァル研究所	17G141230（P720）

WHILL（株）	17G070696（P461）
（株）ウインテック	17G010029（P136）
（株）内田洋行	17G090879（P549）、17G090880（P549）
（株）内田洋行＋（株）良品計画	17G090888（P553）
（合同）WOULD＋一級建築士事務所あわデザインスタジオ	17G161358（P779）

エ

（株）AIトラベル	17G141229（P719）
ANAウィングフェローズ・ヴイ王子（株）＋ボヘミアンデザイン	17G121120（P665）
（株）AOB慧央グループ＋（株）竹中工務店	17G121070（P642）
栄光学園＋（株）日本設計・大成建設（株）設計共同企業体	17G121078（P646）
（株）ACT JAPAN	17G030181（P211）
EIZO（株）	17G050360（P299）
（株）エイバンバ	17G100934（P577）
Eureka	17G100952（P80）
ATV（株）	17G020098（P171）
（株）A-Line	17G151300（P752）
（株）エクストーン	17G141212（P712）
江崎グリコ（株）＋（株）電通＋（株）電通テック＋Google ZOO＋ （株）BIRDMAN＋（株）ココノヱ＋（株）ロボット＋（株）ワンダラス	17G141211（P711）
（株）S&Gハウジング	17G100904（P562）
（株）SN Design Architects＋（株）キーストン＋ヨシヤス建設（株）	17G100927（P574）
えちぜん鉄道（株）	17G151311（P757）
EDUL Design（株）	17G010052（P148）
エデュテ（株）	17G030178（P34）
（株）エトウ	17G060558（P396）
NHKエンタープライズ＋NHKメディアテクノロジー＋レコチョク＋WONDER VISION TECHNO LABORATORY	17G131181（P697）
NKアグリ（株）	17G151268（P106）
エヌティー（株）	17L000012（P819）
（株）NTTドコモ	17G070714（P67）、17G141217（P99）、17G070716（P470）
NTT都市開発（株）＋大成建設（株）＋ヒューリック（株）＋東京都市開発（株）	17G121097（P654）
NTT都市開発（株）＋（株）リビタ	17G111033（P626）
荏原環境プラント（株）＋武蔵野市＋鹿島建設（株）＋水谷俊博建築設計事務所	17G121073（P643）
（株）エムール	17G030197（P219）
エリーパワー（株）	17G070678（P452）
エル・エル・ビーン インターナショナル	17L000004（P811）
エレクトロフックス・ジャパン（株）	17G090858（P539）
エレコム（株）	17G010033（P138）、17G020106（P175）、17G020107（P175）、17G020108（P176）、 17G030168（P205）、17G050424（P330）、17G050425（P331）、17G050500（P365）
（株）エンジニア	17G080721（P473）
（株）エンジョイワークス	17G100905（P563）

（株）ENJIN	17G131160（P687）
（株）遠藤剛生建築設計事務所＋（独法）都市再生機構 西日本支社	17G111043（P630）

オ

（株）おいしいにっぽん もうひとつのdaidokoro	17G161366（P782）
OUWN（株）	17G131164（P689）
（株）大石アンドアソシエイツ	17L000021（P828）、17L000022（P829）
大阪大学歯学部附属病院 障害者歯科治療部＋ 大阪大学歯学部附属歯科技工士学校	17G010067（P155）
大阪府住宅供給公社	17G111034（P627）
大塚製薬（株）＋凸版印刷（株）＋（特非）シルバーリボンジャパン	17G161331（P768）
（株）大林組	17G121129（P669）
大林新星和不動産（株）	17G111021（P620）
（株）大原鉄工所	17G070707（P466）
（株）オーレック	17G121131（P670）
（株）オカグレート	17G090902（P559）
（株）お金のデザイン	17G141239（P724）
（株）岡村製作所	17G060539（P387）、17G080822（P520）、17G080826（P522）、17G090881（P550）、 17G090882（P550）、17G090883（P551）
（株）otta	17G141234（P722）
オプテックス（株）	17G090894（P556）
オムロン（株）	17G080761（P493）、17G080763（P494）、17G151295（P750）
オムロン ヘルスケア（株）	17G020148（P31）、17G020152（P196）
オリックス自動車（株）	17G070715（P469）
オリンパス（株）	17G050432（P333）、17G050433（P334）、17G050434（P334）、17G080800（P512）、 17G080802（P513）
オルファ（株）	17G090831（P526）

カ

（株）ガードフォースジャパン	17G020105（P174）
（株）カーメイト	17G070653（P441）
カール事務器（株）	17G010046（P145）、17G010047（P145）、17G010048（P146）、17G080727（P476）
カイ インダストリーズ（株）	17G080794（P509）
貝印（株）	17G080736（P481）
（株）カインズ	17G030183（P212）、17G040228（P235）、17G040229（P235）、17G070686（P456）
KAKAXI Inc.	17G080782（P503）
（株）加地	17G030193（P217）
カシオ計算機（株）	17G010008（P126）、17G010009（P127）、17G010010（P127）、17G050446（P340）、 17G090834（P527）
（株）梶谷建設＋（株）SALHAUS	17G100960（P589）
柏木工（株）	17G060537（P386）
KASEI	17G161364（P781）

非営利型(一社)かたつむり＋北上アビリティーセンター	17G030172 (P207)
ガッチ(株)＋大堀相馬焼松永窯＋雄勝硯生産販売協同組合	17G040214 (P228)
金沢市＋(株)Hotchkiss	17G131193 (P702)
金沢大学＋(株)シャルマン	17G080795 (P509)
(株)カナリア＋(株)フローフシ	17G020132 (P187)
(株)兼古製作所	17G080723 (P474)
かねひろ(株)	17G040218 (P230)
(株)カネボウ化粧品	17G131138 (P676)
からすや食堂＋(株)栗田祥弘建築都市研究所	17G121113 (P662)
(株)河合楽器製作所	17G020097 (P170)
(株)川上板金工業所	17G060624 (P428)
(有)川久保智康建築設計事務所	17G100935 (P578)
関西ノート(株)	17L000013 (P820)
(株)カンセキ	17G020089 (P167)
広東美的制冷設備有限公司	17G060523 (P379)

キ

(株)キー・オペレーション＋(合同)一鶴プランニング	17G121121 (P665)
(株)北川鉄工所	17G080753 (P489)
(株)喜多俊之デザイン研究所	17G060546 (P390)
(株)キッズコーポレーション＋KINO architects＋千広建設(株)	17G121088 (P650)
キッズダイアリー(株)	17G141221 (P715)
(株)キッズライン	17G151258 (P734)
城戸崎建築研究室	17G100936 (P578)
キネトスコープ	17G040212 (P227)
(株)キャットアイ	17G070694 (P460)
キヤノン(株)	17G050427 (P47)、17G050370 (P304)、17G050428 (P331)、17G050429 (P332)、17G050441 (P338)、17G050454 (P344)、17G050484 (P357)、17G080744 (P485)、17G080809 (P516)
キヤノン電子(株)	17G151315 (P759)
九州小島(株)＋新日鉄住金エンジニアリング(株)	17G121134 (P672)
九州八重洲(株)	17G111036 (P628)
キユーピー(株)	17L000018 (P825)
(株)九銘協	17G060543 (P389)
(株)Curio School	17G161318 (P762)
(株)教育と探求社	17G161320 (P763)
(株)京三製作所	17G151312 (P758)
京セラ(株)	17G060389 (P313)、17G050390 (P313)
京セラドキュメントソリューションズ(株)	17G050488 (P359)
(株)京都新聞COM	17G131204 (P707)
京都府立大学大学院 河西研究室	17G100937 (P579)
協和ハーモネット(株)	17G050319 (P280)

（株）清原織物	17G010059（P151）
キリンビバレッジ（株）	17G131168（P691）、17G131169（P691）
近畿大学＋（株）NTTファシリティーズ	17G121077（P645）
近畿不動産活性化協議会	17G151279（P742）
（株）キングジム	17G131179（P696）
（一社）銀座通連合会＋警視庁築地警察署	17L000025（P832）
近鉄不動産（株）	17G111011（P615）、17G121096（P654）

ク

（株）クオリ	17G090843（P532）
（一社）グッドネイバーズカンパニー	17G161330（P768）
（株）熊平製作所	17G090852（P536）、17G090853（P537）
クラウドキャスト（株）	17G151293（P749）
（株）Crown Clown	17G010071（P156）
クラフト・ワン（株）＋（公財）熊本市美術文化振興財団	17G161360（P780）
農業生産法人（株）グリーンズグリーン	17G020117（P180）
（株）グリーンベル	17G020124（P183）、17G040235（P238）
（株）グリーンライフ	17G020114（P179）
グリーンリバーホールディングス（株）	17G080773（P499）
クリ英ター永和（株）	17G100906（P563）
（株）クリエイターズネクスト	17G141227（P718）
（株）クレジットエンジン	17G151276（P740）
Crevo（株）	17G141228（P719）
グロービジョン（株）＋（株）大林組一級建築士事務所＋（株）アトリエ・ジーアンドビー	17G121128（P669）
グローリー（株）	17G090861（P541）
（株）クロスエフェクト	17G080810（P517）
（株）クロス・クローバー・ジャパン	17G020112（P178）
黒保根おいしいお米をつくる会＋NPO法人キッズバレイ＋（株）電通	17G161365（P782）

ケ

慶應義塾大学大学院システムデザイン・マネジメント研究科＋東京大学空間情報科学研究センター＋東京海洋大学海洋工学部	17G161322（P764）
京王電鉄（株）	17G070633（P433）
社会医療法人財団董仙会 恵寿総合病院	17G151267（P104）
京阪電鉄不動産（株）	17G111009（P614）、17G111010（P615）
京阪電鉄不動産（株）＋そらにわ運営組合	17G111035（P627）
ケイミュー（株）	17G060618（P425）
京葉エステート（株）＋Archidance	17G100938（P579）
（株）建築築事務所＋東京大学大学院理学系研究科物理有機化学磯部研究室	17G121135（P672）

コ

（株）コーアツ	17G090850（P535）

（株）ゴールド工芸製作所	17G040210（P226）
コールマン ジャパン（株）	17G020084（P164）、17L000007（P814）
（株）湖池屋＋（株）電通	17G131173（P693）
河野有悟建築計画室＋内海聡建築設計事務所＋（株）ウルテック	17G100957（P587）
河野有悟建築計画室＋（株）ウルテック	17G100956（P587）
光和衣料（株）	17G141247（P727）
（株）幸和製作所	17G070698（P462）
幸和ハウジング（株）	17G151281（P743）
国土交通省 東北地方整備局 岩木川ダム統合管理事務所＋（株）東京建設コンサルタント＋（株）イー・エー・ユー	17G121046（P632）
コクヨ（株）	17G010043（P143）、17G080823（P521）、17G090836（P528）、17G090886（P552）、17G090889（P553）、17G090890（P554）、17G090891（P554）、17L000014（P821）
國立臺灣大學出版中心＋TAKE A NOTE	17G010051（P147）
（株）コスモスイニシア	17G111001（P610）
（株）コスモスイニシア＋（株）ミハデザイン一級建築士事務所	17G111002（P611）
（有）コスモメディアサービス	17G141209（P710）
（株）コスモライフ	17G040247（P244）
（株）コッチ	17G141232（P721）
後藤木材（株）	17G060542（P388）
コニカミノルタ（株）	17G080745（P485）、17G080808（P516）、17G090856（P538）、17G131186（P699）、17G151303（P753）
（株）小林建設	17G100939（P580）
（株）コプラス	17G100961（P589）
小松精練（株）	17G121132（P671）
小湊鐵道（株）	17G070631（P432）
（株）コムラエージェンシー＋幸建設（株）	17G111003（P611）
（株）コメリ	17G020116（P179）、17G070695（P461）
コンシャス	17G121115（P663）

サ

さいたま市＋アール・エフ・エー	17G121054（P87）
（株）サエラ	17G030192（P217）
酒井医療（株）	17G080819（P519）
（株）酒井製作所	17G080750（P488）
佐賀県	17G141251（P103）
サカセ化学工業（株）	17G080825（P522）、17G080827（P523）
サクラパックス（株）	17G161359（P116）
札幌市＋（株）オリエンタルコンサルタンツ＋（株）ネイ＆パートナーズジャパン	17G121052（P635）
（株）佐藤総合計画＋（株）SUEP.	17G121081（P647）
（株）佐藤宏尚建築デザイン事務所＋（株）インヴァランス＋大旺新洋（株）	17G111007（P613）
（株）佐藤宏尚建築デザイン事務所＋（株）Tokyo net worth＋本間建設（株）	17G100940（P580）
（株）SALHAUS	17G121079（P91）

(有)サンエイ＋座光寺商店(株)＋伊藤博之建築設計事務所	17G100954 (P586)
(株)三栄建築設計	17G100941 (P581)、17G100993 (P605)
三協立山(株)	17G060593 (P413)
三協立山(株) 三協アルミ社	17G060591 (P412)、17G060606 (P419)
(株)サンゲツ	17G090892 (P555)、17G090893 (P555)
三甲(株)	17G030185 (P213)、17G080728 (P477)
(株)三光＋九州大学	17G010050 (P147)
三進金属工業(株)	17G090868 (P544)
サントリーホールディングス(株)＋(株)電通	17G131175 (P694)
三宝産業(株)	17G040219 (P230)
(株)山陽	17G131171 (P692)
(株)サンワード	17G030173 (P208)
(株)サンワカンパニー	17G060574 (P404)、17G060575 (P404)、17G060577 (P405)、17G060578 (P406)、17G060579 (P406)、17G060580 (P407)

シ

(株)GSディベロップメント＋内野建設(株)＋AIUEO STUDIO(株)＋ito.＋伊藤教司建築設計事務所	17G110996 (P608)
(株)シーエンジ	17G030200 (P221)
シーカー・アジア財団＋公益社団法人シャンティ国際ボランティア会	17G161333 (P769)
(株)シーナタウン＋(株)ブルースタジオ	17G161344 (P773)
(株)歯愛メディカル	17G020119 (P181)
(株)CAPD	17G121102 (P657)
(株)JR東日本ウォータービジネス	17G090841 (P531)
JFEエンジニアリング(株)	17G080781 (P503)
JCRファーマ(株)＋パナソニック ヘルスケア(株)	17G020155 (P198)
(株)JWA建築・都市設計	17G100926 (P573)
ジェイレックス・コーポレーション(株)	17G110997 (P608)
ジェクス(株)	17G020151 (P196)
(有)ジェムネットワーク	17G010023 (P133)
(株)シグマ	17G050453 (P343)
シスメックス(株)	17G080784 (P68)
シチズン時計(株)	17G010014 (P129)、17G010015 (P130)
(株)じぶん銀行	17G141213 (P712)
(株)SHIMA	17G030189 (P215)
(株)島精機製作所	17G080765 (P66)
シマダアセットパートナーズ(株)	17G100988 (P602)
シマダアセットパートナーズ(株)＋DEW STUDIO	17G100971 (P594)
シマダハウス(株)＋シマダアセットパートナーズ(株)＋伊藤博之建築設計事務所	17G100955 (P586)
(株)島津製作所	17G080785 (P504)、17G080787 (P505)
(株)シマノ	17G020111 (P177)、17G070691 (P459)、17G070692 (P459)
清水建設(株)	17G121076 (P645)、17G121127 (P668)、17G121130 (P670)

清水建設（株）＋（株）フィールドフォー・デザインオフィス	17G060627（P429）
シャープ（株）	17G040276（P258）、17G040289（P264）、17G050361（P300）、17G050383（P310）
シャープ（株）＋石井酒造（株）＋（株）マクアケ	17G131198（P704）
（株）ジャクエツ環境事業	17G090847（P534）、17G090848（P534）
（株）JAM	17G010065（P154）
住宅情報館（株）	17G151286（P745）
首都高速道路（株）	17G070717（P470）、17G121047（P633）
SyuRo	17G030176（P209）
正栄産業（株）＋（有）ランドサット	17G100907（P564）
ジョンソンヘルスケア（株）	17G020146（P194）
シリコンパワージャパン（株）	17G050496（P363）、17G050499（P365）
医療法人社団中郷会 新柏クリニック＋（株）竹中工務店	17G121089（P651）
（株）ジンズ	17G010004（P22）
（株）新陽社	17G090851（P536）

ス

（株）super.B	17G020110（P177）
（株）杉山製作所	17G060561（P398）
（有）スコープ	17L000009（P816）
スズキ（株）	17G070640（P436）、17G070647（P438）、17G070668（P448）、17G070670（P449）、17G070683（P455）
（株）鈴木楽器製作所	17G020090（P167）
鈴木照明（株）	17G060513（P374）
スタービレッジ阿智誘客促進協議会	17G131192（P702）
（株）スタームービング＋（株）シマーズ	17G030191（P216）
スタイレム（株）　ガーメント事業部　LS Grp. ギフトコミュニケーション課	17G030179（P210）、17G030180（P211）
（株）ステッチ＋（株）ピース	17G141210（P711）
ストリートアカデミー（株）	17G141224（P717）
（株）スノーピーク	17G100951（P78）、17G020083（P164）
（株）SUBARU	17G070641（P436）、17G070642（P437）
（株）スマイルズ	17G121111（P661）
住田町＋ナグモデザイン事務所＋すみた・木いくプロジェクト	17G161338（P771）
住友ゴム工業（株）	17G070657（P443）
住友生命保険相互会社＋（特非）放課後NPOアフタースクール	17G161325（P765）
住友不動産（株）	17G100908（P564）、17G111017（P618）、17G111018（P619）、17G111019（P619）、17G111020（P620）
住友林業（株）	17G060617（P424）、17G100994（P605）
スリーエムジャパン（株）	17G080787（P484）、17G080890（P524）

セ

セイコーインスツル（株）	17G020102（P173）
セイコーウオッチ（株）	17G010011（P128）、17G010012（P128）、17G010013（P129）

セイコーエプソン（株）	17G050481（P50）、17G090897（P76）、17G050367（P303）、17G050368（P303）、 17G050482（P356）、17G050483（P357）、17G050490（P360）
セイコークロック（株）	17L000008（P815）
西武鉄道（株）＋川崎重工業（株）	17G070634（P433）
西武鉄道（株）＋西武レクリエーション（株）＋西武建設（株）＋西武造園（株）	17G121049（P633）
西武鉄道（株）＋（株）日立製作所	17G151265（P737）
生和コーポレーション（株）	17G100968（P593）
（株）Secual	17G050469（P351）
設計＋制作／建築巧房	17G111032（P626）
（株）設計領域＋富士設計（株）	17G121056（P635）
ZTE CORPORATION	17G050479（P355）
（株）Zeppホールネットワーク＋鹿島建設（株）	17G121109（P660）
（株）セラーズ	17G090855（P538）
（株）セラク	17G151270（P738）
全国防草ブロック工業会＋石田鉄工（株）＋防草研究会	17G090870（P75）

ソ

総合地所	17G111041（P629）
総合地所＋アール・エフ・エー	17G100909（P565）
ソニー（株）	17G040317（P277）、17G050371（P305）、17G050374（P306）、17G050375（P306）、 17G141243（P725）、17L000005（P812）
ソニー（株）＋ソニーイメージングプロダクツ＆ソリューションズ（株）	17G050426（P46）、17G050493（P362）
ソニー（株）＋ソニービジュアルプロダクツ（株）	17G050346（P42）
ソニー（株）＋ソニービデオ＆サウンドプロダクツ（株）	17G050325（P41）、17G050326（P283）、17G050329（P285）、17G050336（P288）
ソニー（株）＋ソニーモバイルコミュニケーションズ（株）	17G050372（P44）、17G050382（P309）
（株）ソニー・インタラクティブエンタテインメント	17G050423（P330）
ソニーネットワークコミュニケーションズ（株）	17G141206（P710）
ソフトバンク（株）	17G151260（P105）
ソフトバンク コマース＆サービス（株）	17G030169（P206）
SOO	17G030161（P203）

タ

大王製紙（株）	17G010026（P135）
タイガー魔法瓶（株）	17G040258（P250）
（株）大京	17G111000（P610）
ダイキン工業（株）	17G060516（P53）、17G040295（P267）、17G060518（P376）、17G060519（P377）
（株）大慶堂＋（株）モストデザイン＋関根桐材店	17G131143（P679）
（株）タイコーハウジングコア	17G100974（P596）
大正大学＋（株）大林組	17G100990（P603）
大成建設ハウジング（株）	17G100910（P565）
（株）タイタン・アート	17G010032（P138）
ダイハツ工業（株）	17G070646（P438）

大洋紙業（株）	17G080776（P500）
大和化成工業（株）＋（株）エムアーキ＋（株）竹中工務店	17G121133（P671）
大和船舶土地（株）＋（有）ランドサット	17G111030（P625）
大和ハウス工業（株）	17G100911（P566）、17G111022（P621）
大和冷機工業（株）	17G090859（P540）
（株）タカギ	17G020115（P28）
（株）タカタレムノス＋Design life with kids interior workshop	17G030170（P206）
高千穂シラス（株）	17G100942（P581）
aaat 高塚章夫建築設計事務所	17G100924（P572）
（株）高見沢サイバネティックス	17G090854（P537）
（株）タカヤ	17G151284（P744）
タカラスタンダード（株）	17G060571（P402）
タカラベルモント（株）	17G090901（P559）
宝山酒造（株）	17G131165（P689）
（株）タカラレーベン	17G060608（P420）、17G151289（P747）、17G161355（P778）
（株）拓匠開発	17G111039（P628）
（株）匠技研＋（株）レスキューナウ	17G151314（P759）
（有）竹田ブラシ製作所	17G020134（P188）
（株）竹中工務店	17G121126（P668）
（株）竹中工務店＋名古屋市	17G121057（P636）
田島ルーフィング（株）	17G060612（P422）
多治見市＋（株）久米設計	17G121095（P653）
（株）辰馬コーポレーション	17G131155（P685）
（株）ダッドウェイ	17G010028（P136）
（株）タツミプランニング	17G161324（P765）
（有）伊達水蜜園	17G131147（P681）
（株）タニタハウジングウエア	17G060620（P426）
（株）タニタハウジングウエア＋（株）吉岡	17G060623（P427）
（株）タミヤ	17G010073（P157）
（株）タムタムデザイン 一級建築士事務所	17G100975（P596）

チ

千葉工業大学＋（株）Surface & Architecture＋久納鏡子＋赤川智洋＋タノシム＋東京スタデオ＋mokha	17G131187（P700）
千葉大学大学院園芸学研究科木下勇地域計画学研究室 コミュニティメタデザイングループ＋（株）タカショー	17G161369（P783）
千博産業（株）	17G060625（P428）
（株）チューブロック	17G081180T2（P187）
NPO法人ちょうしがよくなるくらぶ	17G131156（P685）
（一社）超人スポーツ協会	17G161329（P767）
真宗大谷派 松霊山 長徳寺＋吉原写真館＋ 東京藝術大学美術学部建築科ヨコミゾマコト研究室	17G121094（P653）

チヨダウーテ(株)	17G060616 (P424)

ツ

ツインバード工業(株)	17G040303 (P270)
月灯りの移動劇場＋STANDS ARCHITECTS＋名城大学　生田京子研究室＋藤尾建築構造設計事務所	17G121069 (P641)
燕市	17G161319 (P762)

テ

(株)ディーグリーン	17G131152 (P683)
(株)T・SPEC	17G090845 (P533)
(株)TBM	17G090830 (P72)
TBWA\HAKUHODO＋髙島屋	17G010019 (P131)
帝人フロンティア(株)	17G080779 (P502)
(株)ディスカバリー	17G141218 (P714)
(株)ディスペンパックジャパン	17L000019 (P826)
デーリー東北新聞社＋(株)Hotchkiss	17G131205 (P708)
手紙寺 證大寺	17G030204 (P34)、17G121093 (P652)
デザイン・クリエイティブセンター神戸＋神戸市	17G161317 (P111)
(株)デザインアーク	17G090842 (P531)
(株)デザインフィル	17G010044 (P144)、17G010045 (P144)
テスラモーターズ ジャパン	17G070644 (P60)
手塚建築研究所	17G121068 (P641)
(株)テラスオフィス	17G161346 (P774)
(株)寺田電機製作所	17G060601 (P54)
デルタ電子(株)	17G080788 (P506)
テルモ(株)	17G080790 (P507)、17G080804 (P514)
デロンギ・ジャパン(株)	17G040251 (P246)、17G040252 (P247)
デンカ(株)	17G131140 (P677)
(株)デンソー	17G070708 (P467)
(株)デンソー＋(株)デンソーエアクール	17G070709 (P467)
(株)電通＋(有)ジー・アール・ヴィ	17G131184 (P698)
(株)電通＋(株)電通ライブ	17G131194 (P703)
(株)電通ライブ	17G121136 (P673)、17G131189 (P701)
(株)天童木工	17L000023 (P830)
テンピュール・シーリー・ジャパン(有)	17G060557 (P396)

ト

(株)トーシンパートナーズ	17G111004 (P612)
(株)トーヨーキッチンスタイル	17G060572 (P403)
トーンモバイル(株)	17G141233 (P721)
(株)トイロ	17G060545 (P390)

(株)東海理化＋トヨタ自動車(株)	17G070649 (P439)
東急不動産(株)	17G111023 (P621)
東急不動産(株)＋近鉄不動産(株)＋JR西日本不動産開発(株)	17G111024 (P622)
東急不動産(株)＋(株)日建設計	17G121100 (P656)
東急不動産(株)＋三菱地所レジデンス(株)＋小田急不動産(株)	17G111025 (P622)
東京海上日動あんしん生命保険(株)	17G141249 (P728)
東京ガスエンジニアリングソリューションズ(株)	17G080786 (P505)
東京急行電鉄(株)＋(株)アトリエユニゾン	17G121050 (P634)
東京急行電鉄(株)＋東京地下鉄(株)	17G070638 (P435)
(株)東京銭湯	17G161336 (P770)
東京建物(株)＋太陽工業(株)＋東京ガス用地開発(株)＋ (有)E.P.A 環境変換装置建築研究所	17G121060 (P637)
東京建物(株)＋三井不動産レジデンシャル(株)＋三菱地所レジデンス(株)＋ 東急不動産(株)＋住友不動産(株)＋野村不動産(株)＋東京電力パワーグリッド(株)	17G111026 (P623)
東京地下鉄(株)	17G070637 (P435)
東京都	17G131180 (P696)
(株)東光舎	17G080735 (P480)
(株)ドウシシャ	17G040304 (P271)
(株)東芝＋東芝インフラシステムズ(株)＋東京水道サービス(株)＋ (株)日本ウォーターソリューション	17G080743 (P484)
(株)東芝＋東芝映像ソリューション(株)	17G050345 (P292)、17G050473 (P352)
(株)東芝＋東芝エネルギーシステムズ(株)	17G090871 (P545)
(株)東芝＋東芝デジタルソリューションズ(株)	17G151291 (P748)
(株)東芝＋東芝ライフスタイル(株)	17G040273 (P256)、17G040286 (P262)
東芝テック(株)	17G090839 (P530)、17G090840 (P530)
東武鉄道(株)	17G070632 (P432)
東洋羽毛工業(株)	17G030198 (P220)
東洋ゴム工業(株)	17G070658 (P443)、17G070659 (P444)、17G070662 (P445)
東洋佐々木ガラス(株)	17G040207 (P37)、17G040213 (P227)
東洋地所(株)＋東洋インダストリー(株)＋(有)ランドサット	17G100912 (P566)
東リ(株)	17G080780 (P502)
(株)とくし丸	17G151271 (P107)
豊島区＋南池袋公園をよくする会＋(株)ランドスケープ・プラス	17G161341 (P772)
(株)トプコン	17G080740 (P483)、17G080815 (P518)、17G080816 (P518)
TOMATO GLASSES	17G010006 (P125)
トヨタ自動車(株)	17G070639 (P59)、17G070648 (P439)
トヨタ自動車(株)＋(株)デンソー	17G070651 (P440)
(株)豊田自動織機	17G070706 (P466)
トヨタホーム(株)	17G100913 (P567)
(特非)豊永郷民俗資料保存会＋(株)上田建築事務所	17G121063 (P638)
トライアンフ モーターサイクルズ ジャパン(株)	17G070667 (P448)
(株)トライフ	17G131142 (P678)

(株)ドリーム	17G020103（P173）
(社福)どろんこ会＋ユニップデザイン(株)	17G121084（P648）
(株)トンボ鉛筆	17G010042（P143）

ナ

ナイス・飯田善彦建築工房・岡山建設設計建設共同企業体	17G111037（P82）
(株)中川政七商店	17G131191（P95）
中津家具(株)＋大分県立芸術文化短期大学＋大分県立看護科学大学＋大分県産業科学技術センター	17G060538（P386）
(株)長門屋本店	17G131163（P688）
ナガノインテリア工業(株)	17G060533（P384）、17G060534（P384）
ナカバヤシ(株)	17G010049（P146）、17G010060（P151）、17G010061（P152）
(株)ナカムラ	17G060549（P392）
(有)中村豊蔵商店	17G040236（P239）、17G040237（P239）
(株)中山大輔建築設計事務所	17G100943（P582）
奈良県天理市	17G121053（P86）
(株)ナンシン	17G080729（P477）

ニ

(株)ニコン	17G050430（P332）、17G050431（P333）、17G050455（P344）、17G080783（P504）、17G141240（P725）
(株)ニコンビジョン	17G020082（P163）
西川リビング(株)	17G030196（P219）
西日本旅客鉄道(株)	17G070630（P56）
(株)ニシムラ	17G060610（P421）
(株)西村プレシジョン	17G010007（P126）
(株)日建設計	17G121080（P646）
日東工業(株)＋パンドウイットコーポレーション日本支社	17G090864（P542）
日本毛織(株)	17G161349（P775）
(公財)日本財団	17G161323（P764）
日本精工(株)＋スパイラル／(株)ワコールアートセンター	17G151263（P736）
日本製紙クレシア(株)	17G030162（P203）
(株)日本デザインセンター	17G161352（P115）
日本電信電話(株)	17G090869（P545）
(株)日本の窓	17G060622（P427）
日本ベアリング(株)	17G080751（P488）
(株)ニトリ	17G030199（P220）
ニプロ(株)	17G080792（P508）、17G080797（P510）
日本イーライリリー(株)	17G080793（P508）
(株)日本経済新聞社	17G141207（P97）、17G141208（P98）
日本光電工業(株)	17G080791（P507）
日本シグマックス(株)	17G020078（P162）

日本土地建物（株）	17G121099（P655）
（株）日本の森と家	17G161353（P777）
日本ミシュランタイヤ（株）	17G070663（P446）
日本メドトロニック（株）	17G080811（P69）、17G080812（P71）、17G080796（P510）

ネ

（株）ネイ＆パートナーズジャパン	17G121048（P84）
NextDrive（株）	17G050474（P353）
（株）ネストハウス	17G151285（P745）

ノ

（株）ノーザ	17G151294（P749）
ノーマンジャパン（株）	17G060560（P397）
（株）ノーリツ	17G060598（P416）
Nodoka	17G131157（P686）
（株）乃村工藝社 NOMLAB＋Ginger Design Studio＋monopo	17G131196（P704）
野村不動産（株）	17G111044（P85）、17G100995（P606）、17G111027（P623）、17G111028（P624）、17G111029（P624）、17G141245（P726）
野村不動産（株）＋牛込昇建築設計事務所	17G111008（P614）

ハ

（株）ハイ＋（株）CANOPUS	17G010070（P156）
パイオニア（株）＋広島大学	17G080789（P506）
（株）パイロットコーポレーション	17G010037（P140）、17G010038（P141）、17L000010（P817）
白山陶器（株）	17G040209（P225）
NPO法人白十字在宅ボランティアの会	17G161347（P114）
（株）博報堂	17G050471（P51）
バクマ工業（株）	17G060595（P414）、17G060596（P415）、17G060597（P415）
函館西部地区バル街実行委員会	17G161368（P119）
パシフィックコンサルタンツ（株）＋（株）GK設計＋（株）浦建築研究所	17G121051（P634）
（株）はせがわ＋カリモク家具（株）	17G030203（P222）
（有）長谷川電家商会	17G060517（P376）
（株）長谷工コーポレーション＋（株）フォリス	17G100991（P604）
（株）バックテック	17G141214（P713）
（株）ハッピージャパン	17G040307（P272）
（株）バッファロー	17G050477（P354）
NPO法人はな＋SOGO建築設計	17G100987（P602）

パナソニック（株）	17G010001（P22）、17G020123（P29）、17G030160（P31）、17G040282（P39）、 17G070650（P61）、17G010002（P124）、17G020122（P182）、17G020126（P184）、 17G020127（P184）、17G020128（P185）、17G020129（P185）、17G020130（P186）、 17G020131（P186）、17G020135（P188）、17G020136（P189）、17G020137（P189）、 17G020138（P190）、17G020139（P190）、17G040256（P249）、17G040257（P249）、 17G040261（P251）、17G040267（P253）、17G040268（P254）、17G040269（P254）、 17G040274（P257）、17G040275（P257）、17G040279（P259）、17G040280（P260）、 17G040281（P260）、17G040285（P262）、17G040287（P263）、17G040288（P263）、 17G040290（P264）、17G040291（P265）、17G040293（P266）、17G040294（P266）、 17G040309（P273）、17G040315（P276）、17G040316（P277）、17G050322（P282）、 17G050330（P285）、17G050333（P287）、17G050334（P287）、17G050337（P289）、 17G050338（P289）、17G050339（P290）、17G050340（P290）、17G050344（P292）、 17G050350（P294）、17G050351（P295）、17G050352（P295）、17G050353（P296）、 17G050369（P304）、17G050394（P315）、17G050435（P335）、17G050436（P335）、 17G050449（P341）、17G050459（P346）、17G050460（P347）、17G060520（P377）、 17G060521（P378）、17G060528（P381）、17G060529（P382）、17G060530（P382）、 17G060567（P400）、17G060568（P401）、17G060569（P401）、17G060570（P402）、 17G060582（P408）、17G060584（P409）、17G060602（P417）、17G060603（P418）、 17G080738（P482）、17G080778（P501）、17G090857（P539）、17G090865（P543）、 17G090876（P548）、17G151283（P744）、17G161348（P775）
パナソニック（株）＋高砂熱学工業（株）	17G151309（P756）
パナソニック（株）＋福井県あわら市	17G161345（P774）
パナソニック（株）AIS社　エナジーデバイス事業部	17G040313（P275）、17G040314（P276）
パナホーム（株）	17G100914（P567）
林八百吉（株）	17L000001（P808）
パラマウントベッド（株）	17G060554（P394）、17G151304（P754）
HARIO（株）	17G040223（P232）、17G040224（P233）
バルミューダ（株）	17G040265（P36）、17G040250（P246）
（株）パロマ	17G060566（P400）、17G060599（P416）
阪堺電気軌道（株）	17G070635（P434）
阪急不動産（株）	17G111012（P616）
（株）バンブーカット	17G131151（P683）

ヒ

BSN medical（株）	17G020149（P195）
（株）BKK＋黒金剛釣具有限責任公司	17G020109（P176）
ピースグラフィックス＋（有）たつみ麺店	17G131153（P684）
ビーツ・バイ・ドクタードレ	17G050318（P280）
（株）ビートソニック	17G060506（P371）
（株）ビーワーススタイル	17G040238（P240）
ぴあ（株）	17G141244（P726）
日置電機（株）	17G080741（P483）、17G080742（P484）、17G080746（P486）
東日本旅客鉄道（株）	17G070629（P56）
ひさむら農園	17G131148（P681）
ピジョン（株）	17G030158（P202）、17G070699（P463）
（株）ビズリーチ	17G151290（P747）
飛騨産業（株）	17G060536（P385）
日立アプライアンス（株）	17G040272（P256）、17G040284（P261）

（株）日立製作所	17G070636（P434）、17G141246（P727）
ひたちなか海浜鉄道（株）＋（株）フラッグ＋（株）インターテクスト	17G161326（P766）
（株）日立ハイテクノロジーズ	17G151298（P751）
（株）桧家ホールディングス	17G060600（P417）
日野自動車（株）	17G070700（P64）、17G070703（P464）
（株）日比野設計＋幼児の城	17G121083（P648）、17G121085（P649）
NPO法人ひまわりの会＋（株）NTTドコモ＋（株）博報堂DYメディアパートナーズ	17G141220（P715）
（株）平田晃久建築設計事務所＋ オーヴ・アラップ・アンド・パートナーズ・ジャパン・リミテッド	17G121062（P89）
広島アルミニウム工業（株）	17G040227（P234）
廣田硝子（株）	17G060512（P374）

フ

（株）ファーストリテイリング	17G121125（P667）
（株）フォーデジットデザイン	17G131183（P698）
（株）フォレストコーポレーション	17G100915（P568）
フォントワークス（株）	17G131201（P706）
福島工業（株）	17G090860（P540）
（株）フクシン	17G010025（P134）
富国生命保険相互会社＋（有）越山ビルディングズ＋ 清水建設（株）一級建築士事務所	17G121101（P656）
（株）フジ医療器	17G020145（P193）
富士機械製造（株）＋（株）マウントフジアーキテクツスタジオ一級建築士事務所	17G121092（P652）
（株）フジコー	17G121045（P632）、17G151273（P739）
富士工業（株）	17G060573（P403）
富士ゼロックス（株）	17G050485（P358）、17G050489（P360）
富士ソフト（株）	17G151261（P735）
富士通（株）＋コクヨ（株）	17G151259（P734）
富士通（株）＋富士通クライアントコンピューティング（株）＋富士通デザイン（株）	17G050416（P326）
富士通（株）＋富士通デザイン（株）	17G151296（P750）
（株）富士通ゼネラル	17G060522（P378）
富士通デザイン（株）	17G050492（P361）、17G141215（P713）、17G151308（P756）
富士通デザイン（株）＋富士通（株）＋富士通コネクテッドテクノロジーズ（株）	17G050392（P314）
富士通デザイン（株）＋富士通（株）＋富士通コネクテッドテクノロジーズ（株）＋ （株）NTTドコモ	17G050391（P314）
富士通デザイン（株）＋富士通クライアントコンピューティング（株）＋富士通（株）	17G050397（P317）、17G050415（P326）
富士電機（株）	17G080759（P492）、17G151297（P751）
富士電機（株）＋富士アイティ（株）	17G080758（P492）、17G080760（P493）
富士電機（株）＋富士電機機器制御（株）	17G080757（P491）

富士フイルム（株）	17G050447（P48）、17G151301（P108）、17G030163（P204）、17G050437（P336）、17G050438（P336）、17G050439（P337）、17G050442（P338）、17G050443（P339）、17G050444（P339）、17G050445（P340）、17G050448（P341）、17G050450（P342）、17G050451（P342）、17G050452（P343）、17G080801（P512）、17G080803（P513）、17G080805（P514）、17G151302（P753）、17L000006（P813）
プジョー・シトロエン・ジャポン（株）	17G070643（P58）
（株）フタガミ	17G030186（P214）
（社福）佛子園＋（株）五井建築研究所	17G161343（P113）
フマキラー（株）＋（株）ハル・アド	17G131144（P679）、17G131145（P680）
ブラザー工業（株）	17G040305（P271）、17G050486（P358）、17G050487（P359）
プラス（株）	17G090832（P526）
プラスデザイン一級建築士事務所	17G100944（P582）
（株）Brushup	17G141226（P718）
プラネット・テーブル（株）	17G151272（P109）
freee（株）	17G151292（P748）
フリーダムアーキテクツデザイン（株）	17G100945（P583）、17G100946（P583）
（株）プリズミック＋（株）SUEP.	17G100962（P590）
プリタジャパン（株）	17G040240（P241）、17G040241（P241）
（株）ブリヂストン	17G070679（P453）
ブリヂストンサイクル（株）	17G070685（P456）
（一社）BRIDGE KUMAMOTO	17G161362（P117）
プリモトイズ日本販売総代理店 キャンドルウィック（株）	17G141242（P102）
（株）プリンシパルホーム＋（株）高松伸建築設計事務所	17G100916（P568）
（株）ブルースタジオ	17G100963（P590）
ブルーファーム（株）	17G161337（P771）
ブルーマチックジャパン（株）	17G040253（P247）
古谷デザイン建築設計事務所	17G121061（P638）
（株）ブレイズ	17G070654（P441）
ブレイン（株）	17G050480（P356）
（株）プレステージジャパン	17G060535（P385）
（株）ブロス	17G030184（P213）
（株）プロトワーク	17G030187（P214）
文化シヤッター（株）	17G060604（P418）
文京学院大学	17G161332（P769）
（株）文響社	17G010068（P26）

へ

（株）Bace	17G131162（P93）
ベースフード（株）	17G131154（P684）
平安伸銅工業（株）	17G040239（P240）、17G060559（P397）
（株）平成建設	17G060592（P413）、17G060621（P426）
ペガサスキャンドル（株）＋（株）イヤマデザイン	17G030167（P33）
ベクセス（株）	17G070705（P465）

ヘティヒ・ジャパン（株）	17G060611（P421）
（株）ベネッセスタイルケア	17G131199（P705）
（株）HealtheeOne	17G151299（P752）
ぺんてる（株）	17G010040（P142）、17G010041（P142）、17L000011（P818）

ホ

ホーチキ（株）	17G090849（P535）
（株）ポーラ	17G131137（P676）
（株）星野民藝	17G060544（P389）
ボストン・サイエンティフィック ジャパン（株）	17G080799（P511）、17G080806（P515）
保田卓也	17G010069（P155）
（株）ポッケ	17G141216（P714）
ボッシュ（株）	17G151269（P738）
ポラテック（株）ポウハウス	17G100923（P572）
ボランタリー・アーキテクツ・ネットワーク＋熊本大学 田中智之研究室＋慶應義塾大学SFC 坂茂研究室	17G111042（P83）
（株）ホロンクリエイト	17G151275（P740）
本田技研工業（株）	17G020088（P166）
（株）ホンダモーターサイクルジャパン	17L000024（P831）
（株）ホンマ製作所	17G060527（P381）

マ

（株）マークスインターナショナル	17G060531（P383）
（株）マーナ	17G040231（P236）
（株）マイリアルビジョン＋Keyakismos（岩崎玉江、小川栄太郎）＋宮内智久	17G161354（P777）
（株）前田シェルサービス	17G080720（P473）
（株）マグエバー	17G030188（P215）
マクセル（株）	17G020147（P194）
（株）MGNET	17G010058（P150）
（株）正木屋材木店	17G030202（P222）
（株）マストロ・ジェッペット	17G060548（P391）
（特非）まちづくりプロジェクトiD尾道	17G161340（P772）
（株）マック	17G080734（P480）
マックス（株）	17G080725（P475）、17G080726（P476）、17G090833（P527）
（株）松山建築設計室	17G100947（P584）
MARU. architecture	17G100953（P585）
丸一（株）	17G060594（P414）
（株）丸五	17G080733（P479）
丸東産業（株）	17G080774（P499）、17G080775（P500）
（株）マルハチ村松	17G131150（P682）
丸三安田瓦工業（株）	17G040211（P226）

ミ

ミサワホーム（株）	17G060605（P419）、17G100917（P569）、17G100918（P569）、17G100992（P604）
ミサワホーム（株）＋朝日ウッドテック（株）	17G060590（P412）
ミサワホーム（株）＋（株）ミサワホーム総合研究所	17G060626（P429）
（株）水生活製作所	17G060583（P408）
三井住友建設（株）＋住友林業（株）	17G121119（P664）
三井不動産（株）	17G151262（P735）
三井不動産レジデンシャル（株）	17G111013（P616）
（株）ミツトヨ	17G080754（P490）
三菱エンジニアリングプラスチックス（株）	17G080777（P501）
（株）三菱地所設計	17G121098（P655）
（株）三菱地所設計＋東 環境・建築研究所	17G121103（P657）
三菱地所レジデンス（株）	17G060550（P392）、17G111014（P617）、17G111015（P617）
三菱地所レジデンス（株）＋木内建設（株）	17G151288（P746）
三菱地所レジデンス（株）＋三菱倉庫（株）	17G111016（P618）
三菱電機（株）	17G080813（P70）、17G141219（P101）、17G040271（P255）、17G060524（P379）、17G060525（P380）、17G060526（P380）、17G060628（P430）、17G070652（P440）、17G080762（P494）、17G080764（P495）、17G080768（P496）、17G151313（P758）
三菱ふそうトラック・バス（株）	17G070702（P464）
ミドリ安全（株）	17G080732（P479）
宮城大学	17G161327（P766）
（株）未来機械	17G080771（P498）
美和ロック（株）	17G060504（P370）
（株）ミンクス	17G020133（P187）

ム

（株）ムサシ	17G060514（P375）
武蔵野美術大学	17G161321（P763）

メ

（株）明治	17G161335（P110）
（株）明電舎	17G080749（P487）
（株）明和	17G040208（P225）
（株）メックecoライフ＋三菱地所レジデンス（株）＋三菱地所ホーム（株）	17G151287（P746）
（株）メディア・インテグレーション	17G050331（P286）
（株）メモリアルアートの大野屋	17G030201（P221）
（株）メリックス	17G010030（P137）

モ

（株）モデュレックス	17G090877（P74）
（株）モデリア＋秀光建設（株）	17G111005（P612）
（有）モメンタムファクトリー・Orii	17G060615（P423）

(株)モリタ製作所	17G080817 (P73)
(株)モリモト	17G110999 (P609)
諸江一紀建築設計事務所＋鈴木崇真建築設計事務所＋ (株)ハシゴタカ建築設計事務所・ladderup architects＋(株)前田工務店	17G100972 (P595)
(株)モンキーブレッド	17G141236 (P723)

ヤ

(株)安川電機	17G080770 (P497)
ヤフー(株)	17G131174 (P94)、17G131182 (P697)、17G141248 (P728)
(株)YAMAGIWA	17G060510 (P373)
(株)ヤマザキ	17G060540 (P387)
(株)山下設計	17G121067 (P640)
ヤマト(株)	17G010054 (P25)
山名八幡宮	17G161357 (P779)
ヤマネホールディングス(株)＋(株)杉田三郎建築設計事務所＋ (株)ライナーノーツ＋さしものかぐたかはし	17G100977 (P597)
ヤマハ(株)	17G020091 (P20)、17G141241 (P100)、17G020095 (P169)、17G020096 (P170)
ヤマハ発動機(株)	17G070671 (P63)、17G070669 (P449)、17G070672 (P450)、17G070680 (P453)、 17G070681 (P454)、17G070684 (P455)
(株)山秀木材	17G161350 (P776)
山本光学(株)	17G020077 (P162)
山本卓郎建築設計事務所	17G100948 (P584)
(公財)山本能楽堂	17G161356 (P778)

ユ

UID＋福山本通商店街振興組合＋福山本通船町商店街振興組合＋ NPOわくわく街家研究所＋福山市＋福山商工会議所＋大和建設(株)＋ 中国電力(株)＋鹿島道路(株)＋(株)松誠園緑地建設＋(株)マツダ金属製作所	17G121055 (P88)
UDS(株)	17G121105 (P658)、17G121106 (P659)
UDトラックス(株)	17G070701 (P463)、17G070704 (P465)
(株)由紀精密＋(株)電通＋(株)電通クリエーティブX＋DELTRO INC.	17G131197 (P97)
ユニバーサル・サウンドデザイン(株)	17G020157 (P199)
ユニリーバ・ジャパン・カスタマーマーケティング(株)＋博報堂＋ ハッピーアワーズ博報堂	17G040225 (P233)
(株)夢ハウス	17G060556 (P395)
ゆりあげ港朝市協同組合＋針生承一建築研究所＋セルコホーム(株)＋ 閖上復興支援研究者チーム	17G161339 (P112)

ヨ

八日町地区共同住宅建設組合＋LLC住まい・まちづくりデザインワークス	17G100967 (P592)
横河計測(株)	17G080748 (P487)
横浜ゴム(株)	17G070655 (P442)、17G070661 (P445)
(株)横浜DeNAベイスターズ	17G121059 (P637)
(株)吉田	17G010031 (P137)

(社福)吉竹福祉会＋(株)ナカエ・アーキテクツ	17G121087 (P650)
(株)吉田製作所	17G080818 (P519)
(株)吉富興産	17G100958 (P588)

ラ

(株)ラ・アトレ	17G111006 (P613)
ライクイット(株)	17G030174 (P208)
(株)ライブ環境建築設計	17G100976 (P597)
LifeWork	17G161361 (P780)
楽天(株)	17G070713 (P469)
(有)ラブアーキテクチャー一級建築士事務所	17G100970 (P594)

リ

(株)リヴ＋(株)彩ファクトリー＋(有)ランドサット	17G100973 (P595)
(株)リヴ＋(有)ランドサット	17G100920 (P570)
リオモインク	17G090837 (P529)
リオン(株)	17G010003 (P124)
(株)LIXIL	17G060609 (P55)、17G060515 (P375)、17G060581 (P407)、17G060585 (P409)、17G060586 (P410)、17G060587 (P410)、17G060613 (P422)、17G090898 (P557)
(株)リクルートコミュニケーションズ	17G151264 (P736)
(株)リクルートホールディングス	17G151305 (P754)
(株)リクルートマーケティングパートナーズ	17G141225 (P717)
(株)リクルートライフスタイル	17G131200 (P705)
(株)リクルートライフスタイル＋(株)リクルートペイメント	17G151278 (P741)
(株)リコー	17G050463 (P49)、17G050419 (P328)、17G050440 (P337)、17G050462 (P348)、17G090862 (P541)、17G131188 (P700)、17G151266 (P737)
(株)リッチェル	17G040233 (P237)
(株)リビタ	17G100921 (P571)、17G100922 (P571)、17G161351 (P776)
(株)龍泉刃物	17G040217 (P229)
リョービ(株)	17G080724 (P475)
(株)良品計画	17G030165 (P32)、17G100950 (P79)、17G010062 (P152)、17G020121 (P182)、17G020144 (P193)、17G030166 (P205)、17G040254 (P248)、17G060532 (P383)
リンナイ(株)	17G060565 (P53)、17G040308 (P273)

レ

(株)レイメイ藤井	17G010057 (P150)
(有)レジデンス太田＋(株)フラットエージェンシー＋中田哲建築設計事務所	17G100969 (P593)
レノボ・ジャパン(株)	17G050399 (P318)、17G050400 (P318)、17G050401 (P319)

ロ

ローランド(株)	17G020099 (P171)、17G020100 (P172)
ROLI Ltd.＋(株)エムアイセブンジャパン	17G020093 (P168)
ROLLCAKE (株)	17G141238 (P724)

ロイヤルハウス（株）	17G100919（P570）
（株）6D-K	17G131172（P693）
（株）ログバー	17G050494（P362）
（株）ロジック	17G100949（P585）、17G121123（P666）
（株）ロッテ	17L000003（P810）、17L000016（P823）
（株）ロビット	17G050476（P354）
ロフトワーク＋古市淑乃建築設計事務所	17G161370（P784）

ワ

YKK AP（株）	17G060589（P411）、17G060607（P420）、17G090899（P558）、17G090900（P558）
（株）ワイヤードビーンズ	17G040205（P224）、17G040206（P224）
（株）若松均建築設計事務所	17G100964（P591）
（株）WACUL	17G151307（P755）
和信化学工業（株）	17G090838（P529）
渡辺電機工業（株）	17G080756（P491）
（社福）わたぼうしの会＋一級建築士事務所 大西麻貴＋百田有希 / o+h	17G121090（P90）
（株）ワン・トゥー・テン・ホールディングス	17G161328（P767）
（株）ONESTORY	17G161367（P783）

GOOD DESIGN AWARD 2017

発行日	2018年3月26日 初版発行
発行人	大井 篤
発行所	公益財団法人日本デザイン振興会
	〒107-6205 東京都港区赤坂 9-7-1 ミッドタウン・タワー 5F
	TEL. 03-6743-3772　FAX.03-6743-3775　URL. http://www.g-mark.org/
発売所	株式会社宣伝会議
	本社 〒107-8550 東京都港区南青山 3-11-13
	TEL. 03-3475-7670（販売部）　URL. http://www.sendenkaigi.com

編集	公益財団法人日本デザイン振興会
編集協力	石田純子
翻訳	株式会社イデア・インスティテュート、株式会社メディア総合研究所
校正	難波 毅、坂本正則、鈴木ルミ、土屋恵美、竹内春子
撮影	望月 孝［フォトディレクション＋製品＋人物］
	本田 勝［製品］
	神宮巨樹［人物］
レタッチ	ヤママサ、株式会社アイワード
制作	太田佳織
スーパーバイザー	永井一史、柴田文江
アートディレクション	松下 計
デザイン	泉 京子
Gマークオリジナルデザイン	亀倉雄策

制作協力	株式会社竹尾
	ダイオーペーパープロダクツ株式会社［本文用紙開発／sandesi 菊判 Y目 68.5kg］
	ダイニック株式会社［表紙布クロス］
	株式会社東北紙業社［表紙加工］
プリンティングディレクター	浦 有輝
印刷	株式会社アイワード
製本	松岳社

©Japan Institute of Design Promotion 2018
本書掲載記事の無断転載を禁じます。落丁・乱丁の場合はお取り替えいたします。
Printed in Japan　ISBN 978-4-88335-431-3 C3060 ¥25000E